Public School Law
Teachers' and Students' Rights
(5th Edition)

教育学经典译丛　主编 褚宏启

EDUCATION
Public School Law
Teachers' and Students' Rights

教育法学
——教师与学生的权利

（第五版）
(5th Edition)

[美] 内尔达·H·坎布朗-麦凯布 Nelda H. Cambron-McCabe
马莎·M·麦卡锡 Martha M. McCarthy 著
斯蒂芬·B·托马斯 Stephen B. Thomas

江雪梅　茅锐　王晓玲　译
褚宏启　张冉　审校

中国人民大学出版社
·北京·

《教育学经典译丛》编辑委员会

顾　问　顾明远

主　编　褚宏启

编　委　（以姓氏笔画为序）

马云鹏　文东茅　毛亚庆　卢乃桂　单文经　史静寰　司晓宏

田慧生　申继亮　石中英　刘　晶　吴志宏　张斌贤　张新平

杜育红　陈如平　周作宇　孟繁华　庞丽娟　易连云　郑燕祥

柳海民　洪成文　胡建华　涂艳国　秦梦群　秦惠民　高书国

高洪源　黄　崴　黄荣怀　曾天山　程凤春　褚宏启　薛焕玉

总　序

尽管教育领域存在很多问题，尽管人们对教育如何改革存在不少争议，但没有人否认教育对人的发展、对国家发展、对社会发展的重要性。尽管人们一度对教育学科的前途命运忧心忡忡，但教育学科的不断分化和发展却是不争的事实。世界各国对教育越来越重视，教育改革与发展如火如荼，教育理论研究日益繁荣，相关著述大量出版和发表。

教育研究的繁荣和教育学科的分化，既是教育实践推动的结果，又是推动教育实践的原因。实践呼唤理论发展，实践推动理论发展。教育是一项伟大而崇高的事业，在教育事业的发展中，在教育实践与教育理论的互动中，教育理论研究不断分化，产生了很多新的分支学科，在教育学的每个分支学科中，都有一些优秀的研究成果。这些优秀成果是各个分支学科的代表性著作，代表着世界范围内教育各分支学科的研究深度和理论高度，是后人传播和生产教育知识时不能绕过去的知识界碑，是教育改革与发展必须吸收和借鉴的理论营养，是全人类共同拥有的文化财富。

在经济全球化和教育国际化的大背景下，系统引进翻译世界范围内教育学科最有代表性的著作，有利于我们整体把握世界范围内教育理论研究的总体状况，有利于我们全面吸收世界范围内教育理论研究的最新、最优秀的成果，有利于提高我国本土教育研究的理论水平，有利于完善我国高校教育学科的课程体系，有利于提升我国教育改革与发展的实践水准。把世界上最好的教育研究成果全面、系统地译介进来，为我所用，是我们组织翻译这套《教育学经典译丛》的基本宗旨。

20世纪80年代尤其是90年代以来，西方的教育理论著作不断被译介到我国，拓展了国人的教育理论视野，促进了教育思想与观念的传播与交流。进入21世纪，译介西方教育理论著作更呈加速之势，呈现出一片繁荣景象。回顾20多年译介西方教育理论著作的历程，有得有失，有很多经验教训值得总结。现在到了以平和、冷静的心态进行深度总结的时候了。

目前引进的国外教育理论著作，最大的不足是没能对世界范围内教育分支学科的发展进行全面、系统的介绍。虽然不少译丛都强调译介的"系统性"，但是，有的译丛失之于少，作品量小，不足以构成一个相对完整的分支学科体系；有的译丛失之于杂，作品量较大，但缺乏学科体系建构方面的高端设计；有的译丛侧重于某一个分支学科；有的译丛偏重于教材的系统介绍，而对非教材类的代表性著作关注不够。结果导致：尽管各类译著总量很大，但系统性却不够。我们现在推出的这套

《教育学经典译丛》力图弥补这种缺失。

本译丛最突出的特点是其系统性。所选书目力图涵盖教育学的所有主要分支学科，诸如教育基本原理、教育哲学、教育史、课程与教学论、教育社会学、教育管理学、教育经济学、教育财政学、教育政治学、教育法学、教育心理学、教育评价学、教育政策学、教育未来学、教育技术学、教育文化学、教育人类学、教育生态学、学前教育学、高等教育学、职业教育学等，力图构成一个相对完整的教育学科知识框架。

本译丛的另一个特点是权威性。这也是《教育学经典译丛》的内在要求。在选择书目方面，力求新、精、实。"新"是指入选书目能代表该分支学科最新的研究成果，能引领该研究领域未来的发展方向；"精"是指入选书目皆为同类著作中的精品，我们力求为读者呈献最有价值的教育理论知识；"实"是指入选书目在内容上对我们确有借鉴价值，能对我国的教育研究和实践产生积极影响。

为保证译丛质量，我们成立了一个由重点高校和科研机构的知名学者构成的编委会，负责确定书目和组织翻译，从选题、翻译、校订各个环节予以严格把关。译丛能够面世，得益于多方的支持与协作。感谢中国人民大学出版社为这套译丛所提供的出版机会，感谢国内外学者为选定书目所奉献的智慧，感谢丛书的译者、校者和出版社的编辑人员所付出的辛勤劳动。

翻译是一种重要的知识传播方式，并会对其后的知识生产方式、消费方式、使用方式产生重要影响。希望《教育学经典译丛》的出版，能对我国教育理论知识的传播、生产、消费、使用产生实质性的影响，希望更多的人从中受益，也希望更多的人为译丛的高质量出版贡献力量。

褚宏启

2006 年 12 月 18 日

中文版序言

　　我读硕士和博士期间的专业是外国教育史，主要研究美国教育家杜威的教育思想。1994年从北京师范大学教育科学研究所获得博士学位后，我留校到教育管理学院工作。出于工作需要，我开始学习和研究教育法学，侧重于我国中小学法律实务研究和中外教育法律制度的比较研究。在实务研究方面，我已经出版了《学校法律问题分析》、《学校法制基础》、《中小学法律问题分析》几本书，主要关注我国中小学管理中的各种法律问题，这些著作虽然颇受校长们的欢迎，但都不属于学术性著作；在比较研究方面，我曾主持了几个课题，相关成果已经结题为《教育法比较研究》一书。

　　在研究教育法学的过程中，我读过一些英文著作；感觉风格和水平均参差不齐，美国印第安纳大学麦卡锡教授等人合著的《教育法学》是其中的佼佼者。该书文风简洁，论证严谨，思想深刻，对于我的教学和研究工作助益良多。

　　2002年8月，我来到印第安纳大学的主校区——布卢明顿（Bloomington）校区——做高级访问学者，主要任务是学习、研究教育法学，合作导师就是教育学院的麦卡锡教授。麦卡锡教授著述颇丰，获奖很多，在学术界享有盛誉。她非常勤奋，常常工作至深夜才离开办公室驾车回家。我的办公室与她的相隔不远，经常发现她一个人在办公室挑灯夜战，她是印第安纳大学教育学院最勤奋的教授。能够与这么一位学者一起探讨、研究教育法问题是非常幸运的。半年的访学期间，我选修了麦卡锡教授的教育法学课，又细读了她的《教育法学》，再次感受到此书卓尔不群的魅力。《教育法学》在美国高校很受欢迎，不仅被用作研究生教材，还出了简本被用作本科生教材。当时，我就与她商议把该书译成中文的事，她欣然应允。

　　布卢明顿是个美丽的大乡村，远离闹市的喧嚣，是读书、做研究的好地方。我在此度过夏、秋、冬三季，感受了夏之热烈、秋之凄美、冬之萧索；尤其是色彩斑斓的秋天，让人心醉。"布卢明顿"直译就是"鲜花盛开的地方"，它最美的季节就是春天。遗憾的是我次年2月底就回国了，无缘领略此地的美丽春光。但我却在内心深处领略了别样春光。那一年的冬天，布卢明顿大雪连连，在大雪纷飞、天寒地冻时，我研读麦卡锡教授的《教育法学》和美国教育法律文献，从字里行间能强烈感受到法律规则背后对于人性的怜悯、对于人的尊严的呵护、对于人的发展的期待和保护，在内心深处油然而生春天般的融融暖意。

　　我国属于大陆法系，法律渊源是制定法。美国的法律属于英美法系，制定法和判例法都被认为是正式的法律渊源。尽管中美两国教育法律制度在法律渊源、立法

i

技术、司法程序等方面相差甚远，但现代教育法的内在精神是相通的、一致的，那就是对人的权利的尊重和保护。麦卡锡教授的《教育法学》一书的副标题就是"教师与学生的权利"，如何保障学生和教师的权利是该书的主线。在完善学生立法、教师立法方面，在更好地保护学生和教师的权利方面，该书能给予我们丰富的启示。在我国，权利的时代已经来临，自由精神与平等精神应该在教育中发扬光大。

大家现在看到的中译本是根据英文版《教育法学》第五版译出的，本书的三位译者都曾随我研习过教育法学，其中两位主要译者茅锐博士和江雪梅博士一直从事教育法学的教学和研究工作，专业素养扎实。翻译法学著作较之翻译其他著作更为艰难，该书的翻译历时三年有余，三位译者倍尝艰辛，追求精益求精，保证了该书翻译的专业水准。翻译完毕后，我们又请在印第安纳大学专门研究教育法学的张冉女士做了初校，然后我又做了复校。但即便如此，也难以做到尽善尽美，希望读者提出修改建议，使该书将来修订再版时更臻完善。

褚宏启

2009年10月18日

于北京师范大学教育管理学院

目 录

前 言 ·· 1

第1章　公立教育的法律框架 ·· 1
州对教育的控制 ·· 1
国家在教育中的作用 ·· 6
司法系统的功能和机构 ··· 13
结论 ··· 17

第2章　教会与州的关系 ··· 22
宪法框架 ·· 22
宗教对公立学校的影响 ··· 25
为宗教信仰提供便利 ·· 37
宗教对世俗课程的挑战 ··· 40
州对私立学校的资助 ·· 43
结论 ··· 47

第3章　入学及教学方面的问题 ·· 64
强制入学 ·· 64
居住地要求 ··· 68
杂费 ··· 69
学校课程 ·· 71
学生学业能力测试 ··· 76
教育不当及教学疏忽 ·· 79
教学隐私权 ··· 81
结论 ··· 86

第4章　学生在非学业事务之上的权利 ································· 103
言论及出版自由 ··· 103
学生的仪表 ··· 117
课外活动 ·· 121

结论 ··· 125

第 5 章　学生的类别 ·· **140**
　　法律背景 ··· 140
　　依据种族进行分类 ··· 142
　　依据母语进行分类 ··· 156
　　依据能力或成绩进行分类 ·· 158
　　依据年龄进行分类 ··· 161
　　依据性别进行分类 ··· 162
　　结论 ··· 171

第 6 章　残疾学生的权利 ·· **182**
　　法律背景 ··· 182
　　恰当且免费的公立教育 ·· 186
　　个性化教育项目 ··· 188
　　相关服务 ··· 194
　　延长学习时限 ·· 197
　　参加体育活动 ·· 197
　　纪律 ··· 200
　　程序保护 ··· 202
　　结论 ··· 207

第 7 章　学生纪律 ·· **220**
　　学生行为规章 ·· 221
　　开除和停学 ··· 223
　　体罚 ··· 229
　　学业处分 ··· 231
　　搜查与没收 ··· 235
　　对非法纪律处分的救济 ·· 247
　　结论 ··· 249

第 8 章　雇佣条件和相关条款 ··· **265**
　　许可证或资格证 ··· 265
　　地方教育委员会的雇佣问题 ··· 268
　　合同 ··· 271
　　人事评价 ··· 274
　　人事档案 ··· 275
　　雇佣中的其他重大问题 ·· 277
　　结论 ··· 282

第 9 章　教师的实体性宪法权利 **296**
　　言论自由 296
　　学术自由 304
　　结社自由 309
　　着装自由 314
　　隐私权 315
　　结论 320

第 10 章　雇佣中的歧视问题 **336**
　　法律背景 336
　　种族歧视和出身国歧视 340
　　性别歧视 344
　　性取向歧视 352
　　宗教歧视 353
　　年龄歧视 356
　　残疾歧视 360
　　结论 365

第 11 章　雇佣的终止 **379**
　　程序性正当程序概述 379
　　解聘过程中的程序要求 386
　　依据法定理由实施解聘 391
　　权利受到侵犯之后的救济 399
　　结论 405

第 12 章　劳资关系 **421**
　　公共部门、私营部门中雇员的谈判权利 421
　　制定法规定的教师谈判权利 424
　　集体谈判的范围 426
　　工会的保障问题 430
　　申诉 435
　　谈判僵局 436
　　罢工 437
　　结论 438

第 13 章　侵权行为 **452**
　　过失侵权 452
　　故意侵权 464
　　诽谤 467
　　损害赔偿 469

结论 …………………………………………………………………………… 470

第14章　一般法律问题概述 …………………………………… **478**
　　一般原理 ………………………………………………………………… 478
　　结论 ……………………………………………………………………… 483

术语表 ……………………………………………………………… **484**
最高法院判例选 ……………………………………………… **488**
后　记 ……………………………………………………………… **496**
索　引*

---

* 索引请参见 http://www.crup.com.cn/gggl。

前　言

《教育法学：教师与学生的权利》已经出了五版。在综合地梳理依法治校的发展过程及现状的基础上，本书又有所改进，就当前亟待解决的法律问题进行了讨论。比如说，新增加了一章"残疾学生的权利"，目的是反映当前关于残疾儿童的诉讼案件持续增多的情况；重新编写的"学生的类别"一章，也新增了关于种族隔离的内容。

自20世纪中期第二次世界大战以来，法律制定者重新修订了教育方面的政策与法律。教育实践中，绝大多数的教师都很清楚地知晓什么样的行为可能引发诉讼，在什么情况下可能进行新的立法，有些教师甚至对最高法院作出的、具有里程碑意义的判决的名称耳熟能详。然而，仍然有一些教师和管理人员不能正确地理解如何应用法律的基本概念来解决教育问题，结果，他们无法确定他们学校在运行过程中作出的决策是否合法；一些教师甚至认为，正义的天平是倾斜的、是不利于教育和学校的。本书的写作目的就在于帮助这些教师消除错误观念。

与教师们通常使用的法律材料不同，本书强调的是在实践中简便而综合地应用法律原则。本书讨论了可能对教师和学生产生直接影响的法律问题，并在学校这一具体环境中讨论了政府控制与个体权利的行使之间存在的张力；对学校这一特殊环境所做的分析与宪法、制定法以及各种司法解释的可适用性是紧密相连的。本书还讨论了合法委托的问题，并为学校管理人员提供了有价值的指导。

在本书中，我们尝试着运用一种非技术性的方式来进行论述，为的是避免法律术语的过多使用。文中涉及的法律知识，我们都通过注释的方式进行了详细的说明，以方便读者进行更深入的研究。这些注释有选择地提供了某些判例的信息，可以帮助读者理解某些特殊法律概念。同时，本书的附录部分收录了术语表和最高法院判例选。

为了读者更好地使用本书，关于法律本质的论述，读者是不可不知的。法律并不是在真空的环境下制定的，法律必须反映社会的主流价值观。另外，法律通常是由带有个人观点和偏见的人们所制定的。尽管我们认为，法律一般来说是客观的，但是，个人的思考以及国家的政治倾向的的确确会对法律原则的发展及解释产生强大的冲击。

法律体系不是凝固不变的，而是随着法院对宪法及制定法条款的重新解释以及立法机构颁布实施新的法律而不断更新。20世纪60年代和70年代初期，法院及立法者们通过制定民权法律以及将宪法中的条款解释为"保护个体免于政府的不当干涉"而倾向于强调个体的权利。1975年以后，司法规定开始认为政府有权力对个体在学校中的自由进行限制，为的是保护集体的权益。尽管"教育公平"、"个体权利"等词汇依然盛行（这些词汇在早先的诉讼中是很流行的），但为获得优质教育而作出的努力已经创造了一种全新的法律活动，这种全新的法律活动与教师的素质要求和学生的学业标准是完全相适应的。另外，因行使宗教权利和政治权利而引发的教育活动安排，如公立学校中的祈祷和课程审查，事实上也带来了一些法律活动。

因为司法机关在对宪法及法律规定作出解释的问题上起着相当重要的作用，所以，本书关于法律的讨论主要集中在对法院判例的分析上。本书着重分析了那些可以代表关键的法律或者法律倾向的案例判决，尤其是法院近几年作出的诉讼判决。本书还透彻地分析了一些具有特殊意义的案例，为的是帮助读者理解法院所依据的基本法理。核查导致法律冲突的情境因素，可以帮助教师举一反三、善于发现自己学校中存在的法律隐患。

本书的写作持续了一段时间，在此过程中，司法机关颁布实施了许多司法决定，又提议制定了新的制定法，这或多或少地改变了教师与学生的法律地位。另外，学校工作人员面临的一些问题还没有引起最高法院的重视，最高法院也没有提出指导性解决意见，而各个低级法院解决这些问题的办法又存在着矛盾的地方。这不能不让某些希求固定答案的读者产生困惑：原来法律在某些领域内也是不明不白、糊里糊涂的。

虽然还有一些问题尚未解决，但是，一些法律原则是已经确定了的，可以为学校工作提供方向性指导。对于教师来说，最重要的是熟悉这些法律原则、运用这些原则指导决策过程。虽然法律问题不断产生，但是，关于法律的基本知识、基本逻辑可以帮助学校工作人员在法院或者立法机关并没有对学校问题作出明确限定的情况下自如地处理学校问题。

本书的各个章节是按照一定的逻辑顺序编排的。导言性的第一章介绍了美国的法律系统，为的是帮助读者更好地阅读随后章节中论述的学生和教师的权利；结论部分对主要的法律原则作了一个总结性陈述。各章节中均设立了小标题，便于有特殊需要的读者迅速地查阅相关内容。我们仍然希望读者能够通读本书，这是因为，某些议题在好几个章节中都有论述，但论述的角度各有不同；而且，本书对许多法律原则的论述也突破了章节的划分。例如，涉及教师权利的方方面面的诉讼，需要依据已经确定了的、关于学生权利的先决判例来审理，同样，涉及学生权利的诉讼也需要依据已经确定了的、关于教师权利的先决判例来审理。本书的各个章节相互印证，在特定处会提醒读者某个概念或者判例在其他地方还有论述。纵览全书，读者便可以发现，本书各个章节的内容构成了一幅教育问题与可适用法律原则之间的关系概略图。

虽然我们的写作是面向教学实践中的教师们的，但是，我们所选择的素材也同样可以满足教育政策制定者们的喜好，因为法律中的大部分概念、原理等适用于所有的教育工作人员。另外，本书也可以为那些对政府管理公立学校学生问题感兴趣的家长们提供实用的指导。同时，本书全面而综合地论述了学生及教师的权利问题，因此，它还可以作为大学的基础课程教科书或者辅助性阅读材料。

阅读本书，有助于学校工作人员理解法律在现实中的应用问题，但是本书绝不可以替代法律工作者的工作。一旦面临法律问题，教师们应当拜访律师、征询他们的意见和建议。还有，我们并不想预测法院和立法机关未来的发展进程，因为法律是不断发展、不断变化的，没有一本教科书可以帮助学校工作人员违反法律发展的潮流。如果我们能帮助大家很好地理解自己的权利和义务，促进教师们在实践中运用法律基本概念和基本原理，激发他们进一步研究法律的兴趣，我们创作本书的目的就算达到了。

致谢

在很多人的帮助下，我们完成了本书的创作工作。

非常感谢我们的学生，他们帮助我们核校草稿、核对引文。非常感谢格里芬·邓纳姆（Griffin Dunham）、罗茨林德·加拉斯皮（Rozlind Gallaspie）、托尼亚·吉恩定（Tonya Gendin）、莉萨·李（Lisa Lee）、珍妮弗·诺布尔斯（Jennifer Nobles）、雅各布·里格尼（Jacob Rigny）、凯西·西尔斯（Kathy Sears）、达林·赛德（Darin Sider）和张冉（Ran Zhang）等教育专业的研究生和法律专业的学生帮助我们审校草稿、搜集法律资料、修正引文。非常感谢迈阿密大学的简·克莱格（Jan Clegg）、佩吉·鲍尔（Peggy Bower）以及印第安纳大学的苏珊·汉斯（Susan Hanns）等同事热情真诚的协助。非常感谢路易斯安那东南大学的托尼·阿门塔（Tony Armenta）、佐治亚州立大学本杰明·贝兹（Benjamin Baez）及南亚利桑那大学大卫·A·威廉姆斯（David A. Williams）等人帮助我们审校本书。

如果没有家人的支持，本书也是无法完成的。我们的父母一如既往地鼓励我们从事专业工作。我们的爱人——哈里·麦凯布（Harry McCabe）、乔治·库（George Kuh）、伊冯娜·托马斯（Yvonne Thomas）——对我们的支持是无以言表的，在本书的写作过程中，他们承担了大部分的家务劳动（在本书前四个版本的写作过程中，他们也是这样做的）。我们的孩子——帕特里克·麦凯布（Patrick McCabe）、凯里·库（Kari Kuh）、克里斯蒂安·库（Kristian Kuh）、凯尔·托马斯（Kyle Thomas）——也给予了我们最大的支持，让我们在长期的法律研究中得到放松与快乐。

第1章

公立教育的法律框架

为了对全美4 690万名中小学生负责[1]，美国公立教育的设立与管理必须以法律为准绳，而州与联邦的宪法及法律则为中小学校从事日常管理提供了一个法律框架。因为法律具有更高的效力，所以教育组织制定的任何层次的政策及所从事的实践活动都不得与法律相冲突。但是，对教育者而言，法律是复杂的，遵循法律的指引并非易事——这是因为，联邦宪法与州宪法之间、美国国会与州议会之间、联邦法院与州法院之间、各种政府行政机构（包括地方教育委员会和校本管理委员会）之间常常存在管辖权的重叠。为了厘清这些复杂的法律关系，本章致力于说明法律的渊源、法律与法律之间是如何相互影响并构成公立教育的法律基础的。通过这种概况式的说明，我们可以在后面的章节中更充分地探讨适用于特定学校情境中的各项法律原则。

州对教育的控制

美国宪法第十修正案承诺："本宪法未授予合众国、也未禁止各州行使的权力，保留给各州行使，或保留给人民行使。"而联邦最高法院也早已认识到，该修正案的目的在于"减少恐惧和猜忌，因为不少人担心新成立的联邦政府可能会行使联邦宪法未授予它的权力，而导致各州不能充分行使为联邦宪法所保留的权力"[2]。因为美国联邦宪法并未授权国会为美国公民提供教育，所以对公立教育的法律控制权实际保留在各州，它属于一种州的自治权。联邦最高法院一直在不断强调，只要州教育管理者及学校管理者的行为与基础性的联邦宪法保护原则保持一致，那么他们就有权力"在学校里对人们的行为进行规定和约束"[3]。各州对教育所拥有的权力类似于各州的税收权或者提供社会福利的权力。尽管每个州的教育系统都具有自身的特色，但在各州之间还是存在不少共同点。

立法权

所有州的宪法都明确规定，州负有建立公立学校的法律责任。这种法律责任通常由州议会来承担，州议会必须为本州公民提供统一的、完整有效的、充分的公立教育系统。一般来说，联邦政府只享有美国宪法明确规定的权力。与联邦政府不同的是，州议会拥有州宪法及联邦宪法没有明确禁止的所有权力。因此，在制定法律以管理教育方面，州议会拥有充分的、或者说是绝对的权力。

法院已经承认，州议会在教育方面享有如下权力：筹措教育经费及分配教育资金、管理教师执照的颁发、规定学校提供的课程、确立评价学生学习成绩的标准以及对公立学校运营的其他各个方面进行规定。而且，州议会还规定义务教育制度，确保本州公民接受教育。目前，全美50个州都要求，特定年龄阶段（通常是6周岁~16周岁）的学生必须进入公立学校或私立学校学习，或者接受与之相当的其他教育。此外，即使学区周围受影响的居民反对学区发生改变，州议会仍然有权力对学区作出调整，它可以成立新学区、重新组建原有学区、合并学区或取消某个学区。[4]

针对学校的其他管理问题，州议会也拥有管理权。比如说，根据州教育委员会、地方教育委员会或其他组织颁发的特许状，由州提供资金的特许学校就可以自主进行运营并可以免于为许多法律规章所束缚。特许学校运动是在全美发展最快的教育改革项目之一。自1991年以来，39个州及哥伦比亚特区都已经通过了特许学校法案，不论是现存的公立学校或私立学校，还是众多新成立的学校都可以申请特许状，州法律通常只规定特许学校的总数。在不同的州，特许学校的数目有很大差别。在有些州，仅有1所特许学校；而在亚利桑那州及加利福尼亚州，特许学校的数目则高达200多所。在2000年，哥伦比亚特区有超过8%的学生进入特许学校就读。[5]而在2001年秋季入学时，全美进入特许学校就读的学生数已经超过了57.5万名。[6]尽管进入特许学校就读的学生数还不到进入公立学校就读的学生数的1%，但由于许多州都已经同意颁布新的立法并对现存法律条款进行扩充，可以预见特许学校及其在校学生数还会继续增长。

在一些法律诉讼中，当事人会对州法律形成多种解释，这个时候就需要法院澄清州法的立法意图。如果法院曲解州法的立法意图，州议会就会以法律修订的形式阐明自己的观点。不过，州法律如果与州宪法或联邦宪法的相关条款或者与联邦民权法案相冲突，就不能产生法律效力，此时，州议会必须遵循法院的司法判决，对有问题的州法进行调整。在对州法律的解释存在争议时，还可以请求州检察长对此法作出解释，或者请他对教育委员会行为的合法性问题提出意见和建议。除非州检察长的意见被法院否决，否则其所发表的官方意见具有法律约束力。

尽管州议会不能放弃其所拥有的立法权，但它可以将这种立法权委托给下属机构，委托它们制定贯彻法律所必需的条例和规章。这些条例和规章必须遵循州议会所确立的指导方针。在委托行政管理权方面，有一些州相当自由；相反，另一些州则制定了详细的标准，要求下属机构遵照执行。人们普遍有一种感觉，觉得是地方教育委员会在管理公立教育，实际上地方教育委员会所拥有的权力都是州议会所赋予的。法院总是反复强调，管理公立教育的权力并不属于地方教育委员会，其核心权力属于州议会。学校的建筑物被视为州的财产，地方教育委员会的成员属于州政府的官员，就连教师也是州政府的雇员。此外，不论公立教育的资金来自何方，它都是州的资金。

州教育行政机构

通过制定法律以管理公立教育的所有细节性问题是不可能的，也是不可取的，因此除了威斯康星州之外，其他的州都成立了教育委员会，主要作用是制定各种实施细则，以利于宽泛的法律法规的贯彻实施。在大多数州，州教育委员会的成员是由市民选举或州长任命的。在教育行政体系中，州教育委员会通常直接隶属于州议会而发挥着自己的作用。

认证是州教育委员会用来迫使地方学区执行其指令的一种重要工具。通常情况下，学区必须满足州确定的资格条件或者认证要求，否则就不能够获得州政府的资金。各州的认证方式不同，最常采用的方式是针对特定领域制定最低标准，比如针对课程、教师执教条件、教材和教育设备等来制定州的标准。在一些州，州政府对学校提供了不同层级的认证并通过财政资助的方式来鼓励地方学校达到更高的水平。自20世纪80年代中期以来，学校绩效评价运动开始渐成风尚，即州教育委员会根据学生的学习成绩、缺勤率及学生保持率来预测学校的产出，继而对学校的绩效作出判定。

州教育委员会可以在其职权范围内发布法律指令以管理学校的运营。在一些州，那些有关学生熟练程度测试和涉及特殊需要学生教育项目的行政规章大多来自州教育委员会发布的行政规章，而非来自州法律。除非州教育委员会的决定违反立法委任权或宪法性命令，否则法院一般会支持州教育委员会的决定。举例来说，堪萨斯州最高法院认为，由于州宪法已经赋予了州教育委员会广泛的管理权，也就意味着，州教育委员会可以直接授权给地方学区，使其制定适用于本学区的学生及雇员行为规章，而不需要以委托立法的方式来制定类似规章。[7] 宾夕法尼亚州最高法院也指出，州教育委员会有权力颁布和实施统一的学生纪律规章以管理州内所有的学校。[8] 同样，在一起案件中，第六巡回法庭也指出，俄亥俄州教育委员会有权力因一个学区未达到州最低标准而将其并入邻近的另一个学区。[9] 该法庭裁定，被合并的学区无权依据联邦宪法而拒绝合并。

但是，州教育委员会无权废除州法律委托给其他政府机构的权力。1991年，在一起案件中，北卡罗来纳州最高法院指出，州教育委员会禁止地方教育委员会与惠特尔通信公司（Whittle Communications）订立合同的做法，侵犯了法律规定的学区为补充教育资源而缔结合同的权利。[10] 在此案中，受到质疑的地方教育委员会与第一频道的"每日空中课堂"电视广播节目（一档穿插着广告的新节目）签订了合同，作为回报，学区可以通过此合同获得一定数量的电视设备。法院裁定认为，缔结合同属于地方教育委员会的法定权利，不应该受到州教育委员会的限制。

除了州教育委员会可以作为一个政策制定主体以外，所有的州都任命了州教育厅长（通常也被称为公立教育学监或教育专员）以履行一定的行政职能。传统的观点是，州教育厅长的义务一般由行政规章来限定。但是，其他的一些活动，诸如进行研究和制定长期规划也属于州教育厅长的义务。在一些州，州教育厅长还要对教育争议进行裁决。而且，在这些州，如果公民针对学校内部管理问题存有不满，他们就可以通过多种途径寻求救济，但是在行政救济程序尚未穷尽之前，他们不可以提前提起法律诉讼。在州教育厅长针对争议作出裁决之后，只要该裁决不具有显然的任意性或与优势证据（preponderance of evidence）相矛盾，法院就不会就该裁决是否理智作出判断，也不会推翻该裁决。[11]

每一个州还成立了州教育厅，该部门由教育专家组成，主要是为州教育委员会、州教育厅长和地方教育委员会提供咨询服务。为保证州教育法律和州教育委员会的政策得到正确的执行，州教育厅的人员经常从各学区收集数据。在大多数州，教育厅也从事研究工作并开展相关活动以改善州内学校的教育实践。

地方教育委员会

在美国,理论上公立教育是由州来控制,但实际上公立教育的绝大部分事务都是由地方管理的。除了夏威夷州之外,全美所有的州都在设立州教育机构的同时又增设了地方教育委员会,并将对学校的特定行政管理权委托给了该委员会。从全国范围来看,全美大约有14 900个地方学区,各个学区的学生人数从几个人到数十万人不等。[12]有一些州,特别是那些拥有大量小型学区的州,都设有中级行政管理机构或区域性行政管理机构,这些管理机构主要为个别的地方学区制定规范和提供服务。

就如同将教育行政管理权委托给其他州立机构一样,在不同的州之间,将教育行政管理权委托给地方教育委员会的方式也是多种多样的。在有的州,地方控制教育的传统根深蒂固(如科罗拉多州),因此州政府给予地方教育委员会极大的权力,以使其可以制定决策、管理学校。而有的州则倾向于集中管理教育(如佛罗里达州),因此地方教育委员会必须在详细的立法指导框架下履行其职能。州议会对教育保有法定的权力,因此它可以通过立法来约束地方教育委员会,以防其滥用权力。

学区内的公民通常有权推选地方教育委员会的成员。[13]联邦最高法院认为,依据美国宪法中的"平等保护"条款(Equal Protection Clause),有资格的选举人都有机会参与地方教育委员会成员的选举,每一张可使用的选票都应该具有相等的分量。[14]如果地方教育委员会的成员是从按照地理区域划分的学区中推选出来的,那么,为了保护社区内公民的投票权,就必须依据"一人一票"的原则来建立学区。如果"普遍"选举弱化了少数种族公民的投票权,就违反了《联邦选举权法案》(Federal Voting Rights Act)。[15]不过,1996年,联邦最高法院否决了依据种族来重新划分学区的计划。[16]因此,以种族为依据重新划分学区以确保为地方教育委员会指定席位投票的大多数投票人是具有某种肤色的公民的做法,很可能违反了宪法第十四修正案的规定。[17]

州法律可以明确规定被选举人的资格、选举的方法以及地方教育委员会成员的任期和条件。相对于学校雇员,地方教育委员会的成员被认为是具有自主权的教育公务员,而学校雇员则通常被认为是执行指令的受雇者。作为公务员,必须负有一定的义务:公务员不能同时兼任两个具有隶属关系的官方职位;也不能从其任职机构缔结的合同中谋取利益;在一些州,公务员还不能占据一个以上的付薪职位。一般来说,要免去公务员的职务就必须遵照制定法所规定的程序来进行操作。通常,公务员被免职的典型原因包括:疏于履行义务、非法履行义务、违反善意原则、疏忽及能力不足。

地方教育委员会必须集体决策;其成员个体不能以委员会的名义来制定政策或实施政府行动。在选择工作的操作程序时,地方教育委员会享有一定的自由裁量权(discretionary power)。但是,程序一旦确立,地方教育委员会就必须按照法律的要求严格地遵守这些程序。尽管法院很少干涉地方教育委员会的决策,也不会就该决策是否理智作出判断,但如果地方教育委员会的行为是任意的、反复无常的或其行为超越其法定职权(如从事越权管理行为),法院就会确认地方教育委员会的行为无效。

地方教育委员会的会议和会议记录必须对公众公开。大多数州已经颁布了"阳光方案"或"公开会议方案",依据这类规定,公众对政府机构的行动享有充分的知情权。在要求公开会议的大前提下,可以存在一定的例外,规定通常专门列出了不可公开的情况。举例来说,在大多数州里,地方教育委员会会召开执行会议以讨论工作事务,如威胁公众安全的事务、未决的法律诉讼或当前的法律诉讼、人事问题、集体谈判事宜、不动产的处置等,这类会议可以不公开召开。尽管地方教育委员会可以在内部会议上讨论这些事务,但相关规定要求,正式的决议必须在公开会议上作出。[18]

地方教育委员会拥有州法律明示或暗示的权力,还拥有为实现法律规定的权力所必需的其他权力,这些法定权力主要包含以下内容:决定学区提供的具体课程、获取资金以建设和维修学校、选择人员以及依法出台执行教育项目所必需的其他政策。法院已经认识到,即使缺乏具体的授权立法,地方教育委员会也拥有一定的自由裁量权:它可以建设和维持中学、幼儿园和非年级制的学校;可以调整学校的招生区域划分;还可以停办学校。此外,地方教育委员会可以与私营公司缔结合同,约定由私营公司提供各种各样的服务,甚至完全管理学校的运营。[19]

如果地方教育委员会的行为涉嫌超越了其职权的法定界限,就会引发法律诉讼。举例来说,地方教育委员会调整学区教学周数的决策就一直饱受争议,在州法律没有明确规定最低教学时数的情况下,不少法院裁定地方教育委员会有权力延长或缩短教学周的时限。[20]法院还认为,地方教育委员会有权将参加社区服务活动作为学生获得高中毕业证书的先决条件。[21]

虽然地方教育委员会拥有多种权力,但它不能将其所拥有的决策权委托给其他机构或组织。以一起案件来加以说明,新泽西州的一个法院就裁定,地方教育委员会不得将其所具有的某部分权力让渡给教师协会,让教师协会来决定学生学习的课程或者裁决教室内所发生的争议。[22]同样,在另一起案件中,艾奥瓦州最高法院也认为,教育委员会不能将其所拥有的规章制定权委托给州高中体育联合会。[23]

校本管理委员会

自20世纪80年代中期以来,将地方教育委员会的许多运营决策权分权至学校的观念(即校本管理)受到了广泛的重视。由此引发的法律争议大多集中在校本理事会的组成及其拥有的职权上。在一起案件中,争议焦点集中于伊利诺伊州在1988年颁布的一部州法律,该法允许芝加哥地区的公立学校通过选举以成立校本管理委员会,并赋予该委员会以雇用员工、批准学校预算和项目的权力。第七巡回法庭通过审查,裁定该部法律合法。而联邦最高法院则拒绝对第七巡回法庭的裁决进行审查。[24]在案件审理过程中,第七巡回法庭认为,依据该法,选举组织者可以为学校学生家长预留六个校本管理委员会委员的席位,而只为其他居民预留两个委员会委员的席位,这种做法并不会显著地削弱非学生家长的投票权。此外,还有一部分校长声称,伊利诺伊州的该部法律取消了他们的终身制,侵犯了他们的合法权利,而第七巡回法庭对此诉讼要求也未予以支持。

1990年的《肯塔基州教育改革法案》(Kentucky Education Reform Act)涉及了诸多方面的改革,这些改革主要集中体现在学校资金、学校课程及学校管理等领域,包括成立具有学校政策决定权的校本管理委员会。虽然地方教育委员会保留了

许多它们传统上所拥有的权力——比如，设立学校、确定教育税的税率和编制预算、维修学校设备等——但是校本管理委员会享有以下权力：雇用学校校长；选择教科书；在课程设置、人员安排和学生纪律等其他领域的政策决策权等。该法律通过划分各自的领域以确定地方教育委员会和校本管理委员会所享有的相应权力，这种做法容易制造两个委员会之间的紧张气氛。在1994年的一起案件中，地方教育委员会规定，如果校本管理委员会要执行学校改善计划，就必须提前获得地方教育委员会的同意。教师们对此规定不服，因而提起了法律诉讼。肯塔基州最高法院指出，在此案中，地方教育委员会和校本管理委员会的职权有所交叉，才导致了争议的产生。最终，法院裁定，依据州法律的授权范围，地方教育委员会对校本管理委员会提出的学校改善计划并无批准权。[25]法院还指出，州法律授予校本管理委员会以独立的决策权，也就是将这种法律权力清楚地委托给了学校这一层级的管理层。

在纽约市，社区学校委员会与它们的上级主管教育委员会之间的关系也一直存在问题。在1993年的一起案件中，纽约州高等法院认为，依据《纽约州地方分权法》(New York decentralization law)，社区学校委员会有权力雇用其各自社区的学监，而纽约市教育总长则有权力订立社区学监的选举程序。在此案件中，纽约市教育总长提出的选举程序受到了广泛的争议。该选举程序规定，校本管理委员会必须向纽约市教育总长提交一份综合评价说明，以评价每一位竞选社区学监的候选人。[26]

一旦学校成立了校本管理委员会，并且在特定领域（比如课程、人事等）里取得了授权，校本管理委员会的决策就产生了法律效力。只有在校本管理委员会超越职权范围行使权力或侵犯他人受法律保护的权利时，司法部门才会判定校本管理委员会所作的决策违法。

在司法诉讼中，法庭通常认为，尽管地方教育委员会——在某些权限范围内，是校本管理委员会——有权履行其自由裁量权（就是说，在决策过程中运用自由裁量权），但是学校雇员（例如，学监、校长和教师）只能履行其为了贯彻落实各项政策而拥有的代理职责。因此，学监可以推荐雇员候选人，可以就财政预算提出自己的建议，但是必须由地方教育委员会——或者在某些情况下，是校本管理委员会——作出最后的决定。[27]从表面上看来，学校一级的教育者拥有很少的决策权力，只要与上级教育管理者所颁布的政策和法律保持一致，教育管理者和教师都能在一定范围内制定规则和规章，以确保在他们管理下的学校或班级能够有效地运行。

国家在教育中的作用

与州宪法不相同，联邦宪法没有对教育事宜作出规定，因此，公民个体的受教育权并不受联邦宪法的保护。[28]但是，联邦宪法确实赋予了公民一些基本权利，而学校人员则必须尊重公民所具有的这些宪法权利。而且，依据宪法赋予美国国会的权力，美国国会可以通过立法来控制联邦教育资助的使用问题，并对学校的其他方面进行规范。

联邦宪法

宪法是法律法规的主体，它为国家、州或社会提供了一个基础性的法律系统。

联邦宪法确立了三权分立的原则，将政府权力划分为行政、司法和立法三个部分。这三个部分组成了一个相互制约和制衡的系统，以确保宪法的意图能够得到尊重。宪法也为自己提供了一个调整自身规章的系统程序，如果确实需要，国会可依此程序修改宪法的条款。联邦宪法第五部分规定，在国会两院中的任意一院，如果有2/3的议员认为必要，就可以提起宪法修正案；如果在各州之中，有2/3的州议会提出请求，也可以召开特殊的联邦制宪会议以提出宪法修正案。如果提议的宪法修正案获得3/4的州议会的批准，则该修正案就会成为宪法的一部分。

因为联邦宪法是美国效力最高的法律，所以各州拥有的管理教育的权力，在某种意义上，必须和宪法的规定保持一致。1958年，联邦最高法院宣布："这当然是确信无疑的，对公立教育的管理权主要归于州政府。但同样确信无疑的是，由于联邦宪法可适用于州政府的行为，像其他所有的州内事务一样，州政府在运用教育管理权时必须与联邦宪法的要求保持一致。"[29] 在将宪法适用于教育事务时，联邦最高法院解释了各种各样的宪法保护原则。尽管联邦宪法的所有法律规定都会在一定程度上影响公立教育，但对公立教育的政策和实践影响最大的还是以下一些宪法条款。

公共福利条款

依据联邦宪法第一部分第八条的规定，美国国会有权力"课加和征收直接税、间接税、关税与消费税，以偿付国债和规划合众国共同防务与公共福利"。1937年，联邦最高法院指出，公共福利观念并不是静止不变的："一个世纪以前，人们的需求是狭隘的或地方性的，而今天，这种需求可能已经与国家福利息息相关。什么是重要且紧迫的事项随着时代的不同而发生了变化。"[30] 尽管在历史上，公共福利条款一直饱受争议，但联邦最高法院还是将它解释为，允许美国国会以各种各样的目的征税并使用公共资金，只要这些目的能够与公共福利产生联系。[31] 法院还声明，除非国会的行为表现为明显地滥用权力，否则法院不会对国会在此领域的权力予以干预。[32]

合理运用宪法的公共福利条款，国会可以制定法律为研究和教育项目——比如科学、数学、阅读、特殊教育、职业教育和双语教育等领域的项目——提供实质性的联邦支持。同时，国会还可以依此条款为学校午餐项目及为满足各种学生群体特殊需要的服务计划提供资金资助，比如说，帮助教育上和文化上的弱势群体。此外，为回应全国性的健康和安全问题，国会也制定了相应的法律。例如国会1980年颁布的《校园石棉监测及控制法案》（Asbestos Schools Hazard Detection and Control Act）及1988年颁布的《降低室内氡气含量法案》（Indoor Radon Abatement Act）都属于此类立法，此类立法要求检查学校的建筑物，如果情况需要，相关人员还要采取相应补救措施以确保学校学生及雇员的人身安全。同时，考虑到越来越多的学校已经连通了互联网，联邦政府试图通过监督互联网、确保网络资源的适当性，最终保护未成年人的利益。[33]

贸易条款

联邦宪法第一部分第八条第三款规定，美国国会有权力"管理国际贸易、州际贸易以及与印第安部落之间进行的贸易"。与安全、交通和劳动相关的立法必须依从此宪法条款，因而此条款会影响到公立学校的运营。传统上，法院倾向于对"贸易"作扩大解释，从而扩展联邦政府在贸易活动管理中的影响以保证国家的繁荣。

1985年，联邦最高法院通过解释国会具有管理贸易的权力，从而指出一个城市的大众交通系统必须服从联邦《公平劳动标准法案》（Fair Labor Standards Act，FLSA）对最低工资和超时工作的要求。[34]虽然，在1976年的一起案件中，联邦最高法院曾经作出过一个判决，限制国会不得在"传统"的州政府职能领域推行最低工资的要求，但是，在1985年的一个案件中，即**加西亚诉圣安东尼奥城市运输管理局案**（Garcia v. San Antonio Metropolitan Transit Authority），联邦最高法院推翻了1976年所作的判决。[35]法院认为，那种试图通过确认州政府职能以免于遵守联邦法律要求的做法是不切实际的，与已经确立的联邦主义原则相矛盾。在**加西亚案**中，法院判决指出，联邦《公平劳动标准法案》并不会对州政府的自治造成任何危害。最终，**加西亚案**的判决为联邦法律管理公共雇佣领域其他方面的问题（如公共雇员的集体谈判问题）清除了宪法障碍。

义务性合同条款

联邦宪法第一部分第十款规定，任何一个州都不得制定损害公民义务性合同的法律。根据契约合同，学校管理者、教师及无执照工勤人员都不得被任意解聘。为处理学校的商业活动，学校委员会将与个人和公司缔结大量的合同。在法律诉讼中，司法部门经常要评价学校所签合同的合法性或者判决合同各方是否违反了合同所约定的义务。

第一修正案

《权利法案》（Bill of Rights）由联邦宪法的前十条修正案组成，它保护公民个人的自由免于遭受政府的非法侵犯。[36]其中，第一修正案对于公民个人的自由权利作出了最根本性的保护，该修正案写道：

> 国会不得制定关于下列事项的法律：确立国教或禁止宗教活动自由；限制言论自由或出版自由；剥夺人民和平集会和向政府请愿申冤的权利。

这其中的宗教信仰自由权，在学校中引发了大量的法律诉讼，这些法律诉讼主要围绕以下问题而展开：政府资助和管理非公立学校；公立学校的一些支持宗教活动或者妨碍公民宗教自由的政策或者做法。同时，依据第一修正案保护公民言论自由和出版自由的规定，当学生自我表达的权利和发表文字材料的权利受到侵害时，他们也可以提起法律诉讼。此外，由于教师享有学术自由权，可以公开谈论公众关心的议题，侵害教师的此类权利也会引发许多法律诉讼。当然，由公民享有结社集会权所引发的学校法律诉讼则主要集中在学生社团、学校员工组织和进行集体谈判等问题之上。

第四修正案

这一修正案保护公民的"人身、住宅、文件和财产不受无理搜查与没收"。联邦最高法院早已认识到，第四修正案的基本目的就是"保护公民个人的隐私和安全免于遭受公务员的任意侵害"[37]。在涉及药物检测项目，搜查学生储物柜、汽车以及贴身搜查等问题的教育案件中，当事人经常会使用该修正案。另外，也有一些案件涉及学校管理者侵害学校教职员工的受第四修正案保护的权利。

第五修正案

这一修正案中的一部分条款规定，任何人"不得在任何刑事案件中被迫自证其罪；不经过正当法律程序，不得被剥夺生命、自由或财产权利；未获得公平赔偿时，私有财产不得充作公用"。许多案件涉及"自证其罪"条款，比如，学校管理者讯问教师在学校之外的活动，就可能适用此条款。在教育类诉讼中，如果公民的财产因教育目的而被征收，可依第五修正案获得公平的赔偿。有关学校正当程序的诉讼通常是以违反第十四修正案为由而被提起的，而第十四修正案则直接与州的行为有关。但是，第十四修正案不适用于哥伦比亚特区，因而哥伦比亚特区的许多案件（包括诸如废止种族隔离以及特殊需要儿童的权利等问题）需要适用第五修正案中的正当程序保护条款。[38]

第九修正案

第九修正案规定，"本宪法对某些权利的列举，不得被解释为否定或忽视由人民保留的其他权利"。当教师主张，他们在教室以外的个人隐私属于受保护的"未列举"权利时，第九修正案就将在此类教育诉讼中出现。此外，有关教师和学生仪表的规章也可能受到质疑，理由是这些规定侵犯了第九修正案保留给公民个体的人身权利。

第十四修正案

第十四修正案专门针对州的行为，因而它是学校诉讼中适用最为广泛的宪法条款。第十四修正案的一部分条款规定，任何州"对于在其管辖下的任何人，都不得拒绝给予平等的法律保护"。这就是美国宪法中的"平等保护"条款，在涉及所谓的种族歧视、性别歧视、民族背景歧视和残疾歧视的学校案件中，这一条款就显得非常重要。此外，与学校财政相关的诉讼也经常用到"平等保护"条款。

在学校法律诉讼案件中，第十四修正案的"正当程序"条款同样扮演了重要的角色。该条款规定，任何一个州不经正当法律程序，不得剥夺任何人的生命、自由或财产权利。公民财产权是通过州法律、规章的规定或契约的约定而产生的一种合法的权利期望。比如说，义务教育法赋予了学生进入学校学习的合法财产权，而授予教师终身职位则使教师获得了继续被雇用的财产权。公民的人身权包括两个部分，一部分是个体对其名誉所享有的权利，另一部分则是与婚姻、家庭事务和个人隐私相关的基本权利。此外，联邦最高法院的解释认为，第十四修正案的人身权可以与《权利法案》中的人身自由权结合起来一起使用。[39]因此，尽管宪法的前十条修正案最初只是针对联邦政府制定的，但结合第十四修正案，它们也可以适用于州的行为。虽然这种"结合"原则（将第十四修正案与《权利法案》结合在一起）受到了广泛的批评，但最高法院的判例支持这样的一种理念，即第十四修正案约束州的行为，以防止其侵害公民的基本宪法权利。管理教育属于州政府的职能，因此在学校法律诉讼案件中，"结合"原则相当重要；如果当事人声称，公立学校的某一政策或在实践中的某一做法侵害了他的个人自由（如，受第一修正案保护的言论自由），他通常就需要依据第十四修正案来提起法律诉讼。

联邦法院确定，正当程序保护原则由程序性的正当程序和实体性的正当程序两个部分组成。如果政府行为侵犯公民个体的生命、自由或财产权利，程序性的正当程序可以确保公民个体获得基本的公正。联邦宪法所要求的最低限度正当程序包括：告知指控、给予被告为指控进行辩护的机会、公正地举行听证。实体性的正当程序则要求，州的行为必须具有合法的目的并应以合理的方法来实现此目的。就本质而言，实体性的正当程序保护公民个体免于遭受政府对其公民生命权、自由权和财产权的侵害。

第十四修正案保护公民个体的权利以对抗州政府的非法侵害，因此私营机构，包括私立学校，通常不需要接受该修正案的约束。但是，如果州政府充分参与到私立学校的管理之中以至于私立学校的行为构成了"州政府的行为"，针对这些私立学校的政策和实践做法，当事人依据第十四修正案提起诉讼请求才能获得法院的支持。[40]

联邦法律

国会有权力制定法律，以将联邦宪法的立法目的转化为实践操作。法律反映了政府立法部门的意志，就理论而言，政府立法部门又是公民的民主代表。州对教育享有自治权，因此联邦政府要参与到公立学校的活动之中，就不能进行直接的控制，而是进行间接干预。

资助法律

早在联邦宪法颁布以前，国会就已经通过颁布联邦法律来影响公立教育了。国会在1785年和1787年颁布的法令规定，给那些维持公立学校的州提供土地，鼓励各州举办公立教育。然而，一直到20世纪中期，通过行使其根据公共福利原则而拥有财政支出的权力，国会才开始在促进有目的的教育改革中发挥重要的作用。

1965年颁布的《初等和中等教育法案》（Elementary and Secondary Education Act，ESEA）是一项最为全面的、规定了向学校提供资金资助的法律，该法律致力于为那些在经济上处于不利地位的学生实施补偿教育提供资金资助。《初等和中等教育法案》通过之后，联邦政府对教育的资助额翻了一倍，并且保持持续稳定增长；1981年，联邦政府的资助额达到了顶点，占教育总收入的9%以上。但是，这一比例在2000年下降到了7.3%。[41]

通过运用专项的资助法律及与此相配套的行政规章，国会和联邦行政机构对公立学校政策的形成以及实践活动产生了相当大的影响。每一个州或学区都具有选择权，它可以接受或拒绝联邦政府的此类资助。但是，如果州或学区接受了联邦政府的直接资助，联邦政府就有权力就联邦资金的使用订立指导性文件，并对州及地方教育行政机构进行监管以确保资金的合理使用。

在20世纪六七十年代期间，大量的、不同类别的联邦法律纷纷出台，为帮助学区实现平等的目标和达成其他全国性的优先目标，这些法律根据不同的类别为学区提供资金资助。比如说，1968年的《双语教育法案》（Bilingual Education Act）和1975年颁布的《残疾儿童教育法案》（Education for All Handicapped Children Act）[该法已经成为了1990年颁布的《残疾人教育法案》（Individuals with Disabilities Education Act）的一部分]就致力于为教育机构提供联邦资金，以帮助那些具有特殊需要的学生获得相应的教育服务。虽然，从20世纪80年代以来，国会开始转变拨款方式，一改过去那种严重依赖不同的类别发放联邦资助的局面，开始合并一些无附带条件的专项资助项目、降低资助的投入、减少那些以限制联邦资金使用为意图的规章，但是，针对经济状况不佳的学生、英语学习有障碍的学生以及残疾学生而施行的无附带条件的专项资助仍然被保留了下来。

2002年，乔治·W·布什总统签署了《不让一个孩子掉队法案》（No Child Left Behind Act），这是自1965年《初等和中等教育法案》颁布以来，影响最为广泛的改革法案。[42]该法案致力于改善公立学校的业绩,保证在落后学校学习的学生不会掉队。具体而言,该法案要求:州必须在阅读和数学两方面确立更高的学业责任标准,并对三年级到八年级的所有学生进行年度测验,以形成学生绩效考评系统。而且,对学生的考评数据会根据学生所属的群体被分别归入贫穷、民族、种族、残疾和英语熟练程度有限等不同的类别,以保证任何一个群体的学生都不会在学业上落后。如果学生入读的学校是该法第一章规定的、并且未能达到州的标准的学校,学生的家长就可以依据该法获得更大的选择权;如果学生们所就读的学校被认定为绩效不佳,学生们就有权利进入学区内更好的学校就读,包括进入学区内的特许学校就读;如果学生就读的学校始终处于落后地位(在持续的三年到四年时间里始终未能达到州的标准),学区就必须允许学生使用该法第一章所规定的资助资金以获取补偿教育服务(比如家庭教师、课后教育项目或暑假教育项目等),而补偿教育的提供者既可以是公立教育机构,也可以是私立教育机构。学生可以选择更好的学校入读,因此持续落后的学校不仅会失去联邦资金的资助,而且如果它们不能每年取得足够的进步,还将面临被重建的命运。

民权法律

除通过立法来为公立教育提供资助之外,国会还可以通过立法来阐明公民权利的范围。一般来说,州及地方教育机构有权利选择是否参加联邦教育资助项目,与此不同的是,所有的教育机构都必须遵循这些民权法律。联邦反歧视法律的基础来源于两个有区别的联邦权力渊源。大部分反歧视法律是为了执行宪法权力,因而具有广泛的适用性。而有一些反歧视法律则建立在联邦政府可以对联邦资金的使用进行限制这一权力基础之上,因此此类法律只适用于接受联邦资助的机构。大量的联邦机构负责监督民权法律的实行,可以对不遵守该法的受资助机构提起法律诉讼。依据民权法律,公民个体也可以提起个人诉讼以要求被告遵守民权法的规定,在一些情况下,公民还可以获得个人救济。

在19世纪后期,国会颁布了大量的法律以保护美国公民的权利,但这些法律很少成为法院诉讼争议的焦点。直到20世纪中期,情况才发生了改变。自20世纪60年代开始,当学校政策和实践做法侵害学生和教师受联邦法律保护的权利时,学生和教师就可以依据这些民权法律——尤其是依据《美国法典》第42节第1983条(42 U.S.C. Section 1983)的规定——获得救济。第1983条规定,不论何人依据州法律赋予的权力从事某种行为时侵害了公民个体受联邦宪法及法律保护的权利,受到侵害的公民个体有权提起损害赔偿(damages)诉讼。[43]尽管第1983条的规定并未赋予公民具体的实体权利,但在学校诉讼案件中,这一规定的意义重大,因为一旦学生或教师受联邦法律保护的权利受到学校管理者和学区的侵犯时,学生或教师个体就可以依据该规定获得损害赔偿。不过,如果在联邦法律中,国会并未明确表述出创造公民个体权利的意图,公民就不得以第1983条为依据提起个人诉讼。[44]此外,1866年的《民权法案》(Civil Rights Act)在1991年修订,依据修订的条款,公民在缔结和执行契约的过程中以及合同内容中都不得存在种族或民族歧视行为,联邦民权法律允许合同的一方对违约的另一方或多方提出补偿性和惩罚性损害赔偿(punitive damages)请求。[45]

自20世纪60年代以来,国会依次颁布了大量的民权法律。这些民权法律的的确确赋予了公民一些实体性权利,以保护他们免遭歧视。1964年《民权法案》第七条规定，雇主不得基于种族、肤色、性别、宗教信仰、出身国等因素而歧视雇员，这一规定在教育领域内引发了大量的相关诉讼。继1964年《民权法案》第七条之后，反歧视民权立法的典范当数1990年颁布的《美国残疾人法案》（Americans with Disabilities Act，ADA），该法案在雇佣和公共设施便利程度方面对残疾人提供了具体保护。同样，1967年颁布的《雇佣中的年龄歧视法案》（Age Discrimination in Employment Act）也保护40周岁以上的雇员免于遭受由年龄因素导致的雇佣歧视。其他的一些民权法律仅仅与参与了联邦资助项目的教育机构相关联，这些民权法律包括：1964年《民权法案》第六条的规定（禁止基于种族、肤色、出身国等因素而歧视他人）、1972年《教育修正案》（Education Amendments）第九章的规定（禁止对受教育者进行性别歧视）、1973年《康复法案》（Rehabilitation Act）（禁止歧视其他方面都合格的残疾人）以及1975年的《年龄歧视法案》（Age Discrimination Act）（禁止在联邦资助的项目或活动中进行年龄歧视）等。[46]在将这些联邦民权法律适用于教育案件时，法院通常要对这些法律及其规则进行解释。

除上述法律之外，还有一些联邦法律致力于对教育环境中的个体提供保护，并且赋予学校管理者一定义务。举例来说，《家庭教育权与隐私权法案》就授权给学生家长，使之能够看到他们自己的孩子在学校中的个人档案并保护这些个人档案的私密性。联邦法律还保护个体在研究项目中的权利，这些法律规定，如果要学生参加由联邦资助的、涉及特别敏感问题的精神病学或心理学测验、测试或治疗，学校就必须事先征得学生家长的同意。此外，在解释民权法律所提供的保护及保证教育机构遵从联邦法律规定方面，法院也扮演了非常重要的角色。

联邦行政机构

与州政府的情况相似，大量的联邦规章是由联邦行政机构颁布的。联邦教育办公室最初成立于1867年，并在1953年成为了联邦健康、教育和福利部的一个组成部分。1980年，联邦教育部成立；教育部部长是总统内阁的成员之一，由参议院提名，总统任命。

联邦教育部的主要职能是协调联邦参与的教育活动、确定全国性的教育需求、为满足这种全国性教育需求提出战略建议、对州及地方教育机构提供技术和资金支持。联邦教育部为执行资助法律而颁布的规章，对许多学校产生了巨大的影响。教育部会就拟颁布的规章征求公众的意见，而国会则会对这些规章进行审查以确保它们与立法的意图保持一致。教育部实施的规章很多，超过100种，涉及不同的项目，受惠对象从印第安学生到辍学生不等。由农业部、劳动部、国防部、司法部、健康和人类服务部来管理剩余的教育项目。

通过制定规章，大量的联邦行政机构影响了州和地方的教育政策。举例来说，民权办公室（Office for Civil Rights）和平等就业机会委员会（Equal Employment Opportunity Commission）审查了针对公立学校中的歧视而提起的诉讼，并将违反了民权法律的学区送上了法庭被告席。环境保护机构也对学校提出了与消除石棉和维护安全校园环境相关的要求。而学区一旦不遵守这些联邦规章，就要面临联邦政府停止对其进行资助的命运。

司法系统的功能和结构

同制定法和宪法一样,司法判决通常也被认为是教育法的一个主要渊源。早在1835年,亚历克西斯·德·托克维尔(Alexis de Tocqueville)就指出:"在美国,很少有什么政治问题是不可解决的,这一政治问题迟早都会变成一个司法问题。"[47] 不过,法院并不像立法部门那样制定法律;法院只使用恰当的法律原则以解决争议。所谓**普通法**(common law)和**判例法**就是指司法部门创造的法律原则,当相似的事实情节发生时,法院依据之前的判例对后续案件作出判决。

尽管宪法和制定法的大多数条款绝不会成为司法诉讼的主题,但不少条款仍然需要司法解释的澄清。因为联邦和州的宪法仅提供了一种宽泛的政策说明,并没有对具体的行为作出指导,所以在解释这些法律规定、裁决各种各样的学校政策和实践操作是否合法的过程中,法院发挥重要的作用。

最高法院在运用司法审查权时必须遵循一定的原则。法院不能审理假设性案件,也不能在非对抗的诉讼程序中就问题发表意见。一个真正的诉讼应该由合格的起诉方提起。案件的审理结果只有对当事人产生"真正的利害关系",诸如被指控的行为对当事人造成了负面的影响,当事人才能获得起诉的资格。

最高法院不会过早地使用宪法来解决问题;如果可以运用其他法律依据来解决争议,法院也不会使用宪法条款来解决此争议。当国会颁布的法案受到质疑时,法院总是致力于"确定可否从结构上对制定法加以调整以避免质疑"[48]。而在针对具体案件使用恰当的法律原则时,法院又总是遵守"遵循先例"原则(即遵循前期案件所作的判决),依据先例来处理案件。不过,法院偶尔也会推翻以前所发表的意见。

一旦诉讼被提起,初审法院就必须对案件进行审理,根据当事人所提供的证据来确定案件事实,然后针对所发现的案件事实使用法律原则,最终作出判决。如果一审判决被上诉,上诉法院必须接受一审法院所确定的案件事实,除非一审法院所发现的案件事实存在显著的错误。上诉法院只审查书面的证据,并不开庭询问证据审理案件。上诉法院可以接受一审法院所认定的案件事实,但它可以不同意一审法院对案件所得出的法律结论。如果出现了这种情况,案件通常会被发回原审法院,一审法院则根据上诉法院明确提出的恰当的法律原则,重新审理该案件。

除了个人诉讼[49],教育案件经常涉及集团诉讼(class action suit),集团诉讼指的是由具有相似状况的所有个体联合提起的诉讼。该诉讼如果确是集团诉讼,就必须符合民事诉讼法的要求(团体成员在同样的情况下遭受了相同的损害是构成集团诉讼的先决条件)。如果诉讼不能被合理地确定为是集团诉讼,且初始原告的状况发生了变化(比如说,在法院作出判决之前,学生就已经从学校毕业了),法院就会以无实际意义为由驳回起诉。因为在此案中,受到争议的行为已经不再对原告构成伤害了。

法院可以提供多种救济。在有些诉讼案件中,法院可以针对学校的行为颁发禁止令,强制学校管理者停止特定行为或取消他们之前对学生合法自由所作的限制。如果法院要发布诉前禁止令,就必须有证据表明根据案件的条件,原告极有可能在审判中获胜。司法救济也可以采用声明的形式,以表明特定权利必须受到尊重。此外,法院还可以判处个人救济,比如恢复原职及撤销学校档案中的相关材料。如果个体的权利被剥夺,法院还可以给予个体补偿性损害赔偿;如果这种剥夺行为故意侵犯个体的合法权利或者存在重大的过失，法院就会要求实施该行为的州公务员给予个体惩罚性损害赔偿。在特定情况下，法院还会将律师费奖励给胜诉方。

在解释宪法和制定法条款的过程中，法院形成了各种各样的标准以检验具体的行为是否违反了法律。法院创造的标准或"测试"非常重要，在一些案件中，这种标准或"测试"的影响范围好像已经超越了正在讨论的宪法或制定法条款最初的立法意图。以宪法和制定法的条款为准绳，评价各种诉讼主张的司法标准一直在不断地演化，法院也在不断修订这些司法标准。因为具有司法解释权，所以法院在法律的形成过程中占据了一个非常重要的地位。

不过，如果与学校相关的争议可以通过立法方式或行政途径来解决，法院就不会对此争议予以干预。最高法院强调，在涉及"争议了很久和难以解决的教育政策问题"时，司法机构"缺乏专业的知识和经验，所以，不应当过早地干预州及地方教育机构作出的有理有据的判断"[50]。针对那些在学校内部争议中受到侵害的个体，所有州的教育系统都为他们提供了一些不同形式的行政申诉程序。因此，很多学校争议是通过行政途径来解决的，它们并不会被提交到法院。在绝大多数情况下，法院一般要求，只有在行政救济手段穷尽时，当事人才可以提起法律诉讼。

在评价判例法的影响时，很重要的一点必须牢记在心：在法院的地理管辖范围之内，司法判决会被作为先例而在后续案件中得到应用。针对一个问题争议，有可能两个州的最高法院或两个联邦地区法院会作出相互冲突的判决，在它们各自的司法管辖区内，这种判决都可以成为先例，具有法律约束力。当然，只有联邦最高法院的判决才具有在全国适用的法律效力。

州法院

州法院是依据州宪法的规定而成立的，在不同的州，司法系统的结构差异很大。联邦法院只具有联邦宪法所赋予的权力，而与联邦法院相比，只要州法律不予限制，州法院可以审查各种类型的争议。州司法系统通常包括拥有一般审判权的初审法院、拥有特别审判权的法院和上诉法院。所有的州都有一个终审法院，如果当事人对州最高法院所作的判决不服，就只能向联邦最高法院提起上诉。

在绝大多数州，拥有最终审判权的法院被称为最高法院或最高司法法院。不过，纽约州和马里兰州的终审法院是上诉法院，而西弗吉尼亚州的终审法院则被称为最高上诉法院。在州司法系统中，最高法院的下一级通常被称为上诉法院或高等法院。拥有一般审判权的州初审法院则一般被叫作地区法院或巡回法院。但是，在纽约州，初审法院在它们各自所在的县里也被叫作最高法院。最常见的、拥有特殊审判权的法院是青少年法院、遗嘱纠纷法院、家庭关系法院以及小额诉讼法院。通常情况下，州法院的法官既可以由选举产生，也可以由州长任命。

联邦法院

依据联邦宪法第三部分第一条的规定，联邦最高法院得以建立，宪法还授权国会在需要的时候设立其他联邦法院。除拥有一般审判权的联邦法院之外，联邦法院系统还包括一些拥有特别审判权的法院，比如赔偿法院、税收法院和国际贸易法院。拥有一般审判权的联邦法院又可以分为三个层级：地区法院、巡回上诉法院和最高法院。在一州之内，要依据该州的人口来确定需要设立的联邦地区法院的数目。每一个州至少有一个联邦地区法院；许多州拥有两个或三个联邦地区法院；加利福尼亚州、纽约州和得克萨斯州则各自拥有四个联邦地区法院。联邦地区法院所做的审判一般由一个法官来主持。

就联邦上诉法院这一级的法院而言，全国被划分为12个地理巡回区，每一个巡回区都有它们自己的联邦巡回上诉法院。[51]第十三联邦巡回上诉法院有权审理全国范围内的、所有涉及特定内容（如关税、版权、专利、商标以及国际贸易等）的上诉案件。根据各自工作量的大小，各联邦巡回上诉法院配备3~15名法官。大多数联邦巡回上诉法院的判决是由法院陪审团作出的；在某些情况下，整个法院会对案件进行重审 [**全体法官出庭听审**（en banc）]。虽然联邦巡回上诉法院所作的判决只有在受该法院管辖的州才能产生法律约束力，但是这一判决会影响其他上诉法院处理相似的案件。联邦巡回上诉法院的司法管辖区域如下：

- 第一巡回上诉法院：缅因州、马萨诸塞州、新罕布什尔州、罗得岛州和波多黎各自由邦。
- 第二巡回上诉法院：康涅狄格州、纽约州和佛蒙特州。
- 第三巡回上诉法院：特拉华州、新泽西州、宾夕法尼亚州和美属维尔京群岛。
- 第四巡回上诉法院：马里兰州、北卡罗来纳州、南卡罗来纳州、弗吉尼亚州和西弗吉尼亚州。
- 第五巡回上诉法院：路易斯安那州、密西西比州、得克萨斯州和巴拿马运河地区。
- 第六巡回上诉法院：肯塔基州、密歇根州、俄亥俄州和田纳西州。
- 第七巡回上诉法院：伊利诺伊州、印第安纳州和威斯康星州。
- 第八巡回上诉法院：阿肯色州、艾奥瓦州、明尼苏达州、密苏里州、内布拉斯加州、北达科他州和南达科他州。
- 第九巡回上诉法院：阿拉斯加州、亚利桑那州、加利福尼亚州、爱达荷州、夏威夷州、蒙大拿州、内华达州、俄勒冈州、华盛顿州和关岛。
- 第十巡回上诉法院：科罗拉多州、堪萨斯州、新墨西哥州、俄克拉何马州、犹他州和怀俄明州。
- 第十一巡回上诉法院：亚拉巴马州、佛罗里达州和佐治亚州。
- 特区巡回上诉法院：华盛顿特区。[52]
- 联邦巡回上诉法院：对特别诉讼案拥有全国审判权。

联邦最高法院当然是国家最高法院，在此之上，再无可上诉的法院。在解释联邦宪法的保护规定时，联邦最高法院拥有最终的解释权，这是一个被严格确立的惯例。[53]如果联邦最高法院判决某种具体的实践做法违反宪法（比如，故意进行学校隔离），则这一司法判决就可以适用于全国。不过，如果联邦最高法院判决某种特定的行为并不违反宪法的保护原则（比如，公立学校之中的体罚行为），州和地方教育委员会仍然拥有自由裁量权，可以对此行为进行限制。在后一种情况下，各州的司法管辖权不一样，因此各州对此行为的法律要求差异很大。

正如前面所讲到的，如果法院将某一法律条款解释为违背了该条款的立法意图，立法机构就会对该法律条款进行修订以澄清其立法目的。作为对联邦最高法院所作判决的回应，国会颁布了大量的民权法律。[54]然而，立法机构并不具有与解释

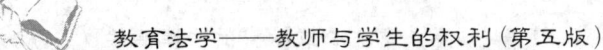

宪法相关的裁量权。如果联邦最高法院裁定某部联邦法律与联邦宪法的特定条款相冲突，则这一法律就是无效的，要想使这部法律有效力，唯一的办法就是修订宪法。

在州政府作为当事一方或者涉及国家大使及其他公共部门部长的案件中，联邦最高法院拥有初审管辖权。对其他以宪法或州法为依据的案件，或者发生在州和州之间、原被告双方在不同州的案件，联邦最高法院拥有上诉管辖权。[55]联邦最高法院一年大约处理5 000多件案件，但就争议的问题发表书面意见的不到总数的5%。法院通常的裁定是，案件的主题不适合或意义不够重大，因而不需要由最高法院进行审查。如果最高法院决定受理某个案件，则至少需要四名法官的同意；如果最高法院拒绝受理某个案件（发布拒绝受理的移送命令书），并不代表最高法院认同下级法院的初审判决。因为联邦最高法院有权力决定审理哪些案件，所以大多数未被最高法院选择的案件会留给下级法院进行审理。因此，有关学校争议所形成的先例大都来源于联邦巡回法院或州最高法院；而且，这些先例会因为来源于不同管辖区域的法院而有所不同。

如果个体受联邦法律所保护的权利受到了侵害，他并不需要穷尽行政救济手段就可以提起法律诉讼。但有一些联邦法律规定，在提起诉讼之前，当事人必须遵循一定的行政程序以寻求救济。州法院可以审理有关联邦法律问题的诉讼，而联邦最高法院则可以审查州法院对联邦法律权利所作的解释。这种情况下，当事人可以选择向联邦法院或向州法院提起法律诉讼。不过，如果当事人所提的诉讼请求被州法院否决了，他就不能再就同一问题向联邦法院提起诉讼。实际上，如果州法院已经对某一问题作出了判决或当事人已经就此问题向州法院提起了诉讼，当事人就不得就此问题再向联邦法院提起诉讼。

司法趋势

传统上，联邦法院并不审理教育问题。在1954年以前，联邦法院所处理的与教育有关的案件还不到300件。[56]然而，从奠基性的"取消种族隔离案"——1954年的**布朗诉托皮卡市教育委员会案**（Brown v. Board of Education of Topeka）[57]判决之后，联邦法院开始在处理教育争议方面承担了重要的角色。到1970年，法院已经被视为影响社会政策的重要工具。在20世纪70年代，对学校所提起的法律诉讼超过了以往70年的总和。[58]自20世纪60年代以后，法院几乎涉足了教育事务的方方面面。大多数司法干预是为了保护公民个体的权利和维护少数种族群体的平等。

到20世纪70年代，就数量而言，联邦法院所处理的、与学校相关的诉讼案件已经达到了一个顶点。从那以后，在大多数领域（比如，雇佣领域、学生纪律处分领域等），除了那些涉及州与政府之间关系、特殊需要学生权利的法律诉讼，与学校相关的联邦诉讼案件的数量都一直呈稳定状态或有轻微的降低。不过，1980年以来，有关特殊需要学生的法律诉讼案件数量的增长速度是非常惊人的。

在过去的20年里，联邦法院的态度发生了显著的转变。20世纪60年代及70年代初期，联邦法院扩大了宪法的保护范围，并将宪法适用于生活在教育环境下的个体。但是，自从20世纪80年代以后，联邦司法部开始对立法机构和行政机构的裁决表现得更为尊重，也不再像以往那样频繁地扩展民权法律的适用范围，这种尊重促进了各州和地方标准的多样化。一般来说，如果联邦最高法院依据宪法否决教育机构的某种实践做法，那么这种司法标准就会在全国范围内变得更为统一；相反，如果法院听从地方教育委员会的做法，所确立的司法标准就是多种多样的，能够反映不同地方的观点。如果联邦法院继续展现出克制的态度，就会出现激烈的政策性争论，因为政策制定者们不得不抓住那些先前可以通过司法途径来解决的问题不放、争论不休。

在威廉·H·伦奎斯特（William H. Rehnquist）担任美国最高法院首席法官期间，最高法院表现出了强硬的"联邦主义"倾向，对联邦政府与州政府之间的权力平衡进行了重新界定。尽管最高法院的两派法官在这一问题上存在很大的分歧，最高法院的判决还是对州的豁免权予以了强化，最高法院判定，除非国会为了贯彻第十四修正案而通过立法废除州的豁免权，否则联邦法院将不会受理针对州提起的联邦法律诉讼。而且，国会的意图在联邦法律中应该是鲜明的，国会的立法是为了保护未受到平等保护的弱势群体免于遭受州行为的侵害。举例来说，在最近发生的数起案件中，法院认为，国会依据《雇佣中的年龄歧视法案》[59]和《美国残疾人法案》[60]对州政府施加义务的做法超越了国会的职权范围。这些法案并不涉及未受到平等保护的弱势群体，颁布这些法案的目的也不是针对州政府做出的无理性的雇佣歧视行为。尽管新"联邦主义"限制以州为被告提起法律诉讼，但是学区不能因此享有豁免权，除非依据第十一修正案，学区被认为是州的一个分支机构。[61]

在形成教育政策的过程中，法院是否有能力扮演关键角色？由法院来扮演这种关键角色是否合法？对这些问题的争论可能还要继续下去。但毫无疑问的是，法院确实影响学校政策的制定。尽管联邦诉讼案件的数量在一定程度上减少了，但与其他国家相比，美国学校诉讼案件的数量仍然相当巨大，远远超过其他国家。

结　论

美国的公立教育受一套复杂的规则体系的管理，该规则体系由宪法条款、制定法、机构规章和法院判例构成。自20世纪中期以来，与学校相关的立法不论在数量上，还是在复杂性上都得到了显著的增长，法院则在解释法律和宪法的过程中扮演了重要的角色。虽然任何一个层级要制定规章都必须与更高一级的规章保持一致，但教育管理者和教师在他们具体的管辖范围内仍然保有相对大的制定规则和程序的权力。只要教育者的行为合理且不会侵犯其他人受法律保护的权利，即使教育者的行为受到质疑，也会得到法院的支持。

不过，学校人员不得对其非法行为作"无知"抗辩。[62]因此，教育者应该意识到，他们的规则制定权并不是不受约束的，他们制定的规则应该与学校委员会的政策、联邦和州的制定法及宪法的规定保持一致。在之后的章节中，我们将致力于阐释在学校日常生活中影响学生和教师的主要法律原则。

注　释

[1] National Center for Education Statistics, *Overview of Public Elementary and Secondary Schools and Districts: School Year 1999—2001* (Washington, DC: U. S. De-

partment of Education, 2001) (http: // necs. ed. gov/pubs2001/overview/# 2).

[2] United States v. Darby, 312 U. S. 100, 124 (1941).

[3] Tinker v. Des Moines Indep. Sch. Dist., 393 U. S. 503, 507 (1969).

[4] 州法可以就学区边界的变化进行限制,参见 State v. Bd. of Educ., 741 S. W. 2d 747 (Mo. Ct. App. 1987) (该案中,法院认为,对那些受到学区边界变化影响的选民而言,密苏里州的法律是在强迫他们赞同学区边界的变化)。

[5] 参见 National Center for Education Statistics, *Overview of Public Elementary and Secondary Schools and Districts*: *School Year 1999—2001* (Washington, DC: U. S. Department of Education, 2001) (http: //necs. ed. gov/pubs2001/overview/# 2); John Ericson and Debra Silverman, *Challenge and Opportunity*: *The Impact of Charter Schools on school Districts* (Washington, DC: Office of Educational Research and Improvement, June 2001).

[6] *Chater School Highlights and Statistics* (Center for Education Reform, 2002) (http: //edreform. com/pubs/chglance. htm).

[7] State *ex rel*. Miller v. Bd. of Educ., 511 P. 2d 705 (Kan. 1973).

[8] Girard Sch. Dist. v. Pittenger, 392 A. 2d 261 (Pa. 1978).

[9] Wilt v. Ohio Stare Bd. of Educ., 608 F. 2d 1126 (6th Cir. 1979).

[10] State v. Whittle Communications & Thomasville City Bd. of Educ., 402 S. E. 2d 556 (N. C. 1991), *reh'g denied*, 404 S. E. 2d 878 (N. C. 1991); 参见本书第 4 章第 36 条注释所对应的正文。

[11] 参见 Botti v. S. W. Butler County Sch. Dist., 529 A. 2d 1206 (Pa. Commw. Ct. 1987); Eisbruck v. N. Y. State Educ. Dep't, 520 N. Y. S. 2d 138 (Sup. Ct. 1987).

[12] 大约有 600 个特殊学区是由州或联邦机构运营的。National Center for Education Statistics, *Overview of Public Elementary and Secondary Schools and Districts*: *School Year 1999—2001* (Washington, DC: U. S. Department of Education, 2001), 图表 2 (http: //necs. ed. gov/pubs2001/overview/# 2)。

[13] 在一些城市,教育委员会的成员是由市长任命的。不过,也有一些州,比如弗吉尼亚州,地方教育委员会的成员是由其他机构任命的,如城市委员会、县监督委员会或由地方巡回法院法官所选择的某个委员会等。参见 Irby v. Va. State Bd. of Elections, 889 F. 2d 1352 (4th Cir. 1989)。该案中,法院认为,州政府在任命地方教育委员会成员时,所采用的方法并不构成故意歧视。又见 Vereen v. Ben Hill County, Ga., 743 F. Supp. 864 (M. D. Ga. 1990)。该案被驳回,法院认为,佐治亚州立法当局之所以将选择县教育委员会成员的权力赋予陪审团,是出于种族歧视方面的原因。

[14] Hadley v. Junior Coll. Dist., 397 U. S. 50 (1970).

[15] 42 U. S. C. § 1971, *et seq*. (2002)。《美国法典》第 1973 条指出,"不应该施加或适用任何限制条件或程序……以种族方面的原因为依据进行投票……如果以这种方式来进行投票,投票结果将被法院否认或被法院认为侵害了某种权利";参见 Johnson v. Desoto County Bd. of Comm'rs, 204 F. 3d 1335 (11th Cir. 2000); Clark v. Calhoun County, Miss., 88 F. 3d 1393 (5th Cir. 1996); Blytheville Sch. Dist. No. 5 v. Harvell, 71 F. 3d 1382 (8th Cir. 1995)。又见 Reno v. Bossier Parish Sch. Bd., 528 U. S. 320 (2000)。法院判决认为,依据《联邦选举权法案》有关侵害选举权部分第 5 条的规定,法律并不禁止司法部以事先批准的方式更改选举区的选举方案。相较于被替代的选举方案,只要新出台的选举方

案能够更好地保护少数人的选举权,而非进一步削弱他们的投票权,则更改选举区的做法就会得到法院的支持;相反,如果新出台的选举方案做不到这一点,受该方案所侵害的选民就可以依据《美国法典》第42节第1973条的规定向法院提起诉讼。

[16] Bush v. Vera, 517 U. S. 952(1996); Shaw v. Hunt, 517 U. S. 899 (1996).

[17] 参见 Cannon v. N. C. State Bd. of Educ., 917 F. Supp. 387 (E. D. N. C. 1996)。法院认为,以种族为基准,为选举出单一种族的委员会成员而刻意调整选举区的做法侵害了选民的平等保护权。

[18] 参见 *In re* Kansas City Star Co., 73 F. 3d 191 (8th Cir. 1996)。法院认为,在奉行种族隔离主义的学校委员会或董事会中,举行封闭会议的做法并不违反密苏里州的"阳光方案"。Connelly v. Sch. Comm., 565 N. E. 2d 449 (Mass. 1991)。法院认为,根据马萨诸塞州"公开会议方案"的规定,学校委员会必须在公开会议上甄选校长,但是可以通过非公开会议挑选校长候选人。

[19] 近些年来,诸如教育选择公司 (Education Alternatives, Inc., EAI) 以及爱迪生计划公司 (the Edison Project) 在内的许多教育公司纷纷通过合同来管理公立学校,因而引起了公众的广泛关注。但是,也有许多公司,诸如希尔瓦学习系统 (Sylvan Learning Systems)、不列颠学习中心 (Britannica Learning Centers) 以及伯利兹语言学校 (Berlitz Language Schools) 等教育公司通过与公立学校签订附条件的合同,来为公立学校的学生提供特殊训练或专门的教育服务。参见 Catherine Gewertz, "Takeover Team Picked in Philadelphia," *Education Week*, vol. 29 (April 2, 2002), pp. 1, 20, 21; Martha McCarthy, "Privatization of Education: Marketplace Models," B. Jones (Ed.), *Educational Administration: Policy Dimensions in the Twenty-First Century* (Greenwich, CT: Ablex, 2000), pp. 21-40).

[20] 参见 New York City Sch. Bds. Ass'n v. Bd. of Educ., 347 N. E. 2d 568 (N. Y. 1976)(地方教育委员会通过设置两个长达45分钟的休息期间,缩短了学区教学周的学时); Morgan v. Polk County Bd. of Educ., 328 S. E. 2d 320 (N. C. Ct. App. 1985)(延长了学校日教学时和学期)。如果州法对此有专门规定,则地方委员会必须遵循州法的规定。参见 Johnston v. Bd. of Trustees, 661 P. 2d 1045 (Wyo. 1983)(法院认为,由于州法规定,一个学年的教学天数为175天,因此学区将一周的教学工作压缩到4个工作日的做法是违法的)。

[21] 参见 Herndon v. Chapel Hill-Carrboro City Bd. of Educ., 89 F. 3d 174 (4th Cir. 1996); Steirer v. Bethlehem Area Sch. Dist., 987 F. 2d 989 (3rd Cir. 1993); 参见第3章第82条注释所对应的正文。

[22] Bd. of Educ. v. Rockaway Township Educ. Ass'n, 295 A. 2d 380 (N. J. Super. Ct. Ch. Div. 1972).

[23] Bunger v. Iowa High Sch. Athletic Ass'n, 197 N. W. 2d 555 (Iowa 1972).

[24] Pittman v. Chi. Bd. of Educ., 64 F. 3d 1098 (7th Cir. 1995); 参见第8章第92条注释所对应的正文; 又见 Fumarolo v. Chi. Bd. of Educ., 556 N. E. 2d 1283 (Ill. 1990)(针对不同等级的委员会成员设定附加条件以控制合格选举人的做法被法院所否决)。依据1991年的法律修正案,教育委员会中的教师代表由教育委员会和校长任命,而且在选举教育委员会成员时,学区范围内的所有成年居民以及不住在学区之内的学生家长均享有选举权。

[25] Bd. of Educ. v. Bushee, 889 S. W. 2d 809 (Ky. 1994)。参见 Charles Russo, "School-Based Decision Making Councils and School Boards in Kentucky: Trusted Allies or Irreconcilable Foes?" *Education Law*

Reporter, vol. 97 (1995) pp. 603-617).

[26] Bd. of Educ. v. Fernandez, 601 N. Y. S. 2d 56 (1993). 又见 Lavelle v. Quinones, 679 F. Supp. 253 (E. D. N. Y. 1998). 法院认为, 校长被指控行为不当, 因此纽约市教育总长有权力禁止社区学校委员会将该校长作为社区学监的候选人。

[27] 参见第8章第27条注释所对应的正文。

[28] San Antonio Indep. Sch. Dist. v. Rodriguez, 411 U. S. 1 (1973). 依据联邦宪法, 联邦政府对教育事宜并不具有任何明示或暗示的基础性权利。

[29] Cooper v. Aaron, 358 U. S. 1, 19 (1958).

[30] Helvering v. Davis, 301 U. S. 619, 641 (1937).

[31] 参见上个注释的案例；United States v. Butler, 297 U. S. 1 (1936); United States v. Gettysburg Elec. Ry. Co., 160 U. S. 668 (1896).

[32] *Helvering*, 301 U. S. at 644-645.

[33] 参见《儿童互联网保护法案》(Children's Internet Protection Act), H. R. 5666 §1721; 20 U. S. C. §9134 (f) (2002); 47 U. S. C. §254 (h) (5) (2002), 该法案规定, 受联邦资金资助的图书馆和学校必须在内部网络中安装互联网筛查软件, 以阻止儿童接触互联网上的不良资讯。在2002年的一起案件中, 宾夕法尼亚州联邦地区法院认为, 图书馆的行为违反了受第一修正案所保护的图书馆资助人的权利, 因此驳回了图书馆的诉讼请求。Am. Library Ass'n v. United States, 201 F. Supp. 2d 401 (E. D. Pa. 2002) **选择性管辖案件**, 123 S. Ct. 551 (2002).

[34] 469 U. S. 528 (1985).

[35] Nat'l League of Cities v. Usery, 426 U. S. 833 (1976). 在国会尚未针对公立学校教师出台全国性的集体谈判法之前, 该案所确立的判例导致联邦法律无法适用于公共雇佣领域。参见第12章第19条注释所对应的正文。

[36] 在有关公民个体自由的条款尚未达成一致之前, 许多最初成立的州都没有批准联邦宪法。参见 Robert Rutland, *The Birth of the Bill of Right*, 1776－1791 (Chapel Hill, NC: University of North Carolina Press, 1955), 该书的第7章和第8章就如何将"权利法案"适用于州政府行为进行了讨论, 参见本章第39条注释所对应的正文。

[37] Camara v. Mun. Court of City and County of S. F., 387 U. S. 523, 528 (1967).

[38] 参见本章第52条注释。

[39] 参见 Cantwell v. Connecticut, 310 U. S. 296, 303 (1940); Gitlow v. New York, 268 U. S. 652, 666 (1925).

[40] 参见 Rendell-Baker v. Kohn, 457 U. S. 830 (1982); Burton v. Wilmington Parking Auth., 365 U. S. 715 (1961). 又见 Brentwood Acad. v. Tenn. Secondary Sch. Athletic Ass'n, 531 U. S. 288 (2001). 法院认为, 州运动员协会管理着公立学校以及私立学校之间的校际运动和其他竞赛活动, 其职能与州学校官员的职能相混合, 因此州运动员协会可以被视为州政府的代理人。

[41] National Center for Education Statistics, *Revenues and Expenditures for Public Elementary and Secondary Education* (Washington, DC: U. S. Department of Education, 2002) (http://necs.ed.gov/pubs 2002/20002367).

[42] 20 U. S. C. §6301 *et seq*. (2002).

[43] 依据《美国法典》(2002版)第42节第1983条的规定, 教育委员会和学校官员被视为"法人", 参见第11章第209条注释所对应的正文。

[44] 参见 Gonzaga Univ. v. Doe, 536 U. S. 273 (2002). 法院认为, 国会并无意图通过《家庭教育权与隐私权法案》(Fam-

ily Education Rights and Privacy Act）创造可执行的、隐秘的权利，参见第3章第166条注释所对应的正文。

[45]《美国法典》（2002版）第42节第1981条。1991年的《民权法案》（Pub. L. 102-166）扩大了《美国法典》第1981条的保护范围，并对几项民权法律予以强化。

[46] 1987年的《民权复原法案》（The Civil Rights Restoration Act），20 U. S. C. § 1681（2002），这两个法律规定，只要教育机构的任何一个项目获得了联邦资金的资助，则正文中所提到的四项法律均需适用于该教育机构。该法的订立是为了回应最高法院所作出的、结论相反的判例，请参见 Grove City Coll. v. Bell, 465 U. S. 555 (1984)。

[47] Alexis de Tocqueville *Democracy in America*, rev. ed. (New York: Alfred A. Knopf, 1960), vol. 1, p. 280.

[48] Crowell v. Benson, 285 U. S. 22, 62 (1932)。又见 Ashwander v. Tenn. Valley Auth., 297 U. S. 288, 348 (1936), (Brandeis, J., concurring)。

[49] 绝大多数教育案件涉及民事诉讼，大多是由个体所提起的、受他人侵害所产生的损害赔偿诉讼。由于侵害行为损害了当事人受法律保护的权利，因此此类民事诉讼所提出的诉讼请求通常涉及损害赔偿或要求侵权人停止侵害行为。相反，刑事诉讼是从维护社会公共利益、惩治犯罪者的角度提起的，比如违反义务教育法有关强制入学规定的行为就属于刑事诉讼处理的范畴。

[50] San Antonio Indep. Sch. Dist. v. Rodriguez, 411 U. S. 1, 42 (1973).

[51] 1981年，第五巡回法院分成了第五巡回法院和第十一巡回法院。①

[52] 华盛顿特区拥有属于本特区的联邦地区法院和巡回上诉法院，并且这些法院只适用联邦法律。

[53] 参见 Marbury v. Madison, 5 U. S. (1 Cranch) 137 (1803).

[54] 参见本章第46条注释。

[55] 参见本书第11章第214条注释所对应的正文，如果公民个体依据联邦法律对州政府提起法律诉讼，则此类诉讼要符合第十一修正案所设定的限制条件。

[56] John Hogan, *The Schools, the Courts, and the Public Interest* (Lexington, MA: D. C. Heath, 1985), p. 11.

[57] 347 U. S. 483 (1954).

[58] William Bennett, "Excessive Legalization in Education," *Chicago Daily Law Bulletin* (February 22, 1988), p. 2.

[59] Kimel v. Florida Bd. of Regents, 528 U. S. 62 (2000).

[60] Bd. of Trustees v. Garrett, 531 U. S. 356 (2001).

[61] 参见本书第11章第217条注释所对应的正文。

[62] 参见 Wood v. Strickland, 420 U. S. 308 (1975).

---

① 因此，全国一共有13个联邦巡回上诉法院。——译者注

第2章

教会与州的关系

要确定政府与宗教之间的恰当关系并非易事,这一问题在美国引发了大量的实质性法律争议。自20世纪中期开始,学校为一些最激烈的争议提供了一个战场。在这一章中,针对教会与州的关系,我们将论述以下内容:宪法对此问题的一般规定;相关法律活动的演化;围绕教育问题,目前教会与州的关系状况。

宪法框架

联邦宪法第一修正案规定:"国会不得确立国教或禁止宗教活动。"尽管这一修正案只针对联邦政府的行为,但1868年通过的第十四修正案却明确限制州的行为以保护公民的个体权利。到20世纪,联邦最高法院认识到,第十四修正案之中所包含的"自由"这一基本概念是通过第一修正案来具体体现的,因为第一修正案保护公民免受州非法侵害的权利。[1]管理教育主要是州的职能,因此绝大多数与学校有关的、教会与州的关系争议必须根据第十四修正案才能提起法律诉讼。

宪法专家一直在热烈地争论,立法者在宪法第一修正案中制定"不立国教和宗教自由"条款的意图究竟是什么?是为了将公民事务与宗教事务分离开来呢,还是仅仅为了禁止宗教歧视和防止政府扶持某种特定的宗教?尽管看起来,这一争论很可能会继续下去,但联邦最高法院负有进行最终的司法解释的责任。大多数管理教会与州的关系的宪法性法律产生于第二次世界大战之后;同时,依据"不立国教和宗教自由"条款,法院也制定了相应的司法标准以评判教会与州的关系;这些司法标准与保护公民言论自由的法律规定之间相互影响、相互作用,至今仍然不断发生着变化。

第一个与"不立国教"条款相关的重要判决是**埃弗森诉教育委员会案**(Everson v. Board of Education)。1947年在审理该案的过程中,联邦最高法院审查了第一修正案的发展历史并且裁定认为,"不立国教"条款(结合第十四修正案,适用于州的行为)意味着:

> 不论是州政府,还是联邦政府,两者都不得建立教会;不得资助一种宗教或所有宗教,也不得偏宠某种宗教……不论是州政府,还是联邦政府,两者都不得以公开或秘密的方式参与任何宗教组织或宗教团体的事务;反之亦然,任何宗教组织或宗教团体的人员也不得以公开或秘密的方式参与政府事务。按杰弗逊的话来说,制定"不立国教"条款的意图就在于"要在教会与国家之间建

立一座分离之墙"。[2]

但是，这种"分离之墙"是否能够成为指导教会与州关系的标准呢？这一问题引起了很大的争论。尽管"分离之墙"这一用语并非出自宪法第一修正案，但自**埃弗森案**判决之后，在超过30年的时间里，联邦法院一直在广泛地使用杰弗逊的"隐喻"[3]。在此期间，"不立国教"条款似乎要比"宗教自由"条款更受重视。大多数法庭支持道格拉斯大法官的意见："毫无疑问，第一修正案反映了要将教会与州分离开来的理念……这种分离应该是完全且清晰的。"[4]

在1971年的**莱蒙诉库兹曼案**（Lemon v. Kurtzman）中，联邦最高法院首次设立了三条标准以审定那些有关"不立国教"条款的法律诉讼。[5] 政府的行为必须经得起"莱蒙测试"标准的严格检验：（1）实施该行为的目的必须是世俗性的；（2）该行为不得带来妨碍或促进宗教的后果；（3）该行为不能使政府过度地卷入宗教事务中。直到1992年以前，这个三维的测试标准一直适用于依据"不立国教"条款而提起的学校法律诉讼。[6] 但是，现今的大多数法官都对此测试标准表达了不满意见。[7] 在联邦最高法院最近审理的有关"不立国教"条款的法律诉讼中，也很少适用"莱蒙测试"标准，这一点非常引人注目。看起来，那些支持教会与州分离的观点似乎已经式微了，即使在"分离主义"理论曾经赢得巨大支持的学校案件中也是如此。

目前联邦最高法院的一些法官，尤其是大法官奥康纳[8]，偏爱采用"赞同标准"（endorsement standard）。依据此标准，如果一个客观的观察者认为，政府行为具有支持或反对某一宗教的目的或能够产生类似的影响，则法院就会判定该政府行为非法。[9] "赞同标准"不像"分离主义"标准那样严格。此外，还有的法官偏爱采用"强制测试"（coercion test）标准，依据此标准，如果政府以直接或非直接的方式强制公民个体表明自己的信仰问题，则法院就会判定该政府行为非法。[10] 相比较而言，"赞同标准"要比"强制测试"标准更容易证实政府的行为违反了"不立国教"条款。但是，不论是"赞同标准"，还是"强制测试"标准，都侧重于保护公民个体的权利，而不太关注教会与州相结合可能产生的社会危害。[11] 看起来，联邦最高法院并不想用一个新标准或组合几种标准来代替"莱蒙测试"标准，而是倾向于继续根据每一案件的具体情况采用不同的测试标准。而一些下级法院则试图覆盖所有的法律依据、采用组合标准以审查州政府的行为，这种组合标准包括三维的"莱蒙测试"标准、"赞同标准"和"强制测试"标准。[12]

"不立国教"条款主要适用于指控政府的行为促进了某种宗教，而"宗教信仰自由"条款则主要适用于指控政府所颁布的世俗性规章对宗教产生了某种压倒性的影响。在违反"不立国教"条款的案件中，政府的行为本身是否具有合法性是案件争议的焦点；但是，在涉及"宗教信仰自由"条款的案件中，公民个体通常既承认政府的规章具有世俗性，同时又主张该政府规章对其行使宗教信仰自由增加了负担。

在评判政府行为是否侵犯"宗教信仰自由"条款时，传统上法院会使用一个平衡测试。该测试分为两个步骤：第一步，法院要评估，受虔诚和合法的宗教信仰的指引，公民个体所形成的习惯是否受到了政府行为的妨碍？如果政府行为确实对公民个体的宗教习惯造成了妨碍，妨碍的程度又如何？如果这种妨碍是实质性的，就

要进入第二步,法院要评判政府采取这种行为是否基于某种压倒性的利益。即使有证据表明政府采取这种行为是基于某种压倒性的利益,法院还是期望政府在达到目标的过程中采取恰当的方法,尽可能少地妨碍公民的宗教信仰自由。

有关"宗教信仰自由"条款的、最有意义的学校案件是**威斯康星州诉约德案**(Wisconsin v. Yoder)。在此案中,在阿米希派①儿童成功完成八年义务教育的情况下,联邦最高法院免除了他们继续接受义务教育的义务。[13]尽管最高法院指出,确保公民接受教育是州的重要职能,但最高法院仍然认为,学生的父母有权利行使他们的宗教信仰自由权,这种宗教自由权要重于州政府强制阿米希派儿童继续留在学校里以完成剩余的两年正规义务教育的公共利益。最高法院宣布:"州有权利要求公民普遍接受教育,尽管我们高度尊重这种权益,但这种权益并不是不受约束的。当这种权益侵害公民个体的基本权利和利益时,我们就要对这两种利益进行平衡。"[14]不过,法院告诫道,此判决只适用于阿米希人。因为阿米希人生活在一个隐居性的农耕社区里,而不是生活在主流的美国社会之中,他们为自己的孩子提供了一种结构化的职业项目以帮助这些孩子更好地适应当地社区的生活,所以阿米希人的孩子可以不必继续完成剩余的义务教育。

在1990年的一个案件中,联邦最高法院对**约德案**中的平衡测试原则进行了调整,裁定州政府可以在刑事法律中对公民的信仰自由施加限制,并认为州政府在为该部法律进行辩护时没有必要证明自己具有压倒性的利益。[15]在此案中,两名雇员参加了一个印第安宗教组织所举行的宗教仪式,并在此仪式上吸食了用皮约特仙人掌制成的麻药。事后,两名雇员因此非法行为而被辞退,随后又被拒绝支付失业保险。为了将此案区别于**约德案**,法院多数意见认为,**约德案**涉及的是相互纠缠的公民宗教自由权利和家长权利,而本案并不属于这种"混合"状况。最终法院判决,该部合法的刑事法律禁止公民吸食麻药的特定行为,因此公民个体不得以"宗教信仰自由"条款为依据作为自己不遵守该部刑事法律的理由。[16]

针对有关"不立国教"条款和"宗教信仰自由"条款的法律诉讼,法院不仅会使用不同的测试标准,还会对受到侵害的公民采用不同的救济措施。如果政府的活动违反"不立国教"的条款,即属于违宪,其活动必须停止。如果政府的行动违反了"宗教信仰自由"条款,法院并不会要求政府清除某项世俗性政策或项目,但会要求政府为公民提供方便以使他们能够行使各自的宗教自由权。

围绕州与教会之间的关系所产生的法律争议是令人头疼的,同样的案情,分别以"不立国教"条款和"宗教信仰自由"条款为依据,可以提出相互矛盾的诉讼请求。原因在于,"法律以一种不容置疑的措辞来表述这两种原则(即'不立国教'条款和'宗教信仰自由'条款),然而这两种原则中的任何一种如果发展到逻辑的极致,都会与另一种原则发生碰撞"[17]。如果相关案件还涉及"言论自由"条款,则当事各方的争议会更加复杂,这种情况在最近的案件中非常常见。[18]如果州政府机构为公民行使宗教自由权和言论自由权提供方便,会被解释为是促进宗教发展,也就违反了"不立国教"条款;相反,如果过分热心、防止州政府机构组织宗教活动,又会侵害公民受"宗教信仰自由"条款和"言论自由"条款所保护的权利。在法律诉讼中,评判宗教在公立学校之中的角色以及政府与教会学校之间的关系时,

---

① 阿米希派:Amish,门诺派(Mennon)中的一个支派。——译者注

由于第一修正案规定的各项原则之间相互对立，法院的工作变得复杂了。

宗教对公立学校的影响

从殖民时期开始一直到20世纪中期，散发、使用宗教材料（主要是基督教中的新教）并举行宗教仪式是美国公立学校中非常流行的做法。但是，到了20世纪60年代早期，联邦最高法院作出了两个重要的先例性判决，禁止公立学校组织学生进行每日祷告及诵读《圣经》。法院认为，此类学校行为促进了宗教，因而违反了"不立国教"条款。[19] 不过，法院指出，如果学生自愿参加宗教活动则不属于违宪。事实的关键在于，学生的每日短祷活动是在公立学校的组织下进行的，这就违反了第一修正案。这两个判决"将分离主义强而有力地注入到了政治文化之中"，引起了公众的抗议和国会的反应。[20]

虽然有许多立法活动试图将宗教活动带回到公立学校之中，但法院随后的一系列判决沉重地打击了这种立法企图。在这一系列案件中，有的州法号召，公立学校教师或学生进行自愿的口头祷告；有的教育委员会试图允许学生在学校集会上领导和组织祷告；还有的州默许由教师来发起学校的短祷活动。结果，联邦上诉法院否决了这些法律和实践做法，而联邦最高法院要么在维持上诉法院原判的同时没有发表意见，要么拒绝审查上诉法院的判决。[21] 同样，在一起案件中，第六巡回法院也裁决，在教育委员会会议上进行的祈祷并不是法律基于传统所允许的合法祈祷[22]，因为这种祈祷会对参加委员会会议的学生产生潜在的强制影响，等同于是在学校工作日之内的祈祷，是非法的。[23] 而第五巡回法院则在两个案件中分别判决，学区允许雇员组织或鼓励学生在课程教学及课外活动之中进行祈祷的行为[24]，以及立法机构将《路易斯安那州静默祷告法》（Louisiana's silent prayer law）中**静默**一词删去的做法[25]，都违反了"不立国教"条款。在后一个案件中，上诉法院指出，明白的语言以及《路易斯安那州静默祷告法》的立法历史可以证明，立法机构对此法进行修订的唯一目的就是想在公立学校中恢复口头祷告。上诉法院认为，受争议的实践操作与州政府施加的祷告活动并不存在任何宪法性的差异，依据"不立国教"条款，它们都属于联邦最高法院在20世纪60年代就已经禁止的行为或活动。

然而，针对宗教在公立学校中的影响以及由此所产生的争议，这些法院判决并未予以解决。如果短祷活动是由学生发起的，而非由教师发起的，是否就能够减轻这一行为对宪法的违反程度？如果学校的宗教仪式是偶尔进行的，而非每日进行的，那么这一活动对"不立国教"条款的威胁是否就减少了？在对言论进行控制时，宗教言论是否应该区别于其他类型的言论？一直到今天，在公立学校环境下讨论这些问题及与此相关的问题，我们也仅能获得部分的答案。

静默祷告法

只要学生行使宗教自由权的行为不会干扰学校的日常活动，他们就可以在公立学校之中进行个人短祷活动。但是对学校管理者而言，如何判断学生是否是在从事个人短祷活动是件很困难的事。如果州法或教育委员会的政策允许学生进行静默短祷，争议就会随之产生，因为这标志着公立学校也将允许学生从事这些宗教活动。1985年，联邦最高法院在**华理士诉杰弗瑞案**（Wallace v. Jaffree）中所作的判决成为了到目前为止最高法院对此类争议唯一一次表明意见的判决。在该案中,法院认为,1981年《亚拉巴马州静默祷告法》(Alabama silent prayer law)违反了宪法的"不立国教"条款。[26]因为1978年亚拉巴马州的法律已经规定,学生可以在公立学校之中从事一定时间的静默冥想活动,所以法院多数意见认为,1981年的《亚拉巴马州静默祷告法》是对1978年法律的修订,其增加静默祷告或**自愿祷告**一词的意图在于鼓励学生进行祷告。不过,法院表明,如果法律的立法意图并不是对学校祷告者施加影响,而仅是允许学生在学校里进行静默冥想或静默祷告,则该部法律就能够经得起"不立国教"条款的检验。

因此,如果法律要求公立学校为学生提供一段静默时间以方便他们从事冥想或祈祷活动,则该部法律合宪性将取决于法院对个案的分析。目前,全美大约有一半的州制定了类似的法律。最近一段时间以来,法院驳回了绝大多数对此类法律的违宪审查请求。举例来说,佐治亚州的一部法律规定,在学生到校后、每天上课以前,每一个公立学校的教师都应该组织班级学生进行一分钟的安静沉思活动。而一名高中教师因为拒绝遵守该部法律而被解雇,其后该教师以该部法律违宪为由提起了法律诉讼。上诉法院认为,该法律仅是为学生提供了一种机会,让他们可以在新的一天到来时进行思考,其立法目的是世俗性的,因而不违反宪法。[27]最终,上诉法院作出了支持佐治亚州该部法律的判决。

在另一个案件中,第四巡回法院也认为,弗吉尼亚州的静默祷告法对学生宗教活动持一种中立态度,虽然它要求学校给予学生一段静默时间,但它并不鼓励学生利用此段时间进行祈祷。在此案中,这部受争议的法律规定,任何一个教育委员会都应该在所有学校班级中给学生留下一分钟的静默时间,这样学生可以利用这一分钟的时间进行"冥想、祈祷以及其他不妨碍其他学生个人选择的静默活动"[28]。上诉法院指出,该部法律提供了一种保持中立的手段——组织静默活动——在此活动期间,学生既可以从事宗教活动,也可以从事世俗性活动。在**杰弗瑞案**中,亚拉巴马州的法律之所以被判违宪就在于:该部法律具有清晰的意图,它致力于鼓励公立学校的学生重新进行祈祷。而与亚拉巴马州的这一法律不同,上诉法院指出,弗吉尼亚州仅是提供了一段安静的沉思时间——它只是一种良好的学生管理策略。[29]

学校发起的短祷活动与个人进行的短祷活动

目前,围绕"不立国教"条款所产生的、争议最大的问题是——如果公立学校之中的短祷活动是由学生发起并领导的,这一短祷活动是否就不违背"不立国教"条款?简而言之,在公立学校情境下,什么样的行为才属于个人宗教表达,才不会受到"不立国教"条款的限制?针对学生在毕业典礼上组织的短祷活动和在其他学校活动中进行的祈祷活动,联邦法院作出了许多相互矛盾的判决。

魏斯曼案及其发展

最近一段时间以来,出现了通过立法活动以限制"不立国教"条款控制范围的浪潮,而促使这种浪潮产生的原动力则萌芽于1992年联邦最高法院对**李诉魏斯曼案**(Lee v. Weisman)所作的判决。在该案中,罗得岛学区的政策规定,允许校长在初中和高中毕业典礼上邀请神职人员传布祈祷福音。而最高法院则判决,罗得岛学区的这一政策违反宪法。[30]在这个以5:4的投票结果通过的案件中,最高法院对上诉法院的类似判决予以了肯定,认为在公立学校的毕业典礼上邀请神职人员来组织短祷违反了"不立国教"条款。最高法院多数意见认为，此类学校政策会对学生产生压倒性影响；感受到同伴施加的压力，学生会在学校组织的毕业典礼上被迫参加短祷活动。[31]法院并不认为，参加毕业典礼活动的自愿性可以消解这一活动的违宪性。法院多数意见认为，毕业典礼是学生人生之中的一件里程碑式的大事，学生不应该被强迫在参加毕业典礼和尊重自己的宗教信仰之间作出选择，学校的活动应该尊重学生各自的宗教信仰。

然而公立学校毕业典礼上的短祷活动并未减少，联邦最高法院所作的上述判决反而产生了负面的影响。作为对上述判决的反面回应，学校管理者和学生找到了许多创造性的策略以在毕业典礼上进行祈祷。在一些学区，已经很多年都未举行的毕业班宗教告别仪式又重新恢复了。为了使这一告别仪式经得起宪法的检验，此类活动并不是由学校组织的，而是由学生、教堂或其他团体通过租用学区的场地来组织进行的。[32]在怀俄明州的一个案件中，联邦地区法院裁定认为，学生可以租用高中学校的体育馆以举行毕业临别宗教告别仪式。即使在仪式过程中，学校乐队进行了表演，而且学区的毕业公告中提到了这个毕业临别宗教告别仪式，但因为这一活动并非是由学校主持的，所以不违反宪法。[33]

由于法院判决禁止学校组织宗教活动，在**魏斯曼案**的判决之后，绝大多数法律争议都集中于学生组织的短祷活动之上。有一些学区允许学生的毕业演讲材料包含宗教信息。在这些学区，毕业典礼通常被定性为一个学生发表言论的集会，因此学生所发布的信息（包括任何宗教信息）都不需要学区进行审查，也不需要获得学校的同意。[34]在一起案件中，第九巡回法院对爱达荷州一个学区的政策持支持态度。该学区政策禁止学校管理者审查学生在毕业典礼之上的发言稿并且允许学生发言代表（依据学生学业成绩的排名来进行选择）选择"演讲、念诗、朗诵、唱歌、音乐表演、祈祷或他们选择的任何一种其他表达方式"来进行发言。[35]在此案中，初审法院判决认为，毕业典礼是学生发表言论的集会，学生发言代表是学校管理者依据世俗性标准来进行选择的，学校管理者也没有建议学生发言代表在发言中进行短祷，因此初审法院对学区的该项政策持支持态度。不过，上诉法院的全部法官在重新审理该案之后，撤销了此判决。但撤销的理由是案件的原告已经毕业，因此学区制定的这项受争议的政策仍然保有法律效力。

但是，在第九巡回法院审理的另一个案件中，上诉法院又对学区的做法持支持态度。在此案中，由于学区的政策规定，学校校长可以审查学生代表的毕业发言稿，当校长发现学生的发言稿涉及传教的内容后，学区就不再允许学生进行代表发言。不同于前一个案件，学区的政策清晰地表明，学生毕业典礼由学校控制。因此，法院认为，学校管理者对学生的宗教发言稿进行审查是一种恰当之举，可以避免与"不立国教"条款相冲突。[36]区分两个案件的关键就在于，学校是明确规定毕业典礼是学生发表言论的集会，还是仍然对学生在毕业典礼上的言论保有控制权。

通过学生投票使祈祷合法

目前，让学生通过投票来决定是否在毕业典礼及其他学校活动中进行由学生发起并组织的祷告活动引起了相当激烈的法律争议。在一起案件中，学区规定，学生可以通过投票来决定是否选择非宗派性的毕业祷告人并组织非宗派性毕业祈祷活动。第五巡回法院对学区的这一做法持支持态度，并认为，如果由学生来进行祷告是学生投票的结果，那么祷告活动就不属于学校主办的活动。[37]但是，第三巡回法

院和第九巡回法院却得出了相反的结论。[38]它们不能确信,仅仅是在学校主办的活动中由学生来控制短祷活动就能满足宪法"不立国教"条款的要求。这两个法院的判决认为,学校管理者不能授权学生来决定"不立国教"条款本身禁止学区从事的行为。[39]同样,在另一起案件中,法院也认为密西西比州的一部法律违宪。该部法律规定,允许学生在所有学校集会活动、体育活动、毕业典礼和其他学校相关的活动中组织祈祷。而法院却认为,该部法律将可以进行祈祷的场合概括得过于宽泛,以至于实际上允许学生在所有学校活动中组织祈祷,因而属于违宪。[40]

在2000年的**圣非独立学区诉多伊案**(Santa Fe Independent School District v. Doe)中,得克萨斯州一个学区的政策规定,学生可以在公开的学校足球运动会上进行短祷。联邦最高法院以6∶3的比例判定该学区的政策违反"不立国教"条款。[41]在此案中,受争议的政策和学区的另一项毕业祈祷政策完全相同,都规定两个投票环节:一是由学生来投票决定是否进行祷告,二是让学生来投票选择由哪一个学生来发布祷告。一般来说,如果由学生组织祷告,其祷告内容应该是"非宗派性,非传教性"的,但这两项政策先后都取消了对祷告所施加的这种限制。不过,在这两项政策中也包含了如下备注:如果法院禁止此项政策,先前适用的带有相应限制条件的政策就自动生效。[42]对此案件,第五巡回法院重申了自己的观点,法院认为,由学生组织的毕业祷告符合"不立国教"条款的要求,但是在足球赛前举行祷告的政策则违反"不立国教"条款的规定,即使对祈祷类型的限制条件能够在法院干预后得以恢复,该项政策也是违宪的。[43]上诉法院指出,学生在体育活动中组织的短祷活动与学生组织的毕业祷告活动是有区别的,体育活动会发生得更频繁,参加运动会的学生年龄大小不一,因此体育活动中所进行短祷并不能被看成是一种体育仪式。

在上诉案件审理过程中,学区主张,是学生决定在体育活动中进行祈祷并确定由一名同学来组织祈祷,因而这不属于学校主办的祈祷。联邦最高法院驳回了学区的主张,判决允许学生在足球赛前举行祈祷活动的学区政策违宪。法院多数意见认为,一方面由学生组织发起的言论活动发生在校园里、发生在学校活动中,另一方面主祷学生仍然处于学校人员的监督管理之下,因此学生组织的这些言论不能被认为是一种个人言论。[44]即使发言人及发言内容最终是由学生来确定的,但是,是学校首先授权学生进行投票的。学校在整个事件中的参与程度使人产生了一种印象——受争议的短祷行为所代表的是学校,这促使法院大多数意见认为:学区的这种做法不仅能让人感受到宗教而且明显表现出对宗教的支持,因而该做法应该受到限制。[45]法院多数意见推定,目前学区政策所具有的世俗目的是虚伪的,如同学区在案件之前所提出的倡议一样[46],学区致力于在学校的相关活动中促进基督教宗教仪式。[47]法院指出,《权利法案》的目的就在于保护特定主体免于遭受政治活动的影响,但是因为使用了选举的方式,学生当中的少数人更难获得陈述观点的机会,他们的意见也不会被听到。[48]虽然学区不可以将决定权委托给学生以规避"不立国教"条款,但法院多数意见强调,只有州组织的短祷活动才会违反"不立国教"条款;宪法并不禁止公立学校的学生自愿在学校里进行祷告。[49]

圣非案之后的法院判决

如何区分受保护的个人宗教言论和学校主办的违宪短祷活动呢?对此问题,对**圣非案**的判决并未予以解答。不过,在**圣非案**之后,联邦上诉法院倾向于扩张"宗教自由"条款的可及范围来保护学生在公立学校之中的个人宗教言论。举例来说，在**阿德勒诉杜瓦尔县教育委员会案**（Adler v. Duval County School Board）中，在参照了长长的一串法院禁令之后，第十一巡回法院最终作出了支持校方的判决。在此案中，佛罗里达州一个学区的政策规定，公立学校的毕业生可以选择同班同学来做毕业致辞并允许致辞者选择致辞的内容，同时致辞的内容可以是宗教性的。[50] 尽管学区的备忘录将该项政策命名为"毕业祷告"，但法院强调，学生在进行选择时并没有确定由同班同学来发布祷告——毕业致辞也没有指定具体的内容，因此学生的致辞内容既可以包括宗教材料，也可以不包括宗教材料。

在另一个案件**钱德勒诉詹姆斯案**（Chandler v. James）中，第十一巡回法院作出了部分解除亚拉巴马州一项禁令的判决。该项禁令规定，在亚拉巴马州德克尔勃县（Dekalb County）内，禁止学生在绝大多数公立学校环境下公开表达宗教观点。[51] 此案的争议源自 1993 年亚拉巴马州所颁布的一项法律，作为对**魏斯曼案**判决的回应，该项法律允许学生在学校相关活动及课外活动中组织非宗派性、非传教性的自愿祈祷、短祷及祝福祷告。联邦地方法院支持学生进行毕业祷告，但是认为该项法律的其他方面概括得过于宽泛，不符合法院所确立的"莱蒙测试"标准、"赞同标准"和"强制测试"标准。[52] 法院也禁止德克尔勃县的学校管理者协助学生进行宗教活动，但解除了针对所有学生在校期间发表宗教言论的禁令。法院认为，"不立国教"条款并不要求、"言论自由"条款也不允许禁止学生在公立学校中发表宗教言论，也不是要将这种学生宗教言论压制到窃窃私语的地步。法院强调："如果学区对学生所发表的宗教言论进行歧视性禁止，则可以证明学区的态度不仅是非中立的，还是对宗教抱有敌意的。"[53]

尽管联邦最高法院撤销了上诉法院对于**阿德勒案**和**钱德勒案**的判决，并将这两个案件发回重审，建议下级法院进一步考虑最高法院在**圣非案**中所作的判决，但第十一巡回法院并没有采纳最高法院的意见，仍然先后坚持了自己所作的两个判决。为了区别于联邦最高法院在**圣非案**中对学校主办的学生祈祷所作的定罪，上诉法院认为，**钱德勒案**所处理的是学校审查学生个人宗教言论的政策，该政策也是违宪的。[54] 第十一巡回法院反复强调，学区的禁令过于宽泛了，它对学生在公立学校环境下所发表的宗教言论一致对待，将这些言论一律视为**代表**公立学校的言论。

在最近的一起案件中，第九巡回法院也认为，学区对待学生宗教社团的做法构成观点歧视，是非法的。在此案中，学生宗教社团没有获得其他学生社团所享有的待遇，不能像其他学生社团一样使用学校的装备、视听设备和学校汽车，也不能像其他学生社团一样可以利用非教学时间举行会议。[55] 法院判决认为，"言论自由"条款要求学区对学生予以平等对待，但这种做法并不违反"不立国教"条款。

根据**圣非案**的判决及其后续判决，在案件的审理过程中，法院将审查学区政策的制定历史以确定在公立学校之中是否存在一种促进短祷活动的努力。如果宗教言论确实是由学生发起的，那么学生的宗教言论就应该被视为一种个人言论；但是，法院在**圣非案**的判决中认为，就合法性而言，通过学生选举来决定由学生组织短祷的做法是值得怀疑的，此类活动应属于学校主办的活动。在联邦最高法院对**圣非案**作出判决之后，尽管第十一巡回法院在**阿德勒案**中认为学区的政策合法，但第十一巡回法院也强调，学区不应该具体规定学生毕业致辞的内容，确定谁在毕业典礼上致辞并不意味着确定毕业典礼能否包括宗教内容。为保护学生在公立学校中的宗教言论自由权,第九巡回法院对"言论自由"条款进行了扩展解释。毫无疑问,遗留的问题仍然错综复杂,联邦最高法院将被要求提供更多的指南,以明确如下问题:在公立学校之中,允许学生组织的宗教活动的范围有多大?如何区别受法律保护的个人宗教言论和法律所禁止的学校主办的祷祷活动?

宗教展览和节日仪式

在公立学校之中,展示宗教文献、在宗教节日之时举行仪式的做法仍然引人争议。1980年,联邦最高法院拒绝受理一个关于公立学校举行宗教节日仪式及临时性地展示宗教象征物的上诉案件。[56]但仅在一个星期之后,在另一起案件中,尽管法官之间存在不同意见,联邦最高法院仍然判决肯塔基州的一部法律违宪,因为该法律要求公立学校在每间教室里张贴《圣经》中的"十诫"。[57]在第一起案件中,第八巡回法院认为,圣诞节具有历史及文化意义,公立学校在节日期间谨慎且客观地举行宗教节日仪式,即使是唱《平安夜》这样的歌曲和展示耶稣诞生的图片等,都不是出于促进宗教的目的。[58]上诉法院认为,学区政策之所以允许学校举行宗教节日仪式,既有宗教方面的原因、也有世俗方面的原因,但该政策并不具有宗教目的,它还可以改善整个学校的教育。

与此相反,在第二起案件中,在联邦最高法院九名法官里,有五名法官认为,尽管"十诫"具有文化意义,但并不足以使得公立学校张贴"十诫"的做法具有合法性。为了将展示宗教文本的做法区别于法院所允许的、在学术课程中使用宗教文学作品的做法,法院多数意见认为,肯塔基州这部法律背后的立法动机在于促进特定的宗教信仰,这违反了"不立国教"条款的规定。在此案件被上诉之前,州法院的判决认为,要张贴的"十诫"是学校使用私人捐赠的经费所购买的,而且每一张印刷品上都具有这样的否认声明:"'十诫'可以被视为西方文明的基础性法律规范和美国的普通法,学校以世俗性目的使用'十诫'是显而易见的。"[59]因此,州法院认为,肯塔基州的这部法律并不违反宪法。但最终,联邦最高法院否定了州法院对该案所作的判决。

尽管联邦最高法院已经作出了相关判决,但有关宗教展示的争议却一直没有停止。在许多州,最近已经颁布的一些政策和教育委员会规章规定,允许在公共建筑物(包括学校之中)张贴"十诫"和其他历史文件。[60]在2001年的一起案件中,第七巡回法院判决,在政府资产之上安置刻有"十诫"的纪念碑违反了"不立国教"条款。[61]在随后一年的另一起案件中,第六巡回法院则命令四所县级高中取下悬挂的"十诫"展示牌。[62]由此可见,就此类争议所展开的立法活动和法律诉讼仍将继续。

其他宗教展示行为也会引起争议。在一起案件中,第六巡回法院判决,在公立中学之中展示耶稣圣像的做法不能满足"莱蒙测试"标准所要求的三个条件。[63]同样,在另一起案件中,纽约州联邦地区法院判决,禁止一所高中在学校大礼堂中展示宗教绘画,认为这种做法会传达政府赞同宗教的信息。[64]然而,新泽西州联邦地区法院却在一起案件中认为,学区日历上的宗教节日,比如圣诞节和光明节①,是被设计用来扩展学生的知识和体验,以培养他们认识宗教的多样性并使他们理解宗

---

① 光明节:Hanukkah,犹太纪念节日之一。——译者注

教在文明发展中的地位，这样一来学区的做法就能够符合"莱蒙测试"标准所要求的三个条件。[65]

一些家长在万圣节期间注意到学校用于装饰的巫婆和妖魔图片，因而提起诉讼，认为学校在促进巫术崇拜的宗教。在一起案件中，佛罗里达州上诉法院判决，学校展示巫婆图片的行为既没有促进无神论宗教，也不会使人觉得公立学校在赞同巫术崇拜。该判决被上诉之后，最高法院拒绝对该案进行审查。[66]与此相似，在另一起案件中，公立学校使用恶魔作为学校吉祥物的做法也被认为不违反"不立国教"条款，相关诉讼被法院驳回。[67]

最近的几起法院诉讼集中于以下问题：学校购买的、用于学校人行道之上的地砖或贴在学校建筑物之上的贴瓦是否可以包含宗教信息？在纽约州的一起案件中，诉讼原告试图获得法院的初步禁止令以迫使学校排除使用具有圣诞信息的地砖，但他们没有证据证明学区的这一做法违反"不立国教"条款，而证明学区存在观点歧视的证据又不足以使法院发出禁止令，因此他们的诉讼要求没有得到法院的支持。[68]与此相似，第十巡回法院认为，不允许与哥伦拜恩中学校园枪击事件（Columbine Shootings）有关的个人在学校建筑物贴瓦上绘制宗教信息的做法，既不违反"不立国教"条款，也不违反"言论自由"条款。[69]法院认为，一方面在此处发表言论将代表学校，另一方面这些言论可能会引起宗教矛盾，因此学校对这些言论的限制具有合法的教育学根据。

在不涉及学校的一些判决中，联邦最高法院认为，使用公共资金或财产进行特定宗教的展示并不违宪。比如说，在一个私人公园中竖立具有耶稣诞生图的圣诞节展示[70]，在议会广场上展示一个不易受人注意的十字架[71]，在政府大楼前展示带有圣诞树和崇尚自由的标语的蜡烛等[72]都不属于违宪行为。尽管如此，法院似乎仍然倾向于继续禁止公立学校展示宗教文件。但是，只要特定信仰并没有因为宗教仪式而遭受损害，客观认同宗教节日的做法就能够被假定为是符合司法要求的。[73]

在教室中传教

公立学校不得促进宗教信念的发展，它必须遵循"不立国教"条款对政府机构所作的限制。在公立学校之中，教师及其他学校人员的工作对象是易受影响的群体，因此学校人员的行为必须经得起严格检查，以确保学校教室不会被当作灌输宗教信念的场所。

在1984年的一起案件中，第十一巡回法院判决，禁止亚拉巴马州一个学区的教师在学校中组织短祷活动。[74]其后，在另一起案件中，第十巡回法院又判决，学校管理者可以下令清除教师放在教室图书室中的宗教书籍，还可以要求教师将其个人所有的《圣经》放在不易被人看到的地方并要求教师在学校期间只能默念它。[75]最近，在一起案件中，第二巡回法院认为，纽约州一个学区指令教师在教学过程中停止使用宗教性参考资料的做法并不违反"宗教自由"条款。[76]同时，在另一起案件中，一个联邦地区法院判决，康涅狄格州的学校管理者有权力要求一名穿着印有传教性质标语衬衫的教师适当覆盖其衬衫上的标语。[77]可见，法院已经明确，"不立国教"条款禁止学校教师利用他们的职位所具有的"权力、声望和影响力"来组织宗教活动。[78]

在近期的一些案件中，教师可以因为对学生传教或拒绝讲授那些与他们的宗教价值观相冲突的课程内容而被解雇。举例来说，在一起案件中，一名幼儿园教师以与其本人的宗教信仰相冲突或认为《圣经》禁止人们从事某些纪念行为为由，拒绝讲授与美国国旗、爱国日奉行活动及重要历史人物（比如说亚伯拉罕·林肯）有关的知识。基于此理由，第七巡回法院认为，学区有权利解雇该名幼儿园教师。[79]上诉法院指出，教师享有信仰自由的权利，但是他们并"没有宪法权利要求其他人服从其观点和剥夺学生本应该享有的一部分教育内容"[80]。在另一起案件中，纽约州上诉法院也认为，有证据表明一名终身制教师曾经试图招募学生参加她所信奉的宗教组织，在她自己的办公室里举行祈祷会并在她所教学的教室促进宗教信仰，因此学区解雇该名教师的做法就是合法的。[81]此外，在另一起案件中，一名教师一直在生物课上讲授《圣经》"创世纪"的内容，学区多次对其进行了警告并要求其遵循教育委员会有关生物课程的讲授规范，但该名教师始终不予理会。因此，法院认为，学区可以不再与该教师续签工作合同。[82]

在公立学校之中，教师向学生传教的行为是违反"不立国教"条款的。但是，联邦最高法院一直在强调，如果教师从文学、文化或历史的角度来讲授《圣经》和其他宗教文件则是被法律所允许，甚至是有利于社会的。[83]有研究显示，宗教在西方文明发展中的作用并没有在教科书和课程中得到充分和准确的说明，导致这种结果的原因部分是由于教育者担心违反"不立国教"条款。[84]作为对这类研究的回应，不少教育联盟、民间组织、宗教团体以及美国教育部都发布了不少材料，试图阐明如下问题：如果教师所讲授的知识内容涉及宗教在社会中的地位，那么教师可采用哪些法律所允许的教学方法？在公立学校之中，围绕教会与州之间各种各样关系所发生的争议会导致何种法律状况？[85]

在高中里，宗教比较课程很少引起法律争议，在其他课程中，讲授有关宗教的知识和逐渐灌输宗教教条是有所区别的，但是两种行为之间的界限并不是很清楚。[86]中小学中存在大量的《圣经》研究课程，尤其在小学阶段，这种情况更为明显。有一些人认为，此类课程是一种促进宗教信仰的手段，因而不断提起法律诉讼。在此类诉讼中，法院仔细评判课程的内容，甚至审查教学录像带以判断这样的教学是否促进了特定的宗教教条。[87]如果私人团体已经控制了教学人员的聘用和管理并且控制了课程资料的选择，则在此背景下所形成的宗教研究课程就不能得到法院的支持。[88]

举办学校唱诗班也会经常引起改变学生宗教信仰的法律争议。在一起案件中，犹他州一个唱诗班的指挥同意，唱诗班内的一名学生可以不用演唱宗教歌曲。但该名学生进而寻求获取法院禁止令，以反对唱诗班演唱宗教歌曲和在宗教场所举行两场表演。法院指出，就本质而言，大量的唱诗班音乐都是宗教性的；而且由于宗教场所拥有更好的设备，唱诗班在宗教场所举行表演也是可以接受的。因此，第十巡回法院认为，学区所选择的歌曲是合法的。[89]在另一起案件中，第五巡回法院也作出了相似的判决，如果禁止唱诗班演唱宗教歌曲，就没有合适的唱诗班音乐可供演唱，因此使用宗教歌曲并不构成赞同宗教的行为。[90]

在学校中传教会引发争议，但一些争议并不是针对教师的行为而产生的，而是与学生要求在他们自己的课堂发言、美术作品或其他学校作业之中展示宗教材料相关。在大多数此类案件中，学校通常会拒绝学生的要求。举例来说，在一起案件中，一名小学生试图通过录像带在班级上展示她自己唱的、具有传教性质的宗教歌曲，学区对其行为予以制止，第六巡回法院对学区的做法表示支持。[91]公立学校的课程是用于传授知识且由学校教师来进行监督与管理的，因此上诉法院认为，学校可以审查学生的作业以确保学校不会被视为赞同宗教内容。在另一起案件中，一名高中学生写了一份与教师所要求题目不同的报告且报告论述的是耶稣基督的生平，于是教师给这名学生的报告打了零分。对该名高中教师的做法，第六巡回法院同样表示支持。不过，法院强调，宗教话题也可以成为教育项目的一部分。同时，一名法官评论道，如果作业要求规定，学生可以就任何一个个人感兴趣的话题表达意见且学生的作业不涉及宗教内容，而教师仍然给学生的作业打低分或不予评分，则学生就可以提起合法的言论自由诉讼。[92]

最近，在新泽西州，一名小学生对他所就读的学校提起了诉讼，该诉讼涉及他在该校读幼儿园和一年级时所发生的事情。[93]在该案中，幼儿园的教师指导班上的学生制作标语海报，制作该海报的目的在于让学生写出那些他们认为应该感谢的人或事。由于该名学生所感谢和叙述的人是耶稣，老师就将他的贴画从学校会堂中的班级展板上取走并将之放在一个不起眼的角落里。其后，在一年级时，有一次，该名学生选择给全班同学朗读《圣经》故事，但老师不允许他这么做。作为一种替代措施，他被要求私下给老师朗读这个故事。老师让学生私下朗读《圣经》故事的做法是否妥当呢？对此问题，第三巡回法院的法官们存在两派意见，并且没有一派意见能够形成多数，由此法院仍然确认了地区法院所作的、有利于学校教师的判决。地区法院认为，出于合法的教育目的，教师可以制定观点中立的约束规则以管理学生在教室之中的活动。上诉法院的全体法官也认为，将宗教性海报转移的学校政策或指令并不侵犯该名学生的宪法权利。但是，上诉法院仍然将这一案件发回原审法院重审，以保证原告有机会证明他提起的诉讼是成立的。

宗教表达和宗教团体的平等进入

在20世纪六七十年代，法院通常会假定，"不立国教"条款禁止人们在公共场所之中发表宗教言论。然而最近，联邦最高法院的判决却指出，相对于其他个人观点，单独将宗教观点从个人观点之中抽离出来并对其予以区别对待的做法构成违宪性的观点歧视，违反了"言论自由"条款。[94]对此问题，艾拉·鲁普（Ira Lupu）评论道："即使是分离主义传统的标准保护人也知道他们可能会为其他重要的权利作出必要的退让……这些权利包括宗教自由、言论自由和集会自由，人们享有不受官方歧视的权利。"[95]

1981年的**威德马诉文森特案**（Widmar v. Vincent）判决以来，在教育案件之中，联邦最高法院表现出一种趋势：即法院认为，在受州政府资助的大学校园之中，允许学生宗教团体进入那些为学生发表言论所提供的场所并不违反宪法的"不立国教"条款。[96]法院判决认为，在高等教育之中，公立大学为一定范围的学生团体提供进入渠道具有世俗性目的，而且这种做法并没有使州政府机构过分地卷入到宗教问题之中。法院更关注**威德马案**中学生宗教活动的表达性特征，认为如果大学禁止学生进行宗教聚会就侵犯了学生的言论自由权。

《平等进入法案》(Equal Access Act)

就大学层级以下的学校而言，1984年颁布的《平等进入法案》扩大了"言论自由"条款的保护范围。依据该法案，受联邦政府资助的中学如果为一般的学生组

织在教学以外的时间进行聚会提供限制性地点的话,这些中学就不能拒绝那些因宗教、哲学或政治原因而成立的非课程性学生组织使用学校的场地召开会议。[97] 1990年,在**西面社区教育委员会诉莫根斯案**(Board of Education of Westside Community School v. Mergens)中,联邦最高法院驳回了认为《平等进入法案》违反"不立国教"条款的指控。法院认为,《平等进入法案》允许学生宗教团体进行聚会,该法律具有清晰的世俗目的,即防止州政府机构对个人宗教言论和其他类型的个人言论进行歧视。[98] 为了区别两种不同性质的言论,法院指出,促进宗教的政府言论受"不立国教"条款的控制,而个人宗教言论则受"宗教自由"条款和"言论自由"条款的保护。[99] 在之后的一系列案件中,联邦上诉法院判决,尽管州宪法可以有比联邦宪法"不立国教"条款所要求的更严格的宗教与政府之间分离的内容,但《平等进入法案》的优先级高于州宪法。[100] 因此,法院认为,为了维护学生宗教聚会的神圣性,学生宗教团体可以要求团体的特定职务由基督徒担任。[101] 在2002年另一起案件中,第九巡回法院对《平等进入法案》进行了扩大解释。法院判决,如果学区拒绝在平等的基础上像对待其他学生团体一样对待学生宗教俱乐部,不让该团体使用资金、寻求捐助的活动、使用学校布告牌以及公共通信系统,就是违法。[102]

学区可以限定只允许那些与课程相关的学生社团使用学校场所和设施,这样做并不违反《平等进入法案》。于是不少法律争议集中于——什么是与课程相关的学生社团?不过,因为绝大多数由学生社团引起的法律争议并不针对宗教团体,所以我们将在第4章讨论这类争议。而论及针对宗教团体所产生的典型争议,我们应该谈到加利福尼亚州上诉法院所审理的一起案件。在该案中,法院判决认为,依据《平等进入法案》,如果学区允许其他与课程无关的团体进入公立学校进行聚会,就应该同样允许"基督教运动员协会"在非教学时间在学校之内举行聚会。法院指出,依据《平等进入法案》的保护原则,社团本身并不一定要由学生发起并组织——只要社团的校园聚会是由学生组织的,该聚会即受《平等进入法案》的保护。[103]

还有一些人致力于扩展《平等进入法案》的保护范围,使其不仅仅保护学生聚会,然而这种努力一直都没有获得成功。举例来说,在2001年的一起案件中,一所学校的校长禁止该校的一个学生宗教团体在学校门厅四周的壁画上喷绘该团体的会标——一个大十字架,第七巡回法院判决,校长的做法并不违反《平等进入法案》。[104] 在该案中,学校邀请所有学生团体在学校门厅四周的壁画上喷绘各自的团体会标,并且校长对学生团体拟喷绘的会标进行了审查。在审查之后,校长禁止该学生宗教团体喷绘十字架,也不允许其他的学生团体喷绘德国纳粹党所用的十字记号以及一种啤酒商标。上诉法院指出,《平等进入法案》明确规定,它并不限制学校管理者维护学校秩序和纪律的管理行为,学校校长之所以禁止学生团体喷绘这三个会标就在于他担心这样的会标会引起法律诉讼或导致学校秩序的混乱,因此校长的做法具有合法性。[105]

虽然要获得《平等进入法案》的保护仍然存在一定的限制条件,但《平等进入法案》还是给中学生在非教学时间举行宗教聚会提供了实质性保护。此外,《平等进入法案》对宗教言论平等进入和平等对待的概念进行了整理,因此这些概念也同样适用于有关第一修正案的法律诉讼。

社区团体进入学校的渠道

《平等进入法案》仅适用于中学生,因此只有依据第一修正案的保护原则,社区宗教团体才能在非教学时间进入公立学校。从 20 世纪 90 年代早期开始,为了保护个人宗教言论免受观点歧视,联邦最高法院发表了许多重要声明。在**小羊唱诗班诉莫瑞科斯自由联合中心学区案**(Lamb's Chapel v. Center Moriches Union Free School District)中,法院认为,如果学区允许世俗社区团体在学校放学之后使用公立学校的设施以讨论特定问题(比如家庭生活、儿童抚养等),那么学区就不应该拒绝宗教团体进入公立学校并从宗教的视角出发通过放映系列电影来讨论这些问题。[106]就本质而言,就如何在非教学时间使用学区设施这一问题,学区不能颁布政策对宗教团体发布的信息进行观点歧视。

在 2001 年的**好消息俱乐部诉米尔福特中心学校案**(Good News Club v. Milford Central School)中,联邦最高法院作出了一个意义重大的判决,允许私人基督教组织在学校放学之后进入纽约州的公立学校举行聚会。[107]好消息俱乐部是一个全国性组织——"儿童福音协会"的分支机构,该"儿童福音协会"致力于对 6 周岁~12 周岁之间的儿童讲授基督教价值观,在全美拥有超过 4 500 家俱乐部。[108]在该案中,因为学区的政策规定,只允许市民团体及娱乐团体使用学校设施且社区团体不得以宗教目的使用学校设施,所以米尔福特学区拒绝了好消息俱乐部要求进入学校举行聚会的请求。学区主张,好消息俱乐部打算从事宗教崇拜和宗教教育活动,因而不能使用公立学校的设施。

在**米尔福特中心学校案**中,联邦最高法院不同意学区及下级法院的意见。法院判决,米尔福特学区的政策对宗教观点构成歧视,违反了"言论自由"条款。尽管米尔福特学区的管理者试图将本案与**小羊唱诗班案**区分开来,指出好消息俱乐部的服务目标是 12 岁以下的儿童,活动内容涉及进行宗教教育和祈祷,而**小羊唱诗班案**则是向成年人放映电影,但法院多数意见仍然认为,该案应该重点遵循**小羊唱诗班案**的判决。[109]最高法院指出,米尔福特学区管理者所作的这种区分没有意义,因为从宪法的角度来看,社区团体是通过生动的故事讲述和祷告、还是通过放映电影来讲授道德课程并不重要。[110]法院多数意见认为,像其他社区团体一样,好消息俱乐部仅是期望使用学校的设施,学区不能基于其所举办的聚会具有宗教内容就将其置于不利地位。

米尔福特学区还主张,迫于压力,小学生会被迫参加好消息俱乐部的活动。但最高法院驳回了这种主张,法院认为,绝不能仅仅因为担心小学生可能会参加该俱乐部的活动,法院就禁止社区团体在非教学时间进行个人宗教行为。在该案中,大法官索特存有异议,他认为由神职人员组织的聚会是"基督教新教"的崇拜活动。[111]对此观点,法院并未予以反驳,但法院仍然判决,在好消息俱乐部短祷聚会中所表达的宗教观点受"言论自由"条款的保护。

一些下级法院的判决对宗教观点和宗教崇拜活动进行了区分。比如,为讨论社会问题,社区团体可以利用公立学校的设施发表宗教观点,但是不可以利用公立学校进行宗教崇拜。而联邦最高法院对**米尔福特中心学校案**所作的判决似乎抹去了上述两者之间的差别。[112]依据**米尔福特中心学校案**的判决,如果公立学校为社区团体聚会提供了一定的场所,那么即使学生会成为这些短祷活动的主要参与者,公立学校也不能禁止宗教团体使用这些场所。同时,法院认为,如果学区允许好消息俱乐部进入学校,学区之内的市民也不会认为该行为是赞同宗教的行为。[113]

散发宗教材料

联邦最高法院并未直接处理在公立学校之中散发宗教材料的行为,但下级法院却对此问题形成了多种不同的观点。法院一直坚持认为,学校人员不能给学生发放《圣经》或其他宗教材料[114],并且大多数法院禁止宗教教派组织进入学校发放宗教材料,借以俘获公立学校之中的受众。举例来说,许多法院已经否决了教育委员会的一项政策,该政策允许圣经赠送协会参观学校并向期望获得《圣经》的学生赠送《圣经》。[115]

除了这种司法潮流之外,还有一些法院存在不同意见。在一起案件中,第四巡回法院支持西弗吉尼亚州一个学区的一项政策,该政策允许宗教组织连同政治组织一起在指定的时间进入公立学校散发资料,其中可以包括《圣经》。因为该宗教组织被视为个人团体,并不代表学校[116],所以法院指出,宗教团体和世俗团体使用公立学校设施的条件是一样的,但是这种宗教展示应该包括一个否认声明:散发宗教材料的行为并不是学校主持和赞同的。不过,在小学之中,这种政策就是违法的,因为这个年龄阶段的儿童更小、更容易受到影响,他们并不能够区分个人言论与学校言论之间的区别。

最近,大多数法律争议集中于学生要求散发宗教材料的行为。正如学生组织的宗教聚会一样,这种要求会导致"言论自由"条款与"不立国教"条款之间的冲突。许多法院都已经开始将"平等进入"的概念适用于学生散发宗教材料和非宗教材料的争议。在一起案件中,科罗拉多州联邦地区法院判决,高中学生具有言论自由权,只要他们的行为不会对学校的教育构成妨碍,他们就可以在学校里散发宗教材料。[117]在另一起案件中,宾夕法尼亚州地区法院也认为,学生有权利在非教学时间散发宗教材料,学生散发宗教材料的行为属于个人言论。[118]在1993年的一起案件中,为了区别公共言论和个人言论,第七巡回法院指出,伊利诺伊州一个学区的学生可以在作为非公共场所的公立学校之中散发宗教报纸,不过学区可以限定学生只能在指定的时间、在学校入口处的一张桌子旁散发该报纸。同时,该上诉法院还部分支持了学区的限制性政策。该政策规定,如果散发的宗教材料不是由学生撰写编辑的,那么这种资料最多只能散发10份。学区的依据是,让学生用他们自己的话语来表达自身的观点是教育的一个重要组成部分。[119]

即使是发表个人言论,也应该是在合适的时间、合适的地点、以合适的方式来实施此行为。举例来说,在一起案件中,印第安纳州联邦地区法院认为,学校政策可以要求学生在散发材料时提前通知学校校长并将所散发材料的副本提交一份给学监,不过学生散发材料的行为并不需要获得校长和学监的同意。[120]同时,法院认为,学区可以对学生散发的材料进行合理控制,但不能一律禁止学生散发宗教材料的行为。

在1995年的一起高等教育案件中,联邦最高法院指出,应平等对待个人的世俗言论和宗教言论。该判决所确立的原则对在公立学校之中散发材料的行为也可能适用。在此案中,法院多数意见认为,如果学生宗教团体寻求使用学生活动资金以发行宗教材料,公立大学不得对该宗教团体的资助予以限制,而应该像对待其他学生组织发行的材料一样资助宗教材料的发行。[121]法院判决指出,要求政府机构对宗教个人言论和世俗个人言论予以平等对待不仅是"不立国教"条款所允许的,而且在一定条件下是"言论自由"条款所要求的。[122]

为宗教信仰提供便利

除了质疑宗教对公立学校的影响之外，一些学生还主张，他们应该享有一定的便利权利（a right to accommodations）以实践他们的宗教信仰。这类争议经常导致宗教自由和言论自由保护原则与不立国教禁止原则之间的对立。冲突主要是由于以下事件引起的：学生为了接受宗教教育而参加释放时间项目（release-time programs）；学生因参加宗教仪式而有理由地缺勤；学生因宗教原因而免于参加一些学校的世俗教育活动。

释放时间项目

尽管联邦最高法院禁止公立学校在教学日为神职人员提供教室以帮助他们对学校学生进行宗教训练[123]，但法院也认识到，通过允许学生在公立学校之外接受这种宗教训练，学校能够为宗教提供便利条件。在1952年的一起案件中，法院指出，州政府机构不得对宗教抱有敌意，法院还宣布"当州政府机构鼓励宗教教育或与宗教组织进行合作时，为适应宗教的需要，州政府机构可以调整公共事项的工作日程，这是政府遵循我们所具有的传统的最好表现"[124]。

在一起案件中，学区所支持的释放时间项目规定，学生可以到一个停在学校周边地区的流动站点里接受每周一个小时的宗教教育。[125]学区主张，当学校允许一部分学生去参加宗教教育时，班级教学活动在此期间就停止了，因此对不参加此宗教活动的另一部分学生而言，他们依据州法律规定而享有的权利就受到了损害。但是，法院并没有被此意见所说服。[126]此外，法院还指出，学区限制学生作出二选一的选择——要么参加宗教学习班、要么继续留在公立学校里，这样并不会被认为是促进宗教。[127]

在另一起案件中，尽管第十巡回法院支持犹他州的释放时间项目，但该法院仍然禁止一所公立高中因学生每天在一所摩门教神学院里接受具有世俗特征的教育而授予其学分。[128]法院判决指出，如果学校因学生接受宗教学校的教育而给予其学分，学校管理者就必须确定学生在神学院中所接受的课程有哪些部分是属于宗教性的，这会使学校管理者与教会之间的关系交织在一起。尽管如此，法院仍然推定，在统计学生义务教育出勤率和估算学校是否有资格获得州的资助时，学生在神学教育项目中所花费的时间和其在公立学校之中所花费的教育时间可以累计。

最近，在一起案件之中，印第安纳州联邦地区法院禁止了一个颇具特色的释放时间项目。依据该释放时间项目，在学区提供水电之后，相关宗教组织将拖车带至公立学校的校园并在此拖车上对学生进行宗教教育。此外，当一部分同学参加宗教教育时，不参加宗教活动的剩余学生会被要求安静地进行阅读。[129]学校规定，如果有一部分学生仍然留在教室里，就不应该允许该部分学生做学校的功课、做家庭作业或从事其他活动；原因在于，如果学生可以有其他选择的话，就很可能因此而不会去参加这种不分教派的基督教释放时间项目。在该案中，法院认为，虽然学区的释放时间项目具有合法性，但学区鼓励学生参加该项目的做法和使用学校财产以服务宗教课程的行为违反了"不立国教"条款。

因参加宗教仪式而缺勤

公立学校的教师和学生会因奉行宗教节日的风俗习惯而要求缺勤,这引起了一些特别复杂的法律争议。因为这类要求大多是由少数教派的成员提出的;相反,当大多数教师和学生奉行他们的宗教节日风俗习惯时,学校一般是关闭的,争议也就无从产生。在因参加宗教仪式所产生的学校争议中,法院必须裁决以下问题:在为宗教节日提供便利这一问题上,公立学校的管理者应该走多远?在不违反"不立国教"原则的前提下,他们又能够走多远?

一些教师主张,学校的人事请假政策对教师因宗教原因所导致的缺勤行为进行歧视,因此因宗教仪式而产生的大多数学校法律诉讼都涉及此类问题,我们将在第10章中对此予以专门讨论。不过,也有一部分法律诉讼集中于学生。举例来说,在一起案件中,一所学区的政策规定,只允许学生因宗教节日缺勤两次。第五巡回法院认为,学区的该项政策违法。[130]法院认为,在促进学生日常出勤率并且保护教师免于从事额外工作方面,学校享有合法的利益,但这种利益并不足以将学生奉行宗教节日的行为和参加为期一周的"世界基督教"召集会的行为限定为是无理由的缺勤。

不过,法院也不认为,学生可以因宗教原因而过多缺勤。举例来说,在另一起案件中,信奉伊斯兰教的家长要求学区准予他们的孩子在每周五缺勤,而宾夕法尼亚州的一所法院则驳回了家长的这种诉讼请求。法院判决指出,提供连续的教育是州所享有的利益,在此案中,这种利益压倒了家长的宗教自由权。[131]虽然家长可以为他们的孩子选择私立教育或在家教育,但为了避免公立教育因为宗教原因而出现低入学率,家长的这种做法不会获得法院的支持。[132]弗吉尼亚州最高法院也认识到:"存在着无法估量的宗教热情……如果法院允许公民以这种宗教热情来反对学校实施充分的教育,将对儿童造成终身的伤害。"[133]唯一一个获得法院认可的、免除入学的案件是前文所讨论过的阿米希派儿童接受义务教育案。而且法院之所以赞同免除阿米希派儿童继续参加义务教育学习的义务,其原因在于,这些儿童已经完成了八年级教育,而阿米希派人的生活方式又具有一定的独特性。[134]

因宗教信仰而免于参加世俗活动

公立学校的有些活动会冒犯教师或其他学校人员的宗教信仰,因此他们会要求免于参加此类活动。不过,大多数此类要求是由学生提出的。在评判学校管理者是否应当同意学生的此类要求时,法院必须尝试平衡两种不同的利益,一是家长依据宗教的指引来抚养子女的利益,二是州所享有的、培养有教养的公民的利益。

依据第一修正案的原则,法院曾经判定,学区要求学生参加一些特定活动和仪式违反了宪法。在1943年标志性案件——**西弗吉尼亚州教育委员会诉巴尼特案**(West Virginia State Board of Education v. Barnette)中,联邦最高法院判决,学区要求学生对美国国旗致敬的做法侵犯了学生的宗教信仰自由权[135],这一判决推翻了联邦最高法院仅在三年前所确立的一个判例。[136]在**巴尼特案**中,法院认为,学生拒绝对国旗致敬并发表效忠宣誓的行为并不会妨害其他学生的权利,也不会危及学校教育秩序并构成任何形式的破坏。因此,州政府机构强迫学生奉行此类仪式的做法是违宪的,这种做法"侵害了学生在智力和精神方面"的权利,而这种权利又是第一修正案致力于"保留给公民个人、使其免于遭受任何官方控制"的权利。[137]依据**巴尼特案**的判决，法院随后规定，学生不仅可以因宗教或信念原因而拒绝参加国旗致敬仪式，在此仪式的进行过程中，学生还可以继续坐在座位上做无声抗议。[138] 当然，如果学生的无声抗议行为达到一定程度，以致干扰了教室内的秩序，这种抗议行为就要受到约束。

在公立学校之中，如果教师的宗教自由权与爱国主义仪式发生冲突，则有可能引发法律争议。不过，联邦最高法院并未专门解决过此类争议。依据**巴尼特案**的判决精神，许多下级法院判决，教师与学生一样享有第一修正案所保护的权利，如果效忠宣誓仪式令其感到良心不安，他们可以拒绝进行效忠宣誓。[139] 然而，教师不得利用他们的宗教信仰阻碍学生参加此类奉行仪式。另外，如果学区要求学生每天进行效忠宣誓，教师就必须在教室里制定相应的规则以帮助学生举行这种仪式。在2001年的"9·11"恐怖袭击事件发生之后，这种做法在学校中非常普遍。

尽管个人可以不参加这些爱国主义仪式，但法院一般会假定，在公立学校之中发表效忠宣誓的行为不太容易引起侵害第一修正案的法律诉讼。在一起案件中，第七巡回法院判决，自1954年之后，效忠誓词之中加入了"上帝保佑"一个词，但这并不会将效忠宣誓仪式由一种爱国主义奉行仪式转化为违反"不立国教"条款的宗教活动。[140] 但是，在2002年，第九巡回法院的陪审团所作的一个判决，引起了全国性的关注和连锁性的政治反应。在此案中，法院宣布，在公立学校之中发表效忠誓词的行为是赞同"一神论"宗教信仰、违反"不立国教"条款的行为。[141] 仅在该案发生几天之后，一名上诉法院的法官命令暂缓该案的执行，等待上诉案件的判决。

爱国主义仪式并非是导致法律争议的唯一来源；学生也可能因宗教原因而寻求免于参加部分课程的学习。与学生不同的是，教师不能因主张宗教自由权而拒绝讲授州政府规定的课程。因此，法院更容易接受学生提出的、要求免于参加特定教育活动的请求。不同于教师，学生被强迫进入学校接受教育，而且他们大多数人进入的是公立学校，而公立学校的特定政策又会对学生的宗教自由产生压倒性影响。对此事实，法院非常敏感。为了平衡所涉及的各种利益，法院必须考虑以下问题：学校的要求对学生虔诚的宗教信仰自由所施加的负担达到何种程度？学校提出这种要求的官方理由是什么？学校是否提供了其他的同样可以实现州的目标的替代性方案？因此，如果学生因宗教原因要求免于参加部分课程的学习，学校管理者必须具有压倒性利益才可以拒绝满足学生的这种要求，否则就侵害了学生的宗教信仰自由权。

大多数宗教性免除请求会在教室里或学校层面得到解决，不会发展成法律争议。不过，此类争议一旦引发法律诉讼，学生通常会成为胜诉方，只要学校提供的备选教育项目能够实现预期的教育目标，学生就可以免于参加许多教育活动，比如毒品教育、性教育、男女同班的体育教育、舞蹈课、管理者训练项目和其他课程安排等。[142] 在这些案件中，学区所需要采取的补救措施是满足特定学生的宗教性豁免请求，但是其他学生所参与的世俗活动不能因此受到干扰。[143]

如果学区认为不需要为学生的宗教信仰自由提供便利，或者学区认为满足特定学生的宗教性豁免请求会严重地阻碍学校的教育或学生的学业进步，学区就可以不同意对学生进行宗教性豁免。举例来说，学生家长不能让他们的孩子免于参加健康课程、音乐课程以及所有使用多媒体教学手段（如视听工具）的课程。新罕布什尔

州联邦地区法院宣布,满足这种豁免请求会对公立学校的教育项目造成破坏。[144]在另一起案件中,法院也认为,如果学生运动员要求免于遵守特定规章的请求会危及安全或干扰运动队的管理,学校就可以拒绝学生的豁免请求。[145]

在1987年的一起众所周知的案件中,第六巡回法院驳回了一个正统派基督教家长的要求。在该案中,田纳西州的一所学区规定,在小学阶段使用一套基础性的阅读丛书。但这位家长不希望自己的孩子阅读这套丛书,因而向学区提出免除请求。[146]下级法院认为,学区应该满足学生的这种豁免请求。而第六巡回法院则对下级法院的判决进行了改判,该法院认为,因为学区并没有要求学生表白宗教信条或要求学生从事宗教活动,所以学区让学生阅读丛书的行为并不会对学生的正统派基督教宗教信仰自由造成妨碍。在最近的一起案件中,康涅狄格州的一位家长请求法院准许其孩子免于参加学区的压倒性健康课程,但地区法院驳回了该名家长的诉讼请求。[147]在该案中,这名孩子被允许免于参加有关家庭生活、生理成长以及"艾滋病"教育的课程。但他的家长认为,依据州法所授予的权利,这名孩子可以免于参加全部健康课程。这名家长主张,该健康课程的主题与其宗教信仰相矛盾。但法院认为,健康课程可以给学生提供重要的信息,服务于合法的公共利益。因此法院并不同意家长的主张,法院认为,尽管州法允许学生因宗教原因而免于参加家庭生活教育项目,但学生并不能以此为依据请求免于参加全部健康课程。

正如第3章我们即将讨论到的那样,因宗教原因和其他原因,保守的家长组织会寻求联邦法律及州法的保护以使其子女免于参加公立学校的活动和免于参加特定课程的某些组成部分。因此,即使学生家长不能证明学校的特定教育活动侵害了其子女的信仰自由权,他们也可以依据立法而使其子女免予接受某种教育。[148]

宗教对世俗课程的挑战

一些家长并不满足于为其子女寻求宗教性教育免除,他们还致力于施加压力以取消公立学校的各种课程、活动和教育资料。对学生个人要求免于参加公立学校特定活动的请求,法院通常会予以支持,但法院并不会为了满足学生家长的宗教偏好而对学校世俗课程进行控制。在1968年的一起案件中,联邦最高法院就认识到:"州法不能为保护宗教而限制与宗教相左的其他看法。"[149]

界定什么是"宗教"

对课程所提起的法律诉讼引发了许多复杂的问题,其中就涉及一个基本问题——什么构成了受第一修正案所保护和控制的宗教信仰和活动?在许多保护宗教信仰自由的案件中,联邦最高法院采用了广义上的定义来界定宗教。[150]但是,"无神论"信条是否会违反"不立国教"条款呢?对此问题,联邦最高法院至今尚未给出明确说明。在联邦法院系统中,仅有一个联邦诉讼法院曾经判决,一所公立学校所提供的课程(以促进直觉性的思考为教育内容)违宪地促进了非传统性的宗教信仰(智力创造学说)。[151]但是,许多其他法院建议,在评判世俗信仰是否违反"不立国教"条款时,应适用与"有神论"信仰相同的评判标准。[152]

不少指控提出,公立学校课程的特定组成部分违反了"不立国教"条款,因为这些课程内容促进"世俗的人道主义"或"新世纪的宗教信仰"。而此类信仰之所以受到批评,就在于它们否认上帝的存在并且认为人是自身命运的主宰。这些法律指控触及课程的众多方面,而进化论、性教育、价值澄清以及以绩效为中心的教育则是这些指控的主要目标。最近,"哈里·波特丛书"也受到了攻击,因为这些丛书谈论巫术和魔法,所以被指控促进了神秘主义/撒旦崇拜。[153]

即使法院依据第一修正案的目的将"无神论"信条看作是一种"宗教",法院也不认为公立学校课程和材料促进了这种"无神论"信条。[154]在1987年,一起案件引起了众多媒体的关注。在该案中,亚拉巴马州一个联邦地区法院的法官判决,木比尔县(Mobile County)的学校违宪地促进了"世俗的人道主义"。而第十一巡回法院则推翻了该法官的判决。[155]在案件的初审过程中,该联邦地区法院的法官认为,家庭经济学、历史学和社会研究类书籍促进了"世俗的人道主义",因而禁止学区使用这些书籍。对此观点,第十一巡回法院并不同意。该上诉法院认为,这些书籍并没有促进"无神论"信条,只是向"亚拉巴马州公立学校的儿童灌输这样一些价值信念,比如独立思考,对各种各样的观点保持宽容、自尊、成熟、自立并依据逻辑进行决策"[156]。法院还进一步指出,在课程中单纯地遗漏宗教事实并不表示对"有神论"信仰抱有敌意,并不违宪。在第八巡回法院最近审理的另一起案件中,密西西比州的一名教师送给每位学生一块"魔石"让他们带回家,并附带了一封信,信上说明这块石头是"特殊且独特的,正如你一样"。在此之后,学区没有与这名教师续签合同。[157]上诉法院认为,尽管学区强调,是由于该教师对学生的不当评分促使学区不再续聘该教师,而实际上学区委员会之所以不再续聘该教师的原因在于,社区公众指责这封信及这块石头促进了"新世纪的宗教信仰"。因此,法院最终判决,学区不再续聘该教师的理由不成立。

质疑课程的组成部分

性教育特别容易受到指控,因为有人认为该类课程促进了"无神论"信条。但是法院一直认为,受指控的性教育课程主要是为了呈现公共健康信息,它促进合法的教育目标,并没有公然抨击基督教信仰。[158]法院还认为,依据"不立国教"条款,州政府不能仅仅为了迎合一些家长的宗教信仰而禁止学区开设性教育课程。不过,法院也明白,如果性教育课程与学生的宗教信仰相冲突,学生可以凭借其所拥有的信仰自由权而要求免于参加此类课程的学习。[159]

保守的市民团体不能禁止公立学校开设性教育课程,因此他们四处游说以在未婚人群当中推行强调禁欲的教育项目。在一起案件中,路易斯安那州上诉法院同意案件原告的诉讼意见,认为在这些禁欲项目之中,一个名为"性尊重:一种真正的性自由选择"的教育项目旨在促进基督教信条并且包含许多错误的信息,因而违反州法。[160]因此,法院指令学区删除那些与事实不相符的或对婚前性行为、避孕以及性传播疾病进行道德和精神暗示的文字材料。

与人的起源相关的教育也引发了许多持续的法律争议。在历史上,许多州通过法律禁止学校在课程中传授"进化论",因为该理论与《圣经》"创世纪"的内容相冲突。在1920年著名的斯考普斯猴子审判案(Scopes "Monkey trial" / Scopes v. State)中,田纳西州最高法院对该州的一部法律表示支持,该法律规定,禁止在学校中讲授任何否认"创世纪"中"上帝造人说"的理论或声称"人是由低等级动物进化而来"的理论。[161]然而在1968年,依据"不立国教"条款,联邦最高法院判决阿肯色州的"反进化论"立法违宪。最高法院认为,"进化论"是科学(而不是一种世俗信仰),并且州政府不能仅仅为了满足某一些人的宗教偏好而阻碍学生接触这些信息。[162]

当"上帝造人说"的鼓吹者无法让法院相信"进化论促进了'无神论'的信仰"的时候,他们便致力于通过立法来规定,不论公立学校在什么时候讲授"进化论"都应该对"创世纪"中的"上帝造人说"予以同等的强调。在 1987 年的一起案件中,联邦最高法院判定路易斯安那州的一部法律无效。该部法律要求教育委员会给予"上帝造人说"和"进化论"以"同等的讲授时间",并且要求教育委员会为教师讲授"上帝造人说"提供课程指导、教学辅助和其他参考材料。[163]最高法院认为,"上帝造人说"并非科学,路易斯安那州的该部法律致力于使科学信息丧失权威影响并致力于促进宗教信仰,因而违反"不立国教"条款。在该案中,被告还辩称该部法律会促进学术自由,对此观点,最高法院并不赞同。相反,法院认为,该部法律实际上抑制了教师在课程中的选择权,使教师在讲授"人的起源"时不能讲授更多的科学理论。在随后的一起案件中,第九巡回法院判决,学区可以要求教师讲授"进化论"。在该案中,一名教师主张,讲授"进化论"就是教授"无神论"信仰,违反了"不立国教"条款。对此意见,法院未予支持。[164]此外,在另一起案件中,明尼苏达州上诉法院也认为,如果教师拒绝按照生物课的指导规范讲授"进化论",学区可以重新安排该教师的工作。[165]

但是,讲授"人类起源"仍然是一个引人争议的话题。在 1999 年的一起案件中,堪萨斯州教育委员会引起了全国性的关注。该委员会拒绝采用一份重视"进化论"的自然科学课程标准,而是采用了另外一个替代方案,依照该替代方案,地方学区不再需要给学生讲授"进化论"或就"进化论"对学生进行测验。[166]不过,"反进化论"势力在堪萨斯州的成功是短命的,由于权力的转移,州教育委员会的委员构成发生了变化,调整后的大多数委员持中庸态度,他们重新通过了一个新的自然科学课程标准,在 2000 年恢复了有关"进化论"的教育内容。同样,在一起案件中,路易斯安那州一个教育委员会所做的决议规定:在讲授"进化论"时,教师必须发表否认声明,以表明教师陈述"进化论"理论并不是为了劝阻学生放弃信奉《圣经》上的"上帝造人说"。但第五巡回法院判决,该教育委员会的决议缺乏世俗目的并且传达了政府机构赞同宗教的信息,因而违反了"不立国教"条款。[167]然而,其他的一些州至今仍在考虑采用"反进化论"的措施。[168]尽管司法部门支持学校讲授"进化论",但可想而知,即使是到斯考普斯猴子审判案的百年纪念之时,针对此类教育所展开的宗教挑战仍然会持续。

还有人主张,学校的阅读丛书存在缺陷,促进了"无神论"信条。举例来说,从 20 世纪 80 年代的晚期一直到 20 世纪 90 年代的早期,许多法律诉讼是针对 Harcourt Brace Jovanovich 出版社出版的"印象派阅读丛书"所提起的。该套丛书使用全语言方法来进行阅读训练,被指控是恐怖的、令人沮丧的且以巫术崇拜为基础的。尽管巫术崇拜曾被视为一种受"宗教信仰自由"条款所保护的信仰,但是在该案中,第九巡回法院并不认为阅读巫婆故事或创造诗意化的咒语是巫术活动。[169]与此相似,在另一起案件中,第七巡回法院也认为,"印象派阅读丛书"之中的一些故事确实很骇人,但远称不上是促进异教崇拜。[170]

在一起案件中,纽约市一位学生的家长声称,学校课程的特定组成部分冒犯了他们的天主教信仰。[171]在该案中，学校一位教师为该名学生安排的作业是制作一位印度神灵的塑像。第二巡回法院同意家长的意见，认为这种做法违反了第一修正案。同时，法院还认为，如果教师要求学生制作这个玩偶，将迷信凌驾于宗教信仰之上，就违反了"不立国教"条款。但是，法院认为，在庆祝"地球日"或毒品防治项目之中进行角色扮演时，使用与此案相似的玩偶道具并不违反宪法。

家长会对公立学校课程的各个方面发动攻击，声称课程的某些内容与他们的宗教信仰相冲突。对此，法院不会予以支持。但是，如果政策制定者因宗教原因支持对课程进行限制，更难以解决的法律问题就会随之产生。由于法院更尊重立法部门和教育委员会在教育事务上的决策，保守的家长组织会就对州和联邦立法以及教育委员会的政策施加压力，以在公立学校之中禁止特定课程内容。因此，教育者们担心，中立的、非宗教的教育会受到这些势力的威胁。

州对私立学校的资助

除了争论宗教在公立学校之中的地位，政府与私立学校（主要是教会学校）之间的关系也会引发大量的与第一修正案相关的法律诉讼。毫无疑问，家长享有合法的权利以对如何抚养他们自己的孩子进行指导，在如何教育孩子方面，他们也享有这种权利。在1925年的一起案件中，联邦最高法院对私立学校的存在予以了肯定。同时，最高法院认为，作为一种公立学校的替代方案，家长有权利选择让自己的孩子接受私立教育，这种选择受联邦宪法的保护。[172]不过，法院也认识到，公民对国家管理的参与程度与公众的文化教育水平密切相关，因此，为了社会的公共福利，州可以强制学生入学并对私立教育进行一定程度上的管理。[173]在这一问题上，存在着两种权利的冲突。一方面，作为**政府监护人**（parens patriae），州有权利保护儿童的健康成长；另一方面，学生父母也有权利让自己的孩子在一定环境下接受教育，以增强他们的宗教信仰和哲学信仰。当这两种权利发生冲突时，法律争议就会随之产生。如果政府决定对家长抚养孩子的做法进行干预，政府必须表明：为保护孩子和公共利益，这种干预是必需的。[174]尽管法院支持州对私立学校提出最低要求（比如学校课程的制定、对学校人员要求等）[175]，但目前的潮流倾向于对私立学校施加结果控制措施，比如要求私立学校的学生参加全州范围的测试。[176]

在全美中小学生及幼儿园儿童中，大约有12%的学生会进入私立学校或选择在家接受教育，但是如果有额外的政府资金流向私立教育，这一比例还会进一步发生变化。尽管事实表明，全美有3/5的州明确规定禁止因宗教目的使用公共资金，但仍然有3/4的州对私立学校的学生提供公共资金，包括对那些进入教会学校的学生予以资助。政府对私立学校学生进行资助的方式主要有：交通服务资助、教科书贷款、参加州要求的测验项目、对残疾儿童进行特殊教育以及咨询服务资助。[177]通过解释"不立国教"条款，联邦最高法院作出了许多重要的判决，这些判决与政府使用公共资金资助私立教育、主要是宗教教育有关。在下文中，我们将集中讨论以下问题：政府为教会学校的学生提供服务是否合法？资助并鼓励家长选择不同的教育方式是否合法？

对学生服务的资助

从1993年开始，在一系列判决中，联邦最高法院一直倾向于为宗教提供便利条件，以允许政府资助教会学校的学生。[178]有证据显示，这种为宗教提供便利的潮流开始于更早的一些时候。[179]的确，从20世纪中期开始，基于"儿童福利"原则，政府对教会学校的学生予以交通资助和世俗教科书资助的做法就成为了一种合法行为。[180]在1980年的一起案件中，联邦最高法院又判决，如果私立学校参加州要求的测试项目，政府可以为其提供资助。[181]尽管几年前，联邦最高法院曾判决，使用公共资金开发和实施的州要求的测试项目以及教师自行命题的考试都违反了"不立国教"条款，因为此类测试项目和考试可能被用来促进宗教。[182]

到1993年，在**佐布里斯特诉卡特利纳山丘学区案**（Zobrest v. Catalina Foothills School District）中，联邦最高法院判决，使用公共资金对教会学校的手语翻译者予以资助并不违反"不立国教"条款。[183]该判决发出了一个范式转移的信号，意味着教会学校可以使用政府雇员。在该案中，最高法院认为，作为联邦政府项目的一部分，这种政府资助的受益者是儿童，依据联邦法律，合格的残疾儿童都应该无区别地获得这种资助。学生是政府资助的主要接受者，学校只是获得了一种附带利益。同时，法院认为，在该案中，教会学校的手语翻译者不同于教师或咨询人员，他仅是翻译所呈现的材料，既不会增加也不会减少教会学校的授课内容。

两年以后，在我们前面论及的一起案件中，联邦最高法院判决，弗吉尼亚州立大学不得拒绝该校一个学生宗教组织的资助请求。在该案中，该大学的一个学生宗教组织在校外印刷了他们的宗教出版物并要求获得学校的学生活动资金以支付这笔印刷费，但遭到了学校的拒绝。[184]法院多数意见认为，由于其他学生组织可以获得这种学校资助，学校对宗教团体的活动进行歧视的观点就不受法律允许。尽管在传统上，较之对私立中小学的资助，联邦最高法院更容易接受政府机构对私立大学的资助[185]，但是，还没有其他的涉及政府对学生发起的传教活动进行直接资助的案件判决。

在1997年的**安格斯提尼诉费尔顿案**（Agostini v. Felton）中，联邦最高法院取消了其在12年前所发布的禁令，开始允许公立学校的人员为宗教学校的学生提供补救性教育。[186]该案的争议集中于1965年《初等和中等教育法案》的第一章。《初等和中等教育法案》自颁布以来经历了几次修订，一直致力于保护那些在教育和经济上处于不利地位的学生。[187]依据该法第一章，不论学生身处公立学校或私立学校，只要符合该法的要求，就应该获得条件相当的服务。在**安格斯提尼案**中，法院第一次认为，通过允许公立学校的人员到教会学校之中提供教育服务，就能够使私立学校的学生获得与公立学生条件相当的服务。依据目前最高法院对"不立国教"条款的解释，法院认为，尽管实施这种服务项目可能会增加政治的分裂性并需要管理者对此项目予以全方位的监控，但这些缺陷都不足以使政府陷入宗教事务中。在以往的案件中，法院一般假定，在私立学校之中提供服务的公共雇员会因其所处的环境而对学生灌输宗教信仰；但在**佐布里斯特案**中，法院放弃了这种假定。[188]尽管在传统上，法院一般认为，"不立国教"条款"绝对禁止在私立学校之中安排公共雇员的工作"；但在**佐布里斯特案**和**安格斯提尼案**中，法院一致拒绝使用这种观念。[189]

在随后的**米切尔诉黑蒙斯案**（Mitchell v. Helms）中，联邦最高法院也认为，使用联邦资金以资助教会学校购买为学生所使用的教育资料和设备，并不违反"不立国教"条款。[190]具体而言，依据《初等和中等教育法案》第二章对联邦资助项目的规定，该判决允许宗教学校使用公共资金以购买计算机、其他教育设备和图书馆的书籍。质疑这一资助项目的人认为，这种政府资助会转而为宗教目的服务，它会直接且非附带性地资助宗教，从而会取代私立学校的资金而不是对之进行补充。[191]

黑蒙斯案中，大法官托马斯代表法院大多数法官发表了意见。他认为，该案控辩双方的意见都不具有说服力，早在指控宗教学校使用政府资金的前一起案件中，法院就拒绝将政府资助区分为直接资助和间接资助。[192]在该案中，大多数法官认为，如果政府的资助——即使是直接资助——能够按照世俗的标准不偏不倚地分配，使之既有利于宗教利益也有利于世俗利益，而且政府的资助仅仅是因家长的个人选择而流向宗教学校，那么我们不可以认为政府在宣扬宗教或者为宗教提供援助。[193]大法官托马斯宣布，"针对被告的行为，我们并不认为使用政府资助促进了宗教教育与政府直接从事宗教教育是同一回事，也不认为使用政府资助会对学生家长造成任何不恰当的刺激"，促使他们将自己的孩子送入私立学校。[194]法院多数意见承认，受争议的设备确实会转而用于宗教目的，但争议的中心问题并非资助用途的转移，因为政府对宗教学校中世俗活动的资助总是会节省教会学校的一定资源，而宗教学校则可以将这一部分被节省的资源用于宗教目的，所以法院多数意见强调，判断资助是否合宪的标准在于：一所公立学校接受这种政府资助是否恰当？这种资助是否被公平合理地分配？在**黑蒙斯案**中，争议的政府资助满足了这一检验标准。最终，审理**黑蒙斯案**的六个大法官认为，尽管联邦最高法院先前所作的判例曾经规定，禁止使用州政府资金为教会学校提供地图、幻灯放映机以及其他教学资料和设备[195]，但是，这一判例到现在已经不再是一条好的准绳了。

针对州政府资助私立学校的问题，再没有剩下什么判决能够反映联邦最高法院的"分离主义"态度了。20世纪70年代，曾经是适用严格"莱蒙测试"标准的全盛时期，在那时候联邦最高法院否决了政府对私立学校所提供的、各种类型的公共资助；但到现在，在实际处理此类案件时，联邦最高法院好像已经推翻了在那一时期所作的大多数判决。[196]目前，完全针对私立学校或针对有子女上私立学校的家庭的政府资助行为还适用"分离主义"原则，比如直接给予在私立学校中教授世俗科目的教师工资资助或为维持私立中小学校的设备而对私立学校发放补助金等[197]，这些意见现在仍然有效。自1990年之后，这一领域之中唯一的"分离主义"判决是在**教育委员会诉格鲁米特案**（Board of Education v. Grumet）中作出的。在该案中，为满足萨特马尔哈西德教派①儿童的特殊需要，立法机构试图根据宗教来创办一个分离的学区，因为根据犹太教教义的严格规定，萨特马尔哈西德派儿童不能与非该教派的儿童一起接受教育。但联邦最高法院对这一做法予以了否决。[198]

不过，应该记住，法院解释了"不立国教"条款，允许各种对私立学校学生的政府资助，但这并不意味着州必须使用公共资金资助私立学校学生。举例来说，许多州的法院已经判决，对私立学校的学生予以交通资助违反州宪法，因为州宪法禁止将公共资金用于宗教目的。[199]与此相似，不少州法院也判决，依据州宪法，借教科书给私立学校的学生是违法的。[200]在1981年的一起案件中，加利福尼亚州最高法院还声称"儿童福利"原则在"逻辑上站不住脚"，并判决允许为私立学校的学生提供教科书贷款的州法违宪。[201]

---

① 萨特马尔哈西德派：Satmar Hasidic，犹太教的一个支派。——译者注

通过资助以鼓励教育选择

为了让更多的家庭有条件选择私立教育，也有一些立法致力于对家长的教育选择提供非直接资助。在立法会上，为减免私立学校学费开支而提起的税收减免措施以及教育券项目都受到了广泛的注意。资助资金之所以流向宗教学校仅仅是因为家长的私人选择，这一点为政府资助私立教育提供了合法性。

税收减免措施

在州和联邦两个层级，都有人提议实施税收福利项目，该项目致力于对上私立学校所支付的开支予以税收减免。尽管国会并没有同意对私立学校的学费提供联邦所得税优惠；但一些州已经出台了一些对教育开支予以税收减免的法规。因为这一措施的主要受益人是送孩子就读于教会学校的家长以及最终的受益人——宗教学校，所以核心的宪法问题是，这些税收减免措施是否促进宗教？是否违反"不立国教"条款？

在1983年的**穆勒诉阿兰案**（Mueller v. Allen）中，联邦最高法院对明尼苏达州的一个税收减免项目表示支持。该项目允许学生家长在缴纳州个人所得税时，扣除每一个其所需要抚养的、在中小学校中就读的孩子的教育开支，包括孩子在公立学校或私立学校之中的学费、交通费以及世俗性教科书的支出。在此案中，联邦最高法院多数意见认为，明尼苏达州的该项税收法规"彻底不同于"之前所审理的一项纽约州法规，后一法规仅将这种税收减免给予子女上私立学校就读的家庭，因而违反"不立国教"条款。[202]而明尼苏达州的该项税收法规"将家长在教育开支之上的一些花费还给家长，而不论他们的孩子是进入了何种类型的学校，这一证据表明，该法规的目的是世俗性的，也是可以理解的"[203]。因此，此类资助完全不同于对教会学校提供直接的政府资金。[204]

虽然联邦最高法院作出了这样的判决，但只有几个州提供这样的税收减免。在对这一问题进行公众投票时，要求对教育开支提供州税收减免的法规很少能获得通过，这可能是因为此类税收政策会对州的财政造成重大影响。

教育券

几十年来，在教育券项目中，由于家长的选择，公共资金流向了私立学校。所以，人们一直在争论各种各样的教育券模式究竟具有何种优点。新英格兰地区的一些学区实际上早在很多年前就已经开始采用了事实上的教育券计划。依据该项计划，那些没有开办高中的学区可以为本学区内的学生提供一笔高中学费，学生可以进入邻近的公立学区就读，也可以在家庭的选择下进入私立学校就读。然而，一直到20世纪90年代中期，几乎没有其他的州实行教育券计划。一直到1999年，佛罗里达州成为了第一个在全州范围内推行教育券计划的州，该州教育券计划的目标群体是那些在落后的公立学校之中就读的学生。依据佛罗里达州的教育券计划，如果学生就读的学校被评定为落后学校（依据学生的测验成绩、出勤率、毕业率以及其他因素），那么这名学生就有权利获得州政府发放的教育券，他们可以使用教育券以就读于自己所选择的合格的公立学校或私立学校。[205]另外，也有一些城市学区采用了由州资助的教育券计划，以帮助那些处于不利地位的年轻学生。而且，在全国范围内，有30多个大城市有为进入私立学校就读的学生提供私人资助的奖学金的政策。

宗教学校参加州资助的教育券项目是否违法呢？对此问题，下级法院之间作出了许多相互矛盾的判决。但是在2002年的**泽尔曼诉西蒙斯-哈里斯案**（Zelman v. Simmons-Harris）中，联邦最高法院作出了一个重要判决，从而解决了下级法院之间的这种判决矛盾。[206]在该案中，法院以5票对4票的微弱优势形成了最终的决议，判决克利夫兰城市学区的一个奖学金项目合法。该项目规定，在克利夫兰城市学区中处于经济不利地位的家庭可以获得相当于2 250美元的教育券，这些家庭中的儿童可以用教育券支付其就读的公立学校或者私立学校的学费。[207]但实际上，在此教育券项目中，没有家庭选择让自己的孩子就读于公立学校，绝大部分家庭选择了与教会相联系的私立学校。

在该案中，联邦最高法院非常看重如下事实——作出决策、导致奖学金流向私立学校的是家长而非政府。最高法院强调，政府在对这个广泛的群体提供资助时，只依据个人的财务状况来选择受资助者，并且限定受资助者必须是居住于克利夫兰城市学区之中的居民，因此该项资助对宗教是完全中立的。法院认为，不论参加该项目的家长是选择公立学校还是私立学校，这种选择行为都是一种"真实的个人选择"，该项目并不违反"不立国教"条款。即使在参加该项目的学生中，有96%的学生进入了宗教学校，法院也仍然认为，由于参加教育券项目的家长还要自付一小笔学费，该项目并不会刺激家长为其孩子选择宗教学校。与**穆勒案**的推定相似，最高法院强调，不能仅因为大多数受益人将资助用于宗教学校就认为该中立的资助项目违反宪法。[208]

紧随**泽尔曼案**的判决之后，许多州表示，它们会慎重考虑教育券项目，以为那些处于不利地位的孩子提供额外的选择机会。然而，即使联邦最高法院判决，将州政府颁发的教育券用于宗教学校并不违反"不立国教"条款，但推行教育券项目仍然要面对是否符合州宪法规定的判断。许多州的宪法保有明确的规定，禁止因宗教目的使用公共资金。[209]即使有些州的宪法允许宗教学校参加教育券项目，教育券项目对政府带来的财政压力也可能会影响到这一项目在大范围内的推广和实施，因为目前州政府并不负担学生上私立学校的支出。

结　论

近半个世纪以来，教会与州之间的争议引发大量的法律诉讼，它成为了教育法律诉讼之中一个稳定的支流。在此领域之中，还没有出现任何迹象可以表明此类法律活动正在减少。要求所有政府机构对宗教保持中立是第一修正案的基本原则，但说起来容易，做起来难，实践这条原则并不容易。尽管许多法律诉讼是依据"宗教自由"条款提起的，但绝大多数学校案件还是集中于对"不立国教"条款的禁止事项予以解释。

从20世纪60年代开始一直到20世纪80年代中期，联邦司法机构似乎更忠于这样的立场：中小学校要比其他任何地方都更为强调"不立国教"条款的禁止事项。然而近期以来，法院的态度好像发生了变化，政府为宗教提供了更多的便利，尤其在政府资金流向宗教学校方面表现更为明显。以前所具有的"清晰的区分规则：公立学校绝不可能成为宗教活动的家"已经不再像以前一样清晰了。[210]在保护公立学校中的宗教言论方面，"言论自由"条款所强调的保护性似乎逐渐压倒了"不立国教"条款所强调的约束性。同时，教会与国家相分离的隐喻似乎也为平等进入和对宗教团体平等对待的观念所取代。

目前，在学校中集中处理的教会与州的关系可以用以下几个主要特征来加以说明：

1. 不论学生是否自愿参与，只要政府在公立学校之中要求组织短祷活动，该活动就违反了"不立国教"条款的要求。

2. 学生享有宗教自由权，他们可以在公立学校之中进行静默祷告。但是，学校管理者不得促进学生的此类行为。

3. 在公立学校的毕业典礼上，由专业的神职人员发布祷告违反了"不立国教"条款的要求。但是，在特定条件下，由学生在毕业典礼上组织短祷则是受法律允许的。

4. 节日既具有世俗意义，又具有宗教意义，在公立学校之中应以客观且谨慎的态度庆祝节日。

5. 公立学校不得持久地张贴"十诫"和其他宗教文件。

6. 在公立学校之中，对宗教进行学术研究是合法的，但是不能将此类教学活动作为一种灌输宗教信念的手段。

7. 依据《平等进入法案》，如果一所中学获得了联邦资金的资助并且在学校里建立了限制性公开场所为学生在非教学时间聚会提供服务，那么这所中学就不能拒绝宗教组织使用这些公开场所。

8. 大多数法院判决，宗教组织不得在公立学校之中散发传单。但是学生准备并散发宗教资料应被视为学生发表个人言论，只要学生在合理的时间、恰当的地点、以恰当的方式来散发这些宗教资料，该行为就是法律所允许的。

9. 如果学区允许社区团体在放学后使用公立学校的设施，学区就不能因某些团体的聚会包含宗教内容而对它们进行歧视，即使这些团体聚会的目的是为了使学生参加这种宗教聚会。

10. 公立学校可以允许学生请假，让其在公立学校场所之外的地方接受宗教教育。

11. 学生可以因奉行宗教节日风俗习惯而有理由地缺勤，只要这种缺勤行为不会给学校造成过分的负担。

12. 因宗教原因而试图规避义务教育的指令是不会成功的，但阿米希派儿童在成功完成八年义务教育之后，可以免于接受义务教育。

13. 如果公立学校的特定仪式和活动与学生的宗教信仰相冲突，只要学校的管理或学生的学业进步不会因此受到干扰，学生就可以免于参加此类仪式和活动。

14. 一些法院表明，依据第一修正案的精神，"世俗的人道主义"或"新世纪的宗教信仰"可能会构成"无神论"信仰。但是，法院并不认为，公立学校的教学活动（比如性教育和"进化论"）会促进"无神论"信仰。

15. 要求教师在教授"进化论"理论的同时强调"创世纪"中"上帝造人说"的法律，违反了"不立国教"条款。

16. 州政府为了社会公共福利，可以监控学校的出勤率以确保公民受到教育；但是，家长也有权利为他们的孩子选择私立教育。

17. 州可以制定规章以管理私立教育，但不恰当的严格控制会侵害宗教自由权。

18. 仅对宗教学校提供直接的政府资助违反"不立国教"条款。

19. 对特定服务提供资助能够让学生受益并且能够让宗教学校附带性地受益（比如为学校交通提供资助、为教科书提供贷款、为学校参加标准化测试提供资助、提供手语翻译、提供计算机以及其他设备），这并不违反"不立国教"条款。

20. 在税收福利项目（该项目为学生上公立学校或私立学校的教育支出提供税收减免）和教育券项目之中，由于家长的私人选择，公共资金会流向宗教学校，这并不违反"不立国教"条款。

注　释

［1］参见 Cantwell v. Connecticut, 310 U. S. 296, 303（1940）; Gitlow v. New York, 268 U. S. 652, 666（1925）。

［2］330 U. S. 1, 15-16（1947）.

［3］这个"隐喻"要追溯到托马斯·杰弗逊在1802年所作的声明。当时浸信会教派协会以为国家福祉而祈祷为由，要求杰弗逊将感恩节假期中的某一天确立为斋戒和祷告日，杰弗逊就在一封信中以此"隐喻"拒绝了浸信会教派协会的要求。参见 Robert Healey, *Jefferson on Religion in Public Education*（New Haven, CT：Yale University Press, 1962）, pp. 128-140。大法官伦奎斯特在1985年对这一"隐喻"予以了重申，他认为，"以一面墙来进行隐喻是建立在过去糟糕的历史背景之下的，事实证明这一隐喻在指导法官裁判方面毫无价值，因此应该清晰、明确地放弃这一概念"。Wallace v. Jaffree, 472 U. S. 38, 107（1985），大法官伦奎斯特对此案判决持异议。

［4］Zorach v. Clauson, 343 U. S. 306, 312（1952）。又见 Sch. Dist. of Abington Township v. Schempp, 374 U. S. 203, 219（1963）。

［5］403 U. S. 602（1971）。又见 Walz v. Tax Comm'n, 397 U. S. 664（1970）。法院首次驳回了以"不立国教"条款为由、对免除教会财产税现状不满所提起的法律诉讼。

［6］参见 Marsh v. Chambers, 463 U. S. 783（1983）; 参见本章第22条注释。

［7］参见 Lee v. Weisman, 505 U. S. 577, 644-645（1992），大法官斯卡利亚和托马斯对此案持异议。County of Allegheny v. ACLU, 492 U. S. 573, 655（1989），大法官肯尼迪对此案判决部分表示支持，部分予以反对。Edwards v. Aguillard, 482 U. S. 578, 636-640（1987），大法官斯卡利亚和伦奎斯特对此案持异议。Aguilar v. Felton, 473 U. S. 402, 426-430（1985），大法官奥康纳对此案持异议。Wallace v. Jaffree, 472 U. S. 38, 108-113（1985），大法官伦奎斯特对此案持异议。在 Lamb's Chapel v. Ctr. Moriches Union Free Sch. Dist., 508 U. S. 384, 398（1993）中，大法官斯卡利亚对判决持赞同态度，他批评"莱蒙测试"标准就像是一个"食尸鬼"，在"反复被杀死并掩埋之后"又再次重生。

［8］参见 Lynch v. Donnelly, 465 U. S. 668, 687（1984），大法官奥康纳对此案持赞同意见。

［9］参见 *County of Allegheny*, 492 U. S. at 592。

［10］参见 *Weisman*, 505 U. S. 577。

［11］Ira C. Lupu, "The Lingering Death of Separationism," *Grorge Washington Law Review*, vol. 62（1994）, p. 232。

［12］参见 Doe v. Beaumont Indep. Sch. Dist., 240 F. 3d 462（5th Cir. 2001）; Koenick v. Felton, 190 F. 3d 259（4th Cir. 1999）; Stark v. Indep. Sch.

Dist. No. 640, 123 F. 3d 1068 (8th Cir. 1997); Hsu v. Roslyn Union Free Sch. Dist. No. 3, 85 F. 3d 839 (2nd Cir. 1996).

[13] 406 U. S. 205 (1972).

[14] Id. at, 214.

[15] Employment Div. v. Smith, 494 U. S. 872 (1990).

[16] 作为对这一判例的回应,1993 年国会颁布了《宗教自由恢复法案》(Religious Freedom Restoration Act), 42 U. S. C. § 2000bb (1996), 重申了强制性利益原则,申明即使会因广泛使用这一原则而导致政府负担加重也在所不惜。但是,最高法院随后宣布这部法律非法,因为它不仅防范了违宪行为,还通过禁止州政府的行为超越第十四修正案规定的范畴而扩大了国会的权力。City of Boerne v. Flores, 521 U. S. 507 (1997)。

[17] Walz v. Tax Comm'n, 397 U. S. 664, 668-669 (1970)。

[18] 参见 Good News Club v. Milford Cent. Sch., 533 U. S. 98 (2001); Santa Fe Indep. Sch. Dist. v. Doe, 530 U. S. 290 (2000); 参见本章第 41 条和第 107 条注释所对应的正文。

[19] Sch. Dist. of Abington Township v. Schempp. 374 U. S. 203 (1963); Engel v. Vitale, 370 U. S. 421 (1962)。

[20] Lupu, "The Lingering Death of Separationism," p. 232。又见《不让一个孩子掉队法案》20 U. S. C § 6061 (2002), 该法案明确规定,任何获得联邦资助的公立学校,都不得依据该法案来制定阻止学生自愿祷告和静默行为的学校政策。

[21] 参见 Ingebretsen v. Jackson Pub. Sch. Dist., 88 F. 3d 274 (5ht Cir. 1996), 密苏里州的法律允许学生在学校中进行祷告。Jaffree v. Bd. of Sch. Comm'rs, 705 F. 2d 1526 (11th Cir. 1983), 允许由教师发起的祷告活动。Jaffree v. Wallace, 705 F. 2d 1526 (11th Cir. 1983), 部分维持原判, 466 U. S. 924 (1984),《亚拉巴马州自愿祷告法》(Alabama voluntary prayer law)。Karen B. v. Treen, 653 F. 2d 897 (5th Cir. 1981), 维持原判, 455 U. S. 913 (1982),《路易斯安那州自愿祷告法》(Louisiana voluntary prayer law)。Collins v. Chandler Unified Sch. Dist., 644 F. 2d 759 (9th Cir. 1981), 允许学生在学校集会中领导和组织祷告。

[22] Marsh v. Chambers, 463 U. S. 783 (1983)。在该案中,原告以违反"不立国教"条款为依据,指控州政府的资助被用于支持一名牧师和一名祷告者举行法律会议,法院主要是依据"传统"、而非"莱蒙测试"标准,驳回了这一诉讼请求。

[23] Coles v. Cleveland Bd. of Educ., 171 F. 3d 369 (6th Cir. 1999)。

[24] Doe v. Duncanville Indep. Sch. Dist., 70 F. 3d 402 (5th Cir. 1995)。

[25] Doe v. Sch. Bd., 274 F. 3d 289 (5th Cir. 2001)。

[26] 705 F. 2d 1526 (11th Cir. 1983), 维持原判, 472 U. S. 38 (1985)。尽管在该案中,州政府的许多做法引起了争议,但是最高法院至少还同意州政府颁布静默祷告法,其他的争议则被搁置。参见本章之前的第 21 条注释。

[27] Bown v. Gwinnett County Sch. Dist., 112 F. 3d 1464 (11th Cir. 1997)。

[28] Va. Code Ann § 22. 1-203 (2002)。

[29] Brown v. Gilmore, 258 F. 3d 265 (4th Cir. 2001), 拒绝上诉请求, 533 U. S. 1301 (2001)。

[30] 505 U. S. 577 (1992)。

[31] 尽管法院多数意见同意适用"强制测试"标准,但其中的 4 名法官还是在判决书上附上了自己的意见,他们认为,此类学校政策的要求并不是举行毕业典礼的必要前提条件,相反此类政策的强制性足以违反"不立国教"条款。Weisman, 505 U. S. at 599, 大法官布莱克摩、斯蒂

文森和奥康纳对此案持赞同意见；505 U. S. at 609，大法官索特、斯蒂文森和奥康纳对此案持赞同意见。

[32] 参见 Verbena United Methodist Church v. Chilton County Bd. of Educ., 765 F. Supp. 704 (M. D. Ala. 1991)。法院认为，在宗教组织通过租用学区的场地所组织的毕业典礼活动中，学区必须采取所有合理、必要的措施，以使自己与此类宗教活动分离开来。

[33] 参见 Shumway v. Albany County Sch. Dist. No. One, 826 F. Supp. 1320 (D. Wyo. 1993)。

[34] 关于学生言论自由的讨论，参见第4章。

[35] Doe v. Madison Sch. Dist. No 321, 147 F. 3d 832 (9th Cir, 1998)，全体法官出庭听审，撤销原判，发回重审，177 F. 3d 789, 792 (9th Cir. 1999)。又见 Goluba v. Sch. Dist., 45 F. 3d 1035 (7th Cir. 1995)。在该案中，法院认为，学生在高中毕业典礼之前，背诵《圣经》祷词、进行5分钟短祷的行为并不代表校方的态度，因此也不违反禁止校方人员在毕业典礼过程中授权、组织、主持或蓄意阻止祷告行为的禁制令。

[36] Cole v. Oroville Union High Sch. Dist., 228 F. 3d 1092 (9th Cir. 2000)。

[37] Jones v. Clear Creek Indep. Sch. Dist., 930 F. 2d 416 (5th Cir. 1991)，全体法官出庭听审，撤销原判，发回重审，505 U. S. 1215 (1992)，正在重新审理，977 F. 2d 963 (5th Cir. 1992)。又见 Tanford v. Brand, 104 F. 3d 982 (7th Cir. 1997)。在该案中，原告的起诉请求被驳回。法院认为，成年学生具有足够的成熟度，能够在众多相互竞争的信仰中选择自己的信仰，因此在大学毕业典礼上所举行的祈祷和祝福活动并不具有强制性。

[38] ACLU of N. J. v. Black Horse Pike Reg'l Bd. of Educ., 84 F. 3d 1471 (3rd Cir. 1996)；Harris v. Joint Sch. Dist. No. 241, 41 F. 3d 447 (9th Cir. 1994)，该案被原样发回，裁定指出起诉请求不具合法性，因此不予受理，515 U. S. 1154 (1995)。

[39] 又见 Comm. for Voltntary Prayer v. Wimberly, 704 A. 2d 1199 (D. C. Ct. App. 1997)。通过学生投票来决定是否组织祈祷的做法实际上使学生可以在绝大多数与学校相关的活动中组织自愿祷告活动，具有促进公立学校祷告行为的清晰目的，因此法院禁止学区从事此类组织行为。

[40] Ingebretsen v. Jackson Pub. Sch, Dist., 88 F. 3d 274 (5th Cir. 1996)。这部被法院宣布为违宪的法律之所以得以产生，其背景在于，密西西比州一所高中的校长允许学生在所有的学校公共交流活动中进行祷告，因此愤怒的公众要求学区解聘该名校长，但是教育委员会最终并没有结束该名校长的聘任合同，而密西西比州的参议员甚至还通过了一项决议以肯定该名校长致力于将祷告行为重新带回公立学校的做法。参见 Bd. of Trs. v. Knox, 638 So. 2d 1278 (Miss. 1994)。又见本章的第51条注释所对应的正文，涉及亚拉巴马州与此相似的一部法律。

[41] 168 F. 3d 806 (5th Cir. 1999)，维持原判，530 U. S. 290 (2000)。

[42] Id., 168 F. 3d at 812-813。学校修订了该项政策，从标题上除去了"祷告"一词，还通过增加附注的方法解释了什么是由学生所做的"发言"、"声明"和"祈祷"。

[43] Id. at 816-818。上诉法院强调，学校在允许学生组织毕业典礼祷告时，必须遵守"非宗派性，非传教性"的限制条件，参见本章第37条注释中有关 Jones v. Clear Creek Indep. Sch. Dist. 的判决；但是，法院认为，依据"不立国教"条款的规定，即使学校遵守这一限制条件，也不能说明其允许学生在足球比赛前举行祷告

的做法是合法的。第五巡回法院在判决书的前一部分将高中毕业典礼描述为"一生一次的事件",与毕业典礼相比,体育活动的宗教意味要少,也更具普遍性。Doe v. Duncanville Indep. Sch. Dist., 70 F. 3d 402, 406-407 (5th Cir. 1995)。

[44] 530 U. S. at 310.

[45] Id. at 308.

[46] 这个学区具有在学校中举行基督教仪式的传统。在1995年的一起案件中,针对学区所举行的、致力于改变学生宗教信仰的诸多活动,有家长提起了多项诉讼。除允许学生在毕业典礼和家庭足球赛上公开朗读基督教祷词的做法之外,比如教师举行促进基督教信仰复兴的会议、教师责罚持少数信仰的学生等做法都受到了指控。2002年,由于该校一名犹太裔学生受到同班同学的宗教骚扰,学区再一次被卷入了一项由学校人员所提起的诉讼,该案最终裁定的赔偿数额并未公开。参见Erica Goldman, "Santa Fe School District Closes Second Case Involving Religion," *Texas Lawyer*, vol. 17, no. 52 (March 4, 2002), p. 5.

[47] 530 U. S. at 307-309。法院强调,有必要审查被指控的行为所处的历史背景和具体情境,只有这样才能裁定该行为在表面上是否具有合法性。Id. at 317.

[48] Id. at 316-317, citing Bd. of Regents v. Southworth, 529 U. S. 217, 236 (2000)。大学向学生活动投入必要活动经费的做法得到了法院的支持,但是法院认为,通过学生选举以决定哪些言论受到学校资助的做法剥夺了少数人发表自身观点的权利,因而违反了"言论自由"条款。参见本书第4章第53条注释所对应的正文。

[49] 530 U. S. at 313。在本案中,大法官伦奎斯特不仅对多数法官所持的判决意见百般挑剔,还对**圣非案**判决所持的论调予以了尖锐的抨击,他认为,该判决"对公共生活之中的所有宗教事务充满了敌意"。Id. at 318,大法官伦奎斯特对本案持异议。

[50] 174 F. 3d 1236 (11th Cir. 1999),全体法官复审后得出不同结论而撤销原判,206 F. 3d 1070 (11th Cir. 2000),推翻原判,发回重审(依据圣非独立学区诉多伊案重新审议),531 U. S. 801 (2000),发回重审,恢复原状,250 F. 3d 1330 (11th Cir. 2001),拒绝上诉请求,534 U. S. 1065 (2001)。

[51] 180 F. 3d 1254 (11th Cir. 1999),推翻原判,发回重审(依据圣非独立学区诉多伊案重新审议),530 U. S. 1256 (2000),以发回重审的名义恢复原状,Chandler v. Siegelman, 230 F. 3d 1313 (11th Cir. 2000),拒绝上诉请求,533 U. S. 916 (2001)。

[52] *Chandler*, 958 F. Supp. 1550 (M. D. Ala. 1997).

[53] *Chandler*, 180 F. 3d at 1261.

[54] *Chandler*, 230. F. 3d at 1315.

[55] Prince v. Jacoby, 303 F. 3d 1074 (9th Cir. 2002)。该案涉及如何处理有关《平等进入法案》(The Equal Access Act)的事宜,参见本章第102条注释所对应的正文。

[56] Florey v. Sioux Falls Sch. Dist. 49-5, 619 F. 2d 1311 (8th Cir. 1980).

[57] Stone v. Graham, 449 U. S. 39 (1980).

[58] *Florey*, 619 F. 2d at 1314。又见Sechler v. State Coll. Area Sch. Dist., 121 F. Supp. 2d 439 (M. D. Pa. 2000)。原告诉称,公立学校在节日期间奉行宗教风俗习惯的做法违反了"不立国教"条款,法院驳回了这一诉讼请求。法院认为,学校在节日风俗活动中不仅展示了圣诞树、唱了赞美诗,还摆出了九分蜡烛台和树枝状大烛台,之所以这样设计是为了尽可能多元化地进行庆祝,因此这种活动"算不上是奉行基督教"。

[59] *Stone*, 449 U. S. at 41。参见Nartowicz v. Clayton County Sch. Dist.,

736 F. 2d 646 (11th Cir. 1984)。法院禁止公立学校使用学校布告牌和公共信息发布系统来通知学生教会组织的活动。

[60] 国会也曾考虑通过立法的方式，允许学校在校内张贴"十诫"以及其他一些历史性文件。参见 Mark Walsh, "Commandments Debate Moves to Statehouse," *Education Week* (February 16, 2000), pp. 18, 21。

[61] ICLU v. O'Bannon, 259 F. 3d 766 (7th Cir. 2001), 拒绝上诉请求, 122 S. Ct. 1173 (2002)。又见 Books v. City of Elkhart, 235 F. 3d 292 (7th Cir. 2000), 拒绝上诉请求, 532 U. S. 1058 (2001)。

[62] Baker v. Adams County/Ohio Valley Sch. Bd., 310 F. 3d 927 (6th Cir. 2002)。又见 ACLU v. McCreary County, 145 F. Supp. 2d 845 (E. D. Ky. 2001); Doe v. Harlan County Sch. Dist., 96 F. Supp. 2d 667 (E. D. Ky. 2000)。

[63] Washegesic v. Blooningdale Pub. Schs., 33 F. 3d 679 (6th Cir. 1994)。

[64] Joke v. Bd. of Educ., 745 F. Supp. 823 (N. D. N. Y. 1990)。又见 Gernetzke v. Kenosha Unified Sch. Dist. No. 1, 274 F. 3d 464 (7th Cir. 2001), 拒绝上诉请求, 122 S. Ct. 1606 (2002); 参见本章第104条注释所对应的正文。

[65] Clever v. Cherry Hill Township Bd. of Educ., 838 F. Supp. 929 (D. N. J. 1993)。

[66] Guyer v. Sch. Bd., 634 So. 2d 806 (Fla. Dist. Ct. App. 1994)。

[67] 参见 Kunselman v. W. Reserve Local Sch. Dist., 70 F. 3d 931 (6th Cir. 1995)。

[68] Anderson v. Mex. Acad. & Cent. Sch., 186 F. Supp. 2d 193 (N. D. N. Y. 2002)。

[69] Fleming v. Jefferson County Sch. Dist., 298 F. 3d 918 (10th Cir. 2002)。

[70] Lynch v. Donnelly, 465 U. S. 668 (1984)。又见 McCreary v. Stone, 739 F. 2d 716 (2nd Cir. 1984), 该决定得到法庭半数法官的支持, 471 U. S. 83 (1985)。

[71] Capitol Square Review & Advisory Bd. v. Pinette, 515 U. S. 753 (1995)。法院认为，与在传统公共场所所进行的个人宗教表达行为一样，"三K党"有权利在圣诞节期间在州所属的公共广场上展示不受注意的十字架标志，除非这种行为侵犯了强制性的州利益，否则不应该对此行为进行限制。

[72] County of Allegheny v. ACLU, 492 U. S. 573 (1989)。法院认为，虽然为庆祝信仰自由而展示九分蜡烛台和圣诞树的做法受法律保护，但是在县政府所驻地展示"耶稣诞生图"、并将"光荣与主同在"的标语打在旗帜上的做法则违反了"不立国教"条款，因为这种行为促进了基督教信仰。

[73] 一些法律或委员会政策将"快乐星期五"（Good Friday）看成一个法定节日，联邦上诉法院对这种做法存在一些相互矛盾的看法。Metzl v. Leininger, 57 F. 3d 618 (7th Cir. 1995), 在该案中，法院认为，在缺乏任何教育或其他正当理由的情况下，学校将"快乐星期五"定为一个学校节日，传达出了一种为法律所不允许的信息：学校对基督教持支持态度。Koenick v. Felton, 190 F. 3d 259 (4th Cir. 1999), 在该案中，学区的政策规定，"复活节"放四天假。由于这个假期与犹太人的"逾越节"重合，许多老师都需要在此期间休假，因此学区的这种政策既不违反"不立国教"条款，又有利于更为恰当地安排学校资源，所以法院对学区的此项政策持支持态度。比较上述两个案例，法院的判决很不一致。Cammack v. Waihee, 932 F. 2d 765 (9th Cir. 1991), 在该案中，法院认为，学校有权将"快乐星期五"定为一个学校法定节日，与有的学校终止礼拜日的做法相比，这种做法算不上是促进宗

教的。

[74] Jaffree v. Bd. of Sch. Comm'rs, 705 F. 2d 1526 (11th Cir. 1983)。又见 May v. Evansville-Vander-burgh Sch. Corp., 787F. 2d 1105 (7th Cir. 1986)。在该案中，法院认为，在公立学校中，学校管理方有权禁止学校教师在开学前使用学校建筑物举行同事祷告会议。

[75] 但是，法院认为，《圣经》具有显著的文献和历史价值，因此禁止教育委员会将《圣经》从学校图书馆中取出来。Roberts v. Madigan, 921 F. 2d 1047 (10th Cir. 1990)。

[76] Marchi v. Bd. of Coop. Educ. Serve., 173 F. 3d 469 (2d. Cir. 1999)。

[77] T恤上的标语是"耶稣2000, J2K"。Dowing v. W. Haven Bd. of Educ., 162 F. Supp. 2d 19 (D. Conn. 2001)。又见 Hennessy v. City of Melrose, 194 F. 3d 237 (1st Cir. 1999)。在该案中，一名信奉正统派基督教的学生辅导员因为批评学区的课程、学校活动以及诽谤校长，而被学区提前终止了聘任合同。法院对学区的这种做法予以了支持，认为个人的宗教信仰权并不优先于其对学校校规的遵从义务。

[78] 参见 Fink v. Bd. of Educ., 442 A. 2d 837, 842 (Pa. Commw. Ct. 1982)。在该案中，学监要求一名教师停止在公开课上进行祷告活动，在遭到拒绝后，学区解聘了该名教师，法院对学区的做法予以了支持。

[79] Palmer v. Bd. of Educ., 603 F. 2d 1271 (7th Cir. 1979)。

[80] Id. at 1274。涉及公立学校教师在校内穿着宗教服装等问题，参见第10章第120条注释所对应的正文。

[81] La Rocca v. Bd. of Educ., 406 N. Y. S. 2d 348 (App. Div. 1978)。

[82] 参见 Dale v. Bd. of Educ., 316 N. W. 2d 108 (S. D. 1982)。又见 Le Vake v. Indep. Sch. Dist. No. 656, 625 N. W. 2d 502 (Minn. Ct. App. 2001)，拒绝上诉请求，534 U. S. 1081 (2002)；参见本章第165条注释所对应的正文。

[83] 参见 Sch. Dist. of Abington Township v. Schempp. 374 U. S. 203, 225 (1963)。

[84] 参见 Timothy Smith, "High School History Texts Adopted for Use in the State of Alabama," *Religion & Public Education*, vol. 15 (1988), pp. 170-190; Paul Vitz, *Censorship: Evidence of Bias in Our Children's Textbooks* (Ann Arbor, MI: Servant Books, 1986)。

[85] 参见 Richard Riley, *Religious Expression in Public Schools* (Washington, DC: United States Department of Education 1998); *Religion in the Public School: A Joint Statement of Current Law*, (American Jewish Congress, Chair Drafting Committee), New York: American Jewish Congress, 1995); "Religion Curriculum Address Liberty, Pluralism," *Education Monitor* (November 27, 1990), p. 4。

[86] 又见 Doe v. Beaumont Indep. Sch. Dist., 240 F. 3d 462 (5th Cir. 2001) (全体法官出庭听审)。在该案中，法院将案件发回一审法院重审，要求一审法院判断公立学校使用自愿工作的牧师担任顾问是否违反"不立国教"条款。

[87] 参见 Doe v. Human, 725 F. Supp. 1499 (W. D. Ark. 1989)，维持原判，923 F. 2d 857 (8th Cir. 1990); Hall v. Bd. of Sch. Comm'rs, 707 F. 2d 464 (11th Cir. 1983); Herdahl v. Pontotoc County Sch. Dist., 993 F. Supp. 582 (N. D. Miss. 1996)。

[88] 具有讽刺意味的是，同一个学区在1920年还产生了著名的"斯考普斯猴子审判案"(Scopes "Monkey trial" / Scopes v. State)；参见本章第161条注释所对应的正文；2002年联邦地区法院在该案中认为，学区在小学中教授《圣经》的做法属于灌输宗教、而非对宗教的学术研究，因而违

反"不立国教"条款。Doe v. Porter, 188 F. Supp. 2d 904 (E. D. Tenn. 2002)。

[89] Bauchman v. W. High Sch., 132 F. 3d 542 (10th Cir. 1997)。又见 Skarin v. Woodbine Cmty. Sch. Dist., 204 F. Supp. 2d 1195 (S. D. Iowa 2002)。在该案中,法院认为,高中唱诗班在毕业典礼和典礼预演上演唱"主之祈祷"的宗教歌曲违反"不立国教"条款。

[90] Doe v. Duncanville Indep. Sch. Dist., 70 F. 3d 402 (5th Cir. 1995)。但是,法院认为,学校篮球队为鼓舞学校教职员工而要求学生在比赛、练习及动员会之前进行祷告的政策违法。

[91] Denooyer v. Merinelli, 12 F. 3d 211 (6th Cir. 1993)。

[92] Settle v. Dickson County Sch. Bd., 53 F. 3d 152 (6th Cir. 1995)。参见 Id. at 159,大法官巴彻尔德对本案持赞同意见。

[93] C. H. v. Oliva, 226 F. 3d 198 (3rd Cir. 2000),拒绝上诉请求,533 U. S. 915 (2001)。又见 Walz v. Egg Harbor Township Bd. of Educ., 187 F. Supp. 2d 232 (D. N. J. 2002)。在该案中,原告诉称,依据第一修正案,学生享有在教室里分发宗教礼物的权利,也可以在上课前、上课后以及课间休息期间在恰当的地点分发宗教材料。但是,法院驳回了原告的诉讼请求。

[94] 要分析这一概念,请参见 Rosenberger v. Rector & Visitors, 515 U. S. 819, 890-899,大法官索特持有异议;Lamb's Chapel v. Ctr. Moriches Union Free Sch. Dist., 959 F. 2d 381, 386 (2nd Cir. 1992),驳回上诉请求,508 U. S. 384 (1993)。

[95] Ira C. Lupu, "The Lingering Death of Separationism," *Grorge Washington Law Review*, vol. 62 (1994), p. 249.

[96] 454 U. S. 263 (1981)。

[97] 20 U. S. C. §§ 4071-4074 (2002)。

[98] 496 U. S. 226, 249 (1990)。

[99] *Id.* at 250.

[100] 参见 Ceniceros v. Bd. of Trs., 106 F. 3d 878 (9th Cir. 1997),在该案中,法院认为,依据《平等进入法案》,学校应该允许学生宗教团体在午餐期间聚会,因为这段时间属于非教学时段,学校也允许其他学生团体在此时段聚会;Garnett v. Renton Sch. Dist. No. 403, 987 F. 2d 641 (9th Cir. 1993),在该案中,法院认为,《平等进入法案》优先于州法中有关阻止宗教设立的条款,公立学校不得禁止学生宗教团体使用学校为学生聚会所安排的活动场所。

[101] 参见 Hsu v. Roslyn Union Free Sch. Dist., 85 F. 3d 839 (2nd Cir. 1996)。

[102] Prince v. Jacoby, 303 F. 3d 1074 (9th Cir. 2002)。这个案件涉及"言论自由"条款,参见本章第55条注释所对应的正文。

[103] Schoick v. Saddleback Valley Unified Sch. Dist., 104 Cal. Rptr. 2d 562 (Ct. App. 2001)。参见第4章第107条注释所对应的正文。

[104] Gernetzke v. Kenosha Unified Sch. Dist. No. 1, 274 F. 3d 464 (7th Cir. 2001),驳回上诉,122 S. Ct. 1606 (2002)。

[105] *Id.* at 466。原告诉称,学校禁止喷绘宗教标志的做法违反了"宗教自由"条款,但法院对这一诉讼要求未予以支持。

[106] 508 U. S. 384 (1993)。又见 Rosenberger v. Rector & Visitors, 515 U. S. 819 (1995)。

[107] 533 U. S. 98 (2001)。又见 Culbertson v. Oakridge Sch. Dist. No. 76, 258 F. 3d 1601 (9th Cir. 2001)。法院认为,好消息俱乐部有权在非教学时间到公立学校去,但公立学校的教师不能为聚会分发入场券,否则就违反了"不立国教"条款。

[108] 参见 Mark Walsh, "Religious

Club Seeks 'Good News' from Court," *Education Week* (February 21, 2001), pp. 1, 20.

[109] 508 U. S. 384 (1993).

[110] Good News Club v. Milford Cent. Sch., 533 U. S. 98, 108-110 (2001). 又见 Good News/Good Sports Club v. Sch. Dist. of Ladue, 28 F. 3d 1501 (8th Cir. 1994).

[111] 533 U. S. at 138, 大法官索特持有异议。

[112] 参见 Campbell v. St. Tammany Parish Sch. Bd., 206 F. 3d 482 (5th Cir. 2000), 在该案中, 法院认为, 学区的限制性活动场所可以在非教学时间对学生开放, 但是不能进行宗教服务。撤销原判, 发回重审, 依据好消息俱乐部诉米尔福特中心学校案重新审理, 533 U. S. 913 (2001), 发回重审, 300 F. 3d 526 (5th Cir. 2002). Full Gospel Tabernacle v. Cmty. Sch. Dist. 27, 164 F. 3d 829 (2nd Cir. 1999), 在该案中, 法院认为, 由于学区并不对宗教崇拜活动开放活动场所, 因此学区可以禁止宗教团体使用学区的设施。Bronx Household of Faith v. Cmty. Sch. Dist., 127 F. 3d 207 (2nd Cir. 1997), 在该案中, 法院认为, 学区抱有观点中立的立场, 因此它可以禁止宗教团体使用公立学校的限制性活动场所进行每周一次的崇拜活动。Bronx Housthold of Faith v. Bd. of Educ., 226 F. Supp. 2d 401 (S. D. N. Y. 2002), 法院在该案中适用了好消息俱乐部一案的判例, 并且认为两个案件具有实质性的相似之处, 因此认为学区禁止宗教团体使用公立学校设施进行宗教崇拜的做法违反第一修正案。

[113] 在某些情况下, 社区团体希望获得进入公立学校进行宗教广告的机会。参见 DiLoreto v. Downey Unified Sch. Dist., 196 F. 3d 958 (9th Cir. 1999). 在该案中, 法院认为, 棒球场周边的围栏属于非公共场所, 只能用于特定的目的, 因此学区可以禁止他人在围栏上张贴宗教广告。法院还认为, 学区有理由担心, 如果允许他人在围栏上张贴宗教广告会违反"不立国教"条款, 这种做法不构成观点歧视。

[114] 参见 Jabr v. Rapides Parish Sch. Bd., 171 F. Supp. 2d 653 (W. D. La. 2001). 在该案中, 法院认为, 学校校长在公立学校之中对学生发放《新约圣经》材料的做法违反"不立国教"条款。

[115] 参见 Doe v. Duncanville Indep. Sch. Dist., 70 F. 3d 402 (5th Cir. 1995); Berger v. Rensselaer Cent. Sch. Corp., 982 F. 2d 1160 (7th Cir. 1993).

[116] Peck v. Upshur County Bd. of Educ., 155 F. 3d 274 (4th Cir. 1998). 又见 Meltzer v. Bd. of Pub. Instruction, 577 F. 2d 311 (5th Cir. 1978), 在该案中, 法院认为, 在严格控制发放地点和发放方式的情况下, 学区可以允许圣经赠送协会在公立学校之中发放宗教材料; Bacon v. Bradley-Bourbonnais High Sch. Dist. No. 307, 707 F. Supp. 1005 (C. D. Ⅲ. 1989), 在该案中, 法院认为, 圣经赠送协会可以在公立学校前面的道路两旁发放《圣经》, 因为学校道路的两旁属于公共场所, 任何公众均可使用。

[117] Rivera v. E. Otero Sch. Dist. R-1, 721 F. Supp. 1189 (D. Colo. 1989). 又见 Muller v. Jefferson Lighthouse Sch., 98 F. 3d 1530 (7th Cir. 1996). 对学生发放宗教材料和非宗教材料的主体只要不是学校, 均将适用同样的原则。

[118] Thompson v. Waynesboro Area Sch. Dist., 673 F. Supp. 1379 (M. D. Pa. 1987). 又见 Slotterback v. Inerboro Sch. Dist., 766 F. Supp. 280 (E. D. Penn. 1991).

[119] Hedges v. Wauconda Cmty. Unit Sch. Dist., 9 F. 3d 1295 (7th Cir. 1993). 又见 Perumal v. Saddleback Valley Unified Sch. Dist., 243 Cal. Rptr. 545

(Ct. App. 1988)。在该案中，法院认为，学校并没有为与课程无关的学生团体设定任何特定活动场所，因此学生宗教俱乐部无权在高中运动场上发放宗教材料，也无权在学校的毕业纪念册上做广告，即使学校为与课程无关的学生团体设定了某个特定的活动场所，"不立国教"条款也禁止学校利用自身的声望和特权来促进宗教。

[120] Harless v. Darr, 937 F. Supp. 1351 (S. D. Ind. 1996).

[121] Rosenberger v. Rector & Visitors, 515 U. S. 819 (1995).

[122] *Id.* at 845。参见 Arval A. Morris, "Separation of Church and State? —Remarks on *Rosenberger v. University of Virginia*," *Education Law Reporter*, vol. 103 (1995)，pp. 553-571。

[123] McCollum v. Bd. of Educ., 333 U. S. 203 (1948).

[124] Zorach v. Clauson, 343 U. S. 306, 313-314 (1952).

[125] Smith v. Smith, 523 F. 2d 121 (4th Cir. 1975).

[126] 参见 Holt v. Thompson 225 N. W. 2d 678 (Wis. 1975)。

[127] 因为在这个项目中，公立学校每周都有一天会提前放学，放学后学生既不会被限制在学校里，也不会被强迫参加宗教学习班，所以看起来学校很容易为这个项目的合宪性进行法律抗辩。

[128] Lanner v. Wimmer, 662 F. 2d 1349 (10th Cir. 1981).

[129] Moore v. Metro. Sch. Dist., No. IP 00-1859-C-M/S, 2001 U. S. Dist. LEXIS 2722 (S. D. Ind. Feb. 7, 2001)。又见 Doe v. Shenandoah County Sch. Bd., 737 F. Supp. 913 (W. D. Va. 1990)，在这个案件中，项目组织者在一辆大巴上给学生们上周日宗教课，该辆大巴停在学校前，样子很像公立学校的校车，负责教学的教师还会主动进入学校招募学生参加宗教课，因此法院发出了一个临时禁止令，禁止该项目的组织者从事这种宗教课教学。

[130] Church of God v. Amarillo Indep. Sch. Dist., 511 F. Supp. 613 (N. D. Tex. 1981)，维持原判，670 F. 2d 46 (5th Cir. 1982)（由法庭共同议决）。

[131] Commonwealth v. Bey, 70 A. 2d 693 (Pa. Super. Ct. 1950).

[132] 参见 Jernigan v. State, 412 So. 2d 1242 (Ala. Crim App. 1982); Johnson v. Charles City Cmty. Schs., 368 N. W. 2d 74 (Iowa 1985)。讨论涉及在家教育的法律状况，参见第 3 章第 10 条注释所对应的正文。

[133] Rice v. Commonwealth, 49 S. E. 2d 342, 348 (Va. 1948).

[134] 参见 Wisconsin v. Yoder, 406 U. S. 205 (1972)；参见本章第 13 条注释所对应的正文。

[135] 319 U. S. 624 (1943).

[136] Minersville Sch. Dist. v. Gobitis, 310 U. S. 586 (1940).

[137] *Barnette*, 319 U. S. at 642.

[138] 参见 Lipp v. Morris, 579 F. 2d 834 (3rd Cir. 1978); Goetz v. Ansell, 477 F. 2d 636 (2nd Cir. 1973)。

[139] 参见 Russo v. Cent. Sch. Dist. No. 1, 469 F. 2d 623, 634 (2nd Cir. 1972)；法官意见，363 N. E. 2d 251 (Mass. 1977)。

[140] Sherman v. Cmty. Consol. Sch. Dist. 21, 980 F. 2d 437 (7th Cir. 1992)。法院指出，在效忠宣誓活动中需要反复背诵一些段落，因此该活动已经失去了原有的宗教意味，应该被确定为一种"仪式"。*Id.* 980 F. 2d at 447。

[141] Newdow v. U. S. Congress, 292 F. 3d 597 (9th Cir. 2002)，该案判决被搁置，No. 00-16423, 2002 U. S. App. LEXIS 12826 (9th Cir. June 27, 2002).

[142] 参见 Spence v. Bailey, 465 F.

2d 797 (6th Cir. 1972); Moody v. Cronin, 484 F. Supp. 270 (C. D. Ill. 1979); S. T. v. Bd. of Educ., 552 A. 2d 179 (N. J. 1988); Valent v. N. J. State Bd. of Educ., 274 A. 2d 832 (N. J. Super. Ct. Ch. Div. 1971)。

[143] 参见 Mitchell v. McCall, 143 So. 2d 629 (Ala. 1962)。在该案中，法院认为，当学生提出宗教免除要求时，学校管理方并没有必要为了防止他们感到难堪而为他们作出特殊的安排或对原定教育项目进行调整。又见 Smith v. Bd. of Educ., 844 F. 2d 90 (2nd Cir. 1988)。在该案中，法院认为，学校可以将举行高中毕业典礼的日期安排在与一名学生的安息祷告日同一天，这种做法并不违反"信仰自由"条款。

[144] Davis v. Page, 385 F. Supp. 395 (D. N. H. 1974)。在该案中，法院认为，政府利益高于公民个人的信仰自由权，因此学校可以拒绝这些学生的宗教免除要求；除非这些课程在使用影像设备时仅仅是出于娱乐的目的，学校才可以同意这些学生的宗教免除要求。Id. at 401。

[145] 参见 Menora v. Ill. High Sch. Ass'n, 683 F. 2d 1030 (7th Cir. 1982); Keller v. Gardner Cmty. Consol. Grade Sch. Dist. 72C, 552 F. Supp. 512 (N. D. Ill. 1982)。

[146] Mozert v. Hawkins County Bd. of Educ., 827 F. 2d 1058 (6th Cir. 1987)。在这个案件中，对公民自由意志论持赞同态度的人产生了分歧，一部分人认为，毫无疑问，学生具有信仰自由权；而另一部分人则持相反看法，他们觉得家长的宗教免除要求违反了"不立国教"条款。

[147] Leebaert v. Harrington, 193 F. Supp. 2d 491 (D. Conn. 2002)。

[148] 参见 2001年的《不让一个孩子掉队法案》中的"保护儿童权利修正案"，20 U. S. C. § 1232h (2002); 参见第3章第195条注释所对应的正文。

[149] Epperson v. Arkansas, 393 U. S. 97, 107 (1968), 参见 Joseph Burstyn, Inc. v. Wilson, 343 U. S. 495, 505 (1952)。

[150] 参见 Thomas v. Review Bd., 450 U. S. 707, 714 (1981); United States v. Seeger, 380 U. S. 163, 175 (1965)。

[151] Malnak v. Yogi, 592 F. 2d 197 (3rd Cir. 1979)。

[152] 参见 Jaffree v. James, 544 F. Supp. 727, 732 (S. D. Ala. 1982); Fink v. Bd. of Educ., 442 A. 2d 837, 843 (Pa. Commw. Ct. 1982)。最高法院也表明，"州政府不能以一种坚决反对宗教或对宗教持有敌意的态度来建立某种'世俗主义的宗教'，而对那些'不信宗教的人表示青睐'"。Sch. Dist. of Abington Township v. Schempp, 374 U. S. 203, 225 (1963)。又见 Torcaso v. Watkins, 367 U. S. 488, 495 n. 11 (1961)。

[153] 参见 Kathy Ishizuka, "'Harry Potter' Tops Most Challenged Books—Again," *School Library Journal*, vol. 48, no. 3 (2002), p. 29。

[154] 参见 Grove v. Mead Sch. Dist. No. 354, 753 F. 2d 1528 (9th Cir. 1985)。在该案中，法院认为，**学习树**并不会促进"无神论"信仰。

[155] Smith v. Bd. of Sch. Comm'rs, 655 F. Supp. 939 (S. D Ala. 1987), 驳回上诉请求, 827 F. 2d 684 (11th Cir. 1987)。

[156] Id. 827 F. 2d at 692。

[157] Cowan v. Strafford R-Ⅵ Sch. Dist., 140 F. 3d 1153 (8th Cir. 1998); 参见第9章第113条注释所对应的正文。

[158] 参见 Citizens for Parental Rihgts v. San Mateo County Bd. of Educ., 124 Cal. Rptr. 68（Ct. App. 1975); Hobolth v. Greenway, 218 N. W. 2d 98 (Mich. Ct. App. 1974); Smith v. Ricci, 446 A. 2d 501

(N. J. 1982)。

[159] 要讨论这个问题，请参见 Valent v. N. J. State Bd. of Educ., 274 A. 2d 832, 840-841（N. J. Super. Ct. Ch. Div. 1971）。

[160] Coleman v. Caddo Parish Sch. Bd., 635 So. 2d 1238（La. Ct. App. 1994）。又见 ACLU v. Foster, No. 02-1440, 2002 U. S. Dist. LEXIS 13778（E. D. La. July 25, 2002）。依据州长的经济节约项目，法院要求州政府官员不再将联邦资金用于促进宗教信仰。

[161] Scopes v. State, 289 S. W. 363, 364（Tenn. 1927）。

[162] Epperson v. Arkansas, 393 U. S. 97（1968）。

[163] Edwards v. Aguillard, 482 U. S. 578（1987）。又见 Daniel v. Waters, 515 F. 2d 485（6th Cir. 1975）；McLean v. Ark. Bd. of Educ., 529 F. Supp. 1255（E. D. Ark. 1982）。

[164] Peloza v. Caoistrano Unified Sch. Dist., 37 F. d 517（9th Cir. 1994）。又见 Webster v. New Lenox Sch. Dist. No. 122, 917 F. 2d 1004（7th Cir. 1990）。在该案中，法院认为，教育委员会可以禁止教师在学校里教授"非进化论"。

[165] LeVake v. Indep. Sch. Dist. No. 656, 625 N. W. 2d 502（Minn. Ct. App. 2001），拒绝上诉请求，534 U. S. 1081（2002）。又见本章第82条注释所对应的正文。

[166] 参见 Robert Hemenway, "The Evolution of a Controversy in Kansas Shows Why Scientists Must Defend the Search for Truth," *The Chronicle of Higher Education*, vol. 46, no. 10（October 29, 1999）, p. B7。

[167] Freiler v. Tangipahoa Parish Bd. of Educ., 185 F. 3d 337（5th Cir. 1999）。又见 Moeller v. Schrenko, 554 S. E. 2d 198（Ga. Ct. App. 2001），在该案中，法院认为，生物书中有关"进化论"的内容并不会玷辱学生的宗教信仰，也不违反第一修正案；Johnson v. Chesapeake City Sch. Bd., 52 Va. Cir. 252（Va. Cir. Ct. 2000），在该案中，法院认为，教师在教学时将"进化论"当作科学事实来进行讲授并不会促进世俗宗教，因此驳回了原告针对学区使用科学教科书所提起的诉讼要求。

[168] 参见 David Hoff, "Debate Over Teaching of Evolution Theory Shifts to Ohio," *Education Week*（March 20, 2002）, pp. 14-16。

[169] Brown v. Woodland Joint Unified Sch. Dist., 27 F. 3d 1373（9th Cir. 1994）。

[170] Fleischfresser v. Dirs. of Sch. Dist. 200, 15 F. 3d 680（7th Cir. 1994）。由于产生了争议，这套丛书在1994年停止发行了。

[171] Altman v. Bedford Cent. Sch. Dist., 245 F. 3d 49（2nd Cir. 2001），调卷令被回绝，122 S. Ct. 68（2001）。

[172] Pierce v. Society of the Sisters, 268 U. S. 510（1925）。

[173] 参见第3章第2条注释，该注释讨论了有关义务教育法的内容。

[174] 参见 Wisconsin v. Yoder, 406 U. S. 205, 214（1972）；参见本章第13条注释所对应的正文。

[175] 参见 New Life Baptist Church Acad. v. Town of E. Longmeadow, 885 F. 2d 940（1st Cir. 1989）。在该案中，法院认为，马萨诸塞州宗教学校必须允许地方学区官员审查它的课程和教学情况，以保证在教学上与公立学校存在相似性。

[176] 最高法院也判决，私立学校必须遵守国家反歧视政策，接受税收减免。参见 Bob Hones Univ. v. United States, 461 U. S. 574, 592（1983）。又见 Norwood v. Harrison, 413 U. S. 455（1973），法院认为，不

能用州政府资助的资金为存在种族歧视的私立学校的学生购买课本。

[177] 具有讽刺意味的是，大部分向教会学校提供资助的州都制定了不得向宗教组织提供资助的州宪法。

[178] 参见 Mitchell v. Helms, 530 U. S. 793 (2000); Agostini v. Felton, 521 U. S. 203 (1997); Rosenberger v. Rector & Visitors, 515 U. S. 819 (1995); Zobrest v. Catalina Foothills Sch. Dist., 509 U. S. 1 (1993)。参见本章第183~195条注释所对应的正文；参见 Bd. of Educ. v. Grumet, 512 U. S. 687 (1994); 参见本章第198条注释所对应的正文。

[179] 参见 Witters v. Wash. Dep't of Servs. for the Blind, 474 U. S. 481 (1986)，在该案中，法院认为，原告可以使用联邦恢复就业资助来接受牧师培训；Mueller v. Allen, 463 U. S. 388 (1983)，在该案中，法院认为，不论父母将自己的孩子送入公立学校还是私立学校，都可以根据其在子女教育上的支出获得州的税收减免。

[180] 参见 Bd. of Educ. v. Allen, 392 U. S. 236 (1968)，在该案中，法院认为，州法要求公立学区向所有初中学生，包括在教会学校中就读的初中学生提供贷款以帮助他们购买世俗性教科书的做法并不违反"不立国教"条款；Everson v. Bd. of Educ., 330 U. S. 1 (1947)，在该案中，原告诉称，使用公共资金为就读于私立学校的学生提供交通服务的做法违反了"不立国教"条款，但法院驳回了这一诉讼请求。

[181] Comm. for Pub. Educ. & Religious Liberty v. Regan, 444 U. S. 646 (1980).

[182] Levitt v. Comm. for Pub. Educ. & Religious Liberty, 413 U. S. 472 (1973); Meek v. Pittenger, 421 U. S. 349 (1975).

[183] Zobrest v. Catalina Foothills Sch. Dist., 509 U. S. 1 (1993).

[184] Rosenberger v. Rector & Visitors, 515 U. S. 819 (1995).

[185] 参见 Roemer v. Bd. of Pub. Works, 426 U. S. 736 (1976)，在该案中，法院认为，政府可以以对私立大学或私立学院提供一定的资助；Hunt v. McNair, 413 U. S. 734 (1973)，在该案中，法院认为，政府可以收入担保的方式为私立大学或私立学院的校园建设提供资助；Tilton v. Richardson, 403 U. S. 672 (1971)，允许对私立大学或私立学院的校园建设提供联邦资助。又见 Columbia Union Coll. v. Olive, 254 F. 3d 496 (4th Cir. 2001)，依据"附加中立"标准，法院认为，因为资助资金的分配遵循中立、不偏不倚的原则，并不会用于宗教目的，所以政府可以对高等教育提供资助。

[186] 521 U. S. 203 (1997)，法院推翻了1985年的判例，开始允许公立学校的人员为宗教学校的学生提供《初等和中等教育法案》第一章所指的矫正服务，Aguilar v. Felton, 473 U. S. 402 (1985); Sch. Dist. v. Ball, 473 U. S. 373 (1985)，依据共享时光项目，只要教会学校允许，在教会学校中就读的学生就可以到公立学校上课，1985年的判决认为，这种做法是非法的。

[187] 最新的依据可见公法第107~110页，2001年的《不让一个孩子掉队法案》，20 U. S. C. § 6301 et seq. (2002).

[188] 521 U. S. at 223-224.

[189] Zobrest v. Catalina Foothills Sch. Dist., 509 U. S. 1, 13 (1993).

[190] 530 U. S. 793 (2000)。案件发回重审后，第五巡回法院改变了它对联邦资助项目的看法，路易斯安那州的学区也将遵循最高法院的判决意见。上诉法院重申，路易斯安那州为就读于教会学校的学生所提供的公共支持项目，即交通项目和特殊教育项目，具有合宪性。Helms v.

Picard, 229 F. 3d 467 (5th Cir. 2000)。

[191] 虽然有六名法官对法院的判决予以支持，但是大法官伦奎斯特、斯卡利亚以及肯尼迪赞同大法官托马斯在**黑蒙斯案**中的多重性观点，对此案持异议。大法官奥康纳和布雷耶则在判决书上签署了同意意见。530 U. S. at 836（大法官奥康纳与大法官布雷耶共同审理，全体法官一致同意）。

[192] 530 U. S. at 815-816。

[193] Id. at 809-810。

[194] Id. at 821。

[195] 有六名法官赞同以**黑蒙斯案**的判决推翻之前的两个判例：Wolman v. Walter, 433 U. S. 229（1977），在该案中，法院认为，州政府资助不得用于为就读于教会学校的学生提供矫正、指导和治疗服务，该资助也不得用于教会学校的教学资料、教学设备、标准化测试以及学生的短途交通费；Meek v. Pittenger, 421 U. S. 349（1975），在该案中，法院认为，政府贷款被直接用于教会学校的教学设施、教学设备以及为教会学校提供其他的辅助性服务，因此州政府的资助是非法的。六名法官赞同修改"莱蒙测试"标准，他们认为，仅仅需要考虑政策的主要影响就能使原本复杂的案件变得更为明朗。

[196] 尽管有一些人支持大法官托马斯在**米克案**和**沃尔曼案**中所作的判决，但实际情况的发展却使这种努力仅仅变成了一种例外现象。530 U. S. at 807-808。

[197] 参见 Sloan v. Lemon, 413 U. S. 825（1973），在该案中，法院认为，对那些将子女送入私立学校就读的父母予以部分学费补偿的做法是非法的。Comm. for Pub. Educ. & Religious Liberty v. Nyquist, 413 U. S. 756（1973），在该案中，法院认为，将政府资助直接用于私立学校的维持和修补、对那些将子女送入私立学校就读的父母予以学费补偿以及仅对他们予以税收减免的做法是非法的。Lemon v. Kurtzman, 403 U. S. 602（1971），罗得岛州的一部法律规定，必须给那些在私立学校中教授世俗科目的教师增加工资；宾夕法尼亚州的一部法律也规定，必须补偿私立学校在世俗科目上所花费的教师工资、教科书以及教学资料方面的开支。法院认为，以上两部法律均是非法的。即使法院在**泽尔曼案**中恰当地采用了一部分上述案件的判决意见，仍然可能引来问题。Zelman v. Simmons-Harris, 122 S. Ct. 2460（2002）。参见本章第 207 条注释所对应的正文。

[198] 512 U. S. 687（1994）。又见 Stark v. Indep. Sch. Dist. No. 640, 123 F. 3d 1068（8th Cir. 1997），在该案中，法院认为，为了响应教友教派的要求，学区可以修改课程、重新开办"一校一班"的学校；Ralph Mawdsley, "Extending the Limits of Permissible Government-Religion Interaction: *Stark v. Indep. Sch. Dist. No. 640*," *Education Law Reporter*, vol. 124（1998), pp. 499-519。

[199] 参见 Matthews v. Quinton, 362 P. 2d 932（Alaska 1961）；McVey v. Hawkins, 258 S. W. 2d 927（Mo. 1953）；Visser v. Nooksack Valley Sch. Dist. No. 506, 207 P. 2d 198（Wash. 1949）。又见 Healy v. Indep. Sch. Dist. No. 625, 962 F. 2d 1304（8th Cir. 1992），在该案中，法院认为，对那些就读于学区之外、路德教派学校的学生而言，州政府停止为他们提供交通费的做法并没有损害他们的宪法权利。

[200] 参见 Fannin v. Williams, 655 SW. 2d 480（Ky. 1983）；Bloom v. Sch. Comm., 379 N. E. 2d 578（Mass. 1978）；*In re* Advisory Opinion, 228 N. W. 2d 772（Mich. 1975）；Paster v. Tussey, 512 S. W. 2d 97（Mo. 1974）；Gaffney v. State Dep't of Educ., 220 N. W. 2d 550（Neb. 1974）；Elbe v. Yankton Indep. Sch. Dist. No. 63-3, 372 N. W. 2d 113（S. D. 1985）。

[201] Cal. Teachers Ass'n v. Riles, 632

P. 2d 953, 962 (Cal. 1981).

[202] 463 U. S. 388, 398 (1983)，该案例与 Comm. for Pub. Educ. & Religious Liberty v. Nyquist, 413 U. S. 756 (1973) 不同。

[203] Id., 463 U. S. at 395.

[204] 又见 Kotterman v. Killian, 972 P. 2d 606 (Ariz. 1999)，该项指控认为，州政府为学校学费组织提供高达 500 美元的税收贷款以支持私立学校学费的做法违反了"不立国教"条款，但法院最终驳回了这一诉讼请求；Toney v. Bower, 744 N. E. 2d 351 (Ill. App. Ct. 2001)，该州税收政策规定，不论家长将子女送入公立学校还是私立学校，只要学费用于义务教育阶段的 12 个年级，均可获得税收减免的优惠。法院驳回了该项针对州税收减免政策提起的诉讼，认为该政策并不违反联邦和州的"不立国教"条款。

[205] 2000 年，佛罗里达州上诉法院指出，只要对公共资金的使用途径予以精心设计，本州宪法并不禁止将公共资金用于私立教育。Bush v. Holmes, 767 So. 2d 668 (Fla. Cir. Ct. App. 2000)，拒绝重审，790 So. 2d 1104 (Fla. 2001)。但是，两年后巡回法院认为，教育券计划违法，州宪法明确禁止将公共资金用于宗教目的。Holmes v. Bush, No. CV 99-3370, 2002 WL 1809079 (Fla. Cir. Ct. Aug. 5, 2002)。

[206] 在最高法院作出判决之前，下级法院就教育券计划所作的判决取向不一。有两个联邦上诉法院认为，宗教学校参与到了州资助的教育券计划之中，因此该计划违反了"不立国教"条款。参见 Simmons-Harris v. Zelman, 234 F. 3d 945 (6th Cir. 2000)，撤销原判，122 S. Ct. 2460 (2002); Strout v. Albanese, 178 F. 3d 57 (1st Cir. 1999)，在该案中，缅因州政府致力于排除宗教学校参与教育券计划，依据该计划，如果当地没有初中能够为学生提供学习机会，学生就可以到学区之外的非宗教公立学校或私立学校就读，如果学生就读于任何宗教学校，则不得参加教育券计划。法院对缅因州的这一做法予以了支持。又见 Bagley v. Raymond Sch. Dep't, 728 A. 2d 127 (Me. 1999)。依据州宪法，判决学券计划非法，参见 Giacomucci v. Southeast Delc. Sch. Dist., 742 A. 2d 1165 (Pa. Commw. Ct. 1999); Chittenden Town Sch. Dist. v. Vt. Dep't of Educ., 738 A. 2d 539 (Vt. 1999)。法院驳回了依据"不立国教"条款认为教育券计划非法的指控，参见 Simmons-Harris v. Goff, 711 N. E. 2d 203 (Ohio 1999); Jackson v. Benson, 578 N. W. 2d 602 (Wis. 1998)。又见本章第 205 条注释。

[207] 122 S. Ct. 2460 (2002)。一些教育改良实践致力于通过增加家庭的选择权来解决落后公立学校的问题，教育券计划只是这些教育改良实践的一部分。除了教育券计划之外，还包括学费服务计划、特色专业训练学校计划，以及接受政府特别资助并自组委员会自行管理的社区学校计划。对于贫困线以下的学生而言，奖学金计划可以为他们提供 90% 的学费，金额高达 2 250 美元，如此一来，即使这些学生就读的是私立学校，他们的父母需要为他们支付的学费也不会超过 250 美元。如果政府资金还有富余、能够为其他的家庭提供奖学金，则申请通过的学生能够获得 75% 的学费，金额高达 1 875 美元，家长需要支付的学费则没有上限。又见 Davey v. Locke, 299 F. 3d 748 (9th Cir. 2002)，在该案中，法院认为，大学仅仅因为该名有申请资格的学生选择攻读神学学位就拒绝给他奖学金的做法是非法的。

[208] 本案的判决在很大程度上参考了 Zobrest v. Catalina Foothills Sch. Dist., 509 U. S. 1, 13 (1993); Witters v. Wash. Dep't of Servs. for the Blind, 474 U. S. 481 (1986); Mueller v. Allen, 463 U. S. 388 (1983)。参见本章第 179 条注释以及第 189

条注释所对应的正文。

[209] 参见 Holemes v. Bush，No. CV 99-3370 (Fla. Cir. Ct. 2002)，在**泽尔曼案**后几个月就作出了判决，参见本章第 206 条注释。然而，**泽尔曼案**之后，一项指控涉及缅因州的一部法律。该部法律规定，即使学区并未开设高中，也禁止宗教学校参与本州的学费补偿计划。原告认为，依据过去的判例，支持排除宗教学校的根本理由已经在**泽尔曼案**中被最高法院否决了。参见"Suit Targets Religious Plank in Maine's Voucher Law," *School Law News* (September 27, 2002), p. 8。

[210] Lupu, "The Lingering Death of Separationism," p. 246.

第3章

入学及教学方面的问题

尽管美国公民并不能根据联邦宪法而享有接受公立教育的权利,但每一个州的宪法都规定州政府有义务为该州的公民提供免费的公立教育,因此获得公共经费以接受教育是所有儿童依据州宪法所享有的一种必然权利。[1]州公共利益在于维护公共福利,而公民因享有宪法及法律赋予的权利而拥有个人利益,这两种利益的冲突引发了大量的法律诉讼。本章集中讨论与入学及学校教学相关的各种法律要求和法律权利,而有关学生权利与义务的其他内容将在随后的章节中具体探讨。

强制入学

就目前而言,全美50个州都压倒性规定特定年龄阶段——一般为6周岁～16周岁——的儿童要接受教育。州政府实施义务教育的法律基础来源于普通法之中的**政府监护人**说,也就是说,州政府具有监护职责,它可以为了本州公民以及公共利益而制定正当的法律。依据州义务教育法,如果家长没有履行送子女入学的法律义务,就要面临刑事公诉或民事诉讼;同时,其子女可能会因为大量逃学而被开除或者会根据法院规定而重回学校。[2]在一些情况下,逃学的儿童会受到青少年法院的监护并由法院工作人员监督他们上学。[3]

绝大多数州并不强制年龄超过16周岁的公民入学接受教育,但也有不少州规定,18周岁以下的人要想获得驾驶执照,其中的一个条件就是在校就读,意图以这种方法来鼓励学生完成高中学业。因为这种法律规定具有充分的合法目的,所以西弗吉尼亚州高等法院对此予以支持。[4]不过,学校工作人员必须确定,他们在散布那些有关学生尚未达到获得驾驶执照要求的个人信息时,并未侵犯学生的隐私权。[5]

公立学校教育的替代方案

尽管州法律要求儿童接受教育,但依照联邦最高法院在1925年所作的一个判例,儿童进入私立学校接受教育也能够满足这个要求。在**皮尔斯诉姐妹会案**(Pierce v. Society of Sisters)中,联邦最高法院判决,俄勒冈州要求8周岁～16周岁的儿童只能进入**公立**学校接受教育的法律无效。法院宣布:"全美各级政府所信赖的有关自由的基本理论在于,州政府不得为了促进儿童学业水平的标准化,而动用权力迫使儿童仅能接受公立学校教师的教导。"[6]这个问题的关键在于,尽管家长并没有权利决定是否让他们的孩子接受教育,但在确定孩子接受教育的地点方面,他们的确拥有一定的控制权。[7] 如果夫妻离婚时商定共同监护孩子的话,那么拥有监护权的任何一方都不可以单方面就孩子的教育问题作出决定。[8]

有一些法律仅要求儿童进入公立学校或私立学校接受教育,但它们没有明确什么样的教育构成私立教育,因此这种法律曾因语义不清而被判处违宪。[9] 不过,绝大多数的州法不存在这种问题,这些州法承认家庭教育是符合州的标准的。[10] 据估计,在20世纪70年代中期,全美大约有1.5万名儿童在家接受教育;至2001年,在家接受教育的儿童数目增长到了85万到100万之间。[11] 不少州的法律要求家庭教育必须与公立学校提供的教育"在本质上相同",这些法律是否符合宪法呢?对此问题,法院存在不同意见。[12]

尽管州法规定,儿童可以不接受公立教育,可以通过其他替代途径接受教育,但自20世纪80年代以来出现了一种趋势,它减弱了对私立教育中教学人员和课程的法律要求,转而通过让儿童接受州规定的考试来监督私立教育的质量。如果私立学校希望得到州的认证或者让学生参加校际比赛,私立学校就不得不遵循特定的标准。但一般来说,儿童参加未经认证的教育项目也符合接受义务教育的要求。不过,如果家长让自己的孩子在家接受教育,却没有将有关孩子学习课程、教科书和教育者的情况报告给地方学区,就可能因违反了义务教育法律的规定而被法院宣判有罪;在这种情况下,学区会要求家长保留孩子的学习档案,以接受学区工作人员的检查。[13]

在传统上,不少州规定,家庭教育的实施者必须具有教师执照或具有学士学位;但现在只有一部分州明确规定,家庭教育的实施者必须具有高中以上的学历,而且没有一个州要求这些教育者获得州颁布的教师执照。[14] 实际上,自1980年以来,绝大多数州都修改了法律,减弱了对家庭教育的法律控制,没有一个州强化了这方面的法律。[15] 不过,有3/5的州要求对在家接受教育的儿童进行由州监督施行的评价,以确保这些儿童能够掌握基本的技能。[16] 在一起典型案件中,西弗吉尼亚州的一部法律规定,如果在家接受教育的儿童在标准化测试中表现糟糕,而且在家补课之后成绩仍无改善,那么这些儿童就不能在家接受教育。有家长针对这部法律提起诉讼,但西弗吉尼亚州联邦地区法院却驳回了家长的诉讼请求。[17]

如果家长选择让残疾儿童在家或在私立学校接受教育,一些法律争议便集中在这些残疾儿童所拥有的权利问题上。正如第2章中所讨论的,"不立国教"条款并不禁止州政府为在私立学校就读的残疾儿童提供服务。但是,这并不必然意味着教育部门必须在私立学校或在这些学生的家中为他们提供服务,教育部门在其他场所为全部残疾儿童提供恰当的教育项目也能够满足法律的要求。[18]

另一个引人争议的问题是,在私立学校或在家接受教育的学生是否有权利到公立学校选修课程或参加课外活动。有一部分州通过立法允许这些学生参加公立学校的教育活动,但绝大多数州对此问题保持沉默。在州法存在缺失的情况下,俄克拉何马州的一个学区规定,除五年级毕业生和特殊教育学生之外,禁止其他非公立学校的学生在业余时间进入公立学校参加教育活动。第十巡回法院的判决支持学区的做法。[19] 法院认为,学区的政策并不会对宗教自由或对那些实施家庭教育的家长构成威胁,学区的政策是正当的,因为学区无法获得来自州政府的、针对非全日制学生的学习而发放的资助。

在绝大多数州里，高中活动协会（high school activities associations）负责管理校际竞赛，为那些有资格进入公立学校或私立学校就读的学生参加校际竞赛提供服务[20]；而且，一些活动协会禁止在家接受教育的学生参加校际竞赛。在一起案件中，纽约州的一部法规规定，在家接受教育的学生不能参加校际运动队，参加校际运动队的学生必须是在公立学校学习并且修得了一定学分的学生。纽约州上诉法院认为，这部法规是合理的，对此法规予以了支持。[21]与此相似，在另一起案件中，西弗吉尼亚州运动员协会颁布了一项规章，拒绝在家接受教育的学生参加校际运动竞赛。在此案中，法院也认为，该规章是合理的，因为公立或私立学校的学生参加校际运动竞赛必须达到一定的学业标准，这一规章可以避免在家接受教育的学生逃避这一学业标准。[22]

儿童可以通过何种教育途径来替代接受公立教育呢？对此问题，各州的立法存在广泛的差异；但相当多的州降低了对教育投入的立法要求而强调学生的输出标准。每一项替代法案的法律地位取决于法院对可适用的州法律和行政规章所进行的司法解释。随着人们对私立教育及家庭教育项目兴趣的增长，看起来相关法律争议有可能扩展到公立教育与私立教育之间的关系之上，并与双重入学、特殊服务的供给以及课外活动联系在一起。

义务教育的例外情况

一般来说，州法已经认识到，义务教育法应存在一定的例外情况。最常见的例外情况是，已婚的学生可以不必接受强制性的学校教育，因为他们已经承担了成年人的责任。通常，州法还规定符合以下情况的学生也可以不必接受强制性学校教育：学生作为服务人员为州立法机构提供临时性的服务；学生已满14周岁并取得了合法的雇佣证书。除了立法所规定的例外情况之外，依据第一修正案的宗教条款，联邦最高法院规定，阿米希派儿童如果成功完成了八年级的学业，就可以不必继续接受学校教育。[23]

不过，其他绝大多数试图以宗教[24]或宗教以外的原因为理由、使儿童免于接受学校教育的企图都没有获得成功。举例来说，在一起案件中，一名印第安孩子的父亲因其孩子在学校中未被教授印第安历史和文化而拒绝将孩子送入学校接受教育。北卡罗来纳州上诉法院判决，该名印第安人所提出的理由并不是一个可令其拒绝遵守义务教育法的充分理由。[25]法院认为，孩子被州法"忽视"了，因为他们既不能进入公立学校接受教育，也没有参与其他替代教育项目。同样，在另一起案件中，第十巡回法院认为，学校仪表规章与印第安传统、风俗和宗教信念之间存在的冲突并不足以让印第安孩子免于遵守义务教育法。[26]

健康要求

州政府机构不仅有权利强制儿童接受义务教育，而且为保护其他儿童的身体健康，它还有权利要求入学儿童保持健康的身体状况。[27]在早期的一起案件中，得克萨斯州的一部法律规定，为预防传染性疾病，地方学区的官员有权利要求进入公立学校和私立学校的儿童接受预防接种。有人认为，得克萨斯州的该部法律违反联邦宪法，但联邦最高法院驳回了这一诉讼请求。[28]对关于预防接种的州法，许多法院表示支持；即使有人以宗教原因为理由对这些法律提起诉讼，主张预防传染病并不是使这些法律合法的必然理由，法院也仍然对这些法律表示支持。[29]预防接种是孩子入学的一项先决条件，如果家长在入学前拒绝让孩子接受预防接种，就间接地违反了义务教育法。[30]在一起案件中，阿肯色州高等法院对此类要求预防接种的法律予以了支持。法院认为，宗教自由并不意味着家长"可以行使与和平、安全和州内居民的健康相冲突的宗教信仰自由"[31]。

一部分州法规定，在要求特定宗教教派的信徒接受预防接种时，可以存在一种例外情况：如果该宗教教派所讲授的教义与预防接种的理念相对立，而这种例外情况又不会危及其他人的利益，该宗教教派就可以免于接受预防接种。[32]不少法院对这些州法进行了泛化的解释，如果家长以正式的教会教义、甚至自己是教会的信徒为理由要求依照"宗教例外"条款免于接受预防接种，法院并不会禁止。[33]但是，如果家长因担心存在健康风险[34]，或依据信仰认为预防接种与"遗传学定律"[35]或"人类伦理学"相冲突[36]，而试图援引"宗教例外"条款作为其以哲学原因反对预防接种的依据，则不会得到法院的支持。[37]在一起案件中，就家长因宗教原因而使儿童免于接受法定的预防接种是否正当这一问题，密西西比州最高法院甚至提出了质疑。法院认为，这种法定的例外情况对那些因非宗教原因而反对预防接种的家长构成歧视。同时，法院还进一步指出，这种例外情况还会使预防接种的目的——即保护所有学生避免接触传染性疾病——无法实现。[38]不过，其他大多数法院仍然认为，州有权利制定相应的"宗教例外"条款，但并没有义务这么做。

尽管州可以要求儿童在入学时根据情况接受预防接种以预防传染性疾病，但是州不能因为有些儿童罹患传染病而放弃承担教育这部分儿童的职责。如果某些儿童入学后会对其他人构成危险，这部分儿童就不能参加日常的学校教育项目；不过，在通常的情况下，学区应为他们提供替代性的教育项目（比如，使用计算机为其提供在家教育）。

患有艾滋病（即"获得性免疫缺失综合征"）的学生是否可以入学呢？不少法律争议集中于此问题。以"全美疾病控制中心"发布的指南为样本，许多州颁布的政策规定：除非患有艾滋病的学生身上具有开放型创口、不能控制自己的身体分泌物或做出诸如咬人之类的行为，否则应该允许他们进入公立学校就读。"全美疾病控制中心"还建议，学区应组织合适的健康维护人员和教育人员组成项目小组以进行个案研究，判断患病学生是否会对其他学生构成健康威胁。而法院则认为，联邦法律禁止学区歧视特殊需要儿童，因而感染了艾滋病病毒的学生受联邦法律的保护[39]；同时，从以往的判例来看，法院的判决是一致的：只要保健人员签发证书，证明患有艾滋病的学生只构成极轻微的风险、不易感染其他学校人员，公立学校就应该让这些学生入学。[40]

基于对学生健康的担心，一些学区教育委员会在学校内设立了诊所，在城市地区这种情况尤为普遍。从预防接种到疾病的诊断和治疗，这些诊所提供的服务范围很广。这些诊所最引人争议的问题在于，它们开具避孕药和发放避孕器具。在一起案件中，学区委员会在高中的洗手间中安放了避孕套售卖机并允许高中生们向学校护士索要避孕套。马萨诸塞州高等法院支持学区委员会的做法，认为学区教育委员会有权利这么做。而最高法院则拒绝对马萨诸塞州高等法院的这一判决予以审查。[41]在另一起案件中，一名家长对学区的避孕套发放计划提出了指控，而第三巡回法院则认为，在提供健康服务以预防疾病方面，学区委员会享有法定的权利，发

放避孕套也属于一种健康服务,因而驳回了家长的指控。[42]

居住地要求

一般来说,法院认为,公立学校有义务教育那些有正当理由居住在学区之内的适龄儿童,包括与家长或法定监护人一起居住在学区之内的儿童、依法不再受父母约束的未成年人或与其父母分开并独立生活的成年学生。[43]在1982年的一个重要判例——**普利勒诉多伊案**(Plyler v. Doe)中,联邦最高法院认为,即使家长以不合法的途径进入本国,只要其子女居住在学区内,学区就不应该阻碍这部分儿童接受免费的公立教育。[44]根据个体对教育的极大需求,法院指出,对学生进行分类教育实际上与政府的一个重要目标有关,那就是遵从"平等保护"条款。最终法院判决,尽管得克萨斯州主张其有权利阻止外国人非法进入本国,但这种权利并不足以阻碍这些移民的孩子获得受教育的机会。

尽管对此类争议,联邦最高法院已有判例,但在选民的支持下,1994年加利福尼亚州通过了第187号法律提案,开始拒绝对非法移民提供免费的教育和健康服务。这一法律一通过,立刻受到了指控。第九巡回法院认为,下级法院可以颁布禁止令以禁止实施这一法律的部分内容,其中包括拒绝向非法移民的孩子们提供免费的公立教育的条款。[45]

如果儿童是州的监护对象并居住于州的设施之中,而该设施又坐落于学区之内,即使他们的父母居住于其他地方,这些儿童通常也会被视为学区内的居民。[46]如果残疾儿童与法院指定的监护人生活在一起,则其监护人所在地的学区就有义务为其提供恰当的教育。[47]同时,法院还认为,如果无家可归的儿童躲避于学区之内,学区就不能拒绝为其提供教育。[48]

法院的态度很明确,学区委员会必须为居住在本学区之内的学生提供免费的公立教育;但与此态度相反,对那些不住在本学区的学生而言,法院并不要求公立学校为他们提供免费的教育。[49]在一起案件中,得克萨斯州的一项规章规定,如果不具备完全行为能力的未成年人以进入另一学区内的公立学校为主要目的,而没有和他们的父母或法定监护人生活在一起,地方学区委员就可以拒绝为其提供免费的学校教育。在该案中,联邦最高法院对得克萨斯州的该项规章予以了支持。[50]法院判决指出,该项规章促进了实质性的公共利益,能够保障居住地居民(指那些居住于学区之内并有意继续留在学区之内的人)获得高质量的公立教育。

与此相似,对学生居住地的要求,其他法院也予以了支持。这些法院认为,如果学生在学区之内上学,而法定居住地在学区之外,即使他们和法定监护人以外的其他人居住在学区之内,学区也可以对他们收取学费。[51]在一起案件中,第五巡回法院也认为,在改变法定居住地以前,即使学生居住于学区之内也不能依据州法享有免费进入公立学校的权利。[52]此外,正如第4章所讨论的,许多与居住地相关的法律争议都是围绕学生运动员发生的。在一些案件中,当事人通过确立对学生的有限监护权,以使学生可以因体育运动原因而在非居住地的学区免费入学,但这种努力始终没有得到法院的支持。[53]

明尼苏达州是第一个制订学区之间自由入学计划的州,它允许学生申请转学以就读于州内的任何公立学区。学生的转学申请要受到一定的限制,比如学校的学生容量限制、种族平衡标准。各个学区对这项自由入学计划的参与是自愿的。现在,大多数州允许使用一定形式的自由入学计划,允许学生在学区之内的学校之中自由入学或跨学区自由入学。在审理一起指控自由入学计划的案件中,威斯康星州上诉法院认为,学区在允许三名非居住地学生进入学区之内的高中就读的情况下,又以学生满员为理由拒绝另外一名非居住地学生的入学请求,因此学区的主张缺乏正当合理的基础。法院指出,在学校容量不足的情况下,州法要求学区在随机的基础之上选择学生入学,因此,如果学区在允许其他三名学生入学的情况下拒绝另一名学生的入学,则其行为即是任意的和不合理的。[54]不过,在州政府没有批准自由入学计划的情况下,学生就没有权利到居住地以外的学区入学,甚至没有权利到学区内指定学校之外的其他学校入学。[55]

但是法院认为,在一定情况下,基于一些合法的理由,比如存在健康方面的担心或需要为儿童提供更恰当的家庭环境等,儿童可以和他们的父母分开生活。[56]在一起案件中,阿肯色州一个学区对入学儿童的居住地提出了要求,如果儿童的监护人并非居住于本学区,学区就拒绝让这些儿童免费入学。在该案中,第八巡回法院认为,学区的这一做法违反了"平等保护"条款,对没有办法和父母生活在一起、无法获得父母监护的儿童构成歧视。[57]法院进一步指出,学区的这一政策设定了一个无法辩驳的假定,只要学生没有和其父母或监护人居住在一起,他就不能成为生活在学区之中的、有居留意愿的居民,因此该政策同时违反了正当程序的规定。在最近的一起案件中,新泽西州上诉法院判决,一名与其亲戚生活在一起的韩国学生有权利获得免费的公立教育,因为他的父母在韩国不能照顾他,基于这种困难,学区的居住地要求理应存在例外。[58]

在另一起案件中,一名家长主张,依据居住地入学要求,他的孩子被安排到一所不恰当的学区就读,因此家长认为这种入学要求侵害了其孩子的福利及受法律保护的权利。最终,法院驳回了家长的诉讼请求。[59]不过,这种诉讼主张在将来很可能会获得法院的支持。依据联邦政府在2001年颁布的《不让一个孩子掉队法案》,如果学生所就读的学校连续两年未能达到年度目标,学区就必须为该名学生提供其他教育选择机会并为其提供交通服务。[60]许多州都颁布了类似的提高学校绩效的立法,包括向那些未能达到州立绩效标准的学校和学区提供技术支持并对其给予惩罚,为那些就读于薄弱学校的学生提供教育选择。尽管学区可以设立居住地要求来限制学生的入学,但上述立法措施的出台可能使学区失去其在传统上所享有一部分自由裁量权。

杂 费

由于学校在设施、设备、保险及为特殊需要学生提供服务等方面开支的增加,公立学校所面临的财政压力越来越大。而且,市民一直在施加压力,要求政府减税,政府部门之间对税收分配方面的竞争也日渐激烈。因此,毫不奇怪,近期学校管理者一直试图将一部分公立学校在服务和材料方面的财政负担转嫁到学生及其家长身上。但是,法律规定得很清楚,公立学校不得将学费作为学生入学的先决条件,而学校因交通、书本和课程资料所收取的各种"使用费"引起了法律争议。

交 通

许多法院都将交通费与学费区分开来,认为交通费并不属于学生有权享有的免

费公立教育的一部分。[61]一直以来,法院对学区的交通费政策都持支持态度,允许学区在收取学生交通费时将居住地学生和非居住地学生区分看待[62],允许学区只为学生提供单向交通服务[63],允许学区对其所提供的校车服务进行地域限制和收费[64],允许学区向学生收取暑期学校交通费。[65]

对1988年一起案件的判决是联邦最高法院关于公立学校使用费所作出的唯一判决。在此案件中,联邦最高法院对北达科他州的一部法律予以支持,该部法律规定,学区可以向那些选择就读于该学区的学生收取交通费,但这笔费用不得超过学区提供此项服务的预期成本。[66]在此案中,学区考虑为学生提供校车"上门"服务,并预计向学生收取相当于此项服务开支大约11%的费用,而剩余的费用则由州和地方税收收入来弥补。联邦最高法院驳回了家长的指控,认为北达科他州这部法律鼓励学区为学生提供校车服务,具有合法的目的。法院还指出,为学生提供交通服务并不是州政府的义务,因此这种服务并不需要是免费的。

总的看起来,只要学区管理者在合理的基础之上作出决定,就可以对学生收取合理的交通费。不过,正如第6章将要讨论的,州并不能像对待正常学生一样对待残疾儿童,就残疾儿童所享有的交通服务而言,州所享有的自由裁量权是有限的。依据联邦法律及州法,只要交通服务是残疾儿童参与教育项目所必需的,作为相关服务的一种,学区就必须为其提供交通服务。

教科书、课程和资料

如果学生使用公立学校的教科书,对其进行收费是否合法呢?事实上,学区收取教科书费用的做法会和一些法律规章发生冲突。1972年,联邦最高法院审理了一起有关联邦宪法争议的案件,在该案中,纽约州的一部法律规定,学区可以通过投票来决定是否对小学生收取书本出租费。第二巡回法院认为,即使学区的这种做法会使来自贫困家庭的儿童处于不利地位,该部法律也不会侵害学生依据第十四修正案所享有的受平等保护的权利。该案上诉后,联邦最高法院同意对该案进行审查,但在最高法院审查该案以前,这一法律争议就已经毫无意义了,因为学区的投票者决定通过征税为所有一到六年级的学生购买教科书。[67]

因为联邦最高法院还没有根据联邦宪法"平等保护"条款判定收取书本费的规定是无效的,所以,这一类费用的合法性问题取决于法院对于州法律的解释。许多学校贷款购买教科书并不向学生收取费用,这种做法比较具有代表性。许多州的法院,比如爱达荷州、密歇根州、北达科他州和西弗吉尼亚州等,将州宪法解释为禁止向学生收取书本费。[68]而另一些州的法院则通过解释宪法,允许公立学校向学生收取教科书租赁费,比如亚利桑那州、科罗拉多州、伊利诺伊州、印第安纳州和威斯康星州等。[69]尽管州法允许学校向学生收取书本费,在一起案件中,印第安纳联邦地区法院仍然判决,依据州学生纪律管理规章和联邦宪法"平等保护"条款,学区教育委员会不得因为学生家长不能交纳书本费就让学生停学。[70]在另一起案件中,第九巡回法院也认为,学生享有宪法所赋予的权利,学区不得因为其不能交纳教科书费而令其难堪、遭受屈辱或受到其他惩罚。[71]当学区被允许征收书本费时,无法缴纳这笔费用的学生通常可以被免除缴纳此项费用。[72]

除了教科书费用之外,课程费用和课程用品费用也受到了争议,法院在审理这些争议的过程中形成了各种各样的司法意见。在一起案件中,密苏里州最高法院判决，如果学区向学生收取课程费用并将此作为学生参加课程的先决条件，则侵害了学生接受免费公立教育的权利。[73]同样，蒙大拿州和新墨西哥州的最高法院通过解释各自的州宪法，禁止学区就必修课程向学生收取费用，但允许学区就选修课程向学生收取合理的费用。[74]与此相反，伊利诺伊州、俄亥俄州和北卡罗来纳州的最高法院则判决，依据它们各自的州宪法，公立学校可以就任何课程向学生收取教学用品费。[75]在另一些案件中，向学生家长收取资料费和其他用品费的观念也得到了法院的认同，但法院认为，学校收取这些费用的部分方式（比如，学区未免除从不具备支付能力的家庭来的学生的费用）是站不住脚的。[76]

目前，许多州的学区都在向学生收取各种各样的耗材使用费。但在不同的州，对这种做法是否合法的判断结果差异很大，这主要取决于州法院对州宪法条款的解释。另外，学校是否可以就学生参加课外活动而向其收取费用呢？这个问题越来越受关注，我们将在第4章中对此予以讨论。

学校课程

公立学校的课程主要受州教育委员会和地方教育委员会的控制。不过，通过向特定项目提供资助，联邦政府可以影响学校的课程。举例来说，依据2001年颁布的《不让一个孩子掉队法案》，州可以申请联邦政府的资助以加强小学低年级的阅读课程。[77]不同于联邦政府，州立法机构拥有广泛的权力，它可以制定有关课程的法规。目前，州立法有关公立学校课程的规定越来越明确，但其中也有一些法律受到了指控。有人认为，州的有些法律侵害了公民个人受宪法所保护的权利。同样，地方教育委员会的课程计划也引起了一些法律争议。在这一节中，我们就集中探讨有关课程要求、限制和教学检查制度的法律发展。

要求和限制

法院一直认为，只要州政府尊重受联邦宪法所保护的公民权利，它就有权利决定公立学校的课程。在一些州，宪法本身就包含了具体的课程规定，但更典型的是，宪法将这种课程决定权赋予了州议会。在不同的州，立法指定的具体课程差别很大，但大多数州都要求学校开设联邦宪法、美国历史、英语、数学、毒品教育、健康和体育教育等课程。在一些州，法律具体规定学校在每一年级应教授何种课程；还有许多州通过制定更详细的法律规定，要求学校为学生提供与职业教育和双语教育相关的课程，并且为残疾儿童提供特殊服务。州法通常规定，地方教育委员会必须教授州指令的必修课程，在州法不禁止的情况下，学区还可以教授其他的补充性课程。[78]在全美一半左右的州，地方教育委员会（在一些情况下，还包括校本管理委员会）有权决定学生所学习的课程，但通常它们必须获得州教育委员会的批准。

对有关课程的事务，州享有很大的自由裁量权，但州颁布的一些法律试图对课程进行限制，这可能会与联邦宪法所保护的公民权利发生冲突。联邦最高法院所审理的第一起课程案件发生在1923年，案件围绕对内布拉斯加州一部法律的指控而产生，该部法律禁止学区用外语向那些尚未成功完成八年级学业的公立学校学生和私立学校学生进行教学。[79]因此，州高等法院支持学区解雇一名使用德语教授小学

生阅读课的教师。但联邦最高法院认为，教师有权进行教学，家长可以通过约定将教育子女的权利委托给教师，而学生也有权利获得有用的知识，这些权利都是受联邦宪法第十四修正案的"正当程序"条款所保护的权利，因而判决内布拉斯加州的该部法律违法。

在另一些案件中，联邦最高法院也不时会判决，学校的课程决定侵害了宪法所保护的学生权利。在1968年的一起案件中，依据第一修正案，联邦最高法院认为，州不得仅仅因为有些课程与某种宗教观点相冲突，就禁止公立学校教授诸如"进化论"之类的课程。[80]差不多在20年后，在另一起案件中，联邦最高法院判决伊利诺伊州的一部法律无效。根据该部法律的要求，只要教师在课程中讲授"进化论"，就必须也讲授有关《圣经》"创世纪"的内容，法院最终判决该部法律促进宗教、违反宪法。[81]

不过，只要不影响学生的宪法权利，州和地方教育机构就课程事务所作的决定一般都会得到法院的支持。举例来说，越来越多的学区对学生提出了社区服务的要求，并将此作为高中的一门必修课程。有家长认为，学区的这种要求意味着一种非自愿的强制劳动，是第十三修正案所禁止的行为；学区的这种要求还属于强迫学生表达出利他主义的价值观，违反联邦宪法第一修正案；这种要求还侵害了父母依据第十四修正案所享有的指导其子女成长的权利。但最终，联邦上诉法院驳回了家长的这一指控。[82]法院认识到，州对教育享有充分的权力，而法院则缺乏教育专业知识，因此除非相关教育决定显然是任意的或侵害宪法所保护的公民权利，否则法院很少干涉州和地方教育行政机构的教学决策。

法院认为，学校不仅有权利决定学生学习的课程，还可以制定学生学业标准[83]并提出其他教学要求。举例来说，学区可以为学生学习特定课程制定相应的前提条件和进入标准，只要这种标准不是任意的或使特定群体处于不利地位。在一起案件中，第五巡回法院认为，如果州法或其他法律渊源并没有规定学生享有接受特定课程学习的权利，那么学生就没有资格理所当然地进行该门课程的学习。[84]在另一起案件中，一名学生认为自己已经累积了足够多的学分，具有提前毕业的法定权利。但纽约州法院指出，学校教育项目要求学生完成十二年级的学业才可毕业，因而驳回了该名学生的诉讼请求。[85]

州除了有权力指定公立学校所教授的课程，还有权力指定教科书，规定取得教科书和发放教科书的方式。在大多数州，指定教科书的部门是州教育委员会或教科书委员会。最典型的情况是，州开列一个可接受的教科书名单，地方教育委员会则根据自己所提供的课程从名单中选择相应的教科书。不过，在另一些州，比如像科罗拉多州，根据州的授权，地方教育委员会几乎享有全部的选择教科书的权力。除非地方教育委员会未遵循已经制定的程序或采用存在显著偏见的教材，否则法院不会干涉地方教育委员会有关教科书的决定。[86]

对教学资料的审查

基于特定的宗教和哲学价值观，有人期望将一些书籍从学校的教室和图书馆之中撤走，调整学校所提供的课程及教授课程的方法，这些做法也导致了很多的法律诉讼。在公立学校的教育项目之中，几乎没有不受司法审查约束的地方。尽管大多数人赞同，学校有权传播价值观，但究竟何种价值观应该被传播？谁来决定学校所传播的价值观呢？在这些方面，人们很少存在一致意见。

对公立学校教育资料和教育项目所提起的部分法律诉讼是由民权团体和消费者团体提出的，它们主张特定的学校教育资料促进了种族歧视、性别歧视或促使学生养成糟糕的健康习惯。但大多数此类法律诉讼是由保守的家长团体提起的，它们认为学校的某些教学活动和教学资料有违道德且违反基督教精神，侵害了家长控制其子女在公立学校之中所学课程的权利。[87]正如第2章所讨论的那样，法院允许一些学生免于参加那些学校提供的、与他们的宗教信仰相冲突的选修课程（比如，性教育课程），只要这种免除请求不阻碍学生的学术发展或学校的管理。[88]不过，对课程本身所提起的法律诉讼一直没有得到法院的支持。在本节中，讨论主要集中于对图书馆和教室图书资料的司法审查之上。

到目前为止，法院并没有仅仅因为家长对教学资料不赞同就指令更改公立学校的课程，它指出，家长的"感受并不是评价什么是恰当教育的全部依据"[89]。早期发生在西弗吉尼亚州卡纳瓦县（Kanawha County）的一起案件中，家长主张，学校所采用的英语教材倡导"无神论"、共产主义和异教徒精神。由于这种抗议引发了公众对学校的联合抵制、煤矿工人的罢工、枪击案、法院爆炸案，甚至有人公开要求学区委员会的成员去死，该事件引起了全国的广泛关注。尽管家长认为，学校使用的书籍对宪法所保护的公民权利构成危害，但联邦地区法院认为，学区委员会有权决定学校的课程资料，不支持家长提出的诉讼请求。可是，学区委员会重组之后，最终取缔了原有的一系列教学资料。[90]与此相似，在最近的一些案件中，也有人主张，公立学校所使用的阅读书籍或人物传记小说与基督教信条相冲突，促进了"无神论"信条。对此类诉讼主张，联邦上诉法院一直未表示同情，而是认为受争议的教学资料持宗教中立主义立场并且具有合法的教育目的。[91]

尽管很多法律诉讼都和宗教有关，但是一些法律诉讼仅是家长对子女教育的决定权问题。[92]在一起案件中，家长主张，学区以喜剧方式在街头组织有关艾滋病的主题活动并强制他们的孩子参加这一活动，这一做法侵犯了孩子的权利。对此诉讼请求，第一巡回法院予以驳回，而联邦最高法院则拒绝审查此案件。上诉法院认为："如果家长与学校在课程事务之上发生真正意义上的道德冲突，且所有家长又都享有基本的宪法权利以发布个人命令，指挥学校如何教育他们的孩子，则学校将被迫为每一位学生提供不同的课程。"[93]在随后的另一起案件中，第九巡回法院认为，俄勒冈州有关公立学校重建的法律要求学校施行严格的学术项目、对学生进行评价、发展替代性的学习环境、开发幼儿教育项目以重点培养学生与工作相关的学习经验，并且不侵犯学生的言论自由权或"思想自由权"。[94]法院认为，在该部法律之中，并不存在任何强迫学生采用州所赞同的观点的条款。同样，在另一起案件中，一位黑人家长诉称，学校要求他的女儿阅读两段不断重复使用"黑鬼"一词的文学作品，使她女儿受到了心理伤害，法院也驳回此诉讼请求。[95]

如果仅仅因为一些教育资料或课程内容让特定学生或其家长感到不愉快，家长就对学区委员会的课程决定提起法律诉讼，则这种诉讼请求通常不会得到法院的支持；但是，如果课程决策者（比如，立法者、教育委员会的成员）自己主张对这些课程决定进行审查，则相关的法律问题会更复杂。美国国会和许多州议会都提出了议案，要求对教学事务进行审查；教育委员会也提议实行相应的政策，要求在公立学校和图书馆之中撤除那些"不良的"教育资料。

联邦最高法院已经认识到,教育委员会在进行决策时享有广泛的自由裁量权,只要这种决策能够反映"合法的和实质性的社区利益,促进对权威和传统价值观的尊重,而不论这种决策是社会性、道德性、还是政治性的"[96]。因此,教育委员会有权利选择和取消教学资料,法院对此很少予以干涉。在先后两起案件中,法院都作出了有利于学区的判决。在一起案件中,第二巡回法院指出,书籍并没有"终身制",最初选择该书籍的机构有权利取消这些书籍,因此法院支持教育委员会撤除公立学校图书馆中的特定书籍。[97]法院判决,教育委员会可以作出决定,将那些"粗俗"和"猥亵"的书籍拿走并对将来图书馆采购的书籍进行筛选,这并不会威胁到思想自由。[98]与此相似,在另一起案件中,印第安纳州联邦地区法院的判决写道:"对学区管理者而言,它是合法的……为了将学生塑造成良好的市民,学区可以禁止使用某种教材,可以撤除图书馆的某些书籍并将某些课程从课程计划中删除。"对此判决,第七巡回法院予以了支持。[99]依据上诉法院所作的判例,教育委员会在制定课程决策时享有广泛的自由裁量权,除非教育委员会"公然滥用"这种自由裁量权,否则法院不应该对委员会的这种权力予以干涉。[100]

尽管法院通常认为,教育委员会有权决定学区所提供的教学资料和教学活动,但其所从事的一些特定审查活动却可能是无效的。举例来说,第六巡回法院承认,在选择教学课程和学校图书馆的书籍时,教育委员会的权力优于学校教师的权力。但法院指出,教育委员会如果要拿走那些原本放在图书馆之中的书籍,就必须阐明某种有说服力的理由,但在该案中,教育委员会并没有这么做。[101]

教育委员会如果是为了压制某种观点或因为某种思想存在争议而对学校图书馆的书籍进行审查,则违反了第一修正案,法院将对此予以干涉。[102]举例来说,路易斯安那州的一个学区试图将公立学校图书馆中名为《伏都教与不祥之人》(*Voodoo & Hoodoo*)的书籍撤除,这本书记录了非洲部落宗教的发展及其在美国非洲裔社区中的演变状况。第五巡回法院认为,此案存在事实争议,并将该案发回原审法院重审。上诉法院要求原审法院确定,是否如初步证据(比如,教育委员会并没有考虑两个委员会的建议;尽管委员会中的许多成员仅根据基督教联盟所摘录的观点进行判断,但委员会仍然通过投票来决定是否拿走这本书)所显示的,学区是基于压制某种思想的违宪动机或目的才拿走这些书籍。[103]与此相似,在另一起案件中,因为不认同某些电影所包含的意识形态内容,明尼苏达州的一个学区试图在学校之中禁止放映这些电影,对此做法,第八巡回法院也未予以支持。[104]

尽管下级法院从事了许多实质性的审查活动,联邦最高法院却仅仅只审查过一起有关公立学校审查教育资料的案件。然而,不幸的是,在**教育委员会诉匹克案**[105](Board of Education v. Pico)中,联邦最高法院并未就教育委员会在控制学生获得特定教育资料方面所享有的权利作出实质性的说明。事实上,在联邦最高法院的九名法官之中,有七名法官发表了不同的书面意见。可见,对此法律原则,法官们仍然存在多种不同的意见。**匹克案**的争议在于,尽管被任命来审查书籍的委员会提出了不同意见,教育委员会仍然撤除了初中、高中图书馆以及文学课程之中的某些书籍。[106]

鉴于学区取走这些书籍的程序是非正常的,并且从学区委员会的动机出发,该案存在事实争议,因而上诉法院将该案发回地区法院重审。联邦最高法院简要地肯定了上诉法院的这一判决。在最高法院的法官之中,仅有三名法官认同这样的观点：学生享有接受信息的权利，该权利受法律的保护。但这些法官也认识到，如果教育资料是粗俗的或是不适合进行教育的，教育委员会就享有广泛的权力以取走这些教育资料；这些法官还暗示，如果教育委员会已经遵照通常的和公正的程序来审查受争议的教育资料，法院就不需要对此进行审查。[107]在**匹克案**中，法院多数意见还强调，就本案所争议的图书馆书籍而言，学区并不要求学生去阅读这些书籍，而争议的对象如果是课程事务的话，那么教育委员会就"可以很好地对自己的主张进行抗辩，因为它在课程事务上享有绝对的自由裁量权，通过这种权力，可以向学生灌输社区的价值观"[108]。

1988年，联邦最高法院审理了一起有关学生言论自由权的案件——**海兹伍德学区诉库尔迈耶案**（Hazelwood School District v. Kuhlmeier），进一步加强了校方在课程审查方面所具有的广泛的自由裁量权。[109]法院宣布，公立学校的管理者有权审查与学校活动相关的学生言论，以保证该言论与教育目标相一致。法院支持教育委员会的审查决定并指出，如果言论看起来代表的是学校，学校就可以基于教育原因对此言论予以控制。[110]

举例来说，在一起案件中，佛罗里达州的一个教育委员会决定禁止下属学校使用一本人文书籍，因为该书包括阿里斯托芬（Aristophanes）的作品《利西翠妲》（Lysistrata）和乔叟（Chaucer）的作品《米勒的故事》（The Miller's Tale）。教育委员会的成员认为，这两部作品是粗俗的和不道德的。对教育委员会的这一决定，第十一巡回法院予以了支持。不过，法院表明，它并不赞同教育委员会依据正统基督教派的宗教观点所作出的决定，但是依据**海兹伍德案**的判决，法院仍然尊重教育委员会在课程事务之上的自由裁量权。[111]与此相似，在另一起案件中，加利福尼亚州上诉法院也认识到，教育委员会可以基于教育原因审查教学资料。但是法院指出，这种自由裁量权要受到限制；教育委员会成员的动机必须受到审查，以确保他们不会因为宗教原因而禁用某种教育资料。[112]

教育委员会具有两个基本的职能，一方面是"在思想的自由市场之中使年轻人的思想遭遇意识形态上的冲击"，另一方面是向年轻人灌输基本的社区价值观，这两种基本职能之间存在着一种"内在紧张"关系。因此，尽管具体的问题可能发生改变，但围绕公立学校图书馆书籍和课程资料所发生的争议仍然会持续下去。[113]对教育委员会而言，明智的做法是，在争议发生之前，教育委员会就应该建立一定的程序以审查课程的内容和图书馆的资料。教育委员会获取和清除教学资料的标准应该清楚分明并具有教育抗辩性。评价教学项目相关争议的程序一旦到位，教育委员会就应该认真地遵循此程序，教育委员会如果对自行建立的程序不予遵循，就不可能获得法院的同情。

另一个审查活动的热点问题集中于设置儿童接触电子信息的屏障。在2001年，预计大约有1.765亿美国人上网。[114]越来越多的学校开始为学生提供网络在线服务，但随之而来的是很多人担心网络可能会向未成年人传播包含大量性内容的资讯。许多州通过立法或采取对应措施以禁止在互联网上传播包含猥亵内容的资讯。同样，联邦政府颁布的《儿童在线保护法案》（Child Online Protection Act，COPA）也禁止基于商业目的而在互联网上传播对未成年人有害的资讯，违反此规定的个人或公司将被处以高达5万美元的罚款并被判处6个月的监禁。[115]1997年，在一起案件中，联邦最高法院判决，《正当传播法案》（Communications Decency

Act)具有模糊性,该法案规定不应对一些虽然带有性内容但是仍然合法的言论也处以刑事责任,因而它违反宪法。在此之后,国会颁布了《儿童在线保护法案》。[116]在2000年的另一起案件中,第三巡回法院禁止执行《儿童在线保护法案》,认为该法案使用当代的社区标准来判断言论是否对未成年人有害,只有国内最严格社区的标准才能够成为该法案所满意的标准,对言论自由施加了法律不允许的限制。然而,最高法院却认为,《儿童在线保护法案》所依赖的社区标准并不足以侵犯第一修正案,但是,考虑到其他关于该法律过于宽泛并具有模糊性的指控,最高法院将该案件发回原审法院进行重审。[117]

国会还制定了《儿童互联网保护法案》(Children's Internet Protection Act,CIPA),要求那些接受技术资助款的图书馆和学区采取技术保护措施,以保护学生不接触含有有害内容的信息并监督学生使用互联网。[118]在执行互联网安全计划的过程中,大多数学区依靠过滤软件来消除对儿童有害的信息,这一做法实际上将决定权授予研制过滤软件的公司,由这些公司来判断什么是对学生恰当的资讯。在2002年的一起案件中,宾夕法尼亚州联邦地区法院认为,由于四个主要的过滤软件的阻碍,图书馆的使用者不能获得那些受宪法保护的言论,而且图书馆为了获得联邦的资助放弃了它们受第一修正案所保护的权利。因此法院判决,《儿童互联网保护法案》中有关图书馆的条款违反第一修正案。[119]法院进一步指出,存在着比过滤软件控制力度更小的替代方案,它可以维护公共利益,防止图书馆的使用者获取网上散布的包含猥亵内容和儿童色情描述的作品。不过,法院的该判决并不会影响到《儿童互联网保护法案》有关学校的条款。学校使用计算机网络是为了促进学生的教学经验,因此有人担心,诸如《儿童在线保护法案》和《儿童互联网保护法案》在内的一系列措施会对学校使用计算机网络产生负面影响。显而易见,公共利益和个人利益之间是存在冲突的,这影响到了立法对电子信息传播的控制,因而在这一领域会产生更多的法律诉讼。

学生学业能力测试

法院认识到,州有权利制定学术标准,包括要求学生接受测试。因此,从传统上说,法院很少干涉州对学生的学业成绩所作的评价。在1978年的一起案件中,联邦最高法院对学术决定和纪律处分决定进行了区分,并指出"在通常的纪律处分决定之中,呈现的是典型性的事实问题;而学术决定就其本质而言是一种判断,相对于纪律处分决定,它更主观、更具有评价性"[120]。法院强调,最好由在此领域之中具有专长的专业教育者来评价学生的学业表现。在另一起案件中,有学生对教师的判分提出了指控,除非教师的判分是极端且蛮横的,否则法院将驳回学生的指控。[121]

法院认识到,保证学生成为有教养的公民是一个合理的政府目标,政府通过确立最低的学业标准以使高中毕业证具有一定的含金量,这是达成政府目标的一种合理手段。[122]伊利诺伊州联邦地区法院就指出:"即使不是作为一种积极义务,针对所有需要学校颁发毕业证书的学生而言,地方教育委员会及其职员也有权利利用合理的方法来判断每一个学生教育项目的有效性。"[123]对学生的学业表现进行评价并不是一个新概念,但将学生学业能力测试作为学生升级或获得高中毕业证的一个条件则是近几十年才有的事。1976年,只有四个州制定了有关学生学业能力测试的立法。现在,几乎所有的州都有法律或行政规章涉及全州范围的学生学业能力测试项目，并且在大多数州，通过该项测试是学生获得高中毕业证书的一个条件。

最近，其他形式的学业评价，比如成长记录档案，引起了人们的注意，但大多数学区仍然在使用标准化测试，标准化测试还得到了联邦政府的强力支持。实际上，根据《不让一个孩子掉队法案》的规定，到2006年，三年级到八年级的学生在阅读和数学科目上每年要接受一次测试；到2007年，某些特定年级的学生都要接受科学科目的测试；同时，在核心课程上，高中学生至少要接受一次总的测试；此外，学生的测试成绩会与联邦对学校的资助和处罚相联系。[124]这种评价具有高度的利害相关性，因而起到了改革教学项目的作用，而且在评价教师的业绩时，州渐渐开始根据教师所教授的学生在测试之中的成绩来衡量教师业绩的高低。[125]毫不意外的，有人对此提出了指控，他们认为，这种做法会使教师将课堂活动限制于与测试相关的教材之上，使教师为了获得好的测试成绩而不公平地训练学生。[126]

毋庸置疑，州有权利评价学生的学业表现，但如果州执行的特定评价项目侵犯了学生应受公平对待和不受歧视对待的权利，则要面临相应的法律指控。由于确立了特定的法律标准，**P. 德布拉诉特林顿案**（Debra P. v. Turlington）到现在为止仍然是一则被广泛引用的判例。在1981年的这起案件中，佛罗里达州通过制定教育规章，确立了一种合法的期望：如果学生通过了所要求的课程，就能够获得毕业证。第五巡回法院认识到，学校应该充分地告知学生高中毕业所需要达到的条件，并且在学生的毕业证书可能被扣发之前，学校应该为学生达到这种条件提供机会。在该案中，法院认为，提前13个月告知学生测试的要求，从时间上看，是不充足的。同时，法院还进一步指出，从根本上来说，州进行了一场不公平的测试，因为佛罗里达州的学校并未教授测试所覆盖的知识内容。上诉法院还禁止此规定在四年内生效。法院认为，在种族隔离未取消之前，应提供四年时间以消除种族隔离的痕迹；在取消种族隔离之后，应确保所有受此项规定影响的少数种族学生从一年级开始就在没有种族隔离的环境下学习。如果州不能做到以上两点，就不得将测试作为学生获得证书的条件。[127]不过，法院认为，学校可以不断使用测试来判断学生在教学上存在的问题并对此予以补救，这是宪法所允许的；同时，即使在补救项目中少数种族学生的比例过高，只要没有证据显示学校存在故意歧视，该补救项目就不违反"平等保护"条款。

案件发回重审后，地区法院解除了对佛罗里达州的该项法律的禁止令。1984年，上诉法院肯定了地区法院的这一判决。[128]在该案中，州提供了大量的证据，包括课程指南和调查数据，这使法院确信，对学生进行教学成绩测试是有效的，因为测试的内容覆盖了佛罗里达州学校教授给学生的知识。另外，还有数据显示，在进行测试的六年间，美国黑人学生取得了显著的进步。因此，法院相信，对教学项目进行测试有助于改善美国过去的歧视影响。

而其他法院总是在不断重申**P. 德布拉案**所确立的法律原则。[129]在2000年的一起案件中，得克萨斯州联邦地区法院驳回了一项对"得克萨斯州学术技能评价测试"所提起的诉讼。自1990年开始，所有在得克萨斯州就读的学生都需要参加此评价测试。[130]尽管有证据显示，少数种族学生在测试之中的失败率很高，但法院指出，不同种族的学生在通过率之上的差距是很小的，而且该测试项目和相应的补救项目正在逐渐消除过去的歧视影响。同时，法院还认为，学校将测试的要求充分告知给学生并为学生提供公平的机会以让他们学习测试所要检验的知识，因此该测试

具有课程上的有效性。

在2002年的另一起案件中，有人对路易斯安那州一所学区的政策进行了指控，该政策规定，四年级和八年级的学生只有通过测试才能升级。下级法院驳回了这一指控，认为升级不涉及财产权和自由权，而联邦最高法院则拒绝对下级法院的这一判决进行审查。[131]如果通过测试是学生获得升级的一个条件，那么测试必须伴以告知程序和正当程序。同样，如果通过测试是学生获得证书的一个条件，学校是否也应该履行相似的告知程序和正当程序呢？对此问题，法院并未予以说明。不过，大多数与学生利益相关的测试都包含有这样的条款：未能通过学生学业能力测试的学生可以在学业上获得补救并重新参加测试。

假设学生未能通过州的能力测试，学校就不允许他们参加毕业典礼，在此利害关系之中，学生究竟享有何种权利呢？对此问题，得克萨斯州的两个地区法院作出了两个结论截然相反的判决。一个法院判决，如果学校充分告知学生测试要求并为其准备测试提供了必要的课程，未通过测试的学生就不享有参加毕业典礼的宪法权利，因为该权利只为满足所有要求的学生所拥有。[132]而另一个地区法院则发布了初步禁止令，要求得克萨斯州的学校允许那些未通过测试、但符合其他毕业要求的学生参加毕业典礼。法院认为，如果学区不允许这些学生参加毕业典礼这一人生旅途之中的重大事件，将对他们造成潜在的、无法挽回的伤害，相反学区允许他们参加毕业典礼并不会对学区造成损害，因为如果学生不通过测试，他们始终不可能拿到毕业证书。[133]

在全州范围内举行的测试最容易引起法律争议，因为学校通常将通过这种测试作为学生获得证书的一种条件，不过其他形式的测试要求也会引起一些法律争议。举例来说，如果学生从未获得认证的学校转学到学区所辖的新学校，新学校可以要求这些学生自付费用以进行学业能力测试，这一做法得到了法院的支持。[134]在肯塔基州的一起案件中，第六巡回法院判决，如果在公立学校就读的学生必须通过一定的测试才能获得相应学分，那么一名因宗教原因在家接受教育的高中学生要获得该公立学校的学分也必须通过与测试相等水平的考试，这一做法并不违反"平等保护"条款也并不侵害学生的宗教自由权。[135]除了州政府法定的测试之外，地方学区也可以对学生提出测试的要求。[136]

考虑到一些测试与学生的利益高度相关，不少家长要求获得以前测试使用的试题。在一起案件中，俄亥俄州最高法院判决，除了那些由私人非营利机构开发和所有的试题以外，全州学业能力测试的题目属于公共信息，应将之前已经用过的考试题目告诉家长。[137]但在另一起案件中，肯塔基州上诉法院却认为，家长无权知道在全州范围之内所举行的学业能力测试的题目，因为来自于公众的、各种各样的意见会使这一测试的可信度受到影响。[138]

对残疾儿童进行学业能力测试也是引人争议的。总的来说，法院认为，州并不需要为残疾儿童调整它的学术标准；如果残疾儿童不能达到州设定的特定标准，就不能升级或获得毕业证书。[139]不过，学校不能拒绝向残疾儿童提供机会，以使其达到升级或获得毕业证书的要求（包括接受学业能力测试）。

假设个性化教育项目小组在为一名具有智力残疾的儿童设计个性化教育项目时，得出结论为，该名儿童不可能掌握学业能力测试所覆盖的知识内容，则该名儿童可以选择不参加州的学业能力测试。免于参加此测试的学生通常不能获得毕业证书，而是获得学习经历证明书。如果学校仅根据成功完成个性化教育项目而给残疾儿童颁发普通的毕业证书，对那些未能通过测试且未能获得毕业证书的非残疾学生而言，他们受"平等保护"条款保护的权利就受到了侵害。

在一起案件中，第七巡回法院认为，相对于其他学生而言，残疾儿童需要更早地了解学业能力测试的相关要求，以确保他们有充分的机会将那些需要进行测试的知识融合到个性化教育项目之中去。[140]不过，在随后发生的一起案件中，印第安纳州上诉法院指出，如果学校在颁发毕业证书的三年之前，就告知残疾儿童通过测试是获得毕业证书的一个条件，则这种告知就是充分的。[141]法院还指出，因为原告学生的个性化教育项目覆盖了所需测试的知识，而且该名学生有充分的机会进行补救并重新参加测试，所以州的测试要求是合法的。

在测试过程中，为确保残疾儿童的知识（而非残疾状况）能够得到评估，残疾儿童有权利享有特殊的便利，但是这种便利的性质仍然存在争议。在以上所提到的印第安纳州所发生的案件中，法院认为，即使为残疾儿童提供相应的便利是该学生个性化教育项目的一部分，学校也不可以为他们提供会使毕业考试的有效性受到损害的便利，比如在考查学生阅读能力的测试中向学生朗读题目。[142]相反，在另一起案件中，联邦地区法院却认为，在参加加利福尼亚州所举行的学生毕业考试时，残疾儿童有权利获得他们的个性化教育项目所提供的种种便利。可是，第九巡回法院又认为，该地区法院的部分命令过于宽泛，而且也不完善，并不适于司法援用。[143]

依据宪法和制定法，具体的学生学业能力测试项目还可能产生其他的法律争议。通过做到以下几点，教育者可以有步骤地防范法律风险：（1）向学生提供机会，使其能够为测试做充分的准备；（2）一进入高中，便让学生知晓，达到测试的要求是其毕业的前提条件；（3）测试并不存在故意歧视，且不会因曾经的学校种族隔离的影响而对学生带来损害；（4）应给予未通过测试的学生补救的机会和重新参加测试的机会；（5）残疾儿童可以获得适当的便利。

教育不当及教学疏忽

自从20世纪70年代中期以来，教学疏忽，通常也被称为**教育不当**，就成为了一个容易引起法律诉讼的主题。[144]早期的法律诉讼集中于，作为接受州义务教育的回报，学生是否享有达到预期学术水平的权利；家长则主张，他们有权利预期自己的孩子在高中毕业之后成为一个具备相应能力的"文化人"。在最近的一些案件中，有人提出指控，认为学校管理人员没有履行自身的职责，未能诊断出学生的不足并为他们安排恰当的教学活动。事实上，只要家长认为，学区存在教学疏忽，就可以向法院寻求损害补偿。在这一节中，我们将对相关的案件予以概要性的介绍。

第一个有关教育不当的法律诉讼受到了广泛的关注，在**W. 彼得诉圣弗朗西斯科统一学区案**（Peter W. v. San Francisco Unified School District）中，一名学生主张，学区疏于对他进行教学和激励，以致他高中毕业后仅具有小学五年级的阅读水平。[145]该名学生还主张，学区将他的学业水平及进步程度错误地陈述给他的家长。而家长也证明，在他们的孩子高中毕业之后，在其接受私立机构的测试之前，他们一直没有意识到自己的孩子在学业能力上存在的缺陷。但加利福尼亚州上诉法院判决，学区并不存在疏忽。法院认为，教学过程和学习过程具有复杂性，不可能将全部责任归于学校，因为学生的学习能力存在差异，所以学校不可能确保所有学生在高中毕业时达到特定的阅读水平。最终法院宣布，如果法院判决学区负有责任，对教学"心怀不满的学生和家长"会向所有教育机构提出不计其数的"真实的或想象的"侵权指控。[146]

1979年，有人提起了一起有关教育不当的法律诉讼，该诉讼看起来有可能获得成功，但纽约州高等法院并未支持这一诉讼。在此案中，州上诉法院判决，一名原公立学校的学生有权获得50万美元的损害赔偿金，因为纽约州城市教育委员会疏于诊断该名学生的教育需求并在为智力发育缓慢的学生提供的教育项目之中错误地教育了他12年。[147]导致原告提起教学疏忽诉讼的诱因在于，尽管学校心理专家的报告建议，在初次评价之后的两年之内，学区应该对该名学生进行再评价，但该建议被学区忽视了整整10年——即使在八年级和九年级的阅读测试中，该名学生所获得的分数在90%的学生的分数之上。为了将该案区别于以往的教育不当诉讼，下级法院指出，学校人员积极的疏忽行为（比如，忽视了心理专家的报告）对该学生造成了沉重的负担。尽管如此，纽约州高等法院还是以微弱多数推翻了下级法院的判决并指出，法院并不负有制定教育政策的职责。法院强调，这样的教学疏忽诉讼应该通过州教育系统的行政申诉程序来解决，而不是通过法院来解决。同样是该法院，在随后的一起案件中，它判决一名学生在10岁时受到了错误的诊断。该名学生只懂西班牙语，而他所就读的托儿所却以英文来对他进行测试，因此该名学生主张，他没有得到恰当的阅读教学，并向教育机构提出了损害赔偿的请求。但法院认为，该名学生无权获得损害赔偿金。[148]法院认为，如果一起诉讼是以"什么样的教学项目是最可取的"为核心的有关教育政策的诉讼，那么它不应以教学疏忽为由提起诉讼。

其他法院也指出，一旦确认法律诉讼是教学不当诉讼，法院一般不愿意干预教育机构的教育决策。[149]举例来说，在一起案件中，家长主张，他们的孩子具有多种残疾，但学区未尽义务，没有依照州和联邦的法律来对其孩子进行评价并为其孩子设计个性化教育项目，因而向学区提起损害赔偿诉讼。然而，加利福尼亚州上诉法院未受理这一有关教学疏忽的诉讼案件。[150]与此相似，在另一起案件中，一名患有阅读困难症的学生主张，学区对其进行了错误归类，因而向学区提出了损害赔偿诉讼，阿拉斯加州的最高法院对此指控未予支持。[151]同样，在一起案件中，新泽西州最高法院也判决，即使学区未能为学生提供补救性教育，学生不可以此提起侵权诉讼以要求获得损害赔偿金。[152]在最近的一起案件中，一个家长协会主张，丹佛市（Denver）的公立学校未能为在这些学校就读的学生提供高质量的教育，对这些学生造成智力和情绪上的伤害，并减少了这些学生未来的教育机会和就业机会。但科罗拉多州上诉法院驳回了该项损害赔偿诉讼。[153]

尽管教育不当的诉讼迄今为止还没有获得成功，但一些法院已经认识到，在一定情况下，原告有可能以教学侵权诉讼获得损害赔偿金。在马里兰州的一起案件中，学区在评价一名具有学习障碍的学生并且不恰当地教育该名学生时存在非故意的疏忽行为，家长由此提起的教学不当诉讼未获得马里兰州最高法院的支持。

但是州高等法院同时指出，如果家长有证据证明被告学校蓄意从事这种行为，在教育照料过程中损害了该名学生权利，则家长就可以以教学不当提起诉讼。[154]在另一起案件中，蒙大拿州最高法院更进一步判决，如果学校管理人员违反法律有关特殊教育安置的规定，学校也可能因此非故意的行为而承担责任。[155]法院指出，在测试和安置特殊学生时，学区有责任对这些学生进行妥善的照料以将他们安置在恰当的教育项目之中，如果学区未能履行此义务就要承担相应的损害赔偿责任。不过，该案在发回重审的过程中，初审法院判决，原告并没有提交实质性证据以证明儿童被错误地安置在隔离性的特殊教育班级之中，所以州高等法院维持了原判。在另一起案件中，第三巡回法院尽管并未支持损害赔偿的诉讼请求，但它认为，一名具有严重残疾的学生在过去的10年中并没有取得进步，因此该名学生有权利获得新泽西州一个学区的补偿性服务，因为学区管理者应该知道，该名学生的个性化教育项目是不适当的。[156]

有关学生学业能力标准和特殊教育安置的专门立法正在逐渐增加，这可以加强围绕疏忽安置所提起的侵权诉讼的法律基础。[157]州和联邦的立法中有关学校要为学生满足州学术标准负责的要求可能增大学区潜在的职责。即使看起来，在不远的将来，公立学校也不可能在学生的学业成就之中承担特定份额的责任，但可以确信，在以下几个方面，学校很可能将承担相应的法律责任：诊断学生的需要；为学生提供恰当的教学活动；向家长报告学生的进步程度；如果学生在目前的教学活动之中不能取得进步，为他们提供其他的教育选择机会。

教学隐私权

在政治领域内，保护学生隐私权逐渐成为了一个激烈的争议话题。州和联邦法律对政府施加了双重的义务——保护公众依据第一修正案而享有的对政府活动的知情权以及保护公民个人的隐私权。此外，法律还规定，如果研究项目或教学活动涉及揭示敏感领域的个人信息，学生有权利不被强制要求参加这些研究项目或教学活动。在这一节中，我们将就教学事务之中学生隐私权的法律发展进行简要的介绍。

学生档案

联邦最高法院已经认识到，宪法保护一定领域之内的个人隐私。[158]因此，如果政府行为侵犯公民个人的隐私权（包括个人信息保密的权利），该行为就必须具有强说服力的正当理由。由于学生享有隐私权，问题就随之产生，谁可以接触到公立学校之中学生的永久性档案并了解档案之中所包含的内容呢？这成为了争议的一个根源。有人曾对学校的档案保管程序提起法律诉讼，法院支持了这项指控，责令学校管理者在学生的永久档案之中抹去那些无关的信息。在一定情况下，还有学生主张，学校管理者记录诽谤他们的信息并传播这些诽谤信息，结果他们成功地提起诽谤诉讼并获得了损害赔偿。[159]

尽管教育者一直致力于改善与学生档案保管相关的权力滥用行为，但公众仍然对此存在着普遍的不满。因此在1974年国会颁布了《家庭教育权与隐私权法案》。[160]这部法律规定，如果存在以下情况，联邦政府将取消对教育机构或学校的资助：（1）教育机构或学校未能让家长接触其子女的教育档案；（2）在家长未允许的情况下，教育机构或学校向第三方当事人传播有关学生教育档案的信息（存在一定的例外情况）。依据该部法律，当学生达到18周岁时，就可以享有家长依照此法所享有的权利。[161]

除非在特定情况下，州法或法院的法令禁止家长接触他们子女的档案且教育机

构依照州法或法院的法令行事,否则依照《家庭教育权与隐私权法案》,学校管理者应该保证家长享有这种权利。[162]在一起案件中,第二巡回法院认识到,共同监护的家长享有相同的接触其子女教育信息的权利。[163]此外,如果青少年法院所审理案件的诉讼记录副本保留在学校之中,家长也可以依据《家庭教育权与隐私权法案》有关保密和接触的条款看到该副本。[164]

在审查完学生的永久性档案之后,家长或符合资格的学生如果认为档案中的信息不确切、令人误解或侵犯学生受法律保护的权利,他们就可以要求学校对此内容予以修正。如果学校管理者认为,家长或学生没有正当的理由要求学校进行修正,就必须告知家长或符合资格的学生其有申请听证的权利。学区的工作人员可以主持听证,但不能与听证结果存在利害关系。在听证中,任何一方当事人都可以聘请法律代理人,听证主持人必须作出书面的听证决定,总结当事各方所提交的证据并说明听证决定所依据的理由。如果听证主持人认为,不应该对相关记录进行修正,家长或符合资格的学生有权利提交详细的包含反对理由的个人声明,并将此声明保存在档案之中。[165]

如果学生个体认为,学区所展现出来的习俗或实践做法违反《家庭教育权与隐私权法案》的规定,他们就可以向美国教育部提起申诉。教育部具有执行权,如果学区确实违反了《家庭教育权与隐私权法案》,它们所获得的联邦资助将被撤回。教育部通常会建议学区纠正违法的行为,遵循《家庭教育权与隐私权法案》的规定,但是到目前为止还没有一个学区是因为不顺从教育部的指令而被撤回联邦资助的。

在 2002 年以前,教育部在行使这种职能时并不受法院的约束,但 2002 年联邦最高法院作出了两个有关《家庭教育权与隐私权法案》的判决,情况随之发生了改变。在**贡扎加大学诉多伊案**(Gonzaga University v. Doe)中,法院判决,个体不能因为被告违反《家庭教育权与隐私权法案》的规定而提起损害赔偿诉讼。[166]法院认为,《家庭教育权与隐私权法案》中的不泄露条款并没有为个人创造可强制执行的隐私权,如果国会要创造这种执行权就必须以明白的术语加以规定。为了解决下级法院之间的冲突,联邦最高法院进一步指出,在通常情况下,如果公民的联邦权利受到侵害,他们可以依据《美国法典》第 42 节第 1983 条的规定寻求损害赔偿救济,但由于《家庭教育权与隐私权法案》并不包含创设权利的语言,因被告违反该法案而提起的诉讼就不能依据美国法典第 42 节的规定获得强制执行力。[167]

在**贡扎加大学案**中,一所私立大学在未经证实的情况下断言,一名学生从事了不当性行为,还将这一信息上报给了州教育厅。由于这一信息的泄露,该名学生不被允许发表教师宣誓(所有新教师都要求发表一个有良好道德品质的宣誓)。在该案中,华盛顿州最高法院判决,受害学生可因大学的行为违反《家庭教育权与隐私权法案》而获得损害赔偿。但是,联邦最高法院随后推翻了华盛顿州最高法院的判决。在判决中,联邦最高法院反复重申,《家庭教育权与隐私权法案》关注整体而非个体,如果学区的政策或行为违反该法案,对此所进行的救济是撤回联邦的资助。因为法院并不会因执行《家庭教育权与隐私权法案》而对私人提起的诉讼给予损害赔偿救济,所以学校管理人员个人不必承担责任;如果法院作这样的判决,将对家长提供一种重大的刺激,促使他们就学区的学生档案管理问题提起法律诉讼。

2002 年,联邦最高法院在**欧瓦索独立学区诉法尔沃案**(Owasso Independent

School District v. Falvo）中所作的判决成为了第二个有关《家庭教育权与隐私权法案》的典型判例。在该案中，第十巡回法院判决，同学之间相互评分的做法违反《家庭教育权与隐私权法案》，但联邦最高法院推翻了该法院的判决。[168]联邦最高法院认为，同伴评分者并没有依据《家庭教育权与隐私权法案》的规定保存学生的记录，即使他们在班级上宣读其他学生所获得的分数，他们也不是在为教育机构"做事"。[169]不让学生给彼此的作业评分可能具有一定的教育理由，但是根据**法尔沃案**的判决和《家庭教育权与隐私权法案》，法律并不阻止学生相互进行评价。法院还暗示，《家庭教育权与隐私权法案》所说的记录通常被保存在中心储藏室，教师个人的评分记录本并不需要接受该法案的约束，不过法院专门指出它拒绝解决此类争议。

如果学校提前告知家长或符合资格的学生，或发送档案的大学已经提前公告：在学生转学时，它将例行转移学生的档案，那么在转学时学生档案就可以对转入学校的管理者公开。在一起案件中，有学生认为，在其转学过程中，其原来就读的学校向转入学校泄露了他的记录，包括心理报告，侵犯了他的隐私权，但马里兰州上诉法院驳回了该名学生的指控。[170]因为没有任何证据表明，未经授权的个体可以接触到档案或由于档案的泄露导致了未经授权的信息公开。

与此相似，在审查和评价受联邦资助的教育项目时，联邦和州并不会因为顾忌侵犯学生的隐私权而不能获得它们所需要的数据。不过，联邦和州收集这些信息的方式应该是恰当的，以防止泄露那些可以确认到个人的信息。同样，有关学生成绩的综合信息也可公布给公众，只要学生个体不会因这些信息的公布而被公众所确认。[171]在一起典型的案件中，路易斯安那州上诉法院发现，公布学生成绩的综合信息并不侵犯学生的隐私权，法院宣布，如果学校参与了州教育厅所主持的学校绩效研究，公众就有权利知晓参与学校在研究之中的绩效排名状况。[172]

在一起案件中，第十巡回法院说明了学生的教育档案应该由什么内容构成。假设学校处分了一名有攻击行为的学生，那么在该名学生的教育档案之中就应该包括相关内容，并应告知该名学生的家长学校的纪律处分是如何产生的。同时，学校管理者还可以告知受害学生的家长，学校是如何处分那名学生攻击者的。但是，上诉法院指出，学校第二次向家长泄露的内容——哪些学生在操场上被同一个学生攻击或谁目击了攻击过程并不包括在《家庭教育权与隐私权法案》所指的教育档案之中。[173]在亚拉巴马州的另一起案件中，学校秘书的女儿在未经允许的情况下看到了同班同学的档案并向他人泄露该名学生是被收养的。在该案中，法院认为，学校不存在任何违反《家庭教育权与隐私权法案》的行为。在学校人员不知道的情况下，这种未经批准接触学生档案的事件是孤立的、单个的偶发事件，并不构成一种泄露学生信息的规例或习惯。[174]但是在一起案件中，路易斯安那州上诉法院又认为，学校对媒体泄露一名政治竞选者写给其儿子的老师的信，构成了一起有关《家庭教育权与隐私权法案》的指控，因此法院拒绝了学校要求适用简易判决的诉讼请求。[175]

宾夕法尼亚州的一所法院认为，依据《家庭教育权与隐私权法案》，在心理专家与小学生的面谈过程中，小学生的家长有权利看到心理专家所做的记录。因为有学生提出指控，认为一名教师在面谈过程中在心理和感情上虐待学生。[176]不过，家长并不能运用《家庭教育权与隐私权法案》以主张其具有审查教职员评价记录的权利，此类评价记录通常用来确定哪一个学生应该被给予学术奖励，比如成为"国家

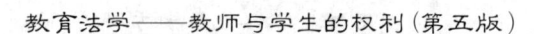

荣誉社团"(National Honner Society)的成员。[177]同样,除了为了确定分数是否被准确记录之外,学生也不能依靠《家庭教育权与隐私权法案》对教师的评分程序提起诉讼。[178]第四巡回法院判决,依据《家庭教育权与隐私权法案》,学生没有权利看考试的标准答案以检验自己分数的准确性,因为标准答案并不是学生教育档案的一部分。[179]

依据《家庭教育权与隐私权法案》,一些个人基本信息,诸如学生的姓名、住址、出生日期和出生地、主修专业、电子邮件地址、照片以及所获得的学位和奖励等,不需要获得家长的同意就可以被公开。[180]任何教育机构在发布这些信息时都必须对这些信息进行具体归类并公开声明它们是个人基本信息;还必须给予家长一段合理的时间,以便家长可以通知教育机构,在未经其允许的情况下,有关其子女的部分或所有上述信息都不得泄露给其他人。

如果学校在公开学生的个人基本信息时,还可能伴随着公开其他能够确认到学生个人的信息,则学校就不能公开这些个人基本信息。除非在一般法律原则之外存在特定的例外情况,不经家长或学生同意,学校也可以公开这些信息。在一起案件中,肯塔基州上诉法院判决,依据州法律"不及格则不得驾驶车辆"的规定,公开能够确认到个人的信息并不属于《家庭教育权与隐私权法案》所规定的例外情况。[181]因此,法院判决,如果法规要求学校传送学生的个人基本信息到交通部,而在这些被传送的信息又包含有学生退学或在学业上存在不足的表述,则违反了《家庭教育权与隐私权法案》。该法规随后被修订,学校仅仅会向交通部门告知学生没有满足州法律的要求。不过,在为保护学生或其他人的健康或安全必须透露信息的情况下,学校可以将学生的个人信息公开给恰当的权力机关。[182]

其他联邦法律提供了另外一些有关学生记录保密和接触途径限制的保护规定。举例来说,《残疾人教育法案》规定,残疾儿童的家长或监护人有权利看到其子女的记录。[183]而且,如果需要将学生文件之中的内容翻译给学生家长,学校必须雇用翻译人员;同时,在将这些信息公布给第三方时,学校必须征得家长的同意。

许多州通过立法解决学生档案的保管和公开问题。州和联邦的隐私法都肯定,"接触和公布"条款存在一定的例外情况。举例来说,对学生的进步,教师每天都进行记录,但这些记录只能和后任教师进行分享,这种情况下他们可以不遵守隐私法的规定。不过,私人记录一旦被分享,就成为了教育档案,必须遵循法律的规定,即使在有接触这些信息的合法需要的教育者之间分享私人记录,也会使这些个人记录成为教育档案。

很多时候,在"信息自由权"或"知情权"与联邦和州所保护的隐私权之间会存在冲突。一般来说,《家庭教育权与隐私权法案》保护个人的教育档案,该法案的效力要胜于州要求信息公开的法规。在一起案件中,弗吉尼亚州最高法院拒绝了一名学生编辑请求公开学生选举之中个人选票总数的请求。法院认为,在公开学生个人的档案信息时,法律给予学校管理者以自由裁量权,因此这些信息免于向公众公开。[184]在随后的另一起案件中,法院指令佛蒙特大学(University of Vermont)公开一些文件,这些文件详细记录了有关学生在曲棍球队之中受欺辱而提起的诉讼以及学校对此所作的反应。不过,依据《家庭教育权与隐私权法案》,为保护学生的隐私权,所有能够确认曲棍球队队员的信息都受到了限制,未对媒体公开。[185]

法院还判决,在特定情况下,有关学生纪律处分的记录应该公开给有权审查学校纪律信息的学校教职员[186]以及执法机构。在一起案件中，学校和警察一起审查了一名学生的学校作业，以与其在学校财产之上乱涂乱画的笔迹进行了比较。由于该案与一项刑事指控相关，马萨诸塞州高等法院认为，依据州隐私法，学区并没有侵害学生的权利。但联邦最高法院则拒绝审查马萨诸塞州高等法院所作的这一判决。[187]同样，只要特定学生不会因这些信息的公开而被确认，在某些州里，根据州的信息公开法律，学校必须将有关学生纪律处分的信息（违纪次数及所发生的时间）公开给媒体。[188]在2002年的一起案件中，第六巡回法院却判决，大学不能向媒体公开能够确认到个人的纪律记录，这些记录是受《家庭教育权与隐私权法案》所约束的教育档案。[189]

如果法院索取，学校就应该将学生的档案透露给法院。为了迫使学区公开个别学生的档案，纽约州联邦地区法院认为，如果法院确实需要获得这些信息且这种需要超过了对学生隐私权予以保护的需要，《家庭教育权与隐私权法案》并不排除学校向法院公开学生的档案。在此案中，法院需要获得个别学生学业表现的数据以证实一项指控：对那些存在英语学习障碍的儿童而言，学校所提供的教学项目是不足的。[190]在一起案件中，纽约州上诉法院还判决，如果教师需要获得所教班级学生的记录以为自己的名誉和能力进行抗辩，学校就必须向该名教师公开这些信息（但要抹去能够确认到学生个人的信息）。[191]

国会、州议会及法院都指出，与学校档案相联系，保护学生的隐私权是一个应该长期坚持的基本原则。因此，对教育委员会而言，明智的做法是对学区的政策进行审查，以确保这些政策遵循联邦及州法律的规定。在清除学生文件之中的信息之前，学校人员应受到一定的限制。如果相关材料是学生教育项目保持连续性所必需的，这些材料就应该被纳入学生永久性记录之中并提供给有权使用这些信息的人员。不幸的是，受《家庭教育权与隐私权法案》影响，由于担心受到联邦法律的处罚，学校人员从学生的记录之中删除了一些有用的信息以及一些应该保持连续性跟着档案转走的材料。

学生档案之中存在负面信息这一事实并不意味着这些材料是不恰当的。法院认为，学校管理者有义务记录与学生活动相关的数据，只要这些信息是真实的。以宾夕法尼亚州的一起案件为例，学校管理者在学生永久性记录以及与高等教育机构之间的交流文件之中作出了客观的说明，说明该名学生在毕业典礼过程中参与了一场示威运动。对学校的这一做法，联邦法院予以了支持。[192]法院认为，为了呈现大学申请者的真实面貌，学校管理者有义务根据事实真实地记录和交流有关学生的信息，以使高等教育机构了解这些信息。

与学生保护和家长权利相关的法律

国会和州议会已经颁布了法律，保护家庭所拥有的、与学校研究活动和治疗项目相关的隐私权。依据联邦法律，在联邦资助的研究项目及联邦政府与任何私立大学、公立大学或教育机构签订合同的研究项目之中，被试人员受联邦法律的保护。[193]作为参加研究、开发或相关活动的一种后果，被试人员面临遭受身体伤害、心理伤害或社会伤害的风险，在被试人员了解这种风险的情况下，必须征得他们的同意方能进行研究。所有教育机构都必须要求建立审查委员会以确保所有相关人员的权利和福利都能够得到充分的保护。

1974年,《一般教育法案》(General Education Provisions Act)的两个修正案要求,如果学生参加联邦资助的研究或试验项目(被设计用来探索新的或未经证实的教学方法或技巧),其家长有权利检阅该研究或试验项目之中所有的教学资料。修正案还规定,如果家长提出书面的反对意见,学校就不能要求他们的孩子参加这些研究或试验项目。1978年,国会又颁布了哈奇修正案(Hatch Amendment),该修正案保护家长检查试验项目之中教学资料的权利,此外还进一步规定,如果学生所参加的联邦资助项目涉及精神病或心理测试、测验和治疗,且该项目被设计用来揭示有关个人信仰、行为和家庭关系等特定敏感领域的信息,在学生参加此项目之前,学校必须征得家长的同意。[194]

许多联邦修正案扩展了对学生及其家庭隐私权的保护。在美国教育部所主持的项目之中,学校应该允许家长提前审查所有的教学资料;并且在没有家长书面同意的情况下,受联邦资助的教育项目不能要求学生接受由教育部所支持的、以揭示有关学生或其家庭敏感领域信息的调查或评价。[195]教育部有责任审查依据该法律条款所提起的诉讼;如果教育部发现,教育机构从事了违反该法律条款的行为并且没有在一段合理的期限内改正自己的行为以遵从该法律条款,教育部将从该学校之中撤出联邦资金。

一些保守的市民团体向法院施加压力以求宽泛地解释法律,但通常并不能得到法院的支持。在一起案件中,学区在没有征得家长同意的情况下,决定让一名学生去见学校的咨询辅导员(因为该名学生的问题影响到同班的同学)。密歇根州联邦地区法院判决,依据《一般教育法案》的修正案,学区的行为并不侵犯家长的权利。第六巡回法院维持了密歇根州联邦地区法院所作的该项判决,但未发表意见。[196]在另一起案件中,有人认为,在以州为范围的学生评价项目之中对学生提出特定问题,违反了《一般教育法案》修正案的规定,肯塔基州地区法院驳回了此项指控。[197]同样,在一起案件中,新泽西州联邦地区法院也驳回了一名家长的指控。在该案中,家长认为,学校在一项自愿调查中向学生询问涉及学生的态度和行为的敏感问题,违反联邦隐私保护法律,因为他们的孩子在参加这一调查之前,该调查并没有获得家长的书面同意。[198]第三巡回法院推翻了联邦地区法院所作的、有利于学区的简易判决,将该案发回重审,法院认为,在该案中应该考虑调查是否是使用联邦资金来进行的,并且学生是否知道自己可以选择是否参加该项调查。

许多人担心,即使尚未遭遇法律指控,联邦的法律要求和许多州正在颁布或考虑颁布的相似法律规定会导致学校取消一些特定的教学活动。尽管保护学生隐私权的法律已经制定了相应的措施,让学生免于参加特定的教学活动,但如果学生提出大量的免除请求,学校就可能从课程中删除该项教学活动。

结 论

在管理公立教育各个方面的问题时,州及其下属机构享有相当多的自由裁量权,但是任何控制学生活动的要求都必须是合理的,且必须以实现合法的教育目标为目的。如果学校的管理行为侵犯到学生或家长受法律保护的权利,学校管理者必须能够证明学校服务于一种压倒性的公共利益。与学校入学和教学活动相联系,通过分析法院判例及与此相关的一般法律要求及法律权利,我们总结出以下一般性的要求和权利:

1. 州强制特定年龄阶段的儿童入学。[199]

2. 为遵守义务教育法律的要求,学生可以到私立学校就读;在大多数州,他们还可以接受与公立教育项目相当的教学(比如家庭教育)。

3. 学校管理者可以要求学生接受预防接种以预防疾病,并可以将此作为学生入学的一项条件,如果学生因宗教原因要求免于接受预防接种,学校也可以予以批准。

4. 除非学生入学后会危及其他人的健康,否则公立学校不能因学生存在特定健康问题而拒绝其入学。

5. 公立学区必须为善意居住在学区范围之内的儿童提供教育(即使一些儿童的家长是非法移民),因教育目的而离开父母生活的儿童无权接受免费的公立教育。

6. 公立学校可以就交通服务向学生收取交通费,只要这笔费用与合法的州教育的目的具有合理的相关。

7. 如果学生使用公立学校的教科书和与课程相关的用品,公立学校就可以向学生收取相应的使用费,除非州宪法或制定法明文禁止。

8. 州及其下属机构有权利决定公立学校所提供的课程和教学资料,除非这种课程决定存在显著的任意性、违反宪法或侵犯受法律保护的权利,否则法院会对这种课程决定予以支持。

9. 依照客观的程序,教育委员会如果认为某些教学资料不适合被用来对学生进行教育,可以决定删除这些教学资料。

10. 学校有权对学生的学业表现进行评价,如果没有证据证明学校的学业评价是任意的或构成歧视,该学业评价会受到法院的尊重。

11. 学校可以使用学生学业能力测试以判断学生在哪些方面需要进行补救,还可以将此测试要求作为学生高中毕业的一个条件,只要在执行这一测试要求之前,学生被充分告知并可以为参加此测试而进行充分的准备。

12. 公立学校并没有义务确保学生达到特定的学术水平。

13. 家长和年满18周岁的学生有权利接触学生的教育档案,并有机会对教育档案的内容提出异议。

14. 依据《家庭教育权与隐私权法案》,个体并不享有提起损害赔偿诉讼的私人权利;如果教育机构不遵守《家庭教育权与隐私权法案》的规定,其所获得的联邦资助将被撤回。

15. 学校人员必须保证学生档案之中信息的准确性,并对这些档案予以保密。

16. 在联邦资助的试验项目或调查中,家长有权利检查这些项目或调查所使用的资料;如果这些项目或调查涉及精神病或心理测试、测验和治疗,且该项目或调查被设计用来揭示有关个人信仰、行为和家庭关系等特定敏感领域的信息,则学生有权利免于参加这些项目或调查。

注 释

[1] 参见 Goss v. Lopez, 419 U. S. 565 (1975), 参见第7章第54条注释所对应的正文。

[2] 参见 *In re* J. B., 58 S. W. 3d 575 (Mo. Ct. App. 2001); *In re* C. S., 382 N. W. 2d 381 (N. D. 1986). 又见 State *ex*

rel. Estes v. Egnor, 443 S. E. 2d 193 (W. Va. 1994), 在该案中, 法院强调, 刑事诉讼的目标是家长, 学生不论年纪多大, 他们都不会因为没去学校接受义务教育而被提起公诉。又见 Hamilton v. Indiana, 694 N. E. 2d 1171 (Ind. Ct. App. 1998), 在该案中, 法院认为, 依据义务教育法, 如果家长没有尽到妥善注意义务, 以至于没有发现自己的孩子逃学, 则他们的过错就不能被视为一种疏忽; State v. Smrekar, No. 99 CO 35, 2000 Ohio App. LEXIS 5381 (Ohio App. Ct. Nov. 17, 2000), 在该案中, 法院认为, 学区提供的证据能够充分证明, 该名学生在未经允许的情况下习惯性地逃学, 因此判处该名学生的父母监禁并承担一定的罚金。

[3] 参见 In re Michael G., 747 P. 2d 1152 (Cal. 1988)。

[4] Means v. Sidiropolis, 401 S. E. 2d 447 (W. Va. 1990). 但是, 法院认为, 在执照被吊销之前, 学校必须找一名恰当的学校管理人员为辍学的学生举行听证, 以弄清该名学生辍学的原因是否超出了其本人的控制范围。

[5] 参见 Codell v. D. F., No. 1998-CA-002895-MR, 2001 Ky. App. LEXIS 71 (Ky. Ct. App. June 22, 2001), 同意重审, 2002 Ky. LEXIS 205 (Ky. Oct. 9, 2002); 参见本章第 181 条注释所对应的正文。

[6] 268 U. S. 510, 535 (1925)。又见 Troxel v. Granville, 530 U. S. 57, 66 (2000), 法院认为, 华盛顿特区将一般儿童探视法适用于儿童祖父母的探视行为, 无疑侵害了母亲指导、抚养自己孩子的权利, 大量的前期判例表明, 毫无疑问, "第十四修正案的'正当程序'条款保护父母在照料、监护及控制自己的孩子方面所具有的基本权利"。

[7] 参见 Peterson v. Minidoka County Sch. Dist. No. 331, 118 F. 3d 1351 (9th Cir. 1997). 在该案中, 一名校长出于宗教信仰方面的考虑让自己的孩子留在家里接受在家教育。法院认为, 州政府在这件事上并没有任何强制性的利益, 因此无权干涉该名家长的做法。

[8] 参见 Ralston v. Henley, No. M2001-02274-COA-R9-CV, 2001 Tenn. App. LEXIS 728 (Tenn. Ct. App. Oct. 2, 2001); Anderson v. Anderson, 56 S. W. 3d 5 (Tenn. Ct. App. 1999)。

[9] 参见 Roemhild v. Georgia, 308 S. E. 2d 154 (Ga. 1983); Wisconsin v. Popanz, 332 N. W. 2d 750 (Wis. 1983)。

[10] 参见 In re D. B., 767 P. 2d 801 (Colo. Ct. App. 1988); Delconte v. State, 329 S. E. 2d 636 (N. C. 1985); Tex. Educ. Agency v. Leeper, 893 S. W. 2d 432 (Tex. 1994). 又见 State v. Trucke, 410 N. W. 2d 242 (Iowa 1987), 在该案中, 法院认为, 义务教育法并没有作出清晰的表述以排除家长的在家教育行为。

[11] Homeschooling in the United States: 1999 (Parent Survey) (Washington, DC: National Center for Education Statistics, 2000); Patricia Lines, Homeschooling—Eric Digest 151 (Eugene, OR: Educational Resources Information Center, 2001). 精确的数据很难得到, 有些家长不会告诉调查者自己的孩子在家接受教育。

[12] Blackwelder v. Safnauer, 866 F. 2d 548 (2nd Cir. 1989), 纽约州的法律规定, 实施在家教育必须配备合格的师资, 而且师资水平应该与公立学校的师资水平相当。原告认为, 该项法律存在模糊性, 但法院驳回了这一指控; Mazanec v. N. Judson-San Pierre Sch. Corp., 798 F. 2d 230 (7th Cir. 1986), 在该案中, 法院驳回了针对印第安纳州义务教育法违宪的指控, 法院认为, 在家教育的教育质量应该与公立学校的教育质量实质相当, 但是实施在家教育的父母无权据此获得救助令或金钱救助。Jeffery v. O'Donnell, 702 F. Supp.

516（M. D. Pa. 1988），在该案中，法院认为，法律并未提出标准，以判断什么是合格的师资以及什么是令人满意的课程，因此立法存在模糊性，侵害了父母的正当程序权；Minnesota v. Newstrom, 371 N. W. 2d 525 (Minn. 1985)，在该案中，法院认为，要求在家教育的师资必须达到公立学校师资最低标准的做法违反宪法，存在模糊性。我们可以发现前两个判例与后两个判例完全相反。又见 Duro v. Dist. Attorney, 712 F. 2d 96, 99 (4th Cir. 1983)，对那些选择实施在家教育的父母而言，北卡罗来纳州的义务教育法增加了他们的负担。法院的解释是，之所以要如此规定，是为了验证在家教育的质量，以确保在家接受教育的儿童"能够具备参与现代社会的独立能力或富有智慧地参与当代政治系统的能力"。

[13] 参见 Battles v. Anne Arundel County Bd. of Educ., 95 F. 3d 41 (4th Cir. 1996); Hartfield v. E. Grand Rapids Pub. Schs., 960 F. Supp. 1259 (W. D. Mich. 1997); State v. Skeel, 486 N. W. 2d 43 (Iowa 1992); Care and Protection of Ivan, 717 N. E. 2d 1020 (Mass. App. Ct. 1999)。又见 Pollard v. Goochland County Sch. Bd., No. 3: OOCV563, 2001 U. S. Dist. LEXIS 153363 (E. D. Va. Sept. 27, 2001)，在该案中，法院认为，在在家教育申请尚未被批准之前，父母必须将自己的孩子留在学校里接受教育。又见 Brunelle v. Lynn Pub. Schs., 702 N. E. 2d 1182 (Mass. 1998)，在该案中，法院认为，法定的家庭探视行为并不是批准在家教育的必要条件；In re T. M., 756 A. 2d 793 (Vt. 2000)，教育专员在收到父母要求在家教育的申请后，未能在45天内举行听证会，因此法院推翻了之前发出的、认为该名儿童需要照料和监护的命令。

[14] 参见 People v. Dejonge, 501 N. W. 2d 127 (Mich. 1993)，在该案中，实施在家教育的家庭因为宗教信仰方面的原因拒绝使用持有教师资格证的教师。因此，法院认为，州政府要求教师必须具备教师资格证的要求不能适用于在家教育；Lawrence v. S. C. State Bd. of Educ., 412 S. E. 2d 394 (S. C. 1991)，在该案中，州政府要求，仅具备高中毕业证的在家教育教师必须通过基本能力测试。法院认为，这一规定不合法。又见 North Dakota v. Brewer, 444 N. W. 2d 923 (N. D. 1989)，在该案中，法院认为，州政府可以要求那些没有大学毕业证的在家教育教师在通过考试后才可执教；依据当前的北达科他州法律，高中毕业生也可以成为从事在家教育的教师，只要他们在执教的头两年接受有资格证的教师的监督和指导，N. D. Cent. Code § 15. 1-23-03 (2002)。不同的州对在家教育的师资有不同的要求，参见 Mary Jo Dare, *The Tensions of the Home School Movement: A Legal/Political Analysis* (Ed. D dissertation, Indiana University, 2001)。

[15] 参见 Mary Jo Dare, *The Tensions of the Home School Movement*; C. J. Klicka, *Home Schooling in the United States: A Legal Analysis* (Paeonian Springs, VA: Home School Legal Defense Association, 1996)。

[16] 参见 Murphy v. Arkansas, 852 F. 2d 1039 (8th Cir. 1988)，在该案中，家长提出，《阿肯色州家庭学校法案》（Arkansas Home School Act）将家庭教育区别于私立教育，侵害了家庭的隐私权、信仰自由权以及受平等保护的权利。法院驳回了这一指控，同时认为，州政府可以对在家接受教育的学生进行测验。又见 Dare, *The Tensions of the Home School Movement*。

[17] Null v. Bd. of Educ., 815 F. Supp. 937 (S. D. W. V. 1993).

[18] 参见 Hooks v. Clark County Sch. Dist., 228 F. 3d 1036 (9th Cir. 2000); Forstrom v. Byrne, 775 A. 2d 65 (N. J.

Super. 2001)。

[19] Swanson v. Guthrie Indep. Sch. Dist., 135 F. 3d 694 (10th Cir. 1998).

[20] 最高法院的判决指出，这样的私立协会与州政府的官员紧密联系，它们应该被视为州政府的代理人，其行为也应该受到联邦宪法的控制。Brentwood Acad. v. Tenn. Secondary Sch. Athletic Ass'n, 531 U. S. 288 (2001). 参见第4章第142条注释所对应的正文。

[21] Bradstreet v. Sobol, 650 N. Y. S. 2d 402 (App. Div. 1996).

[22] Gallery v. W. Va. Secondary Sch. Activities Comm., 518 S. E. 2d 368 (W. Va. 1999)，法院认为，该名学生转学到了公立学校，因此具有上诉理由。又见Thomas v. Allegany County Bd. of Educ., 443 A. 2d 622 (Md. Ct. App. 1982)，在该案中，法院认为，学区可以制定政策限制公立学校的学生参与全县高中学生乐队计划。

[23] Wisconsin v. Yoder, 406 U. S. 205 (1972)，参见第2章第13条注释所对应的正文。

[24] 参见 Johnson v. Charles City Cmty. Schs., 368 N. W. 2d 74 (Iowa 1985)，在该案中，法院驳回了浸信会教派学生申请免于义务教育的请求；Johnson v. Prince William County Sch. Bd., 404 S. E. 2d 209 (Va. 1991)，在该案中，学生的父母无法证明他们是基于真正的宗教信仰才申请让孩子免于义务教育的，因此教育委员会拒绝了他们的免除教育请求，法院也对教育委员会的做法予以了支持。

[25] In re McMillan, 226 S. E. 2d 693 (N. C. Ct. App. 1976).

[26] Hatch v. Georke, 502 F. 2d 1189 (10th Cir. 1974)。在该案中，一名学生因拒绝剪短头发、违反校规而被学校开除，但是学校在开除他之前没有给予他听证的权利，因此法院认为学校的做法侵害了该名学生的正当程序权。

[27] 参见 Kampfer v. Gokey, 955 F. Supp. 167 (N. D. N. Y1997)。该州法律规定，如果学生在公立学校中呈现出传染病的症状，他们就应该被送回家；在学校校医对他们的身体状况检查确认无碍的前提下，方可重新回学校读书。法院认为，该部法律合法。

[28] Zucht v. King, 260 U. S. 174 (1922).

[29] 参见 Boone v. Boozman, 217 F. Supp. 2d 938 (E. D. Ark. 2002); Liebowitz v. Dinkins, 575 N. Y. S. 2d 827 (App. Div. 1991)。

[30] 参见 Maricopa County Health Dep't v. Harmon, 750 P. 2d 1364 (Ariz. Ct. App. 1987); Maack v. Sch. Dist., 491 N. W. 2d 341 (Neb. 1992); Lynch v. Clarkstown Cent. Sch. Dist., 590 N. Y. S. 2d 687 (Sup. Ct. 1992); Calandra v. State Coll. Area Sch. Dist., 512 A. 2d 809 (Pa. Commw. Ct. 1986)。

[31] Cude v. Arkansas, 377 S. W. 2d 816, 818-819 (Ark. 1964)。又见 Mannis v. Arkansas ex rel. Dewitt Sch. Dist., 398 S. W. 2d 206 (Ark. 1966)。在该案中，学生的父母坚持拒绝接受州政府规定的预防接种，因此让自己的孩子在公立学校中退学，转而进入教会学校就读。法院认为，父母不能以这种方式逃避法定的预防接种。

[32] 参见 Fla. Dep't of Health v. Curry, 722 So. 2d 874 (Fla. App. 1998); Turner v. Liverpool Cent. Sch. Bd., 186 F. Supp. 2d 187 (N. D. N. Y. 2002)。

[33] 参见 Berg v. Glen Cove City Sch. Dist., 853 F. Supp. 651 (E. D. N. Y. 1994); Sherr v. Northport-E. Northport Union Free Sch. Dist., 672 F. Supp. 81 (E. D. N. Y. 1987)。

[34] Kleid v. Bd. of Educ., 406 F. Supp. 902 (W. D. Ky. 1976).

[35] Farina v. Bd. of Educ., 116 F. Supp. 2d 503 (E. D. N. Y. 2000).

[36] Mason v. Gen. Brown Cent. Sch. Dist., 851 F. 2d 47 (2nd Cir. 1988).

[37] Hanzel v. Arter, 625 F. Supp. 1259 (S. D. Ohio 1985), 在该案中, 原告追加的诉讼请求认为, 预防接种规定侵害了其受宪法保护的隐私权和正当程序权, 法院对这一诉讼请求未予支持。又见 Heard v. Payne, 665 S. W. 2d 865 (Ark. 1984), 在该案中, 法院认为, 脊椎指压师的证明并不能成为当事人免除预防接种的医疗证据。

[38] Brown v. Stone, 378 So. 2d 218 (Miss. 1979).

[39] 参见 Thomas v. Atascadero Unified Sch. Dist., 662 F. Supp. 376 (C. D. Cal. 1987); Dist. 27 Cmty. Sch. Bd. of Educ., 502 N. Y. S. 2d 325 (Sup. Ct. 1986)。

[40] 参见 Doe v. Dolton Elementary Sch. Dist. No. 148, 694 F. Supp. 440 (N. D. Ill. 1988); Parents of Child v. Coker, 676 F. Supp. 1072 (E. D. Okla. 1987); Phipps v. Saddleback Valley Unified Sch. Dist., 251 Cal. Rptr. 720 (Ct. App. 1988)。又见 Martinez v. Sch. Bd., 861 F. 2d 1502, 1506 (11th Cir. 1988), 正在重审, 711 F. Supp. 1066 (M. D. Fla. 1989), 在该案中, 法院认为, 艾滋病病毒可以通过儿童的眼泪、尿液和口水传播这一说法仅存在"极小的假设可能性", 学校不能以此为依据将患艾滋病的学生隔离在独立的隔间内; N. Y. Ass'n for Retarded Children v. Carey, 612 F. 2d 644 (2nd Cir. 1979), 在该案中, 法院认为, 公立学校不能将患 B 型肝炎的学生驱逐出学校, 也不能对他们采取隔离措施。

[41] Curtis v. Sch. Comm., 652 N. E. 2d 580 (Mass. 1995).

[42] Parents United for Better Schs. v. Sch. Dist., 148 F. 3d 260 (3rd Cir. 1998)。又见 Decker v. Carroll Acad., No. 02A01-9709-CV-00242, 1999 Tenn. App. LEXIS 336 (Tenn. Ct. App. May 26, 1999)。又见 Alfonso v. Fernandez, 606 N. Y. S. 2d 259 (App. Div. 1993)。依据宪法, 家长享有抚育自己孩子的权利; 制定法也规定, 学校在向学生提供健康服务前, 必须征得学生家长的同意。因此, 法院认为, 在未经学生家长的同意的情况下, 学区向学生发放避孕套的教育项目违法。

[43] 即使学生是因父母被临时安排到联邦军事基地而临时居住在学区之内的, 他们也会被视为真正的居住地人口。参见 United States v. Onslow County Bd. of Educ., 728 F. 2d 628 (4th Cir. 1984)。

[44] 457 U. S. 202 (1982)。关于依据"平等保护"条款所确立的司法审查标准, 参见第 5 章第 1 条注释所对应的正文以及第 10 章第 1 条注释。

[45] Gregorio T. v. Wilson, 59 F. 3d 1002 (9th Cir. 1995).

[46] 参见 Steven M. v. Gilhool, 700 F. Supp. 261 (E. D. Pa. 1988)。但是, 法院认为, 如果孩子的法定监护人来自另一个州, 则可向他们收取州设施使用费。

[47] 参见 Olivas v. Ariz. Sch. for the Deaf and Blind, 743 F. Supp. 700 (D. Ariz. 1990)。又见 Catlin v. Sobol, 93 F. 3d 1112 (2nd Cir. 1996), 在该案中, 一名儿童自婴儿期开始就居住在一个集体家庭中, 同时还不断得到父母的资助。法院认为, 该名儿童不能因为其家庭所在地位于学区之内就能够享有免费的学校教育; Wise v. Ohio Dep't of Educ., 80 F. 3d 177 (6th Cir. 1996), 在该案中, 法院认为, 如果特殊需要儿童的家长并非俄亥俄州的居民, 却单方面将自己的孩子安置在俄亥俄州内的私人民居中, 则州政府官员可以向该名家长收取特殊教育补偿费。

[48] 参见 Lampkin v. District of Columbia, 886 F. Supp. 56 (D. D. C.

1995); Orozco ex rel. Arroyo v. Sobol, 703 F. Supp. 1113 (S. D. N. Y. 1989). 1987年，国会通过了由斯图尔特·B·麦金尼（Stewart B. Mckinney）提出的《无家可归儿童教育法案》（Education for Homeless Children Act），之后该部法律又被更名为《麦金尼-文托无家可归资助法案》（The McKinney-Vento Homeless Assistance Act），42 U. S. C. §11431 (2002)，为那些无家可归的儿童接受教育提供一些联邦资助，包括为他们提供到学校的交通费。最新批准的则是《不让一个孩子掉队法案》，20 U. S. C. § 6312 (b) (1) (E) (2002)，该部法律加强了对无家可归儿童的保护，并且要求每个州为他们制订详细的计划，包括明确为无家可归儿童提供哪些服务以及如何调整这些服务使之与其他教育服务协调起来，构成一个整体。

[49] 参见 Joshua v. Unified Sch. Dist. 259, No. 98-3248, 2000 U. S. App. LEXIS 8837 (10th Cir. May 2, 2000); Dover Town Sch. V. Simon, 650 A. 2d 514 (Vt. 1994). 又见 Baerst v. State Bd. of Educ., 642 A. 2d 76 (Conn. App. Ct. 1994)，法院认为，即使从物理上而言，该名学生的家有一小部分坐落于另一个学区之中，但是他的家主要坐落于本学区之内，因此该名学生属于学区之内的居民；Massie v. Lexington Local Schs., No. 00-CA-101, 2001 Ohio App. LEXIS 3269 (Ohio Ct. App. July 3, 2001)，在该案中，法院认为，只要学生的家坐落于学区之内，即使其家庭财产分布于两个学区之中，他也属于学区之内的居民。

[50] Martinez v. Bynum, 461 U. S. 321 (1983).

[51] 参见 Joshua, 2000 U. S. App. LEXIS 8837; Hallissey v. Sch. Admin. Dist. No. 77, 755 A. 2d 1068 (Me. 2000); Woodbury Heights Bd. of Educ. v. Starr, 725 A. 2d 1180 (N. J. Super. Ct. App. Div.

1999); Graham v. Mock, 545 S. E. 2d 263 (N. C. Ct. App. 2001).

[52] Daniel v. Morris, 746 F. 2d 271 (5th Cor. 1984). 又见 Clayton v. White Hall Sch. Dist., 875 F. 2d 676 (8th Cir. 1989). 在该案中，阿肯色州一所学区的政策规定，对学区之内持有专业证书的雇员以及行政管理人员的孩子予以照顾，即使他们的孩子未居住在本学区之内也可以在本学区就读，其他学区雇员的孩子则不得享有此优惠。原告认为，该项政策违反了"平等保护"条款。但法院驳回了这一诉讼请求，该项政策与学区招募高质量教师和管理人员的目标存在相关性，因此法院认为该项政策是合理的。

[53] 参见第4章第152条注释。

[54] McMorrow v. Benson, 617 N. W. 2d 247 (Wis. Ct. App. 2000).

[55] 参见 Mullen v. Thompson, 31 Fed. Appx. 77 (3rd Cir. 2002). 在该案中，学生们正在就读的皮兹巴弗公立学校因受到严厉的批评而即将被关闭，学生们因此主张，依据宪法他们具有选择就读学校的权利，但法院驳回了他们的诉讼请求。

[56] 参见 Major v. Nederland Indep. Sch. Dist., 772 F. Supp. 944 (E. D. Tex. 1991); Israel ex rel. Owens v. Bd. of Educ., 601 N. E. 2d 1264 (Ill. App. Ct. 1992); Pat v. Stanwood Sch. Dist., 705 P. 2d 1236 (Wash. Ct. App. 1985).

[57] Horton v. Marshall Pub. Schs., 769 F. 2d 1323 (8th Cir. 1985). 如果学区错误地录取了非居住地的学生，就必须为他们提供教育服务。参见 Cohen v. Wauconda Cmty. Unit Sch. Dist. No. 118, 779 F. Supp. 88 (N. D. Ill. 1991); Burdick v. Indep. Sch. Dist. No. 52, 702 P. 2d 48 (Okla. 1985).

[58] P. B. K. v. Bd. of Educ., 778 A. 2d 1124 (N. J. Super. App. Div. 2001). 又见 J. A. v. Bd. of Educ., 723 A. 2d 1270

(N. J. Super. Ct. App. Div. 1999)。在该案中，法院认为，有充分的证据表明，该名学生有权利在其姑妈居住地的学区接受免费的公立教育。

[59] 参见 Ramsdell v. N. River Sch. Dist. No. 200, 704 P. 2d 606 (Wash. 1985)。在该案中，一名学生的家长认为，学区的教育不够充分，因此要求转学，但遭到学区的拒绝。法院认为，学区的这种做法并没有侵害该名学生依据州宪法所享有的"充分的受教育权"。

[60] 20 U. S. C. § 6316(b) (2002).

[61] 参见 Kadrmas v. Dickinson Pub. Schs., 487 U. S. 450 (1988); Salazar v. Eastin, 890 P. 2d 43 (Cal. 1995); Arcadia Unified Sch. Dist. v. State Dep't of Educ., 825 P. 2d 438 (Cal. 1992)。

[62] 参见 Fenster v. Schneider, 636 F. 2d 765 (D. C. Cir. 1980)。

[63] 参见 Shaffer v. Bd. of Sch. Dirs., 730 F. 2d 910 (3rd Cir. 1984)。

[64] 参见 Sch. Dist. v. Hutchinson, 508 N. W. 2d 832 (Neb. 1993); State *ex rel.* Rosenberg v. Grand Coulee Dam Sch. Dist. No. 301, 536 P. 2d 614 (Wash. 1975)。

[65] 参见 Crim v. McWhorter, 252 S. E. 2d 421 (Ga. 1979)。

[66] *Kadrmas*, 487 U. S. 450。在该案中，法院进一步指出，如果没有证据表明这部法律是滥用职权且不合情理的，则改建学校与非改建学校在法律上的区别并不意味着对"平等保护"条款的侵害。依据这部法律，学区在对那些因经济能力不足而无法支付学校费用的家庭减免相关费用时，需保持谨慎态度；学区也不能因学生未支付相关学校费用而影响他们在获得奖学金和合理成绩等方面的权利。

[67] Johnson v. N. Y. State Educ. Dep't, 449 F. 2d 871 (2nd Cir. 1971), 撤销原判，发回重审，409 U. S. 75 (1972) (由法庭共同议决)。

[68] Paulson v. Minidoka County Sch. Dist. No. 331, 463 P. 2d 935 (Idaho 1970); Bond v. Ann Arbor Sch. Dist., 178 N. W. 2d 484 (Mich. 1970); Cardiff v. Bismarck Pub. Sch. Dist., 263 N. W. 2d 105 (N. D. 1978); Randolph County Bd. of Educ. v. Adams, 467 S. E. 2d 150 (W. Va. 1995)。

[69] Carpio v. Tucson High Sch. Dist. No. 1, 524 P. 2d 948 (Ariz. 1974); Marshall v. Sch. Dist. RE No. 3, 553 P. 2d 784 (Colo. 1976); Hamer v. Bd. of Educ., 265 N. E. 2d 616 (Ill. 1970); Chandler v. S. Bend Cmty. Sch. Corp., 312 N. E. 2d 915 (Ind. Ct. App. 1974)。

[70] Carder v. Mich. City Sch. Corp., 552 F. Supp. 869 (N. D. Ind. 1982)。

[71] Canton v. Spokane Sch. Dist. No. 81, 498 F. 2d 840 (9th Cir. 1974)。又见 Ass'n for Def. v. Kiger, 537 N. E. 2d 1292 (Ohio 1989)。在该案中，州法规定，如果学生未能支付与课程相关的资料费，学区可以扣除该学生的成绩或学分；但是，如果向学生收取的费用将用于支付学区行政管理的资料费而非出于教育目的，则不可适用前一条款。法院认为，该部州法合法。

[72] 参见 Vandevender v. Cassell, 208 S. E. 2d 436 (W. Va. 1974)。法院对州宪法予以了解释，它认为，如果学生没有能力购买州政府指定课程所必需的教科书、笔记本以及其他一些学习资料，则学区应该免费向他们提供这些学习资料。又见 Carpio, 524 P. 2d 948，在该案中，法院认为，亚利桑那州一所学区未向一些贫困高中生提供免费教科书的做法并未违反"平等保护"条款或侵害这些学生的正当程序权。

[73] Concerned Parents v. Caruthersville Sch. Dist. No. 18, 548 S. W. 2d 554 (Mo. 1977)。

[74] Granger v. Cascade County Sch. Dist., 499 P. 2d 780, 786 (Mont. 1972); Norton v. Bd. of Educ., 553 P. 2d 1277 (N. M. 1976), 就学区针对驾驶课程向学生收取费用的做法, 法院形成了许多相互矛盾的判决。Cal. Ass'n for Safety Educ. v. Brown, 36 Cal. Rptr. 2d 404 (Ct. App. 1994), 在该案中, 法院认为, 学区针对驾驶课程向学生收取费用的做法违反了州宪法有关免费教育的条款。Kristin Nat'l v. Bd. of Educ., 552 S. E. 2d 475 (Ga. Ct. App. 2001), 在该案中, 法院认为, 学区是在常规教学时间之后才向学生提供驾驶课程, 因此学区可以颁布政策、针对驾驶课程向学生收取费用); Messina v. Sobol, 553 N. Y. S. 2d 529 (App. Div. 1990), 在该案中, 法院认为, 驾驶课程并非高中毕业前必须学习的法定课程, 因此学区针对驾驶课程向学生收取费用的做法是合法的。第一个判例与后两个判例的判决结果完全不同。

[75] Beck v. Bd. of Educ., 344 N. E. 2d 440 (Ill. 1976); State ex rel. Massie v. Bd. of Educ., 669 N. E. 2d 839 (Ohio 1996); Sneed v. Greensboro City Bd. of Educ., 264 S. E. 2d 106 (N. C. 1980). 又见 Ambroiggio v. Bd. of Educ., 427 N. E. 2d 1027 (Ill. App. Ct. 1981). 在该案中, 伊利诺伊州的一所学区规定, 如果学生居住在距离学校七英里的范围之内而未享受学校的校车服务, 并因此在学校餐厅里就餐, 则学校可以向这些学生收取餐厅管理费。法院认为, 学区的该项规定并不违法。

[76] 参见 Sodus Cent. Sch. v. Rhine, 406 N. Y. S. 2d 175 (App. Div. 1978); Sneed, 264 S. E. 2d at 114; Lorenc v. Call, 789 P. 2d 46 (Utah Ct. App. 1990).

[77] 2001 年《不让一个孩子掉队法案》("阅读优先"计划), 20 U. S. C. § 6362 (2002).

[78] 参见 Triplett v. Livingston County Bd. of Educ., 967 S. W. 2d 25 (Ky. Ct. App. 1997). 在该案中, 法院认为, 地方教育委员会可以超越州政府设定的最低毕业要求, 提出更高的毕业要求。

[79] Meyer v. Nebraska, 262 U. S. 390 (1923).

[80] Epperson v. Arkansas, 393 U. S. 97 (1968).

[81] Edwards v. Aguillard, 482 U. S. 578 (1987). 参见第 2 章第 163 条注释所对应的正文。

[82] Herndon v. Chapel Hill-Carrboro City Bd. of Educ., 89 F. 3d 174 (4th Cir. 1996); Immediato v. Rye Neck Sch. Dist., 73 F. 3d 454 (2nd Cir. 1996); Steirer v. Bethlehem Area Sch. Dist., 987 F. 2d 989 (3rd Cir. 1993). 又见 Onondaga-Cortland Madison Bd. of Coop. Educ. Servs. v. McGowan, 285 A. D. 2d 36 (N. Y. App. Div. 2001). 在该案中, 法院认为, 为了获得学分, 学生可以在工作能力训练项目之中从事无报酬的学校建设工作, 这种做法并未违反纽约州的劳动法。

[83] 大多数情况下, 法院并不愿意干涉学校对学生所作的学业表现评价, 参见本章第 120 条注释所对应的正文。

[84] Arundar v. Dekalb County Sch. Dist., 620 F. 2d 493 (5th Cir. 1980).

[85] Fiacco v. Santee, 421 N. Y. S. 2d 431 (App. Div. 1979). 又见 Bennett v. City Sch. Dist., 497 N. Y. S. 2d 72 (App. Div. 1985), 在该案中, 法院认为, 普通学生没有权利进入为天赋学生提供的专门教育项目; 参见第 5 章第 95 条注释所对应的正文。

[86] 参见 Loewen v. Turnipseed, 488 F. Supp. 1138 (N. D. Miss. 1980), 在该案中, 法院认为, 州教科书评定委员会仅仅因为一本历史教科书在处理种族问题时存在争议, 特别是在描述重建时期和民权运

动时期时存在争议，就将这本历史教科书从已批准的教科书名单之中删除出去，法院认为州教科书评定委员会存在非法的种族偏见。又见 Grimes v. Sobol, 832 F. Supp. 704 (S. D. N. Y. 1993)，在该案中，非洲裔美国人协会认为，本市的公立学校课程未能吸纳非洲裔美国人的重要著作，因而以公立学校课程存在偏见为由提起损害赔偿诉讼，但该诉讼请求未能获得法院的支持。

[87] 这些著名的保守主义组织包括美国传统价值观联盟、基督教联盟、教育优异市民协会、美国关爱妇女协会、老鹰论坛以及关注家庭协会。

[88] 参见第 2 章第 142 条注释所对应的正文。

[89] Right to Read Def. Comm. v. Sch. Comm., 454 F. Supp. 703, 713 (D. Mass. 1978)，引自 Keefe v. Geanakos, 418 F. 2d 359, 361-362 (1st Cir. 1969)。又见 Skipworth v. Bd. of Educ., 874 P. 2d 487 (Colo. Ct. App. 1994)，在该案中，法院驳回了家长要求公立学校为学生讲授道德课程的诉讼请求。

[90] Williams v. Bd. of Educ., 530 F. 2d 972 (4th Cir. 1975)。

[91] 参见 Monteiro v. Tempe Union High Sch. Dist., 158 F. 3d 1022 (9th Cir. 1998); Fleischfresser v. Dirs. of Sch. Dist. 200, 15 F. 3d 680 (7th Cir. 1994); Brown v. Woodland Joint Unified Sch. Dist., 27 F. 3d 1373 (9th Cir. 1994); Smith v. Sch. Comm'rs of Mobile County, 827 F. 2d 684 (11th Cir. 1987); Grove v. Mead Sch. Dist., 753 F. 2d 1528 (9th Cir. 1985)；参见第 2 章第 153~170 条注释所对应的正文。

[92] 参见 Altman v. Bedford Cent. Sch. Dist., 245 F. 3d 49 (2nd Cir. 2001)，调卷令被回绝，122 S. Ct. 68 (2001)，在该案中，法院认为，公立学校庆祝"地球日"的活动并不属于宗教仪式；但是法院指出，公立学校要求学生们制作"烦恼娃娃"和印度神形象的做法促进了非传统的信仰，因而违反了"平等保护"条款。又见第 2 章第 171 条注释所对应的正文，那段正文论及本案提出的、其他诉讼请求。

[93] Brown v. Hot, Sexy and Safer Productions, 68 F. 3d 525, 534 (1st Cir. 1995)。又见 Akshar v. Mills, 671 N. Y. S. 2d 856 (App. Div. 1998)。在该案中，教育董事会规定，学生们可以在放学后表演有关艾滋病的节目，并要求家长允许自己的孩子参加这一活动。家长为此向法院起诉，要求州学监为此组织一场正式的听证会，但法院驳回了这一诉讼请求。

[94] Tennison v. Paulus, 144 F. 3d 1285, 1287 (9th Cir. 1998)。

[95] Monteiro, 158 F. 3d 1022。上诉法院认为，学校人员未能对有关种族敌意环境的指控作出反应，违反了 1964 年《民权法案》第六条的规定，因此将该案发回重审。

[96] Bd. of Educ. v. Pico, 457 U. S. 853, 864 (1982)。又见 Bethel Sch. Dist. No. 403 v. Fraser, 478 U. S. 675, 684 (1986)；参见第 4 章第 15 条注释所对应的正文；Zykan v. Warsaw Cmty. Sch. Corp., 631 F. 2d 1300, 1306-1307 (7th Cir. 1980)。

[97] Bicknell v. Vergennes Union High Sch. Bd. of Dirs., 638 F. 2d 438 (2nd Cir. 1980); Presidents Council v. Cmty. Sch. Bd. No. 25, 457 F. 2d 289 (2nd Cir. 1972)。本书第 9 章将讨论到教师的学术自由权。

[98] *Bicknell*, 638 F. 2d at 441.

[99] Zykan, 631 F. 2d at 1303。又见 Cary v. Bd. of Educ., 598 F. 2d 535 (10th Cir. 1979)。

[100] Zykan, 631 F. 2d at 1306。又见 Seyfried v. Walton 668 F. 2d 214 (3rd Cir. 1981)。在该案中，法院认为，高中戏剧俱乐部的表演属于学校项目的一部分，

因此学校可以因为音乐剧中存在显著的性场景而禁止该剧的表演。

[101] Minarcini v. Strongsville City Sch. Dist., 541 F. 2d 577 (6th Cir. 1976).

[102] 参见 Case v. Unified Sch. Dist. No. 233, 908 F. Supp. 864 (D. Kan. 1995), 引自《我脑海中的安妮》(*Annie on My Mind*); Salvail v. Nashua Bd. of Educ., 469 F. Supp. 1269 (D. N. H. 1979), 引自《杂志小姐》(*Ms. magazine*)。

[103] Campbell v. St. Tammany Parish Sch. Bd., 64 F. 3d 184 (5th Cir. 1995).

[104] Pratt v. Indep. Sch. Dist., 670 F. 2d 771, 777 (8th Cir. 1982).

[105] 474 F. Supp. 387 (E. D. N. Y. 1979), 撤销原判, 发回重审, 638 F. 2d 404 (2nd Cir. 1980), 维持原判, 457 U. S. 853 (1982)。

[106] 许多教育委员会成员都收到了一份由保守主义家长组织发出的"令人不悦"的书单, 因此教育委员会不顾学监的反对, 勒令将与此相关的11本书从图书馆中拿了出来。学监要求董事会依据学校政策, 将此问题上交给学校书籍审查委员会, 学校虽然最终任命了书籍审查委员会, 但却轻视审查委员会的审查意见, 仍然将与此相关的9本书从图书馆中拿了出来。

[107] 遵循最高法院在**匹克案**中的判决, 教育委员会通过投票将受争议的书籍重新拿回了图书馆, 因此法院审判的目标也从判断委员会的动机转移到了判断委员会最初的审查标准。

[108] 457 U. S. at 869 (1982)。法院甚至更倾向于保护学生在公立图书馆中阅读各种资料的机会。参见 Sund v. City of Wichita Falls, Tex., 121 F. Supp. 2d 530 (N. D. Tex. 2000)。在该案中, 市政当局规定, 在对城市图书馆提供资助的300名资助人之中, 任何一位资助人如果认为图书馆儿童书籍阅读部中的书籍属于他们反对提供给儿童的书籍, 则有权利从图书馆拿走这些书籍资料。法院认为, 这种限制书籍内容的做法是法律所不允许的, 构成了观点歧视, 属于不合理的政府授权行为。

[109] 484 U. S. 260 (1988)。参见第4章第42条注释所对应的正文。

[110] 参见 Borger v. Bisciglia, 888 F. Supp. 97 (E. D. Wis. 1995)。由于学区的决定出于对合法的教育利益的保护, 在该案中, 法院认为, 学区可以禁止在校内播放R级的电影。

[111] Virgil v. Sch. Bd., 862 F. 2d 1517 (11th Cir. 1989).

[112] McCarthy v. Fletcher, 254 Cal. Rptr. 714 (Ct. App. 1989).

[113] Seyfried v. Walton, 668 F. 2d 214, 219 (3rd Cir. 1981), 大法官罗森对本案持赞同意见。

[114] "More Americans Online," The New York Times (November 19, 2001), p. C7.

[115] 47 U. S. C. § 231 (2002)。任何个人和公司如果故意违反《儿童在线保护法案》在网上发布不良信息, 自不良信息发布之后起, 每一天都将被视为一个独立的违法行为。要对这一指控进行有力的抗辩, 当事人必须证明, 他们已经采取了合理的步骤以限制未成年人接触这些不良信息。

[116] Reno v. ACLU, 521 U. S. 844, 877 (1997)。1996年颁布的《防止儿童接触色情作品法案》(The Child Pornography Prevention Act) 禁止任何人持有或分发实质性的儿童色情作品。2002年, 最高法院在一起案件中指出, 这种广泛的法律禁止规定与未成年人所受到的真实伤害之间并不存在充分的相关, 不少该部法律所禁止的资料还具有文学价值, 因此认为该部法律的部分条款违法。Ashcroft v. Free Speech Coalition, 122 S. Ct. 1389 (2002), *interpreting* 18 U. S. C. § 2252A

(a)（2002）。又见 PSINET v. Chapman, 167 F. Supp. 2d 878（W. D. Va. 2000），在该案中，被指控的一部州法规定，在互联网上散布有害于未成年人信息的当事人将受到刑事处罚。法院认为，该部州法对州际贸易以及成年人接触受保护言论的方式施加了不正当的限制，因而违法；Mainstream Loudon v. Bd. of Trs., 24 F. Supp. 2d 552（E. D. Va. 1998），在该案中，法院认为，图书馆有关网络性骚扰的政策依据以内容为本的出版物分类标准，禁止阅读者阅读特定内容的出版物，这种做法是对言论的不正当事前限制。

[117] ACLU v. Reno, 217 F. 3d 162（3rd Cir. 2000），以维持原判的名义，发回重审。Ashcroft v. ACLU, 122 S. Ct. 1700（2002）。

[118] H. R. 5666 § 1721；20 U. S. C. § 9134（f）（2002）；47 U. S. C. § 254（h）（5）（2002）。

[119] American Library Ass'n v. United States, 201 F. Supp. 2d 401（E. D. Pa. 2002），选择性管辖案件，123 S. Ct. 551（2002）。

[120] Bd. of Curators v. Horowitz, 435 U. S. 78, 89-90（1978）。又见 Regents v. Ewing, 474 U. S. 214（1985）。

[121] 参见 Barrino v. E. Baton Rouge Parish Sch. Bd., 697 So. 2d 27（La. App. Ct. 1997）。

[122] Debra P. v. Turlington, 644 F. 2d 397（5th Cir. 1981）。

[123] Brookehart v. Ill. St. Bd. of Educ., 534 F. Supp. 725, 728（C. D. Ill. 1982）。

[124] 2001年的《不让一个孩子掉队法案》, 20 U. S. C. § 6301 et seq.（2002）。

[125] 高度利益相关的测试项目已经引起了强烈的争议。美国评价协会在2002年发表了一项声明，"将测试作为唯一的或主要的决策依据，会对学生、教师和学校造成严重的负面影响"。*American Evaluation Association Position Statement on High Stakes Testing in Pre-K-12 Education*, Fairhaven, MA（February, 2002）, p. 1（*www. eval. org/hst3htm*）。美国评价协会因此与其他的许多专业组织和支持团体（比如，美国教育研究协会、全国英语教师协会、全国数学教师协会、国际阅读组织、全国社会学研究协会以及全国教育联盟）一起反对采用不恰当的测试来进行高度利益相关的决策。

[126] 参见 Buck v. Lowndes County Sch. Dist., 761 So. 2d 144（Miss. 2000）。在该案中，法院认为，该名教师未遵循测试程序，导致学区的认证标准被降低，因此学区可以不再续签与该名教师的聘任合同。

[127] Debra P. v. Turlington, 644 F. 2d 397, 407（5th Cir. 1981）。

[128] Debra P. v. Turlington, 564 F. Supp. 177（M. D. Fla. 1983），维持原判，730 F. 2d 1405（11th Cir. 1984）。应该说明一点，在该案审理过程之中，第五巡回法院被分成了第五巡回法院和第十一巡回法院。

[129] 参见 Anderson v. Bank, 540 F. Supp. 761（S. D. Ga. 1982）；Bd. of Educ. v. Ambach, 457 N. E. 2d 775（N. Y. 1983）。又见 Rankins v. La. State Bd. of Elementary and Secondary Educ., 637 So. 2d 548（La. Ct. App. 1994），在该案中，法院认为，要求公立学校而非私立学校的学生通过高中毕业考试并不违反"平等保护"条款。

[130] GI Forum v. Tex. Educ. Agency, 87 F. Supp. 2d 667（W. D. Tex. 2000）。

[131] 在 Teaching v. Orleans Parish Sch. Bd., 273 F. 3d 1107（5th Cir. 2001）之前，家长反对学校对学生进行测试，调卷令被回绝，534 U. S. 1162（2002）。在

实践中，一些学区还将通过测试作为学生获得升级的一个条件，其他一些法院对此做法持肯定态度。参见 Bester v. Tuscaloosa City Bd. of Educ., 722 F. 2d 1514 (11th Cir. 1984); Sandlin v. Johnson, 643 F. 2d 1027 (4th Cir. 1981); Erik V. v. Causby, 977 F. Supp. 384 (E. D. N. C. 1997)。

[132] Williams v. Austin Indep. Sch. Dist., 796 F. Supp. 251 (W. D. Tex. 1992).

[133] Crump v. Gilmer Indep. Sch. Dist., 797 F. Supp. 552 (E. D. Tex. 1992).

[134] 参见 Hubbard v. Buffalo Indep. Sch. Dist., 20 F. Supp. 2d 1012 (W. D. Tex. 1998)。

[135] Vandiver v. Hardin County Bd. of Educ., 925 F. 2d 927 (6th Cir 1991).

[136] 参见 Triplett v. Livingston County Bd. of Educ., 967 S. W. 2d 25 (Ky. Ct. App. 1997)。

[137] Rea v. Ohio Dep't of Educ., 692 N. E. 2d 596 (Ohio 1998).

[138] Triplett, 967 S. W. 2d 25. 又见 Gabtilson v. Flynn, 554 N. W. 2d 267 (Iowa 1996)。在该案中，法院认为，依据州法，教育委员会成员具有处理学区事务的义务，因此他们可以审查学校的不对外公开的档案。

[139] 参见 Brookhart v. Ill. State Bd. of Educ., 697 F. 2d 179 (7th Cir. 1983); Anderson v. Banks, 540 F. Supp. 761 (S. D. Ga. 1982); Bd. of Educ. v. Ambach, 457 N. E. 2d 775 (N. Y. 1983)。

[140] Brookhart, 697 F. 2d at 187. 第6章将讨论联邦政府和州政府对残疾儿童的保护。

[141] Rene v. Reed, 751 N. E. 2d 736 (Ind. Ct. App. 2001), 拒绝移送, 774 N. E. 2d 506 (Ind. 2002).

[142] Id. 美国教育部民权办公室也指出，州政府可以禁止残疾学生在毕业考试之中使用阅读装置，即使这些学生的个性化教育项目允许他们使用这些装置也不可以。参见 Alabama Dep't of Educ., 29 IDELR 249 (1998)。

[143] Smiley v. Cal. Dep't of Educ., No. 02-1552, 2002 U. S. App. LEXIS 26516 (9th Cir. Dec. 19, 2002). 在该案中，巡回法院认为，下级法院发出的、有关为残疾学生提供测试便利和替代性评价的禁止令部分无效。

[144] 参见第13章，第13章将论及侵权法之中与疏忽大意相关的诉讼。

[145] 131 Cal. Rptr. 854 (Ct. App. 1976).

[146] Id., at 861.

[147] Hoffman v. Bd. of Educ., 410 N. Y. S. 2d 99 (App. Div. 1978), 驳回上诉请求, 424 N. Y. S. 2d 376 (1979). 又见 Donohue v. Copiague Union Free Schs., 391 N. E. 2d 1352 (N. Y. 1979)。在该案中，一名具有学习障碍的高中毕业生诉称，学区的疏忽大意导致他无法通过工作甄选面试，也无法应对日常生活之中的问题，因此他向法院提出了教育不当诉讼，但法院未受理他的诉讼请求。

[148] Torres v. Little Flower Children's Servs., 485 N. Y. S. 2d 15 (1984). 但是在同一天，在一起医疗不当诉讼中，法院判决受害人有权获得损害赔偿金，即使该医疗不当行为影响的是受害人的教育利益。Snow v. New York, 469 N. Y. S. 2d 959, 964 (App. Div. 1983), 维持原判, 485 N. Y. S2d 987 (1984)。在该案中，受害人就读于一所州立学校，在一次个别诊断中，他被错误地诊断为存在智力缺陷，并被视为智力缺陷者而接受了长达9年的特殊教育，但实际上他只是耳聋；法院认为，耳聋是"一种可辨别的医疗不当状况"，学校并没有对该名学生的学习状况进行再一次

的评估，因此这种疏忽大意并不是与学生教育项目相关的、简单的判断错误，受害人有权获得损害赔偿金。

[149] 参见 Brantley v. District of Columbia, 640 A. 2d 181 (D. C. App. 1994); Vogel v. Maimonides Acad. , 754 A. 2d 824 (Conn. App. Ct. 2000); Brodsky v. Mead Sch. of Human Dev. , No. X05CV 970156788S, 1999 Conn. Super. LEXIS 1459 (Conn. Super. Ct. June 4, 1999); Page v. Klein Tools, 610 N. W. 2d 900 (Mich. 2000); Suriano v. Hyde Park Cent. Sch. Dist. , 611 N. Y. S. 2d 20 (App. Div. 1994); Poe v. Hamilton, 565 N. E. 2d 887 (Ohio Ct. App. 1990)。

[150] Keech v. Berkeley Unified Sch. Dist. , 210 Cal. Rptr. 7 (Ct. App. 1984)。又见 Smith v. Alameda County Soc. Servs. Agency, 153 Cal. Rptr. 712 (Ct. App. 1979)。在该案中，法院驳回了一起由智力障碍者针对学校安置不当所提出的损害赔偿诉讼。

[151] D. S. W. v. Fairbanks N. Star Borough Sch. Dist. , 628 P. 2d 554 (Alaska 1981)。又见 Doe v. Bd. of Educ. , 453 A. 2d 814 (Md. 1982); Johnson v. Clark, 418 N. W. 2d 466 (Mich. Ct. App. 1987)。

[152] Myers v. Medford Lakes Bd. of Educ. , 489 A. 2d 1240 (N. J. Super. Ct. App. Div. 1985)。又见 Camer v. Seattle Sch. Dist. No. 1, 762 P. 2d 356 (Wash. Ct. App. 1988)，在该案中，原告诉称，在学生纪律管理、课程内容安排以及学生评估实践中，学区对州法的规定不够尊重，因此侵害了学生依据州宪法所享有的基础教育权。但是法院认为，该项诉讼请求微不足道，因此未予支持。参见本章第 59 条注释所对应的正文; Bishop v. Ind. Technical Vocational Coll. , 742 F. Supp. 524, 525 (N. D. Ind. 1990)，在该案中，原告诉称，该大学减少学生教育体验活动的规定妨碍了学生依据联邦宪法所享有的追求快乐的权利，但是法院认为，"教育不当属于州法处理的事务，教育不当行为本身并没有剥夺受害学生依据宪法所享有的权利"，该项诉讼请求微不足道，因此对此请求未予支持。

[153] Denver Parents Ass'n v. Denver Bd. of Educ. , 10 P. 3d 662 (Colo. Ct. App. 2000)。又见 Bell v. Bd. of Educ. , 739 A. 2d 321 (Conn. App. Ct. 1999)，法院将本案发回重审，要求下级法院判断学区所采用的课堂教学方法是否是"敏感的课堂教学方法"，是否达到了故意造成学生情绪伤害的最低标准。

[154] Hunter v. Bd. of Educ. , 439 A. 2d 582 (Md. 1982)。又见 Squires v. Sierra Nev. Educ. Found. , 823 P. 2d 256 (Nev. 1991)。在该案中，原告的孩子在一所私立学校中就读了四年，但原告指控该私立学校违反了与其签订的教育合同，对其子女教育不当。法院认为，私立学校所陈述的情况确实与法律事实不符，违反了与原告签订的合同，但是法院驳回了原告有关教育不当的指控。

[155] B. M. v. Montana, 649 P. 2d 425 (Mont. 1982)，该案被发回重审, 698 P. 2d 399 (Mont. 1985)。又见 Savino v. Bd. of Educ. , 506 N. Y. S. 2d 210 (App. Div. 1986)。在该案中，学校人员很清楚如果不正确对待该名学生的精神问题，该精神问题会加重，但学校未采取正当的措施，也未通知该名学生的母亲相关的情况；因此，法院认为，该案的诉讼请求不同于在正当教育学生过程中因不作为所引起的不当教育诉讼，受害学生的家长有权利获得损害赔偿救济。

[156] M. C. v. Cent. Reg'l Sch. Dist. , 81 F. 3d 389 (3rd Cir. 1996)。

[157] 参见 Richard Fossey and Perry A. Zirkel, "Educational Malpractice and Students with Disabilities: 'Special' Cases of Liability?" *Journal of Law & Education*, vol. 23

(1995), pp. 25-45.

[158] 参见 Griswold v. Connecticut, 381 U. S. 479 (1965); 参见第 9 章第 167 条注释所对应的正文。

[159] 参见 Elder v. Anderson, 23 Cal. Rptr. 48 (Ct. App. 1962)。又见第 13 章讨论的关于侵权法的内容。

[160] 20 U. S. C. § 1232g (2002); 34 C. F. R. § 99 et seq. (2002)。

[161] 政府之所以建立家庭政策履行办公室（The Family Policy Compliance Office）就是为了调查违反《家庭教育权与隐私权法案》的违法行为，20 U. S. C. § 1232g (g) (2002)。该办公室通过审查违反《家庭教育权与隐私权法案》的指控以及被指控机构的抗辩，形成书面报告以督促被指控机构按步骤履行《家庭教育权与隐私权法案》的相关要求，34 C. F. R. 99.65 (a) (2), 99.66 (b), 99.66 (c) (1) (2002)。

[162] 参见 Cherry v. LeDeoni, No. 99 CV 6860 (SJ), 2002 U. S. Dist. LEXIS 6701 (E. D. N. Y. April 8, 2002)。

[163] Fay v. S. Colonie Cent. Sch. Dist., 802 F. 2d 21 (2nd Cir. 1986)。

[164] 参见 Bellanger v. Nashua, N. H. Sch. Dist., 856 F. Supp. 40 (D. N. H. 1994)。

[165] 参见 Meury v. Eagle-Union Cmty. Sch. Corp., 714 N. E. 2d 233 (Ind. Ct. App. 1999), 拒绝移送, 735 N. E. 2d 224 (Ind. 2000)。在该案中，学区在寄给家长的一封信中声明，在他们的孩子的档案之中有关纪律问题的注释不会被学区泄露出去，各种各样的大学和学位授予组织所要求看到的学生档案的副本也不会被公开。法院认为，这封告知信并没有包含任何实质性的私密信息，因而学区的做法并不违反《家庭教育权与隐私权法案》或州法。

[166] 536 U. S. 273 (2002)。

[167]《民权法案》(1871), § 1, codified as 42 U. S. C. § 1983 (2002)。

[168] 233 F. 3d 1203 (10th Cir. 2000), 撤销原判，发回重审，534 U. S. 426 (2002), 发回重审，288 F. 3d 1236 (10th Cir. 2002)。在该案中，法院作出了有利于被告学区及学区管理人员的简要判决。

[169] Id., 534 U. S. at 433。虽然学生们可以喊出彼此的分数，但是学区不得以任何方式张贴或传播学生的成绩，使公众得以确定任何学生个体的具体分数情况（比如，以学生名字或英语字母表的顺序来对学生进行排序）。参见勒罗伊·S·罗科（LeRoy S. Rooker），家庭政策履行办公室主任，在 1993 年 7 月 15 日所发表的公开信。

[170] Klipa v. Bd. of Educ., 460 A. 2d 601 (Md. Ct. Spec. App. 1983)。又见 Norris v. Bd. of Educ., 797 F. Supp. 1452 (S. D. Ind. 1992), 在该案中，家长诉称，学校将残疾学生的私密信息提供给地方协调委员会的做法与妥善安置该名学生的家庭需求形成了冲突，违反了《家庭教育权与隐私权法案》。但是法院认为，学校的做法并不违法；Phillips v. Village of Carey, 2000 Ohio 1733 (Ohio Ct. App. 2000), 在该案中，由于学校将之前就读于该校的一名学生的档案提交给了警务部门，导致该名学生因伪造学术记录而被现在就读的学校开除。针对该名学生的指控，法院认为，学校提交档案的做法并不违法。

[171] 参见 Bowie v. Evanston Cmty. Consol. Dist. 65, 538 N. E. 2d 557 (Ill. 1989); Human Rights Auth. v. Miller, 464 N. E. 2d 833 (Ill. App. Ct. 1984); Kryston v. Bd. of Educ., 430 N. Y. S. 2d 688 (App. Div. 1980)。

[172] Laplante v. Stewart, 470 So. 2d 2d 1018 (La. Ct. App. 1985)。又见 W. Servs. Sargent Sch. Dist. No. RE-33J, 751 P. 2d 56 (Colo. 1988), 在该案中，法院认

为，依据州的档案公开法，学生在学校里的档案并不需要对外公开。

[173] Jensen v. Reeves, 3 Fed. Appx. 905 (10th Cir. 2001). 又见 Cudjoe v. Edmond Pub. Schs., 297 F. 3d 1058 (10th Cir. 2002), 在该案中，法院认为，由于学校处于复杂共管的局面下，因此一名教师在居民会议上针对一名学生所作的评论并没有侵害该名学生依据联邦宪法或《家庭教育权与隐私权法案》所享有的隐私权; Lewin v. Cooke, 28 Fed. Appx. 186 (4th Cir. 2002), 在该案中，法院认为，依据《家庭教育权与隐私权法案》，考试答案并不属于教育记录，因此学校不得以此为理由拒绝符合条件的学生获得考试答案。

[174] Appelberg v. Devilbiss, No. 00-0202 BH-C, 2001 U. S. Dist. LEXIS 1456 (S. D. Ala. Jan. 30, 2001).

[175] Warner v. St. Bernard Parish Sch. Bd., 99 F. Supp. 2d 748 (E. D. La. 2000).

[176] Parents Against Abuse in Schs. v. Williamsport Area Sch. Dist., 594 A. 2d 796 (Pa. Commonw. Ct. 1991).

[177] 参见 Moore v. Hyche, 761 F. Supp. 112 (N. D. Ala. 1991); Price v. Young, 580 F. Supp. 1 (E. D. Ark. 1983); Becky v. Butte-Silver Bow Sch. Dist. 1, 906 P. 2d 193 (Mont. 1995).

[178] 参见 Tarka v. Cunningham, 917 F. 2d 890 (5th Cir. 1990).

[179] Lewin v. Cooke, 28 Fed. Appx. 186 (4th Cir. 2002).

[180] 要了解完整的搜索目录，请参见 34 C. F. R. § 99. 3 (b) (2002).

[181] Codell v. D. F., No. 1998-CA-002895-MR, 2001 Ky. App. LEXIS 71 (Ky. Ct. App. June 22, 2001), 同意重审, 2002 Ky. LEXIS 205 (Ky. Oct. 9, 2002).

[182] 参见 Doe v. Woodford County Bd. of Educ., 213 F. 3d 921 (6th Cir. 2000), 在该案中，法院认为，学校可以向球队教练泄露该名学生是血友病患者且携带有 B 型肝炎病毒的信息; 34 C. F. R. § 99. 36 (2002).

[183] 20 U. S. C. § 1415 (b) (1) (2002).

[184] Wall v. Fairfax County Sch. Bd., 475 S. E. 2d 803 (Va. 1996). 又见 Lett v. Klein Indep. Sch. Dist., 917 S. W. 2d 455 (Tex. Ct. App. 1996). 在该案中，法院认为，《得克萨斯州档案公开法案》并没有规定所有的学生档案均不可公开，一名学生对其在音乐课上所获得的操行分提起了诉讼，因此相关的分数记录就是可公开的。

[185] Burlington Free Press v. Univ. of Vt., 779 A. 2d 60 (Vt. 2001).

[186] Achman v. Chisago Lakes Indep. Sch. Dist. No. 2144, 45 F. Supp. 2d 664 (D. Minn. 1999).

[187] Commonwealth v. Buccella, 751 N. E. 2d 373 (Mass. 2001), 调卷令被回绝, 122 S. Ct. 810 (2002).

[188] 参见 Hardin County Schs. v. Foster, 40 S. W. 3d 865 (Ky. 2001).

[189] United States v. Miami Univ., 294 F. 3d 797 (6th Cir. 2002).

[190] Rios v. Read, 480 F. Supp. 14 (E. D. N. Y. 1978). 又见 Zaal v. Maryland, 602 A. 2d 1247 (Md. 1992).

[191] Bd. of Educ. v. Butcher, 402 N. Y. S. 2d 626 (App. Div. 1978). 又见 People v. Owens, 727 N. Y. S. 2d 266 (Sup. Ct. 2001). 在该案中，法院认为，如果在诉讼程序中，教育机构向法院交出部分的档案记录，则这种档案公开行为并不违反《家庭教育权与隐私权法案》。

[192] Einhorn v. Maus, 300 F. Supp. 1169 (E. D. Pa. 1969).

[193] 42 U. S. C. § 201 et seq. (2002); 45 C. F. R. 46. 101 et esq. (2002).

[194] 20 U. S. C. § 1232h (2002);

34 C. F. R. §§ 75.740, 76.740, and 98.4 (2002).

[195] 参见格拉斯利和蒂亚尔特的保护学生权利修正案（Grassley and Tiahrt Protection of Pupil Rights Amendments），20 U. S. C. § 1232h (2002)。在最新的修正案中，所列出的敏感调查领域包括：政治倾向调查；对学生及其家庭精神或心理问题的调查；性行为及其态度调查；对非法行为、反社会行为、自虐行为和损抑行为的调查；对具有紧密家庭关系的个体所进行的严格评价；对法律确认的私人关系的调查；对学生及其家长的宗教行为、参加宗教组织情况或所持宗教信仰所进行的调查；对学生家庭收入所进行的调查（经济资助项目所要求的、符合条件的家庭收入调查不在此列）。依据该修正案，在每一个新学年之初，学校均需告知家长他们依据修正案所享有的合法权利。

[196] Newkirk v. E. Lansing Pub. Schs., No. 91-00563 (W. D. Mich. 1993)，维持原判备忘录，57 F. 3d 1070 (6th Cir. 1995)。

哈奇修正案自 1984 年生效以来，之前的一些模糊性条款越来越容易引发争议，保守主义的家长组织就此向专业教育机构提起了大量的诉讼。参见 Hatch Amendment Coalition and American Educational Research Association, *The Hatch Amendment Regulations: A Guidelines Document* (Washington, DC: AERA, 1985)。

[197] Triplett v. Livingston County Bd. of Educ., 967 S. W. 2d 25 (Ky. Ct. App. 1997).

[198] C. N. v. Ridgewood Bd. of Educ., 146 F. Supp. 2d 528 (D. N. J. 2001)，第三巡回法院对该案部分上诉请求予以支持，部分上诉请求予以驳回，并将该案发回原法院重审，281 F. 3d 219 (3rd Cir. 2001)。

[199] 著名的义务教育免除案例是：在阿米希派儿童成功完成八年义务教育之后，法院免除了他们继续接受教育的义务。参见 Wisconsin v. Yoder, 406 U. S. 205 (1972)；参见第 2 章第 13 条注释所对应的正文。

第4章
学生在非学业事务之上的权利

一方面,学生在学校中拥有一定的个人自由,他们总是不断地挑战这种个人权利的极限;而另一方面,教育者又始终致力于维护恰当的教育环境,因此两者之间的冲突会经常发生。如果双方的争议不能就地解决,所涉及的法律争议便会提交给法院来解决。举例来说,何种形式的学生言论可以获得宪法的保护呢?在什么情况下,由学生发起的社团能够在公立学校之中举行集会?学校可以对学生的仪表作出何种限制?如果学生要求参加与学校相关的活动,学校可以对其提出何种附加条件?本章致力于讨论上述问题以及其他涉及学生可选择的、与教学无关的权利,并集中探讨受第一修正案所保护的言论自由权、出版自由权及与此密切相关的集会自由权。

言论及出版自由

依据第十四修正案的规定,第一修正案可以适用于州政府,它限制政府侵犯公民的言论自由权。如果政府,包括公立学的学校委员会,要限制公民的言论自由权,就必须具有令人信服的正当理由。同样,如果政府非法要求公民发表某种言论,比如强制学生参加在公立学校之中举行的对国旗致敬的仪式,公民有权在仪式之中保持沉默,这种权利也受第一修正案的保护。[1]简而言之,第一修正案所保护的裁决与"说什么"和"不说什么"有关;"从宪法意义上来看,被迫发言或被迫保持沉默是没有差别的"[2]。

在美国,言论自由权也许是受法律保护的最基本的个体自由权[3],人们还经常通过它来保护那些不受欢迎的观点。举例来说,公民发表言论的权利受第一修正案的保护,联邦最高法院就利用第一修正案来保护政治抗议者焚烧美国国旗的权利[4]以及"三K党"在公共财产之上竖十字架的权利[5]。在2002年的一起案件中,第九巡回法院评述道:

> 不论基于何种原因,也不论站在我们面前的是一位惹麻烦的学生、一位倡导生命权的活动家、一位愤怒的环境保护主义者、一位对塔利班表示同情的人,还是其他任何一位不赞同一个或多个我们国家的官员或政策的个人,法院都应该对任何限制第一修正案的权利的行为予以详细严格的检查。[6]

尽管在传统上,公立学校的管理者几乎可以因任何一种原因而对学生的言论自由权予以控制,但自从20世纪中期以来,联邦最高法院就已经认识到,学生的宪法权利不能因他们在公立学校之中就读而受到损害，而且公立学校正是灌输学生尊重这些宪法权利的恰当的地方。最高法院指出，"如果我们不想将自由思想扼杀在摇篮里，不想大打折扣地将一些重要原则教授给年轻人，不想使他们误解我们政府的重要原则不过是老生常谈的话"，我们在学校里就必须"小心谨慎地保护"第一修正案。[7]最高法院还进一步指出，就学校的功能而言，学校相当于"一个思想的自由市场"；在学校之中，促进"思想的健康交流"受"第一修正案的特别关注"[8]。

然而，最高法院也表明，"学生在公立学校之中所享有的宪法权利不能自动扩展到与其他环境之下成人所享有的宪法权利相同的范围"，考虑到教育环境的特殊性，公立学校可以制定恰当的政策以控制学生的这种宪法权利。[9]自从2001年9月11日恐怖主义袭击美国之后，在全美范围之内，爱国主义的浪潮汹涌澎湃，相当敏感的宪法争议也由此而被提起。许多学区重新要求学生每天对美国国旗发表效忠宣誓，有的学校还在校内悬挂"上帝保佑美国"或"我们受上帝庇佑"的旗帜。[10]这些活动对学生行使自己受第一修正案保护的权利施加了新的限制，基于第一修正案，学生们可以拒绝参加爱国仪式，可以批评政府的政策，或者可以针对公立学校中的爱国主义展览提出教会与国家的关系问题。

不受保护的行为和言论

在适用第一修正案的标准以前，首先要解决的问题是：就根本而言，引起争议的行为是否构成所谓的"言论"？只有那些意图进行思想交流且有可能被潜在的听众所理解的行为才能被认为是受第一修正案所保护的言论。[11]即使特定行为有资格构成言论，它也不必然受到宪法的保护；法院已经认识到，诽谤性、猥亵性和煽动性的交流不在第一修正案保护的范围之内。而且，在公立学校场所中，淫秽的或粗俗的言论也不受法律的保护。

诽谤言论

诽谤包括口头诽谤和书面诽谤，它是一种使某人在公众面前遭受羞辱或嘲弄并将这种羞辱或嘲弄传播给其他人的错误声明。法院认为，如果学生在校内分发包含诽谤内容的出版物，学校可以制止学生的这种行为并对负有责任的相关学生予以处罚；不过，学校的纪律规章不能具有模糊性或给予学校管理者完全的自由裁量权，以使学校管理者有权利审查那些他们认为存在潜在诽谤内容的材料。

不同于诽谤言论，对公共人物的行为进行的公正评论受宪法的保护。如果有证据证明，评论是错误的，且发表此言论的人存在严重的疏忽大意或抱有真实的恶意，那么这种对公共人物所进行的评论才能被称为诽谤。[12]正如第13章将要讨论的那样，学区教育委员会的成员以及学监通常会被认为是易受诽谤的公共人物，但教师、校长和教练是否要承担这种遭受非恶意诽谤的风险呢？对此问题，法院发表了多种相互矛盾的意见。[13]

猥亵、淫秽或粗俗的言论

法院认为，个人如果发表或出版淫秽言论，就无权主张自身享有受第一修正案所保护的权利，但是学校管理者并不需要证明，校方之所以抑制学生的言论自由是因为学生的言论已经达到淫秽的程度。[14]在1986年的一起重要案件**贝瑟尔第403学区诉弗雷泽案**（Bethel School District No. 403 v. Fraser）中，联邦最高法院认为，学校管理者在审查淫秽、粗俗和不体面的学生言论时，享有相当大的自由裁量权。最高法院推翻了下级法院对此案所作的判决，法院认为，那些被提名发言的学生，如果在正式的学生集会中公然使用"性隐喻"，则校方有权利对他们施加纪律处分以示惩戒。[15]法院多数意见认为，不论对学生、还是对教师而言，这种"性隐喻"都是一种无礼的行为，学校享有合法的权益可以保护处于被动地位的学生听众免于遭受淫秽、粗俗和不体面的言论的侵害，由此可以对发表此言论的学生予以纪律处分。法院反复强调，如果成年人发表某种言论受第一修正案保护，并不必然意味着儿童发表类似言论也能获得第一修正案的保护。法院认为，在公立学校环境下，应该考虑未成年学生的敏感性。法院多数意见认识到，公立学校的一个重要目标是向学生灌输基本的文明价值观，因此学区教育委员会有权利判断什么言论在班级或学生集会之中是恰当的。[16]在该案中，被处分的学生主张，他没有办法知道自己发表的言论是否会使其遭受纪律处分，但该主张被法院驳回。法院多数意见指出，学校规章禁止学生发表淫秽和破坏性的言论，而且教师还曾告诫该名学生其计划发表的言论是不恰当的，这些证据表明学校已经对此言论可能导致的后果向学生进行了充分的警告。[17]

在一起案件中，一名学生因为在学校午餐时间向同班同学展示美国南北战争时期南部邦联的国旗而被学校管理者处分，他为此向法院提起了诉讼。第十一巡回法院指出，**弗雷泽案**的判例改变了公立学校学生所享有的言论自由权，因此未受理上述学生的诉讼请求。[18]由于该名学生展示这一具有种族主义象征的旗帜，学校对其处以停学处分并建议开除。上诉法院通过使用**弗雷泽案**所确立的有弹性的合理性标准（flexible reasonableness test），认为该名学生展示南部邦联国旗的行为妨害了学校培养学生形成文明行为的目标，因而认为学校对该名学生所作出的纪律处分并不侵犯该名学生受宪法保护的权利。

在最近的另一起案件中，一名学生在学校办公室内、在学校秘书听力所及的范围之内，说出了"shit"一词，而被学校处以纪律处分。南达科他州联邦地区法院也对校方的做法予以了支持。[19]由于学校的"零容忍"政策禁止学生在学校之内说出猥亵性的或不恰当的言辞，该名学生被处以校内停学处分并因为缺课而被扣除了一定的学分。法院认识到，学校要促使学生形成良好的礼仪习惯并促使他们遵守学校的规章，因而这些学校规章具有合法的教育目的，具有正当性。

煽动性言论

法院也支持公立学校颁布禁止学生使用煽动性言论的规章。法院将直接破坏和平的煽动性、威胁性或鼓动性言论（例如，挑衅性言辞）[20]与"仅仅说明一种思想或想法的学说"进行了区分，这为学生进行平静且合理的争论留下了空间。[21]尽管在学校之中，学生的煽动性言论不受宪法的保护，但是如果学生在校外发表类似的言论是否也要遭受学校相应的处分呢？对此问题，法院的意见并不一致。[22]

越来越多的有关第一修正案的法律诉讼涉及学生对同班同学或学校人员进行威胁。举例来说，在一起案件中，一名学生因为威胁一名教师而被处以停学处分，尽管存在相互矛盾的证言，不能真正了解学生究竟说了些什么，但第九巡回法院仍然对校方的处分决定予以了支持。[23]上诉法院强调，身体暴力性威胁不受第一修正案的保护。

在判断学生是否从事了某种真正的威胁时，法院可以考虑以下一些因素：被威

胁者及其他听众的反应;所谓威胁的制造者在过去是否曾经对受害者讲过类似的话;威胁言论是否限定于受害者并直接交流给受害者;受害者是否有理由相信,威胁者会从事暴力行为?[24] 举例来说,在一起案件中,阿肯色州高等法院认为,一名学生所唱的说唱歌曲并不属于挑衅性言论,但因为该歌曲所包含的信息对某位同学构成毋庸置疑的威胁,而且那位学生听到这首歌之后,认为该歌曲对自己是一种明确的威胁,所以法院认为唱歌的学生的行为是一种真实的威胁。[25] 在另一起案件中,一名学生写了一封信,威胁要强奸和谋杀他的前任女友,学校对该名学生处以了开除处分。下级法院作出了有利于被处分学生的判决,但第八巡回法院认为被处分学生的行为是一种真实的威胁,因而推翻了下级法院的判决并对校方的处分予以了支持。法院相信,在该案中,该名学生让他的一位朋友看到了这封信,并确信他的朋友会将这封信的内容告诉他的前任女友,因而写信的学生是蓄意传播这种威胁。[26]

即使学生所发表的言论不构成真实的威胁或挑衅性言论,也可以被认为具有煽动性,因而不受法律的保护。在另一起案件中,一名学生写了一首诗,诗里说某个人在两年前谋杀了好几个人,并因为害怕再谋杀其他人而决定自杀。第九巡回法院的一个审判团认为,学校可以对该学生处以紧急开除处分,并给予该学生听证的机会。[27] 在该案中,人们并不认为这首诗是一种真实的威胁,也不认为其包含挑衅性言辞。同时,对巡回法院拒绝由全体法官对该案进行重审的做法,巡回法院的一名法官提出了异议。他认为,原审法官创造了一种新的第一修正案原则,依据此原则,"如果学生的言论引起人们的忧虑,担心这些言论会对学生自己或其他人构成危险,即使这种言论不是一种威胁性、破坏性、诽谤性、色情性或其他任何一类之前被确认为是不受宪法保护的言论,学校管理者也仍然可以处分这些学生"[28]。

同样,在一起案件中,一名学生在其创造性写作的作业中描述道,某位因为从事影响课堂秩序的行为而被教师赶出教室的学生(与写作业的学生曾经历的情况一样)在第二天重新回到教室时,砍掉了他的老师的头。威斯康星州高等法院认为,学校管理者有充分的理由对该名学生处以停学处分。[29] 但法院认为,这并不是一种真实的威胁,因而也不能因扰乱秩序罪而对该名学生提起公诉。与此相似,在另一起案件中,一名学生声言,如果教师不给他一个拥抱,他就会"在校园里开枪"。下级法院认为,该名学生的行为构成扰乱秩序罪,但新罕布什尔州高等法院推翻了这一裁定。高等法院认为,没有证据表明,学生的这种言论会对学校秩序构成破坏并构成犯罪。[30] 针对学生发出的所谓威胁言论,法院通常更倾向于支持学校对这些学生予以纪律处分,而不是对这些学生进行刑事检控。[31]

商业性言论

不同于淫秽、猥亵、煽动性或诽谤性言论,商业性言论享有一定程度的宪法保护。不过,具有经济动机的言论不可能像那些致力于传播某种观点的言论一样,获得第一修正案同等程度的保护。[32] 在1989年的一起案件中,联邦最高法院认识到,政府在对商业性言论进行控制时,只要能够达到预期的目的,就可以采取各种各样的方法,并不需要局限于选择控制最少的方式;相反,只要这种控制与政府所预期的目标之间存在合理的关系,就能够获得法院的支持。[33] 在与学校报纸相关的一些案件中,学校管理者拒绝在学校报纸上刊登与教育目标相冲突的广告,这种做法就得到了法院的支持。[34]

法院一般认为,为维护学校的教育功能并保护学生免于遭受商业剥削,公立学校可以颁布校规以禁止在学校之中从事贩卖活动和集资活动。举例来说,在一起案件中,一所公立学校的校规禁止学生在同班同学之中进行集资,有学生因此要求法院对该校规颁发禁止令,但第二巡回法院驳回了学生的这一诉讼请求。[35]在该案中,学生之所以向法院寻求禁止令,是因为他们希望通过在学校之中散发传单来筹集资金,以帮助那些反战示威者在法庭上进行法律辩护。最终,法院拒绝颁发禁止令,并认为法院不可能判定学校的规章过于宽泛。

许多争论集中于学生所享有的、在公立学校之中免受商业性言论打扰的权利,而非学生从事商业活动的权利。举例来说,在全美范围内,许多学区都与"第一频道"① 签署了商业合约;通过该合约,学区内的学生每天收看该频道 10 分钟的新闻节目和 2 分钟的商业广告,作为回报,学校可以获得免费的设备。尽管法院认识到,学区有权利为了补充教学设备而签订具有商业性质的合同[36],但一些法院要求教育委员会允许那些对商业活动不满的学生不观看此节目。[37]越来越多的公司通过向教育委员会提供金钱诱惑以要求在学校公共传播系统之中发布商业广告,以及在学校记分牌上进行广告展示[38],看起来,这种发生在公立学校之中的商业活动注定会引发其他一些法律争议。

代表学校的学生言论

相对于诽谤言论、淫秽言论、粗俗言论和煽动性言论,学生在公立学校之中所公开发表的政治性或意识形态性观点受第一修正案的保护。自从 20 世纪 80 年代后期以来,联邦最高法院一直在强调,应该将学生代表的是学校所发表的言论与仅仅发生在学校之中、学生所发表的具有意识形态观点的私人言论进行区分。学生所发表的私人言论能够获得宪法的实质性保护,但如果学生所发表的言论看起来代表的是学校,学校就可以对这些言论进行控制,以确保这些言论与教育目标相一致。法院对什么言论构成代表学校的言论进行了广义的解释,这就缩小了学生在与第一修正案有关的诉讼之中获得胜诉的范围。

发表言论的论坛类型

在最近的有关"言论自由"条款的法律诉讼之中,要判断政府是否可以对言论进行控制,就必须评价政府为言论活动所创造的论坛类型。联邦最高法院已经认识到,公共论坛(public forum),诸如街道和公园,是传统上进行集会和进行交流的场所,除非具有压倒性的公共利益,否则政府不能根据言论的内容而对发表于这些场所的言论施加控制。[39]与此相反,基于公共目的,在非公共论坛(a nonpublic forum)上(比如在学校中)所发表的言论可以受到限制。为确保言论与预期的政府目的一致,政府可以在非公共场所之中根据言论的内容对言论进行控制,只要相应的控制规章是合理的且不构成观点歧视。

不过,政府可以在公共财产之上设立限制性公共论坛(a limited public forum),如果政府不这么做,政府在公共财产之上设立的所有论坛都会被视为一个具有相应政府职能的非公共论坛。[40]举例来说,在学校放学之后,在学校举行的学

---

① "第一频道"是一家电视台。——译者注

生活动可以被设置为一个限制性学生公共论坛。限制性公共论坛可以限定特定的发言群体（比如，学生等）和/或特定类别的言论（比如，非商业性言论）。除此以外，在限制性公共论坛上发表的言论与传统的公共论坛上发表的言论一样，都受到法律的保护。

什么情况表明公立学校在学校之中设立了限制性学生公共论坛呢？从20世纪70年代开始一直到80年代早期，许多法院都对这一问题作了宽泛的解释。学校主办的报纸通常被认为是一个限制性学生公共论坛；与此相应，法院认为，学校不得禁止学生在这一报纸之上刊登有关诸如越南战争、堕胎以及避孕等争议话题的文章。[41]与那些不代表学校的言论一样，如果学校颁布的政策规定，代表学校的言论在发表之前要接受学校的行政审查，那么学校管理者必须提供正当理由以证明其提前进行审查的合法性。如果学生针对学校事先审查言论的做法提起诉讼，法院将会严格审查学校政策的合法性。

海兹伍德学区案与该案的产物

1988年，联邦最高法院在**海兹伍德学区诉库尔迈耶案**中作出了一个重要的判决。法院认为，只要基于合法的教育理由，学校管理者可以审查学生在学校出版物和其他学校相关活动之中所发表的言论。[42]**海兹伍德学区案**争议的问题在于，一名高中校长因为担心学校报纸中有关离婚和青少年怀孕内容的文章可能会泄露相关当事人的真实身份，所以从该报纸中删除了这部分的两页文章。法院判决，校长的行为是建立在合法的教育理由之上的。有学生主张，学校报纸是公共的学生论坛，但该主张被法院驳回。法院宣布，只有在学校管理者以清楚的意图表明该学校活动是一个公共的学生论坛时，该学校活动才是公共的学生言论场所。[43]法院对学生私人言论和代表学校的学生言论进行了区分，它认为，在一定情况下，基于宪法的要求，公立学校必须对学生的私人言论予以容忍；同时，公立学校可以审查并改动那些代表学校所发表的学生言论。法院认识到，学校可以对看起来代表学校的言论予以审查，为确保学生在学校出版物和所有受学校资助的活动（包括课外活动）之中发表的言论都与学校的教育目标相一致，学校管理者对这些学生言论拥有广泛的自由裁量权。[44]法院重申了两年前在**弗雷泽案**中表达的意见，教育委员会有权利自行判断什么言论与教育目标相一致。[45]

在1989年的一起案件中，一个学区认为，一名学生不具有竞选学生会主席的资格，因为该生在学校认可的集会上发表的竞选宣言不够礼貌。依据**海兹伍德学区案**的判决，第六巡回法院指出，培养学生养成礼貌的行为举止是一个合法的教育理由，因此法院对学校的做法予以支持。法院强调："限制学生的校外言论是违宪的，但这并不意味着限制学生的校内言论也是违宪的。"[46]法院还认为，在判断特定的言论是否不礼貌时，"最好将这种判断权留给由当地居民选举的教育委员会，而非遥远的、具有永久任职资格的法官们"。[47]

作为对**海兹伍德学区案**所确立原则的一种回应，在一起案件中，第九巡回法院也驳回了家长计划联合会的一项诉讼请求。在该案中，学区拒绝家长计划联合会在学校报纸、学生年鉴、学校体育运动会等活动中刊登广告，因此该家长计划联合会认为学区的做法侵害其言论自由权。法院认为，学区可以拒绝刊登那些与其教育使命不一致或干扰其"正常教育功能"的广告。[48]与此相似，在另一起案件中，一位高中校长认为，在学校之中使用"约翰尼先生"的象征物是对黑人学生的一种冒犯,因此校长决定在学校之中禁止使用这种象征物。第四巡回法院对校长的做法予以了支持,并认为学校管理者在此类事件上享有广泛的自由裁量权。[49]法院认为,当受争议的言论与学校的教育目标发生冲突时,学校可以采取措施剪断自己与受争议言论的联系。

在1998年的一起案件中,一名女生因公然反抗学校人员并在学校四周的墙壁上不断重复张贴一封信而被学区处以停学处分,并最终被学区开除。第八巡回法院判决,该名女生受第一修正案所保护的权利并未受到学区的侵害。[50]该名女生所张贴的那封信来自于其同班同学的家长,因为该名女生为互联网上的一份出版物撰写的一篇有关"青蛙"的文章使用了有关其同班同学的信息,所以该家长要求该名女生不要在这篇文章中使用这些信息。有证据表明,由于担心该名女生会张贴这封信,该同班同学及其兄弟一直忧心忡忡,感觉受到了骚扰,他们的学业也因此受到了严重的影响。该名女生认为,学校的展示板是限制性学生公共论坛,但该诉讼主张被上诉法院驳回。

在随后一年的另一起案件中,一名学生会竞选者因向那些佩戴其竞选口号标签的学生发放避孕套,而被学校校长取消了竞选资格。依据**海兹伍德学区案**的判决,第八巡回法院再次对校长的决定予以了支持。[51]法院指出,**海兹伍德学区案**的判决给予了学校管理者相当大的自由裁量权,他们可以在受学校资助的活动之中控制学生的言论;法院认为,如果学校要求,学生在学校之中散发材料之前必须获得学校的行政批准,则这种要求就能够得到法院的支持。同样,在密苏里州的一起案件中,由于担心乐队所演唱的一首歌曲可能被解释为倡导吸食毒品,学校管理者禁止了该乐队演唱这首歌曲。对学校的这一做法,密苏里州联邦地区法院也予以了支持。[52]法院认为,乐队的表演是受学校资助的言论,因而学校对此享有相当宽泛的控制权。

尽管公立学校的管理者在批准学生言论的过程中可以审查学生的言论并享有广泛的自由裁量权,但这种权力也要受到一定限制。即使是在非公共论坛之中,如果学校的行为构成明显的观点歧视,就违反了第一修正案。[53]举例来说,在一起案件中,第九巡回法院认为,学区的行为侵害了学生受第一修正案所保护的权利。在此案中,学区一方面允许征兵组织在学校报纸上刊登广告,另一方面却拒绝反征兵组织在学校报纸上刊登广告,而且学区不能为其行为提供压倒性的正当理由。[54]与此相似,在另一起案件中,学区不允许和平运动团体参加公立学校的职业日活动,也不允许在学校布告牌上和在学校辅导员办公室内展示该团体的文字材料;相反,学区却允许征兵组织进行上述活动。第八巡回法院认为,学区必须为其具有歧视观点的行为提供正当理由。[55]法院认为,学区教育委员会没有具有说服力的理由不对特定观点进行审查。

即使不涉及观点歧视,如果学校要对非公共论坛之中的学生言论进行审查也必须建立在合法的教育理由基础之上。在一起案件中,新泽西州最高法院认为,即使初中学校的报纸不属于公共论坛,学区不允许一名学生在报纸之上对R级电影进行评论的做法也违反了第一修正案。[56]法院指出,学生在班上可以对R级电影进行讨论,也可以在学校图书馆中看到这些电影,因此学区管理者对该名学生的电影评论文章进行审查的做法缺乏合法的教育理由。

受法律保护的私人言论

如果学生的言论既不属于那几类不受法律保护的言论，也不需要获得学校的批准，则该言论属于受法律保护的私人言论，对这种言论的判决受联邦最高法院在1969年审理的标志性案件——**廷克诉德斯莫伊内斯独立学区案**（Tinker v. Des Moines Independent School District）的影响。在**廷克案**中，三名学生因反对美国政府发起越南战争而在学校里佩戴臂章，他们因此行为而被学校处以停学处分。学校管理者并非有意禁止学生佩戴所有的象征性物品，相反，学校管理者只是禁止学生佩戴代表特定观点的象征性物品。在该案中，最高法院认为，学生的这种言论并未给学校秩序带来混乱或造成破坏，但学校管理者却因学生发表这种言论而对其进行处罚，因此法院判决，"一致的担心或忧虑，并不足以凌驾于言论自由权之上"[57]。而且，法院宣布，"学校管理者针对一种不受欢迎的观点总会产生一种愿望，希望通过控制学生的言论以避免不安和不愉快的状况发生，但是学校管理者不能仅仅依据这种愿望来控制学生的言论"，这并不能证明校方压制学生言论自由的行为具有正当性。[58]法院强调："根据宪法的规定，不论是在校内，还是在校外，学生都是'人'。他们享有基本的权利，这种权利必须得到州的尊重。"[59]

在**廷克案**中，与联邦上诉法院在先前的一个判决中所表达的观点相似，联邦最高法院认为：不论是在教室、自助餐厅、运动场或其他场所，学生都可以就有争议的话题表达个人观点，只要这种言论并没有"对学校维持正常的学校纪律造成根本的或实质的侵害"或与其他人的权利造成冲突。[60]联邦最高法院强调，教育者有权利也有义务维护学校的纪律，但他们在对学生进行控制之时必须考虑到学生所享有的宪法权利。

由于学校管理者可以基于教育原因而对受学校资助的学生的言论进行审查[61]，目前**廷克案**的标准仅仅适用于那些并非代表学校所发表的且受法律保护的言论。具有讽刺意味的是，自**海兹伍德学区案**之后，发表在校园里的秘密学生报纸上的言论，与发表在学校认可的出版物上的学生言论相比，更能得到宪法的保护。前一种言论被认为是一种私人言论，适用**廷克案**的标准；相反，依据**海兹伍德学区案**的判例，后一种言论则要接受学校的审查。正如第2章所讨论的那样，如果学生在学校中散发宗教材料，就如同学生在学校之中散发其他不受学校资助的材料一样，会获得大多数法院的同等对待。[62]

在一定情况下，受学校资助的出版物也可以被认为是一个学生发表言论的论坛。在马萨诸塞州的一起案件中，学校管理者已经将学校出版物的编辑控制权授予了学生，因此这些学生所作的独立判断都不由审查学校管理者。在此情况下，一名家长是学区避孕套发放政策的主要反对者，他要求在学校的报纸和学生年鉴上刊登广告，但这要求遭到了学生编辑的拒绝。第一巡回法院判决，在该案中，虽然学校管理者曾经建议学生编辑刊登这一广告，但是学校管理者并不因学生编辑的决定而需承担责任，因为学生编辑不是州的雇员。[63]

事先限制

如果法院确定，受争议的言论是受法律保护的私人言论，那么就面临一个艰巨的任务：在特定情况下，对受法律保护的私人言论进行限制是否正当？依据**廷克案**所确立的原则，如果私人言论可能破坏教育的过程，则学校管理者可以对此言论进行控制。在一起案件中,第六巡回法院认为,如果允许学生佩戴"相互之间有冲突的徽章",学校的学习环境就会遭到破坏,因而在此情况下,禁止学生佩戴自由徽章的学校规章是合法的。[64]同样,在另一起案件中,一些佩戴徽章的学生欺负、骚扰另一些未佩戴徽章的学生,从而在学校之内造成了一种混乱,因此学校禁止学生佩戴徽章,这一做法也得到了法院的支持。[65]

很清楚,如果学生的言论会给学校造成破坏,法律允许学校管理者因此对学生进行处罚。不过,如果学校管理者要对学生的这种言论进行事先限制,就必须为此提供正当的理由。联邦最高法院认识到:"在一个自由的社会里,如果有人滥用他们的言论自由权,法律更倾向于在他们违反法律之后再对他们进行惩罚,而不是阻止他们发表言论和采取其他任何一种事前干涉手段。"[66]如果学校管理者要对学生的言论进行事先限制,其行为必须与某种重要的公共利益具有实质性的关联,"以免学生的想象力、智力和愿望受到不适当的阻碍或打击"[67]。而且,学校政策必须包含限制性的、客观性的和非任意性的标准,以帮助学校管理者判断什么样的文字材料应该被禁止;同时,学校政策还应该提供相应的程序,以允许学校管理者迅速判断何种文字材料符合被禁止的标准。[68]

如果学校政策规定,学生在发行非官方的出版物(地下出版物)之前,必须获得学校的行政批准,则学校管理者有义务证明,他们是在具有正当理由的情况下才采取这种事先限制措施的。不过,就事先限制措施本身而言,该措施并非一定违反宪法。在1987年的一起案件中,一个学区的政策规定,学生只有在接受学校的行政审查之后,才可以在学校之中散发非官方的学生报纸;同时,学生不得在学校之内散发那些宣扬非法内容的文字材料或破坏性、淫秽性、诽谤性或下流的文字材料。有学生认为,学区的这一政策具有模糊性,因而就此向法院提起了诉讼,但第八巡回法院驳回了这一指控。[69]不过,法院确认,学校不可以禁止学生发行侵害他人隐私权的文字材料,这一部分的学校政策无效;因为除非依据州法,这种侵害他人隐私权的言论使学校遭到诽谤指控,否则学校管理者不可以对这种言论进行控制。

其他许多法院也接受这种对非校方出版物可以进行事先审查的理念。但在具体案件的审理中,它们发现,与此理念相关的一些学校政策存在宪法缺陷,容易受到法律指控。[70]自**海兹伍德学区案**之后,只要受指控的学校政策要求对非官方的学生出版物进行事先审查,该政策就会接受法院的仔细检验。法院认为,依据宪法的要求,如果要对公民的私人言论施加控制,该言论就必须具有高度的特殊性。举例来说,在一起案件中,第九巡回法院认为,华盛顿州一个学区的学校管理者不得禁止学生散发一份在校外制作的学生报纸,并且不得对该份报纸的内容进行事先审查。第九巡回法院指出,"只有在相当例外的情况下,事先审查措施才是法律所允许的",因此法院认为,从进行审查的目的出发,要求对所有非校方出版物进行审查的政策过于宽泛了。[71]如果学校因为学生在校内散发未经批准的文字材料而对学生处以停学处分,则该行为就侵害了学生受第一修正案所保护的权利。

事后的纪律处分

从法律上来说,即使某种私人言论被认为是不受法律保护的(比如,诽谤的或粗俗的评论),即使该言论破坏了教育过程或鼓励他人从事危险的或非法的活动,学校对这种私人言论进行事前控制也容易遭到法律指控,因此法院更倾向于支持学

校在学生发表这种言论之后再对其进行纪律处分,并没收相关的文字材料。举例来说,在一起案件中,由于一份学生出版物中包含有吸毒用品的广告,学校管理者没收了该出版物并禁止学生继续散发该出版物。该做法获得了第四巡回法院的支持。[72]法院强调,学生发放文字材料之前并不需要征得校方的同意;在学生开始发放这些材料之后,学校可以没收这些材料。法院认为,该校政策规定,如果任何出版物危及学生的健康或安全,校长就可以制止学生散发这些出版物,因此该学校政策符合宪法、不具有模糊性。法院还进一步指出,学校管理者并不需要证明,有害的活动会给学校带来实质性的破坏。

通常,如果学生在所散发的文字材料之中讲了其同班同学或教师的坏话,就要接受相应的纪律处分。例如,在一起案件中,一名女生四处散发一封信,批评其所在的篮球运动队的教练。作为重新回归篮球队的一个条件,学校要求该名女生向运动队的教练和队友道歉。第八巡回法院认为,学校的做法并未侵犯学生的言论自由权。[73]由于该校《学生行为守则》和《篮球队守则》禁止学生从事无礼的和不顺从的行为,而该名学生对其篮球队教练的评论显然违反了相关的学校规定。

如果学生在学校散发包含倡导他人对学校的财产进行破坏内容的出版物,那么他也会因此受到学校的纪律处分。[74]在一起案件中,第七巡回法院认识到,当学生发表此类言论时,即使该言论中所说的对学校财产造成的破坏并没有真正发生,学校也可以适用"正当怀疑"或"合理预测"标准来对学生进行处分。[75]在该案中,一名学生在校内制作并散发一份地下报纸,该报纸中的一篇文章包含有如何使学校计算机系统失灵的信息,为此该名学生被学校处以开除一年的处分。

如果在罢工、联合抵制、静坐或其他抗议活动之中,学生阻塞了学校走廊、损坏了学校财产、导致学生缺勤或以其他方式侵扰学校的日常活动,学校可以对学生进行纪律处分,法院一般会对学校因此所采取的纪律处分措施予以支持。[76]在一起案件中,几个学生试图通过散发传单以煽动一名学生走出学校去参加罢工活动,尽管破坏性后果并未发生,学校仍然处分了那几位从事煽动活动的学生,该做法获得了印第安纳州联邦地区法院的支持。[77]但是,在另一起案件中,由于与教师的一次罢工相联系,一名学生因佩戴包含有"恶棍"①一词的徽章而被学校处以了停学处分,第九巡回法院却推翻了学校的纪律处分决定。[78]法院认识到,该案应适用**廷克案**所确立的法律标准,因为学生所发表的言论是不具有破坏性的私人言论,它只是对学校人员或政策进行批评,所以学生不能因此言论受到纪律处分。不过,法院也认为,即使学生所佩戴的徽章上的文字被确认为是私人言论,学校也可以禁止学生佩戴粗俗的、淫秽的、猥亵的或具有直接攻击性的徽章。[79]

除非学生在校外所从事的活动威胁到学校的教育过程,否则学校不能因为学生在校外散发文字材料而处分学生。在一起案件中,一些高中学生因为在家里制作一本讽刺性杂志并将该杂志放在杂货店里售卖而受到了学校纪律处分。第二巡回法院认为,学校管理者处分这些学生的行为属于越权行为。[80]尽管并未解决这样的问题——在学校之中散发"粗俗"的出版物是否受法律允许,但因为没有证据证明学生的活动给学校带来了负面影响,所以法院禁止学校管理者因学生在校外散发他们自己制作的杂志而对他们进行处分。法院认为,除非学校政策规定,只要学生做出

---

① scab,这里指顶替罢工者去工作的人。——译者注

诸如在自己家里的有线电视之上观看R级电影的行为，学校就可以对其进行处分；否则，学校不能因学生在校外散发他们自己制作的杂志而对他们进行处分。

反骚扰政策

许多学区都采用了一定的政策，禁止基于种族、信仰、肤色、出身国、性别、性取向、残疾或其他个人特征发表对他人构成口头或身体侵扰的言论。[81]最近，针对此类公立学校政策而提起的有关第一修正案的法律指控较之前好像减少了；相反，在市政当局和高等教育机构之中，"仇视性言论"政策开始遭到法律指控。[82]在政府机构控制公民私人言论时，公立学校会被认为是一个特殊的环境，因为公立学校的目的是教育美国的年青一代并向他们灌输基本的价值观，诸如对来自不同背景和具有不同信仰的人保持礼貌并予以尊重等。[83]

举例来说，在一起案件中，堪萨斯州的一名中学生因在数学课上画美国南部邦联的国旗违反了学区的"反骚扰"政策，而被学区处以纪律处分，第十巡回法院对学区的这一纪律处分决定予以了支持。[84]由于使用这一具有种族屈辱象征的旗帜，该学生在本学年已经多次受到学区的纪律处分，并因种族歧视而遭到法律指控。学区之前曾经经历过一些与南部邦联国旗相关的种族事件，因此学区有理由相信，该名学生展示南部邦联国旗的行为会给学校正常的教学秩序造成破坏并侵犯他人的权利。在这一点上，学区的理由是能够让法院信服的。在前文所述的一起案件中，在评判学生的言论是否对学校的合法教育功能——向学生灌输礼貌的行为举止和习惯——造成侵害时，第十一巡回法院就使用了"有弹性的合理性标准"，而没有使用**廷克案**的破坏性标准。[85]在另一起案件中，一名学生因在户外午餐时间向他的一群朋友展示一小面南部邦联的国旗而被学校处以纪律处分，法院认为，学校不必因处分了该学生而承担责任。法院对此评论道，"在公共论坛之中，公民可以发表种族主义或包含其他仇视观点的言论。但小学具有监管学生的职责，学校可以限制小学生的此类言论，以抑制小学生的自负倾向"[86]。

但是在2001年的一起案件中，第三巡回法院却认为，宾夕法尼亚州一个学区的"反骚扰"政策违法。[87]争议产生的原因在于，依据学区的政策，原告就一些道德问题表达了他们的宗教观点，包括谈到同性恋的负面影响，他们担心这些言论会使他们遭到报复。在该案中，学区的政策对"骚扰"一词作了界定，提供了具体的例子以说明什么行为是不受欢迎的行为（比如贬损性评论、乱涂乱画、特定手势等），还对学校内的人员违反这一政策设定了惩罚措施。[88]地区法院判定，该项政策仅仅消减了那些已经被联邦及州反歧视法律所禁止的言论。第三巡回法院则认为，这项政策不符合宪法的规定、过于宽泛。该法院重新审视了现存的反歧视法律，推翻了地区法院的判决。法院认为，人们已经认识到，在维持有秩序的、良好的学校环境和保护其他人的权利方面，学区享有压倒性的公共利益。但是，并没有证据证明，学区的这一政策促进了上述公共利益。因此，法院认为，依据**廷克案**的破坏性标准，可以被控制的学生言论是有限的，学区的政策过于宽泛了。

同样是第三巡回法院，在2002年的一起案件中，该法院对一个学区的"反骚扰"政策予以了支持。在该案中，作为对种族冲突事件的反应，学区制定了"反骚扰"政策以减少"种族分裂"言论。该政策规定，禁止学生发表"造成病态意愿或仇视"的言论，这些规定将涉及一些受法律保护的言论，所以法院命令学区删除政策中的这种不当表述。[89]针对易受攻击的学区"反骚扰"政策，第三巡回法院的判决提出了许多有意义的问题。

电子言论

另一个易于引发争议的话题涉及学生在互联网上的言论自由权。因为学生通常在自己的家里准备并散发材料，但他们所发表的言论却马上可以让全校的人和校外的人看到，所以与此相关的案件相当复杂。就这些案件所提起的第一修正案争议，各法院的意见不一。

在许多有关学生在家制作网页而被学校处分的诉讼案件中，学生都取得了胜诉。举例来说，在一起案件中，一名高中四年级的学生制作了一个网站，他在该网站上张贴了涉及同学们的模仿性讣告并允许访问该网站的人投票预测下一个轮到谁"死"。[90]一个电视新闻故事声称，这个网站对学校中谁将被杀列出了一个"打击目录"，在电视新闻播出之后，该名学生迁走了这个网站。但第二天，该名学生被学校处以紧急开除处分，该处分随后又被调整为为期五天的停学。该名学生对学校的停学处分提起了诉讼，联邦地区法院认为，就该名学生所具有的证据而言，他极有可能赢得诉讼，因此对学校颁发了初始禁止令。法院指出，该名学生所制作的网站并未与学校的任何班级或学校活动产生联系，学校人员不能证明网站上的材料会对任何人构成威胁或蓄意伤害任何人。在另一起案件中，一名学生因为使用家庭电脑制作家庭网页以批评学校管理者而被学校处以停学处分，由于没有证据证明学生的行为对学校的纪律构成破坏，法院对学校颁发了初始禁止令，禁止学校对该名学生处以停学处分。[91]同样，在宾夕法尼亚州的一起案件中，一名学生向他的朋友们发送了一封电子邮件，该邮件是"Top 10 榜单"，列出了学校运动队教练中排在前十位的不礼貌且粗鲁之人。学校因此对该名学生处以停学处分，但宾夕法尼亚州的一家地区法院认为学区的停学处分违法。[92]在该案中，该名学生并未打印该份名单或将该名单的复制品带到学校之中，尽管他的一位朋友在收到其邮件后从事了这些行为。

与此相反，在前文所述的一起案件中，第五巡回法院认为，学区可以对一名高中学生进行处罚，因为该名学生在网上传播要射杀其同校同学的威胁信息。法院认为，只要具有一般故意就足以构成违反联邦法律的威胁言论，该学生明确知道并在州际商业活动中故意传播伤害他人的威胁性言论，这种行为是有罪的，该学生理应受到惩罚。[93]同样，在另一起案件中，一名学生在自己家中的电脑上设立了一个网站，该网站包含大量有关学校教师和管理者的诽谤性评论，并用图画的方式描述了代数老师的死亡。学校对该名学生处以了开除处分，并获得了宾夕法尼亚州最高法院的支持。在该案中，法院指出，学校代数老师看到这些信息后非常难过，以至于请假不能到校任教，因此该学生在校外所从事的活动对学校造成了实质性的破坏。[94]看起来，在上述这些案件中，法院审理的关键是判断学生在校外制作的材料是否对学校造成了直接的损害性影响。

有关时间、地点及方式的规章

尽管相对于受学校资助的言论，私人言论能够获得更多的宪法保护，但法院一直认为，学校可以制定合理的政策以约束学生发表私人言论的时间、地点和方式。举例来说，学校可以禁止学生在学校教学时间发表政治和意识形态上的观点及发放材料。同样，为了确保学生散发出版物的行为不会对学校其他活动造成破坏，学校管理者可以对学生散发出版物的地点进行限制：如果正在进行班级授课，学生不得在教室门口散发材料；如果学校正在进行消防演习，学生不得在大楼出口处散发材料；在学生们赶往下一节课教室的课间休息时间，学生不得在楼梯上散发材料。

不过，有关时间、地点和方式的学校规章必须合理，它们在内容上必须保持中立并无差别地适用于表达性活动。学校管理者必须为学生提供具体的指南，以告诉学生可以在什么时候和什么地点表达思想及散发材料。而且，不论是在学校建筑物之内，还是在学校建筑物之外，学校管理者都不得将散发材料的学生驱逐到无人或少人的地点和让其在无人或少人的时间散发材料。同时，学校规章不得禁止任何一位学生接受或拒绝接受遵照规章制度要求所散发的材料。学校有示威运动的政策应该使学生相信：在非破坏性的环境之下，他们有权利进行集会、散发请愿书并表达自己的观点。[95]如果学校规章并未清楚地告知示威者什么行为是受学校禁止的，法院通常会认为，学校不得因此而对示威者进行惩罚。

未来的发展方向

在有关言论自由的法律争议之中，一方面学生具有表达观点和接受信息的权利，另一方面教育者又有职责维护合宜的教育环境，由此看来，争议双方将不断要求法院平衡这两种不同的利益。自20世纪80年代中期开始，联邦最高法院已经扩展了不受保护的学生言论的类别，这些类别包括淫秽的、粗俗的及不礼貌的言论等；同时，最高法院还认为，学校管理者有权利判断学生的言论是否属于这类不受保护的言论。最高法院还给予了学校管理者相当宽泛的自由裁量权，以使他们有权利审查那些看起来是代表学校所发表的学生言论，这进一步限制了**廷克案**的适用范围。但不管怎样，如果争议与地下出版物、学校的"反侵扰"政策以及在个人网页上张贴文章相关，法院还是一直在依赖**廷克案**所确立的破坏性标准来评判学生的言论自由权。

学生发起的俱乐部

在谈论学生俱乐部的形成与确认问题时，引发的思考将围绕着言论自由及相关的结社自由而进行。在联邦宪法的第一修正案中，并未明确列出结社自由权，但联邦最高法院认为，结社自由权"暗含在言论自由权、集会自由权和请愿自由权之中"[96]。**结社**一词意指公民个体与他人联合在一起以使他们所发表的观点变得更有意义的中介手段。[97]

援引言论自由权和结社自由权，公立学校的学生主张，要在由学生所组织的社团或秘密社团之中取得专有会员资格必须由俱乐部的成员投票决定，但是法院对此主张并未予以支持。[98]法院认为，公立学校的管理者可以拒绝确认学生在这种秘密社团之中的会员资格，并禁止学生参加这种秘密社团。

与此相反，如果学生所组织的社团实行开放会员制度，而学校却禁止学生组织这种社团，则学校很容易因违反第一修正案而受到指控。甚至在国会颁布《平等进入法案》之前，许多法院就已经认识到，公立学校针对学生聚会所制定的"进入"政策必须保持内容中立的立场。[99]通过整理归纳以往的判例，1984年《平等进入法案》出台，该法案规定，如果联邦资助的中学在非教学时间为"非课程"性学生团体提供了一个限制性公共论坛，那么就不能基于信仰、政治、哲学或其他原因拒绝其他团体举行类似的活动。[100]《平等进入法案》对宗教自由权起到了保护作用，但它远不止保护了学生的宗教言论。[101]

正如第 2 章所讨论的,在 1990 年的**西部联合学校教育委员会诉莫根斯案**(Board of Education of Westside Community School v. Mergens)中,联邦最高法院驳回了认为《平等进入法案》违反"不立国教"条款的指控。[102]法院认为,学校允许学生在非教学时间组织发表宗教言论,并不会使人觉得学校在促进宗教。法院还进一步指出,如果受联邦资助的高中学校允许一个"非课程"性学生团体在非教学时间使用学校设施,那么依据《平等进入法案》的规定,其他"非课程"性学生团体也具有平等使用这些学校设施的权利。当然,如果学生的聚会可能会对学校造成破坏,则学校可以禁止学生举行这种聚会。

当然,学校管理者可以拒绝为学生组织的聚会提供限制性论坛,由此他们可以限定只有那些与课程相关的学生组织才可以使用学校设施,诸如戏剧团、语言俱乐部以及运动队等都属于与课程相关的学生组织。除非学校允许"非课程"性学生团体在非教学时间使用学校设施,否则《平等进入法案》不能适用。这样一来,什么是与课程相关的学生团体就经常会成为争议的焦点。举例来说,在一起案件中,加利福尼亚州的一家联邦地区法院认为,通过允许"非课程"性学生团体在非教学时间聚会,学区已经建立了一个限制性的论坛,因此学区不得对同性恋联盟进行歧视。[103]在此案中,学区提出了一个新颖的论点,它认为,受争议的学生社团与性教育课程相关,而性教育课程受学区教育指南的约束,因此同性恋联盟不构成一个"非课程"性学术团体,也就不应该受《平等进入法案》的保护。法院认为,学区教育委员会不能"仅仅通过将该学生团体贴上与课程相关的标签"就拒绝该团体使用学区的限制性论坛,最终法院驳回了学区的主张。[104]

即使依据法律的规定,中学并不需要为学生建立限制性的论坛,但学校仍然不能对与课程相关的特定群体进行观点歧视。在一起案件中,同性恋联盟依据《平等进入法案》向法院提起了诉讼,要求在盐湖城(Salt Lake City)学区的一所公立高中之中举行聚会,但盐湖城学区的政策规定,不允许所有"非课程"性学生团体使用学校设施,因此犹他州联邦地区法院驳回了同性恋联盟的诉讼请求。[105]法院认为,学校已不再为"非课程"性学生团体聚会提供论坛了。但是,同性恋联盟主张,该联盟与课程相关并要求学校像对待其他与课程相关的学生团体一样对待它,因而争议并未结束。在 1999 年的后续审判中,法院认为,真正的争议在于,学区是否有不成文的政策意图排除所有对同性恋观点持支持态度的学生团体聚会。[106]在随后的另一起案件中,法院判决,学校管理者应该允许一个学生俱乐部使用学校的设施。尽管该俱乐部主要关注男同性恋者、女同性恋者、双性恋者和变性人的权利,但法院认为,学生发起该俱乐部是为了处理那些与学校历史和社会学课程相关的问题。[107]

有关社区团体使用学校设施的争议更多的集中于"言论自由"条款而非《平等进入法案》,因为后者仅仅与中学的学生团体相关。联邦最高法院作出了不少有意义的判决,它认为,如果学校为社区团体举行聚会开放学校设施,即使该团体的聚会以学生为目标,学校也不能对它进行观点歧视。[108]在一起案件中,联邦最高法院认为,"童子军"组织可以拒绝让同性恋者成为该组织的领导者。[109]在此判决之后,如果"童子军"要使用学校设施也会引起争议,因为该组织基于性倾向而形成歧视,会与学区的一些政策发生冲突。但在另一起案件中,佛罗里达州一家联邦地区法院认为,如果学区禁止"童子军"组织使用学校的设施,是对该组织思想观点的歧视，是违反宪法规定的。[110]法院指出，学校反歧视政策的适用对象是学校之内的成员，而非那些在学校放学之后使用学校限制性论坛的私人组织。

学生的仪表

教育者试图对学生的仪表进行一定程度的控制，因此发型和服饰方面的风尚和潮流总会定期引起一些法律诉讼。学生有权利选择他们自己的服饰和发型，而学校管理者也有责任防止破坏行为并促进学校目标的实现，因此法院要平衡两者之间的利益。

发 型

在20世纪70年代，有关发型的大量司法诉讼大多集中于学校控制男生头发长度的规章。但是，联邦最高法院拒绝受理有关学生发型的案件，而联邦巡回法院在判断学校控制学生发型的规章是否具有合法性时，又作出了许多不同的判决。第一、第四、第七、第八巡回法庭认为，学区的发型政策侵害了学生受第一修正案所保护的象征性表达自由权，受第十四修正案所保护的人身自由权或受第九修正案所保护的、未明确列举出来的隐私权。[111]与此相反，第三、第五、第六、第九、第十巡回法庭却支持学区颁布政策对学生的发型进行控制，认为学生的宪法权利并未受到侵害。[112]在一起案件中，针对学区控制学生头发长度的政策，第五巡回法院予以了支持，它认为，该政策以"一种合理的方式，促进学区教育委员会在保健教学、纪律灌输、维护权威、保持统一等方面不可阻滞的权益"[113]。

如果学校管理者因为健康或安全原因而制定发型控制政策，比如为了保护学生免受伤害或促进卫生而要求学生保持整洁的发型、佩戴发网或遵守其他发型控制措施，则这种政策通常会得到法院的支持。举例来说，在一起案件中，一名学生的头发过长、不干净，会给学校的自助餐厅带来健康上的危险，因而学区教育委员会要求该名学生剪去长发。第三巡回法院则认为，学区教育委员会的做法是恰当的。[114]同样，在另一起案件中，一批企业招聘人员去一所职业学校招聘职员，为了给这些潜在的雇主留下良好的印象，该职业学校对男生头发的长度进行了控制，这一做法也得到了法院的支持。[115]此外，出于合法的健康或安全原因，作为参与学校课外活动的条件，学校可以制定特殊的、促进学生仪表整洁的规章[116]；在一些情况下，出于促进学校形象的目的，学校也可以制定相应的规章。[117]当然，如果学生的发型对学校的正常秩序造成了破坏，比如，一名学生的头发在经过修整或染色之后，分散了同班同学在教育活动之上的注意力，则学校可以处分该名学生。

但是，学校控制发型的规章不能具有任意性，它必须具有正当的教育理由。举例来说，在一起案件中，第五巡回法院对下级法院的一个判决予以了肯定，认为学区不得对男生头发的长度进行控制，因为学区管理者不能证明该发型控制措施是一种维持纪律、促进尊重权威或塑造恰当公众形象的有效措施。[118]法院还认为，印第安学生可以留长发，这是一种受法律保护的权利，并未破坏教育的过程。

到目前为止，法院并未说明，学校是否可以对男生和女生的头发长度使用不同的控制政策。在得克萨斯州的两起案件中，有学生主张，学校只对男性学生的头发长度进行控制构成了性别歧视，但州最高法院驳回了这种诉讼主张，拒绝使用州宪法来对实行微观管理的公立学校进行惩罚。[119]同样，在一起案件中，密西西比州一家联邦地区法院也驳回了一项针对学校控制学生头发长度的政策所提起的性别歧视诉讼，法院指出，联邦法律并不要求消除男女生之间所有的性别差异。[120]但是，在另一起案件中，俄亥俄州一家联邦地区法院却认为，如果学区允许长发的女生参加乐队，就不应该拒绝长发的男生参加乐队。[121]

服　饰

作为一个引发诉讼的重要问题，有关公立学校学生头发长度的争议已经逐渐平息了。但有学生主张，他们具有受第一修正案所保护的权利，可以在学校之中通过服饰来表达个人观点，因此其他学生仪表方面的问题又渐渐成为了争议的焦点。不同于头发的长度，学生可以在放学之后更换自己的服装，所以一些法院对学校的服饰控制规章和发型控制规章进行了区分。尽管法院认识到，在很多时候，学生都有权利控制自己的仪表，但法院指出，如果学生所穿着的服饰是不庄重的、破坏性的、不卫生的或与学校目标相冲突，学校就可以对学生的服饰进行控制。

着装规章

依据**弗雷泽案**所确立的原则，淫秽、粗俗的言论不受第一修正案的保护。不论学生的服饰是否达到**廷克案**所确立的破坏性标准，都可以适用**弗雷泽案**的判例来限制学生的下流服饰。举例来说，在一起案件中，一名学生穿了一件 T 恤衫，上面描绘了三名高中管理者醉倒在学校操场之上的场景，因而学校禁止该名学生穿着这件 T 恤衫，这一做法得到了爱达荷州一家联邦地区法院的支持。[122]法院指出，在此案中，该名学生不具有描绘学校管理者的言论自由权，他的行为削弱了学校管理者的威信并消解了学校教育学生饮酒有害的种种努力，因而法院认为，该学生穿着此件 T 恤衫是不可容忍的。

在另一起案件中，一名弗吉尼亚州的中学生在自己的 T 恤衫上印制了"吮吸药品"的字样，学校要求该名女生更换这件 T 恤衫，但遭到该女生的拒绝，因此学区对其处以了停学一天的处分。该名女生随后向法院提起了诉讼，但未获成功。[123]法院认为，不论"吮吸"一词是否具有性意味，对大多数人而言，包括对一些中学生而言，使用该词都是粗俗的和令人不悦的。以**弗雷泽案**为例，法院认为，"为了对中学生的语言进行控制并引导他们以符合社会公序良俗的语言来进行表达"，学校可以对学生不当使用语言的行为进行处分。[124]在最近的一起案件中，一名学生因在自己的 T 恤衫上印制了"儿童也享有民主权利"和"即使是成年人也说谎"的话语，而被学校处以停学处分，佐治亚州的一家联邦地区法院对学校的做法予以了支持。[125]法院认为，在该案中，穿着此件受争议的 T 恤衫仅是该名学生一系列破坏性行为之中最近的一种行动，因此学校对该名学生处以停学处分是合法的。

一些学校的着装规章规定，男性学生不得佩戴耳环。因此，有学生主张，学校控制学生佩戴珠宝配饰的规章必须平等地适用于男生和女生，但许多法院驳回了这种诉讼主张，对学校的此类规章予以支持。例如，伊利诺伊州一家联邦地区法院认为，学区可以禁止男生佩戴耳环，因为耳环通常被用来传递与帮派相关的信息，而学校的一个合法目标就是抑止帮派的影响。[126]同样，印第安纳州上诉法院也认为，学区可以禁止男生佩戴耳环。[127]尽管上诉法院认为，如果学区在小学中使用禁止男生佩戴耳环这一政策，就不能以与帮派相关为理由来证明这一政策的合法性，不过法院仍然认为，此政策促进了合法的教育目标及对男性和女性适用不同服饰标准的社区价值观，因而对学区的这一政策予以了支持。

在新墨西哥州的一起案件中，一名学生因穿着"宽松裤"违反了学校的着装规章而被学校处以了停学处分，该州的一所联邦地区法院对学校的做法予以了支持。[128]在该案中，该名学生并不能使法院确信，他的服饰传达了一种美国黑人的文化信息。相反，法院指出，"宽松裤"很容易与帮派成员或者帮派崇拜者产生联系，或只是反映了一种流行在未成年人之中的时髦潮流。同样，在另一起案件中，一所高中将两名穿着异性服饰的学生赶出了学校的舞会，俄亥俄州的一家联邦地区法院对学校的这一做法予以了支持。法院认为，学区的着装规章"与传授社区价值和维护学校纪律的合法教育目标合理相关"[129]。

在最近的一起案件中，第六巡回法院认为，学区可以禁止学生穿着"玛莉莲·曼森式"①的T恤衫。学校管理者认为，该T恤衫是令人不悦的，它促进了学生的破坏性行为并给学校谴责毒品、促进人格尊严和民主理想的种种努力带来了反面影响。对学校管理者的这一主张，上诉法院持赞同态度。[130]法院反复表示，如果学生的言论与学校的基本教育使命不一致，即使这种言论发表在校外，即使该言论会受到第一修正案的保护，学校也可以禁止学生发表这种言论。

同样，在2001年的一起案件中，针对肯塔基州一个校本管理委员会所制定的控制学生着装的规章，法院也予以了支持。该着装规章限定了学生可以穿着的衣服的颜色、质地和样式，禁止学生穿着印有图标的服装、短裤、工装裤、牛仔装和其他特定类别的服装。由于有证据表明，服装是学校之中的一种帮派标志，而且学生会因为服装发生冲突，因此该校本管理委员会制定了这一着装规章。最终，第六巡回法院对下级法院的判决予以了肯定，认为校本管理委员会是基于维护学校安全的目的才制定该着装规章的，并不存在压制学生言论自由的意图。[131]在另一起案件中，一个学区的着装规章规定，学生只能穿着黑色、白色或者黑白相间的服装，而且禁止学生在服装上标注图标、打补丁、印制文字和图案。对此规章，伊利诺伊州的一家法院也予以了支持。[132]法院认为，是出于教育上的理由，包括维护有序的教育环境，向学生灌输礼貌的行为举止及传统的道德、社会和政治准则等，学校管理者才在学校的非公共论坛之中控制学生的言论。而且，如果这一着装规章与学生的宗教信仰有冲突，学生可以不受此规章的限制。

不过，如同制定学校的发型控制规章一样，学校管理者在制定学生的着装规章时必须具有正当的教育理由，比如为了防止班级的活动受到破坏或减少学生的帮派行为等。在一起案件中，第三巡回法院认为，一个学区的教育委员会不得禁止学区内的学生在所穿着的T恤衫上印制喜剧演员杰夫·福克斯沃尔希（Jeff Foxworthy）的"乡巴佬俗语"，因为学生的行为不足以与种族歧视或其他破坏性活动产生联系。[133]同样，在另一起案件中，加利福利亚州的一家联邦地区法院认为，如果学区的规章禁止学生穿着任何能被确认为是大学生运动员或专业运动队员的服装，则该

---

① 玛莉莲·曼森乐队是来自美国佛罗里达州的一支著名摇滚乐队。作为哥德式摇滚的杰出代表之一，该乐队的摇滚哲学以离经叛道、反基督为特色。自推出《反基督超级明星》这一专辑以来，该乐队受到众多年轻乐迷的追捧，乐队成员穿的、带有怪异图案的T恤衫也成为众多乐迷模仿的对象。——译者注

119

规章侵害了小学生和中学生的言论自由权,因为学区的这一规章并不具有正当的教育理由。[134]另外,在一起案件中,得克萨斯州的一所联邦地区法院也认为,学区的着装规章过于宽泛了,因为该规章禁止学生穿着与帮派相关的任何服饰。在该案中,学区认为,两名学生在衬衣外面佩戴念珠违反了学区的政策,但法院却认为,学生佩戴念珠的行为可以更好地被理解为是一种受第一修正案所保护的宗教言论自由权。由于**与帮派相关**一词过于模糊,学区并未对此概念予以界定,法院判定该学区政策存在模糊性,不具有法律效力。[135]

而且,学区的着装规章不能对学生所表达信息的内容进行歧视,学区也不能歧视性地执行该规章。在一起案件中,两名学生穿了某种T恤衫,该T恤衫的正面印有一位乡村歌手的图像,后面则印有南部邦联的国旗,学区管理者建议这两名学生将T恤衫翻过来穿或回家更换衣服,但遭到拒绝,因此学区对这两名学生处以了停学处分。最终,第六巡回法院命令学区管理者重新考虑对这两名学生所作的处分。[136]学区管理者主张,学区的着装规章规定,在学生所穿着的服装或所佩戴的徽章上不得包含有描述酒精、毒品的标语或文字,也不得包含有非法的、不道德的或种族暗示的标语或文字。因此,该两名学生所穿着的T恤衫违反了学区的着装规章。法院发现,有证据表明,学区只是选择性地执行该着装规章,因此法院在此案中认为,学区不能基于言论的特定内容而控制学生的私人言论。最终,第六巡回法院将该案发回下级法院重审,要求下级法院判断学生受第一修正案所保护的权利是否受到了侵害。

校 服

从20世纪90年代开始,要求学生穿着校服的学区政策成为了学生着装争议的一个焦点。而且,就法律而言,学生着装规章与学生校服之间的界限并不是一直都很清楚。[137]在大城市的学区中,包括巴尔的摩、芝加哥、休斯敦、旧金山、迈阿密、新奥尔良、纽约和费城,由学生自愿穿着校服和强制学生穿着校服的现象都很普遍。[138]校服的支持者们主张,让学生穿着统一的校服减少了学生穿着与帮派相关服饰的机会,减少了学生之中的暴力活动并弱化了学生之间的社会经济差别,而且可以使学生更关注学术活动而非风尚潮流,从而能够改善学校的氛围。

在两起案件中,有学生分别对路易斯安那州和得克萨斯州两个学区的统一校服政策提起了诉讼,但都被第五巡回法院驳回。在两起案件中,法院都承认,学生可以通过服装来传达信息,这种权利受第一修正案的保护。但是,第五巡回法院认为,学区的统一校服政策是为了实现与压制言论自由无关的、某种具有实质性的公共利益,因而是合法的。在路易斯安那州的这起案件中,学区所提供的证据显示,在学区采用统一校服政策之后,学生的测验成绩提高了,学校的纪律问题减少了。尽管有家长认为,校服给家长带来了经济负担,但法院认为,校服价格便宜,没有能力购买校服的学生还可以通过捐赠项目获得免费的校服,家长的理由并不成立,因而驳回了家长的这一诉讼主张。[139]在得克萨斯州的这起案件中,学区要求学生穿着特定样式和颜色的衬衣或短外衣,并配以蓝色或黄色卡其布的裤子、短裤、裙子或长背心。[140]基于信念或宗教上的反对理由或医疗上的需要,家长可以向学区提出申请,以使其子女免于穿着这样的校服。法院认为,学区的校服政策只对学生的权利造成了极轻微的侵犯。同时,法院指出,学区的校服政策具有合法的教育目的——改善学校的安全状况、减少学生之间因贫富差距而产生的紧张关系、提高学生的入学率和降低学生的辍学率。有家长认为,他们有权利按自己的方式抚养其子女,学区的校服政策侵害了他们受第十四修正案所保护的权利。但法院认为,学区的校服政策包含一定的程序,能够使学生免于穿着统一的校服,并未违背宗教自由条款,因而法院驳回了家长的这一诉讼主张。

在纽约市教育委员会对全市小学采用全市统一校服政策之后,一名学生的父亲向法院提起了诉讼。该家长主张,即使他的孩子能够免于穿着统一的校服,也会在学校中显得很"突出",因此该政策侵犯了其孩子的权利。[141]但是,第二巡回法院对联邦地区法院的判决予以了肯定,认为该校服政策之中的免除条款能够充分地满足家长教养其子女的权利。尽管家长认为,学生在行使其受第一修正案所保护的权利时,会被打上一种不好的标记,但法院对此意见并不认同,它认为,学生的权利没有受到任何侵害。

尽管针对学校的仪表规章,联邦上诉法院作出了许多不同的司法判决,以解释宪法对学生权利的保护范围。但明智的学校管理者还是应该确保他们在制定任何仪表或着装规章时都具有合法的教育理由。如果学校制定这种政策是为了保护学生的健康和安全、减少暴力问题和纪律问题以及促进学生的学习,通常政策都会得到法院的支持。比如说,目前的学生可能会对文身、身体穿刺或其他时髦风尚感兴趣,而学校管理者却会担心这些服饰风尚与帮派活动和暴力活动相联系,由此可见,针对学生的仪表问题所产生的法律争议肯定还会持续下去。

课外活动

相当多的法律诉讼产生于学校所组织的、非日常学术性的活动中。几乎所有的初中学校都为学生提供课外活动,80%的中学生至少参加一项课外活动。在大多数州,由一个私立的非营利机构来制定校际运动规章,该机构通常还对私立学校和公立学校之中的其他竞赛活动拥有管辖权。在2001年的一起案件中,联邦最高法院认为,这类协会的职责与州教育官员的职责相互交叉,它们应该被视为州的雇员。[142]因此,这类协会的活动受宪法的约束,如果它们违反宪法,则要承担相应的责任。

显然,只要州政府提供公立教育,不经正当程序,它就不得拒绝学生入学[143];不过,尽管免费入学是州法律给予学生的一种财产权利,但这种权利不足以扩展到课外活动之上。普遍的观点是,学校可以设立学生参加课外活动的条件,因为这种参加课外活动的权利更多地体现为一种特权而非一种当然权利。[144]依据第十四修正案的规定,当学校管理者不允许学生参加课外活动时,并不一定要为其提供正当程序;但是,如果学生对校方的举措提出异议,我们还是建议校方为学生提供听证的程序。同时,如果学区教育委员会的规章规定,学校可以暂停学生的课外活动或将学生开除出课外活动,则法院通常认为,被处分学生必须遵守校方的安排。[145]

在这一节的剩余部分之中,我们将集中讨论课外活动的各项特征,它们已经产生了许多的法律问题。此外,还有学生认为,学校的课外活动构成残疾歧视、性别歧视和婚姻状况歧视,对此类问题,我们将在第5章和第6章中予以讨论。

有关参加、训练和招募的规章

在学生参加训练、比赛或表演时,学校通常会设定学生参加这些课外活动的条

件。举例来说,在一起案件中,第四巡回法院驳回了一名家长的诉讼请求,该家长诉称,她的儿子因为错过了一场学校乐队所要求的巡演而被该高中乐队开除了。[146] 另外,法院也认识到,为促使学生遵守纪律,学校管理者在为高中运动员设定训练标准和行为标准时应该享有一定的自由裁量权。比如说,法院认为,如果学校规章禁止学生运动员抽烟、喝酒,即使该行为发生在校外或非赛期,学校也可以对违反该规章的学生进行处分,剥夺其参加校际运动会的权利。例如,在一起案件中,一名学生因为违反了学校与饮酒相关的"零容忍"政策而被学校处以了暂停参加整个赛季橄榄球比赛的处分,对校方的处分,伊利诺伊州的一家法院予以了支持。[147] 一般来说,法院并不会因为课外活动的加入要求或训练规章看起来比较严格而对这些要求或规章进行干涉;作为参加课外活动的一个条件,学生应该自愿服从这些规章的约束。当学生因违反学校的课外活动规章而受到处分时,除非该规章显然具有任意性、构成歧视或特别过分,否则法院不会予以干涉。

在学校运动队征召运动员时,它们必须服从州运动员协会的各种约束。在2001年的一起案件中,第六巡回法院对田纳西州中学运动员协会的一项规章予以了支持,该规章规定了协会下辖的成员学校在招收运动员时与预科学校中的学生进行联系的程序。当有学校违反协会的规章时,协会就会对这些学校进行处罚。在该案中,法院认为,协会的处罚行为并未侵犯一所私立学校的言论自由权。法院指出,协会这一规章的内容是中立的,之所以要对违反该规章的学校进行处罚是为了防止这些学校通过不适当的手段来吸引运动员。[148]

资格控制

法院还认为,学校管理者在设定学生参加课外活动的资格标准时,可以具有一定的灵活性。学校可以要求参加课外活动的学生必须达到一定的条件,比如说,要求那些参加运动队的学生必须具备一定的技巧,要求那些参加荣誉社团的学生必须达到一定的学术能力并具备领导资格,要求那些参加学校乐队和唱诗班的学生必须具备一定的音乐技能等。如果运动队或其他课外活动团体要征召成员,通常会通过一个竞争程序来选拔参加应征的学生,因此参加甄选的学生并没有一定被选中的天然权利。学校可以基于主观判断来选拔学生,只要它对所有参加甄选的学生都统一使用了公平的程序,如果学校做到这一点,法院就不会对校方的决定进行干涉。[149]

如果学生要参加运动队,学校会要求他们进行身体检查,并选择那些身体素质好的学生,这是一个最显而易见的条件。在一起案件中,一个学区教育委员会制定的政策规定,作为参加课外活动的一项条件,凡是参加运动队或其他课外活动的学生必须接受随机的尿样分析检查。对此政策,联邦最高法院也予以了支持。[150] 正如第6章所讨论的那样,如果学区对残疾运动员施加额外的健康控制条件,则可能会引发法律诉讼。考虑到联邦和州对这些学生的保护,对一位明智的学校管理者而言,除非有合法的证据证明,让某一位残疾学生参加运动队会导致健康风险或安全风险,否则校方不应该将该名学生排除出运动队。[151]

如果州运动协会将居住地要求作为学生参加校际竞赛的一项条件,法院通常也会予以支持。为防止学校,包括私立学校[152],征召学生运动员,大多数州的运动协会规定,如果学生转学,但其父母的住址并没有更换,那么自转学之日起的一年之内,该名学生都不得参加校际竞赛。大多数联邦上诉法院都认为,这样的居住地要求与合法的公共利益相关，具有合理性，并没有对学生的迁移权和家庭自由结社权施加法律不允许的负担。[153]

不过，有一些法院认为，居住地要求应该具有一定的例外情况，因为从学生的利益出发，有些时候学生进行迁移是必需的。举例来说，在一起案件中，一名学生的父母已离婚，他从父亲的家里搬到了母亲家里，因而从一个学区迁移到了另一个学区。州运动协会宣布，自该名学生转入新学区之日起的一年之内，都不得参加运动比赛。第七巡回法院认为，州运动协会的行为反复无常、具有任意性，法院最终作出了有利于该名学生的判决。[154]与此相似，在另一起案件中，由于家庭经济状况发生变化，一名学生从私立学校转学到了公立学校。印第安纳州的一所法院认为，该名学生的情况属于例外情况，他有资格参加校际竞赛。[155]而且，法院认为，如果一名学生因为压倒性的医疗原因或为了接受特殊需要服务必须转换居住地，则该名学生可以免于遵守州运动协会的转学控制规定。[156]一些法院甚至质疑，州运动协会对转学学生设定居住地要求是否是为了服务于其既定的目标（比如，阻止高中学校征召学生运动员等），因为有一些学生并不是出于运动上的动机才转学，要求这部分学生遵守居住地要求会产生负面的结果。[157]不管怎么样，大多数运动协会提出的居住地要求还是得到了司法部门的认同。

法院还认为，为了让学生在平等的条件下进行竞赛，州运动协会可以对参加课外活动的学生进行年龄控制。在一起典型的案件中，俄克拉何马州运动协会的一项规章规定，在9月1日以前满19周岁的学生不得参加校际竞赛。俄克拉何马州最高法院对协会的这一规章予以了支持，认为这一规章具有公平性，与合法的公共利益合理相关。在该案中，法院对被告州运动协会的意见表示认同，被告指出，如果让那些年龄更大且更成熟的学生参加校际运动会会对那些年轻学生的健康和安全构成危险，协会之所以制定年龄限制规章就是为了杜绝"超龄"运动员参加校际运动会的可能。[158]与此相似，不少法院也认为，如果学生在完成八年级的学业之后，又继续在中学连续学习了八个学期或四个学年，则州运动协会可以制定规章禁止这部分学生参加校际运动会。[159]不过，也有法院认为，如果学生因为身患严重疾病而重修课程或辍学一学期，则州运动协会不得对他们适用最大年龄限制规定和满八个学期不得参加校际竞赛的规定。[160]同样，正如第6章所讨论的，对残疾学生提出这样的资格要求也会引起法律争议。[161]

整个国家各个学区内流行的趋势是要求参加课外活动的学生达到令人满意的学术水平。不少州通过立法或行政规章制定了"不通过学术测试，不允许参加课外活动"的控制条款，而且这类措施一直受法院的支持。在一起案件中，得克萨斯州一项法规规定，除一定例外情况，只有所有科目的成绩都能够保持在70分以上的学生才有资格参加课外活动。尽管遭到法律指控，但该政策仍然得到了法院的支持。[162]得克萨斯州高等法院认为，州政府制定这项法规是从为所有学生提供高质量的教育这一公共利益出发的。同时，尽管依据该项法规的例外条款，残疾学生、荣誉学生以及选修高级课程的学生可以免于遵守该规定，但法院认为，这些例外条款并未使学生受平等保护的权利受到侵害。另外，法院还认为，该项法规并未违反基本的公平原则，因而驳回了学生对正当程序所提起的诉讼。

在另一起案件中，西弗吉尼亚州教育委员会也制定的一项政策，提出了学生参加课外活动所需要达到的学术标准。该政策规定，如果学生要参加课外活动，其平

均绩点必须达到2.0。西弗吉尼亚州高等法院对州教育委员会的该项政策予以了支持,它认为,州教育委员会合法地行使了州对教育所享有的管理权,该政策对学生实现教育优异的目标起到了促进作用。在该案中,一个县教育委员会所制定的规章超出了州教育委员会所制定的政策,作出了更高的要求。该规章规定,作为参加课外活动的一项条件,学生所有科目都必须及格,否则就不能参加课外活动。对该规章,法院也予以了支持。[163]与此相似,在一起案件中,肯塔基州上诉法院也认为,一个学区的教育委员会可以制定政策,要求学生所学的六门功课中必须有五门的绩点达到2.0,方可参加课外活动。[164]

追求教育优异受到了全国范围的关注,由此看来,学区教育委员会和州立法部门会倾向于设定更多的学术标准以作为学生参加学校课外活动的条件。除非学校不公平地使用这些学术标准,否则这些学术标准不太可能被法院否决。[165]

参加课外活动的费用

许多法院都判决,作为让学生参加课外活动的条件,公立学校可以向学生收取费用。举例来说,在一起案件中,一所学区的政策规定,参加课外活动的学生必须交费。有学生认为,该政策违反州宪法,因而向法院提起了诉讼。爱达荷州高等法院认为,课外活动并非"高中教育的必要组成部分",因而驳回了学生的诉讼请求。[166]在另外的两起案件中,威斯康星州最高法院和蒙大拿州最高法院也作出了相似的判决,认为学区可以向参加任选活动或选修活动的学生合法地收取费用。[167]在另一起案件中,密歇根州上诉法院指出,学区可以向参加校际运动队的学生收取费用。而且法官注意到,在此案中,对于不能支付这笔费用的学生,学区免除了他们的费用,而且确保了这一过程的保密性,从而保护了学生的隐私。法院认识到,还没有学生因没有支付能力而失去参加此活动的机会。法院进一步指出,校际运动会并不是教育项目整体之中不可或缺的部分,所以学区也没有义务免费提供,除非某项活动属于教育项目中不可或缺的基本组成部分,学区才需要向学生免费提供此活动。[168]

不过,个别州的制定法也可以规定,不允许学区向参加课外活动的学生收取费用。在1984年的一起案件中,一个学区为了减少自身的开支,决定向参加戏剧表演、音乐表演和体育活动的学生收取费用,但这一做法并未得到加利福尼亚州最高法院的支持。法院认为,课外活动是教育项目的有机组成部分,应当包括在依据宪法的规定而向学生提供的免费公立教育之中。法院还进一步指出,加利福尼亚州的行政规章规定,学区不得向学生收取任何费用或保证金,如果学区向学生收取课外活动费则违反了此规定。[169]考虑到学区所面临的财政压力,越来越多的教育委员会会选择向参加课外活动的学生收取费用。此类收费项目是否符合法律,则取决于法院对州宪法的解释。

其他条件

学校、州运动协会或州教育部门还可以设定许多其他的附加条件,作为让学生参加课外活动的条件。举例来说,不少法院认为,为了让学生不至于负担过重并促使校际体育运动更具有竞争性且更公平,作为让学生参加学校体育代表队的一个条件，学区可以对学生参加校外体育竞赛的活动进行限制。[170]同时，法院还认为，如果学生体育运动队要参加校际锦标赛，对运动队成员的人数进行控制也是合理的，因为这样做可以减少季后淘汰性比赛的开支，并能够促使运动队在总决赛中公平竞争，所以该控制措施符合州的合理目标。[171]此外，有的州的运动协会规定，学生运动员只有在参加完一定数目的赛季比赛之后，才能够有资格参加联赛，这种规定也会得到法院的支持。[172]

尽管在公立学校所提供的活动之中，课外活动仍然是一个广受争议的问题，但法院通常会给予学校管理者一定的自由裁量权以允许他们设定学生参加课外活动的条件。不过，教育者应该注意，学校针对课外活动所制定的所有政策都应合理，得到清楚的说明，与合法的教育目的相关，已经公告给了学生及其家长并且公平地适用于所有学生，不存在歧视情况。

结 论

许多法律诉讼都产生于学校的非教育事务。不少案件集中于学生受第一修正案所保护的言论自由权和出版自由权，但也有学生主张，学校对学生非教育事务的控制侵害了他们的其他宪法权利，诸如正当程序权和受平等保护的权利等。从20世纪60年代的后期到20世纪70年代的早期，联邦司法系统扩大了宪法对学生在非教育事务上权利的保护。由于联邦最高法院已经判决，淫秽或粗俗的言论和服饰不受第一修正案的保护且学校管理者可以审查由学校资助的言论，因此在此判决之后，可以适用**廷克案**标准的空间变得越来越窄。然而，在一些法律诉讼之中，有学生认为，学校的"反骚扰"政策和对学生电子言论的审查行为侵害了他们受第一修正案保护的权利，**廷克案**标准也因这些法律诉讼而得以复兴。基于对学生暴力行为的担心，为对抗恐怖主义，学校加大了对学生言论的控制，从而对公立学校学生受第一修正案所保护的自由施加了新的限制。学生有能力通过互联网向更多的受众散发资料，因此学校与学生之间的关系变得更为紧张。

而且学生并不需要仅仅依靠宪法来寻求法律的保护，联邦法律和州法律也能保护学生的言论自由权和结社自由权，并可以对学生在非教育事务上的权利提供保护，其中最著名的例子是《平等进入法案》。尽管在权衡学生利益和学校管理者利益时，法院所适用的法律标准一直在不断改善，但以下几条原则可以说明法院当前所持的态度：

1. 学生无权在公立学校之中发表诽谤性的、淫秽的、粗俗的或煽动性的言论，这些言论不受第一修正案的保护。

2. 学区教育委员会可以禁止其他组织或个人在学校之中从事商业行为，但是如果州法不禁止，学区教育委员会有权和公司签订商业合同，以允许这些公司在公立学校之中发布广告。

3. 如果学生代表学校发表言论，则该言论要受到学校的控制；只要出于教育上的原因且不构成观点歧视，学校管理者享有相当宽泛的自由裁量权以审查这些言论。

4. 对于学生的个人言论，学校管理者不能仅仅因为学生在学校之中发表意识形态方面的言论就对其进行控制；除非学校管理者合理地预测到，这种言论会实质性地干扰教育过程或破坏教育过程，否则不应该对这些言论进行控制。

5. 学校管理者不能禁止学生在非校方的出版物上发表具有争议性或批评性内容的文章；如果学校的政策规定，学校管理者可以对学生所发行的出版物进行事前行政审查，则该政策也应该具体说明审查的程序及学校禁止学生刊登哪些类型的材料。

6. 如果学生在校外制作和散发材料，包括在家中通过互联网发帖子等，学校管理者不能基于这些材料的内容而对学生进行惩罚。只有在这类行为实质性地侵扰了学校的运行时，学校管理者才能对负有责任的学生进行惩罚。

7. 学区的"反骚扰"政策禁止学生发表不礼貌的和粗俗的言论，大多数法院认为，这类政策是促进合法学校目标所必需的，是正当合法的；但是，即使这类政策在校内具有合理性，学校管理者也不能因此而在校外使用与此相似的政策。

8. 如果学校制定的规章，指定了学生发表言论的时间、地点和行为方式，则这些规章应该是具体的，已经公告给了学生及其家长，并且公平地适用于所有学生，不存在歧视情况。

9. 依据《平等进入法案》，如果联邦资助的中学在非教学时间为学生组织的俱乐部进行聚会提供了一个限制性的公共论坛，则学校所制定的"进入"政策必须保持内容中立的立场；不过，公立学校并不必须为"非课程性"学生团体进行聚会提供这样的论坛。

10. 如果学生的发型和服饰是粗俗的、存在健康和安全风险、极可能破坏教育过程或干扰教育目标的实现，则学校管理者可以对学生的发型和服饰进行控制。

11. 只要具有合法的教育理由而非为了压制学生的言论，比如为了减少学生的暴力行为和提高学生的成绩，公立学校可以制定控制学生着装的规章，并要求学生穿着统一的校服。

12. 学生并不具有参加课外活动的天然权利。

13. 在大多数州，是由一个私立的、非营利的协会来管理公、私立学校的校际运动会及其他竞赛活动的。这类协会的行为被视为州的行为，它们的活动受宪法的约束。

14. 学校管理者可以设定学生参加课外活动的附加条件（比如技能标准、参加活动和训练要求、居住地要求、学术标准、年龄和年限的要求等），只要所设定的条件具有合理性，学校管理者就能够享有相当大的自由裁量权。

15. 基于健康和安全方面的合法理由，在学生参加课外活动的过程中，学校管理者可以对学生进行限制，并且可以要求学生运动员接受学校组织的尿样检测。

16. 公立学校是否可以对参加课外活动的学生征收费用，取决于法院对州宪法和制定法的解释。

注　释

[1] 参见 W. Va. State Bd. of Educ. v. Barnette, 319 U. S. 624 (1943); 参见第 2 章第 135 条注释所对应的正文。

[2] Parate v. Isibor, 868 F. 2d 821, 828 (6th Cir. 1989).

[3] 尽管言论自由权具有重大意义，但它仍然应该受到限制。正如大法官赫姆斯所指出的那样，在拥挤的戏院里，在没有起火的情况下，任何人都没有大喊"起火"的言论自由权。Schenck v. United

States, 249 U. S. 47, 52 (1919)。

[4] Texas v. Johnson, 491 U. S. 397 (1989).

[5] Capitol Square Review & Adivisory Bd. v. Pinette, 515 U. S. 753 (1995).

[6] Lavine v. Blaine Sch. Dist., 279 F. 3d 719, 720 (9th Cir. 2002), 调卷令被回绝, 122 S. Ct. 2663 (2002).

[7] W. Va. State Bd. of Educ. v. Barnette, 319 U. S. 624, 637 (1943)。又见 Shelton v. Tucker, 364 U. S. 479, 487 (1960); Sweezy v. New Hampshire, 354 U. S. 234, 250 (1957)。

[8] Keyishian v. Bd. of Regents, 385 U. S. 589, 603 (1967)。部分引自 United States v. Associated Press, 52 F. Supp. 362, 372 (S. D. N. Y. 1943), 维持原判, 326 U. S. 1 (1945)。

[9] Bethel Sch. Dist. No. 403 v. Fraser, 478 U. S. 675, 682 (1986)。又见 Tinker v. Des Moines Indep. Sch. Dist., 393 U. S. 503, 506-507 (1969)。

[10] 参见 John Gehring, "States Weigh Bills to Stoke Students' Patriotism," *Education Week* (March 27, 2002), pp. 19, 22; Mark Walsh, "Patriotism and Prayer: Constitutional Questions Are Muted," *Education Week* (October 10, 2001), p. 14。

[11] 参见 Jarman v. Williams, 753 F. 2d 76 (8th Cir. 1985)。在该案中,法院认为,学生在公立学校之中所从事的社交舞蹈和娱乐性舞蹈无权获得第一修正案的保护。

[12] 参见 Hustler Magazine v. Falwell, 485 U. S. 46 (1988)。

[13] 参见本书第13章第78条注释所对应的正文,该段正文讨论到因诽谤而要求损害赔偿的诉讼案所适用的侵权法原则。

[14] Miller v. Calfornia, 413 U. S. 15, 24 (1973), 在该案中,最高法院确认通过以下测试标准来区分淫秽资料和受宪法保护的资料: (1) "以普通人适用当前的社区道德标准"为准绳,该作品作为一个整体是否意图唤起他人的色欲; (2) 依据当前的州法,该作品是否以一种公开的、令人反感的方式专门描述或刻画性行为; (3) 作为一个整体,该作品是否缺乏严格的文学、艺术、政治或科学价值。在大多数情况下,最高法院认为,地方政府有权力界定哪些资料是对未成年人有害的淫秽资料。参见 Ginsberg v. New York, 390 U. S. 629, 636-637 (1968)。在该案中,一部州法禁止任何个人或组织向未成年人贩卖描画异性裸体的杂志。法院认为,"不同于成年人的权利,州政府可以对未成年人的权利进行限制,以判断或决定哪些性资料是未成年人可以阅读或看到的",因此法院对该部州法予以了支持。

[15] 478 U. S. 675 (1986).

[16] *Id.* at 683。又见 Lopez v. Tulare Joint Union High Sch. Bd. of Trs., 40 Cal. Rptr. 2d 762 (Ct. App. 1995), 在该案中,一些学生预备在本班上放映一部电影,由于该部电影使用了猥亵性语言,学区要求学生将这些猥亵性语言删去。法院认为,学区做法并没有侵害学生受第一修正案保护的权利。Hinze v. Superior Court of Marin County, 174 Cal. Rptr. 403 (Ct. App. 1981), 在该案中,学生在学校中佩戴了一枚徽章,徽章上写着 "Fuck the Draft"。法院认为,该语言是粗俗的、不被法律保护的言论,如果学生坚持拒绝摘下该枚徽章,学区就可以对其进行纪律处分。

[17] 在该案中,弗雷泽被停学两天并失去了作为毕业典礼发言人的候选资格。弗雷泽认为,学区剥夺其候选资格的做法侵害了其享有的正当程序权。但上诉法院认为,事实情况是弗雷泽最终仍然在毕业典礼上发言,因此不需要对该项指控进行审查。

[18] Denno v. Sch. Bd., 218 F. 3d 1267 (11th Cir. 2000)。又见 Melton v.

Young, 465 F. 2d 1332 (6th Cir. 1972). 在该案中，法院认为，对这所刚刚消除种族隔离状态的田纳西州的学校而言，学生坚持佩戴标有南部邦联国旗的袖章的行为会加剧学校里的种族紧张状态，因此学区可以对该名学生处以停学处分。参见本章第85条注释所对应的正文。

[19] Anderson v. Mibank Sch. Dist., 197 F. R. D. 682 (D. S. D. 2000)。又见 Pangle v. Bend-Lapine Sch. Dist., 10 P. 3d 275 (Or. App. 2000)，原告上诉请求被驳回，34 P. 3d 1176 (Or. 2001)。在该案中，法院认为，该名学生在学校里发放具有粗俗性语言和威胁性语言的地下报纸，因此学区可以对他进行处罚。

[20] Gooding v. Wilson, 405 U. S. 518, 524 (1972).

[21] Stacy v. Williams, 306 F. Supp. 963, 972 (N. D. Miss. 1969).

[22] 参见本书第7章第14条注释。

[23] Lovell v. Poway Unified Sch. Dist., 90 F. 3d 367 (9th Cir. 1996).

[24] United States v. Dinwiddie, 76 F. 3d 913 (8th Cir. 1996)。又见 Shoemaker v. State, 343 Ark. 727 (2001)。在该案中，一部州法规定，学生如果谩骂或侮辱教师，则要承担相应的刑事责任。但是法院认为，该部州法存在模糊性，违反宪法；虽然在本案中，学生骂他的教师是"a bitch"，但该语言并不是宣战性言论，因此不应该以刑事轻罪对其提起诉讼。

[25] Jones v. State, 347 Ark. 409(2002)。又见 United States v. Morales, 272 F. 3d 284 (5th Cir. 2001)，调卷令被回绝，122 S. Ct. 2624 (2002)，参见本章第93条注释所对应的正文。

[26] Doe v. Pulaski County Special Dist., 306 F. 3d 616 (8th Cir. 2002).

[27] 教育委员会意图在该名学生的档案中注明，之所以对该名学生处以紧急开除处分并不是出于纪律处罚的目的，而是出于维护学校安全的考虑。在该名学生接受完三次精神病检查探视之后，学校又允许他重新回到学校。Lavine v. Blaine Sch. Dist., 279 F. 3d 719 (9th Cir. 2002)，调卷令被回绝，122 S. Ct. 2663 (2002)。又见 Cuesta v. MiamiDade County Sch. Bd., 285 F. 3d 962 (11th Cir. 2002)。在该案中，法院认为，该名学生在学校里发放具有威胁性言论的小册子，因此校长可以依据学校的"零容忍"政策将相关情况报告给警察局。

[28] Lavine, 279 F. 3d at 724。在全体法官再审过程中，大法官瑞哈特持异议。在该案中，上诉法院对下级法院的判决予以了肯定，认为该名学生应该被学校处以停学处分并在随后接受心理状况评估，而不是被学校开除。但是，如果学生在互联网上发布威胁性行为，以至于其他州的人也可以看到这一言论，那么这一行为就是发布州际威胁的行为，会因违反2002年的《美国法典》第18章第875条的规定（18 U. S. C. § 875, 2002）而被判处刑事轻罪。

[29] *In re* Douglas D., 626 N. W. 2d 275 (Wis. 2001)。又见 *In re* C. C. H., 651 N. W. 2d 702 (S. D. 2002)。

[30] State v. McCooey, 802 A. 2d 1216 (N. H. 2002)。又见 D. G. & C. G. v. Indep. Sch. Dist. No. 11, No. 00-C-0614-E, 2000 U. S. Dist. LEXIS 12197 (N. D. Okla. Aug. 21, 2000)。在该案中，一名高中女学生在学校里写了一首诗并将这首诗留在了教室里，诗中写到要杀了她的老师，因此她被学校处以了停学处分。但是，法院认为，这首诗并不构成真实的威胁，因此发出了一项禁止令，让这名女学生重新回到了学校。

[31] 又见 *In re* A. S., 626 N. W. 2d 712 (Wis. 2001)。在该案中，一名中学生在闲谈中说，他要杀了学校里的所有人。法院认为，该名学生的言论表明，他具有

蓄意伤害他人的动机,因而违反了无秩序行为法。

[32] 参见 Bolger v. Youngs Drug Prods. Corp., 463 U. S. 60, 64-75 (1983). 在该案中,法院认为,有关商业言论的自发邮件不可能像其他形式的言论一样,获得同等程度的宪法保护。

[33] Bd. of Trs. v. Fox, 492 U. S. 469 (1989).

[34] 参见 Planned Parenthood v. Clark County Sch. Dist., 887 F. 2d 935 (9th Cir. 1989), 参见本章第 48 条注释所对应的正文; Williams v. Spencer, 622 F. 2d 1200 (4th Cir. 1980), 参见本章第 72 条注释所对应的正文。

[35] Katz v. McAulay, 438 F. 2d 1058 (2nd Cir. 1971). 又见 Bernard v. United Township High Sch. Dist. No. 30, 5 F. 3d 1090 (7th Cir. 1993). 在该案中,一名学生对学区提起了控诉,认为学区干涉了他在学校里贩卖自制出版物的权利,但法院驳回了他的诉讼请求。

[36] 参见 Wallace v. Knox County Bd. of Educ., No. 92-6195, 1993 U. S. App. LEXIS 20477 (6th Cir. Aug. 10, 1993), 在该案中,法院认为,学校在新闻节目中插播商业广告的行为并没有侵害学生的权利,因为学生可以不看这些商业广告; Dawson v. E. Side Union High Sch. Dist., 34 Cal. Rptr. 2d 108 (Ct. App. 1994), 在该案中,法院认为,学校在允许商业广告进入学校内部时,应保持谨慎态度; State v. Whittle Communications, 402 S. E. 2d 556 (N. C. 1991), 在该案中,原告诉称,学区与私人公司之间所签订的电台广告合同违反了州法,但该诉讼请求未被法院受理。

[37] 参见 *Dawson*, 34 Cal. Rptr. 2d 108。又见 DiLoreto v. Downey Unified Sch. Dist. Bd. of Educ., 196 F. 3d 958 (9th Cir. 1999). 在该案中,法院认为,棒球场周边的围墙属于非公共论坛,只能服务于限制性目的,因此学校可以不允许特定种类的广告张贴在棒球场周边的围墙上。

[38] 参见 Martha McCarthy, "Privatization of Education: Marketplace Models," in Bruce Jones (Ed.), *Educational Leadership: Policy Dimensions in the 21st Century* (Stamford, CT: Ablex, 2000), pp. 21-39。

[39] Cornelius v. NAACP Legal Def. & Educ. Fund, 473 U. S. 788 (1985); Perry Educ. Ass'n v. Perry Local Educators' Ass'n, 460 U. S. 37 (1983).

[40] 参见 Kincaid v. Gibson, 236 F. 3d 342 (6th Cir. 2001). 在该案中,法院认为,大学的毕业纪念册是一个受限制的学生言论公共论坛;学校管理层因为有人反对就没收毕业纪念册复制本的做法侵害了编辑受第一修正案所保护的权利。

[41] 参见 Gambino v. Fairfax County Sch. Bd., 564 F. 2d 157 (4th Cir. 1977). 在该案中,法院认为,学校之所以对学生报纸予以资助就是为了建立一个让学生发表言论的论坛。

[42] 484 U. S. 260 (1988), 发回重审, 840 F. 2d 596 (8th Cir. 1988).

[43] *Id.*, 484 U. S. at 267.

[44] 作为对该判决的回应,许多州针对学校资助的报纸颁布了新的立法,授予学生编辑以确定报纸内容的特定权利。参见 Cal. Ed. Code § 48907 (2002); Colo. Rev. Stat. Ann. § 22-1-120 (2001); Iowa Code § 280. 33 (2002); Kan. Stat. Ann. § 72-1506 (2002); Mass. Gen. Laws Ann. ch. 71, § 82 (2002). 又见 Pyle v. Sch. Comm. of S. Hadley, 667 N. E. 2d 869 (Mass. 1996). 在该案中,法院指出,相对于第一修正案,州法对学生言论的保护力度更大,只要学生发表的言论不具有破坏性,州法甚至允许学生在公立学校里发表粗俗的私人言论。

[45] 484 U. S. at 267。法院在**弗雷泽案**中就认识到,学生自愿参加的政治集会

并不是一个发表学生言论的公共论坛,但是法院也指出,对淫秽的以及粗俗的学生言论,学校管理层具有广泛的自由裁量权,只要不将学生言论局限于学校主持的事件,这种自由裁量权都会得到法律的保护。Bethel Sch. Dist. No. 403 v. Fraser, 478 U. S. 675 (1986);参见本章第15条注释所对应的正文。

[46] Poling v. Murphy, 872 F. 2d 757, 762 (6th Cir. 1989)。

[47] 同上, 872 F. 2d at 761。又见 Guidry v. Broussard, 897 F. 2d 181 (5th Cir. 1990)。在该案中,法院认为,学校可以审查学生的毕业告别演说词。

[48] Planned Parenthood v. Clark County Sch. Dist., 887 F. 2d 935, 942 (9th Cir. 1989), 引自 Burch v. Barker, 861 F. 2d 1149, 1158 (9th Cir. 1988), 全体法官出庭重审, 941 F. 2d 817 (9th Cir. 1991)。

[49] Crosby v. Holsinger, 852 F. 2d 801 (4th Cir. 1988)。在该案中,法院也指出,在教育委员会会议即将举行的前一天,学校才在学生布告栏中张贴会议通知的作法对学生的言论自由权构成了轻微的伤害。

[50] Fister v. Minn. New Country Sch., 149 F. 3d 1187 (8th Cir. 1998)。

[51] Henerey v. City of St. Charles Sch. Dist., 200 F. 3d 1128 (8th Cir. 1999)。

[52] McCann v. Ft. Zumwalt Sch. Dist., 50 F. Supp. 2d 918 (E. D. Mo. 1999)。

[53] 参见 Bd. of Regents v. Southworth, 529 U. S. 217 (2000)。在该案中,法院认为,只要大学保持观点中立的立场,它就可以使用法定的学生活动经费以促进学生之间思想的自由交流和公开交流;但是,法院指出,大学使用全体学生投票的方式以决定哪些学生俱乐部获得学校资助的做法是不合法的,因为这种投票方式剥夺了少数人观点获得资助的权利。

[54] San Diego Comm. Against Registration & the Draft v. Governing Bd. of Grossmont Union High Sch. Dist., 790 F. 2d 1471 (9th Cir. 1986)。又见 Clergy & Laity Concerned v. Chi. Bd. of Educ., 586 F. Supp. 1408 (N. D. Ill. 1984)。在该案中,教育董事会允许征兵组织进入学校,却拒绝反征兵组织进入学校。法院认为,与军事服务一样,反征兵组织进入学校只是给学生带来了一种选择性信息,因此教育委员会的做法不合法。

[55] Searcey v Harris, 888 F. 2d 1314 (11th Cir. 1989)。

[56] Desilets v. Clearview Reg'l Bd. of Educ., 647 A. 2d 150 (N. J. 1994)。

[57] 393 U. S. 503, 508 (1969)。

[58] Id. at 509。

[59] Id. at 511。

[60] Id. at 513, 引自 Burnside v. Byars, 363 F. 2d 744, 749 (5th Cir. 1966)。与 Blackwell v. Issaquena County Bd. of Educ., 363 F. 2d 749 (5th Cir. 1966) 相比较;参见本章第65条注释所对应的正文。

[61] 参见 Hazelwood Sch. Dist. v. Kuhlmeier, 484 U. S. 260 (1988), 参见本章第42条注释所对应的正文;Bethel Sch. Dist. No. 403 v. Fraser, 478 U. S. 675 (1986), 参见本章第15条注释所对应的正文。

[62] 参见第2章第117条注释所对应的正文。当然,依据"不立国教"条款,学校可以禁止学生在校方资助的出版物上发表意图使他人改变宗教信仰的文章。

[63] Yeo v. Town of Lexington, 131 F. 3d 241 (1st Cir. 1997)。

[64] Guzick v. Drebus, 431 F. 2d 594, 600 (6th Cir. 1970)。

[65] 参见 Blackwell, 363 F. 2d 749。

[66] Southeastern Prmotions v. Conrad, 420 U. S. 546, 559 (1975)。

[67] Scoville v. Bd. of Educ., 425 F. 2d 10, 14 (7th Cir. 1970)。

[68] 参见 Fujishima v. Bd. of Educ., 460 F. 2d 1355 (7th Cir. 1972); Riseman v. Sch. Comm., 439 F. 2d 148 (1st Cir. 1971).

[69] Bystrom v. Fridley High Sch. Indep. Shc. Dist. No. 14, 822 F. 2d 747 (8th Cir. 1987)。这些学生在学校里散发未经学校批准的地下报纸，这些报纸中包含有大量粗俗的、破坏性的以及鼓动学生暴力对抗教师的信息，因此学校对这些学生进行了纪律处分。在该案中，法院对学校的这一做法予以了支持。Bystrom v. Fridley High Sch., 686 F. Supp. 1387 (D. Minn. 1987)，维持原判备忘录，855 F. 2d 855 (8th Cir. 1988)。又见 Muller v. Jefferson Lighthouse Sch., 98 F. 3d 1530 (7th Cir. 1996)。在该案中，学区政策规定，非校方的学生读物在出版之前，至少需提前一天将读物的影印本提交给校长审查。法院认为，该项学区政策是合法的，学区可以对那些鼓励分裂行为和非法行为的言论以及诽谤、猥亵、侮辱性言论进行审查。

[70] 参见 Quarterman v. Byrd, 453 F. 2d 54 (4th Cir. 1971)，在该案中，法院认为，学校的校规缺乏评估标准，又没有建立完备的程序以确保校方可以迅速地审查学生的出版物，因此该项校规是不合法的；Eisner v. Stamford Bd. of Educ., 440 F. 2d 803 (2nd Cir. 1971)，在该案中，法院指出，被指控的学区政策存在宪法缺陷，它既没有界定校方审查的时间表，也没有建立准确的程序以说明谁写的书面材料应该提交审查以及如何提交这些材料。

[71] Burch v. Barker, 861 F. 2d 1149, 1155 (9th Cir. 1988)。又见 Romano v. Harrington, 725 F. Supp. 687 (E. D. N. Y. 1989)。在该案中，法院认为，学生报纸并不属于课程的一部分，依据第一修正案的规定，校方管理层不可以通过掌控编辑权的方式控制学生报纸。

[72] Williams v. Spencer, 622 F. 2d 1200 (4th Cir. 1980)。法院还进一步指出，学区在没收了这批出版物之后，为学生进行抗辩提供了充分的校内上诉程序，该上诉程序的进度也是合理的。法院还表明，商业言论无权获得与其他类型言论相同的保护。有关商业言论的讨论请参见本章第32条注释所对应的正文。

[73] Wildman v. Marshalltown Sch. Dist., 249 F. 3d 768 (8th Cir. 2001)。又见 Kicklighter v. Evans County Sch. Dist., 968 F. Supp. 712 (S. D. Ga. 1997)，维持原判备忘录，140 F. 3d 1043 (11th Cir. 1998)，在该案中，学区要求该名学生作出选择，要么向全班解释她为什么从事野蛮的破坏性行为，要么接受为期5天的停学处分。法院认为，学区的此项做法合法，并未侵犯该名学生依据第一修正案所享有的权利。Donovan v. Ritchie, 68 F. 3d 14 (1st Cir. 1995)，在该案中，法院认为，该名学生对同班同学发放破坏性的粗俗读物，因此学校可以对其处以为期10天的停学处分，并剥夺他参加课外活动的权利。

[74] 参见 Bd. of Educ. v. Comm'r of Educ., 690 N. E. 2d 480 (N. Y. 1997)。在该案中，一名学生自编了一本读物，并在该读物中鼓动其他学生从事各种违反校规的行为，包括破坏学校的财产，因此法院认为，学校可以对该名学生处以停学处分。

[75] Boucher v. Sch. Bd., 134 F. 3d 821, 828 (7th Cir. 1997).

[76] 参见 Tate v. Bd. of Educ., 453 F. 2d 975 (8th Cir. 1972); Farrell v. Joel, 437 F. 2d 160 (2nd Cir. 1971); WalkerSerrano v. Leonard, 168 F. Supp. 2d 332 (M. D. Penn. 2001)。又见 Boyd v. Bd. of Dirs., 612 F. Supp. 86 (E. D. Ark. 1985)。在该案中，学生们走出学校进行集会，以抗议校友返校活动组织者操纵"返校皇后"的选举。法院认为，这种

抗议行为受法律保护。

［77］ Dodd v. Rambis, 535 F. Supp. 23（S. D. Ind. 1981）。又见 Wiemerslage v. Me. Township High Sch. Dist. 207, 29 F. 3d 1149（7th Cir. 1994）。在该案中，法院认为，学区可以对违反"反游荡"校规的一名高中学生处以纪律处分。虽然该名学生诉称，学区的该项校规具有模糊性，侵害了其受第一修正案保护的言论自由权和集会自由权，但该项指控未获法院支持。

［78］ Chandler v. McNinnville Sch. Dist., 978 F. 2d 524（9th Cir. 1992）。又见 Local Org. Comm., Million Man March v. Cook, 922 F. Supp. 1494, 1497（D. Colo. 1996）。在该案中，在没有证据表明学生集会行为是威胁性的非法行为的情况下，丹佛一所学校仍然不允许非洲裔美国学生放学后在学校里举行集会，因此法院认为，该学校的事前限制行为违反宪法。法院指出，事前限制的功能等同于"一个以内容为本的过滤器"，通过事前限制，校方管理层可以获得充分的自由裁量权以判断什么是对社区最有利的举措。

［79］ 又见 Karp v. Becken, 477 F. 2d 171（9th Cir. 1973）。在该案中，一名学生携带了一些标志物进学校，意图发给其他学生以抗议校方未续签一名教师的聘任合同。法院认为，校方可以没收该名学生预谋发放的标志物，但不应该对其处以停学处分，因为其抗议行为只是一种单纯的私人言论。

［80］ Thomas v. Bd. of Educ., 607 F. 2d 1043（2nd Cir. 1979）。有关对学生网络言论予以审查的内容，请参见本章第90条注释所对应的正文。

［81］ 参见 Fister v. Minn. New Country Sch., 149 F. 3d 1187（8th Cir. 1998），在该案中，法院认为，学校可以颁布政策明确规定，如果学生发表宣战性言论、威胁性言论、其他危及学校安全的言论或骚扰性言论，则会受到停学或开除处分；参见本章第50条注释所对应的正文。

［82］ 参见 R. A. V. v. St. Paul, 505 U. S. 377（1992），在该案中，圣保罗地区政府的一项法令规定，禁止公众基于种族、信念、信仰、肤色或性别特征而发表会唤起他人愤怒或愤恨的言论，但法院认为该项法令违法；Dambrot v. Cent. Mich. Univ., 55 F. 3d 1177（6ht Cir. 1995），在该案中，一所大学的政策规定，禁止学生发表侵扰性言论。法院认为，该政策过于宽泛，存在模糊性，因此不合法；但是，法院也指出，学校教练在衣帽间谈话中所使用的"黑鬼"一词是不受第一修正案所保护的言论。

［83］ 参见 Bethel Sch. Dist. v. Fraser, 478 U. S. 675（1986）；West v. Derby Unified Sch. Dist., 206 F. 3d 1358（10th Cir. 2000）；Poling v. Murphy, 872 F. 2d 757（6th Cir. 1989）。

［84］ West, 206 F. 3d 1358.

［85］ Denno v. Sch. Bd., 218 F. 3d 1267, 1272（11th Cir. 2000），参见本章第18条注释所对应的正文。

［86］ Id. at 1273.

［87］ Saxe v. State Coll. Area Sch. Dist. (SCASD), 240 F. 3d 200（3rd Cir. 2001）。

［88］ SCASD Anti-Harassment Policy (approved August 9, 1999)，引自 Saxe, 240 F. 3d at 218, 220, 222。学区在"反侵扰"政策中专门分出了一个章节以说明什么是校方所禁止的言论，但是它对禁止言论所作的界定存在歧义、具有多种可争辩的解释，因此法院认为，学区在制定政策过程中存在过错。Id., 240 F. 3d at 215。第三巡回法院认为，州大学区域学区的"反侵扰"政策过于宽泛，因此针对原告提出的该项政策违反宪法、存在模糊性的指控，法院不需要进行判决。Id. at 214。

［89］ Sypniewski v. Warren Hills Reg'l Bd. of Educ., 307 F. 3d 243（3rd Cir. 2002）。

[90] Emmett v. Kent Sch. Dist. No. 415, 92 F. Supp. 2d 1088 (W. D. Wa. 2000).

[91] Beussink v. Woodland R-IV Sch. Dist., 30 F. Supp. 2d 1175 (E. D. Mo. 1998).

[92] Kikkion v. Franklin Reg'l Sch. Dist., 136 F. Supp. 2d 446 (W. D. Pa. 2001).

[93] United States v. Morales, 272 F. 3d 284 (5th Cir. 2001),调卷令被回绝, 122 S. Ct. 2624 (2002).

[94] J. S. v. Bethlehem Area Sch. Dist., 807 A. 2d 847 (Pa. 2002).

[95] 参见 Orin v. Barclay, 272 F. 3d 1207 (9th Cir. 2001),在该案中,法院认为,社区大学可以以学生的抗议活动是否侵犯或影响学校的校内活动为标准,决定是否允许学生组织这种抗议活动,但是,法院认为,大学禁止学生在抗议过程中进行宗教活动的做法是非法的;Godwin v. E. Baton Rouge Parish Sch. Bd., 408 So. 2d 1214 (La. 1981),在该案中,法院认为,校方禁止学生在学校行政办公楼中携带标志物、海报或传单的规定是对言论交流场地和交流方式的一种合理限制。

[96] Healy v. James, 408 U. S. 169, 181 (1972).

[97] 参见 Griswold v. Connecticut, 381 U. S. 479, 483 (1965)。

[98] 参见 Robinson v. Sacramento Unified Sch. Dist., 53 Cal. Rptr. 781 (Ct. App. 1966); Passel v. Fort Worth Indep. Sch. Dist., 453 S. W. 2d 888 (Tex. Civ. App. 1970)。

[99] 参见 Dixon v. Beresh, 361 F. Supp. 253 (E. D. Mich. 1973)。在该案中,法院认为,在挑选学生组织的过程中,学校管理层如果拒绝批准某个学生组织的成立,就必须提供清晰的证据以证明该学生俱乐部会对学校的教育过程造成破坏。

[100] 20 U. S. C. § 4071 (2002)。参见第2章第97条注释所对应的正文。

[101]《平等进入法案》所界定的限制性论坛要比第一修正案所界定的限制性论坛更为广阔。联邦最高法院在1988年**海兹伍德学区案**(484 U. S. 260, 267, 1988)中就强调,依据第一修正案,在公立学校里,学校活动是一个限制性论坛,只能发表代表校方意图的言论,这种意图限制不必然违反《平等进入法案》的规定。

[102] 496 U. S. 226 (1990)。法院认为,《平等进入法案》不仅仅保护"非课程"性的、为校方所支持的学生团体。又见 Student Coalition for Peace v. Lower Merion Sch. Dist., 776 F. 2d 431 (3rd Cir. 1985),发回重审,633 F. Supp. 1040 (E. D. Pa. 1986)。在该案中,法院认为,学区应该允许学生和平联盟在非教学时间进入学校的限制性论坛以举行和平展览;同时,法院也指出,针对学校遵循《平等进入法案》而采取的各种举措,如果学生有所不满,他们享有对此提起法律诉讼的个体权利。

[103] Colin v. Orange Unified Sch. Dist., 83 F. Supp. 2d 1135 (C. D. Cal. 2000).

[104] Id. at 1146.

[105] E. High Gay/Straight Alliance v. Bd. of Educ., 30 F. Supp. 2d 1356 (D. Utah 1998).

[106] E. High Gay/Straight Alliance v. Bd. of Educ., 81 F. Supp. 2d 1166 (D. Utah 1999).

[107] 学区指出,它之所以拒绝该学生俱乐部的申请,是因为该俱乐部的主题事务狭窄地定位于一个特定的群体。但法院认为,学区在评估提出申请的、与课程相关的俱乐部时,并没有始终如一地使用"观点不可狭窄化"的政策,因此法院认为学区的做法违法。E. High Sch. Prism Club v. Seidel, 95 F. Supp. 2d 1239 (D. Utah

2000)。又见 Schoick v. Saddleback Valley Unified Sch. Dist.，104 Cal. Rptr. 2d 562 (Ct. App. 2001)，在该案中，法院认为，诉讼的焦点在于，高中学校里的学生俱乐部会议是否都必须与课程相关，如果答案是肯定的，学校就可以禁止基督教运动员协会放学后在学校里举行会议；参见第 2 章第 103 条注释所对应的正文。

［108］参见 Good News Club v. Milford Cent. Sch.，533 U. S. 98 (2001)；Lamb's Chapel v. Ctr. Moriches Union Free Sch. Dist.，508 U. S. 384 (1993)；参见第 2 章第 106～111 条注释所对应的正文。

［109］Boy Scouts of Am. v. Dale，530 U. S. 640 (2000)。在该案中，法院认为，宪法保护学生的集会自由权，因此学校可以禁止同性恋者担任"童子军"组织的领导者。

［110］Boy Scouts of Am. v. Till，136 F. Supp. 2d 1295 (S. D. Fla. 2001)。参见本章第 81 条注释所对应的正文，该段正文涉及围绕学区"反侵扰"政策所展开的争论。

［111］参见 Massie v. Henry，455 F. 2d 779 (4th Cir. 1972)；Bishop v. Colaw，450 F. 2d 1069 (8th Cir. 1971)；Richard v. Thruston，424 F. 2d 1281 (1st Cir. 1970)；Breen v. Kahl，419 F. 2d 1034 (7th Cir. 1969)。

［112］参见 Zeller v. Donegal Sch. Dist.，517 F. 2d 600 (3rd Cir. 1975)，该案对以下案件的判决有影响：Stull v. Sch. Bd. of W. Beaver Jr.-Sr. High Sch.，459 F. 2d 339 (3rd Cir. 1972)；King v. Saddleback Jr. Coll. Dist.，445 F. 2d 932 (9th Cir. 1971)；Freeman v. Flake，448 F. 2d 258 (10th Cir. 1971)；Jackson v. Dorrier，424 F. 2d 213 (6th Cir. 1970)；Ferrell v. Dallas Indep. Sch. Dist.，392 F. 2d 697 (5th Cir. 1968)。

［113］Domico v. Rapides Parish Sch. Bd.，675 F. 2d 100，102 (5th Cir. 1982)。

又见 Stevenson v. Bd. of Educ.，426 F. 2d 1154 (5th Cir. 1970)。在该案中，法院认为，依据教育委员会的"良好仪表"政策，学校可以禁止学生在学校里留胡子。

［114］Gere v. Stanley，453 F. 2d 205 (3rd Cir. 1971)。

［115］参见 Bishop v. Cermenaro，355 F. Supp. 1269 (D. Mass. 1973)；Farrell v. Smith，310 F. Supp. 732 (D. Me. 1970)。

［116］参见 Long v. Zopp，476 F. 2d 180 (4th Cir. 1973)，在该案中，法院认为，具有合法的健康及安全利益，在足球赛赛季之中，学校可以对参赛学生的头发长度作出限制；但是，法院也指出，在足球赛季结束之后，学校对一名违反上述规定的学生予以惩罚的做法是不合法的。Menora v. Ill. High Sch. Ass'n，683 F. 2d 1030 (7th Cir. 1982)，在该案中，出于安全方面的考虑，州高中协会规定，禁止学生在比赛中佩戴小帽或其他头饰。因此法院认为，犹太人篮球运动员不可以第一修正案为依据要求用小别针佩戴具有民族传统的无边小帽。

［117］参见 Davenport v. Randolph County Bd. of Educ.，730 F. 2d 1395 (11th Cir. 1984)。在该案中，学校教练要求学生运动员作为学校的代表必须保持清洁的仪表。法院认为，该教练的做法并非肆意而为，而是具有正当理由的。

［118］Ala. and Coushatta Tribes v. Trs.，817 F. Supp. 1319 (E. D. Tex. 1993)，发回重审，20 F. 3d 469 (5th Cir. 1994)。

［119］Bd. of Trs. v. Toungate，958 S. W. 2d 365 (Tex. 1997)；Barber v. Colo. Indep. Sch. Dist.，901 S. W. 2d 447 (Tex. 1995)；参见本章第 126 条注释。

［120］Trent v. Perritt，391 F. Supp. 171 (S. D. Miss. 1975)。

［121］Cordova v. Chonko，315 F. Supp.

953 (N. D. Ohio 1970). 又见 Sims v. Colfax Cmty. Sch. Dist., 307 F. Supp. 485 (S. D Iowa 1970). 在该案中，学区的一项校规规定，不论是男学生还是女学生，头发的长度都不可超过眉毛一指宽。一名女学生就此对学校的校规提起了诉讼，并最终胜诉。

[122] Gano v. Sch. Dist. 411, 674 F. Supp. 796 (D. Idaho 1987).

[123] Broussard v. Sch. Bd., 801 F. Supp. 1526 (E. D. Va. 1992). 在该案中，一名学生因着装不当而被学校处以停学处分。该名学生遂以未获得充分告知、侵害其正当程序权为由提起诉讼，但该诉讼请求未获法院支持。

[124] Id. at 1537.

[125] Smith v. Greene County Sch. Dist., 100 F. Supp. 2d 1354 (M. D. Ga. 2000).

[126] Olesen v. Bd. of Educ., 676 F. Supp. 820 (N. D. Ill. 1987). 又见 Barber v. Colo. Indep. Sch. Dist., 901 S. W. 2d 447 (Tex. 1995). 在该案中，法院认为，学校制定的禁止佩戴耳环和限制头发长度的校规可以仅适用于男生。

[127] Hines v. Caston Sch. Corp., 651 N. E. 2d 330 (Ind. App. Ct. 1995), 法庭驳回了当事人要求移送该案管辖权的请求，No. 25A05-9401-CV-22 (Ind. Feb. 21, 1996). 又见 Jones v. W. T. Henning Elem. Sch., 721 So. 2d 530 (La. App. 1998). 在该案中，法院认为，学校禁止男学生佩戴耳环的做法是合理的，反映了当前社区的主流价值观，还可以避免学校秩序混乱。

[128] Bivens ex rel. Green v. Albuquerque Pub. Schs., 899 F. Supp. 556 (D. N. M. 1995), 维持原判备忘录，131 F. 3d 151 (10th Cir. 1997).

[129] Harper v. Edgewood Bd. of Educ., 655 F. Supp. 1353, 1355 (S. D. Ohio 1987).

[130] Boroff v. Van Wert City Bd. of Educ., 220 F. 3d 465 (6th Cir. 2000), 调卷令被回绝，532 U. S. 920 (2001).

[131] Long v. Bd. of Educ., 121 F. Supp. 2d 621 (W. D. Ky. 2000), 维持原判备忘录，21 Fed. Appx. 252 (6th Cir. 2001). 又见 Byars v. City of Waterbury, 795 A. 2d 630 (Conn. Super. Ct. 2001). 在该案中，法院认为，学校制定的学生着装规范是合理的，这种着装限制可以减少混乱现象，减少教学时间的消耗。

[132] Vines v. Zion Sch. Dist., No. 01 C 7455, 2002 U. S. Dist. LEXIS 382 (N. D. Ill. Jan. 10, 2002).

[133] Sypniewski v. Warren Hills Reg'l Bd. of Educ., 307 F. 3d 243 (3rd Cir. 2002); 参见本章第 89 条注释所对应的正文。

[134] Jeglin v. San Jacinto Unified Sch. Dist., 827 F. Supp. 1459 (C. D. Cal. 1993). 在该案中，法院认为，在小学和初中里，帮派的影响并不大。但是在高中里，有证据表明学生帮派会对学生的着装产生影响，虽然这种证据并不确定，但以此为依据，高中学校的确可以对学生的着装进行限制。

[135] Chalifoux v. New Caney Indep. Sch. Dist., 976 F. Supp. 659 (S. D. Tex. 1997).

[136] Castorina v. Madison County Sch. Bd., 246 F. 3d 536 (6th Cir. 2001). 又见 Chambers v. Babbitt, 145 F. Supp. 2d 1068 (D. Minn. 2001). 在该案中，学生的着装并没有造成任何破坏，因此法院颁发了一个临时救助令，允许一名学生穿着写有"笔直的骄傲"的针织衫。参见本章第 81 条注释所对应的正文，该段正文讨论了针对"反侵扰"政策所提起的诉讼。

[137] 参见本章第 131 和 132 条注释所对应的正文，有关学生着装规范的条款可

能会被视为对学生校服的描述。

[138] 参见 National Association of Elementary School Principals, *Backgrounder on Public School Uniforms* (Alexandria, VA: NAESP, 1998)。

[139] Canady v. Bossier Parish Sch. Bd., 240 F. 2d 437 (5th Cir. 2001)。

[140] Littlefield v. Forney Indep. Sch. Dist., 268 F. 3d 275 (5th Cir. 2001)。在该案中,法院认为,学区可以禁止学生穿着特定材质的服装、特定类型的鞋子以及具有任何帮派意味的着装。

[141] Lipsman v. New York City Bd. of Educ., No. 98 Civ. 2008 (SHS), 1999 U. S. Dist. LEXIS 10591, * 11 (S. D. N. Y July 14, 1999), 维持原判, 13 Fed. Appx. 13 (2nd Cir. 2000)。又见 Mitchell v. McCall, 143 So. 2d 629, 632 (Ala. 1962)。在该案中,法院认为,虽然被免除穿着校服的学生在班级里看起来就像是一个"斑点",但学校的这种做法并没有侵害该名学生的权利;既然该名学生要行使自己的着装自由权,学校又对其予以区别对待,允许其免于穿着校服,那么由自由着装所引发的新的困难就应该由该名学生自行承担。

[142] Brentwood Acad. v. Tenn. Secondary Sch. Athletic Ass'n, 531 U. S. 288 (2001)。

[143] 参见 Goss v. Lopez, 419 U. S. 565 (1975); 参见第 7 章第 54 条注释所对应的正文。

[144] 参见 James v. Tallahassee High Sch., 104 F. 3d 372 (11th Cir. 1996), 在该案中,法院认为,学生对于参与课外活动并不享有必然权利;在该案中,学生手册表明,每一个班队都可以选择它们自己的拉拉队队长,因此一名拉拉队队长对活动组织老师自行选择拉拉队总队长的决定提起的诉讼未获法院受理; Angstadt v. Midd-West Sch. Dist., 182 F. Supp. 2d 435 (M. D. Pa. 2002), 在该案中,法院认为,一名喜欢玩电脑的学生并不享有参与学区组织的校际篮球赛的必然权利; Ryan v. Cal. Interscholastic Fed'n, 114 Cal. Rptr. 2d 798 (Ct. App. 2001), 驳回诉讼请求, No. S104111, 2002 Cal. LEXIS 2480 (Cal. April 10, 2002), 在该案中,法院认为,参与校际运动是一种特权而非一种平权,校际运动联盟制定的"八年级后八个学期"规则是合法的。参见 Butler v. Oak Creek-Franklin Sch. Dist., 172 F. Supp. 2d 1102 (E. D. Wis. 2001), 在该案中,一名学生运动员受到了为期一年的停赛处罚,因为继续参加该项体育运动是一种应得利益,所以法院认为,在处罚前给该名学生以正当程序权是合理的。

[145] 参见 Ferguson v. Phoenix-Talent Sch. Dist., 19 P. 3d 943 (Or. Ct. App. 2001)。在该案中,一名学生因违规使用毒品而被学区处以停止参加课外活动四个星期的处罚,但是依据学区的纪律处分规则,他只需要被取消班级主席的职务。法院认为,课外活动中所适用的纪律处分规则必须前后一致、避免矛盾,因此学区的此项处分违法。

[146] Bernstein v. Menard, 728 F. 2d 252 (4th Cir. 1984), 在该案中,法院认为,乐队指导老师的行为是合法的,原告的诉讼请求过于轻微,被告学区在案件中所花费的律师费也应由原告承担。又见 Keller v. Gardner Cmty. Consol. Grade Sch. Dist. 72C, 552 F. Supp. 512 (N. D. Ill. 1982), 在该案中,法院认为,学区可以制定规则,禁止错过练习活动的学生参与下一场的比赛;法院还指出,这些学生可以选择在不同的时段上课,授课时间根本不会与练习时间相冲突,因此他们的诉讼请求不可能获得法院的支持。

[147] Jordan v. O'Fallon Township High Sch. Dist., 706 N. E. 2d 137 (Ill. App. Ct. 1999)。

[148] Brentwood Acad. v. Tenn. Secondary Sch. Athletic Ass'n, 262 F. 3d 543 (6th Cir. 2001)，调卷令被回绝，122 S. Ct. 1439 (2002)，在该案中，巡回法院将案件发回下级法院重审，以判断运动员招募规则是否狭窄地定位于维护运动员协会的利益；又见 NCAA v. Lasege, 53 S. W. 3d 77 (Ky. 2001)，在该案中，法院认为，对学生运动员来说，除非高中和大学运动员协会的行为是任意的和反复无常的，否则该运动员协会的规则就是合法的。

[149] 参见 Pfeiffer v. Marion Ctr. Area Sch. Dist., 917 F. 2d 779 (3rd Cir. 1990)，在该案中，法院认为，该名女学生从事了婚前性行为，违反了全国荣誉社团的准则，因此该社团可以开除这名怀孕的学生；Bull v. Dardanelle Pub. Sch. Dist. No. 15, 745 F. Supp. 1455 (E. D. Ark. 1990)，在该案中，法院认为，学生并不享有参加学生会议的宪法权利，要求参加学生会议的候选人必须获得教师批准的规则并不存在模糊性；Karnstein v. Pewaukee Sch. Bd., 557 F. Supp. 565 (E. D. Wis. 1983)，在该案中，法院判决指出，对学生而言，被挑选参加全国荣誉社团并不是一项必然权利。

[150] Bd. of Educ. v. Earls, 122 S. Ct. 2559 (2002); Vernonia Sch. Dist. 47J v. Acton, 515 U. S. 646 (1995). 对这一主题的讨论，请参见第7章第191条注释所对应的正文。

[151] 参见 Doe v. Woodford County Bd. of Educ., 213 F. 3d 921 (6th Cir. 2000). 在该案中，法院认为，学校禁止一名患有血友病和B型肝炎的学生参加体育运动是合法的，因为这样做会降低该名学生遭受身体伤害的风险。参见第6章第103条注释所对应的正文。

[152] 参见 Zeiler v. Ohio High Sch. Athletic Ass'n, 755 F. 2d 934 (6th Cir. 1985). 在该案中，俄亥俄州高中运动员协会的一项政策规定，如果学生的父母居住在本州之外，则这些学生不可参加本州的校际竞赛。法院认为，对那些就读于本州托利多地区私立高中的密歇根州居民而言，该项政策并没有侵害他们的权利。

[153] 参见 Niles v. Univ. Interscholastic League, 715 F. 2d 1027 (5th Cir. 1983); *In re* United States *ex rel*. Mo. State High Sch. Activities Ass'n, 682 F. 2d 147 (8th Cir. 1982). 又见 Ryan v. Cal. Interscholastic Fed'n, 114 Cal. Rptr. 2d 798 (Ct. App. 2001). 在该案中，法院认为，加利福尼亚州校际联盟要求从另一个县转学至本地的学生出具居住地证明的政策是合法的。

[154] Crane v. Ind. High Sch. Athletic Ass'n, 975 F. 2d 1315 (7th Cir. 1992). 又见 Crocker v. Tenn. Secondary Sch. Athletic Ass'n, 735 F. Supp. 753 (M. D. Tenn. 1990). 在该案中，一名学生因具有学习障碍而从一所私立学校转学到一所公立学校接受特殊教育。法院认为，公立学校不能在长达一年的时间里拒绝该名学生参加课外活动。

[155] Ind. High Sch. Athletic Ass'n v. Durham, 748 N. E. 2d 404 (Ind. Ct. App. 2001).

[156] 参见 Doe v. Marshall, 459 F. Supp. 1190 (S. D. Tex. 1978)，诉讼请求不具有法律定义，法庭不予审理。622 F. 2d 118 (5th Cir. 1980). 在该案中，一名学生具有严重的精神障碍，经治疗专家的建议，他从父母居住地所在的学区转学到了外祖父母居住地所在的学区，依据校际运动联盟的转学政策，这名学生就不能参加校际竞赛。对此问题，法院认为，校际运动联盟的转学政策存在瑕疵，因而颁发了一个禁制令以阻止校际运动联盟将转学政策适用于该名学生。但实际上，该名学生在整个高中都参加了校际足球赛并且已经毕业，因此在二审过程中，法院认为，该案所争论的法律事由已不具法律意义。

[157] 参见 Ind. High Sch. Athletic

Ass'n v. Carlberg, 661 N. E. 2d 833（Ind. Ct. App. 1996），在该案中，法院认为，该名学生是因为学术及经济上的原因才转学，因此不能对其使用高中运动员协会的转学政策；Sullivan v. Univ. Interscholastic League, 616 S. W. 2d 170（Tex. 1981），在该案中，法院认为，大学校际运动联盟的转学政策是违法的，因为在招募运动员时，该政策并未提供一种方法以杜绝专横行为。

［158］Mahan v. Agee, 652 P. 2d 765（Okla. 1982）。又见 Ark. Activities Ass'n v. Meyer, 805 S. W. 2d 58（Ark. 1991），在该案中，法院认为，运动员协会的年龄限制政策具有正当理由；Thomas v. Greencastle Cmty. Sch. Corp., 603 N. E. 2d 190（Ind. Ct. App. 1992），在该案中，法院认为，年龄限制政策既可以限制超龄运动员、也可以限制未足年龄的运动员参与竞赛。

［159］参见 Grabow v. Mont. High Sch. Ass'n, 312 Mont. 92（2002）；Ala. High Sch. Athletic Ass'n v. Medders, 456 So. 2d 284（Ala. 1984）；J. M., Jr. v. Mont. High Sch. Ass'n, 875 P. 2d 1026（Mont. 1994）。

［160］参见 Clay v. Ariz. Inerscholastic Ass'n, 779 P. 2d 349（Ariz. 1989），在该案中，一名学生因使用毒品并为毒品实施偷窃而被判监禁，因此他无法到校继续参加学习。该名学生重返学校后，校际运动员协会并没有将其视为"八年级后八个学期"规则的例外，仍按该规则的规定，拒绝该名学生参加校际运动竞赛。法院对校际运动员协会的这一做法予以了支持。又见 Jordan v. Ind. High Sch. Athletic Ass'n, 813 F. Supp. 1372（N. D. Ind. 1993），撤销原判，16 F. 3d 785（7th Cir. 1994），在该案中，一名学生在从伊利诺伊州转学到印第安纳州之后，又重复在低年级就读，由于该名学生的重复就读并不是出于运动竞赛方面的动机，他也从来不是运动场上的明星运动员，因此法院认为，印第安纳州高中运动员协会应该允许该名学生参加校际运动竞赛。

［161］参见 Washington v. Ind. High Sch. Athletic Ass'n, 181 F. 3d 840（7th Cir. 1999）。在该案中，法院认为，对这名具有学习障碍的学生而言，他之所以会在八年级后又连续就读了八个学期，是因为他需要克服或适应自身的学习障碍，因此法院颁发了一个临时禁止令，禁止印第安纳州高中运动员协会将"八年级后八个学期"规则用在该名学生身上；参见第 6 章第 98 条注释所对应的正文。

［162］Spring Branch Indep. Sch. Dist. v. Stamos, 695 S. W. 2d 556（Tex. 1985）。

［163］Truby v. Broadwater, 332 S. E. 2d 284（W. Va. 1985）。又见 Mont. v. Bd. of Trs., 726 P. 2d 801（Mont. 1986）。在该案中，法院认为，州政府享有合法的利益，可以要求学生必须达到一定的学术等级方可参加课外活动，这种州的利益要高于学生所享有的、参加课外活动的利益。

［164］Thompson v. Fayette County Pub. Schs., 786 S. W. 2d 879（Ky. Ct. App. 1990）。又见 Rousselle v. Plaquemines Parish Sch. Bd., 527 So. 2d 376（La. Ct. App. 1988）。在该案中，法院认为，学校可以制定政策，要求未达到绩点标准的学生退出学校拉拉队。

［165］参见 Fontes v. Irvine Unified Sch. Dist., 30 Cal. Rptr. 2d 521（Ct. App. 1994）。在该案中，法院认为，相对于参加校际竞赛的运动员而言，学校政策对参加热场鼓动队和拉拉队的学生设定了更高的学术分数标准，这样做并不具有任何令人信服的现实理由，因此法院判决该项政策违法。

［166］Paulson v. Minidoka County Sch. Dist. No. 331, 463 P. 2d 935, 938（Idaho 1970）。

［167］Bd. of Educ. v. Sinclair, 222 N. W. 2d 143（Wis. 1974）；Granger v.

Cascade County Sch. Dist.，499 P. 2d 780 (Mont. 1972).

[168] Attorney Gen. v. E. Jackson Pub. Sch.，372 N. W. 2d 638 (Mich. Ct. App. 1985).

[169] Hartzell v. Connell，679 P. 2d 35，44 (Cal. 1984).

[170] 参见 Burrows v. Ohio High Sch. Athletic Ass'n，891 F. 2d 122（6th Cir. 1989），在该案中，运动员协会的政策规定，英式足球队的队员如果参加了秋季独立赛，就不得参加春季独立赛。法院认为，运动员协会对促进竞赛公平享有合法的利益，因此该项政策是合法的。又见 Kite v. Marshall，661 F. 2d 1027 (5th Cir. 1981)，在该案中，法院认为，校际运动联盟具有正当理由，可以禁止已参加夏季运动会的学生继续参加本次比赛。

[171] 参见 The Fla. High Sch. Activities Ass'n v. Thomas，434 So. 2d 306 (Fla. 1983)。又见 Graham v. Tenn. Secondary Sch. Athletic Ass'n, No. 1：95-cv-044, 1995 U. S. Dist. LEXIS 3211 (E. D. Tenn. Feb. 20，1995），上诉请求未予受理，107 F. 3d 870 (6th Cir. 1997)。在该案中，法院认为，运动员协会可以制定"配额"政策，限制参加大学生体育比赛及获得资助的学生的人数，以防止私立学校通过资助来招募学生运动员。

[172] 参见 Pearson v. Ind. High Sch. Athletic Ass'n，No. IP 99 1857-C-T/G, 2000 U. S. Dist. LEXIS 10501 (S. D. Ind. Feb. 22，2000)。在该案中，运动员协会规定，网球运动员在一级排位赛中至少需要参加百分之五十以上的赛季比赛，才可以有资格参加大型正赛。法院对运动员协会的该项政策予以了支持。

第5章
学生的类别

从字面上理解,"平等"一词应该是:只要州建立了公立教育系统,学校就必须以同样的方式对待每一位学生。但是,法院对此却有不同的认识,它认为,学生存在差别,平等地对待不同的学生反而是不平等的,会导致负面后果的产生。因此,法院通常认为,教育者享有合法的权利,通过确认不同学生的独特需要,教育者可以对学生进行合理的分类以改善学生的学习过程。确实,对学生进行分类的做法非常普遍,州法通常明确授权、甚至要求学区教育委员会依据学生的学术水平、性别、年龄和其他具有区分性的特征对学生进行分类。

尽管人们认识到,教育者有权利对学生进行分类,但教育者分类的依据和所采用的程序一直是法律诉讼的一个焦点。一旦学校对学生进行了分类,也就决定了一名学生接触教育资源的途径,因此法院和立法部门对学校的这种做法非常关注。不论在什么情况下,公立学校都不得基于种族因素来对学生进行分类。不过,在特定情况下,其他的一些分类标准还是能够得到法院的支持。在实践中,学校会依据种族、母语的掌握程度、学习能力和成绩、年龄以及性别等因素来对学生进行分类,并对他们进行区别对待,这将是这一章主要探讨的问题。至于学校依据学生的残疾程度来对学生进行分类的做法,我们将在第 6 章中予以讨论。

法律背景

美国宪法第十四修正案规定,对于在其管辖下的任何人,任何州都不得拒绝给予他平等的法律保护。这一法律原则可以适用于州的下属机构,包括学区。这一条款的规定已经很明确了,因此在实践中,很多法律诉讼所争论的焦点是:"什么样的保护才是平等的?"法院会依据三个主要的法律标准来对教育领域的表面歧视(比如,学区教育委员会的政策规定按男女不同性别分别招生的学校)进行检验,这三个法律标准分别是严格审查原则、中间审查原则和合理基础审查原则(见图5—1)。

法院要确定恰当的审查标准,首先就需要判断案件是否涉及某种令人怀疑的分类方式或者学生的某种**基本权利**是否受到了侵害。只要构成其中的任何一项,法院就会采用**严格审查**原则,在这种情况下,州政府必须证明它具有压倒性的公共利益需要来采取这样的举措。如果两项条件均不涉及,法院就会采用合理基础审查原则,州政府仅须证明它采取的行为与它期望达到的目标或目的之间存在合理关系。很少有法律能够经得起严格审查原则的检验,但几乎永远都存在一些合理的基础。

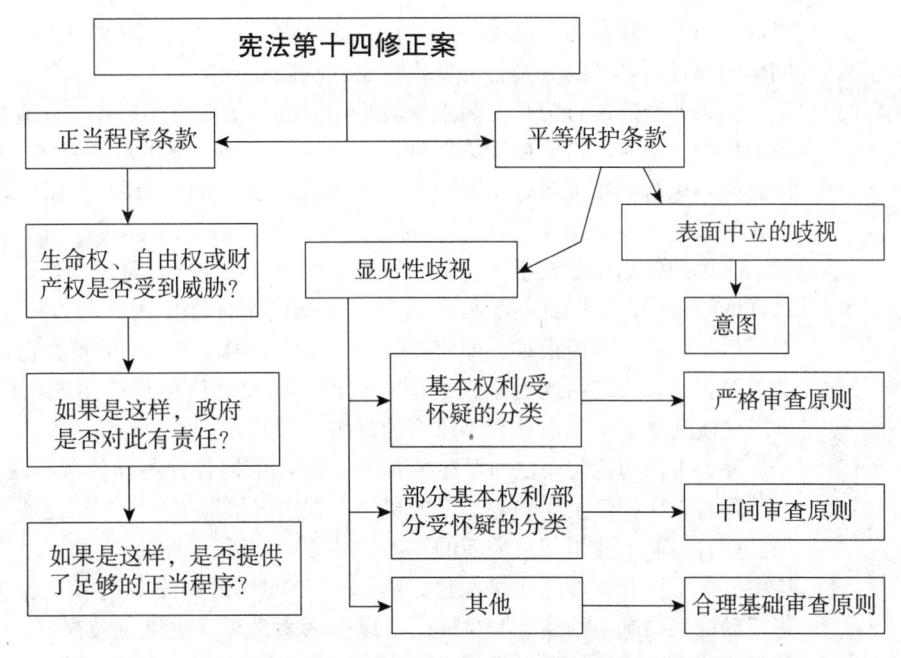

图 5—1 美国宪法第十四修正案

资料来源：Stephen B. Thomas, *Student, Colleges, and Disability Law* (Dayton, OH: Education Law Association, 2002), p. 17。

到目前为止，联邦最高法院仅确认了依据学生的侨民身份、种族和出身国背景来对学生进行的分类属于令人怀疑的分类标准。[1]因此，依据这些特征来对学生进行分类必须经过法院的严格审查，除非学校具有压倒性的正当理由，否则这样的分类不可能获得法院的支持。对学生进行的、有意识的分类是否具有冠冕堂皇的理由，与判断这种分类标准是否正当是毫不相干的。举例来说，即使学校为了更好地满足黑人男生独特的教育需求，基于良好的愿望将他们隔离开来单独教育，也会违反宪法的第十四修正案，除非学校能够证明自己具有压倒性的正当理由。

公民的基本权利要么来源于宪法的明示（比如言论自由权、出版自由权和集会自由权），要么来源于宪法的暗示（比如州际旅行的权利、生育子女的权利[2]）。由于宪法之中并未论及公民的教育权，即使联邦最高法院已经将教育视为一种维护民主社会的重要力量[3]，也不能将公民的教育权确认为是一种暗示性的基本权利。[4]即便如此，州政府如果要对宪法给予公民的明示性或暗示性基本权利施加负面影响，也必须提供压倒性的正当理由。州政府之所以要提供正当理由并不仅仅是要为自己的行为制造某种合理的基础；就本质而言，政府必须表明，它为什么一定要剥夺公民个体受宪法保护的权利。

中间审查原则是对严格审查原则和合理基础审查原则的一种补充。法院如果认为，严格审查原则过于苛刻，合理基础审查原则又过于慈悲，则需要使用中间审查原则，因此该原则可适用的范围相对比较狭窄。迄今为止，只有在学校将全部儿童赶出学校[5]、学校基于不合法的原因或性别因素[6]而对学生进行分类时，联邦最高法院才会适用中间审查原则。依据此原则，政府的行为必须与重要的政府目标实质相关，并能够促进该政府目标的实现。而且，学校之所以对学生进行分类，是因为

必需,而不仅仅是为了获得某种方便,如果存在合理的、限制更少的方式能够达到同样的目标,学校的分类行为就不会得到法院的支持。

如果州政府的行为从外表上来看是中立的,却对特定群体的人造成了不恰当的负面影响,法院就需要使用第四种审查标准(表面中立的歧视标准);一旦这种情况发生,原告必须证明,州政府具有歧视的意图。举例来说,如果学校把学生在标准化测试之中的成绩作为将他们安排进各种各样教育项目(例如,天才教育,补课)之中的依据而导致不同教育项目中学生的性别比例严重失衡,原告就必须承担这样的举证责任——证明学校人员在选择和使用标准化测试的过程中有歧视的意图。但是,这一举证很难。即使原告能够证明某项政策对不同群体造成了严重失衡的后果,也很难证明这是学校意图造成的,因此诉讼很难适用表面中立的歧视标准,法院通常还会作出有利于政府的判决。

除了上面讨论的宪法对学生的保护之外,依据各种各样的联邦法律和州法律,法院还可以保护学生受平等教育的机会。在很多情况下,相对于宪法对公民权利的保护而言,制定法所创造的新的实体权利更为广泛、细致。在这一章中,我们将讨论那些非常重要的联邦法律,它们是1964年的《民权法案》第六条(禁止接受联邦资助的机构基于种族、肤色或出身国等因素来对学生进行歧视)、1974年的《平等教育机会法案》(Equal Educational Opportunities Act)(禁止公立学校基于种族、肤色、性别或出身国等因素而剥夺学生受平等教育的机会)、1972年的《教育修正案》第九章(禁止接受联邦教育项目资助的机构进行性别歧视)和1975年的《年龄歧视法案》(禁止接受联邦资助的机构进行年龄歧视)。

依据种族进行分类

学校之所以依据学生的种族来对学生进行分类,最普遍的一个原因在于,在美国的历史上曾经建立过或长期存在过种族隔离学校。从殖民地时期一直到20世纪,种族隔离都是美国教育机构之中非常普遍的现象。即使在1868年国会通过了第十四修正案之后,大多数学校还是以州宪法或州制定法、地方性法令、学区的政策或惯例、法院的司法解释为依据,继续保持种族隔离,尽管这样的做法很少是平等的。一旦学校种族隔离的做法受到指控,法院通常只要求公立学校为学生提供受教育的途径,并不要求让学生平等地进入学校或让学生平等地使用学校设施,也不要求学校为学生提供平等的课程或参加课外活动的平等的机会、平等的师资条件或平等的教学时间(比如相等的学年时限或每日学习时限)。

时至今日,大多数早期的、由法规所要求的隔离学校(比如依据法律或因为州及其下属机构的行为所产生的种族隔离学校)已经或正在消失。在一些有关种族隔离的法律诉讼之中,所花费用超过2亿美元,法院对学校的监管长达20年~30年,甚至更长。相对于取消种族隔离所带来的影响而言,在教育法的诸多领域之中,还没有哪个问题可以引起如此激烈的争论、占据学区预算如此之大的份额或产生如此之大的政治或社会混乱。

大多数针对种族隔离学校所提起的法律诉讼都是以宪法第十四修正案为依据的,因为第十四修正案中的有关部分写道,"对于在其管辖下的任何人,任何州都不得拒绝给予他平等的法律保护"。同时,由于法院认为,以种族为依据来对学生进行分类是一个令人怀疑的分类标准,因此,如果州或学区要将种族作为隔离学生、阻碍学生获得平等教育机会或使一部分学生优于另一部分学生的依据，就必须证明它之所以使用这种构成表面歧视的分类标准是因为它具有压倒性的利益，并表明它所使用的程序经过了详细谨慎的限定。

布朗案之前的法律诉讼

第一个为人们所公认的学校种族隔离案件是1849年的**罗伯特诉波士顿市案**（Roberts v. City of Boston），19年以后，美国才通过了宪法第十四修正案。[7]在该案中，波士顿市公立校本管理委员会为全市的少数种族儿童建立了一些种族隔离的小学，在这些学校之中工作的教师与在该市教育系统之中工作的其他教师一样，具有相同的执业资格并能够获得相同的报酬。一名少数种族学生试图申请到家庭住址附近的一所白人学校上学，但由于她的种族，学校拒绝让她入学，为此该名学生提起了行政申诉，可结果并不成功。该名学生的家长主张，学校基于种族因素而隔离学生违反了州宪法；教育委员会没有权利基于种族因素而歧视学生，因而这种隔离学生的举措是无礼的、违反法律的；同时，这种做法使少数种族学生感受到了一种源自社会等级的耻辱感；而且，在这种情况下，一所学校只是排他性地服务于一个单一的种族，相对于所有种族在一起学习的学校而言，这种做法是不平等的（比如，主张种族隔离的学校天生就不平等）。

依据该州1845年颁布的制定法，任何儿童不得被非法地排除出公立学校，该名学生的家长向法院申请禁止令，要求该白人学校接受其女儿入学，并要求学校承担相应的损害赔偿。但州最高法院对教育委员会的做法予以了支持，认为该名学生并没有被排除出波士顿市的所有公立学校（比如，该市有两所只招收少数种族学生的学校，这两所学校都可以招收该名学生）。法院认为，尽管平等原则是一个适用广泛的法律原则，但该原则并不保证所有人都享有相同的法律权利（比如，男人与女人以及成年人与儿童之间就享有不同的权力和权利）。

从**罗伯特案**之后的105年的时间里，判例法一般支持"隔离但平等（separate but equal）的公立学校"概念。不过，在1849年到1868年之间，针对种族隔离案件所提起的法律诉讼大多是依据州法之中有关入学、平等保护或禁止歧视的条款所提起的。1868年之后，随着第十四修正案的通过，在大多数种族隔离的案件之中，当事人开始主张学校种族隔离的做法违反了联邦宪法，这些案件也导致了1954年**布朗诉教育委员会案**的产生。

在支持"隔离但平等"的案件中，1896年的**普莱西诉弗格森案**（Plessy v. Ferguson）也许是最为声名狼藉的司法判例。在该案中，联邦最高法院对路易斯安那州的一部法律予以了支持，而该部法律要求对乘坐列车的旅客进行种族隔离。[8]违反该部法律的乘客将被处以25美元的罚金或20天的监禁。如果任何旅客试图到其他种族所乘坐的位置或车厢去就座或任何旅客列车的工作人员拒绝依照法律妥善地安排旅客就座，就将受到相应的处罚。唯一的例外情况是，照管其他种族儿童的保姆可以不必遵守此规定。尽管在**普莱西案**判决之前的75年到100年之间，"隔离但平等"的判例法和州制定法非常普遍，但是到今天，我们一旦讨论这一法律标准，最容易提及的还是**普莱西案**。

在**普莱西案**之后的第三年，联邦最高法院审理了第一桩有关"平等"对待学校儿童的学校种族隔离案。在1899年的**卡明诉里士满县教育委员会案**（Cumming v.

Richmond County Board of Education)中,一所为少数种族儿童开设的高中临时关了门,但为白人学生所开设的高中却仍然在提供服务。学区教育委员会之所以关闭这所学校是基于经济方面的考虑,学区教育委员会的举措并不存在恶意,也没有滥用自由裁量权。因此,学区教育委员会临时关闭该种族学校的做法并不违背"平等保护"条款。[9]法院认为,尽管所有公民都负有缴税的义务并享有获得税收福利的权利,但学校财政事务属于各州管辖的范围;在学生受宪法保护的权利并没有遭到明确且错误的疏忽时,联邦法院对州政府事务进行干涉的做法就是不恰当的。

在**普莱西案**和**卡朗案**之后,尽管有不少人就"隔离但平等"的法律原则向州法院和联邦法院提起过诉讼,但法院一直维持了这一原则。[10]在整个19世纪和20世纪的早期,任何个人、团体和组织试图使教育机会平等或取消学校种族隔离的努力都没有获得成功。因此,从20世纪30年代后期到20世纪40年代,法院开始更关注学区所提供的"隔离"设施和教育项目,它也会偶尔判决,学区所提供的设施和教育项目不"平等"。许多这类案件都涉及查尔斯·休斯敦和瑟古德·马歇尔(Charles Houston and Thurgood Marshall,后来成为联邦最高法院的法官)所领导的国家有色人种发展协会(National Association for the Advancement of Colored People,NAACP)。

休斯敦和马歇尔所采取的策略在于,如果他们能够成功地攻击"平等"的标准,那么"隔离"的标准也就会易于受到指控。他们还认为,考虑到当时的社会、政治和司法氛围,首先在高等教育机构之中提起这样的诉讼要比在中小学之中提起这样的诉讼更容易。在1938年和1950年期间,联邦最高法院裁决了四起重要的涉及高等教育的案件。在这四起案件中,休斯敦或/和马歇尔都担任了原告的律师。在其中的两起案件中,有些少数种族学生指控,学校并未为他们提供"隔离但平等"的教育项目;也有少数种族学生指控,被隔离的教育项目质量较差;还有少数种族学生指控,因为他进入了一所以前全部招收白人学生的学校,而学校又将其与其他学生隔离开来,所以他所获得的教育是不平等的。[11]在这四起案件中,原告都赢得了诉讼。

由于少数种族学生在高等教育案件中赢得了胜利,看起来是时候对中小学中"隔离但平等"的法律原则直接提起诉讼了。1954年,联邦最高法院将来自于堪萨斯州、南卡罗来纳州、弗吉尼亚州和特拉华州的四起案件联合起来进行审理。[12]在此案中,马歇尔再次担任了原告的主控律师。尽管这四起案件存在条件和事实上的差别,但来自于四个州的学生都依据第十四修正案向法院寻求司法救济,要求法院帮助他们在非隔离的基础之上进入公立学校。这一系列的案件被一并称为**布朗诉教育委员会案**。在此案中,大法官沃伦(Warren)代表法庭全体法官书写了一份具有重大历史意义的判决书。他写道,教育"也许是州政府和地方政府最重要的职能"[13],种族隔离的公立学校在"本质上是不平等的",进而推翻了以往"隔离但平等"的法律原则。[14]

由于**布朗案**所产生的巨大影响和法院在提供直接法律救济方面所存在的困难,为了就采取何种策略以使现存的种族隔离的双轨制学区转化为取消种族隔离的统一学区向"法院之友"[15]征求意见,联邦最高法院将判决执行令延迟了一年才发布。一年之后,在1955年联邦最高法院所审理的**第二布朗案**中,法院认为,必须以一种"完全谨慎的速度"[16]以使种族隔离的双轨制学区转化为取消种族隔离的统一学区，但法院并未提供任何指南以要求学区在特定时间范围之内达成这一目标或要求学区取消种族隔离达到特定的程度。因此，在执行该判决的过程中，各州的努力程度是存在显著差别的。

南方的种族隔离

尽管**布朗案**授权学区终止种族隔离的制度，但在随后的 10 年间，仍然有人明目张胆地违背这一审判原则，比如，在小石城（Little Rock），州政府的官员试图使用武力以阻止学校取消种族隔离[17]；而在弗吉尼亚州的一个县，学区为了避免取消种族隔离的制度，关闭了开设在该县的所有公立学校，尽管弗吉尼亚州的其他县仍然在继续开设公立学校。[18]对这些行为，联邦最高法院不得不作出反应。在一起案件中，最高法院判决诺克斯维市（Knoxville）的一项规章违法，依据该项规章，如果学生在学区重新分区之后被安置进其属于少数种族的学校，则学生可以要求重新回到原来就读的学校入学。[19]在另一起案件中，最高法院也判决阿肯色州佛特史密斯市（Fort Smith）所采用的"每年一个年级"[20]的计划违反宪法。[21]该计划是该市教育系统所采用的取消种族隔离的计划，依据该计划，学校每年取消一个年级的种族隔离状况，直到学校所有年级都取消种族隔离为止。这种做法并没有公然违抗**布朗案**的判决，但它显然可以表明，学校试图滥用**布朗案**判决中以"完全谨慎的速度"取消种族隔离的指令。

不过，即使法院发现学区从事了违反**布朗案**判决的行为，由于在如何执行**布朗案**上缺乏指导，许多法院也还在犹豫：除了要求学区取消种族隔离的障碍之外，是否应该提出更高的要求？[22]因此，在 1968 年的三起相关案件中，联邦最高法院宣布，如果学区教育系统是依据 1954 年以前的法律而施行种族隔离的，那么学区管理者就负有一种采取积极行动的义务，他们必须采取所有必要的步骤以使种族隔离的学校系统转化为取消种族隔离的、统一的学校系统，并努力消除学校系统之中以往的歧视影响。[23]而且，最高法院认为，在评价学区取消种族隔离的救济措施时，要以该救济措施是否能够有效地消除双轨制的学校系统为依据。因此，要求州政府保持中立立场的观念转化成了要求州政府采取积极行动以取消种族隔离的观念；在此背景下，仅仅取消学校种族隔离的障碍是不够的。

在 1968 年的这三起相关案件中，**格林诉县教育委员会案**（Green v. County Board of Education）是其中的一起。在该案中，联邦最高法院对弗吉尼亚州一个小学区所采用的"选择权"计划进行了审查。该学区在历史上只开设过两所学校，都是从幼儿园一直到十二年级：一所学校为黑人学生服务，另一所学校则为白人学生服务。为了取消学区之中以种族为基础的学生分配惯例，地方教育委员会执行了"自由选择"计划，允许学生选择他们所就读的学校。在执行该计划之后的三年期间，没有一个白人学生申请到一直为黑人学生开办的学校就读，仅有一小部分黑人学生申请到一直为白人学生开办的学校就读。学区对此辩解到，是因为学生个体的选择而非政府的行为才导致学区存在种族隔离，因此学区的种族隔离是法律所允许的。但是，最高法院对此意见未予认同。尽管"自由选择"计划本身并不是违反宪法的，但本案的真正的问题是该计划对取消种族隔离无效。所以，法院指令学区制订新的计划，以确保该计划对取消种族隔离"真实有效并立刻生效"。[24]此外，最高法院还判决，学区管理者必须消除学区在**学生构成**、**教师构成**、**职员构成**、**交**

通、课外活动和学校设施等方面的种族特征。至今，法院还在使用这六个分析要素，它们被合并起来，统称为**格林案**标准。

1971年，联邦最高法院在**斯万诉查洛特一麦肯堡县教育委员会案**（Swann v. Charlotte-Mecklenburg Board of Education）中作出了新的指示：学区在交通服务、学校教师及工作人员、课外活动等方面不再依据个体的种族不同而对其区别对待，但更为必要的是，学区应该在建设学校设施、学校师资和学生分配等方面消除种族差别。[25]法院还认为，在消除学校设备上的种族歧视之前，学区可以基于种族因素在各个学校之间分配师资；同时法院宣布，未来新建的学校在选址上必须保证不再继续保持或重建双轨制的教育系统。

不过，如果学区要纠正学生人口构成上的种族不平衡，将会面临更大的困难。学区要消除种族隔离的遗迹，就必须在足够多的学校之中实现种族平衡，尽管并不是每一所学校都需要反映整体学区的种族构成情况。在学区之中一直存在着一些完全或大部分是单一种族的学校，但是这并不意味着这些单一种族的学校可以依据州法律继续实行种族隔离，学区管理者对此负有举证责任，他们必须证明这些单一种族的学校并不是因学区过去或现在的歧视行为而产生的。为了达到预期的种族平衡目标，法院建议学区对下属学校进行配对或对学校进行合并，重新划分学生的就学区域，并使用种族配额限定不同种族学生入学的比例；不过，如果学区安排学生就近入学并不能消除因过去法规要求所造成的种族隔离，学区则不能施行就近入学的计划。法院还认为，学区合理地使用校车来接送学生可以是一种消除种族隔离的方式，但在评价一项校车计划的合理性时，必须综合考虑接送学生的时间、接送路程的远近和学生的年龄。

在20世纪70年代，南方各州通过适用**格林案**和**斯万案**所确立的法律原则，显著地消除了公立学校之中的种族隔离。如果发现学区存在违反宪法的种族隔离行为，联邦法院可以行使相当广泛的救济权，它可以对学生和教职员工的安置、学校的课程、学校的建设、人事安排和预算分配施加影响。同时，如果学区不遵守1964年《民权法案》第六条的规定，就不能得到来自原联邦"健康、教育及福利部"的资助，这种资金上的威胁加大了法院司法活动的影响力。[26]《民权法案》第六条同宪法第十四修正案一样，它要求那些依据政府指令而产生种族隔离的学区取消种族隔离。

法律上的种族隔离与事实上的种族隔离之间的区别

联邦最高法院仔细地限定了其早期所作判决的适用范围，因此只有那些因官方政策而形成长时期学校种族隔离制度的州和学区才需要遵循这些判决，但是这留下了一个问题：除法律明确要求学校进行种族隔离之外，需要提供何种类型的证据才能证明存在违反宪法的、法律上的种族隔离呢？[27]也就是说，可以从哪些因素上来区分法律上的种族隔离和受法律所允许的、事实上的种族隔离呢？对这一问题的回答源自1973年联邦最高法院在**凯斯诉丹佛市第一学区案**（Keyes v. School District No. 1, Denver）中所作的判决。在判决中，最高法院写道："如果该州的法律并不允许学区实行双轨制的学校种族隔离制度，原告不仅必须证明学区存在种族隔离制度，还必须证明这种种族隔离制度是因州政府故意的行为而产生或得以维持的。"[28]一些联邦法院认为，如果公立学校管理者的行为导致自然、可能和可预见的后果——使种族隔离的状况得以延续和保存,就可以推定公立学校管理者存在非法的目的[29];相反,另一些联邦法院则认为,除非有证据表明学区的政策制定者确实怀有实施种族隔离的故意,才能推定公立学校管理者存在非法的目的。[30]尽管在判断学区是否存在故意歧视时,不同的法院所选择的判断依据差别很大,但它们通常会考虑以下因素:受争议的政府行为的影响;官方歧视行为的历史;在政府一般遵循的守则之中,有关程序和实体的行动方针;政府公开发表的、通过立法规定的或在行政会议上发表的歧视性声明。如果州政府的故意歧视得到证实,则法院有责任提供恰当的救济;但是,如果受指控的故意歧视得不到证实,法院不会强制学区采取任何行动。[31]

如果学区并不存在非法种族隔离的历史或者在法院的监督下已经消除了种族隔离,则学区没有义务纠正并非由它的行为造成的种族不平衡现象。在1976年的**帕沙迪纳市教育委员会诉斯潘格勒案**(Pasadena City Board of Education Swann v. Spangler)中,联邦最高法院认为,学区已经依据法院的指令执行了学生再安置计划,在人口发生变化、一些学校的少数种族学生超过学生人数百分之五十时,学区并不负有积极义务,它不需要通过每年修订学生再安置计划以实施救济。[32]在该案中,地区法院要求学区作出了一个终身性的承诺,即在学区之中"不让任何一个少数种族成为多数"。即使学区已经纠正了其早期的违宪行为,但为执行该规定,它也有义务每年调整学生的入学区域。联邦最高法院认为,虽然初审下级法院所作的判决是为了纠正法律上的种族隔离,具有正当性;但该判决的效力一直在延续①,这超越了法院的职权。

提供恰当的救济

在取消种族隔离的每一起案件之中,所涉及的状况和违法行为都具有自身的独特性,因此毫不奇怪法院对这些案件所提供的法律救济也具有独特性,它不时要求学区调整学生的入学区域;为学生提供特色专业训练学校;开发并提供新的课程;关闭、重新开放、修缮或建设学校;对学生实施校车计划;转走和/或重新训练学区目前所拥有的教职员工;雇用新的教职员工。一般来说,只要能够实现一个基本的目标——取消美国公立学校之中的种族隔离,法院可以对学区和州提任何一种要求。在许多案例中,学区在以一种"完全谨慎的速度"来取消种族隔离,因此耗费了几十年的时间,在此情况下,学区通常不太考虑要耗费多少经费。

重新划分学生的入学区域以及学校的关闭、重新开放和新建

重新划分学生的入学区域通常是取消学校种族隔离最快、最便宜、最简单的方式,尽管有些时候这种方式在政治上并不受欢迎。但因为历史上长期存在着为了种族隔离的目的而任意划分学区的事情,所以20世纪50年代到60年代期间,许多学校的招生区域的划分与地理障碍(比如河流与山川)、安全问题(比如,学校坐落在繁华路段、高速公路旁或工厂旁)、学校的面积、位置或学生人口的分散程度之间几乎没有任何关系。因此,只要本着善意、简单地重新划分学区就能够有效地取消学校的种族隔离;当然,在相当少见的情况下,则需要建设新的学区和/或合并原有的学区。[33]

---

① 要求学区作出终身性的承诺。——译者注

另外，在 20 世纪早期，为维持种族隔离的状态或成为一个种族隔离的学区，许多学区通过战略性地设置新学校、降低现存学校的招生规模或关闭现存的学校、运营其他招生过多的学校（通常要求使用机动车运送学生或为学生安排临时教室）以实现这种目的。然而，正如这些方式能被用于实施种族隔离一样，它们也能够被用来取消种族隔离。

校　车

在其他方式不能取得成功的情况下，法院可以使用校车以取消种族隔离，但采取这种方式会增大学区的开支并引发争议。应该承认，使用校车能够有效地实现学生种族合校的目标，但它也要花费一笔可观的经费；在学生时间的使用方面，校车计划也是低效率的；对各种族的学生、家长、纳税人和选举人而言，使用校车并不是一项受欢迎的选择。因此，为了不让联邦法院指令学区使用校车接送学生，美国国会提出了不少法律议案以限制联邦法院的这种权力。在这些法律议案之中，最为有名的是 1964 年的《民权法案》第四条[34]和 1974 年的《平等教育机会法案》。[35]《民权法案》第四条规定，联邦政府机构应该为学区预备、采用和执行取消种族隔离的计划提供技术帮助；在培训教育机构取消种族隔离的过程中，联邦政府机构应该为教育机构提供指导，以改善教育者有效处理特殊教育问题的能力；对法院指令实施的校车计划施加限制。

而且，《平等教育机会法案》禁止公立学校[36]基于种族、肤色、性别或出身国等因素而剥夺学生受平等教育的机会；该法案声称，在判断公立学校的安排是否恰当时，考虑学生的家庭住址与学校之间的距离是一个恰当的依据；该法案还规定，只有在学区故意进行种族隔离的情况下，才可以使用校车计划。《平等教育机会法案》明确禁止公立学校蓄意实施种族隔离，如果种族隔离是早已形成的，则教育机构必须消除双轨制学校系统所留下的遗迹。如果学区歧视性地安排教职员工，并歧视性地让学生从一所学校转学到另一所学校（自愿转学除外），则说明学区存在促进种族隔离的意图并产生了促进种族隔离的效果，也就违反了《平等教育机会法案》。一旦法院发现，学区存在违反宪法的行为，则有权力对学生进行重新安排。对此权力，《民权法案》第四条和《平等教育机会法案》都不会予以限制；但联邦宪法的修正案可以对法院的这种权力进行限制。

州采用的校车控制措施也会引发法律诉讼。在 1971 年的一起案件**北卡罗来纳州教育部诉斯万案**（North Carolina State Board of Education v. Swann）中，联邦最高法院否决了北卡罗来纳州的一部法律，该部法律禁止学区为营造种族平衡的学校而使用校车接送学生。最高法院认为，地方教育委员会有权力制定规章以消除双轨制的学校系统，北卡罗来纳州的这部法律限制了地方教育委员会的自由裁量权，违反宪法。[37]因此，法律不能禁止学区选择将校车作为取消种族隔离的一种方式。

还有一种司法导向源自联邦最高法院在 1982 年**克劳福德诉教育委员会案**（Crawford v. Board of Education）中所作的判决。在该案中，最高法院对加利福尼亚州的一项宪法修正案予以了支持，该修正案规定，只有在违反第十四修正案（比如，出现法律上的种族隔离）的情况下，学区才可以使用校车运送学生。[38]由于加利福尼亚州的宪法禁止事实上的学校种族隔离和法律上的学校种族隔离，因此在这一修正案被采纳之前，学区必须保证其提供的补救计划能够确保所有学区之间的种族平衡，包括不存在那些因居住方式而非政府行为而导致的种族隔离现象。对州内的大多数居民而言,要实现这种目标既昂贵,又不受欢迎,因此该补救计划最终并没有得到继续实施。所以,在这一修正案受到指控时,法院认为,加利福尼亚州政府只对那些法律上的学校种族隔离才负有消除种族隔离的法律义务。

项目的选择

从20世纪80年代早期开始,联邦法院不再像以往一样积极要求学区采用大规模的学生再安置计划以消除种族隔离。作为再安置计划替代品,多种可取消种族隔离的计划,包括提供补偿教育项目、双语教育项目/二元文化教育项目、咨询和职业指导服务及其他服务成为联邦法院对学区的新要求,以帮助学区克服以往种族隔离所产生的影响。[39]为了吸引特定学生群体进入学校,以使学校种族达致平衡并限制学区使用校车计划,学区所实施的取消种族隔离的计划大多包括设立特色专业训练学校,为学生提供主题性教育项目(比如,提供艺术、数学和科学的教育项目,提供农业教育的项目)或为学生提供扩展性课程(比如,提供科学或技术、古典吉他、骑马等方面的提高课程)。[40]而另一些取消种族隔离的计划则是为学生提供特殊学习中心,以向那些学业水平不佳的学生提供补习机会。[41]学区有权利自由选择各种类型的教育项目或转学计划以消除学区的种族隔离,只要在合理的时间之内能够实现预期的消除种族隔离的目标,这些项目或计划就能够得到法院的支持;只有这些项目或计划失败了,法院才会要求学区采用其他可选择的补救措施。

跨学区的救济措施

另一个引发争议的方法是采用跨学区的救济措施以消除种族隔离。基于各种各样的原因,包括"白人群体性逃离"和"学区间转换"[42]等原因,在许多城市学区之中,少数种族学生的人数与学生总人数之间的比例发生了变化,出现了实实在在的增长。在这些地区的学校之中,出现了大部分学生是一个少数种族的情况,因此要在这些地区实现种族合校的目标也会存在问题。所以,许多法院认为,如果要在一个某个种族的学生占优势地位的学区里实现种族合校,那么邻近的另一个学区就应该参与该学区的学生转学计划和校车计划。

在**米利肯诉布拉德利案**(Milliken v. Bradley)中,第六巡回法院认为,故意实施种族隔离的现象可涉及整个底特律都市地区,要消除种族隔离就应该对整个都市地区进行救济,包括底特律市及该市周围的53个市郊学区。然而,1974年联邦最高法院却对该案发表了不同意见,它认为,原告并没有承担相应的举证责任,他未能提供充分的证据以表明底特律市市郊学区的行为部分造成了底特律市学校系统的故意歧视。[43]而且,最高法院强调,法院为取消种族隔离所提供的救济措施不能超越宪法所保护的权利范围,否则就违反了宪法。在该案中,只能证明底特律市学校系统存在故意的种族隔离,因此最高法院将该案发回重审并要求下级法院提供新的救济措施。

在三年后的**米利肯第二案**中,为指导地区法院行使它们的权力,联邦最高法院发布了一个由三部分构成的系统准则。该准则要求:(1)法院为取消种族隔离所提供的救济措施取决于该种族隔离行为侵犯宪法的性质和范围;(2)对那些遭受校方歧视行为侵害的受害者而言,法院为取消种族隔离所提供的救济措施应该使他们恢复到未遭受歧视行为侵害的状态;(3)法院在提供救济措施时,应考虑到州和地方教育机构管理自身事务的利益。[44]因此,只有对那些涉及法律上种族隔离的学区,法院才可以采用跨学区的救济措施;对那些只存在事实上种族隔离的学区或未发生种族隔离的学区,法院则没有权力采用跨学区的救济措施。[45]

1995年,联邦最高法院在**密苏里州诉杰金斯案**(Missouri v. Jenkins)中所作的判决也涉及跨学区救济,在该案中,法院对堪萨斯市(Kansas City)18年以来为取消种族隔离所颁布的法令进行了评价。在此期间,地区法院指令该市教育系统投入大约15亿美元以提供教育改善项目、建立综合性的特色专业训练学校、提供交通服务、进行大范围的资本投入和提供工资资助。[46]而到1994年,该市为取消种族隔离年均花费已超过2亿美元,也因此赢得了"历史上取消种族隔离最野心勃勃且最昂贵的救济项目"的名声。[47]在堪萨斯市的这一案件中,下级法院的指令特别关键:(1)它进一步提高了教师和学校职员的工资;(2)不断为各种各样范围广泛的、昂贵的救济项目提供资助——其中,许多救济项目只在该市实施,除该市之外,在全美或密苏里州内的其他任何一个地方都没有提供这样的救济项目。地区法院认为,投入这些花费是必要的,只要教育机会得到改善并达到一定的程度,就能够吸引非少数种族的学生到堪萨斯市公立学校来就读。

但联邦最高法院对地区法院的意见并不认同,它认为,学区之内的种族不平衡只要不严重,就不违反宪法;在该案中,下级法院的计划是为了吸引非居住地、非少数种族的学生到特定的学区就读,代表了一种跨学区的救济,因此超出了法院的职权。而且,下级法院的指令要求政府为那些花费巨大的教育项目提供连续的资助,这显然超出了法院的职权范围。为了证明自己所作判决的正当性,地区法院指出,它之所以采用跨学区的救济措施是因为在学区之中学生的学业水平保持在全国平均水平,有的甚至低于全国平均水平,学生仍然没有发挥最大学习潜力。对此,最高法院告诫道:法院不应该适用这种"最大潜力"的法律标准,而应该判断少数种族学生的低成就是否是因为曾经发生过的法律上的种族隔离所导致的;如果答案是肯定的,法院就需要判断,要提供何种程度的救济才能获得预期的效果。一旦这些工作都完成了,法院就应该将对学校的指令控制权归还给州和地方的教育管理者。

尽管法院受到限制、不能轻易指令实施跨学区的救济,但有些已经实现种族合校的学区不时还会自愿参加这样的跨学区计划。在南卡罗来纳州的一起案件中,一家联邦地区法院对一个县学区的转学政策是否具有合法性进行了审查,该转学政策涉及该县学区及已经消除了种族隔离的选民区。依据该学区的政策,如果学生申请转学的理由不是歧视性的,则学区允许学生自愿进行跨学区的转学。法院肯定,当地教育者有权利制定学校的转学政策,但法院还是列举出了一些宪法允许的转学理由(比如,在原学区不能提供某些课程教学;学生希望通过转学以和兄弟姐妹一起参加一个特殊教育项目或到其父母所任教的学区就读)。[48]如果允许学生进行跨学区的转学会在某一特定的学校或者学区造成更佳的种族平衡,则法院建议学区在评估学生的转学申请时考虑这一事实。另外,如果学区仅仅因为学生的转学申请会对预期的种族平衡产生负面影响而拒绝学生的合法请求(比如,申请者具有合法的、非歧视性的理由),那么学区的行为则侵犯了提出转学申请的学生受法律平等保护的权利。

促进教职员种族合校的救济措施

联邦最高法院强调,在一项有效消除种族隔离的救济计划之中,促使学校教职员进行种族合校是其中必不可少的一部分。[49]在理想状态下,学校学生应该被置于本种族教职员和其他种族教职员相融合的教育环境之下。通常以促进教职员多元化和为学生提供榜样为目标,通过采用以种族为基础的教职员安置计划和转调程序就能够实现这一理想状态。

只有在相当特殊的情况下,法院才会允许学区以种族为标准雇用新的、达不到适当比例的教职员;在判断学区所雇用的特定数目、特定种族的教职员是否恰当时,法院会将学区教职员的种族构成与满足雇佣条件的相关劳动力市场进行比较,而不是将这一种族构成与周围社区或学生群体的种族构成进行比较。不过,只有在存在压倒性的利益(比如,对之前法律上的种族隔离进行救济),并且救济措施受到严格审查的情况下,法院才会指令学区临时以种族为依据雇用教职员。尤为重要的是,学区既不能以存在社会性歧视或种族不平衡为理由,也不能以需要为学生提供角色示范为理由,在雇用教职员的过程中实行种族配额制。

即使学区教职员的种族构成比例能够反映当时劳动力市场的种族构成比例,法院也会要求学区对学校的教师进行安排以保证在学区内能够保持相对的种族平衡。联邦最高法院在 1969 年审理的**美国诉蒙哥马利县教育委员会案**(United States v. Montgomery County Board of Education)中就处理过这类问题,在该案中,法院批准了县教育委员会取消种族隔离的计划,而该计划则包括有重新安置教职员的条款。[50]该计划要求学区之中的每一所现存学校都能够使少数种族教师和白人教师保持相当的种族构成比例。下级法院经常采取这种措施进行救济。[51]

学区减小雇用教师的规模也会影响到学校教职员的种族构成比例。当学区需要减少学校的数量(比如,两个法定的学区发生合并,以及学区减少大规模学校的数量)或减少学生数量(比如,学生从学区转出或转学到私立学校)时,这种情况就会发生。尽管在一些例外情况下,法律允许学区存在一定的雇用偏好,但学区的解雇偏好是不被允许的。多元化的教职员种族构成是学区通过制定目标、采用法院制定的配额或采取积极行动实现的,但是由于法律不允许学区在裁员时考虑种族因素,因此在学区裁员的过程中,多元化的教职员种族构成可能将遭到破坏。在**威甘特诉杰克逊教育委员会案**(Wygant v. Jackson Board of Education)中,一个学区通过协商达成了一份协议,依据该协议,学区在裁员之前,将优先保护少数种族教师免遭解雇,以维持学区所雇用的少数种族教师的比例。最终,联邦最高法院否决了学区的这份协议。[52]法院指出,学区为其所采取的、受争议的教职员解雇政策提供的理由(例如,需要为少数种族的学生提供榜样)不构成压倒性的利益,而且学区对其所适用的、存在偏好的解雇程序也没有进行严格审查,因此法院认为学区的做法违反了宪法第十四修正案。尽管**威甘特案**并不涉及法院指令学区消除种族隔离的情况,但是没有任何理由可以使学区相信,法律会允许学区采用这种存在种族偏好的救济措施以消除种族隔离。以种族为依据的救济措施可能能够对一项违反宪法的行为提供救济,但它也会制造另一项违反宪法的行为。

财政责任

为了消除学校之中的种族隔离,许多学区的开支都超过了 2 亿美元。这些资金大多用于现存的教育项目和学校的设施,为学生提供平等的保护机会。有些时候,法院不仅要求学区进行种族合校,还要求学区建设或维修学校设施,购买新的设施、设备和技术,改善或扩展所提供的课程,建立特色专业训练学校,增加教职员的工资。如果不提高学区的税收能力的话,相关的开支就会超过地方学区的预算。

尽管如此，学区如果以缺乏资金作为维持双轨制学校系统的抗辩理由，则不可能获得法院的任何同情。[53]

用于消除种族隔离的开支非常广泛，而且看起来就像是一个无底洞，因此学区会采取一些平衡预算的措施，但这些措施也受到了指控。从理论上看，解决问题的办法似乎很清楚：减少开支或加大预算。然而，实际上，要做到任何一点都存在大量的障碍（比如，学区没有能力进一步减少教职员工的数量；在经济衰退期间，州的资助力度减弱；在学区试图提高税额时，遭到选民的反对）。其中，降低学区开支最可行的措施是关闭一些学校，从而使学区降低维持和运营学校的经费支出，并且只需要雇用更少的教职员。然而，只有在学校发生合并、学生入学率下降或新学校得以开办的情况下，学区才可以选择关闭学校。如果学区基于财政预算或教育上的合法考虑而决定关闭学校，且这一决定又不会对取消种族隔离产生负面影响，则学区关闭学校的决定将得到法院的允许。相反，学区关闭学校的决定如果会构成学区消除种族隔离的障碍，则不会得到法院的允许。

另一个平衡预算的可行方法是减少教职员的数量，即使在不可能关闭学校的情况下，仍可采用这种方法。通常，大约会有百分之八十五，甚至更多的学区运营预算将被用于支付教职员的报酬，因此有些时候裁员可以帮助学区平衡即将出现亏空的预算。不过，如果未出现学校合并的情况，学区就不太可能大幅度地削减教职员的数量，因为现在许多学校只雇用必要的教职员来维持运营，它们根本就没有办法进一步削减教职员的数量。而且在许多州，学区如果进一步减少所雇用的教职员的数量，则所获得的州的资助会更少，因为州政府会对那些在运营过程中雇用较少教师、辅导员或其他教辅人员的学区进行惩罚。由于州资助的减少，学区因为裁员所获得的预算优势将全部或部分被抵消。

如果学区不能够减少经费开支或其减少的经费开支不足以达到预算的需要，那么增加学区的收入就变得非常重要。提高、扩大地方税收或创造地方税收税目可以增加学区的收入。在1990年的一起重要案件——**密苏里州诉杰金斯案**中，联邦最高法院认为，下级联邦法院可以指令学区提高税收，为学区推行那些消除种族隔离的救济措施提供资助，但是法院并不可以直接发布增加税收的指令。[54]不过，如果现存的州法律禁止州或学区提高税收，则法院有权力僭越这样的州法律，它可以指令州或学区提高税收以消除法律上的种族隔离。

另外，有些时候法院还认为，如果州政府在导致或维持种族隔离方面存在过错，那么依据其过错的程度，州政府有义务全部或部分承担学区为消除种族隔离所支付的费用。[55]在1977年发生在密歇根州的一起案件中，联邦最高法院认为，由于在底特律市的双轨制教育系统形成过程中，州政府扮演了一个重要的角色，因此联邦最高法院指令密歇根州政府承担底特律市教育系统用于救济项目、培训服务、指导和咨询服务以及社区关系项目之上的一半开支。[56]与此相对，其他许多学区都未能获得州的资助。在1985年的一起案件中，法院起初认为，田纳西州政府应该承担纳什维尔市（Nashville）为推行消除种族隔离计划所花费的60%的开支，但最后因为没有证据证明州政府在导致或维持该市的种族隔离方面存在过错，所以法院免除了州政府的相关财政责任。[57]同样，在路易斯安那州的另一起案件中，第八巡回法院也认为，如果学区用于学校建设的开支超过了学区改善计划的要求，或者学区在为新的特色专业训练学校选址的过程中受到了阻碍并因此增大了开支，则州政府没有义务承担这部分增加的开支。[58]

实现种族合校

联邦法院发现，许多学校系统的行为存在过错，促进了法律上的种族隔离，因而法院为此提供了各种各样的救济措施。有些法院发布的命令有效期只有几年，只要求学区在几年内履行法律的要求；相反，另一些法院命令则一直延续到今天，尽管最初的法院判决是在20世纪的50年代、60年代或70年代作出的。在一些案件中，法院对学校系统的种族隔离行为长期进行监管，因此它已经取代了学校管理者、教育委员会委员及州立法部门在提供学校资助、设备、人员和课程等方面的传统角色。尽管联邦法院的法官缺乏与恰当管理学校、确定课程或者进行教学决策相关的专业知识和技能，但有些时候他们也会对这些学校事务进行控制，而且这种控制可以持续十几年之久。不过，联邦最高法院在1991年和1992年的几个重要判决中表明，只要学区遵守法律的规定，就能够通过一定的方式终止法院的监管。

在**教育委员会诉杜维尔案**（Board of Education v. Dowell）中，为实现种族合校的目标，学区一直依据法院在1972年所作的判决，为学生提供法院指令的校车计划。在作出最初判决的五年之后，联邦地区法院认为，学区教育委员会已经本着善意，很好地遵守了法院的指令，因此它不需要接受法院的进一步监管，可以自主制定合法的学区政策。从那时起（1977年），法院的监管就取消了，但法院在1972年所作的判决仍然有效。此后，学区的人口状况发生了变化，如果学区继续为学校学生提供校车计划，则会增加少数种族学生的负担，因此1984年学区教育委员会采用了就近入学政策，从幼儿园的学生到小学四年级的学生都适用此新政策。但是这项新政策很快就受到了指控，因为它导致学区内将近一半的小学成为了少数种族学生占百分之九十小学或是白人学生占百分之九十的小学。下级法院对学区的这项新政策予以了支持，但第十巡回法院又推翻了下级法院所作的判决。上诉法院认为，尽管学区的状况发生了变化，但这种变化还不足以使学区有权利修改法院在1972所作的判决。[59] 法院的推论是，尽管学区遵从了法院的指令，但只是遵从行为本身并不足以使法院在1972所作的判决失效；而且在该案中，学区教育委员会也没有承担它应负的举证责任。

该案被上诉之后，联邦最高法院认为，上诉法院所使用的标准过于严格，以此标准出发，初始判决很难失效；最高法院强调，联邦法院对地方学校系统进行监管的目的只是对地方学校采取临时性的救济措施以消除过去的歧视影响。最高法院认为，正如地方法院所要求的，学区消除种族隔离的计划已经达到了目的，因为学校系统在运营过程中遵守了"平等保护"条款的规定，不可能再回到之前那种种族隔离状态。而且最高法院认为，学区为了消除种族隔离，善意地遵从了法院的指令并在"可行的限度内"消除了过去的歧视痕迹，因而联邦法院应该终止对学区的监管。[60] 最终，最高法院将该案发回地区法院重审并要求地区法院依据23年前**格林案**所确定的六个因素（比如，学生构成、教师构成、职员构成、交通、课外活动、学校设施）对该案进行判决。同时，最高法院也指导下级法院重新考虑这样的问题：是否正是因为公民个人的决定以及经济影响或之前种族合校的影响，才造就了当前俄克拉何马市各种族混居的状态？

尽管依据**杜维尔案**所作的判决，学区最终获得了一种终止法院监管的方法，但对许多学区而言,要证明学区已经实现了种族合校的目标仍然存在困难。[61]法院并不认为存在一个固定的期限,比如认为学区只有在遵守法院指令达到一定期限后才能解除法院监管,也不认为只有在学区同时满足**格林案**确定的所有标准时法院的监管才自动终止。对此,在1992年佐治亚州的一起案件——**弗里曼诉匹茨案**(Freeman v. Pitts)中,联邦最高法院对相关问题进行了澄清。在**弗里曼案**中,最高法院认为,依据地区法院为取消学校种族隔离所作的判决,学校系统已经在很多方面遵守了该判决的规定,尽管尚有一些方面未能达到该判决的要求,但在已遵守判决的学校事务之上,地区法院应该撤回其对学校的监管权和控制权。最高法院希望通过这种方法在尽可能早的时间内将对公立学校的管理权归还给州和地方的教育管理者,它指出"地区法院有义务将学校的运营和控制权归还给地方教育管理者,部分撤回法院的控制权……是履行这种义务重要且关键的一步"[62]。为了指导下级法院判断是否应该撤销对学校的监管,最高法院明确提出了三个假设性问题:如果学校系统在一些方面全面且令人满意地遵从了法院的判决,那么在这些方面,法院是否应该撤回它的监管权?法院保留其对学校的控制权是否是使学校系统在其他方面遵从法院判决的必要的或行得通的方法?学区能否证明,它本着善意,全面遵守了法院的判决及相关的联邦法律条款?

依据这一指南,许多学区就能够证明,它们实现了统一的、种族合校的运营状态。在2001年的一起案件中,一家地区法院指令伊利诺伊州罗克福德(Rockford)学区投入超过2.38亿美元的经费用于消除学区的种族隔离,第七巡回法院认为该下级法院的指令过于宽泛,因而解除了这一指令。第七巡回法院认为,学区已经实现了种族合校,尽管在高级选修课上,白人学生的选修比例要高于少数种族学生的选修比例,但没有证据证明这种种族不平衡是由于过去或现在的歧视行为导致的。[63]与此相似,在佛罗里达州小山自治县(Hillsborough County)的另一起案件中,第十一巡回法院也认为,该县的学校已经实现了种族合校,尽管在这些学校之中,当前的学生种族构成仍然不平衡,但并不能认为这种状况是之前的法律上的种族隔离所造成的。[64]此外,在另一些案件中,法院也认为,学校或学区实现了种族合校,这些案件包括发生在佛罗里达州杜沃尔县(Daval County)的案件、北卡罗来纳州查洛特-麦肯堡县(Charlotte-Mecklenbang County)的案件、佐治亚州马斯科奇县(Muscogee County)的案件、亚拉巴马州罗赛尔县(Russell County)和奥本县(Auburn)的案件。[65]

种族合校后的学生转学和学校安排

即使学区实现了种族合校并解除了被法院控制和监管的状态,相关的法律诉讼也不会终止。如果学区的任何决定可能潜在地导致学区的种族不平衡,不论是法律上的种族不平衡,还是事实上的种族不平衡,都可能受到法律指控。因此,可以预见,当学区设立一个新学校或地方教育部门设立一个新学区时,法院将对此进行详细的审查。[66]而且,相关的政策如果涉及学生的转学、学校的安排、自由入学或特许学校,则会受到法院严格的审查。

假定学区管理者为了保持学区的种族平衡或实现学生构成的多元化,本着善意而设计出的管理学区的相关政策,也有可能受到学生的指控。[67]通常在这种情况下,学区允许学生入学或转学到其种族属于少数种族的学校或其种族低于相应种比例的学校就读（比如，学区将允许一名白人学生从一所白人学生占多数的学校转学到另一所黑人学生占多数的学校就读，但如果白人学生想从一所黑人学生占多数的学校转学到一所白人学生占多数的学校就读的话，则不会得到学区的批准）。在第四巡回法院所审理的一起案件中，一名白人学生要求转学到一所课程更加丰富多彩的特色专业训练学校之中去，但他的转学愿望并没有实现。他的转学会给学区多元化的种族构成带来负面影响，因此学区不允许他进行转学。除非学生能够证明他存在"独特的困难状况"，否则学区的转学政策将平等地适用于每一种族的学生并受到学区的统一管理。法院指出，学区是基于自愿而非法院的指令才制定这样的转学政策，学区从来没有做出过会导致种族隔离的行为。法院认识到，即使学区对白人学生和少数种族学生平等对待，学区转学政策所适用的标准也仍然是种族分类标准，学生仅仅因为他们的种族就会受到学区的歧视，因此法院作出了有利于学生的判决。只要学区将种族作为一种主要的分类标准，法院就会对此分类标准使用严格审查原则。法院表明，假定它接纳学区的意见，认为促进多元化的学生种族构成是一种压倒性的公共利益（法院对此没有作出裁决），学区教育委员会的行为仍然没能通过严格审查，因此其行为还是违反宪法的。[68]

在波士顿市的一起案件中，第一巡回法院也作出了一个与前者相似的判决。在该案中，如果学生申请入学，波士顿学区会将学生分别安排到该市三所著名的"考试学校"，其中包括颇有声望的"波士顿拉丁学校"。该学区在一定程度上根据种族因素来安排学生。[69]不同于之前所提到的第四巡回法院所审理的案件，法院认为，波士顿学区违反法律，运营着双轨制的学校系统。[70]因此，法院指令波士顿学区消除公立学校之中的种族隔离制度并保证在"波士顿拉丁学校"之中至少有35%以上的学生是非洲裔学生和西班牙裔学生。这一指令极大地改善了该市公立学校系统之中普遍存在且长期延续的宪法缺陷。1987年，考虑到已达致平衡的学生种族构成及学区管理者的善意努力，法院宣布，学区在学生安排方面已经实现了种族合校。但是，当学生申请到"考试学校"就读时，学区仍然会考虑学生的种族，不过这主要是为了促进学区的种族平衡和学校学生构成的多元化。对学区的这一行为，法院没有提出反对意见，法院认为，不论是为了促进学生的多元化，还是治愈之前歧视行为所留下的伤痕，学区都存在压倒性的利益。学区在作出入学决定的过程中，只考虑五类种族（非洲裔学生、白人学生、西班牙裔学生、亚洲裔学生及印第安学生），因此法院认为，学区的做法只促进了学区的种族平衡，该做法本身并不能导致学生构成的多元化。法院认为，在实现学生构成多元化的过程中，学区考虑学生的种族和民族特征非常重要，但学区还需要考虑一系列更广泛的条件和特征，因为在诸多促进学生构成多元化的潜在因素之中，种族和民族仅能代表其中的两项潜在因素。事实上，法院指出，学区从如此狭隘的角度关注学生构成的多元化只会对学区实现真正的、多元化的学生构成起到阻碍而非促进作用。

而且，学区使用具有种族偏好的入学标准只会使那些之前或现在没有受到歧视的学生（比如，之前在私立学校就读的非洲裔学生、亚洲裔学生也拥有比白人学生优先的入学权，但他们并不被认为是受到歧视伤害的群体）处于优势地位，并使另一些学生处于劣势地位。因此，"波士顿拉丁学校"为消除过去存在的歧视影响而做的努力并没有产生效果。在该案中，学区将种族作为允许学生入学的部分依据，这种做法既不能服务于其声称的压倒性利益，也未经过完全的严格审查，因而是违反宪法的。

在接下来的10年中，学区还会不断要求法院撤销其对学区的监管，同时学区也会为那些当前影响种族平衡的政策进行辩护。可见，将来会产生大量的关于消除种族隔离的判例法。总趋势看起来似乎是，法院大幅度地减少对学校系统的控制，在经过漫长的等待之后，法院应该将学校系统的控制权归还给学校管理者、教师和教育委员会。

依据母语进行分类

在美国的学校之中，教育者通常会依据明确的、多种多样的"类别"来对学生进行分类，其中，判断学生是否是"语言上的少数种族"也是一种对学生进行分类的标准。由于"语言上的少数种族"学生存在语言障碍，如果学区不能通过恰当的教育方式帮助他们克服语言障碍，他们就不能得到充分的教育。为满足这部分学生的教育需要，学区会为他们设计相应的教育项目，虽然这些教育项目的经费大部分来源于州和地方的资助，但是联邦政府也会对以下的研究项目提供一定的资助：学生是如何学习第二语言的？为了教育说"少数语言"的学生，如何训练教育者？对说"少数语言"的学生而言，替代性的教学方法和教育项目是否有效？[71]为了让英语熟练程度有限的学生掌握英语、提高语言能力和学业成绩，联邦政府设立一个专门的英语学习办公室为他们提供服务，该办公室管理着联邦的资助项目，可以为学区提供领导和技术帮助、提供协调服务、推广好的教育方法、对学生的学习结果进行评估。基于这些努力，在今天，许多英语熟练程度有限的学生都能够得到学区提供的英语语言教育，以使得他们可以从公立学校的课程之中受益。但是，这类学生如果被拒绝入学或者他们的语言障碍未能消除[72]，则可以向联邦法院寻求保护。"语言上的少数种族"学生的权利受宪法第十四修正案[73]、1964年《民权法案》第六条及1974年《平等教育机会法案》的保护。

1964年《民权法案》的第六条规定："在美国，任何人都有权利参加受联邦教育部资助的项目或活动，任何个人或机构不得基于种族、肤色或出身国等因素排除他们参加这些项目或活动，阻碍他们从这些项目或活动之中受益或对他们进行歧视。"[74]而且，只要学区有一项活动得到了联邦政府的资助（比如，联邦午餐项目），则整个学区都需要遵守《民权法案》第六条的规定。如果学区对"语言上的少数种族"学生进行歧视，法院通常会认为，这是一种对学生的出身国进行歧视的形式，为《民权法案》第六条所禁止。

另外，1974年的《平等教育机会法案》也要求公立学校系统为英语熟练程度有限的学生提供恰当的教育。[75]该法案的一部分规定："任何一个州都不得基于种族、肤色或出身国等因素剥夺公民个体受平等教育的机会……如果教育机构未能采取恰当的行动以消除学生所存在的语言障碍，就阻碍了学生平等参与教育项目的权利。"[76]但是，《平等教育机会法案》并不要求教育机构提供任何特定类型的教育或采用任何特定类型的教学方法，它只要求教育机构采取"恰当的行动"。[77]

劳诉尼科尔斯案（Lau v. Nichols）是联邦最高法院唯一审理过的、有关英语熟练程度有限的学生的权利的案件。在该案中，一些中国学生认为，旧金山市的公立学校未能对那些不说英语的学生提供能满足他们需要的教育。最高法院对学生的意见表示赞同，它认为，如果公立学校未能为这些学生提供充分的、补救性的英语教育，就违反了《民权法案》第六条。最高法院指出，平等对待学生并不仅仅意味着学校应该为学生提供相同的设施、教科书、师资和课程，如果学生得自己掌握英语语言技能再接受学校教育并不断取得进步，那么"还要公立教育干什么呢?"[78]最高法院强调，"基础性的英语技能是公立学校应该教授的核心内容"，如果公立学校不这么做，"那些不懂英语的学生就不能有效地接受任何有意义的教育"[79]。

作为一种原则，法院承认，公立学校可以采用各种各样的、合法的教育理论和教育举措来消除学生所存在的语言障碍；一般来说，法院并不要求公立学校只使用一种教育方法（比如双语教育），而不采用其他的教育方式。除非有证据证明，公立学校所采用的更便宜、更简单的教育方法无效，否则法院不会倾向于指令公立学校提供双语教育（双语教育通常是原告比较喜欢的教育方式）。[80]法院在作这样的决定时，会考虑以下问题：在各种各样的教育项目之中，需要投入资源的水平；教育者的资质和培训；对学生进行分类教育的方式以及对学生的进步进行评价的程序。

在科罗拉多州联邦地区法院所审理的一起案件中，法院对丹佛市公立学校的行为是否遵从法律进行了评价。法院认为，法律并不要求公立学校为每一位英语熟练程度有限的学生提供全面的双语教育，但法律确实为学区设定了一项法律义务：如果由于存在语言障碍，英语熟练程度有限的学生不能参与学校的教育项目，学区就必须采取行动以消除这种语言障碍。在法院看来，善意的努力还不够，法律要求学区的努力必须能够"合理、有效地创造预期的结果"。[81]法院认为，丹佛市的公立学校并未做出这样的努力。尽管学区人员选择为学生提供一项过渡性的双语教育项目，但主要由于学区在培训、选择和安排教师方面表现糟糕，因此该教育项目并没有得到有效的执行。因此，法院认为，丹佛市公立学校的行为违反了《平等教育机会法案》。与此相似，在另一起案件中，第七巡回法院也对伊利诺伊州教育厅的行为是否遵从法律进行了检验。法院认为，依据法律的要求，教育机构必须采取"恰当的行动"以克服学生所存在的语言障碍，如果教育机构"不作为"则违背了法律的要求。[82]法院再一次指出，州教育厅选择实施过渡性的双语教育项目是恰当的，问题在于它并没有有效地实施该教育项目。最终法院确定，州教育厅的行为既违反《平等教育机会法案》，又违反了《民权法案》第六条的规定。

与前案相比较，在一起案件中，加利福尼亚州的一所学区为学生提供了西班牙语双语教学项目以及以英语为第二语言的其他三种形式的双语教育项目。对此做法，法院予以了支持。法院发现，学区的教师是合格、熟练且有经验的双语教育者；学区可以为所有科目提供38种语言的母语学术支撑；针对从幼儿园到小学三年级的学生，学区还为他们提供了文化拓展课程。原告声称，学区的行为违反了《平等教育机会法案》和《民权法案》第六条，要求学区以学生的母语提供教育。法院对此意见未予支持，它认为，学区在合理的教育理论之上建立并贯彻实施了相应的双语教育项目，而且取得了令人满意的结果（比如，这些英语熟练程度有限的学生在学习成绩上相当于或优于另一些以英语为母语的学生）。[83]

应该对不讲英语的学生和英语熟练程度有限的学生进行什么样的教育呢？最近一些年，许多有关这一问题的判例都产生自加利福尼亚州。许多人对227号法案提起了诉讼，依据该法案的要求，公立学校必须通过"全覆盖式的英语教学"（sheltered English immersion，SEI）以英语教育所有学生（比如，对教学材料和教学环节进行专门设计,以保证"几乎所有"的教学活动都是以英语来进行的)。在很多情况下,该法案要求学区放弃实施双语教育。尽管之前该州曾经实施过双语教育项目,但该州的移民儿童仍然学习排名靠后并且英语成绩很差。只有那些已经掌握良好英语技能或更适于以其他替代课程进行学习的儿童才可以免于参加"全覆盖式的英语教学项目"。即使法律这样规定,如果学区提供替代性的教育项目,诸如双语教育,则在每一个年级中必须有20个以上的学生需要参加"全覆盖式的英语教学"项目。

为保证学区使用"全覆盖式的英语教学"方法,该部州法还包括了家长执行条款。依据此条款,家长有权利要求学区提供"全覆盖式的英语教学",如果学区未提供这种教育,家长可以对学区提起法律诉讼,并可以由此获得损害赔偿和律师费。同时,教育者必须以"压倒性的优势"使用英语进行教学,如果任何教育者故意拒绝或不断拒绝主要以英语来进行教学,则需承担相应的个人责任。州教师协会因此对该项法律提起了诉讼,认为该项法律存在模糊性且违反宪法。但第九巡回法院认为,相对于制定法中所使用的其他描述性词语,诸如"几乎所有"和"压倒性的优势"这一类的词语并不算太模糊;法院认为,如果没有其他问题的话,这样的词语只可能对少量的、不说英语的人构成障碍。[84]

对英语熟练程度有限的学生而言,哪一种教育方法才是最佳的教育方法呢?近几十年来,对此问题,教育者尚未达成共识。不过,法律并不要求教育者提供"最佳"的教育方法。它只要求教育者消除英语熟练程度有限的学生所存在的语言障碍,以使他们有机会参加公立学校所提供的教育项目和活动。

依据能力或成绩进行分类

教育者将学生安排到不同的等级群体之中,拒绝特定学生晋级,并对不同等级的学生安排不同的教育任务,这些通常都能得到法院的支持。法律允许教师根据学生的能力对学生进行分类,由于教师可以集中教育那些具有相似教育需要的学生,教师就能够更有效率地进行教学,并取得更富成效的教学效果。尽管法律允许教育者根据学生的能力或成绩对学生进行分类,但如果教育者使用标准化的智力和成就测试以决定是否将学生安排到普通班级和特殊教育项目之中,则会受到相应的法律指控。这些指控声称,这类测试存在种族和文化偏见,使用这类测试来对学生进行分类将导致学生被错误安置并因此遭受屈辱。另外一些指控则声称,有天赋和有才能的学生也有权利获得恰当的教育。

划分体系

在有关教育者根据学生能力进行分类的案件中,最广为人知的案件是**霍布森诉汉森案**(Hobson v. Hansen)。在该案中,华盛顿特区的一些学校依据标准化智力测验的成绩将中小学生安排在不同的能力小组之中。有学生对此提起了诉讼,认为学校的这种做法违反宪法。[85] 原告声称,不少学生被错误地安置在了较低的能力小组之中,学校为他们提供的课程有限且未对他们提供补救性的教育,因此他们几乎没有机会提升到更高的能力小组之中。联邦地区法院对学校用测试成绩对学生进行划分的做法进行了审查,还对测试方法的效度进行了分析,最终法院认为,以此方式来安置学生会导致错误的结果。这是联邦法院第一次对测试方法进行评价,并认为这种方法对少数种族的学生构成了歧视。在禁止学校继续使用这种测试成绩来对学生进行分类时,法院也强调,法院并不禁止使用所有的划分学生的测试系统,"这里的问题也并非是被告是否有权利为不同类别的学生提供不同的教育"[86]。法院指出,教育者可以因教育目的而对学生进行合理的分类,除非这种行为会对特定的学生群体构成歧视,否则都是宪法所允许的。

对后一种观点,第五巡回法院也表示赞同。在密西西比州杰克逊学区的案子中,该法院对学区的学生划分体系进行了评价并发表了这一意见。[87]之前由于考虑到学生划分体系会对消除种族隔离带来负面影响,法院否决了这一计划,但随后它指出:"作为一种基本原则,学校系统可以依据学生的能力自由地对学生进行分类,即使这样的分类政策会产生种族隔离的影响……只要学校真的是出于教育上的考虑,而非基于歧视性动机来采取这种做法。"[88]

同样,在1985年的一起案件中,由于有证据表明,依据学生的能力对学生进行分组可以使非洲裔学生获得更好的受教育机会,第十一巡回法院认为,即使佐治亚州的一些学区尚未消除种族隔离,它们也可以根据学生的能力对学生进行分组。[89]如果学区依据学生的能力对学生进行分组,教育者可以集中教育资源培养低成就的学生,从而使所有学生都可以通过州范围的测试,还可以将不少学生安置到更高一级的能力小组之中。法院还进一步指出,不同于之前一些案例中的学生,在该案之中,学区并未将学生安置到较差的、种族隔离的学校之中。在学校依据学生的能力对他们进行分组的过程中,学校系统正在消除种族隔离并接受法院的严格审查,因此只要法院发现学校的分组计划实际上是再将学生们隔离起来的策略,造成了种族隔离,就会对此计划予以禁止。[90]

在依据学生的能力评价学生并据此实施恰当的教育项目的过程中,保证所有测试工具具有高信度、高效度且不含任何偏见是至关重要的。尽管有的法院曾经发现,学校所使用的有些测试方法包含具有种族偏见性质的特定问题[91]或学校以歧视方式来进行测试(比如,未使用学生的母语或其他交流方式来进行测试),但在今天这类案件发生得很少。测试工具的开发者投入了大量的努力以改善测试工具的信度和效度,消除已知的文化、民族和种族偏见,因此,用以检验学生能力或资质的全国性标准化测试不大可能存在种族偏见。尽管如此,为了对学生进行精确的评价,谨慎的教育者还是应该采取所有的预防措施以防止评价出错。而且,为了恰当地追踪或安置学生,学区只能雇用合格的且有资格证书的学校心理学专业人员和其他人员,并且这些人员需要具备公正地实施测试的能力。学区应使用多种标准来进行学生测评工作,并且应当基于良好的出发点来评价学生的测试结果。另外,学区还应尽到合理的注意义务,以确保教师不会歧视那些被安排在能力较低小组之中的学生或对他们的能力、潜力形成心理定式。[92]

天才学生

对于那些具有"天赋"或"才能出众"的学生来说,学校通常会忽视他们所具有的独特需要并忽视对他们提供恰当的教育项目。这些年来,联邦政府只对天才学生项目提供了有限的资助,尽管宪法"平等保护"条款规定,任何一种类别的学生都可以获得法律的普遍保护,但是联邦法律并没有像对待残疾儿童一样为天才儿童制定一些实体性的权利。

通过《雅各布·K·贾维茨天才学生教育法案》(Jacob K. Javits Gifted and Talented Students Education Act)，联邦政府试图对天才学生项目予以支持。[93]该法案对2001年的《不让一个孩子掉队法案》[94]予以了支持，它致力于提供协调项目以提高中小学校满足天才学生教育需要的能力，尤其是满足那些处于不利地位或占据少数比例的学生群体的教育需要。在该法案中，所谓"天才"学生是指有证据证明其在诸如智力、创造力、艺术、领导能力或其他特定学术领域之上具有很高能力的学生。为促进他们全面发展这些能力，学校需为他们提供非同一般的服务或活动。依据该法案，联邦政府资助的经费将用于以下方面：为学校人员提供职前培训和在职培训；形成和操作示范性计划和示范性项目，包括涉及商业、工业和教育领域的暑期计划和合作项目；加强州教育机构和高等教育机构领导和提供服务的能力；提供技术支持和发布相关信息；进行研究或进行评价。

除上述权利之外，天才学生所具有的其他权利取决于州法律或地方教育委员会的政策。有些州规定，依据《残疾人教育法案》的要求，学校必须满足残疾儿童的需要——通过个性化教育项目或其他教育计划为他们提供服务；与前者相同，学校也应该以类似的方式满足天才儿童的需要。另一些州则在全州范围内为天才儿童提供一系列项目，至少为他们安排了提高性课程以发展他们的能力。不过，也有一些州根本就不对居住在其管辖区内的天才儿童进行统计，也不同意确定以下事项：如何对符合天才儿童资格的学生予以确认；如何为他们提供恰当的评价手段以及如何确定在评价中所使用的分数线；如何确定学校所提供的恰当课程的深度、教学时间和教学方式；根据法院取消种族隔离的指令，应使用何种程序来管理学生的入学。[95]

不少州指令学校为天才儿童提供教育项目，宾夕法尼亚州是其中的佼佼者。依据该州的法律，天才学生被定义为在"身体、精神、情绪或社会特征等方面偏离出正常轨道达到一定程度，以至于学校必须为他们提供特殊教育设施或服务"的"异常儿童"。[96]宾夕法尼亚州高等法院对该部法律进行了解释，认为该法律为学区设定了一项法律义务——学区除了应该为天才学生提供一般性的拓展项目之外，还应该为他们建立个性化教育项目。[97]不过，法院也对这一司法解释进行了相应的限制，它指出，该部法律并不"要求学区在现存教育课程、日常教育课程和特殊教育课程之外或超越这些课程为天才学生提供专有的个性化教育项目"[98]，也不要求学区最大限度地促进天才学生的学习潜力。以这一判例为依据，在一起案件中，一名天才儿童的家长要求学区对其子女所选大学课程的学费进行补偿，但学区教育委员会依据自身所具有的职权范围拒绝了这一要求。[99]因为学区从来没有应允要为这名学生的学习付费，而且学校已经为该学生提供了提高性教育，同时允许学生因去大学听课而不到学校上课或者自学科目。

在康涅狄格州的一起案件中，州法律规定天才儿童属于异常儿童（比如，在没有提供特殊教育项目的情况下，那些不能在日常学校教育项目之中取得有效进步的学生），因此一名天才儿童声称，他有权利获得特殊的、个性化的教育项目。地方教育委员会拒绝对该名学生提供这种服务，因此该名学生向法院提起了诉讼。然而，康涅狄格州高等法院并不同意该名学生的主张，它认为，该名学生并没有权利接受特殊教育，州法律并不想扩展这种权利，只有残疾学生才可以接受特殊教育。

州只对残疾儿童提供特殊教育服务，而不对天才儿童提供类似的服务，因此法院认为，没有证据证明学区的行为违反了"平等保护"条款，学区的行为经得起合理基础审查原则的检验。[100]

与此相同，尽管纽约州的法律规定，学区"应该"形成相应的教育项目以帮助天才学生充分发展他们的潜力。但一家上诉法院认为，该部法律使用的"应该"一词表明提供天才学生教育项目属于学区的选择而非法律的强制。[101]因此，法院指出，学区可以只对那一小部分被确定为天才的学生提供天才服务并通过抽签系统来选择这些天才学生。尽管以抽签来挑选学生的方式看起来是违反逻辑的，但这种方法为每一位符合天才儿童资格的学生提供了一个平等的机会，并不构成非法歧视。

学区用来挑选学生参加天才课程或教育项目的程序一直受到争议。显然，只有在这些教育项目所提供的学位有限而报名参加的人又太多时，才会发生这样的问题。在挑选学生的过程中，学区通常会采用诸如智商水平、考试成绩、平均学分和教师评价等选拔标准。在特定情况下，学区也可以将年龄作为一种选拔学生的标准（下文中将对此进行讨论），但除非法院指令如此，否则学区很少将性别和种族作为选拔学生的标准。[102]即使法院指令学区以性别和种族作为选拔学生的标准，法院也会对学区这种存在偏好的行为予以关注并限定其适用范围，一旦能够消除之前学区所存在的歧视影响，法院就不会允许学区再使用性别或种族作为选拔的依据。

依据年龄进行分类

不论是在学校中，还是在社会上，年龄是一种被普遍使用的、对个体进行分类的依据。举例来说，年龄通常是获取驾驶执照、购买酒精饮料、观看限定级别的电影和获取联邦福利的一项前提条件。当学区依据年龄来对学生进行分类时，学生通常会依据两项联邦法律向法院提起诉讼，它们分别是宪法第十四修正案[103]和1975年的《年龄歧视法案》。[104]《年龄歧视法案》适用于接受联邦资金资助的教育机构，它的诉讼时效期为180天。该法禁止某些形式的年龄歧视，但原告只有在穷尽行政救济途径的情况下才可以依据该法提起法律诉讼。[105]在今天，学生很少会使用《年龄歧视法案》，即使有学生认为校方的行为违反该法案，他们指控的对象也多半是学院或大学，而非中小学校或学区（比如，指控法学院或医学院以年龄作为一种拒绝学生入学的依据[106]）。不过在一定情况下，尤其是在学生要求提早入学或在学校确定学生参加特定项目或活动的资格时，学生可能会向中小学校提起有关年龄歧视的法律诉讼。

尽管存在一定的差别，但绝大多数州都规定，6周岁~16周岁的孩子必须接受义务教育，3周岁~21周岁的孩子可以进入学校接受教育。如果学生低于或超过州确定的年龄界线，就不能对公立教育享有州法确立的必然权利，也不能获得联邦宪法的相关保护。尽管如此，如果州和地方教育机构拒绝让学生入学或拒绝为他们提供服务，家长则会向法院提起诉讼。在得克萨斯州的一起案件中，学区的一项政策规定，在当年9月1日尚未达到6周岁的儿童不得进入小学一年级就读。[107]在该案中，原告学生已经在一所合格的私立幼儿园中完成了他的幼儿园教育并且在标准化测试之中成绩优良，但是到9月1日时他尚差两个月才满6周岁。为了统一遵守州的制定法和地方教育委员会的政策，学区对所有申请提前入学的请求都予以了拒绝。得克萨斯州上诉法院对学区的行为予以了支持，它指出，学区只是对法律和政

策进行了统一的使用。其他一些法院也作出了不少与此相似的判决,不允许学生提前进入幼儿园或参加某些教育项目。[108]法院用来判断以年龄作为标准的做法是否合法的基本原则包括:州所具有的、限制特定年龄阶段的儿童获得公立教育的权益及限制其学习相关课程和参加课外活动的机会的权利,对入学问题进行计划管理的需要,评价学生的学习准备状况和满足各类个体所需的花费,以及儿童在入学前所取得的情感、社会和生理的发育状况。

在学生入学时,学区可以考虑学生的年龄,除此之外,它还可以将年龄作为一种决定学生是否有资格参加特殊课程或特殊教育项目(比如,大学学分课程;天才学生项目)、选修活动(比如,校际运动会[109])以及专门服务(比如,依据《残疾人教育法案》所提供的各项服务)的标准。正如第6章所讨论的,《残疾人教育法案》规定,学区必须为所有3周岁~21周岁的残疾孩子提供服务,但是如果残疾儿童的年龄低于州确定的最低学龄界线,则法律并不要求学区为他们提供服务,除非学区为这个年龄阶段的其他儿童提供教育项目,学区才需要为这个年龄阶段的特殊需要儿童提供服务。同理,如果学区为超过18周岁的其他学生提供服务,则也需要为超过18周岁的残疾学生提供相似的教育机会。

除存在一定的例外情况之外(比如,在超龄学生的个性化教育项目之中,写入了参加校际运动会的内容),学校可以统一地适用对学生年龄施加限制的合法规定,法院不大可能对此进行约束。不过,如果存在例外情况,学校人员必须通过文件来证明,它具有合法的和法律允许的理由。

依据性别进行分类

在公立学校之中,依据学生的性别来对学生进行分类并区别对待的做法早已有之,历史上的第一所公立学校和公立大学都主要是为男性提供服务的,因此这种做法就如同公立教育本身一样古老。当女性最终得以入学后,学校通常会对她们提供隔离的且质量较差的教育项目。多年以后,公立学校之中的性别不平等状况已经得到了极大的改善,但有些时候学校还会采用性别分类的方法,对女性参加学术课程和课外活动施加限制。

为保护自身的权利,受到侵害的当事人通常会向法院寻求帮助。在大多数案件中,原告都会主张,学校依据性别对学生进行分类的做法侵害了他们受第十四修正案所保护的权利[110]或受1972年《教育修正案》第九条所保护的权利。[111]依据《教育修正案》第九条的规定,接受联邦经费资助的教育机构不得基于性别而对学生进行歧视,不得排除或阻碍他们获得教育利益。[112]有意思的是,有些时候,原告不能使用宪法第十四修正案,却可以使用《教育修正案》第九条(比如,接受联邦经费资助的教育机构是私立学校);反过来,有些时候,原告不能使用《教育修正案》第九条,却可以使用宪法第十四修正案(比如,在非常少见的情况下,公立学校没有接受联邦的资助)。

校际体育运动

围绕校际体育运动所产生的性别歧视诉讼集中于两个主要议题:单一性别的运动队以及不平等地对待男性和女性运动员(比如,男性和女性在获得运动机会、使用学校设施和选择"赛季"方面待遇不平等；相同的运动项目，男性和女性却形成了不同的竞赛规则）。如果法院发现学校的行为构成歧视，就会颁发禁止令要求学校纠正这种行为，但它通常不会要求学校对提起诉讼的原告支付损害赔偿金，除非学校明知存在性别歧视的违法情况，在接到法院的违法告知通知后蓄意漠视这一指控，拒不纠正其歧视行为。[113]

单一性别的运动队

在高中体育比赛中，如果学校让男生和女生一起参加有身体接触的体育运动项目（比如，拳击、摔跤、橄榄球、冰球、足球、篮球和其他涉及身体接触的运动），这无疑会成为一个惹人争议的话题。依据《教育修正案》第九条的规定，接受联邦经费资助的教育机构可以：

> 管理或主办性别隔离的运动队，如果这种单一性别的运动队需要的是竞技性的技巧或者运动队组织的各种活动需要学生身体接触，那么接受联邦资助的教育机构就可以分别选拔男女生参加这种单一性别的运动队。如果接受联邦资助的教育机构单独为某一性别（男生或者女生）组织运动队，而不为另一性别的学生组建运动队，那么没有组建运动队的那一性别的运动机会就受到了限制。除非该项运动具有接触性，否则学校就必须让这些学生参加运动队的统一选拔。[114]

因此，《教育修正案》第九条允许学校在接触性运动项目之中组织性别隔离的运动队，但并不要求学校这样做。由于《教育修正案》第九条并未明确规定，女性运动员可以参加接触性运动队，该条款可以解释为法律允许每一所学校进行灵活的选择——是通过组建单一性别的运动队，还是组建男女合队的运动队以实现运动机会平等的目标。不过，在很多情况下，州运动协会的规章会限制学区行使这种选择权，因为这些运动规章禁止男女合队的运动队参加比赛。

在一起案件中，第六巡回法院对俄亥俄州高中运动协会的一项规章进行了审查，该规章禁止男女合队的运动队参加七年级到十二年级的所有接触性运动的比赛。[115] 在该案中，学校系统希望建立一支男女合队的中学校际篮球运动队。上诉法院指出，州运动协会的规章限制了学校为女学生提供平等的运动机会的自由裁量权，这是法律所不允许的。不过，法院强调，它所作的判决并不意味着所有运动队都必须成为男女合队的运动队，也不意味着《教育修正案》第九条违反宪法，尽管该法条允许学校组织性别隔离的运动队。[116]

在一起涉及第十四修正案的案件中，一名女学生要求参加初级橄榄球队招募队员的选拔，纽约州的一所联邦地区法院对此进行了审查。[117] 在该案中，学区的政策禁止男女生混合参加竞赛，但学区又不能证明这一政策服务于重要的政府目标。尽管学区主张，为保护女性学生的健康和安全，学区必须制定这一政策，但法院对此意见未予支持。法院指出，学区并没有为女学生提供机会以让其证明其适合或比橄榄球队中最弱的男生更适合参加橄榄球队。

与此相似，在另一起案件中，威斯康星州的一家联邦地区法院也判决，对那些传统上属于男性从事的接触性运动项目而言，女生有权利参加这些运动队的选拔，只要州提供校际竞赛，就必须平等地为所有学生提供机会。[118] 法院认为，以防止女性运动员受伤为理由禁止男女合队的运动队参加接触性运动比赛并不是一个充分的理由。学区可能会拒绝给予女生参与特定接触性运动项目校际竞赛的机会，为防止学区这样做，法院指出，除成立男女合队的运动队之外，学区还可以有其他的选择：要么不再为学生组织这些运动项目的校际竞赛，要么为女生单独设立运动队。法院也认识到，如果学区为男女生分别提供彼此相当的性别隔离项目，女性运动员就不能仅仅以男队竞争更为激烈为由而要求参加男性运动队的选拔。

如果某项接触性运动项目允许或者要求男女生共同参与，则每一名运动员必须获得公平地、不受歧视地参与此运动项目的机会。在1999年发生在南卡罗来纳州的一起案件中，足球队开始录用了一名女球员，但之后又将她清除出了球队；该名女球员仅被提供了有限的参与或适应球队的机会。第四巡回法院认为，如果学区允许组织男女合队的运动队，就不能进行性别歧视；随后，上诉法院将该案发回初审法院重审，要求初审法院判断足球队是否基于性别因素对该名女生进行了限制。[119]

除在接触性运动项目之中组织男女合队的运动队容易引发争议之外，学区不允许学生在"非接触性"运动项目之上组织男女合队运动队的政策也引发了许多争议。提起此类法律诉讼的主体主要是女生，她们几乎在所有的此类诉讼中都赢得了胜利。[120]正如之前所提到的，《教育修正案》第九条明确规定，假定由于历史上的原因，只有一种性别的学生可以参与某项"非接触性"运动项目，而另一种性别学生的运动机会则受到了限制，那么接受联邦资助的教育机构必须允许男女生一起参加此项运动。在此类法律诉讼之中，女生一般都会胜诉，而男生却通常都会败诉；[121]尽管事实是男女生都适用了相同的法律和法律原则[122]，但是结果却大不一样。作为一种原则，学区可以不允许男生参加传统上为女生所设立的运动队，为了对这一政策予以支持，学区可以展示证据说明自己具有重要的公共利益（比如，纠正女生所获得的、与男生相比差别悬殊的运动机会）[123]；相反，男生却很难主张，由于历史的原因，他们在这方面的运动机会受到了限制。

女生得到较少的运动机会

自1972年《教育修正案》第九条通过之后，女生所获得的运动机会已经得到了明显的提高，但要在所有学区之中实现运动机会平等的目标尚不可能。由于公立教育的预算有限，州致力于为女生提供更多运动机会的努力受到了显著的影响。一方面，公共教育的预算在缩减；另一方面，在争取公共教育经费时，特殊教育、人文课程、消除学生所存在的语言障碍、学校安全以及诸如此类的教育项目通常被优先考虑。因此近几年来，男女生之间的运动机会平等通常通过以下两种途径来实现：要么减少传统上为男生所提供的运动项目[124]，要么减少男生运动队（比如，橄榄球队）中运动员的数目并为男女生提供平等的机会。[125]

此外，有些时候尽管州运动协会允许女生参加特定的运动项目，但女生却表现得对此运动不太感兴趣。在肯塔基州的一起案件中，一名高中女运动员声称，州运动协会拒绝为女生组织场地垒球项目的校际比赛，违反了《教育修正案》第九条。州运动协会的政策规定，除非在协会的下属学校之中，至少有25%的学校表示有兴趣参加某项运动项目的比赛，否则协会不会组织此运动项目的比赛。在该案中，仅有17%的学校表示有兴趣参加场地垒球项目的比赛，因此协会未组织此项比赛。1994年，第六巡回法院对该案进行了初审，法院认为，协会提出的25%的学校的要求并未违反"平等保护"条款（比如，没有证据证明这一表面中立的政策构成了故意歧视）。[126]之后该案被发回，但原告于2000年再次提起上诉。第六巡回法院再次判决，州运动协会的政策不违反《教育修正案》第九条，法院还进一步指出，基于性别因素组织单一性别的集体运动并不违反联邦法律。而且法院认为，由于原告并未胜诉，被告不必承担原告的律师诉讼费。[127] 原告表示，目前在肯塔基州场地垒球项目开展得非常普遍，她们终将会成为胜利者。对此法院指出，这样的救济不应由法院通过指令实施，原告也不能证明她们可以改变州法律、要求州运动协会提供此项目的运动比赛。

在一起高等教育的案件中，由于预算经费的削减，1991年布朗大学（Brown University）取缔了两支男子校际运动队和两支女子校际运动队。此时，在该所大学中，女生占学生总数的48%，但在参加大学运动队的学生之中，仅有37%的学生是女生。到1994年，这一比例仍然没有变化。第一巡回法院认为，该大学的行为违反了《教育修正案》第九条；同时，就民权办公室对《教育修正案》第九条所作的解释，法院表示赞同。它指出，要遵守《教育修正案》第九条，学校就应该（1）依据男生和女生的实际入学比例，为男生和女生分别提供相应比例的参与校际运动的机会，（2）如果在某项运动项目之上，男生或女生的参与比例低于入学时的性别比例，学校就应该为该性别的学生逐步扩展此运动项目，并有证据证明这种扩展过程正在推进，（3）为数量上不占优势的那一个性别的学生提供与他们的运动兴趣和运动能力相当的运动机会。[128] 尽管在该案中，布朗大学主张，相较于男生，女生对运动的兴趣不大，但它并没有提供相应的证据。对此主张，法院未予支持，它认为大学的这种看法是建立在对女性的传统偏见之上的。

为女生修改运动规则并为她们设立独立的赛季

有一些女运动员声称，基于性别因素修改运动项目的运动规则侵害了她们的平等权。尽管在历史上，对男生和女生适用不同的运动规则（比如，对女篮适用与男篮不同的运动规则）的做法得到了联邦法院的允许；但是到现在，没有任何根据地以力量、持久力或能力存在性别差异为理由而要求对男运动员和女运动员进行区别对待的旧习已经不可能获得联邦法院的肯定和支持了。[129]

同样，也有运动员认为，为女运动队和男运动队安排不同的赛季违反了联邦宪法和州宪法之中的"平等保护"条款。在一些案件中，法院认为，由于缺乏足够的设施及男女生之间运动项目的不可比较性，州运动协会可以为女运动队和男运动队安排不同的赛季[130]；而在另一些案件中，法院却认为，为女运动队和男运动队安排不同的赛季侵害了学生受平等保护的权利。在2001年发生在密歇根州的一起案件中，一家联邦地区法院判决，尽管在不同的赛季中，男生及女生运动队所使用的设施、教练和裁判都是一样的，但不能说明就必须安排女生在传统赛季之外的赛季里进行比赛。[131] 法院认为，如果安排单一性别的赛季是实际所必需的，那么由此而产生的种种不利也应当由男队和女队轮流承担。举例来说，法院建议，可以将大学男、女生后备运动队都安排在不利的赛季（传统赛季之外），而将男、女生运动队安排在有利的赛季。在此计划之中，两种性别的运动队都可以使用相同的设施、获得相同的职员配备，各赛季的利弊也由男队和女队共同承担。

对此意见，西弗吉尼亚州高等法院也表示赞同。在一起案件中，该法院认为，将女篮运动安排在传统赛季以外，违反了州的"平等保护"条款。[132] 法院认为，这样的做法并没有服务于某些重要的公共利益；相反，它有效地将女运动员赶出了州际篮球比赛,使她们在大学招生的过程中处于不利地位,使得她们只能在炎热夏季的几个月里使用体育馆,并导致公众和媒体减少了对女篮的兴趣。解决这一问题最简单的做法是,在可能的情况下,让男篮和女篮在传统赛季之中分享运动设施和一起参加比赛。如果不可能,就应该让两种性别的运动队分担在不利赛季参加比赛的负担,让男运动队和女运动队轮流在传统赛季参加比赛。

学术项目

公立学校之中所存在的性别偏见并不仅局限于运动项目之上。在学术课程和学校中,对男、女生进行区别对待的做法也会引起法律诉讼。[133]如同适用于运动项目一样,"隔离但平等"的法律原则也可以适用于学术项目,但以往的判决显示,公立学校的管理者必须承担相应的举证责任,以证明在学术项目之中依据性别来对学生进行分类具有实质性的正当理由。而且,如果某些学术项目存在性别隔离,公立学校的管理者必须证明该学术项目是平等的。

单一性别的学校

在第三巡回法院审理的一起案件中,法院认为,依据"平等保护"条款和1974年的《平等教育机会法案》,只要学生是自愿入学的且学校提供的教育机会是实质平等的,学区就可以运营单一性别的公立高中。[134]由于费城单一性别的大学预科学校提供了功能相当的教育项目,法院认为,青少年在单一性别的高中里可能学习得更有效率,学区将男、女生隔离开来进行教育的做法具有正当性。法院强调,学区并没有强制原告女生到单一性别的学校入学,在入学区域之内,该女生可以选择入读男女生合校的学校。而且,法院指出,该女生是基于个人的偏好才申请到男子高中入读,她并没有对男子高中和女子高中所能提供的条件进行客观的评价。该案被上诉之后,联邦最高法院的法官对该案存在两种不同意见,但最终法院维持了原判,且未发表任何意见。

与此相反,在另一起案件中,为更有效率地满足黑人男生的独特教育需要,底特律市的学区管理者试图在市区为这些学生设立隔离学校,但这一做法并未得到法院的支持。在该案中,学区管理者建议为黑人男生提供三个阶段的学校教育(学前教育到小学五年级;六年级到八年级;高中)。在这三个阶段的实验性教育中,学校主要为学生提供以非洲文化为中心的、多元文化主义的课程,包括为21世纪所准备的未来派课程。这些教育项目强调男性所负的责任,为学生提供了辅导教师,安排了周六课程并延长了授课时间,还为学生了提供个性化的咨询服务并要求学生穿着统一的校服。但是,学区并没有为黑人女生提供与此相当的教育项目,尽管学区管理者声称即将为女生提供一个类似的教育项目。地区法院对学区颁发了初始禁止令,禁止学区提供这样的学校教育,法院认为,这样的做法可能违反"平等保护"条款、《教育修正案》第九条和州法。此外,法院认为,如果法院不颁发禁止令,将会对女生造成不可弥补的伤害;并且,现在允许开设这一学校,在将来又将其关闭,这会带来更大的破坏。[135]法院指出,《教育修正案》第九条不允许学区开设公立的、单一性别的新学校,如果学区要开设这样的学校,就必须提供实质性的正当理由,因为依据宪法第十四修正案的要求,如果政府机构的行为涉及对性别的表面歧视,其行为必须具有正当理由。

在1982年的一起高等教育案件中,联邦最高法院否决了一所护士学校的入学政策，该政策只允许女性修读该校的学位课程，却没有为男生提供与此相当的教育机会。[136]该所大学主张，它的入学政策是为了补偿过去对女性的歧视影响。但法院驳回了这一诉讼主张，法院指出，如果特定性别的学生遭受了不恰当的限制，那么在特定的范围内，学校根据性别对学生进行分类可能是正当的。不过，在护士这一领域之中，没有证据表明女性的受教育机会曾经受到过阻碍，因而州政府机构所从事的救济行为不具有正当性。在该案中，法院使用了中间审查原则，法院认为，该所大学并没有提供相应的证据，证明其以性别为依据的表面歧视行为服务于某个重要的政府目标，或者这种歧视行为与实现重要的政府目标之间存在实质相关。

在最近的一些案件中，针对弗吉尼亚州和南卡罗来纳州的一些学校只允许男性学生入学的政策，第四巡回法院也作出了相应的判决。在**美国诉弗吉尼亚州案**（United States v. Virginia）中，第四巡回法院认为，弗吉尼亚州军事大学只允许男生入学的政策违反"平等保护"条款（适用中间审查原则），因为学校并没有为女生提供与此相当的教育机会。[137]弗吉尼亚州军事大学声称，该校的男性教育项目促进了高等教育的多样化。对此意见，上诉法院予以支持，但法院并不认为学校可以此为理由拒绝招收女性学生。法院为州政府提供了三种选择：允许女生到州军事大学就读；为女生设立与州军事大学相当的女性军事大学；不再对州军事大学提供州财政资助。最终，州政府选择在一所小的私立女性大学——玛丽·鲍德温大学（Mary Baldwin College）开设平行的女性军事教育项目，这一做法最初得到了第四巡回法院的支持。[138]不过，该案被上诉之后，联邦最高法院推翻了第四巡回法院的判决，最高法院认为，在军事训练这一领域之上，州并没有为女性提供平等的教育机会，因而州的行为违反了第十四修正案。[139]对弗吉尼亚州军事大学所提出的、不允许女性入学的理由，最高法院未予认同。最高法院指出，弗吉尼亚州军事大学并不能够证明它之所以拒绝女性入学是为了促进高等教育的多样化；弗吉尼亚州军事大学采用的、具有独特性的教学方法和教学技巧可以在很多情况下毫无改变地应用于女性学生或只需要进行轻微地调整就可以应用于女性学生；而且，隐私问题也可以得到解决。

在南卡罗来纳州的另一起案件中，一名女性要求加入一个完全由男生组成的军校士官营。[140]州并不能证明它所从事的歧视行为（拒绝该名女性加入该士官营）具有实质性的正当理由，因此上诉法院判决，该士官营的准入政策违反了第十四修正案。法院还认为，成立一个与军校男生士官营相当的军校女生士官营（假定这是可行的）并不能及时满足该名女生的要求。而且，基于政治和经济上的原因，撤回州对大学的控制也是不合适的。因此，法院指令，该名女生可以加入现存的男性军校士官营。[141]

性别隔离的课程和教育项目

法院并不允许学校为男生和女生提供不平等的教育机会。尽管《教育修正案》第九条规定，学校不得在健康、工业艺术、商业、职业技术、家庭经济、音乐（学校可以根据学生的音域对学生进行分类，尽管这样的做法会造成一定的影响，但与学生的性别无关，因而受法律的允许）以及成人教育课程中实施性别隔离的教育，但大多数将一种性别的学生排除出特定课程的案件都是依据宪法来解决的。《教育修正案》第九条还禁止学校在咨询服务中对学生进行性别歧视和在毕业过程中对学生施加存在性别偏见的课程要求（比如，要求女生修读家庭经济课程和要求男生修

读工艺课程)。而且,《教育修正案》第九条还规定,虽然学校可以根据学生的体育技能水平对学生进行分类,但学校不得实施性别隔离的体育教育。[142]

以性别为依据的入学标准

有些时候,学校会对男生和女生适用两套不同的入学标准。如果校方从事这种表面歧视行为,又不能证实它具有实质性的正当理由,就不能通过合宪性审查或者是违反了《教育修正案》第九条。[143] 举例来说,在一起案件中,法院就认为,波士顿市两所学校的入学政策对女性申请者构成了歧视,因而违反了法律。[144] 在该案中,学生要进入这两所学校必须参加统一的入学测验,达不到学校所要求的成绩就不能获得入学机会。由于两所学校在招生能力上存在差别,男子拉丁学校要求学生达到的入学测验成绩要低于女子拉丁学校所提出的要求。联邦地区法院认为,尽管学区可以开办单一性别的学校,但学校提出的因存在后勤问题而开办单一性别学校的辩护理由不可能得到法院的支持,最终法院判决,学校应该对两性学生适用相同的入学要求。与此相似,在另一起案件中,一个学区的计划规定,学区里的高中应该允许相同数目的男、女生参加大学高级预备课程的学习。第九巡回法院判决,这一相同数目的要求使学区对男、女生适用了不平等的入学标准,违反了"平等保护"条款。[145] 法院认为,学区的目标是要使男、女生在入学数目上达致平衡,但是学区为实现这一目标所采用的手段是违法的。

在给予学生参加特殊教育项目的资格、给学生奖励或授予学生奖学金的过程中,如果学区对学生进行高信度、高效度且无偏见的评价,这种评价即使会给特定性别的学生造成较大的影响,也会得到法院的支持。而且,法院建议学区进行多元评价并确保所有进行评价的人员都具备恰当的资格、受过相应的培训。

对学生的性骚扰

在有关学生的性骚扰案和性虐待案中,也可以适用《教育修正案》第九条和宪法第十四修正案。不过,应该指明的是,如果性骚扰行为是由于性偏好、异装癖、异性癖或其他性行为所导致的,当事人就不能适用《教育修正案》第九条的规定;除非性骚扰是因为性别(比如,因为是男性或女性)所导致的,才可以适用《教育修正案》第九条的规定。举例来说,在第十巡回法院所裁决的一起案件中,一名男子高中足球队的队员受到了他的同队队友的嘲弄,当他在更衣室冲洗完毕、裸体走向衣服架时,他的队友将他用绳子缚住,然后邀请他的前任女友进入更衣室观看处于窘迫状况之中的该名男生。该名男生向校方报告了这件事,导致校方取消了足球队在该赛季的决赛资格。在该名男生向校方报告这件事情之后,许多学生都对他产生了巨大的敌意,并对他进行口头威胁和骚扰,最终该名男生被迫转学。不过,法院认为,原告学生不能证明他所受到的骚扰与性相关,他就不能依据《教育修正案》第九条提起法律诉讼,因而未受理该名学生所提起的性骚扰诉讼。[146]

从历史上来看,法院通常不会受理学生对学区提起的性骚扰诉讼。[147] 不过,1992年联邦最高法院审查了一起有关性骚扰的案件。在该案中,一名女生声称,学校的一名教练对她进行语言上的性挑逗、不恰当地触摸她并在学校操场上多次强迫她与其发生性行为。在此案件——**富兰克林诉格温尼特县公立学校案**(Franklin v. Gwinnett County Public Schools)中,最高法院认为,《教育修正案》第九条规定,不得对学生进行性骚扰,因此在恰当的情况下,受害学生可以获得损害赔偿。[148] 自**格温尼特案**之后，不断有学生依据《教育修正案》第九条、宪法第十四修正案和州的侵权法向法院提起性骚扰诉讼并因此获得了损害赔偿。他们提起的诉讼包括学生之间的性骚扰[149]，学校教职员对学生所进行的性骚扰和性虐待[150]，发生在校外、但导致校内产生敌意环境的性骚扰[151]，学生对教师所进行的性骚扰[152]，以及同性之间的性骚扰和异性之间的性骚扰。[153] 以**格温尼特案**的判决为起点，产生了两个相似但又有轻微区别的法律标准：一条法律标准适用于教职员对学生所从事的性骚扰，另一条则适用于学生之间的性骚扰。

教职员对学生的性骚扰

如果学校教职员对学生进行性骚扰，学区应承担什么样的责任呢？在1998年的**格布瑟诉拉戈·维斯塔独立学区案**（Gebser v. Lago Vista Independent School District）中，联邦最高法院对此问题作出了进一步的解答。[154] 在该案中，一名高中学生与一名教师关系密切，但这一情况并没有被报告给学区管理者。直到此对师生在性交时被人发现，该名教师被逮捕之后，学校管理者才知道此事。之后，学区解雇了该名教师，但学生的家长仍然依据《教育修正案》第九条向法院提起了诉讼。该案被上诉后，联邦最高法院认为，确定学区是否承担责任的标准是学区是否**得到关于这种性骚扰行为的真正的告知**。法院认为，如果根据**长官负责制**或者**推定知情**原则（例如，推断性获知或者暗示性获知）来判决学区承担损害赔偿责任，则违背了《教育修正案》第九条的立法原则；因为在这种情况下，学区并不真正知晓教师所从事的性骚扰行为，也没有机会阻止这一行为。[155] 只有在学区管理者有权力处理歧视性指控，真实了解教师所从事的不恰当行为却没有对此问题进行处理的情况下，学区才应该承担相应的损害赔偿。[156] 而且，即使学区管理者未对性骚扰行为作出反应，除非其行为达到蓄意漠视歧视的程度，否则不应该承担责任。在本案中，原告并没有证据证明学区真正地知晓这件事。此外，学区即使未制定处理性骚扰的政策和处理程序也不构成"蓄意漠视"性骚扰。

如同依据1964年《民权法案》第七条所处理的雇佣案件一样，如果学校教职员的行为导致受害学生处于敌意环境之中，即使这种行为并不一定是"不受欢迎"的行为，也是一种性骚扰，至少对幼儿来说是如此。1997年，第七巡回法院就审理了一起与此相关的案件。在该案中，在双方自愿的情况下，学校厨房的一名21岁的男性帮工与一名13岁的女中学生发生了性关系。[157] 法院指出，依据印第安纳州的刑法，不满16周岁的儿童在法律上不具备同意与他人进行性交的能力，因为这些儿童甚至不能明白他们受到了侵害。如果法律规定，当事人只能对那些不受欢迎的性骚扰行为提起法律诉讼，实际上就是允许违法者占儿童的"便宜"，因为儿童容易受到影响，他们会自愿做出违法者所要求的行为。而且，如果性骚扰行为是否受儿童欢迎成为了一个法院必须进行判断的问题，那么在儿童提起性骚扰诉讼时，法院就会对儿童的过错程度进行严格的审查。

学生之间的性骚扰

教育者必须对学校的环境进行控制，包括对学生的行为进行控制，以消除已知的危险和侵害。但是，教育者不可能知晓所有的侵害行为，也不是所有的侵害行为都会严重到违反《教育修正案》第九条的程度。同样，当事学生也可以对学生之间的性骚扰行为提起法律诉讼，不过只有在这种性骚扰行为不受欢迎的情况下，当事学生才可以提起这样的诉讼。

针对学生之间的性骚扰行为，校方应该承担怎样的责任呢？1999年，联邦最高法院在**戴维斯诉门罗县教育委员会案**（Davis v. Monroe County Board of Education）[158]中对此予以了进一步说明，它提出了两项基本的审原原则：（1）学区教育委员会是否故意漠视已知的性骚扰行为[159]，并且（2）该性骚扰行为是否是一种严重、普遍且客观的侵害行为，以至于有效地阻碍了受害学生获得教育机会或教育利益。[160]最高法院将该案发回下级法院重审，要求下级法院以上述两条审查原则来审理该案。在该案中，原告的女儿声称，一名男生对她从事了不受欢迎的性触摸和性摩擦行为，并对她进行性语言的挑逗。有一次，该名男生可疑地将一把制门器藏在裤子里并对该名女生作出挑逗性性行为。最终，该名男生被指控从事了性侵犯行为，他也承认有罪。在此过程中，该名女生或其母亲向几位老师、教练和学校校长报告了这些事情。但是，除了以可能的处分行为对该名男生进行警告之外，学校管理者没有采取任何纪律处分措施。

当原告依据《教育修正案》第九条对被告违法者提起性骚扰诉讼时，违法者不得以宪法第十一修正案所保护的豁免权[161]或第一修正案所保护的言论自由权提起抗辩。[162]因此，原告可以从接受联邦教育资助的教育机构处获得损害赔偿[163]，而不是从直接从事性骚扰行为的违法者处获得损害赔偿。[164]因为公民"个体"并不是"接受联邦教育资助的机构"，所以不需要依据此特别法①承担责任。不过，如果该性骚扰行为使用了暴力或者涉及未成年人，则原告可以依据有关性侵害或蓄意情感伤害的州侵权法[165]以及刑事法律（比如，强奸、鸡奸）向从事性骚扰的行为人提起法律诉讼。而且，如果教育者所从事的性骚扰行为被确认为犯罪，学区也可以对该教育者处以降职处分或中止、解除与该教育者签订的聘任合同，即使该教育者是终身制教师，也是如此。

性骚扰诉讼案可能还会不断增多。这一方面是因为有相当多的行为都能够被视为性骚扰行为，另一方面则是因为教育者在处理这些敏感问题时表现不佳、处理不当。即使教育管理者最终学会了如何及时、有效地处理性骚扰问题，受害学生的家长仍然可能会提起法律诉讼。可以理解，当孩子遭受不恰当的侵害时，家长常常会怒火中烧，即使他们请求损害赔偿，也会希望某些责任人受到相应的惩罚。

结婚与怀孕

自1960年以来，适用于已婚学生和怀孕学生的法律原则发生了巨大的变化。这一领域的法律要求司法部门保护学生，不允许校方对学生进行非法分类以限制学生的受教育机会。如果公立学校的学生因已婚的事实而遭到学校的歧视，学校的行为则违反了第十四修正案和《教育修正案》第九条的规定。由于婚姻权是一种宪法上默认的基本权利[166]，依据宪法的"平等保护"条款，法院会对此类诉讼使用严格审查原则。因此，如果州政府机构要对已婚学生进行区别对待，它就必须证明自己具有压倒性的正当理由，否则即违法了宪法。

《教育修正案》第九条明确规定，接受联邦教育资助的机构不得使用"任何因为性而对学生进行区别对待的规则，这些规则会影响学生当前或未来的亲权、家庭权或婚姻状况"。[167]因此，基于怀孕、生孩子、假孕、堕胎或孕后恢复等因素而对

---

① 这里指《教育修正案》第九条。——译者注

学生进行歧视也是法律所禁止的。如果学校对怀孕学生提供了隔离性的教育项目，学生可以选择自愿参加，但学校不得令他们自动参加或强制他们参加这样的教育项目。不过，学区可以要求学生提供医生的证明，以表明其在身体和情绪上已可以继续接受一般的教育；此外，如果学校认为学生还存在其他身体或情绪问题，它也可以要求学生对这些问题提供相应的证明文件。同时，如果学校为学生提供了隔离的教育项目，这些教育项目也应该与学校提供给非怀孕学生的教育项目相当。

在马萨诸塞州的一起案件中，一家联邦地区法院认为，学区管理者不得将未婚先孕的学生排除在一般的高中课程教学活动之外。[168]在该案中，学区管理者允许怀孕的学生使用所有的学校设施、参加学校的正式典礼、参与高年级学生的活动并且在学校之中接受教师的帮助以继续其学业。不过，学区也规定，该名学生不得在通常的教学时间进入学校接受教育。学区没有证明，其之所以要对该名学生进行区别对待是因为具有教育或医疗上的理由，因此法院认为，怀孕的学生与其他学生一样享有宪法授予的入学权。与此相似，在另一起案件中，得克萨斯州民事上诉法院判决一所公立学校的规章违法，该规章禁止已生育孩子的女学生参加日常课程的学习。[169]这部分学生唯一可以获得的受教育途径是参加成人课程的学习，而此类课程要求学生至少年满21周岁。法院认为，怀孕的学生有权利免费接受公立教育，学校的政策侵害了这些学生的权利。在另一些案件中，其他一些法院也认为，公立学校不允许已婚学生参加课外活动的做法违法，如果公立学校不能证明自己具有压倒性的公共利益，就不得对已婚学生进行歧视。[170]

结　论

不论学生与生俱来的某些特征如何，公立教育的一个基本目的就是要增进所有学生在生活中的机会。因此，法院和立法机构越来越确信，当学生身处学校之中时，法律应保护他们有机会实现自身所具有的能力。如果学校教育者对学生进行任意的分类，就可能使特定群体的学生处于不利地位，这是法律所不能容忍的。另外，如果学校教育者以符合学生最大利益的方式对学生进行有效的分类，则一般都会得到法院的支持。事实上，许多制定法都要求学校教育者对学生进行分类，以确保学生能够获得他们所需要的教育，这一问题我们将在第6章中予以详细讨论。如果学校教育者需要对学生的分类进行专业判断，那么依据判例法和制定法，他们必须了解以下一些基本原则：

1. 如果学校的种族隔离是由于州法律的规定或州政府的其他故意行为所导致的（比如，擅自划分学校的入学区域），则违反了第十四修正案的"平等保护"条款。

2. 如果学区并未实现种族合校，则学区管理者负有采取积极行动的义务，他们应该消除过去故意歧视所留下的遗迹；根据这一义务，当法院要对学区的官方行为（积极行为或消极行为）进行评估时，就必须考虑学区官方行为对消除种族隔离所起的作用。

3. 种族隔离结果本身并不能证明政府机构存在违宪的故意；不过，这一结果可以被用来证明政府机构存在歧视动机。

4. 为消除种族隔离所采取的救济措施不得超出宪法的范围，否则即违反了宪法。

5. 尽管没有相应的义务，但州政府可以超出宪法第十四修正案的要求发布指

令,以纠正学校的种族隔离行为;州政府随后还可以撤销这些额外的指令,这一撤销行为并不违反联邦宪法。

6. 除非有证据证明,故意歧视所产生的实质影响跨越了学区的界线,否则法院不会施加跨学区的、消除种族隔离的救济措施。

7. 如果学区未采取救治措施以消除学区所存在的、违反宪法的种族隔离现象,它不得将"缺乏资金"作为未采取措施的抗辩理由;如果州政府对创建或维持种族隔离的学校系统负有责任,它就有义务承担学区为消除种族隔离所花费的费用。

8. 如果州法对地方政府征税的权利进行限制,法院可不受该项州法约束并指令学区征集足够的资金,为学区推行那些消除种族隔离的救济措施提供资助。但是,法院不能直接发布增加税收的指令。

9. 如果学区为了消除种族隔离,善意地遵从了法院的指令,并在"可行的范围内"消除了以往的歧视影响,则法院应该部分或者全部终止对学区的监管。

10. 在判断学区是否已消除了以往的歧视影响时,法院要对学区是否在学生构成、教师构成、职员构成、交通、课外活动、学校设施等方面实现了种族平等进行评价。

11. 一旦学区消除了以往歧视行为所留下的遗迹并达到令法院满意的程度,在其以后所从事的行为中,只有故意歧视的行为才会违反第十四修正案;一旦种族合校的状况得以实现,即使再次产生种族隔离的状况,只要学区管理者没有过错,学区就没有义务继续采取消除种族隔离的救济措施。

12. 为克服自身所存在的英语语言障碍,英语熟练程度有限的学生有权利获得相应的补偿教育。

13. 学区可以根据学生的年龄对学生进行分类,但是学区必须证明,这样的分类是促进合法教育目标所必需的。

14. 法律允许学校依学生能力对学生进行分班;但学校应该依据多种标准来对学生进行划分。

15. 除非具有合法的教育理由,否则公立学校不得在学校或学术教育项目之中进行性别隔离;如果学校实施了性别隔离的教育,也必须分别为男生和女生提供彼此相当的教育项目。

16. 公立学校的入学标准或公立教育项目的参加标准不得以性别为依据。

17. 如果学区设立了校际运动项目,就必须为男性运动员和女性运动员提供平等的参与机会(比如,设立两性混合的运动队或彼此相当的、性别隔离的两支运动队)。

18. 在学校教职员或学生所实施的性骚扰事件中,如果有权利处理此类争议的学区管理者真实知晓这一性骚扰行为,却没有采取救治措施或对该性骚扰行为表现出蓄意漠视的态度,则学区应该对此性骚扰行为承担责任。

19. 公立学校不得因学生已婚或怀孕就将其置于不利状态之中。

■ 注 释

[1] 参见 Graham v. Richardson, 403 U. S. 365 (1971) (外国人身份); Hunter v. Erickson, 393 U. S. 385 (1969) (种族); Korematsu v. United States, 323 U. S. 214 (1944) (出身国身份)。

[2] 参见 Shapiro v. Thompson, 394

U. S. 618（1969）（州际旅行）；Skinner v. Oklahoma, 316 U. S. 535, 541（1942）（生育权）。

［3］法院专门指出："时至今日，教育也许是州政府和地方政府最重要的职能。义务教育法的颁布以及花费在教育上的大量经费都证明，我们已经意识到了教育对于民主社会的重要性。我们所履行的最基础的公共义务就是教育……它是培育良好市民的基础。今天，作为一种基础工具，教育能够激发儿童对文化价值的兴趣，帮助他们接受专业训练，进而使他们能够正常地适应周围的环境。在当今时代，如果一个儿童不能获得教育的机会，那么他或她是否能在未来的生活中取得预期的成就就是令人怀疑的。而教育机会，正是儿童所应该享有的一种权利，它应该由州政府平等地提供给所有儿童。"Brown v. Bd. of Educ., 347 U. S. 483, 493（1954）。

［4］San Antonio Indep. Sch. Dist. v. Rodriguez, 411 U. S. 1, 35-36（1973）.

［5］Plyler v. Doe, 457 U. S. 202（1982）.

［6］参见 Clark v. Jeter, 486 U. S. 456（1988）（非法）；Miss. Univ. for Women v. Hogan, 458 U. S. 718（1982）（性别歧视）。

［7］59 Mass.（5 Cush.）198（1849）.

［8］163 U. S. 537（1896）.

［9］175 U. S. 528（1899）.

［10］参见 Gong Lum v. Rice, 275 U. S. 78（1927）。在该案中，一名9岁的华裔女学生没有被安排到以白人学生为主的学校，而是被安排进了以少数种族学生为主的学校。法院认为，所有的少数种族学生都被安排在一起上学，而当地也没有为华裔学生专门开设的学校，因此学区的安排是合理的。

［11］Missouri ex rel. Gaines v. Canada, 305 U. S. 337（1938），在该案中，法院认为，即使作为原告的少数种族学生并没有在州内受过相当的法律训练，大学也不能拒绝他们的入学申请；但是，法院也指出，如果少数种族学生就读的是邻近州、而非本州的法律学校，州政府就可以不为他们提供他们本应享有的学费资助；Sipuel v. Bd. of Regents, 332 U. S. 631（1948）（由法庭共同议决），在该案中，法院认为，被指控学校是本州唯一的法律学校，因此这名女学生可以进入这所以男学生为主的法律学校就读；Sweatt v. Painter, 339 U. S. 629（1950），在该案中，法院认为，相对于白人法律学校而言，在为少数种族学生所提供的隔离法律学校中，学校所配备的师资、课程数量、图书馆书籍、法律评论机会都不如白人学校，学生在学习和交流对象、专业发展机会以及毕业生的声望和影响力方面也不如白人学校的学生，这都是不公平的，因此法院判令一名少数种族学生进入以白人学生为主的法律学校学习；McLaurin v. Okla. State Regents for Higher Educ., 339 U. S. 637（1950），在该案中，一名少数种族学生被批准进入被告高校研读教育学博士课程，为了区别于其他白人学生，校方要求他在与白人学生不同的时间到食堂吃饭，并在图书馆、自助餐厅以及教室内以"有色人种专用"的标志确定其所坐的位置，因此法院认为，学校的这种做法违反了"平等保护"条款。

［12］Brown v. Bd. of Educ., 98 F. Supp. 797（D. Kan. 1951）；Briggs v. Elliott, 98 F. Supp. 529（E. D. S. C. 1951），推翻原判，发回重审，342 U. S. 350（1952），发回重审，103 F. Supp. 920（E. D. S. C. 1952）；Davis v. Couty Sch. Bd., 103 F. Supp. 337（E. D. Va. 1952）；Gebhart v. Belton, 87 A. 2d 862，维持原判，91 A. 2d 137（Del. 1952）。

［13］Brown v Bd. of Educ.（Brown I），347 U. S. 483，493（1954）。

［14］Id. at 495.

［15］"法院之友"的简要意见是由与案件无关的第三方就案件向法院所提供的

建议，这种建议可以对法院的判决起到提醒作用，有的时候甚至可以说服法官作出新的判决。

[16] Brown v. Bd. of Educ. (Brown II), 349 U. S. 294, 301 (1955).

[17] Cooper v. Aaron, 358 U. S. 1 (1958).

[18] Griffin v. County Sch. Bd., 377 U. S. 218 (1964).

[19] Goss v. Bd. of Educ., 373 U. S. 683 (1963).

[20] "每年一个年级"计划要求学区每年秋天取消一个种族隔离的年级，直到整个学区和所有年级都取消种族隔离状态。

[21] Rogers v. Paul, 382 U. S. 198 (1965)（由法庭共同议决）。

[22] 参见 Briggs v. Elliott, 132 F. Supp. 776, 777 (E. D. S. C. 1955). 在该案中，法院表明，宪法并不要求"取消种族隔离"，"只是禁止歧视"。

[23] Green v. County Sch. Bd., 391 U. S. 430 (1968); Raney v. Bd. of Educ., 391 U. S. 443 (1968); Monroe v. Bd. of Comm'rs, 391 U. S. 450 (1968).

[24] *Green*, 391 U. S. at 439.

[25] 402 U. S. 1 (1971).

[26] 42 U. S. C. §§ 2000d-2000d-7 (2002).

[27] 在20世纪60年代，一些法院认为，学校里的种族隔离状态并不是由1954年颁布的法律造成的，因此法院并不需要对学区发出法律救济令。参见 Deal v. Cincinnati Bd. of Educ., 369 F. 2d 55 (6th Cir. 1966).

[28] 413 U. S. 189, 198 (1973).

[29] 参见 Arthur v. Nyquist, 573 F. 2d 134 (2nd Cir. 1378).

[30] 参见 Vill. of Arlington Heights v. Metro. Hous. Dev. Corp., 429 U. S. 252 (1977).

[31] 参见 Price v. Austin Indep. Sch. Dist., 945 F. 2d 1307 (5th Cir. 1991).

[32] 427 U. S. 424 (1976).

[33] Newburg Area Council v. Bd. of Educ., 510 F. 2d 1358 (6th Cir. 1974), 在该案中，城里的学区与城外的学区都存在法律上的种族隔离状态，因此法律命令两所学区进行合并；又见 Lee v. Chambers County Bd. of Educ., 849 F. Supp. 1474 (M. D. Ala. 1994). 在该案中，法院认为，当前学校里的种族隔离状态是由传统的种族隔离影响所造成的，因此禁止将这所正在取消种族隔离的学校进行分割。

[34] 42 U. S. C. §§ 2000c-2000c-9 (2002).

[35] 20 U. S. C. § 1701 *et seq.* (2002).

[36] 如果大学生将英语作为一门外语，存在语言学习困难、需要通过英语测试，则不可适用《平等教育机会法案》。Khan v. Educ. Comm'n for Foreign Med. Graduates, No. 00-1701, 2000 U. S. Dist. LEXIS 17227 (E. D. Pa. Nov. 30, 2000).

[37] 402 U. S. 43 (1971).

[38] 458 U. S. 527 (1982).

[39] 参见 Keyes v. Sch. Dist. No. 1, 895 F. 2d 659 (10th Cir. 1990); Little Rock Sch. Dist. v. Pulaski County Special Dist., 716 F. Supp. 1162 (E. D. Ark. 1989).

[40] 参见 Bradley v. Pinellas County Sch. Bd., 165 F. R. D. 676 (M. D. Fla. 1994).

[41] Tasby v. Black Coalition to Maximize Educ., 771 F. 2d 849 (5th Cir. 1985).

[42] 参见 Elston v. Talladega County Bd. of Educ., 997 F. 2d 1394 (11th Cir. 1993). "学区间转换"是指大量学生从一个指定的入学区域转到另一个邻近的入学区域入学。

[43] 418 U. S. 717(1974)(Milliken I).

[44] Milliken v. Bradley, 433 U. S. 267, 280-281 (1977) (Milliken II).

[45] 参见 Edgerson v. Clinton, 86 F. 3d 833 (8th Cir. 1996); Lauderdale County Sch. Dist. v. Enter. Consol. Sch. Dist., 24 F. 3d 671 (5th Cir. 1994).

[46] 515 U. S. 70 (1995).

[47] *Id.* at 78.

[48] United States v. Charleston County Sch. Dist., 960 F. 2d 1227(4th Cir. 1992), 发回重审, 856 F. Supp. 1060 1063-1065 (D. S. C. 1994).

[49] 参见 Swann v. Charlotte-Mecklenburg Bd. of Educ., 402 U. S. 1, 19 (1971); United States v. Montgomery County Bd. of Educ., 395 U. S. 225, 232 (1969). 又见 Lee v. Lee County Bd. of Educ., No. 70-T-845-E, 2002 U. S. Dist. LEXIS 10277 (M. D. Ala., May 29, 2002), 在该案中, 法院宣布, 学区内的两所学校除了在师资配备上存在差异之外, 已经成为了一个整体, 已经取消了种族隔离。

[50] 395 U. S. 225 (1969).

[51] 参见 Singleton v. Jackson Mun. Separate Sch. Dist., 419 F. 2d 1211 (5th Cir. 1970).

[52] 476 U. S. 267 (1986). 又见 Crumpton v. Bridgeport Educ. Ass'n, 993 F. 2d 1023, 1031 (2nd Cir. 1993), 在该案中, 法院认为, 在解雇教师之前, 学区并没有对其所适用的、存在种族偏好的解雇政策进行限定, 因而该政策是违法的。

[53] 参见 *In re* Little Rock Sch. Dist., 949 F. 2d 253 (8th Cir. 1991).

[54] 495 U. S. 33 (1990).

[55] 参见 Jenkins *ex rel.* Agyei v. Missouri, 13 F. 3d 1170 (8th Cir. 1994). 又见 Dekalb County Sch. Dist. v. Schrenko, 109 F. 3d 682 (11th Cir. 1997). 在该案中, 为取消种族隔离, 学区在校车计划、学生转学促进种族融合计划以及特色专业训练学校计划方面花费了大量的金钱。但是, 法院认为, 州政府并不需要对此开支进行补偿。

[56] Milliken v. Bradley, 433 U. S. 267 (1977) (Milliken II).

[57] Kelley v. Metro. County Bd. of Educ., 615 F. Supp. 1139 (M. D. Tenn. 1985).

[58] Liddell v. Bd. of Educ., 20 F. 3d 326 (8th Cir. 1994) (校址); Liddell v. Bd. of Educ., 988 F. 2d 844 (8th Cir. 1993) (学校建设).

[59] 890 F. 2d 1483 (10th Cir. 1989).

[60] 498 U. S. 237, 249-250 (1991).

[61] 参见 Lee v. Talladega County Bd. of Educ., 963 F. 2d 1426 (11th Cir. 1992) (终止了对学区所实施的法律监督). 又见 Lee v. Etowah County Bd. of Educ., 963 F. 2d 1416 (11th Cir. 1992) (对学区继续实施法律监督).

[62] 503 U. S. 467, 489 (1992). 又见 Mills v. Freeman, 942 F. Supp. 1449 (N. D. Ga. 1996), 在该案中, 法院认为, 学区在师资配备、资源分配以及教育质量上已经取消了种族隔离, 成为了一个整体; Arthur v. Nyquist, 904 F. Supp. 112 (W. D. N. Y. 1995), 在该案中, 鉴于布法罗学区在取消种族隔离方面所取得的成果, 法院终止了对该学区所实施的长达21年之久的法律监督, 并决定将这种监控权归还给地方教育当局。

[63] People Who Care v. Rockford Bd. of Educ., 246 F. 3d 1073 (7th Cir. 2001).

[64] Manning v. Sch. Bd., 244 F. 3d 927 (11th Cir. 2001), 调卷令被回绝, 534 U. S. 824 (2001).

[65] NAACP, Jscksonville Branch v. Duval County Sch., 273 F. 3d 960 (11th Cir. 2001); Belk v. Charlotte-Mecklenburg Bd. of Educ., 269 F. 3d 305 (4th Cir. 2001); Lockett v. Bd. of Educ., 111 F. 3d 839 (11th Cir. 1997); Lee v. Russell County Bd. of Educ., No. 70-T-848-E,

2002 U. S. Dist. LEXIS 4075 (M. D. Ala. Feb. 25, 2002); Lee v. Auburn City Bd. of Educ., No. 70-T-851-E, 2002 U. S. Dist. LEXIS 2527 (M. D. Ala. Feb. 14, 2002). 但是，在其他的一些案件中，法院并未放弃其对学区所实施的法律监督。参见 Jenkins v. Missouri, 216 F. 3d 720 (8th Cir. 2000); Liddell v. Special Sch. Louis County, 149 F. 3d 862 (8th Cir. 1998); Brown v. Bd. of Educ., 978 F. 2d 585, 590 (10th Cir. 1992), 推翻原判，发回重审, 503 U. S. 978 (1992).

[66] 参见 Anderson v. Canton Mun. Separate Sch. Dist., 232 F. 3d 450 (5th Cir. 2000); Valley v. United States, 173 F. 3d 944 (5th Cir. 1999).

[67] 参见家长所介入的案件 Cmty. Schs. v. Seattle Sch. Dist. No. 1, 285 F. 3d 1236 (9th Cir. 2002), 在该案中，法院认为，依据州法，实施公开入学政策的学区不得将种族背景作为决定将学生分配至何所学校的依据; Tuttle v. Arlington County Sch. Bd., 195 F. 3d 698 (4th Cir. 1999), 在该案中，学校入学政策的目标不是为了对传统上的歧视现象进行矫正，而是为了促进种族、民族和社会经济状况的多样性，学校也没有对多样性的入学目标进行详细的限定，因此法院认为，教育委员会不得以少数服从多数的投票原则改变学校的入学政策，以促进学校种族、民族的多样性。又见 Brewer v. W. Irondequoit Cent. Sch. Dist., 212 F. 3d 738 (2nd Cir. 2000), 在该案中，一名白人学生要求从一个以少数种族为主的学区转学到一个以白人学生为主的学区，但法院认为，他不具有这种转学权。

[68] Eisenberg v. Montgomery County Pub. Schs., 197 F. 3d 123 (4th Cir. 1999).

[69] Wessmann v. Gittens, 160 F. 3d 790 (1st Cir. 1998).

[70] Morgan v. Hennigan, 379 F. Supp. 410 (D. Mass. 1974).

[71] 20 U. S. C. §§ 3420, 3423d, 6931, 6932 (2002).

[72] 大多数双语教育项目以及英语作为第二语言的教育项目都致力于消除学生的语言学习障碍。但是，很长一段时间以来，那些说少数英语方言（比如黑人英语）和打美式手语的学生都不能获得专门的语言服务。参见 Martin Luther King Junior Elementary Sch. Children v. Ann Arbor Sch. Dist. Bd., 473 F. Supp. 1371 (E. D. Mich. 1979)（黑人英语）; Kielbus v. New York City Bd. of Educ., 140 F. Supp. 2d 284 (E. D. N. Y. 2001)（手语）。

[73] 当行为构成显见性歧视时，就可以适用严格审查原则；当行为表面上是中立的（比如，在天才教育项目的入学考试之中，只使用英语作为考试语言），就需要考虑行为的动机。

[74] 42 U. S. C. § 2000d et seq. (2002). 相关法规请参见 34 C. F. R. § 100 et seq. (2002).

[75] 20 U. S. C. § 1701 et seq. (2002).

[76] 20 U. S. C. § 1703 (f) (2002).

[77] Flores v. Arizona, 172 F. Supp. 2d 1225 (D. Ariz. 2000), 在该案中，法院认为，州政府并没有采取恰当的行为以帮助该名学生消除其所面临的语言障碍。

[78] Lau v. Nichols, 414 U. S. 563, 566 (1974).

[79] Id.

[80] Guadalupe Org. v. Tempe Elementary Sch. Dist. No. 3, 587 F. 2d 1022 (9th Cir. 1978); Castaneda v. Pickard, 648 F. 2d 989 (5th Cir. 1981).

[81] Keyes v. Sch. Dist. No. 1, Denver, Colo., 576 F. Supp. 1503, 1520 (D. Colo. 1983).

[82] Gomez v. Ill. State Bd. of Educ.,

811 F. 2d 1030, 1043 (7th Cir. 1987).

[83] Teresa P. v. Berkeley Unified Sch. Dist., 724 F. Supp. 698 (N. D. Cal. 1989).

[84] Cal. Teachers Ass'n v. State Bd. of Educ., 271 F. 3d 1141 (9th Cir. 2001)。又见 Doe v. L. A. Unified Sch. Dist., 48 F. Supp. 2d 1233 (C. D. Cal. 1999)。在该案中,针对227号法案所提起的集团诉讼,法院予以了批准。

[85] 269 F. Supp. 401 (D. D. C. 1967),以维持原判的名义,Smuck v. Hobson, 408 F. 2d 175 (D. C. Cir. 1969)。在许多案件中,当事人都是依据第十四修正案对根据学生能力进行分类的做法提起诉讼的。如果要依据学生的能力对其进行分类,就必须要进行各种各样的评估(通常是进行测试),而评估本身从表面上来看无疑是中立的,这种时候要判断分类是否符合第十四修正案的恰当标准就要对评估的意图进行审查。但是,当其不涉及法律上的种族隔离时,案件很难达到审查的标准。

[86] *Hobson*, 269 F. Supp. at 511.

[87] Singleton v. Jackson Mun. Separate Sch. Dist., 419 F. 2d 1211 (5th Cir. 1969).

[88] Castaneda v. Pickard, 648 F. 2d 989, 996 (5th Cir. 1981)。在上诉发回重审过程中,法院对学区的意见予以了支持,认为学校依据学生能力对其进行分组并不构成种族歧视,781 F. 2d 456 (5th Cir. 1986)。

[89] Ga. State Conference of Branches of NAACP v. Georgia, 775 F. 2d 1403 (11th Cir. 1985).

[90] 参见 Bester v. Tuscaloosa City Bd. of Educ., 722 F. 2d 1514 (11th Cir. 1984)。

[91] 参见 Larry P. v. Riles, 495 F. Supp. 926 (N. D. Cal. 1979),维持原判,793 F. 2d 969 (9th Cir. 1984)。

[92] 参见 United States v. City of Yonkers, 197 F. 3d 41 (2nd Cir. 1999)。

[93] 1992年《初等和中等教育法案》,Pub. Law. 107-110, Title V, Part D, Subpart 6。

[94] 《不让一个孩子掉队法案》,20 U. S. C. 6301 *et seq.* (2002)。

[95] 参见 Jacksonville Branch, NAACP v. Duval County Sch. Bd., No. 85-316-Civ-J-10C, 1999 U. S. Dist. LEXIS 15711 (M. D. Fla. May 27, 1999); Manning v. Sch. Bd., 24 F. Supp. 2d 1277 (M. D. Fla. 1998)。

[96] Pa. Stat. Ann. tit. 24 § 13-1371 (1) (Purdon, West Supp. 2002).

[97] Centennial Sch. Dist. v. Commonwealth Dep't of Educ, 539 A. 2d 785 (Pa. 1988).

[98] *Centennial Sch. Dist.*, 539 A. 2d at 791.

[99] New Brighton Area Sch. Dist. v. Matthew Z., 697 A. 2d 1056 (Pa. Commw. Ct. 1997)。又见 Brownsville Area Sch. Dist. v. Student X, 729 A. 2d 198 (Pa. Commw. Ct. 1999)。在该案中,法院认为,学区没有必要给天才学生提供超越当前学区提供范围的大学课程和其他教育项目。

[100] Broadley v. Bd. of Educ., 639 A. 2d 502 (Conn. 1994).

[101] Bennett v. City Sch. Dist., 497 N. Y. S. 2d 72 (App. Div. 1985).

[102] Rosenfeld v. Montgomery County Pub. Schs., 25 Fed. Appx. 123 (4th Cir. 2001)。在该案中,原告学生最终进入了天才学生教育项目,因此法院未受理他的诉讼请求;但是,法院也指出,如果相对于少数学生,学校对原告所实施的选拔标准更为严格,那么原告就有权利向学校提起损害赔偿诉讼。

[103] 依据第十四修正案,在有关年

龄歧视的案件中，如果学校的政策或行为构成显见性歧视，且政策或行为的动机显示其行为在表面上是中立的，那么案件就适用合理基础审查原则。

[104] 42 U. S. C. §§ 6101 et seq. (2002)。

[105] 42 U. S. C. § 6104 (e) (2) (B) (2002)。又见 Simmons v. Middle Tenn. State Univ., No. 95-6111, 1997 U. S. App. LEXIS 17751 (6th Cir. July 11, 1997)。

[106] 参见 Homola v. S. Ill. Univ. at Carbondale, Sch. of Law, No. 93-1940, 1993 U. S. App. LEXIS 34465 (7th Cir. Dec. 16, 1993)。

[107] Wright v. Ector County Indep. Sch. Dist., 867 S. W. 2d 863 (Tex. Ct. App. 1983)。又见 Morrison v. Chic. Bd. of Educ., 544 N. E. 2d 1099 (Ill. App. Ct. 1989)。在该案中，法院认为，在判断该名儿童是否适合进入幼儿园时，地方教育委员会享有自由裁量权。

[108] 参见 Zweifel v. Joint Dist. No. 1, Belleville, 251 N. W. 2d 822 (Wis. 1977); O'Leary v. Wisecup, 364 A. 2d 770 (Pa. Commw. Ct. 1976)。

[109] 参见 Cruz v. Pa. Interscholastic Athletic Ass'n, 157 F. Supp. 2d 485 (E. D. Pa. 2001)。

[110] 依据第十四修正案，在有关性别歧视的案件中，如果学校存在歧视现象，而校方表面上的中立行为又导致学生提起歧视诉讼时，那么案件就适用中间审查原则。

[111] 20 U. S. C. § 1681 (2002)。

[112] 如果学区里的任何项目或活动接受了联邦的资助，那么学区就必须证明它在整个学区范围内都遵循了《教育修正案》第九条的规定。

[113] Grandson v. Univ., 272 F. 3d 568 (8th Cir. 2001), 调卷令被回绝, 122 S. Ct. 1910 (2002)。

[114] 34 C. F. R. § 106. 41 (b) (2002)。

[115] Yellow Springs Exempted Vill. Sch. Dist. Bd. of Educ. v. Ohio High Sch. Athletic Ass'n, 647 F. 2d 651 (6th Cir. 1981)。

[116] 最高法院的判例表明，即使大学是直接接受联邦资助的机构，州运动员协会向下属会员——各个大学收取会费的行为也不表明该协会是间接接受联邦资助的机构。所以，州运动员协会将来不太可能受到依据《教育修正案》第九条所提起的诉讼。NCAA v. Smith, 525 U. S. 459 (1999)。

[117] Lantz v. Ambach, 620 F. Supp. 663 (S. D. N. Y. 1985)。又见 Adams v. Baker, 919 F. Supp. 1496 (D. Kan. 1996)。在该案中，法院认为，依据第十四修正案，该名女学生有权利参与摔跤运动。

[118] Leffel v. Wis. Interscholastic Athletic Ass'n, 444 F. Supp. 1117 (E. D. Wis. 1978)。

[119] Mercer v. Duck Univ., 190 F. 3d 643 (4th Cir. 1999)。

[120] 参见 Croteau v. Fair, 686 F. Supp. 552 (E. D. Va. 1988); Isral v. W. Va. Secondary Sch. Activities Comm'n, 388 S. E. 2d 480 (W. Va. 1989)。

[121] 参见 Williams v. Sch. Dist., 998 F. 2d 168 (3rd Cir. 1993), 在该案中，法院将案件发回重审，以判断女学生所获得的"真正"机会是否超越了男学生以及男学生所获得的机会是否受到了限制; B. C. v. Bd. of Educ., Cumberland Reg'l Sch. Dist., 531 A. 2d 1059 (N. J. Super. Ct. App. Div. 1987), 在该案中，法院认为，如果允许一名男学生加入学校的曲棍球队，会导致男生和女生之间机会的不平等，因此学区可以拒绝该名男生加入曲棍球队。

[122] 参见 Clark v. Arizona, 695 F. 2d 1126 (9th Cir. 1982)。在该案中，依据

中间审查原则，法院认为，学校可以拒绝该名男学生加入学校排球队。

[123] 参见 Rowley v. Members of the Bd. of Educ.，863 F. 2d 39（10th Cir. 1988）。在该案中，法院认为，学校可以拒绝给予该名男学生加入排球队的机会。

[124] 参见 Chalenor v. Univ. of N. D.，No. 00-3379ND，2002 U. S. App. LEXIS 14404（8th Cir. May 30，2002）；Boulahanis v. Bd. of Regents，Ill. State Univ.，198 F. 3d 633（7th Cir. 1999）；Miami Univ. Wrestling Club v. Miami Univ.，195 F. Supp. 2d 1010（S. D. Ohio 2001）。

[125] Neal v. Bd. of Trs.，198 F. 3d 763（9th Cir. 1999）。在该案中，法院认为，教育委员会并不需要彻底地减少球队的数量，它可以通过减少奖学金名额的方式来限制男生球队的规模。

[126] Horer v. Ky. High Sch. Athletic Ass'n，43 F. 3d 265（6th Cir. 1994）.

[127] Horer v. Ky. High Sch. Athletic Ass'n，206 F. 3d 685（6th Cir. 2000）. 又见 Kelley v. Bd. of Trs.，35 F. 3d 265（7th Cir. 1994），在该案中，法院认为，可以在停止举行男生游泳活动的同时继续举行女生的游泳活动。

[128] Cohen v. Brown Univ.，101 F. 3d 155（1st Cir. 1996）。又见 Pederson v. La. State Univ.，213 F. 3d 858（5th Cir. 2000），在该案中，法院认为，大学并未对一部分女运动员提供符合她们兴趣和能力的有效帮助，因此大学的行为违反了《教育修正案》第九条的规定；Boucher v. Syracuse Univ.，164 F. 3d 113（2nd Cir. 1999），在该案中，法院受理了一起由女学生提起的集团诉讼。这些女学生认为，女运动员和男运动员在获得参赛机会和奖学金方面是不平等的，因而学校的行为属于性别歧视。

[129] Cape v. Tenn. Secondary Sch. Athletic Ass'n，563 F. 2d 793（6th Cir. 1977），在该案中，法院认为，运动员协会可以对男性和女性适用不同的裁判规则，因为这种规则反映了男性和女性在生理上存在的差异。又见 Dodson v. Ark. Activities Ass'n，468 F. Supp. 394（E. D. Ark. 1979），在该案中，法院认为，对男性和女性适用不同的篮球竞赛规则是非法的。

[130] 参见 Ridgeway v. Mont. High Sch. Ass'n，749 F. Supp. 1544（D. Mont. 1990）；Striebel v. Minn. State High Sch. League，321 N. W. 2d 400（Minn. 1982）。

[131] Cmtys. for Equity v. Mich. High Sch. Athletic Ass'n，178 F. Supp. 2d 805（W. D. Mich. 2001）。

[132] State *ex rel*. Lambert v. W. Va. State Bd. of Educ.，447 S. E. 2d 901（W. Va. 1994）.

[133] Gossett v. Oklahoma，245 F. 3d 1172（10th Cir. 2001）。在该案中，一名从事护理训练的男学生诉称，指导他的女性教师未能给他提供帮助、指导和练习机会以改善他的表现。最终，法院将该案发回重审，以判断该学生在事实上是否受到了歧视。

[134] Vorchheimer v. Sch. Dist.，532 F. 2d 880（3rd Cir. 1976），维持原判（法官意见不一致，同意与反对人数各半），430 U. S. 703（1977）。

[135] Garrett v. Bd. of Educ.，775 F. Supp. 1004（E. D. Mich. 1991）.

[136] Miss. Univ. for Women v. Hogan，458 U. S. 718（1982）.

[137] United States v. Virginia，976 F. 2d 890（4th Cir. 1992）.

[138] United States v. Virginia，852 F. Supp. 471（W. D. Va. 1994），维持原判，44 F. 3d 1229（4th Cir. 1995）。

[139] 518 U. S. 515（1996）.

[140] Faulkner v. Jones，51 F. 3d 440（4th Cir. 1995）.

[141] 在这些案件中，没有任何一起案件是以违反《教育修正案》第九条为依据提起诉讼的。如果教育机构的教育目标是培育军事人员或者公立本科院校自成立以来就只招收单一性别的学生，那么就不可以对这些教育机构适用《教育修正案》第九条。参见 20 U. S. C. § 1681（a）(4), (5) (2002).

[142] 34 C. F. R. § 106.34(b) (2002).

[143] 45 C. F. R. § 86.35(b) (2002).

[144] Bray v. Lee, 337 F. Supp. 934 (D. Mass. 1972).

[145] Berkelman v. S. F. Unified Sch. Dist., 501 F. 2d 1264 (9th Cir. 1974).

[146] Seamons v. Snow, 84 F. 3d 1226 (10th Cir. 1996).

[147] 参见 D. R. v. Middle Bucks Area Vocational Technical Sch., 972 F. 2d 1364 (3rd Cir. 1992); J. O. v. Alton Cmty. Unit Sch. Dist. 11, 909 F. 2d 267 (7th Cir. 1990).

[148] 503 U. S. 60 (1992).

[149] 参见 Doe v. Dallas Indep. Sch. Dist., No. 3: 01-CV-1092-R, 2002 U. S. Dist. LEXIS 13014 (N. D. Tex. July 16, 2002); Rowinsky v. Bryan Indep. Sch. Dist., 80 F. 3d 1006 (5th Cir. 1996).

[150] 参见 Canutillo Indep. Sch. Dist. v. Leija, 101 F. 3d 393 (5th Cir. 1996).

[151] 参见 Patricia H. v. Berkeley Unified Sch. Dist., 830 F. Supp. 1288 (N. D. Cal. 1993).

[152] 参见 Oona R.-S. v. Santa Raso City Schs., 890 F. Supp. 1452 (N. D. Cal. 1995).

[153] 参见 Shrum v. Kluck, 249 F. 3d 773 (8th Cir. 2001)（男性对男性）；M. H. D. v. Westminster Schs., 172 F. 3d 797 (11th Cir. 1999)（男性对女性）；Kinman v. Omaha Pub. Sch. Dist., 171 F. 3d 607 (8th Cir. 1999)（女性对女性）；Nabozny v. Podlesny, 92 F. 3d 446 (7th Cir. 1996)（男性对男性）。又见 Oncale v. Sundowner Offshore Servs., 523 U. S. 75 (1998)，同性之间的性骚扰案件可以依据1964年《民权法案》第七条的规定提起诉讼。

[154] 524 U. S. 274 (1998).

[155] 又见 Baynard v. Malone, 268 F. 3d 228 (4th Cir. 2001)，在该案中，法院指出，如果有人告知学校里的某个管理人员，一名教师在虐待一名学生，那么校方的"真正的告知"条件就已经成立了；但是，学校管理人员并不需要确定被虐待学生的具体身份，最高法院拒绝核发调卷令。Baynard v. Alexandria City Sch. Bd., 122 S. Ct. 1357 (2002); Davis v. Dekalb County Sch. Dist., 233 F. 3d 1367 (11th Cir. 2000)，在该案中，尽管一名中学教练对多名学生进行了骚扰，但是法院认为，校方的"真正的告知"条件并未成立，学区委员会对此事也不存在故意漠视；Smith v. Metro. Sch. Dist. Perry Township, 128 F. 3d 1014 (7th Cir. 1997)，在该案中，一名女学生和一名男教师在自愿的情况下发生了性关系，因此法院认为，对学校管理人员而言，"真正的告知"条件并未成立，所以作出了有利于被告学区的简要判决。

[156] 又见 Warren v. Reading Sch. Dist., 278 F. 3d 163 (3d. Cir. 2002)，在该案中，法院将案件发回重审，要求下级法院依据**格布瑟诉拉戈·维斯塔独立学区案**所确定的司法标准，判断在学校里谁应该成为"真正的告知"性骚扰行为的"恰当的人"；同时，在案件中，一名男性教师强奸了一名男学生，该教师因此被学区解雇并被提起了刑事公诉；Vance v. Spencer County Pub. Shc. Dist., 231 F. 3d 253 (6th Cir. 2000)，在该案中，学校里许多教师都已经意识到了学生之间的性骚扰行为，但他们却漠视这种行为的发生，因此法院判决被告学区支付原告受害学生22万美元的赔偿金；针对判决后被告学区要求将判

决结果作为法律事实的请求,法院予以驳回;Oona v. McCaffrey, 143 F. 3d 473 (9th Cir. 1998),在该案中,法院指出,当学校管理人员真实察觉到性虐待行为,却没有采取行动以防止该行为再发生时,管理人员就要承担法律上的责任。

[157] Mary M. v. N. Lawrence Cmty. Sch. Corp., 131 F. 3d 1220 (7th Cir. 1997).

[158] 526 U. S. 629 (1999).

[159] 又见 Oden v. N. Marianas Coll., 284 F. 3d 1058 (9th Cir. 2002)。在该案中,法院指出,学生要求的听证只是被轻微地延缓了,而管理行为的迟缓并不等于故意漠视。

[160] 又见 Bruneau v. S. Kortright Cent. Sch. Dist., 163 F. 3d 749 (2nd Cir. 1998)。下级法院的判决表明,一些男学生对一名女学生所实施的冒犯行为并不属于骚扰,该行为也未对这名女学生的教育造成负面影响。对这一判决结果,上诉法院予以支持,该案维持原判。

[161] Franks v. Ky. Sch. for the Deaf, 142 F. 3d 360 (6th Cir. 1998)。在该案中,一名女学生的母亲向学校管理人员反映,一名男学生具有危险性并且曾经威胁过她的女儿,随后该名男学生就强奸了这名女学生。在上诉审理过程中,法院指出,第十一修正案并不禁止依据《教育修正案》第九条所提起的诉讼,并将该案发回下级法院重审。

[162] Cohen v. San Bernardino Valley Coll., 883 F. Supp. 1407 (C. D. Cal. 1995),部分诉讼请求得到支持,部分诉讼请求被驳回,发回原法院重审,92 F. 3d 968 (9th Cir. 1996)。

[163] 但是,要以《教育修正案》第九条为依据提起惩罚性赔偿诉讼是不太可能的。Schultzen v. Woodbury Cent. Cmty. Sch. Dist., 187 F. Supp. 2d 1099 (N. D. 2002)。

[164] 参见 Hartley v. Parnell, 193 F. 3d 1263 (11th Cir. 1999); Floyd v. Waiters, 133 F. 3d 786 (11th Cir. 1998)。又见 Mennone v. Gordon, 889 F. Supp. 53 (D. Conn. 1995)。在该案中,法院指出,只要个体达到足够的水平,能够控制教育项目或活动,他们就可以依据《教育修正案》第九条提起诉讼。

[165] 参见 Johnson v. Elk Lake Sch. Dist., 283 F. 3d 138 (3rd Cir. 2002)。

[166] Loving v. Virginia, 388 U. S. 1, 12 (1967).

[167] 34 C. F. R. § 106. 40 (2002). 又见 Wort v. Vierling, 778 F. 2d 1233 (7th Cir. 1985)。在该案中,法院认为,不能因为该名女学生未婚先孕就将她从国家荣誉协会中开除出去。

[168] Ordway v. Hargraves, 323 F. Supp. 1155 (D. Mass. 1971).

[169] Alvin Indep. Sch. Dsit. V. Cooper, 404 S. W. 2d 76 (Tex. Civ. App. 1966).

[170] 参见 Beeson v. Kiowa County Sch. Dist. RE-1, 567 P. 2d 801 (Colo. Ct. App. 1977); Bell v. Lone Oak Indep. Sch. Dist., 507 S. W. 2d 636, 641-642 (Tex. Civ. App. 1974).

第6章

残疾学生的权利

具有残疾的学生代表了一个易受伤害的未成年人群体,如何对待他们呢?这一问题受到了立法部门和司法部门的广泛关注。法院已经指出,具有残疾的孩子享有宪法权利,他们有权利进入学校学习,有权利被准确地分类,有权利获得恰当的教育。联邦及州制定法进一步描绘了残疾学生所具有的权利,并通过提供资金资助的方式帮助学区满足这些学生的特殊需要。

法律背景

第一个影响残疾儿童的重要案件并非是一个处理特殊教育问题的案件,而是一个处理种族隔离问题的案件;该案件的起诉依据也不是来源于范围狭窄的残疾人法律,而是来源于宪法第十四修正案。尽管如此,1954年联邦最高法院在**布朗诉教育委员会案**的判决中声明"教育必须在平等的条件下提供给所有人"[1],因此这一声明最终为那些原来受到限制或不能进入公立学校就读的人们提供了进入公立学校接受教育的法律依据。如果按照不同的类别进行分类,可以说,由于种族、性别、出身国和残疾等因素,有一些人在接受公立教育的过程中遇到了障碍。一系列相关的诉讼案件、游说的利益集团以及州法律的改变最终为联邦残疾人法律的顺利通过铺平了道路,这些法律被专门设计用来保护和促进残疾人的权利,它们是——《康复法案》、《美国残疾人法案》以及《残疾人教育法案》(见表6—1)。

表6—1　　　　　　　一些联邦残疾人法律的适用情况

联邦法律	接受联邦资助的公立教育机构是否被要求遵守该法	未接受联邦资助的公立教育机构是否被要求遵守该法	接受联邦资助的私立教育机构是否被要求遵守该法	未接受联邦资助的私立教育机构是否被要求遵守该法
第十四修正案的"平等保护"条款	是	是	否	否
第十四修正案的"正当程序"条款	是	是	否	否
《美国法典》第42章第1983条的规定	是	是	否	否

续前表

联邦法律	接受联邦资助的公立教育机构是否被要求遵守该法	未接受联邦资助的公立教育机构是否被要求遵守该法	接受联邦资助的私立教育机构是否被要求遵守该法	未接受联邦资助的私立教育机构是否被要求遵守该法
《康复法案》第504条的规定	是	否	是	否
《美国残疾人法案》第二条的规定	是	是	否	否
《美国残疾人法案》第三条的规定	否	否	是	是

资料来源：From "College students and Disability Law" by S. B. Thomas, Winter 2000, *The Journal of Special Education*, 33, 4, p. 249. Copyright 2000 by PRO-ED, Inc.。

《康复法案》

依据1973年《康复法案》第504条的规定，适用该法的主体是接受联邦政府财政资助的公立机构和私立机构，联邦民权办公室主要负责执行该法案。《康复法案》第504条写道："在任何接受联邦资金资助的项目或活动中，任何满足项目或活动要求的美国残疾人……都不得仅仅因为他或她有残疾，就被排除参加该项目、被妨碍获得该项目的利益或受到歧视。"[2]依据该法案，进一步来说，如果一个组织或机构（比如学区）从美国教育部获得联邦资助，那么该组织或机构所实施的任何项目或活动都必须遵循《康复法案》的要求。要遵守《康复法案》，受资助组织或机构必须履行以下几个方面的义务：提交一份保证书（比如，书面保证不进行残疾歧视）；在历史上，如果受资助组织或机构所实施的项目存在任何限制残疾人参加该项目的行为或条件，应对此歧视行为或条件予以矫正或纠正；受资助组织或机构要进行自我评估，以评价自身遵守《康复法案》的程度；在组织或机构内部，为遵循《康复法案》确定一位协调人；采用申诉程序并为所有参加项目活动的人员提供告知声明，表明组织或机构不会对参加者进行残疾歧视。[3]

依据《康复法案》，所谓残疾人是指一个受到**身体或精神损害**[4]（需要考虑采取相应的减轻损害的措施）从而在一项或更多的主要日常活动上受到实质性限制的人，或一个**具备某种受损害记录的人**，或一个**被鉴定为处于受损害状态**的人。[5]当公民个体受到歧视（比如，学区终止了与一名教师的雇佣合同，因为有记录表明这名教师曾经因结核病而接受住院治疗[6]；学区解聘了一名教师，因为该名教师的HIV测试结果呈阳性[7]），法院就可以使用后两种残疾人的界定标准（即"具备某种受损害记录"和"被鉴定为处于受损害状态"）。然而，只有那些符合第一种界定标准的儿童（比如，受到身体或精神损害从而在日常活动上受到实质性限制）才有资格获得个性化的教育和服务。因为，在当前的个人生活中，仅仅只是具备某种受损害记录的学生并不需要获得特别帮助；而被认为处于某种受损害状态的学生，其个人日常活动也不会受到实质性限制。

在评估公民个体是否是残疾人，是否有资格依据《康复法案》第504条的规定获得特殊服务时,学区应将实施**损害减轻措施或纠正性措施**之后可能产生的结果(包括正面结果和负面结果)考虑进去。[8]如果视力受到损害的学生在佩戴眼镜或隐形眼镜之后能够具有 20/20 的矫正视力,或者听力受损害的学生在佩戴助听器之后能够达到平均听力水平,采取矫正措施之后的正面结果就是显而易见的。如果学生因健康问题而接受药物治疗,但接受此药物治疗之后很难集中注意力或不能在课堂上保持注意力,则采取矫正措施之后的负面结果就能被观察出来。通过考虑这些正面结果和负面结果,法院能够获得许多重要的信息,并更清晰地理解如下问题:学生因身体或精神损害所受到的限制是否达到了残疾的程度?该损害的性质和程度如何?

此外,学生所受到的这种限制必须**对其主要日常活动造成实质性的限制**。[9]法院在作出裁决之前,会将这个在日常活动上面临困难的学生与人群中理论上的"普通人"(或在本书讨论中被称为"普通学生")进行比较。如果学生符合残疾人的标准,他或她要么是不能从事某项指定的活动,要么就是在从事该项活动时受到严格的限制(比如,如果学生在从事某项指定的活动时,只是表现得低于平均水平,则不属于残疾)。法院在判定特定学生是否属于残疾人时,必须进行个案评估,因为学生所受损害的严重程度存在差别;损害对人的影响也存在差别;并且学生在从事特定日常活动时,可能因此损害受到限制,也可能不受限制。因此,评判的结果当然是:一部分在身体或精神上遭受损害的学生在日常活动中受到了实质性限制,而另一部分学生则没有受到实质性限制,只有前者才有资格获得特殊教育、服务及设施。[10]必须认识到,《康复法案》第 504 条只为残疾人而不为那些仅仅受到损害的人提供特殊权利;混淆两者之间的区别,会泛化依据《康复法案》第 504 条对受损害学生所作的分类,这就可能导致特殊教育及服务开支的增加、维持纪律的难度增加、家长对特殊教育项目的更大期望以及潜在法律诉讼和法律义务的增加。

一旦确定某个学生的日常活动受到实质性限制、达到残疾的程度,还需要判断他或她在其他方面是否符合法律所要求的条件。就美国从幼儿园到十二年级的教育而言,这种条件可能是判断学生是否达到了入学年龄,或者判断他们是否有资格依据州法律或《残疾人教育法案》的规定获得对残疾人提供的特殊服务。[11]在受资助者所组织的项目里,需要对那些符合《康复法案》第 504 条规定但不符合《残疾人教育法案》规定的学生(比如,那些虽然坐在轮椅之上但接受常规教育的学生)[12]提供辅助计划,以为这些学生参加项目活动提供便利,这种辅助计划通常包括为残疾学生提供恰当的日常教育和特殊教育以及个性化的帮助和服务。学区在实施教育项目时,必须为残疾学生提供可使用的设施[13];还必须重新设计教育项目并选择恰当的内容进行教学,以使残疾学生能够与同龄的、非残疾学生在需求上得到同等程度的满足。除非因为其他因素,学区不能提供恰当的教育项目,否则残疾学生在接受教育时不应该与其他正常学生分离开来。如果这种分离状态存在,在所获资料、设施、师资质量、学期长度以及每日教学时数等方面,残疾学生所享有的待遇应该与正常学生所享有的待遇相当。

在判断残疾学生是否获得了"恰当且免费的公立教育"(a free appropriate public education, FAPE)时,受资助学区和家长会产生不同意见。在此情况下,家长有权利审查自己孩子的教育记录,参加公正的听证会并可以邀请专业人员代表自己参加听证会。《康复法案》第 504 条并未规定应该遵循何种程序来处理此类争议,但它明确指出应给予家长与《残疾人教育法案》规定相当的权利,如使家长获得告知权和听证权。[14]此外，在遭受其所主张的歧视行为之后的180天内，家长有权利向联邦民权办公室提交控诉状。[15]而联邦民权办公室会对家长的指控进行调查并审查学区的相关做法和政策。如果调查发现受联邦资助的学区确实存在歧视行为、违反了法律，依据联邦法律法规，学区可以通过非正式的协商和自愿约束等方式以纠正此歧视行为并达到法律的要求。[16]相反，如果受联邦资助的学区对自身的歧视行为不予纠正，联邦政府对它的资助就会终止。

如果受到残疾歧视的学生既可以适用《康复法案》第504条，又可以适用《残疾人教育法案》，那么依据《残疾人教育法案》规定，他或她必须在穷尽行政救济程序的情况下才能提起法律诉讼[17]；但如果受到残疾歧视的学生仅可以适用《康复法案》第504条的规定，他或她马上就可以获得个人起诉权。如果受到残疾歧视的学生提起法律诉讼，被指控的学区就不能依据第十一修正案来进行免责抗辩[18]；同时，败诉的一方还要承担胜诉一方的律师费；此外，如果学区是基于恶意或严重的错误判断而从事了特定的歧视行为，依据为残疾学生提供"恰当且免费的公立教育"的规定，学区就需要承担相应的损害赔偿责任。[19]

《美国残疾人法案》

除了《康复法案》，美国国会在1990年还颁布了《美国残疾人法案》。[20]在该法案中，有两项条款对残疾学生特别重要：第二条可以适用于公立学校，而第三条则可以适用于私立学校。与《康复法案》第504条相似，这些条款禁止对有残疾的公民个体（从出生到死亡）进行歧视。然而，不同于《康复法案》第504条，《美国残疾人法案》并不仅适用于接受联邦资助的学校，自颁布之日起，它就对全美所有的学校有效。在学生遭受歧视行为之后的180天之内，他或她可以就此歧视行为向美国司法部或其他负责机构提起申诉。

一旦当事人完成《美国残疾人法案》第二条所规定的申诉程序，美国司法部会对该指控进行审查并尝试以非正式途径解决此争议。如果歧视行为被确定，而控辩双方又未能达成协议，司法部就会给指控学生和被指控学校各发一封信，信上主要说明以下问题：确认每一项歧视行为、对该歧视行为提供建议性救济措施、告知当事人与《美国残疾人法案》相关的权利信息。如果控辩双方达成了协议，司法部会要求当事各方提交一份书面文件，以督促当事各方对每一项歧视行为采取纠正措施，明确采取这些纠正措施的最后时限，并要求歧视方保证不会再次发生歧视行为。如果被指控方不能遵循法律的要求，自愿纠正其所从事的歧视行为，司法部就会建议联邦检察长采取特定的措施（比如，采取进一步的措施以促使被指控方自愿遵循法律的要求）。

依据《美国残疾人法案》第三条的规定，联邦检察长有权利就被指控的违法行为对私立学校进行调查。如果有理由相信，被指控的私立学校确实从事了某项违法行为，检察长就会要求该学校提交一份守法回顾书。如果被指控的私立学校确实存在某种歧视类型或某种歧视行为，或者该私立学校存在某种视为严重歧视的做法且歧视已成为具有普遍意义的问题，则检察长就可以对该私立学校提起民事诉讼。法院有权利要求被指控的私立学校采取以下措施：为残疾学生提供辅助性帮助或服务；调整学校的政策、做法、程序或方法；为残疾学生提供他们能够进入和使用的设施；以及为残疾学生提供其他的、法院认为恰当的救济措施。

不过，如果私立学校所采取的特定辅助性帮助或服务会在根本上改变私立学校所具有物品、服务、设施、权利、利益的性质，或者会给私立学校带来过重的负担，法院就不会要求私立学校采取这些辅助性帮助或服务。[21]进一步而言，即使私立学校负有取消那些已存的、阻碍残疾学生参加教育活动的设施障碍的义务，但法律也限定，私立学校所从事的改善工作应该是"可以无困难地完成的"、"容易完成的"和"不存在太大困难或不需要太大花费的"[22]。

《残疾人教育法案》

在《康复法案》通过之后的两年，也是在《美国残疾人法案》颁布前的15年，国会对《残障教育法案》（Education of the Handicapped Act）的B部分进行了修订，这是第94届国会通过的第142部法律。被修订的《残障教育法案》也就是现在我们所熟知的《残疾人教育法案》[23]，它由联邦特殊教育项目办公室执行。接受《残疾人教育法案》资助项目资金的学区必须为符合该法要求的那些残疾儿童提供"恰当且免费的公立教育"，而且学区必须让残疾儿童在受最少限制的环境中接受这种"恰当且免费的公立教育"。州政府、而非地方教育机构（比如公立学区），有权利拒绝接受《残疾人教育法案》资助项目的资助，这样一来该州下属的学校就不需要遵循《残疾人教育法案》所提出的种种要求；不过，即使如此，州政府及其下属学校也仍然需要遵循《康复法案》第504条的规定，以满足残疾学生的需要。目前，所有的州都参加了《残疾人教育法案》的资助项目。

如果一名儿童存在精神障碍、听力残疾、发音或语言障碍、视觉残疾、严重的情绪障碍、畸形、自闭症、其他身体残疾、学习障碍或遭受过严重的脑损伤，并且因其中的一种或几种损害而需要获得特殊教育及相关服务，则该名儿童即有资格享有《残疾人教育法案》所规定的特殊服务。[24]因此，如果一个人具有残疾（比如四肢瘫痪），但并不需要获得特殊教育服务，他或她就没有资格获得《残疾人教育法案》所规定的特殊服务。尽管学校必须依据前述的残疾分类标准将特定学生归入一种或多种残疾类别，以从州政府和学区获得联邦资金；但是在个性化教育项目中，学校并不需要将残疾学生贴上这种残疾分类标签。[25]不过，正确地确认残疾学生的需要并采取恰当的措施以满足这种需要非常重要。

在以下的章节中，我们将讨论到许多重要的、与《残疾人教育法案》相关的法律诉讼。《残疾人教育法案》是一部基本法律，依据该法，学校及残疾学生会就"恰当且免费的公立教育"产生法律争议，而这些法律争议又导致了许多与残疾学生相关的判例的产生。

恰当且免费的公立教育

依据《残疾人教育法案》的规定，州政府必须保证对州内所有3周岁~21周岁的残疾学生提供"恰当且免费的公立教育"，并在受限制最少的环境下实施这种教育。[26]政府会为提供"恰当且免费公立教育"的学校提供公共资金，并对其进行监管和指导（即使学区选择将某位残疾学生安置在私立学校之中）；"恰当且免费的公立教育"必须达到州教育机构所确定的标准[27]；"恰当且免费的公立教育"包括恰当的学前教育、小学教育或中学教育;"恰当且免费的公立教育"必须与残疾学生的个性化教育项目相一致。一个"恰当"的教育必须用以满足每一位残疾学生的独特需要,包括为该学生提供特殊教育和相关服务(比如,能够让儿童从特殊教育项目之中获益所必需的那些服务)。[28]

如果学生需要,学校还必须为该名学生提供附加的帮助与服务(尽最大可能使残疾儿童与其他正常儿童在一起接受教育)、过渡性服务(在残疾学生毕业之后,为其参加毕业后的活动提供帮助,比如为残疾学生接受中学后教育、职业训练、全职工作、继续教育和成人教育、成人服务、独立生活或社区活动提供帮助)以及辅助性的技术设施和服务(增加、维持或改善学生的功能性能力)。[29]如果学校要为残疾学生提供这种额外服务,提供服务的地点应该尽可能地靠近学生的家;当然,最好是将这种服务安排在学校(该所学校是假定该名学生没有残疾而会就读的学校)之中进行。不过,将所有残疾服务项目都安排在其家庭所在地的友邻学校也不现实。

为残疾学生所提供的个性化教育项目必须是"恰当的",但并不需要使学生学习潜力最大化,因此它不需要成为"最好"的项目或是代表一种"最佳选择"的项目。[30]在**教育委员会诉萝莉案**(Board of Education v. Rowley)[31]中,法院对此问题予以了具体说明。在该案中,一名女孩的听力很差,她的父母要求学区为其在课堂上提供手语翻译。但学区为该名学生所提供的个性化教育项目规定,该名学生在一年级学习期间可以获得每天一小时的聋儿特殊辅导以及一周三小时的发音治疗,个性化教育项目并未包括手语翻译服务。该名学生在幼儿园就读期间,获得了为期两周的手语翻译服务。由于手语翻译老师和其他教育者的建议,为该名学生所提供的手语翻译服务就停止了。学生家长认为,在学区为该名学生所提供的个性化教育项目中不应该缺少手语翻译服务,在行政申诉未成功的情况下,该学生家长又提起了法律诉讼。

该案被上诉之后,联邦最高法院驳回了下级法院对"恰当"教育所提出的标准(该标准认为,应该给残疾学生提供足够的机会以最大化地促进其潜力[32])。最高法院认为:"《残疾人教育法案》的目的就在于以恰当的方式为残疾学生开启一扇接受公立教育的大门,而非保证这些学生达到特定的教育水准。"[33]该法案只保护"基础性的机会权"[34],包括接受那些个别设计的、对残疾学生提供教育利益的特殊教育和相关服务。以此原则为依据,联邦最高法院判决,原告获得了恰当的教育——也就是说,该名学生从个性化教育项目和相关服务中获得了教育利益,因为有证据表明,她在班级之中的表现优于平均水平,一年接着一年地顺利升级,并且与学校教师和同龄学生建立了积极的个人关系。

最高法院还指出,在审理此类案件的过程中,下级法院不应就"恰当的教育"自己作出定义。相反,它们应主要审查两个问题:第一,州政府是否遵从了《残疾人教育法案》所指定的程序;第二,通过遵循这种法定的程序,是否合理地形成了个性化教育项目并使残疾学生获得了教育利益。[35]而下级法院在解释后一个问题时要求,指定的个性化教育项目不能只给残疾学生带来"轻微的促进"。[36]

第十一巡回法院在一起案件中很好地执行了对上述两个问题的审查。在该案中,学区对一名存在学习障碍的学生提供了特殊授课、特殊班级和特殊服务,包括为其安排了一间方便教室。即使如此,她并没有取得显著的进步。在学年之初,该名学生因拒绝完成教师安排的作业且从事攻击性行为而被停学。这些攻击性行为包括用一根钉子威胁其他学生、用手指捅老师并踢、打许多学校中的教职人员。在发生这些事情之后，该名学生又打电话给其母亲，声称她的教师试图"谋杀"她。基于该名学生的行为，她被停学七天。当该名学生停学完毕、重新回到学校时，她表现得比以前更不顺从，她的母亲还每天陪她来上课。在课堂上，这位母亲帮助其女儿完成本应由学生独立完成的作业，不尊重授课教师，并且在教室里取代了教师对其女儿进行教育。最终，这位母亲不再让孩子到这所学校上学并提起了法律诉讼。在该案的上诉过程中，第十一巡回法院认为，尽管存在一些轻微的程序缺陷，但学区仍然对该名学生提供了"恰当且免费的公立教育"。[37] 即使由于学生母亲的加入，该名学生所获得的真实教育利益难以评估，但学区在为该名学生准备个性化教育项目时，始终抱着协调且合作的工作态度并致力于通过此项目满足其教育需要，因此法院认为，学区为该名学生提供了"恰当且免费的公立教育"。

在讨论个性化教育项目和教育学问题时，法院通常会尊重州和地方教育者以及听证审查官员的意见[38]，但不会支持那些明显不恰当的个性化教育项目。在特定情况下，法院会同意将残疾学生安排进私立学校就读或指令公立学校形成恰当的教育项目。举例来说，在一起案件中，第九巡回法院判决，加利福尼亚学区没有为一名残疾学生提供恰当的教育。法院指出，将一名自闭症儿童安排进"交流障碍"项目是不恰当的，对该名学生而言，这一项目是非个性化的，学生的需要没有得到满足，教师也没有经过关于如何对自闭症儿童进行教育的专门训练。[39] 最终，法院判决学区为这名学生的父母提供安置补偿费，以使这名学生能够在学区之外接受恰当的教育，这笔安置补偿费包括交通费、住宿费、学费以及这名学生所支付的律师费。

个性化教育项目

如果一名学生被确定为残疾学生，学区就必须为其准备和提供恰当的教育项目；一直到该学生从学校退学或毕业，或者年满21周岁，失去享有此教育服务的资格，学区才可以停止此教育项目。[40] 在开始这一程序之前，学区必须对特定学生进行确认和评估；如果该学生确实属于残疾学生，学区就必须以书面方式为其设计个性化教育项目并选择恰当的安置方式教育该名学生。

开始确认

依据《残疾人教育法案》有关"确认残疾儿童"的法律法规，州和学区有义务确认、寻找和评估所有居住在学区之内的残疾儿童，不论这些残疾儿童的残疾程度如何，也不论他们是否在公立学校或私立学校之中就读。也就是说，任何一位残疾儿童都有不受阻碍地参加恰当的教育项目的权利（"零拒绝"政策[41]）。尽管联邦《残疾人教育法案》要求州和学区确认所有的残疾儿童，但该法并未规定应该如何进行确认。不过，在确认残疾儿童的过程中，如果学区的努力是实质性的且秉承善意，法院一般会尊重学区的做法。[42] 因此，在确认残疾儿童时，州政府可以采取的确认措施是变化多样的，包括进行人口调查；进行社区调查；通过公众的告知；通过家长、教师和医生的介绍；对幼儿园和学龄前的儿童进行筛查等。在筛查过程中，对所有儿童进行测试是必要的，而不应该仅测试那些可能患有残疾的儿童。在对学生进行测试之前，学区必须告知家长，将使用何种测试并对进行测试的目的予以解释。不过，此时，教育者并不需要征得家长的同意，除非法律要求学区必须获得所有学生的同意。就理想的情况而言，只要学区完成了初步的调查和审查工作，就能够确认所有那些潜在的、需要接受特殊教育服务的儿童。

其后，如果在学区的服务区之内，有儿童需要接受特殊教育服务，学区就有义务对他们进行进一步的评估。不过，各州的居住法律差别很大。但总的来说，只要这些儿童属于以下几种情况，他们就有资格成为学区之内的"居民"：该儿童与拥有其监护权的父母[43]、法定监护人或养父母一起居住在学区服务区之内；该儿童不再受父母的约束且实际居住在学区服务区之内；或该儿童已经达到了法定的成年人年龄、没有与其父母居住在一起且实际居住在学区服务区之内。[44]

评 价

依据《残疾人教育法案》的相关规定，在安置残疾儿童之前，学区应该对这些儿童进行多因素评价，通过使用多种技术合理的评价工具与策略来收集那些与儿童健康、视力、听力、社交和情绪状况、一般智力、学业表现、交流状况及运动能力等相关的信息。在决定如何安置这些儿童时，学区不能仅采用某种单一的标准或程序。相对于其使用的目的，标准化测试必须具有有效性，必须由合格的人员实施，在选择测试方法和选择管理方式上也不能存在种族歧视、文化歧视，并且必须使用被测试儿童的母语或其他交流途径来进行测试。进一步而言，标准化测试应该真实地反映该儿童的资质或所达到的水平，而不是反映被测试儿童感知觉、肢体能力或说话能力的受损程度，除非这些受损程度是测试所必须考察的。[45]

学区意图对特定儿童进行测试之前，必须将此意图告知该名儿童的家长。在告知家长时必须明确说明学区拟采用的评价方法（包括学区拟采用的每一种评价程序、测试类型、记录方式或报告方法）以及任何与该评价事项相关的其他信息。一般来说，在初次评价或再评价的过程中，如果学区要对特定学生进行个别测试，就必须提前获得该学生家长的同意[46]。不过，如果学生家长没有对学区的再次测试要求作出回应，学区便不需要得到这种同意。法院一般假定，学区能够证明自己已经采用了合理的方法以获得家长的同意，只是家长没有作出回应。在这种情况下，学区必须向法院提供相关的证明文书，诸如详细的电话记录、信件副本、对学生家庭或家长工作地点的访问记录等。[47]

如果家长不同意学区对自己的孩子进行测试，学区可以提起正当程序申诉以获得评价该学生的权利。[48]假定学区获胜，家长可以有三个选择：允许学区对其孩子进行评价；申请法院禁止令以阻止学区对其孩子进行评价；或者将其孩子转学，离开公立学校。即使家长采取的是最后一种选择，他们也必须遵守州义务教育法律的相关要求，将其孩子送入其他学校之中就读或为其孩子提供在家教育。如果家长继续将其孩子留在公立学校之中就读，他们就不得阻止学区对其孩子进行评价，家长不可以拒绝让其孩子接受测试或为了规避学校管理者的评价而临时性地将其孩子转学到其他州。

作为初始评价或再评价的一部分，个性化教育项目小组以及其他合格的专业人员有责任对围绕特定儿童所产生的各种评价数据进行审查，这些评价数据包括家长

提供的评价结果和信息、对孩子目前在教室之中的表现所作的评价、教师或其他相关特殊服务提供者的观察记录等。在此基础之上，个性化教育项目小组就能够明确是否还需要收集其他额外的评价数据。一旦上述工作完成，个性化教育项目小组对以下问题作出明确回答：特定儿童的教育需求以及该儿童所表现出来的能力水平如何？该儿童是否需要接受特殊教育和相关服务？为了使该儿童达到可测量的年度目标并且在恰当的情况下参加日常课程的学习，是否必须增加或调整对该儿童所提供的教育和服务？

如果家长对学区对其孩子所作的评价或为其孩子安排的安置措施不满，他们有权利请求学区对其孩子进行独立评价。除非学区管理者不同意进行再评价或家长所获得的评价未达到学区的标准，否则公立学校必须对额外的评价措施支付费用。[49]要完成此项工作，学区应该举行公正的听证，同时证明学区已经遵守了所有的程序并采取了恰当的专业措施。如果公正听证所作的裁决有利于学区且该裁决未被上诉，家长仍然可以要求进行第二次独立评价，但是此次评价的费用必须由家长承担。学校人员只需要考虑独立评价的结论，但并不一定要遵循此评价的结论。[50]

个性化教育项目的准备

通过个性化教育项目小组的工作，学区可以确定特定儿童是否有资格获得《残疾人教育法案》所提供的特殊服务；如果特定儿童有资格获得此服务，学区就必须为该儿童设计恰当的、受限制最少的安置措施。一般来说，个性化教育项目小组的成员应该包括：残疾儿童的家长；在恰当的情况下，可以吸纳残疾学生本人加入；至少一位提供普通教育的教师；至少一位提供特殊教育的教师；有资格提供或管理特殊教育以满足儿童独特需求的学区代表；了解学生需求或者具备专业技能的其他个体（包括相关服务人员）。此外，在个性化教育项目小组现有成员之中，假设无人能够解释评价结论并指出该结论涉及哪些教育服务，该小组就需要吸纳这样一位专业解释人员以从事这种解释服务。同时，如果个性化教育项目小组决定不将特定儿童安置在提供普通教育的教室之中，那么小组成员就可以不包括普通教育的教师代表。

个性化教育项目小组如果要在一定时间和地点举行会议，必须征得家长的同意；同时，学区必须保证家长有机会全方面地参与到这些会议之中来（比如，根据家长的情况，为其安排外语翻译或手语翻译等）。[51]如果家长既没有时间也不愿意参加这些会议，学校管理者就应该通过文书资料来证明学区曾鼓励家长参加这些会议。如果学区不能确定特定学生的家长是谁或不知道家长的居住地点，它可以指定该名学生的代理家长。该代理家长具有《残疾人教育法案》赋予家长的所有权利和义务（比如，获得告知的权利、同意对其孩子予以测试的权利、要求听证的权利）。不过，代理家长不能是学区的雇员，也不能具有与被代理儿童的利益相矛盾的特定利益，而且该代理家长还必须具备进行全权代理的知识和技术。

个性化教育项目小组一旦成立，它就需要承担以下责任：（1）明确特定儿童目前的教育发展水平；（2）明确为该儿童设定的年度目标以及短期目标；（3）向该儿童提供特殊教育、相关服务、补充性帮助和服务、交通服务；（4）为方便学校人员实施特殊教育项目，对项目予以调整或为教师提供帮助；（5）如果可能，判断该儿童可以在何种程度上被纳入普通教育活动之中；（6）为了履行州或学区的相关要求，对学生的成绩予以评价，以明确对该残疾儿童应该采取何种调整措施；（7）记录提供特殊教育服务的日期；（8）设定预计提供服务的频率、地点和时间长度；（9）提供恰当的评价程序；（10）采取一定的方法将孩子所取得的进步通知给家长；（11）承担机构间的联系和责任。针对每一项个性化教育项目，学区个性化教育项目小组必须每年审查一次或根据需要更频繁地进行审查；如果学区个性化教育项目小组认为需要，或该儿童的家长或老师提出要求，学区个性化教育项目小组需要每隔三年重新审查一次。

将学生安置在公立学校和私立学校之中

如果家长和学区就个性化教育项目的各个环节达成了协议，学区就必须使用公共资金对特定学生予以恰当的安置。可供选择的安置服务包括：将残疾儿童安置在普通教室之中并为其提供各种各样的支持服务；将残疾儿童安置在一个具有或不具有巡回教师或资料室的普通教室之中；将残疾儿童安置在进行自治管理的特殊教育教室之中；将残疾儿童安置在特殊教育学校之中；在家庭、医院或其寄宿的机构之中为其提供特殊教育。[52]依据《残疾人教育法案》的要求，在这一系列安置措施之中，学区应选择让残疾学生在受限制最少的环境下接受教育。

受限制最少的教育环境

只要是恰当的，残疾儿童就应该在最大限度上与非残疾儿童一起接受教育。就一名残疾儿童而言，只有在其残疾的性质或残疾的严重程度使其不能接受令人满意的教育时，学区才能将其安置在特殊教育教室或隔离性学校①之中或采取将其从普通教育环境下转移出去的其他安置措施。[53]残疾学生应该在受限制最少的环境下接受教育，因此在作出最终的安置决定前，学区必须（从一系列安置选择之中）先判断每一种不同类型的安置措施能够使学生置身于何种教育环境之下，然后再选择受限制最少的教育安置措施。同时，在作出最终的安置决定时，学区还应该对每一项安置措施所具有的教育利益和非教育利益进行评估。什么样的安置措施才能使残疾学生置身于受限制最少的教育环境之下呢？对一名残疾学生（实际上是针对大多数残疾学生）而言，使其受限制最少的安置措施可能是使其在普通教育环境下接受教育并为其提供辅助性的帮助和服务；对其他残疾学生而言，使其受限制最少的教育安置措施则可能是在其所寄宿的机构之中为其提供特殊教育服务。[54]可以说，在安置残疾学生的过程中，学区第一位的和首要的任务是为残疾学生提供恰当的特殊教育项目；在此基础之上，学区再进一步确定，该安置措施也是使残疾学生受限制最少的教育安置措施。事实上，在设计特殊需要项目和随后决定安置措施时，都应该以此逻辑来考虑问题。

重要的是，学区不能敷衍性地实施全纳教育[55]，将残疾儿童实验性地安置在普通教育环境之下，只在残疾儿童不能达到短期教育目标或获得教育利益之后才为他们提供恰当的安置。因为，不恰当的安置措施会导致政府支付不必要的巨额花费并且会妨碍残疾儿童及时获得恰当且有益的教育。

不过，应该明确指出，个性化教育项目小组在进行安置选择时，并不需要将残疾儿童完全安置在普通教育环境之下或完全安置在隔离性的教育环境之下。在某些

---

① 隔离性学校：特殊教育学校。——译者注

情况下,恰当的安置计划可能是几种受限制最少环境的组合(比如,在培养一名残疾儿童形成阅读唇语的能力时,学区可以为其提供一个隔离性的教育项目;但是,在其他教育活动或非教育活动中,学区也可以让该名学生在普通教育环境之下接受教育)。一旦全纳教育具有可行性和恰当性,州政府就有义务保证教师和学校管理者完全清楚自身的职责(为残疾儿童提供受限制最少的教育环境)并能够为他们提供技术性支持和训练。[56]

在私立学校之中安置残疾儿童

依据《残疾人教育法案》,如果一名残疾儿童能够在普通教育环境下接受教育,而学区却不能举办学校或实施学前教育项目以使该儿童获得与其年龄相适应的教育(比如,在只有几户人家居住的乡村地区实施特殊需要项目时),学区就可以不举办此类学校或实施此类项目。[57]作为一种替代性选择,学区可以将该名儿童安置于其他公立学校或私立机构,包括那些寄宿制的机构。尽管学校系统要承担的财政义务是繁重的,但是学区有责任为那些在寄宿制机构接受教育的残疾儿童支付教育费用,因为法律要求学区为居住地公民提供免费且恰当的公立教育。这种情况下,学区必须为残疾儿童支付所有的非医疗性开支,包括食宿费用。不过,《残疾人教育法案》之所以规定可以让残疾儿童在居住地接受教育,并不是为了对残疾儿童所处的、贫困的教育环境予以补偿[58],也不是将此作为一种提供社会服务、医疗服务或监禁服务的工具。[59]因此,如果家长并不是基于教育原因而是基于其他原因(比如,将残疾儿童安置在家有风险,家长没有能力保护或喂养这些儿童,这些儿童被父母虐待)要求将残疾儿童安置于寄宿机构中接受教育,家长的要求就不会得到满足。

如果公立学校系统选择将一名残疾儿童安置于私立学校之中,该私立学校就要有一名代表参加学区个性化教育项目小组的安置会议。如果该代表不能到会,项目小组也应该通过个别通话或电话会议等方式使私立学校的代表参与进来。如果学区管理者同意审查和调整针对该名儿童所提起的个性化教育项目,其后所进行的审查和修改个性化教育项目的会议可以由私立学校的人员负责召集和主持。在这种情况下,如果要形成任何影响个性化教育项目的决定,家长和公立学校的代表都应该参加;而且该个性化教育项目如果在执行之前发生了任何变化,还必须获得学区的批准。即使如上所述,残疾学生是在私立学校之中接受教育,州教育厅以及地方学区仍然对执行《残疾人教育法案》的规定负责。州政府并不要求私立学校实施特殊教育项目或要求私立学校降低它们的学术标准以安置残疾儿童,认识到这一点非常重要。[60]在私立学校对其教学活动进行"轻微调整"后,如果残疾儿童还是不能有效地参加私立学校日常教育课程,则私立学校可以拒绝其入学。

家长单方面地将残疾儿童安置在私立学校之中

许多时候,家长之所以选择将他们的子女安置在私立学校之中,既可能是因为一开始就将其子女安置在私立学校之中,也可能是认为公立学校的项目不适宜其子女学习。家长永远具有为其子女选择替代教育项目的选择权,不过除非家长能够证明公立学校对其子女所进行的安置不恰当,而自己所选择的安置措施却是恰当的,学区才需要对家长的私人安置措施支付费用,否则家长就必须对此自付费用。

在1985年的**伯灵顿学校教育委员会诉马萨诸塞州教育部案**(Burlington School Committee v. Massachusetts Department of Education)中,联邦最高法院第一次对

此类问题作出了判决。[61]在此案件中，一名儿童存在学习障碍，学区对其制订了相应的教育安置计划，但该名儿童的父亲对学区的安置提议并不同意。在获得医疗专家对其子女所作的独立评价之后，该名儿童的父亲启动了上诉程序并将其孩子安置在私立学校之中。学区主张，因为该名家长改变其子女安置措施的做法并未获得学区的同意，所以该名家长也就放弃了其所具有的所有补偿权利。但是，最高法院驳回了学区的意见。法院认为，《残疾人教育法案》的一个主要目标就是为残疾儿童提供恰当的教育项目，不对该名儿童予以司法救济有违《残疾人教育法案》的立法目的。如果学区所提议的安置措施最终被认为是不恰当的，那么对该名儿童予以补偿就是必需的，不过这一审查程序将延续相当长的一段时间（在此案件中，审查程序延续了八年）。法院判决指出，不能由于不恰当的教育安置措施而使残疾儿童在教育方面处于不利地位，如果家长因为学区的教育安置措施不恰当而将其子女转学到其他学校，他就不应该因此遭到经济惩罚。

不过，联邦最高法院作出了一个告诫：如果家长单方面地将其子女安置在私立学校之中，就要自行承担相应的经济风险。如果法院认为公立学校的教育安置措施是恰当的，即使家长所选择的教育项目表现得更为恰当、更好或更为便宜，家长也不能获得经济补偿。[62]而且，如果法院认为公立学校的教育安置措施与家长所选择的教育安置措施都不恰当，家长也不能获得经济补偿。[63]因此，只有在公立学校的教育安置措施不恰当且家长所选择的教育安置措施恰当的情况下，家长才能获得相应的经济补偿。[64]

在联邦最高法院随后所审理的一起案件——**弗罗伦斯县第四学区诉卡特案**（Florence County School District Four v. Carter）中，法院对家长将其子女安置在私立学校的做法予以了额外的支持并认为家长可以获得相应的经济补偿。[65]在该案中，公立学校所作的教育安置措施被证明是不恰当的，因此一名学习障碍儿童的家长将其从公立学校转学到了私立学校，以使其参加恰当的私立教育项目。该名家长为此私立教育安置措施寻求经济补偿，但是遭到拒绝。学区认为，该名儿童所就读的私立学校并没有被包括在州政府所批准的学校名单之内（州政府更倾向于对每一桩个案予以单独评价，所以该名单并未对公众公开），因此家长不能获得经济补偿。联邦最高法院认为，学区不能仅仅因为该私立学校不是州政府所批准的指定学校就拒绝对该名家长进行经济补偿。检验是否应该给予家长经济补偿的标准在于——公立学校的教育安置措施不恰当，而家长单方面选择的教育安置措施恰当。案件审理的结果是，家长的"合理开支"获得了经济补偿。

不过，家长的要求并不可能永远是合理的，因此也不可能永远获得法院的支持。举例来说，在一起案件中，第十一巡回法院支持下级法院的判决，认为学区为一名残疾儿童所提供的个性化教育项目是合理的，能够为该名儿童提供恰当的教育，因而不支持对该名儿童予以经济补偿。在该案中，家长要求将其子女安置在寄宿制机构接受教育，但法院认为这种安置措施既不必要，也不是受限制最少的教育安置措施。家长所雇用的一名专家指出，除了专职的照料人和教师之外，家庭成员也还有其他的责任，因此需要有人在家庭之中提供服务以减轻家庭成员的负担（比如，找人在他们家里对他们的儿子进行照顾）。对此意见，法院也未予支持。[66]在另一起案件中，家长提起法律诉讼，他认为，即使学区将其孩子安置在非家庭居住所在州的私立寄宿制教育机构之中并为该名孩子提供了家庭和学校之间往返三个来回的旅费，学区也未为其孩子提供恰当且免费的公立教育。同时，该家长还主张，为了使家庭成员能够探视该名儿童，学区应该对该家庭提供交通费（包括该名孩子的父母及家庭另两名孩子的飞机票）、旅馆费、膳食费以及租车费。法院承认，个性化教育项目鼓励形成良好的家庭关系；但法院判决指出，家长不能要求学区"为家庭的聚会埋单"。[67]

依据《残疾人教育法案》的规定，如果家长将其子女安置在私立学校之中，但家长并未将其意图告知给公立学校的管理者或法院认为家长的这种行为不合理，学区就可以拒绝家长提出的补偿要求或减少对家长的补偿额度。[68]恰当的告知可以通过以下途径达成：家长可以在正式的会议上与个性化教育项目小组讨论相关问题，也可以在计划将其子女转走的10天之前以书面方式告知学区，包括解释作出此决定的理由。在这个时候，如果学区选择对该名儿童实施其他额外的评价措施，家长就必须让自己的孩子配合学区，接受相关的评价。[69]

对在私立学校中就读的残疾儿童提供服务

如果家长选择让学生在私立学校就读，这些学生就不能依据联邦法律所授予的公民权利以获得学区所提供的特殊教育和相关服务的个体权利。[70]但是，依据州法的要求，公立学校的管理者有义务与这些学生的代表会面以决定如下问题：谁应该接受服务；在什么地方接受服务、接受什么服务以及如何提供服务；应该怎样对服务进行评价；等等。在选择提供服务的地点时，学区管理者应该考虑可提供服务的替代方案以及在该校中为学生提供服务（比如，在宗教学校之中）是否违反州法。[71]如果学区选择在校外提供服务，就应该将那些有资格获得此项服务的学生从学校送到服务地点并在服务完毕后将其送回学校（或回家）。为私立学校残疾儿童提供服务的资金是由《残疾人教育法案》根据生均经费按比例提供给学区的。不过，相对于州政府和地方政府所提供的经费而言，这笔经费是比较少的。因此，相对于地方学区所提供的个性化教育项目而言，在私立学校之中就读的残疾儿童所获得的服务不论在数量上还是在持续时间上都比较少。[72]

对安置措施予以变更

不论个性化教育项目小组将残疾儿童安置在公立学校还是私立学校，在采取最初的恰当教育安置措施之后，个性化教育项目小组可能还需要对此安置措施予以调整，对安置措施予以调整的原因主要在于：初始安置措施的年度审查结果或再评价结果发生了变化；安置学校、项目或服务中止；残疾儿童从事了暴力或破坏性行为；残疾儿童毕业了。如果学区要实质性地改变教育安置措施，就必须将此提议书面告知家长，使家长知晓自身具有审查此教育安置措施的权利。不过，在这种时候，学区并不需要征得家长的同意。此外，家长有权利与个性化教育项目小组的其他成员就此安置措施进行讨论；如果家长对此安置提议不满意，还可以申请调节或举行公正的听证。

相关服务

如同之前所指出的，除了提供特殊教育之外，对残疾儿童提供恰当且免费的公立教育还包括为残疾儿童提供相关的服务。相关服务可以界定为是令残疾儿童从特殊教育之中获益所必需的服务，包括为残疾儿童提供交通服务以及诸如开发、矫正和其他支持性服务（包括发音和听觉治疗、心理服务、物理和控制治疗、娱乐服务、社会工作服务、早期确认和评价服务、固定及流动服务、学校健康照料服务、咨询服务[73]、为诊断和评价目的所进行的医疗服务，以及家长咨询及训练服务等)。[74]诸如物理治疗、控制治疗[75]以及发音治疗等服务就有资格归入相关服务的范畴。其中，交通、心理和健康服务引发了相当多的法律诉讼，我们将对此予以简要的说明。

交通服务

作为一种相关服务，联邦法律要求学区在上下学、学校内或学校操场上为符合条件的残疾儿童提供交通服务。如果此项交通服务是提供给特定儿童的服务（比如，所有居住在学校两英里之外的儿童），或者此项服务被纳入残疾儿童的个性化教育项目，或此项服务是依据《康复法案》504条款的规定学区必须提供的服务，符合条件的儿童就有权利享有这种交通服务。如果学区未对符合条件的儿童提供这种交通服务，法院就会要求学区对这些儿童的家长提供补偿，以弥补家长为此所付出的交通费、时间、精力、雇用临时保姆的费用以及所支付费用的利息。[76]不过，依据一些法院的判例，如果学区提供了选择性的交通服务，而家长又希望自己接送孩子上下学，学区就不需要对这些家长提供经济补偿[77]；同时，存在听力障碍的儿童并没有资格享受这种特殊交通服务[78]；此外，如果残疾学生参加与个性化教育项目无关的校外项目且该校外项目由私人资金资助，学区也不需要为这些儿童参加此类活动提供交通服务。[79]

心理服务

联邦法律明确规定，作为一种相关服务，只要是恰当的，学区就应该在个性化教育项目之中为残疾儿童提供心理服务。心理服务包括：对心理和教育测试以及其他一些评价程序予以管理和解释；获取、整合并解释与儿童行为及状况相关的信息；对设计个性化教育项目的工作人员提供咨询；规划并管理心理服务项目；帮助个性化教育项目小组形成积极的行为干预策略。[80]如果个性化教育项目小组发现，要帮助残疾学生从教育项目之中获益就必须对其提供心理服务，而心理专家或其他合格人员又能够提供这种心理服务，则项目小组应该在个性化教育项目之中囊括这种心理服务。不过，家长对学区的为其子女提供精神病治疗和其他医疗服务的要求则不可能得到满足。[81]

在伊利诺伊州的一起案件中，对一名残疾儿童提供精神治疗被认为是一种恰当的相关服务，但该服务没有由学区来提供。因此，家长雇用了一名精神病专家为其子女提供治疗。在该案中，法院意识到，《残疾人教育法案》明确排除了医疗服务；但法院认为，在该案中，即使这种精神病治疗服务是由医生来提供的，这种服务也不属于医疗服务。[82]为了对该案的判决予以支持，法院推定，《残疾人教育法案》除了要求法院审查服务提供者的资格证书之外，还要求法院审查服务的性质。在该案中，对该名残疾儿童而言，对其提供精神治疗是一种恰当的服务，但学区并未对其提供此项服务，因此提供此项服务的家长有权利获得经济补偿。

健康服务

在一些案件的审理过程中，法院被要求区分医疗服务与健康服务。正如《残疾

人教育法案》所指出的那样，学区只可因诊断和评价目的而提供医疗服务，否则不得提供医疗服务；同时，该法还对医疗服务（比如，那些由执业医生所提供的医疗服务）与健康服务（比如，那些由学校护士或其他合格人员所提供的服务）进行区分和界定。在**欧文独立学区诉塔特罗案**（Irving Independent School District v. Tatro）中，联邦最高法院开始审查因学校健康照料服务所导致的争议。[83]在该案中，一名残疾儿童需要每隔三小时到四小时就间歇性地清洁一次导尿管。法院认为，对该名儿童而言，导尿管是必不可少的，它能够帮助这名儿童进入学校并因此接受教育，而清洁导尿管的服务既可以由护士来提供，也可以由受过训练的非专业人员来提供。因此，很清楚，这种清洁导尿管的服务并不属于医疗服务，个性化教育项目小组在设计该名儿童的个性化教育项目时应考虑囊括此项服务。

在**塔特罗案**审理完毕之后的几年，在公立学校之中就读的、在医疗上需要帮助的学生人数在增加，学区的健康照料服务开支也因此不断增加，这导致因健康照料服务所产生的争议越来越激烈。为什么会有这么多的患病儿童进入公立学校呢？这部分是因为许多患有严重疾病的学生（比如，HIV测试结果呈阳性、患有艾滋病或具有偷盗瘾的儿童）现在已经到了上学的年龄，而他们的家长又希望尽可能地让这些孩子在普通教育环境下接受教育。多年以来，在处理这类案件时，许多法院都采用了"清楚区分"测试原则。依据该测试原则，如果健康照料服务是残疾儿童进入学校就读所必需的，且所有的健康照料服务不是由医生而是由其他人员所提供的，那么学区就可以提供这种健康照料服务。而其他一些法院则通过累计学生所获得的健康照料服务，以判断学生所获得的健康照料服务是否属于医疗服务或是否给学区带来了过大的财政困难。在一些案件中，受到争议的健康照料服务大多是因为该服务的工作过于繁重（要求对残疾儿童提供一对一的服务）、变化太大、太耗时间、太费钱。

在1999年，联邦最高法院通过对**锡达·拉佩兹联合学区诉F. 加勒特案**（Cedar Rapids Community School District v. Garret F.）的判决，解决了下级法院在处理健康服务所导致的争议时存在分歧的问题。[84]在该案中，一名儿童存在严重的脊柱疾病，自颈部以下的身体都处于瘫痪麻痹状态。为了能够在学校之中就读，该名儿童要求学区为其提供全天候的护士服务（比如，为其提供导尿管、抽送式呼吸装置、急救包，提供排气通气帮助和急救帮助等）。学区认为，就该儿童要求学区为其提供的服务而言，如果逐项区分这些服务，这些服务都有资格成为健康照料服务，但如果从整体上来看，这些服务就应该被视为一种医疗服务。因此，学区主张不对该名儿童提供这些服务，因为这些服务会给学区带来过重的财政负担。法院理解学区对学区财政所存在的担心，但法院指出，目前所确立的相关法律要求法院驳回学区因经济负担过重所提起的健康服务诉讼。[85]而且，通过使用"清楚区分"审查原则，法院清晰地表明了它的态度：任何健康服务（比如，该服务是由除医生之外的其他合格人员提供的）只要是学生参与学校教育活动[86]所必需的，不论该服务要耗费多少经费，学区都必须予以提供。

跳出争议本身，有一个问题值得关注——如果学生要求学区为其提供健康服务，那么谁来为这些健康服务付费呢？依据法律，健康服务是学生个性化教育项目的一部分，因而应该由地方学区来承担这笔开支。不过，国家所实行的"公共医疗补助制度"也可以为学区提供一定的资金资助。依据1988年联邦最高法院在**鲍文**

诉马萨诸塞州案（Bowen v. Massachusetts）中所作的判决[87]以及议会对《社会保障法案》（Social Security Act）第十九条（有关"公共医疗补助制度"）的修订[88]，如果学区所提供的健康服务在州政府所批准的名单之列，公共医疗补助机构就不能仅仅因该健康服务是由学校所提供的而拒绝对此服务予以补偿。符合公共医疗补助条件的人员包括：那些接受救济并需要抚养未成年子女的家庭、低收入的怀孕妇女及其所抚养的子女、达到65周岁及以上年龄的低收入人员、盲或残疾并领取救济金的其他人员。不过，使用公共医疗补助是受到限制的，并非所有残疾儿童都具有获得国民医疗补助的资格，学区所提供的健康服务也并非全部都是州政府所批准的健康服务。此外，各州所批准的健康服务名单也往往存在一定的差别。

延长学习时限

依据联邦法律的要求，个性化教育项目既应该恰当，也应该为残疾儿童提供教育利益。在传统上，普通儿童的学年时限为九个月，但要达到法律的要求，学区为特定的儿童所提供的服务可能必须超过这一时限。尽管学区可以要求没有残疾的儿童在一定时限之内完成学习任务，但对残疾儿童而言，学区必须根据他们的具体情况逐一确定其学习时限。不过，依据《残疾人教育法案》的规定，如果延长学生学习时限的服务并不是提供恰当教育项目所"必需的"，即使该服务"有益"甚至能够给学生带来"最大的教育利益"，法律也不要求学区提供此类服务。[89]

如果学区为残疾学生提供了延长学习时限的服务，则服务内容会差别很大：一些学区会规定，延长残疾学生的个性化教育项目一个月、两个月或三个月；另一些学区则会在所延长的时限里为残疾学生提供新的或不同的服务；此外，还有一些学区会在所延长的时限里提供与原来相同的全部或部分服务，但服务的数量则会有所区别。而且，延长学习时限的服务只能为残疾学生提供相关的服务，因此该服务可以采纳的服务内容相当狭窄（比如，残疾儿童之所以需要在暑假期间接受物理治疗，是因为该治疗能够使该名学生在秋季入学时保持足够的灵活性或运动能力以参加学区对其所提供的个性化教育项目。在此情况下，学区才可以在暑假期间为其提供物理治疗服务）。个性化教育项目小组有责任逐一判断，残疾儿童有资格获得哪些延长学习时限的服务，然后再选择提供那些恰当的服务，包括考虑服务的数量和延续的时间。[90]

根据学生个性化教育项目的审查结果并考虑包括"能力退化—能力补偿"[91]在内的相关信息，学区必须每年作出判断，以决定特定学生是否有资格获得延长学习时限的服务。此外，学区还应该考虑以下问题：残疾儿童的个人需要，残疾的性质及严重程度、自立能力和独立能力；如果学区不提供延长学习时限的服务，这些学生是否能够获得教育利益，其短期教育目的和目标是否能够实现，他们是否能够取得进步以实现长远的教育目标。此外，在决定一名残疾儿童是否有资格在今年获得延长学习时限的服务时，学区不应该考虑该名儿童是否在上一年取得过延长学习时限的服务。

参加体育活动

与许多非残疾儿童一样，残疾儿童通常对参与校际体育活动抱有浓厚的兴趣。

但是，如果这些学生提出参加体育活动的要求，他们多半会遭到拒绝，这一方面是因为他们无法达到参加体育活动的要求，另一方面则是因为他们参加体育活动会给他们自己或其他学生带来巨大的危险。到目前为止，有不少法律诉讼是依据《残疾人教育法案》提起的，但绝大多数争议既可以依据《康复法案》第504条的规定，也可以依据《美国残疾人法案》来解决。

《残疾人教育法案》可以适用于与残疾人体育运动相关的两种情况：（1）残疾儿童的家长希望在其子女的个性化教育项目之中加入体育运动教育，但（2）如果学区的个性化教育项目小组在该名儿童的个性化教育项目之中加入了体育运动，学区又会（因为允许不合格的学生参加体育运动而）受到州运动员协会的处罚。参与体育运动很少被视为残疾学生获得教育利益所**必需**的教育内容，因此体育运动通常不会被囊括到学生的个性化教育项目之中。[92]而且从学区的角度而言，把体育运动或其他课外活动纳入残疾学生的个性化教育项目之中通常也是不谨慎的。这些做法会使残疾学生享有一种成为体育运动队员的权利（但是，并不代表在事实上一定能够参与），并使参与体育运动成为了一种只有通过正当程序的处理才能放弃的权利。

在第二种情况下（比如，个性化教育项目小组受到处罚），如果州运动员协会并没有获得《残疾人教育法案》的资助或其他任何类型的联邦资金资助，它就既不需要遵守《残疾人教育法案》，也不需要遵守《康复法案》第504条的规定。因此，如果个性化教育项目小组在学生的个性化教育项目之中纳入了体育运动并允许那些不符合条件的学生参加校际体育竞赛，学校管理者就违反了州运动员协会的规定并面临受处罚的局面。在一起案件中，蒙大拿州最高法院"强烈建议"教育者保持谨慎态度、不要在个性化教育项目之中吸纳体育运动并警告教育者们，"他们仅仅是做了一种不可能遵守的承诺"[93]。在这种情况下，学区可以依据第十四修正案[94]或《美国残疾人法案》起诉州运动员协会，以采取补救措施来对抗州运动员协会对自己的处罚。但是，即使学区在诉讼中获胜（这通常不太可能），也要付出大量的经费并要投入相当多的人力；相反，如果学区不在个性化教育项目之中加入体育运动并一致遵守要求合格运动员参加体育运动的规定，这些问题都可以轻易避免。

不同于《残疾人教育法案》，与参与体育运动相关的大量问题和案件可以适用《康复法案》第504条的规定，近来还可以适用《美国残疾人法案》的条款。许多诉讼主张，那些表面上中立的规章，比如年龄限制规定[95]、平均学分控制规定[96]、居住满一年方能转学的要求[97]以及八学期/四学年的限制规定等[98]，不同程度地影响了残疾学生，因而构成了对残疾学生的歧视。

就传统而言，所有参加体育运动的学生都必须达到合格标准，只有在获得参加体育运动的资格或组成运动队时，学区才允许学生参加体育运动。至今为止，许多法院仍然允许学区统一适用这种体育运动管理规则，但具体的管理方法则允许学区有所变化。联邦最高法院曾审查了一起与专业体育运动相关的争议，该案的判决对校际体育运动和所有其他有组织的体育运动都能够产生影响。在**职业高尔夫协会巡回赛事组委会诉马丁案**（PGA Tour v. Martin）中，尽管高尔夫协会的竞赛规则要求所有参加此运动的人员步行参加比赛，但一名选手却要求协会允许他乘车参加比赛，这一要求得到了最高法院的支持。[99]该选手之所以提出此要求是因为步行会使他感到疼痛并令他感到疲劳和忧虑，还可能使他体内出血并形成血凝块或进而导致血凝块破裂。尽管高尔夫运动的传奇选手阿诺德·帕默（Amold Palmer）、杰克·尼克劳斯（Jack Nicklaus）和肯·温图芮（Ken Venturi）都对此发表了反驳性证言，但最高法院仍然认为，高尔夫运动的本质在于准确地"击球"，步行既不是此运动的本质属性，也不是参加此运动的必要属性。该案的判决对所有体育运动都有暗示警醒作用。该判决并不要求各个运动协会降低篮筐的高度、扩大射门区、或在篮球、英式足球及棒球运动中竖起栅栏，但它要求各运动协会对其自身的竞赛规则进行评价，以使那些本应该有资格参加某项运动项目的残疾运动员有机会参加运动。各运动协会要对竞赛规则进行审查，就应该揭示特定的运动规则是否是此项运动的本质属性，抑或是此项运动的次要属性，如果特定运动规则属于此项运动的次要属性，运动协会就应该予以修改或删除。

依据联邦最高法院在**职业高尔夫协会巡回赛事组委会案**中所形成的多数意见，州运动协会必须遵循四个步骤才能形成并使用它们自己的政策和规则：（1）明确这些规则是否对残疾学生的残疾属性构成限制，是否潜在地剥夺了这些学生参加体育运动的资格；（2）判断每一项确定的规则是否服务于必要且合法的目的；（3）个体为参加此项体育运动所提出的请求修订或调整运动规则的要求是否是合理且必要的；（4）确定对运动规则的修订或调整是否会在根本上改变该项竞赛的本质，是否对该项规则已经证实的合法目的构成负面影响，或是否会使一部分参赛者获得不正当的便利。[100]

在第七巡回法院所审理的一起案件中，一名学生的智力水平高于一般人的智力水平，但他仍然从学校之中退学了，一部分原因在于他学习困难，学业表现不佳。[101]之后，他重新进入了学校并参加了篮球队。但学校运动竞赛规则规定，从学生进入九年级开始，只能在此后的前八个学期里具有参加学校运动队的资格。最终，学校宣布该名学生不具有参加篮球队的资格。该名学生主张，尽管学校运动竞赛规则明确作出了与其主张相反的规定，但在限制其参加篮球队时，学校不应该累计其未入学就读的时间。在此案中，法院判决指出，不应该将此运动竞赛规则适用于**该名**学生，这么做既不构成对此运动竞赛规则的根本改变，也不会给州运动协会造成过重的财政负担。[102]

另一类与体育运动相关的案件涉及那些在身体上处于受限状态的运动员，如果不是由于这种限制状态，他们本有资格参加体育运动。在很多情况下，这些运动员愿意承担参加体育运动项目的风险，他们签署弃权声明，表明自己如果在正常竞赛状况下受伤愿意自担风险；他们还为此提供了由医生签署的保证书，以表明自己只要穿着必需的安全装备就能够安全地参加体育运动。从20世纪70年代中期一直到后期，大多数法院一般认为，即使这些学生运动员存在器官缺陷、手足缺陷、视力缺陷或诸如此类的残疾，他们也有权利参加体育活动。[103]但近期以来，情况发生了改变，在审理大学运动员所提起的有关歧视诉讼中，两家法院都作出了有利于教育机构的判决。[104]这两家法院表明，在判断学生运动员参加某种运动项目将面临何种程度的风险时，法院并不能取代学校"专家"的位置。相反，只要学校专家的专业判断是合理的、正当的且有实质性的、充分的证据予以支撑，他们的意见就具有抗辩性，法院就应该予以采纳。这一判决与残疾人法律的近期发展潮流是一致的，它也标志着法院态度的回归——在此类事件之上，法院更加尊重学校专家的意见。

纪 律

残疾学生不能免于接受恰当的纪律处分措施。不过,相对于普通学生而言,学校在对残疾学生进行纪律处分时,通常必须为其提供更为严格的正当程序,一些时候对他们的纪律处分还存在上限。到目前为止,联邦最高法院唯一所作的、有关《残疾人教育法案》的纪律处分案件是1988年的**霍尼格诉多伊案**(Honig v. Doe)。在该案中,在开除纪律处分程序尚未完毕的情况下,学校对两名残疾学生作出了无限期停学的纪律处分决定。法院认为,这种做法对教育安置措施所造成的改变是法律所禁止的,违反了《残疾人教育法案》要求在处分没最终决定之前不能变更残疾学生安置场所的规定。[105]州公立学校学监极力主张,联邦最高法院应该认识到某些残疾学生所具有的"危险性",《残疾人教育法案》要求不能变更残疾学生安置场所的规定应该存在例外情况。该学监还认为,就国会的立法意图而言,在处分学生漫长的行政程序过程内,国会并不想让学校管理者将那些具有暴力倾向或具有危险性的学生重新带回到教室之中来。但对此意见,最高法院并不赞同。最高法院认为,国会制定此规定①的目的就在于,它期望剥夺学校单方面驱逐残疾学生的权力。考虑到《残疾人教育法案》尚未通过之前学校驱逐违纪残疾学生的历史以及导致《残疾人教育法案》形成的早期法律诉讼,最高法院相信,国会在法律中没有规定一个紧急例外条款是有意为之的。

不过,最高法院强调,在面对具有危险性的残疾学生时,学校管理者并没有丧失纪律处分的选择权。他们可以在一定范围之内使用普通的处分程序(比如,可以对残疾学生处以10天以内的停学、令其留校或在短时间之内离开课堂[106])。此外,最高法院还表明,假设其他形式的纪律处分措施不成功且该违纪学生已被停学长达10天,但该学生仍然具有危险性,而家长又不同意学校改变其子女的教育安置措施,则学校管理者可以向法院申请禁止令。[107]

在学校管理者可以采用的纪律处分措施之中,相当多的法律诉讼是由停学和开除两种纪律处分措施所导致的。下面,我们将详细地讨论这两个问题。[108]

停 学

在10天以内,将学生从教育场所之中驱逐出去的纪律处分措施称为**停学**。在此情况下,学生既可能在校内接受纪律处分(比如,被安排进入校内停学教室),也可能被彻底驱逐出教育场所。一般来说,学校不能对残疾学生处以连续10天以上的停学处分。此外,如果学校对残疾学生多次处以短期停学处分且累计停学天数在一个学年以内超过10天,则此停学处分也是不被法律允许的。从理论上说,连续停学的天数可以超过10天。不过,只有在停学处分并不意味着是一种驱逐处罚的模式且学校是基于学生独立的违纪行为而作出时,连续停学的天数才可以超过10天。[109]一般来说,只有在极其特殊的情况下,将残疾学生驱逐出教育场所超过10天的处分措施才是合法的。但是即使在这种情况下,依个性化教育项目为残疾学生所提供的相关服务必须从第11天开始予以恢复。[110]在判断是否应该将某次停学的天数累计于总的停学天数时,并不需要考虑残疾学生是在校内还是在校外接受

---

① 在违纪处分没有最终决定之前不能变更残疾学生安置场所。——译者注

停学处分，关键的判断依据在于，在此次停学期间，残疾学生是否被驱逐出了个性化教育项目。

如果残疾学生被安排进入学校隔离室，而非被安排进入校内停学教室，并且学校继续依照个性化教育项目的安排指派恰当的合格人员为他们提供特殊教育和/或特殊服务，那么在计算 10 天停学限制期时就不应该累计将这些学生从普通教育场所之中驱逐出去的天数。不过，为了减少法律诉讼的发生，如果学校考虑到，作为一种行为调整或干预的方式，学校有可能会对残疾学生处以停学的纪律处分，则学校就应该将停学的纪律处分措施安排进这些学生的个性化教育项目之中。在这种情况下，一旦家长同意学校的个性化教育项目，停学的纪律处分措施就不会被看成是将学生驱逐出个性化教育项目的惩罚措施，而是一种与个性化教育项目一致的安置措施。

开 除

开除是将学生从个性化教育项目之中驱逐出去连续超过 10 天的纪律处分措施，它改变了残疾学生的教育安置措施。在这种情况下，学校可以安排残疾学生回家或安排他们进入恰当的、过渡性的替代教育场所接受教育。一般来说，开除期最长可达 45 天。如果学生在学校之中或在学校典礼之上挟带武器，或者蓄意持有、使用、贩卖或购买非法药品，学区就有可能安排他们进入替代性教育场所。一旦残疾学生从事了上述违纪行为，而学区又未对此准备相应的行为干预计划，学区就有责任对违纪学生进行功能性行为评价并为其设计相应的行为干预计划。为解决学生的违纪行为，学区应该恰当地执行干预计划，在必要的时候还应该对此干预计划予以调整。[111]

如果存在**实质性证据**（比如，提供大量的优势证据，但不需要达到刑事案件所要求的"超越合理怀疑"的地步），证明在目前的教育安置状态下，将某位学生继续留在学校之中有可能会对这名学生自己或其他学生造成伤害，那么听证主持人就可以采用简易听证程序，他有权利安排这名学生进入替代性的教育安置场所接受教育。听证主持人要考虑的问题包括：目前对这名残疾学生所实施的教育安置措施是否恰当；为这名学生提供补充性的帮助和服务是否能降低当前教育安置措施所存在的危险；为这名学生安排替代性教育安置场所是否能使其在个性化教育项目之中取得进步。

在将一名残疾学生驱逐出学校之后，学校必须于 10 日之内对相关材料进行审查，以评价纪律处分所针对的违纪行为与学生残疾状况之间的关系。这种**显明判决**（manifestation determination）必须由个性化教育项目小组及其他学校合格人员来作出，通过详细地审查评价结论、诊断结果、家长提供的信息、个性化教育项目、观察记录及诸如此类的相关信息，项目小组及其他学校人员就能够作出相应的判定。个性化教育项目小组必须判断以下问题：在该名残疾学生从事破坏性行为之时，学校是否在受限制最少的环境下为其提供了恰当且免费的公立教育；项目小组为该名学生所提供的干预策略是否与该名学生的个性化教育项目保持一致；该名学生是否因存在残疾状况而不能理解所从事行为可能带来的影响和后果，或不能控制自身的行为。如果教育安置措施和相关服务不恰当或者该名学生由于存在残疾状况不能"理解"或"控制"自身的行为，则学校就可以认为该名学生的违纪行为与其残疾状况相关。[112]如果存在这种情况,学校就不得开除该名学生。不过,如果受到行为干预和监管,该名学生还有可能在当前的教育安置环境下不断重复早先的违纪行为,那么改变该名学生的教育安置措施,令其在更严格的教育环境下接受教育就是必需的。

如果残疾学生的违纪行为与其残疾状况无关,则他应该接受的纪律处分就应该与非残疾学生从事此行为所应接受的纪律处分一样。在这种时候,学校管理者就需要将残疾学生的个人记录传送给那些作出最终纪律处分决定的人员。如果该名学生被驱逐出学校超过10天,学校就需要在该名学生的家中或其他教育环境之中为其提供个性化教育项目以及与此教育项目相一致的服务,以使该名学生朝着已经确定的个性化教育目标继续进步。

即使开除处分是法律准许的且恰当的,残疾学生的家长也有权利就个性化教育项目小组所作的显明判决和学校最终所作的处分决定提起法律诉讼。联邦法律一再强调,在这种情况下,在法院进行审理之前,学校必须对此争议进行简易听证。在上诉过程中,除非学校已经在听证前作出了开除决定,否则法院只审理"从当时到当前的教育安置措施",即只审理学区为残疾学生所提供的替代性教育安置环境,而不审查早先违纪行为所发生的教育安置环境。不过,即使是这样,如果学校人员有记录证明,学生在早先的教育安置环境下构成危险,学校就可以为其提供新的、受更严格控制的安置环境。家长也有权利对此改变教育安置环境的决定提起诉讼。

有意思的是,如果学区管理者"明知"某位学生有可能存在残疾,即使学区不能确定该名学生是否是残疾学生,该名学生也可以获得《残疾人教育法案》的保护。考虑到该名学生的行为或表现,如果家长或教育者担心该名学生存在残疾或要求学区对该名学生进行评价,即构成"明知"状态。如果学区管理者发现该名学生不具有接受残疾评价的资格或认为不需要对该名学生进行评价,该名学生就不能获得《残疾人教育法案》的保护。如果家长或教育者要求学区对某位学生进行残疾评价且该要求看起来是合理的,学区就必须迅速完成此评价程序。[113]如果该名学生既不存在残疾状况,也不需要学区为其提供特殊教育及相关服务,学区就不需要在开除处分期间为其提供教育服务,除非在相似状况下,学区也对那些被开除的普通学生提供此教育服务。相反,如果该名学生被确定为残疾学生,学区就必须为其提供特殊教育和相关服务。

不过,应该认识到,不论残疾学生从事何种违法犯罪行为,《残疾人教育法案》都不禁止学校人员将此信息报告给执法部门。执法人员并不需要受到《残疾人教育法案》的约束,除学区所实施的惩罚之外,他们还可以对那些难以控制或违法的学生进行处治,将其关在家里限制其自由或对其进行监禁。

程序保护

总的来说,学校管理者会基于善意尽力满足残疾学生的需求,但在很多时候,家长仍然会对学区的评价结论、安置措施和教育项目决策持有不同意见。在整个处理程序的早期(比如,家长不同意学区对其子女进行残疾确认评价)或后期(比如,由于学生毕业,学区终止了提供给该名学生的教育服务,而家长对此存在不同意见),家长都可能产生反对意见。毫无疑问,在可能的情况下,许多家长会为其子女寻求最佳的教育服务，这种心情是可以理解的。但是，在可选择的情况下，学区通常会为残疾学生提供最低限度的恰当的教育项目（比如，该教育项目能够针对残疾学生的需要来提供教育服务，并能够使这些学生获得教育利益，但该教育项目并非"最佳"的教育项目）。而且，由于工作人员不称职或疏忽，没有为残疾学生提供恰当的安置，学区还不时有意（基于目前项目的可行性、人员配备或受限的资金）、无意（基于评价结论的模糊性）地降低教育服务的质量。[114]如果家长与学区的意见不一致并最终形成了僵局，任何一方都可以依据《残疾人教育法案》的规定申请正当处理程序。在最初的残疾确认程序开始时，学区就应该为家长提供详细的程序保护副本；在此后的每一次个性化教育项目小组工作会议上以及在再评价过程或听证过程中，学区都应该告知家长其可以获得哪些程序保护。这一程序保护的过程请参看图6—1，我们将在下文中对此予以说明。

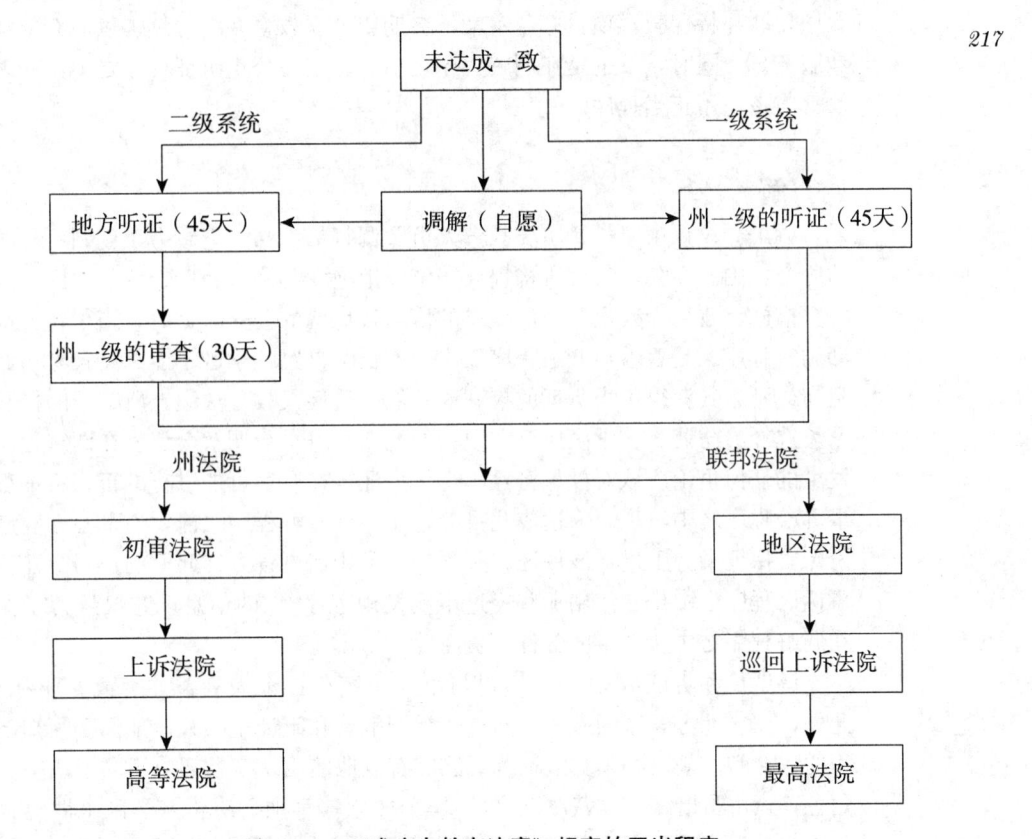

图6—1　《残疾人教育法案》规定的正当程序

持续提供特殊教育和服务

依据《残疾人教育法案》所规定的行政处理程序和司法诉讼程序，或在家长和公立学校管理者一致同意的情况下，学区可以改变残疾儿童的教育安置措施。[115]不论残疾儿童的教育安置措施发生任何改变，学区都需要使用"持续提供特殊教育和服务"的规定，继续为他们提供教育和服务。[116]即使学区对残疾儿童提供的教育安置措施仍然在内容上保持原样，但只要受限制最少的教育环境发生了改变，也属于教育安置措施发生了改变。[117]教育安置措施可以有很多种形态，从在公立学校之中

进行安置到在私立学校之中进行安置。如果家长对学区最初提供的教育安置措施不满，当事各方可就其他补充服务事项进行协商，这时应将残疾儿童安置在普通教室之中接受教育。除非家长单方面地将残疾儿童从学区之中转移出去并将其安置在替代性的教育机构之中，否则在所有的行政听证程序尚未完成之前，学区应保持原有的教育安置措施。通常情况下，在行政处理程序穷尽之后，根据州听证官员或州审查官员的意见，学区才有可能改变残疾儿童的教育安置措施。

同样，根据联邦特殊教育项目办公室的规定，如果一名残疾儿童在同一州内从一个学区转学到了另一个学区，而原就读学区的教育安置措施是遵照州的程序制定的并获得了家长的同意，则该名儿童所就读的新学区应该继续为其提供原有的特殊教育和服务。[118] 不过，如果残疾儿童是从其他州转学过来的[119]，或家长继续单方面地选择将其子女安置在私立学校之中，而行政听证的结论又不支持学区或家长这么做，联邦特殊教育项目办公室就不会期望公立教育系统继续提供原有的特殊教育和服务。[120] 同时，不论是在调解程序之中，还是在公正听证程序之中，处理此类争议都应该适用正当程序。

调　解

调解会议仅由家长、主要教育人员及调解员参与，它致力于创制一种非敌对性的协商氛围。在公立教育机构提议实施或拒绝发起确认程序、评价程序，意图改变安置措施、改变为残疾儿童所提供的恰当且免费的公立教育时，当事各方都可以启动调解程序。是否参与调解程序取决于家长的自愿，学区不能因家长参与此程序而阻却或延迟其获得正当听证的权利或其他《残疾人教育法案》所赋予的权利。如果家长选择参与调解，学区应该在便利的地点及时举行调解会议。在调解程序之中所发生的任何争论应该对外保密且不得作为证据在此后可能进行的正当听证程序或民事诉讼程序之中出现。为达成此目的，在举行调解程序之前，当事各方应该签署一份保密保证书。不过，该保证书并不是为了让当事各方在此后的正当听证程序或民事诉讼程序之中排除使用那些经过事实发现程序[121]的信息；它仅致力于保护那些在调解程序之中所产生的各种"协商"。

调解员和听证主持人[122]不得与争议内容存在个人利益冲突或专业利益冲突。此外，州或地方学区的雇员也不得作为调解员和听证主持人。他们必须知晓将被使用的法律和法规，必须受过训练，能够有效地使用调解技巧。不同于法院所扮演的角色，调解员既不作"裁决"、也不作个性化教育项目决策（学区个性化教育项目小组仍然保有此权利）。调解员的职责主要是主持调解会议、促进当事各方的讨论、帮助当事各方达成有利于各方的决定并为当事各方达成的任何协议准备可签署的文件。即使当事各方未能达成全部协议，调解员也可以帮助当事各方明确可达成协议的要点与未达成协议的要点，阐明可供选择的方案，缩小争议的范围，并因此降低行政处理程序和司法诉讼程序的复杂性和减少实施这些程序所要花费的开支。

依正当程序举行公正的听证

如果调解程序未能实施或实施后证明并不成功，任何一方当事人都可以要求依正当程序来举行公正的听证。尽管公立学校系统并没有义务为家长提供法律顾问[123]，但在家长申请进行听证时，学区有义务告知家长在社区里哪里有免费的或低花费的法律服务。如果听证争议仅经过一级听证，可由州的官员来主持公正的听证。在此听证程序之后，再无可供进一步适用的行政处理程序。如果听证争议要经过两级听证，一级听证程序应该由争议发生地的听证官员来组织实施，而州的听证官员则负责对一级听证的结论进行审查。

如果家长提起正当程序听证，他们必须将此事项告知公立教育机构。告知通知书应该包括残疾儿童的姓名、住址、所就读的学校、听证所要解决的问题以及提议解决问题的方案。[124]为了鼓励家长遵从法律的规定，如果家长所雇用的律师未能向公立教育机构提供必要的信息，公立教育机构提供给家长的律师费就会有所减少。此外，依据《残疾人教育法案》的规定，所有参加首次听证会议的当事人都必须在至少五个工作日以前向他方当事人告知其打算在听证程序之中使用的所有评价结论、建议和证据。如果一方当事人未能向他方当事人告知这些信息，听证主持人就有权利禁止该方当事人在听证程序之中使用这些信息，除非他方当事人同意听证主持人引入这些信息。在展示证据、质证、交叉质证和讯问证人的听证过程中，当事各方可以获得律师的陪同并随时听取律师的建议；同样，他们也可以在其他人员的陪同下参加听证，只要这些人员具有与儿童相关的专业知识或受过此方面的专业训练。[125]而且，在选择是否让其子女参加听证、是否公开举行听证等方面，家长具有选择权。在听证程序完毕之后，家长不用支付任何费用就可以获得包含听证过程、事实情节和听证结论等内容在内的书面记录或电子记录。

在接到听证请求之后的45天之内，听证官员必须作出评判结论。听证官员只能依据当事各方所提供的证据来作出评判结论。在一定情况下，在特殊教育正当程序听证过程中，听证官员可以采用那些法院禁止采用的证据。举例来说，依据《残疾人教育法案》的规定，有关特殊教育的听证程序可采用**传闻性证据**（比如，证人并不是其依据个人知识，而是依据其多次听到的其他人的话而提供此证据），但这些证据的效力要弱于直接证据（比如，直接目击证人所提供的证据）。

州对一级听证的审查

如果学区进行公正的听证（指明是在实施两级听证的州），任何一方当事人对此听证所发现的事实和所作出的结论存在异议，他们都可以上诉到州一级的政府机构。在州一级的听证中，听证审查官员的职责主要是：确保地方一级的听证官员遵循恰当的听证程序；对一级听证的记录进行公正、全面地审查；在必要的时候，搜寻其他补充证据。此外，听证审查官员还可以为当事各方提供机会，以允许他们进行口头和/或书面的辩论。在完成这些程序之后，听证审查官员必须作出独立的评判并于一级听证被上诉之后的30日之内向当事各方提供书面的评判结论。

民事诉讼

对个性化教育项目存在争议的任何一方当事人都有权利向州地区法院或联邦地区法院提起民事诉讼。大多数法院规定，如果一方当事人对最终的行政听证结论不满并提起民事诉讼，该方当事人就应该就其诉讼主张承担举证责任。一旦法院受理了当事人的诉讼，法院就必须获取那些相关的行政程序记录文本，在一方当事人的请求之下审理相关的补充证据，依据优势证据作出裁判并向当事人提供那些它认为恰当的救济。在作独立裁判的过程中，法院通常尊重政府机构在行政处理程序之中所确认的事实依据，除非法院发现政府机构在确认这些事实依据时存在任意性或存在明显的错误，这些事实依据才需要法院进行重新审查。而且法院一般认为，州一级的听证审查官员所作的评判结论具有法律约束力；除非州一级的听证审查官员对证人的行为举止、可信赖程度、欺诈性或职业特性缺乏直接的了解，导致证人的可信度出现问题[126]，该听证审查官员所作的评判结论才会失去法律约束力。

当事人在依据《残疾人教育法案》提起民事诉讼之前，必须穷尽所有的行政救济程序（比如，必须经过公正的听证和州对一级听证所实施的审查）[127]；除非行政救济程序被证明无效，当事人未能获得其所要求的行政救济，或存在紧急状况可能导致残疾儿童遭受严重的或不可恢复的损害，否则当事人不得直接依据《残疾人教育法案》提起民事诉讼。此外，如果当事人可以依据《残疾人教育法案》的规定获得法律救济，他们也不得依据宪法、《美国残疾人法案》、《康复法案》或其他可适用的联邦法律以规避适用《残疾人教育法案》所要求的穷尽所有行政救济程序的法律规定。这种做法可以减少法院待处理的案件的数量、控制与诉讼相关的花费，并确保接受联邦资助的教育机构和州政府有机会采用不同于法律诉讼、在理论上敌对性更少且更关注残疾儿童的方式来解决这些争议（比如，通过个性化教育项目会议或调解来解决争议）。如果所有的行政救济程序都已穷尽或这些行政救济程序被证明无效，当事人就可以在诉讼有效期内向法院提起民事诉讼。尽管《残疾人教育法案》及其实施规章并未规定法院审理此类争议的诉讼有效期，但法院有责任明确一个诉讼有效期限。一般来说，依据州残疾人法律或州侵权法的规定，大多数法院将审理此类争议的诉讼有效期确定为2年；但另一些法院却规定，审理此类争议的诉讼有效期从30天到3年或3年以上不等。[128]

法律救济与律师费

在有关《残疾人教育法案》的案件中，法院可以为当事人提供宣示性救济（declaratory relief）、指令性救济（injunctive relief）、补偿教育救济以及评价补偿费、学费、交通费和相关服务。不过，大多数法院认为，当事人不能依据《残疾人教育法案》而申请损害补偿，即使结合《美国法典》第42节1983条的规定（该法律规定，如果州政府雇员剥夺了当事人受联邦法律保护的权利，当事人就有权利提起法律诉讼），当事人也不能向法院申请损害补偿。[129]此外，联邦最高法院还就损害补偿和学费补偿作了明确的区分。如果残疾儿童因公立教育机构最初的错误举措而产生不必要的花费，法院对其进行学费补偿仅应该视为对其所花费的正当开支进行补偿。[130]与此相似，许多下级法院认为，如果学区不能为残疾儿童提供恰当的教育项目，违反大量的程序规定延迟为残疾儿童提供教育，或通过让残疾儿童提前毕业而过早地终止特殊教育服务，为这些儿童提供补偿教育救济就是必需的。[131]在一些案件中，第八巡回法院认为，为残疾儿童提供补偿教育服务与为他们提供学费补偿是类似的。[132]

此外，如果家长在特殊教育案件之中胜诉，法院还可以判决他们免于承担律师费。要成为胜诉方，家长必须在关键问题或主要问题上赢得胜利，而不能仅在轻微问题、程序问题或次要问题上获得成功。[133]律师费的多少取决于律师在行政程序和司法程序之中提供代理服务的实际时间，但是律师每小时所收取的费用必须在律通常从事社区服务所要求的费用范围之内。如果律师在不成功的诉讼请求之上花费了时间，原告不必要地延长了行政程序和诉讼程序，或者原告通过诉讼程序所获得的救济小于其在之前调解之中可获得的救济，律师所能获得的律师费就会有所减少。[134]此外，如果律师在个性化教育项目会议之上花费了时间（除非这些个性化教育项目会议是因行政听证程序或民事诉讼的裁决而举行的[135]）或家长在案件中担任他们自己的律师，则这部分律师费需要由学生家长承担。[136]

结　论

自1975年以来，残疾学生的权利得到了显著的扩展，他们具有参与教育项目和使用公立教育设施的权利、获得恰当教育项目的权利、在受限制最少的环境下接受教育的权利。许多与残疾人法律相关的要点可以简要归纳为以下几点：

1. 并非所有在身体或精神上受到损害的人都必然有资格成为可获得政府救助的残疾人。

2. 依据《康复法案》第504条和《美国残疾人法案》的规定，在判断一名儿童是否因其在身体或精神上受过损害而在日常活动上受到实质性限制时，恰当的判断标准是将该名儿童的表现与一般人群中的普通人的表现进行比较；同时，在判断一名学生是否有资格成为残疾学生时，学区还必须考虑是否可对该学生实施损害减轻措施或矫正措施。

3. 地方学区有义务确认所有居住在其服务区之内的残疾儿童。

4. 残疾儿童有权利在受限制最少的环境下接受恰当且免费的公立教育。

5. 学区应使用恰当的、受过训练的人员来对儿童进行评价；就评价目的而言，评价工具必须是合法的，必须使用被测试儿童的母语或其他交流途径来进行测试。

6. 要为残疾儿童提供恰当的教育项目，学区就必须为该名儿童特别设计教育项目以满足其独特的需要，并为该名儿童提供可行的途径以使其参加个性化教育项目，获取教育利益；不过，为残疾学生所提供的个性化教育项目并不需要是"最佳"的教育项目，也不需要使学生的学习潜力最大化。

7. 依据《残疾人教育法案》的规定，学区必须为每一位合格的残疾儿童提供个性化的教育项目（包括教育目标和目的、所提供的各种服务以及教育计划）；依据《康复法案》第504条的规定，学区必须为残疾儿童制订救助安置计划。

8. 只要残疾儿童所就读的学校能够为其提供恰当的教育，学区既可以将其安置在公立学校之中就读，也可以将其安置在私立学校之中就读（包括宗教学校）。

9. 在确认、评价或改变残疾儿童的教育安置措施时，学区必须遵循正当程序原则。

10. 如果家长单方面地将其子女安置在私立教育机构之中，除非地方学区所提供或建议的教育安置措施被确认为是不恰当的，而家长所选择的私人教育安置措施被确认为是恰当的，家长才能获得相应的学费补偿和其他开支补偿。

11. 为了帮助残疾儿童从特殊教育之中获益，必须为他们提供相关服务，而不论这种相关服务要耗费多少经费；学区没有义务为残疾儿童提供医疗服务，但必须为他们提供健康服务，只要这种健康服务是学生参与学校教育活动和获得教育利益

12. 学区不能任意限定残疾儿童的学习时限，为了使他们获得"一定的教育利益"，学区可以延长一些残疾儿童的学习时限。

13. 在与医疗专家协商之后，如果学校管理者认为那些在身体上存在残疾的学生参加学校运动队不安全，他们就可以拒绝给予这些学生参加校际体育运动的机会。

14. 如果行政处理程序和司法诉讼程序涉及残疾学生所获得的、恰当且免费的公立教育，在此程序之中，针对该学生所实施的教育安置措施仍应保持原样。

15. 不论是对残疾学生还是对"非残疾"学生进行停学处分，学区都可能遵循同样的听证程序。

16. 只有在残疾学生的违纪行为与其残疾状况无关时，学区才可以开除该名学生；即使是这样，学区也必须继续为其提供与个性化教育项目一致的教育服务。

17. 如果学区在残疾学生的个性化教育项目之中设置了"停学"的纪律处分措施，在累计10天的停学限制期时，就不应该计算该名学生被处以"暂时离开"所耗费的时间。

注 释

[1] 347 U. S. 483, 493 (1954).

[2] 29 U. S. C. § 794 (a) (2002).

[3] 34 C. F. R. §§ 104. 5-104. 8 (2002).

[4] 34 C. F. R. § 104. 3 (j) (2 (i)) (2002). 身体或精神上的伤害包括"任何生理紊乱、破相或在身体系统之中一项或多项感知觉受损。涉及神经受损；肌肉受损；特殊感觉器官受损；呼吸系统受损，包括说话器官受损；心血管受损；生殖、消化、泌尿系统受损；血液系统和淋巴腺受损；皮肤受损；内分泌系统受损；任何精神或心理紊乱，比如精神障碍、脑部器官综合征、情绪或精神病态化以及特定的学习障碍"。

[5] 34 C. F. R. § 104. 3 (j) (1) (2002).

[6] Sch. Bd. v. Arline, 480 U. S. 273 (1987). 在该案中，法院认为，该名教师曾患过肺结核病，有记录表明，该病对她的身体健康所造成的损害限制了她的主要日常活动——工作，因此她有资格被认定为残疾人。

[7] Ray v. Sch. Dist., 666 F. Supp. 1524 (M. D. Fla. 1987).

[8] Sutton v. United Airlines, 527 U. S. 471 (1999); Murphy v. United Parcel Serv., 527 U. S. 516 (1999).

[9] 主要的日常活动包括有能力照顾自己、从事手头工作、行走，具有视觉、听觉、说话能力、呼吸能力、学习能力和工作能力。34 C. F. R. § 104. 3 (j) (2) (ii) (2002).

[10] 参见 Costello v. Mitchell Pub. Sch. Dist 79, 266 F. 3d 916 (8th Cir. 2001)，在该案中，法院认为，原告所受到的健康损害并未对他的学习能力构成实质性的限制；Bercovitch v. Baldwin Sch., 133 F. 3d 141 (1st Cir. 1998)，在该案中，法院认为，一直以来该名学生的学习成绩都高于班级的平均水平，因此即使他因患多动症而存在注意力缺陷，这种缺陷也没有对他的学习能力构成限制；Ballard v. Kinkaid Sch., 147 F. Supp. 2d 603 (S. D. Tex. 2000)，在该案中，法院认为，对该名患有视觉感知觉损伤的学生而言，在帮

助他佩戴覆盖型过滤器以处理光线和感光度之后，他在就读七年级和八年级时的成绩都很好，因此这种视觉感知觉损伤并不会对他的学习能力构成限制。

[11] 34 C. F. R. § 104.3（1）(2)（2002）。相反，在高等教育领域，不论学生的残疾程度如何，他们都必须达到教育项目的学术标准和技术标准，当然学校可能时常需要为他们提供一些必要的便利条件。参见 34 C. F. R. § 104.3（1）(3)（2002）。

[12] 从民权办公室的角度来言，即使学生有资格获得《残疾人教育法案》所规定的服务，也不意味着他们有权利获得依据《康复法案》第504条规定所设定的格式化服务。参见 Response to McKethan, 25 IDELR 295（OCR 1996）。而且，地方教育部门如果未能给符合《残疾人教育法案》规定的学生提供个性化的教育服务，那么作为一种替代，就必须为学生提供《康复法案》第504条所规定的一种服务，当父母为了给自己的孩子提供恰当的教育或服务而产生任何费用时，地方教育部门就必须为他们提供经济补偿。参见 Muller v. Comm. on Special Educ., 145 F. 3d 95（2nd Cir. 1998）。

[13] 34 C. F. R. § 104.22（2002）。接受资助的教育机构要遵守法律的规定，并不意味着要确保机构之内的每一个现存设施或现存设施的每一部分都可以提供给残疾人使用，但是它们必须自主开展改造项目以让残疾人使用机构内的设施。这种改造项目包括重新设计设备，重新安排残疾学生的入读班级以及为他们提供替代性服务的场地，变更现存的设施和建设新的设施。如果接受资助的教育机构可以以其他更便宜但更有效的措施为残疾学生提供便利服务，就不需要对机构内的设施进行修补或修建新的设施。

[14] 参见本章第114~128条注释所对应的正文。

[15] 尽管《康复法案》第504条并未说明依据该法提起诉讼的程序，但是当事人可以依据1964年《民权法案》第六条所规定的诉讼程序提起诉讼。参见 34 C. F. R. § 104.61（2002）。

[16] 34 C. F. R. § 100.7（c）, (d)（2002）.

[17] 参见本章第127条注释所对应的正文。

[18] Jim C. v. United States, 235 F. 3d 1079（8th Cir. 2000）.

[19] Smith v. Special Sch. Dist. No. 1, 184 F. 3d 764（8th Cir. 1999）。在该案中，法院认为，如果原告想获得损害赔偿，就必须证明学区存有恶意或有完全漠视损害发生的情况。

[20] 42 U. S. C. §§ 12101-12213（2002）.

[21] 28 C. F. R. § 36.303（a）（2002）。《美国残疾人法案》所指的"过重的负担"与《康复法案》第504条所指的"过重的负担"类似，包括在行政管理上提供这种辅助性帮助或服务不具有可能性以及花费开支过大，而《残疾人教育法案》则没有类似规定。

[22] 28 C. F. R. § 36.304（a）（2002）.

[23] 20 U. S. C. § 1400 *et esq.*（2002）.

[24] 20 U. S. C. § 1401（3）(A)（2002）。并非所有的儿童都可达到《残疾人教育法案》所规定的残疾程度。参见 Bd. of Educ. v. J. D., No. 99-2180, 2000 U. S. App. LEXIS 26902（4th Cir. Oct. 26, 2000）。在该案中，法院认为，该名滥用毒品的学生属于社会适应不良，还达不到残疾的程度。

[25] 34 C. F. R. § 300.125（d）（2002）。参见 Cronkite v. Long Beach Unified Sch. Dist., No. 97-55544, 1999 U. S. App. LEXIS 4733（9th Cir. March 18,

1999），在该案中，法院认为，学区已经为该名学生提供了"恰当且免费的公立教育"，《残疾人教育法案》并不要求学区在为学生提供个性化教育服务时使用专门的术语——比如"难语症"——来恰当地确定学生的残疾类型并应对这种残疾问题。

［26］除非学生在3岁～5岁之间以及18岁～21岁之间未在本州接受服务，否则他们都能够享受到"恰当且免费的公立教育"。参见34 C. F. R. § 300. 300（b）(5)（i）(2002)。另外，针对3岁～9岁的儿童，如果州政府认为他们在体力、认识力、交流能力、社交能力上发展迟缓以及在情绪或适应性发展方面存在问题，就可以行使自由裁量权为他们提供相应的特殊教育或服务。参见20 U. S. C. § 1401（3）(B)(2002)。

［27］T. R. v. Kingwood Township Bd. of Educ., 205 F. 3d 572（3rd Cir. 2000）。在该案中，法院认为，私立学校并未获得州政府的授权，因此不能被视为一个安置残疾学生的可能的地点。

［28］20 U. S. C. § 1401（22）(2002)。

［29］20 U. S. C. § 1401（1），(2)，(29)，(30)(2002)。

［30］参见D. B. v. Craven County Bd. of Educ., No. 99-1326, 2000 U. S. App. LEXIS 6176（4th Cir. April 3, 2000），在该案中，法院认为，《残疾人教育法案》仅要求学区为残疾学生提供教育机会，并不要求学区确保每一个残疾学生都能够发挥自身的潜力，因此在本案中即使原告残疾学生的写作能力并未达到其父母的预期，但学区已经为其提供了"恰当且免费的公立教育"。不过，州法经常对此进行解释，要求学区尽可能让每一个残疾学生最大化地发挥自身的潜力。参见B. G. v. Cranford Bd. of Educ., 882 F. 2d 510（3rd Cir. 1989），在该案中，法院认为，依据**萝莉案**所确定的判例，该名残疾学生在学业上的进步已经达到了联邦规定的最低水准；但是，法院指出，为了达到新泽西州规定的确保残疾学生最大潜力得到发展的要求，学区还必须为该名残疾学生提供为期一年的住所安置服务。

［31］458 U. S. 176 (1982)。

［32］483 F. Supp. 528, 534（S. D. N. Y. 1980）。

［33］458 U. S. 176, 192 (1982)。

［34］Id. at 200。

［35］Id. at 207。

［36］参见Ridgewood Bd. of Educ. v. N. E. ex rel. M. E., 172 F. 3d 238（3rd Cir. 1999）。在该案中，法院认为，《残疾人教育法案》并不仅要求学区为残疾学生提供轻微的教育利益，还要求为他们提供更多的恰当的服务。

［37］Sch. Bd. v. K. C., 286 F. 3d 977（11th Cir. 2002）。

［38］参见Logue v. Unified Sch. Dist. No. 512, Nos. 97-3087, 97-3112, 1998 U. S. App. LEXIS 16280（10th Cir. July 16, 1998）。在该案中，法院认为，学区对该名残疾学生采用了完整的交流措施，因此该名学生所获得的利益已经超过了**萝莉案**所确立的标准；另外，私立学校可以给学生提供口语交流，该名学生的父母也更倾向于选择这种服务，因此学区不需要再为这名学生提供"恰当且免费的公立教育"了。

［39］Union Sch. Dist. v. Smith, 15 F. 3d 1519（9th Cir. 1994）。

［40］T. S. v. Indep. Sch. Dist. No. 54, Stroud, Okla., 265 F. 3d 1090（10th Cir. 2001）。在该案中，一名学生在毕业前一天向法院提起诉讼，诉称学区未能恰当地安排他的毕业程序，要求获得正当程序听证权。尽管该名学生确实向学校询问过校方在毕业过程中会为其提供哪些服务，但他并未就毕业仪式方面的问题与校方发生争论。最终，法院认为，该名学生已经毕业，因此该案的诉讼请求不具法律意义。

[41] 34 C. F. R. § 300. 304 (2002). 具有多种残疾的学生（比如，那些看起来不能从教育之中获益或仅能从中获得边缘性利益的学生），是否还有资格获得学区提供的教育服务呢？对这个问题，一直存有争议。第一巡回法院指出，国会致力于让所有的残疾儿童都能够获得教育，法条中对"所有"一词进行了反复的强调，因此学区应该对残疾儿童采取"零拒绝"政策，另外，《残疾人教育法案》还明确规定，学区应该给予那些具有严重残疾的儿童优先权。参见 Timothy W. v. Rochester, N. H., Sch. Dist., 875 F. 2d 954 (1st Cir. 1989).

[42] Doe v. Metro. Nashville Pub. Schs., 9 Fed Appx. 453 (6th Cir. 2001)。在该案中，法院认为，通过将信息发布给学校、日托中心、护理学校、医院及医疗人员，通过在地方媒体上发布公共服务广告，通过参加家庭—教师协会的会议，通过执行延展性项目，学区已经有效地参与到了"寻找残疾儿童"的活动之中。

[43] Joshua v. U. S. D. 259 Bd. of Educ., No. 98-3248, 2000 U. S. App. LEXIS 8837 (10th Cir. May 2, 2000)，在该案中，法院认为，该学生的父母并未继续居住在学区服务范围之内，而且依据州法，该学生的姐姐也不可以被视为"行使父母职能的人"，因此针对该名学生就读于私立学校的学费，学区不需要进行补偿。又见 Navin v. Park Ridge Sch. Dist. 64, 270 F. 3d 1147 (7th Cir. 2001)，在该案中，一名学生存在阅读困难，他的父母也已离婚，其父认为，即使没有任何证明，已离婚夫妇双方对子女的教育问题仍然享有交叉监管权，学区应该对他的孩子提供教育服务；法院认为，尽管夫妇俩已经离婚，但父亲始终对自己孩子的教育问题保有权利，除非作为监护人的母亲对父亲保有的教育权利持异议，父亲的该项权利才会被削弱。

[44] 参见第3章第43条注释所对应的正文。

[45] 34 C. F. R. § 300. 532 (a) (1), (c) (1), (e), (f), (g) (2002).

[46] 在《残疾人教育法案》赋予学生的权利之中，就包括家长同意权，依据州法，在子女成年之后（通常是满18周岁），家长还要将这种权利转移给子女本人。而且，在学生达到法定成年人年龄的前一年，每个残疾学生的个性化教育项目都要给学生提供一个书面声明，告诉他们即将获得哪些权利。参见 34 C. F. R. § 300. 347 (c) (2002).

[47] 34 C. F. R. § 300. 505 (c) (2002); 34 C. F. R. § 300. 345 (d) (2002).

[48] 参见本章第114~128条注释所对应的正文。

[49] 34 C. F. R. § 300. 502 (a) (1), (b) (2002)。在非常规的必要情况下，负责听证的官员可以要求第三方对残疾儿童的状况进行评估。由此产生的费用，由学区全部承担。参见 34 C. F. R. § 300. 502 (d) (2002).

[50] 34 C. F. R. § 300. 502 (c) (1) (2002)。又见 T. S. v. Bd. of Educ., 10 F. 3d 87 (2nd Cir. 1993)。在该案中，只有两名安置委员会的委员阅读过单独评估报告，并对此进行了有限的讨论，最终还是作出了与报告推荐意见相反的安置安排。法院认为，安置委员会只需要"考虑"单独评价报告，而不需要遵循它，因此学区的做法并不违法。

[51] 不过，家长并没有参与预备会议的权利。预备会议是地方学区组织的，会议将形成安置建议，而学区将在之后的个性化教育会议之中就该建议与家长进行讨论。In re D., 32 IDELR 103 (SEA CT, 2000).

[52] 34 C. F. R. § 300. 551 (b) (2002).

[53] 34 C. F. R. § 300. 550 (b)

(2002)。有趣的是，第四巡回法院认为，有关受限制最少的教育环境的法律要求仅适用于学区，而不能适用于学生的家长。参见 Jaynes v. Newport News Sch. Bd., 13 Fed. Appx. 166 (4th. Cir. 2001)。

[54] 参见 Beth B. v. Clay, 282 F. 3d 493 (7th Cir. 2002)，在日常教育项目之中，该名残疾学生的学业并未产生实质性的进步，她的发展也受到了限制，因此在该案中，法院认为，相较于日常教育环境而言，学区可以将该名学生安置进更严格的教育环境之中；Indep. Sch. Dist. No. 284 v. A. C., 258 F. 3d 769 (8th Cir. 2001)，在该案中，一名女学生并不存在学习困难，但是她习惯性地逃学。法院认为，该学生的不当行为具有暴发性和反抗性，因此学区对她进行隔离安置，甚至是居住地安置的做法都是恰当的；Doe v. Arlington County Sch. Bd., No. 99-1426, 2000 U. S. App. LEXIS 4287 (4th Cir. March 20, 2000)，在该案中，一名学生在认知能力上存在缺陷并且容易分心，尽管他的家长要求对他实施全纳教育，但是法院认为，全纳教育并不能满足该名学生在核心课程方面的教育需求；Blackmon v. Springfield R-XII Sch. Dist., 198 F. 3d 648 (8th Cir. 1999)，在该案中，学区并未将残疾学生安排进常规的学习班级，而是反主流地将一些接受常规教育的学生安排进了以残疾学生为主体的班级。法院认为，学区的做法是恰当的；另外，有家长提出，在家教育是受限制最少的教育环境，但是法院认为，在家教育限制了残疾儿童与同龄人交流的机会，因此学区的安置更为恰当。

[55] 所谓"全纳教育"是指，为残疾儿童提供辅助性的帮助或服务，将这些儿童安置在常规的班级之中就读以满足他们的教育需求。

[56] 34 C. F. R. § 300. 555 (2002)。又见 Asbury v. Mo. Dep't of Elementary and Secondary Educ., 248 F. 3d 1163 (8th Cir. 2001)，在该案中，原告诉称，学区未对其员工进行恰当培训，以帮助他们正确教育患孤独症的儿童，但最终法院作出了有利于被告学区的简要判决，并拒绝上诉请求，534 U. S. 890 (2001)。

[57] 参见 T. R. *ex rel*. N. R. v. Kingwood Township Bd. of Educ., 205 F. 3d 572 (3rd Cir. 2000)。

[58] Gonzalez v. P. R. Dep't of Educ., 254 F. 3d 350 (1st Cir. 2001)。在该案中，尽管一名学生的家长反对学区的安置计划，并且诉称，如果他们的儿子回家，身有残疾的女儿就会面临安全问题，但法院认为，学区已经为该名女学生提供了"恰当且免费的公立教育"，拒绝上诉请求，525 U. S. 815 (2001)。

[59] Dale M. v. Bd. of Educ., 237 F. 3d 813 (7th Cir. 2001)。在该案中，一名学生具有难以矫正的行为问题，并具有长期的犯罪记录。法院认为，该名学生的主要问题并不是教育问题，而是缺乏正确的社会化，因此学区并不需要予以支付该名学生因监禁所产生的费用，拒绝上诉请求，534 U. S. 1020 (2001)。

[60] St. Johnsbury Acad. v. D. H., 240 F. 3d 163 (2nd Cir. 2001)。

[61] 471 U. S. 359 (1985)。又见 Houston Indep. Sch. Dist. v. Bobby R., 200 F. 3d 341 (5th Cir. 2000)。在该案中，学区为一名残疾学生提供了"恰当且免费的公立教育"，而且有证据表明，该名学生在众多科目上的考试成绩都有所提高。因此法院认为，在学区的安置项目之中，该名学生享受到了相应的教育利益，学区不需要补偿他的父母单方面对其进行安置所产生的费用。

[62] Dong v. Bd. of Educ., 197 F. 3d 793 (6th Cir. 1999)。在该案中，法院认为，尽管父母认为存在更好的安置办法，但学区的安置计划是恰当的，学区无须承担因父母另行安置所产生的费用。

[63] M. S. v. Bd. of Educ., 231 F. 3d 96 (2nd Cir. 2000).

[64] Knable v Bexley City Sch. Dist., 238 F. 3d 755 (6th Cir. 2001), 在该案中, 一名残疾学生公然对抗学区的安置计划, 法院认为, 学区并未为其提供正当程序, 也未召开恰当的个性化教育项目讨论会, 因此学区并未为其提供恰当的个性化教育项目, 应该对该名学生的家长予以安置补偿; Walker County Sch. Dist. v. Bennett, 203 F. 3d 1293 (11th Cir. 2000), 在该案中, 法院认为, 学区提供的安置办法是不恰当的, 因此必须为该名残疾学生的家长提供为期一年的私立教育安置补偿; Bd. of Educ. v. Ill. State Bd. of Educ., 184 F. 3d 912 (7th Cir. 1999), 在该案中, 法院认为, 公立学校所提出的安置办法均是不恰当的, 因此必须为该名残疾学生的家长支付安置补偿费。与上述案件不同, J. D. v. Pawlet Sch. Dist., 224 F. 3d 60 (2nd Cir. 2000), 在该案中, 一名天才学生从一所公立高中转学到了一所州外的、提供大学预科教育的寄宿学校。他的家长诉称, 这个孩子在学业上表现杰出, 但是在公立学校之中缺乏与其智力相当的同龄人, 因此他产生了挫折感、厌倦、疏离、缺乏感情和无希望等多种情绪反应, 从地方教育委员会依照《康复法案》第504条所作的众多裁定来看, 该孩子"符合残疾人的条件", 应该获得安置补偿。但是, 家长的诉讼请求, 未获得法院的支持; Burilovich v. Bd. of Educ., 208 F. 3d 560 (6th Cir. 2000), 在该案中, 原告无法证明学区提供的个性化教育项目是不恰当的, 因此巡回法院对下级法院的判决意见予以了支持; Renner v. Bd. of Educ., 185 F. 3d 635 (6th Cir. 1999), 在该案中, 一名孤独症学生的家长及他们聘请的专家表明, 学区应该对这名学生提供每周40个小时的教育项目。但是, 法院驳回了这一诉讼请求, 认为学区已经为这名学生提供了"恰当且免费的公立教育"。

[65] 510 U. S. 7 (1993).

[66] Devine v. Indian River County Sch. Bd., 249 F. 3d 1289 (11th Cir. 2001).

[67] Cohen v. Sch. Bd., 450 So. 2d 1238, 1240 (Fla. Dist. Vt. App. 1984).

[68] Pollowitz v. Weast, No. 00-1690, 2001 U. S. App. LEXIS 6729 (4th Cir. April 17, 2001), 在该案中, 法院认为, 家长并未将转学意图告知学区, 因此学区可以不对其予以安置补偿; Sandler v Hickey, 5 Fed. Appx. 233 (4th Cir. 2001), 在该案中, 法院认为, 家长并没有给公立学校系统以当下流行的方式提供"免费且恰当的公立教育"的机会, 就将其子女安排在私立学校就读, 因此他无权获得安置补偿。但是, 在以下情况中, 学区不得减少或拒绝给予家长的安置补偿: (1) 家长是文盲, 无法用英文进行书面表达; (2) 如果将残疾学生安置在公立学校提供的个性化教育项目之中超过10天, 该名学生就会遭受到身体或情绪上的伤害; (3) 学区阻止家长提出告知通知, 或者学区没有告诉家长这种告知要求。

[69] Patricia P. v. Bd. of Educ., 203 F. 3d 462 (7th Cir. 2000)。在该案中, 家长单方面将自己的孩子安置在缅因州的一所私立学校之中, 并且声称, 除非伊利诺伊州的人员愿意到该私立学校所在地对该名学生进行检测, 否则不接受检测。法院认为, 家长未能有效地配合学区的工作, 未给学区以恰当的机会来评估其子女, 因此无法获得安置补偿。

[70] 34 C. F. R § 300. 454 (a) (1) (2002). 参见 Foley v. Special Sch. Dist., 153 F. 3d 863 (8th Cir. 1998)。又见 John T. v. Marion Indep. Sch. Dist., 173 F. 3d 684 (8th Cir. 1999), 在该案中, 法院认为, 当原告入读私立学校时, 学区已经按照州法的要求对其提供了帮助。

[71] K. D. M. v. Reedsport Sch. Dist., 196 F. 3d 1046 (9th Cir. 1999)。在该案中, 法院对俄勒冈州的一项法律予以

了支持。该项法律规定，如果学区要为就读于私立学校的学生提供服务，就必须选择在信仰中立的环境中为这些学生提供恰当的特殊教育或服务。

[72] 34 C. F. R. § 300. 455 (a) (2), (3) (2002). 又见 Jasa v. Millard Pub. Shc. Dist. No. 17, 206 F. 3d 813 (8th Cir. 2000)，在该案中，学生家长单方面选择的私立学校所提供的服务与公立学校所提供的服务一样，因此法院认为，学区已经为该名学生提供了"恰当且免费的公立教育"，不需要对该名学生提供资助；Hooks v. Clark County Sch. Dist., 228 F. 3d 1036 (9th Cir. 2000)，在该案中，一名学生在家接受教育，但他要求学区为他支付语音治疗费。巡回法院维持了下级法院的判决，认为学区不需要对该名学生的语音治疗费和律师费提供补偿。

[73] 又见 M. C. v. Voluntown Bd. of Educ., 226 F. 3d 60 (2nd Cir. 2000)。在该案中，法院认为，家长未能及时提起诉讼，因此不能获得咨询费补偿；如果起诉及时，他们本来是可以获得相应补偿的。

[74] 20 U. S. C. § 1401 (a) (17) (2002).

[75] Erickson v. Albuquerque Pub. Schs., 199 F. 3d 1116 (10th Cir. 1999)。在该案中，法院认为，在家长同意的情况下，学区可以减少每周两个小时的职业治疗时间。学区在减少与骑马相关的职业治疗的同时，仍然为该名残疾学生提供了其他形式的职业治疗，因此并未改变该名残疾学生原有的安置计划。

[76] 参见 Hurry v. Jones, 734 F. 2d 879 (1st Cir. 1984); Taylor v. Bd. of Educ., 649 F. Supp. 1253 (N. D. N. Y. 1986)。

[77] 参见 DeLeon v. Susquehanna Cmty. Sch. Dist., 747 F. 2d 149 (3rd Cir. 1984).

[78] McNair v. Oak Hills Local Sch. Dist., 872 F. 2d 153 (6th Cir. 1989).

[79] Roslyn Union Free Sch. Dist. v. Univ. of N. Y., 711 N. Y. S. 2d 582 (App. Div. 2000).

[80] 34 C. F. R. § 300. 24 (b) (9) (2002).

[81] Butler v. Evans, 225 F. 3d 887 (7th Cir. 2000)。在该案中，法院认为，该学生具有精神分裂、偏执狂、自杀以及从事恐怖行为的征兆，对他自己以及周围的人构成威胁，因此学区没有义务为他的精神病安置开支以及相关医疗开支支付补偿。

[82] Max M. v. Thompson, 592 F. Supp. 1437 (N. D. Ill. 1984). 又见 Max M. v. Ill. State Bd. of Educ., 629 F. Supp. 1504 (N. D. Ill. 1986)。在该案中，法院认为，学区未能提供证据证明可以以更低的花费来提供医疗服务费，因此该名残疾学生所花费的医疗服务费应该由学区全额承担。

[83] 468 U. S. 883 (1984).

[84] 526 U. S. 66 (1999).

[85] 经济负担过重的抗辩理由不可适用于《残疾人教育法案》，但可以适用于《康复法案》第504条和《美国残疾人法案》。

[86] 如果残疾儿童回到家中，学区则不再需要为他们提供医疗健康服务。参见 Daniel O. v. Mo. State Bd. of Educ., No. 99-2792, 2000 U. S. App. LEXIS 7032 (8th Cir. April 19, 2000).

[87] 487 U. S. 879 (1988). 又见 Detsel v. Sullivan, 895 F. 2d 58 (2nd Cir. 1990)。在该案中，法院认为，学生在学校里所接受的私人医疗护理服务，可以以国民医疗补助金来支付。

[88] 42 U. S. C. § 1396 (2002).

[89] Cordrey v. Euckert, 917 F. 2d 1460 (6th Cir. 1990)。在该案中，法院认为，学区并不需要付费为一名患孤独症的10岁儿童提供暑期项目，尽管该名儿童的

教育项目在暑期被打断了,但这并不会实质性地妨碍他的发展。

[90] Adams v. Oregon, 195 F. 3d 1141 (9th Cir. 1999)。在该案发回重审过程中,学校管理方同意给该名残疾学生每周提供12.5个小时的教育服务,法院也认为这一服务是恰当且合理的。但是,不少学校教师选择在暑期休假,因此学区将教育服务的时间减少到了7.5小时。为此,学生的家长将孩子重新安置到了私立学校之中,并提起了上诉。最终,巡回法院认为,该名学生的家长有权利获得私立教育安置补偿费和学费补偿。

[91] 依据上下文,"能力退化"是指,由于教育中断,残疾学生在知识、能力或技能上的损失;相反,"能力补偿"是指,恢复教育之后,残疾学生重新获得的知识、能力或技能。参见 Johnson v. Indep. Sch. Dist. No. 4, 921 F. 2d 1022 (10th Cir. 1990),在该案中,法院认为,要对学生的能力进行分析,不仅需要提供有关"能力退化"方面的追溯性数据,还需要提供预测性数据。又见 Reusch v. Fountain, 872 F. Supp. 1421 (D. Md. 1994),在该案中,法院认为,仅仅依据"能力退化—能力补偿"方面的数据分析,学区就决定延长该名残疾学生的教育项目一年,这种做法违反了《残疾人教育法案》的规定。

[92] 又见 Kling v. Mentor Pub. Sch. Dist., 136 F. Supp. 2d 744 (N. D. Ohio 2001)。在该案中,学区拒绝让一名年龄过大的残疾学生参加体育运动。法院就此发出了一个初始禁止令,认为除非让该名学生的个性化教育项目囊括体育运动,否则很难使该名学生获得教育利益。法院作出这一判决的依据在于,即使让该名残疾学生参加体育运动,学区的年龄控制政策的目的仍然可以实现。

[93] J. M. v. Mont. High Sch. Ass'n, 875 P. 2d 1026, 1032 (Mont. 1994).

[94] 州运动员协会尽管宣称自己是州的代理人,但它实际上是一个私人公司,因此以最高法院在布伦特伍德学会诉田纳西中学运动员协会案〔Brentwood Acad. v. Tenn. Secondary Sch. Athletic Ass'n., 122 S. Ct. 1439(2002)〕中的判决为蓝本,在今天,类似的诉讼案更有希望获得胜诉。参见第4章第142条注释所对应的正文。

[95] 参见 Sandison v. Mich. High Sch. Athletic Ass'n, 64 F. 3d 1026 (6th Cir. 1950); Reaves v. Mills, 904 F. Supp. 120 (W. D. N. Y. 1995); Pottgen v. Mo. State High Sch. Activities Ass'n, 857 F. Supp. 654 (E. D. Mo. 1994),驳回上诉,发回重审,40 F. 3d 926 (8th Cir. 1994)。又见 Dennin v. Conn. Interscholastic Athletic Conference, 913 F. Supp. 663 (D. Conn. 1996),在该案中,一名残疾学生因年龄问题而未获得参与体育运动的机会,因此他向法院提起诉讼,认为学区的做法违反了《残疾人教育法案》、《康复法案》第504条以及第十四修正案。针对他的请求,法院向学区发出了初始禁止令。

[96] 参见 Hoot v. Milan Area Sch., 853 F. Supp. 243 (E. D. Mich. 1994)。

[97] 参见 Crocker v. Tenn. Secondary Sch. Athletic Ass'n, 980 F. 2d 382 (6th Cir. 1992)。

[98] 参见 J. M. v. Mont. High Sch. Ass'n, 875 P. 2d 1026 (Mont. 1994); Clay v. Ariz. Interscholastic Ass'n, 799 P. 2d 349 (Ariz. 1989)。相关问题的讨论,请参见第4章第159条注释所对应的正文。

[99] 532 U. S. 661 (2001).

[100] 参见 Cruz v. Penn. Interscholastic Athletic Ass'n, 157 F. Supp. 2d 485 (E. D. Pa. 2001),在该案中,通过使用联邦最高法院在**职业高尔夫协会巡回赛事组委会案**中确立的审判标准,法院认为,运动员协会因为该名残疾学生年龄过大就拒绝其参加体育运动的做法是违法的,并就此发出了初始禁止令。

[101] Washington v. Ind. High Sch. Athletic Ass'n, 181 F. 3d 840 (7th Cir. 1999).

[102] 又见 McPherson v. Mich. High Sch. Athletic Ass'n, 119 F. 3d 453 (6th Cir. 1997)，在该案中，法院认为，运动协会可以使用"八年级后八个学期"规则以对抗该名学生依据《残疾人教育法案》所获得的权利，防止运动规则的混乱。法院还指出，如果将此运动竞赛规则适用于该名残疾学生，则构成了对运动项目的根本改变，并且会给州运动协会造成巨大的、过重的财政负担。

[103] 参见 Grube v. Bethlehem Area Sch. Dist., 550 F. Supp. 418 (E. D. Penn. 1982)（失去肾脏）；Suemnick v. Mich. High Sch. Athletic Ass'n, No. 4-70592 (E. D. Mich. 1974)（失去腿）；Kampmeier v. Harris, 411 N. Y. S. 2d 744 (App. Div. 1978)（视力受损）。

[104] Knapp v. Northwestern Univ., 101 F. 3d 473 (7th Cir. 1996)，在该案中，一名运动员具有心跳暂停的病史，在康复之后，他被植入了内置心脏起搏器，在他的心脏发生暂停时，该装置可以重新启动他的心脏。鉴于他的身体情况，法院认为，学校可以拒绝其参加篮球运动；Pahulu v. Univ. of Kan., 897 F. Supp. 1987 (D. Kan. 1995)，在该案中，一名运动员在头部受过重击，如果他再从事像足球运动这样的身体接触性运动，则意味着他将面临高度风险，有可能遭受终身性的、严重的神经损害。因此，法院认为，学校可以拒绝其参加足球运动。

[105] 484 U. S. 305 (1988).

[106] 但是，并不是所有的、让学生短时离开课堂的措施都是合法的。参见 Covington v. Knox County Sch. Sys., 205 F. 3d 912 (6th Cir. 2000)。在该案中，一名残疾学生经常被学校锁进小小的隔离室，隔离时间一般长达几个小时，在隔离时间比较长时，该名学生不能吃到午餐，偶尔还会被要求脱去衣服或者被迫在隔离室中小便。法院认为，只有在所有的行政救济措施都已经穷尽的情况下，该名受害学生才可以依据《残疾人教育法案》向法院起诉，要求损害赔偿。

[107] 又见 Tex. City Indep. Sch. Dist. v. Jorstad, 752 F. Supp. 231 (S. D. Tex. 1990)，在该案中，为了与一名残疾学生的个性化教育项目保持一致，法院发出了初始禁止令，禁止该名患有情绪障碍的学生在常规班级中上课；但是，法院指出，作为一种替代性选择，该名学生可以在专门的行为管理班级中上课，也可以在家接受教育；E. Islip Union Free Sch. Dist. v. Andersen, 615 N. Y. 2d 852 (Sup. Ct. 1994)，在该案中，一名学生威胁过不少同学和老师，因此法院发出了初始禁止令，延长了他的停学时间，并延长了对他的个性化教育项目予以审查和修正的期限。

[108] 参见第 7 章第 25～67 条注释所对应的正文。

[109] 比如，当学校因为学生在学校里吸烟而要对其处以超过 10 天以上的停学处分时，可以将该处分分为三次为期 5 天的停学处分。

[110] 34 C. F. R § 300. 520（a）(1)(ii)(2002).

[111] 34 C. F. R § 300. 519-300. 520 (a)(2), (b), (c) (2002).

[112] Doe v. Bd. of Educ., 115 F. 3d 1273 (7th Cir. 1997)，在该案中，法院指出，学区教育委员会一致认为，原告学生使用毒品的行为与他所具有的学习障碍并不存在联系；Randy M. v. Texas City I. S. D., 93 F. Supp. 2d 1310 (S. D. Tex. 2000)，在该案中，法院认为，一名残疾学生将一名女同学的裤子撕开，使该女生的内衣暴露于外的行为与他所具有的学习障碍并不存在联系；又见 Richland Sch. Dist. v. Thomas P., No. 00-C-0139-X, 2000 U. S.

Dist. LEXIS 15162（W. D. Wis. May 24, 2000），在该案中，法院认为，该名学生的暴力行为与他的学习障碍无关，但是这种暴力行为与他的注意力缺陷和恶劣心境相关，这种判断与家长所聘请的专家的证言是一致的。

[113] 又见 Colvin v. Lowndes County, Miss. Sch. Dist., 114 F. Supp. 2d 504 (N. D. Miss. 2000)，在该案中，依据学区的"零容忍"政策，一名学生因为携带瑞士军刀进入校园而被处以开除一年的处分。法院认为，由于学区未对该名学生进行恰当的评估，因此该处分是不合法的。

[114] Everett v. Santa Barbara High Sch. Dist., 28 Fed. Appx. 683（9th Cir. 2002）。在该案中，一名学生具有严重的情绪障碍，因此所有当事方都认为，不适合将他安置在教室中，所以学区安排该学生在家接受教育，并且未给他配备教师；后来，虽然学区最终为该名学生配备了两名教师，但只有其中的一位具有恰当的资格证书。因此，法院认为，学区未对该名学生提供"恰当且免费的公立教育"。

[115] 34 C. F. R § 300. 514 (a) (2002).

[116] 如果残疾学生改变了原本接受的个性化家庭服务，转而接受公立学校提供的个性化教育项目，那么学区就需要更改为其提供服务的人员（比如教练），否则就违反了"持续提供特殊教育和服务"的规定。参见 Johnson v. Special Educ. Hearing Office, 287 F. 3d 1176（9th Cir. 2002）。

[117] Hale v. Poplar Bluff R-1 Sch. Dist., 280 F. 3d 831（8th Cir. 2002）。在该案中，学区在未经正当程序的情况下，将为残疾学生提供安置服务的地点从家庭转移到了学校。学区诉称，安置服务是一样的，仅是安置地点发生了改变，因此不需要对该名残疾学生提供正当程序。但是，法院认为，学区的行为违反了"持续提供特殊教育和服务"的规定，因此要求学区在暑假为该名残疾学生提供补偿教育。

[118] 联邦特殊教育办公室的政策公告"瑞舍调查报告"July 17, 1986 (U. S. Dep't Educ. 1986)。

[119] OSEP Policy Memorandum 96-5 又见 Michael C. *ex rel*. Stephen C. v. Radnor Township Sch. Dist., 202 F. 3d 642 (3rd Cir. 2000)，在该案中，法院认为，当学生从一个州转学到另一个州时，就不需要对其适用"持续提供特殊教育和服务"的规定。

[120] Tucker v. Calloway County Bd. of Educ., 136 F. 3d 495 (6th Cir. 1998)，在该案中，法院指出，因为在诉讼过程中，家长单方面将该名残疾学生安置在私立学校之中，所以依照"持续提供特殊教育和服务"的规定，学区并不需要为该名学生支付这笔费用也不需要为其提供安置补偿。

[121] **事实发现程序**是一种审判前实施的程序，在此程序中，当事一方可以获得另一方对案件所掌握的信息（比如，证人证言、书面质证意见）。

[122] 参见本章第123～125条注释所对应的正文。

[123] Daniel B. v. Wis. Dep't of Pub. Instruction, 581 F. Supp. 585 (E. D. Wis. 1984); 维持原判，775 F. 2d 1051 (7th Cir. 1985)。

[124] 34 C. F. R § 300. 507 (c) (2) (2002).

[125] 34 C. F. R § 300. 509 (a) (2002).

[126] Amanda J. v. Clark County Sch. Dist., 267 F. 3d 877 (9th Cir. 2001)，在该案中，法院认为，在判断证据的真实性时，辩护方需将证据提供给听证主持人而非州的听证官员进行审查。

[127] Frazier v. Fairhaven Sch. Comm., 276 F. 3d 52 (1st Cir. 2002); Rose v. Yeaw, 214 F. 3d 206 (1st Cir. 2000); Weber v.

Cranston Sch. Comm., 212 F. 3d 41 (1st Cir. 2000)。又见 Iascone v. Conejo Valley Unified Sch. Dist., 15 Fed. Appx. 401 (9th Cir. 2001)，在该案中，巡回法院认为，如果原告提出的事实能够被证实，那么他就已经穷尽了行政救济的程序，因此法院驳回了下级法院因行政救济程序未穷尽而不予受理该案的判决；Covington v. Knox County Sch. Sys., 205 F. 3d 912 (6th Cir. 2000)，在该案中，原告已经从学校中毕业，他唯一可以获得的救济措施就是经济赔偿，而《残疾人教育法案》又没有将经济赔偿作为一种救济措施，因此法院指出，原告的行政救济程序已经穷尽了。

[128] Cory D. v. Burke County Sch. Dist., 285 F. 3d 1294 (11th Cir. 2002) (30 天)；S. V. v. Sherwood Sch. Dist., 254 F. 3d 877 (9th Cir. 2001) (2 年)；C. M. v. Bd. of Educ., 241 F. 3d 374 (4th Cir. 2001) (60 天)；Birmingham v. Omaha Sch. Dist., 220 F. 3d 850 (8th Cir. 2000) (3 年)。

[129] 参见 Wolverton v. Doniphan R-1 Sch. Dist., 16 Fed. Appx. 523 (8th Cir. 2001)，在该案中，一名残疾学生被安排进了一个专为行为障碍学生所设定的班级，他因精神疾病发作而从事了不当行为并因此遭到了学校安全警卫的杖击。法院认为，该受害学生不能依据《残疾人教育法案》而申请损害补偿；Sellers v. Sch. Bd., 141 F. 3d 524 (4th Cir. 1998)，在该案中，法院认为，原告不能依据《残疾人教育法案》获得补偿或惩罚性赔偿，也不能依据 1983 年《美国法典》第 42 节和《残疾人教育法案》的规定指控学校违法。1983 年《美国法典》第 42 节有关"义务"的规定参见第 11 章第 189 条注释所对应的正文。

[130] Sch. Comm. v. Dep't of Educ., 471 U. S. 359 (1985)。

[131] 参见 Parents of Student W. v. Puyallup Sch. Dist. No. 3, 31 F. 3d 1489 (9th Cir. 1994)；Murphy v. Timberlane Reg'l Sch. Dist., 22 F. 3d 1186 (1st Cir. 1994)；Pihl v. Mass. Dep't of Educ., 9 F. 3d 184 (1st Cir. 1993)。

[132] Miener v. Missouri, 800 F. 2d 749 (8th Cir. 1986)。又见 Strawn v. Mo. State Bd. of Educ., 210 F. 3d 954 (8th Cir. 2000)，在该案中，法院认为，原告并没有获得"恰当且免费的公立教育"；最终，法院将该案发回重审，要求下级法院判断，学校应该为该名学生提供何种程度的补偿教育才是合适的。又见 Wenger v. Canastota Cent. Sch. Dist., No. 97-9441, 2000 U. S. App. LEXIS 4647 (2nd Cir. March 22, 2000)，在该案中，法院认为，原告超过 21 岁之后，就无权享受补偿教育，也无权获得经济赔偿、行政补偿、法律开支赔偿或收入赔偿。

[133] J. C. v. Reg'l Sch. Dist. 10, Bd. of Educ., 278 F. 3d 119 (2nd Cir. 2002)，在该案中，法院认为，原告无诉讼资格，因此拒绝依照《残疾人教育法案》和《康复法案》第 504 条对该案进行简要判决；Doe v. Eagle-Union Cmty. Sch. Corp., 2 Fed. Appx. 567 (7th Cir. 2001)，在该案中，法院认为，原告仅获得了微小的战略性胜利，其主要诉讼要求未获法院支持，因此无权获赔律师费，拒绝上诉请求，122 S. Ct. 619 (2001)；Bd. of Educ. v. Nathan R., 199 F. 3d 377 (7th Cir. 2000)，在该案中，学生的家长为自己的孩子争取到了"持续的特殊教育和服务"，但并未成为本案的胜诉方，因此无权获赔律师费；Linda W. v. Ind. Dep't of Educ., 200 F. 3d 504 (7th Cir. 1999)，在该案中，法院认为，原告仅在法院辩论过程中取得了战略性的胜利，并未成为胜诉方。

[134] 34 C. F. R § 300. 513 (c) (1), (c) (2) (C)。又见 Holmes v. Millcreek Township Sch. Dist., 205 F. 3d 583 (3rd Cir. 2000)，在该案中，法院认为，该

律师并未成为胜诉方，诉讼被无必要地拖延了，他按小时计算律师费却未体现出自身的价值，单位小时的计费标准过高，因此法院将他的律师费降低到了原定标准的1/4。

[135] 34 C. F. R § 300. 513（c）(2)（C）(ii)。又见 Lucht v. Molalla River Sch. Dist., 225 F. 3d 1023（9th Cir. 2000），在该案中，法院维持了下级法院的判决意见，认为个性化教育项目会议是应行政程序的要求而举行的，会议最终也认定学区提供的个性化教育项目不恰当，而该律师因为参加个性化教育项目会议花费了时间，因此有权收取费用；Daniel S. v. Scranton Sch. Dist., 230 F. 3d 90（3rd Cir. 2000），在该案中，由于行政听证程序延期，本应在听证之后举行的个性化教育项目会议在听证之前就举行了，法院认为，该名律师参加了个性化教育项目会议，因此有权获得律师费。

[136] Woodside v. Sch. Dist., 248 F. 3d 129（3rd Cir. 2001），在该案中，学生家长本人就是职业律师，但是法院认为，依据《残疾人教育法案》，该名家长是代表孩子参与诉讼程序的，他不可以因为在案件中从事了辩护工作就要求获得律师费；又见 Collinsgru v. Palmyra Bd. of Educ., 161 F. 3d 225（3rd Cir. 1998），在该案中，法院认为，该名家长并不是职业律师，因此他不可以代表自己的孩子参与以《残疾人教育法案》为由提起的诉讼。

第7章

学生纪律

对教育者而言，学生违纪行为一直是一个令人头疼且需要长期关注的问题。而青少年群体滥用毒品、酒精及暴力行为发生率的显著提升，也促使越来越多的公众开始关注学校的纪律问题。从预防校园暴力的战略高度出发，学校为预防学生违纪行为付出了巨大努力，它们不仅出台了严厉的安全措施，还调整了加强学生社会交往技能的课程，并且通过培训学校教师及学校管理者以监控和调整学校的氛围。而一些州和学区则针对在校园中发生的滥用武器、毒品行为及暴力行为等采取"零容忍"政策[1]，主张针对此类违纪行为出台更为严格的地方性法规和政策。然而，更严格的立法措施是否能够营造安全的校园环境呢？考虑到非洲裔和西班牙裔学生较其他族裔学生更高的被停学率和被开除率，人们对严格立法的功效产生了疑问，这引发了一场爆炸性的争论。[2] 毫无疑问，为维护安全和稳定的校园环境，教育者会采用各种纪律控制策略。从法律的视角出发，本章并不打算仅就某项特定纪律控制策略的优劣予以讨论，而是致力于对这一系列策略予以检视，相关分析将集中于讨论如何形成校园行为规范、如何对违纪行为施加处罚、如何在学生纪律处分管理中构建合理的程序。

法律明确表明，为营造有益于学生学习的校园环境，州政府及其下属机构有权力形成并实施合理的学生行为规范以保护学生及学区的利益。从历史上来看，法院也很少对学生纪律规范进行审查，因此学生对此类问题提起的法律诉讼很难获得胜诉。在1923年的一起学区开除案中，学区以学生纪律规章禁止学生在校园里穿着透明袜子和低胸衣服、禁止学生涂脂抹粉或化妆为由，对一名在脸上涂抹白色滑石粉的学生处以开除处分，而阿肯色州最高法院则确认并维持了学区的这一开除处分。[3] 而在另一起更早的案例中，一所女子高中则因该校一名女生私自与一名年轻男子共乘一车并一起抽烟的行为而对该名女生处以停学处分，密歇根州最高法院也对学校的做法持支持态度。[4] 在这些案件及类似案件中，法院通常认为，管理公立教育是州授予的特权，法院应该尽可能少地干涉学校管理者的裁断。

对学生纪律处分问题，早期的司法实践持不干预态度，但是到20世纪60年代末至70年代初司法实践开始积极保护学生权利[5]，这无疑是一个巨大的飞跃。不过，这种司法实践的发展并不会侵蚀到教育者的权利或削弱他们的相应职责。[6] 第七巡回法院表示："为与基础性的宪法保护条款保持一致，最高法院一直在反复强调有必要肯定州及学校管理者所拥有的广泛权力，以使他们能够规定和控制学生及教师在校园中的行为。"[7] 合理的纪律规章只要被确认为具有合法的教育利益，就算会侵害到学生受法律保护的个人自由，也会受到法院的支持。因此，教育者不仅有权力而且有义务维持公立学校的纪律。因为在现实生活中存在各种不同层级的行为规范（诸如教室行为规范、学校行为规范、学区行为规范等），而较低层级的行为规范又不能与较高层级的行为规范（诸如宪法、联邦及州的制定法等）相冲突，所以学校管理者和教师保有大量的自由裁量权，针对所进行的具体教育活动，他们有权力判断哪些行为规范是恰当的或必须的。在本章中，我们将结合学生的行为规范来研究教育者的权力和学生的权利，集中讨论开除与停学、体罚、学业处分、搜查与没收、对非法纪律处分的救济等问题。

学生行为规章

最高法院通常认为，对学区政策的解释权应归于适用该政策并执行该政策的机构。[8]因此，学区在制定和解释适用于本学区的纪律规章时，拥有相当广泛的自由裁量权。不过，学校纪律规章如果对学生行为的要求过于模糊则违背了宪法的基本要求，将被判定为无效。例如，学区纪律规章中禁止"不恰当行为"或"有害于学区最大利益行为"的条款就是无效的，因为该类条款并不能准确地界定违纪行为的具体特征。[9]同样，在阿肯色州的一起案例中，法院认为，学区"禁止学生在教学日或参加学校活动之前喝酒"的纪律规章过于宽泛，因为这种时间要求可以被任意解释为是学生参加学校活动之前的几分钟、几小时、甚至几天。[10]尽管学校纪律规章应该具体、精确，但法院也认识到，不同于刑事法规，学校纪律规章没有必要达到类似于刑事法规的精确程度。[11]第八巡回法院明确指出，判定学校纪律规章是否有效的关键在于，通过该纪律规章的遣词、用语，学生个体是否能够清楚地明白哪些具体的行为是不被学区所接受的。[12]

除了审查相应纪律规章的合法性之外，根据学生违纪情节的严重程度，考虑学生所受具体纪律处分的特征及严厉程度，法院可以评判哪些形式的纪律处分是恰当的。此外，考虑到违纪学生的年龄、性别、精神状况、以往纪律遵守状况等因素，法院可以裁定学区的纪律处分是否恰当。目前，诸如权利剥夺、停学、开除、体罚及课后留校等纪律处分形式是受司法承认的处分形式。不过，如果结合特定的处分情境，这些纪律处分形式也有可能被判定为不合理。因此，法院并不评价学生纪律处分的抽象合法性，而是结合具体的事实情境对此予以专门研究。

围绕纪律问题所展开的诉讼争议大多集中于纪律处分的管理实施程序，而非纪律处分所涉及的具体纪律规章或纪律处分的具体形式。长期以来，在针对学区纪律处分问题所形成的法院判决中，通常暗含着一个基本观念：即严厉的纪律处分应该伴以更为正式的纪律处分程序，相反，轻微的纪律处分则仅需最低限度的正当程序。尽管如此，任何一项纪律处分措施都应该伴以一定的具体程序以保证基本的公平，并避免学区管理者在纪律处分程序上出现错误。第五巡回法院指出："针对学生所受纪律处分的严重程度，纪律处分正当程序的数量和质量应该有与之相应的变化。"[13]

同时，以往的司法判例显示，除非有证据表明学生在校外所从事的行为会对学区教师、其他学生或学区活动产生有害影响，否则学区不应该对学生在校外所从事的行为实施纪律处分。[14]在一起早期的案例中，康涅狄格州最高法院指出，针对学生在学时之外且在校外发生的行为，学区管理者一般不能对其处以纪律处分，除非

该行为影响学区管理。[15]一般来说，如果学区对学生在校外从事的如下行为处以纪律处分，如从事暴力攻击性行为或刑事犯罪[16]、以诽谤为特征为其他学生编辑具有污辱性的"黑名单"[17]、在家里通过互联网络发布威胁性的或令人困扰的言论[18]、在暑假期间给前任女友写恐吓信[19]、盗窃汽车部件[20]等，法院通常持支持态度。不过，法院认为，如果学生并未被告知此类校外行为将被处以纪律处分[21]，或学生从事的此类校外行为并不会对学区的利益产生直接影响，则学区不能对学生在校外所从事的行为进行纪律处分。[22]

学区管理者必须保持小心谨慎的态度，以避免对学生的行为施加不必要的限制。在学区纪律规章的形成过程中，管理者应该探讨所有可能达到预期目标的纪律处分措施，并从中选择那些尽可能少地约束学生个体自由的纪律处分措施。学区管理者一旦确定了具体的纪律行为规章，就必须以成文条款的形式将其明确地写下来，以防止他人对该规章作出多种不同的解释。一般来说，任何一项规章都应该包括制定该规章的基本理由及违反该规章所要受到的特定处罚。不过，在判定特定行为是否应该受到更严厉的处分时，学区管理者保有相对大的自由裁量权（例如，相对于学生持有或使用毒品的行为，学区管理者完全有理由对学生贩卖毒品的行为处以更严厉的惩罚）。[23]为确保所有学生都了解学区纪律行为规章，我们建议学区管理者要求所有学生都签署一项已知声明，以表明他们都阅读过学区的纪律行为规章。[24]有了这份已知声明，违纪学生就不能以不了解学区纪律行为规章为理由进行"未知"抗辩。

总的来说，明智的教育者应该坚持以下原则：
- 学区纪律行为规章应该具有明确的目的并应以书面文字的形式表达出来。
- 任何一项纪律行为规章的适用都是为了实现学校的教育使命；该规章的制定并不是为了满足学区教育委员会成员、学区管理者或教师的某种价值偏好。
- 学区纪律行为规章应该对所有学生及其家长公开。
- 学区纪律行为规章的表述应该明确、具体，以促使学生明白学区管理者期待哪些行为、禁止哪些行为。
- 如果学生行为手册在参考目标中包括了州的法律，在手册中最好直接引用或间接引用该条款。
- 除非存在压倒性的公共利益，如威胁到他人的生命安全，学区纪律行为规章不应该损害学生个体受宪法保护的基本权利。
- 学区纪律行为规章不应该是事后追究性的；针对那些学区管理者已经知道的、正在规划或正在进行的活动，学区管理者不能制定特定的纪律规章以制止该活动。
- 在执行学区纪律行为规章时，不能对某些学生进行歧视，学区纪律行为规章应该平等地适用于所有学生并保持执行的前后一致性。
- 学生所受的纪律处分应该与其所从事的违纪行为的严重程度相适应，应该考虑学生的年龄、性别、是否有残疾以及以往的行为记录。
- 所有学生纪律处分的作出都应该伴以一定的正当程序；程序的正式程度应该与纪律处分的严厉程度相适应。
- 针对学生行为手册，学区应该形成定期审查的基本程序，并吸纳学生及学区教职员工参与修订及更新该行为手册。

在制定并执行学生行为规章的过程中，学校管理者应该时刻牢记学生实体权利与程序权利之间的区别，这一点非常重要。如果纪律行为规章或具体的纪律处分侵害学生的实体权利（如受宪法严格保护的言论自由权），该规章或纪律处分就不得执行。但是，如果侵害的仅是学生的程序权利，只要学区恰当地举行听证会并确认原有的纪律处分结果，则纪律处分终将会得到执行。

开除和停学

在中小学校广泛采用的诸多纪律处分形式之中，开除和停学是两种最为常见的处分形式。法院普遍认为，教育者有权将这两种处分形式作为惩戒违纪学生的措施，不过在实施这两种措施时必须伴以正当程序以保证违纪学生可以获得公正、公平的对待。在绝大多数州，接受公立义务教育都是学生所拥有的一项必然权利。不过，当学生违反学区纪律规章时，这种必然权利的行使就会受到限制。在本书的第4章中，我们已经探讨了课外活动中的开除和停学处分问题，因此在本节中，我们将重点研究那些使学生不能接受常规教育教学活动的纪律处分措施。

开　除

各州州法和教育委员会的纪律规章一般都对开除处分做了具体明确的规定。所谓开除，就是在一定期间内（通常超过10天）将学生驱逐出学校的纪律处分措施。开除处分并不仅适用于常规学时之内，如果学生侵害学区财物的行为刚好发生在上课前或放学后，该行为也可适用开除处分，该处分形式还可适用于学区在学校组织相关活动的任一时段。也就是说，当学生在上学、放学的途中或学校组织的校外活动中从事了违纪行为时，该行为也可适用开除处分。尽管各州之间开除处分的具体条件千差万别，但各州立法普遍规定，学生的以下违纪行为可适用开除处分：暴力行为、窃取或破坏学校公共财物或他人私人财物、伤害或意图伤害他人人身安全、持有武器、持有或使用毒品或酒精饮料、从事刑事犯罪活动以及其他州法禁止的行为。

程序要求

各州州法都对开除处分的实施程序作了具体规定并对开除处分的适用时限作了明确限定。一般来说，除持有武器的违纪行为之外，学生因从事其他违纪行为而被开除时，其开除期限最长不得超过本学年的结束日，除非在学期期末时才使用开除处分。[25]开除处分的提起者可能是教师或教育管理人员，但通常只有教育委员会才真正有权利开除学生。在最终的开除决定作出前，学生还享有宪法授予的程序保护权；不过，如果学生的行为可能对他们自己或他人的安全形成危险或构成威胁，则学区管理者可以立即开除他们，且不受相关程序保护的限制。[26]此外，除非学区政策或州法规定学区必须为所开除的学生提供接受替代教育的机会，或者被开除学生正在接受特殊教育服务，否则针对那些被合法开除的学生，学区管理者没有义务为其提供享受替代教育的机会。[27]

尽管州法律和教育委员会规章对纪律处分的具体适用程序作了明确规定，但法院一直认为，基于宪法第十四修正案的精神，在公立学校中面临开除危机的学生至少应享有最低限度的正当程序。[28]建议采纳的最低限度正当程序包括以下内容：

- 以书面文字通知学生其受到开除指控[29]；告知学生开除的意图；告知学生举行开除听证的地点、时间和一般情况[30]；为学生抗辩留有足够的准备时间。[31]
- 请中立的评判者主持听证，并保证听证的完整性和公正性。[32]
- 给予当事人的法律顾问或其他成人代表抗议、陈述的权利。[33]
- 给予当事人系统报告证据或证明的权利。[34]
- 给予当事人提请证人或呈现证据的机会。[35]
- 给予当事人交叉质证对方证人的机会。[36]
- 根据听证所展示的证据，作出最终的决定，并将此决定及相应理由以书面记录的形式保存下来。[37]

不过，根据不同的特定情境，开除处分的程序保护要求也存在一定的差别。在密西西比州的一起案例中，一名学生及其家长声称，在召开有关开除的听证会前，学区管理者应当为他们提供一份证人名单及相关证人的证言摘要。[38]确实，类似的程序保护要求一般适用于长期的开除案件，但结合案件的具体情况，第五巡回法院认为，在此案中学区管理者并没有必要一定要为学生及其家长提供证人名单及证言摘要。因为学生的家长清楚了解学区发出的开除指控、指控所依据的事实理由以及听证会的特点，同时学区提供的证人也没有提出意想不到的证词，因而也不会影响学生陈述案件事实的能力，所以，即使教育委员会没有为其提供证人名单，该学生也不会在提供事实证据方面受到歧视。同样，在第五巡回法院稍后审理的一起持有毒品开除案中，由于担心相关证人因指控被开除学生贩卖毒品而受到事后报复，法院隐匿了这些证人的名字。法院认为，即使被开除学生没有机会在法院上面对那些指控他的证人并当面反驳证人提出的指控，该学生的程序权利也没有受到损害。[39]

与此相似，第六巡回法院也认为，在涉及严重违纪行为（如毒品交易行为）的案件中，为保护那些在班级中说出事实真相的"告发者"，应隐匿他们的名字，这一点非常重要。[40]尽管在此案中，剥夺被告学生交叉质证证人的权利并不足以构成对学生正当程序权利的侵害，但是学区教育委员会在对此案进行闭门讨论之时，学监又提出了在公开性的听证会上所没有提到的新证据，这种未经质证的证据通常不得作为裁决的依据，因为它侵害了学生的正当程序权利。最终，由于学生的权利受到损害，上诉法院将该案件发回原法院重审，以裁判被告学生是否可以因此获得指令性的救济和补偿性的救济。

相对于上文所讨论的、宪法所要求的程序保护规定，州法及教育委员会政策针对开除处分所设定的程序保护条款要更为精密。这种处分程序一旦确立，法院就会要求学区以此程序来实施纪律处分。[41]比如说，依据俄亥俄州的制定法，听证会应在学生接到开除通知书之后的五个工作日内举行，如果学区在学生接到开除通知书之后两个星期才举行开除听证会就属于违法。[42]同样，因为华盛顿州制定法明确规定被告学生有质证证人的权利，所以华盛顿州上诉法院认为，如果在开除听证会上被告学生没有得到向证人提问的机会，那么该生的正当程序权利就受到了侵害。[43]而依照路易斯安那州的制定法，学区管理者可以对在校园内持有限制性物品的学生处以开除处分。但路易斯安那州上诉法院却认为，如果学生持有大麻的行为发生在校园之外，则学区管理者就没有权利依据该制定法处分该持有大麻的学生。[44]

那么学生多次从事某种违纪行为是否可以适用开除处分呢？这个问题经常受到质疑。一般来说，学区管理者在作出纪律处分决定时拥有广泛的自由裁量权，只要处分决定的作出不是任意的、反复无常的或压迫性的，法院就不会予以干预。在伊利诺伊州，一名学生因持有咖啡因胶囊而被学区处以开除处分、不得参加剩余学年的学习，于是该学生以首次违纪即遭重罚、学区处分过重为由向法院提起诉讼。[45]初审法院支持原告的诉讼理由，相较于学生的违纪情节，认为学区处罚过重。但上诉法院却认为，考虑到非法毒品投放到校园中的巨大危险，学区对该生的处分就是合理且恰当的。此外，在亚拉巴马州的一起案例中，一名高中学生因长期存在严重的行为问题，如威胁教师和对同班同学进行身体攻击等，而被学区处以永久性开除处分。结合该生的行为记录，亚拉巴马州法院认为学区的处分是合理的，处罚并未过重。[46]因此，宾夕法尼亚州联邦地区法院指出，在学生违纪行为和学生所受处分之间应该存在合理的关系。比如说，如果学生在离开教室后留下一张纸条，声称教室里留有炸弹，并因这种扰乱学校教学秩序的行为而被学区处以永久性开除处分，则学生的违纪行为与处分结果之间就存在合理的联系。[47]

"零容忍"政策

随着人们对校园安全问题关注程度的增加，立法者开始致力于出台专门的联邦法律及州法律以处分那些挟带武器进入校园的学生。围绕1994年颁布的《校园禁止枪支法案》，全美所有的州都制定了相应的州法律，对那些挟带枪支进入校园的学生处以至少一年以上的开除处分。[48]伴随着这类法律覆盖范围的扩展，除毒品和暴力行为之外，州法律所禁止持有的武器数目也在增加，禁止名单包括刀具、爆炸装置和其他非法武器。此外，联邦法律还要求州法律制定相应的条款以允许学监有权利根据个案的具体情况在本学区内灵活调整开除的适用条件。[49]

由于学区管理者在使用上述法律开除学生时表现得不够谨慎和灵活，许多人们对"零容忍"政策提出了严厉的批评。包括全美律师协会在内的一些人要求终止"零容忍"政策，他们认为，该政策促使学区管理者不考虑学生违纪的具体情境而仅仅对照法律条款自动处罚学生。[50]在最近的一系列案件中，学生遭遇强硬政策就只能承担严厉惩处后果的做法受到了更多质疑。例如，在弗吉尼亚州的一起案件中，一名13岁的学生为了挽救一位意图自杀的朋友，将藏有一把刀的活页夹锁进了自己的储物柜。当听说该名学生藏有刀具的情况后，学校校长助理指令该名学生打开储物柜，上缴刀具。此后，尽管学校校长助理认为该名学生是基于对朋友的良好善意才持有刀具，并没有对学校里的任何人构成威胁，但该名学生仍然被处以开除四个月的处分。第四巡回法院支持学区的这一做法，法院指出，尽管处分结果是严厉的，但并没有侵害学生的正当程序权利。一名支持判决结论的法官评论道："基于对校园暴力的极度恐慌和意图遏制校园暴力的巨大决心，学区管理者摒弃了罪刑相适应的普遍思路，而倾向于对学生的行为施以一种单一的严厉惩罚，也就是压倒性的学校开除处分。"[51]

不过，如果学区管理者完全不考虑违纪学生的历史记录以及违纪行为所产生的具体情境而简单使用压倒性的开除政策，则学区的处分行为可能会侵害学生的宪法权利。第六巡回法院指出，如果学生并不知道自己的车里藏有武器，学区就不能以持有武器为由开除该生，因为这不符合正当程序原则。[52]但是，在其他法院中，"自己知道持有武器"的标准很少适用，因为这种标准要求法院检测学生的意图以判断学生是否真正知道自己的物品中藏有武器。[53]

停 学

如果学生违反学区规章及行为标准，其违纪行为的严重程度又不足以被开除，则学区管理者通常会使用停学处分以惩戒该生。停学既包括不允许学生来上学的短期校外停学，也包括不允许学生参加常规课程的学习和参加活动的校内停学。尽管绝大多数法院争议都集中于校外停学方面，但我们仍然建议学区管理者对校内停学、校外停学使用相同的法律原则，即使是短时间内不让学生参加常规教育项目也一样。

相较于开除处分，在确定和解释停学处分应适用何种保护程序时，历史上的州法和司法判决存在较大的差异。不过在1975年，联邦最高法院就短期停学的学生拥有何种宪法权利这一问题作了实质性的解释。在**戈斯诉洛佩兹案**（Goss v. Lopez）中，联邦最高法院的多数意见认为，即使是对学生处以极短时间的停学处分，也应该为其提供最低限度的正当程序。[54]学生对公立义务教育所享有的教育权，也是州政府为其提供的一种必然权利，这种必然权利受联邦宪法第十四修正案的保护。除非被处分学生能够收到指控通知并有机会对指控提出反驳，否则他们受宪法第十四修正案所保护的必然权利就受到了侵害。[55]同时，最高法院还强调，由于停学处分会给学生的名誉和人生履历留下污点，造成潜在的损害，它也有可能侵害学生受宪法所保护的人身权。

在**戈斯案**中，联邦最高法院形成的多数意见强烈建议，该案所确立的原则应适用于所有的短期停学处分，包括一节课的停学处分。因此，许多教育委员会针对停学处分设定了这样的政策，即短期停学使用非正式的程序，长期停学使用正式程序。一般来说，在州法律和行政规章缺乏具体规定的情况下，在停学前，学生依据宪法可以获得如下程序保护：

• 学区应该将违纪行为的基本特征及此行为可能招致的处罚以口头或书面方式告知学生。

• 在作出客观的纪律处分决定之前，学区管理者应给予违纪学生以反驳指控的机会（在学生做出所谓的违纪行为之后，学区可以立即组织抗辩讨论）。

• 学区依据何种证据而对违纪学生作出处分决定，就应该就该证据向学生作出解释。

要求决策者公正，并不意味着熟悉事实经过的管理人员或教师就没有能力担当此任。处分决策者所需要做的事仅仅是依据合法的证据公平地裁断事实。[56]

通过**戈斯案**的判决，联邦最高法院虽然明确了短期停学处分的基本程序，但被停学的学生们仍然希望通过法律诉讼扩大他们的程序权利。为此，最高法院明确指出，诸如获得律师辩护、质证和提供证人等权利都属于正式的程序权利，宪法并不要求学校在短期停学的程序中为学生提供这些权利。在此后的一个案例，最高法院再一次明确了它的态度，法院认为，针对为期两天的停学处分"所进行的程序保护并不需要达到刑事处罚所需要的程序保护的程度，完备、严格的正当保护程序应适用于刑事诉讼"[57]。因此，在停学案的判决中，除非州法作出明确的规定，较低层级的联邦法院及州法院很少要求学区在宪法基本程序之外对违纪学生施予额外的程序保护。在缅因州的一起案例中，一名学生诉称，在讯问过程中学区管理者既不允许他离开，又不告诉他具有保持沉默的权利，在讯问时也没有通知其父母到场，因此他的正当程序权利受到了侵害。[58]而法院最终以缺乏以往的司法判例来支持其主张为由，驳回了原告学生的诉讼请求。法院裁定认为，学生所主张的程序与**戈斯案**所确立的非正式程序是相抵触的，而依照**戈斯案**所确立的程序标准，学区有权利及时讯问学生并作出纪律处分决定。同样，依据**戈斯案**的判决，第十巡回法院也认为，学区管理者为了讯问学生而将其从班上叫出来20分钟的行为并没有侵害学生的正当程序权利，也不构成对学生受教育权的侵害。[59]

尽管联邦最高法院在**戈斯案**的判决中承认，相对于短期停学所需要的非正式程序，可能应该采用更正式的保护程序以适用于那些"不寻常的情况"。但**戈斯案**并未对什么是"不寻常的情况"提供多少指导。**戈斯案**针对正式保护程序所提供的建议仅仅是，在展示事实争议和"讨论违纪行为及违纪后果之间的因果关系"时，学区管理者应该采用更为严密的程序。[60]同时，法院拒绝就此问题提供详细的程序清单。在一起案例中，一名学生诉称，学区以他持有毒品为由对他处以停学处分，使他在个人声誉上受到了毁灭性的影响，因而构成**戈斯案**所指的"不寻常的情况"，理应获得正式的正当程序权利。但第六巡回法院认为，学区以持有类似于毒品的违禁药物为由，对该名八年级的学生仅处以停学10天的处分是非常轻微的，该处分"并不足以给其声誉带来永久性的污点，也不会令其就业机会受到限制"，因而驳回了学生的诉讼请求。[61]而在另一起案例中，一名学生除了被停学10天之外，还被禁止参加校际运动会和其他活动，但法院仍然认为学区不需要为其提供正式的程序保护。[62]

也有学生诉称，停学会使他们丢失学分或不能参加停学期间的考试，因而主张法院就此两类问题使用较**戈斯案**程序标准更为严密的正当程序。但第五巡回法院却认为这种诉讼请求缺乏说服力，期末考试期间发生的为期10天的停学所带来的损失，通过校长与学生之间举行简单的协商即可解决。因此，法院驳回了学生的诉讼请求并明确指出，就学区何时作出短期停学处分这一问题，**戈斯案**并未予以区分，因此短期停学处分应该无区别地使用**戈斯案**所确立的程序标准，法院如果作出冲突性的新裁决，将"使**戈斯案**确立的程序标准失效，或严重地损害该标准的法律效力"[63]。同样，在另一个案件中，一名学生在学年末受到停学处分，因而不能参加期末考试和顺利毕业，为此他向第七巡回法院提起了法律诉讼，要求使用更正式的正当程序，最终其诉讼请求也被驳回。[64]

当然，州法律可以就停学处分制定更正式的程序条款。举例来说，在**戈斯案**被判决存在宪法性缺陷之前，俄亥俄州制定法就进行了修改。现在该州制定法规定，在对每一个学生处以停学处分之前，学区管理者应该为其提供书面通知，告知将对其采取停学处分并说明该学生被停学的原因。[65]宾夕法尼亚州制定法也规定，在举行非正式听证前，学区管理者应以书面通知告知家长。[66]在一起案件中，宾夕法尼亚州联邦法院还判决，如果学区仅以口头方式告知学生父母学生被停学的原因并对该生处以停学七天的处分，则侵害了学生所享有的正当程序权利。[67]

和校外停学一样，校内停学或短时隔离也需要最低限度的程序保护。密西西比州联邦地区法院指出，根据学生被剥夺受教育的机会或学习的机会达到何种程度，来判断该停学处分是否需要适用正当程序。[68]在实施停学处分的过程中，如果学区管理者不让违纪学生参加学习活动，即使该生仍然留在学校中未被驱逐到校外，学区管理者也有义务保障学生的正当程序权利。但是，田纳西州联邦地区法院认为，在教室中，教师将违纪学生离开原有座位，令其坐在指定"隔离席"上的做法并不需要适用正当程序原则，因为该生仍然可以在班级里继续学习并且能够在指定的区域内听到和看到老师的讲解。[69]法院强调指出，教师有权利自由地管理教室内的轻微违纪行为，他们可以对违纪学生实施短时隔离、剥夺特定权利和安排特别作业等处分。

自**戈斯案**判决之后，法院一直拒绝对实施短期停学处分的最低限度程序标准进行更为详细具体的阐释。但意图将此程序标准复杂化或正式化的法律诉讼却层出不穷，法院则致力于抵制这种复杂化或正式化的倾向，力图维护**戈斯案**所确立的程序标准。正如最高法院所指出的那样，"将停学处分程序进一步正式化并增强它的正式性和对抗特征不仅会增加这种纪律处分措施的实施成本，而且会影响它在教学活动中的实施效率"。[70]

基于纪律原因将违纪学生压倒性地转学到另一个替代性的教育场所，是一种与停学处分相关的纪律处分措施。一般来说，这种转学处分并不会侵害到学生接受公立义务教育的权利，但它可能会侵害学生受宪法所保护的自由权或财产权。[71]针对转学处分所产生的诉讼争议大多集中于学区实施该处分缺乏充分的程序保护。尽管许多法院都认识到，学生并不具有进入指定学校进行学习的天然权利，但法院仍然认为，如果学区因学生从事违纪行为而强制其转学，就应该给予其最低限度的正当程序权利。[72]

举例来说，在一起案件中，新泽西州最高法院判决，假定学生的违纪行为发生在学校之外、放学之后，而学区管理者对该生的处分又是安排其回家学习，那么学区管理者就必须在执行处分之前为其举行听证会。[73]法院指出，如果在合法举行的听证会上，学区管理者能够确定该违纪学生对他自己或者对其他人构成危险，那么学区管理者就有权利对该学生处以停学处分并安排他在家学习。不过，法院认为，在学生获得机会对自己所做的、导致纪律处分的行为进行完全辩护之前，应保障该生进入学校的权利。同样，纽约州法院也认为，在未提供正当程序的情况下，学区管理者不能以学生从事破坏性行为和旷课行为为由，安排违纪学生回家学习。[74]此外，也有人主张，安排学生回家学习仅是为学生提供了一种选择性的教育机会，不同于停学。对此看法，法院持否定态度，认为安排学生回家学习等同于校外停学。

宾夕法尼亚州联邦地区法院还裁定，基于纪律原因而对学生处以"同一水平转学"的处分会显著影响学生的人身权和财产权，因而实施该处分时必须遵循正当程序原则。法院认为，即使违纪学生转学进入的新学校与其原来就读的学校水平相当，转学处分也会给学生带来污点并影响学生受法律保护的人身权。法院指出，"对众多具有正常理智的儿童来说，在学年之中，从熟悉的学校被转学至一所陌生、甚至离家更远的学校将是一种非常恐怖的经历"，据此法院总结认为，此类转学处分比停学处分更为严厉，因而必须辅以正当程序原则来保障学生的权利。[75]正如这一程序的性质所要求的，法院认为，在转学之前，学生及其家长有权利收到学区的建议转学通知，并有权利参加由学校校长临时召开的非正式听证会。法院还承诺，如果在非正式听证会之后，学生家长仍然不满意学区的安排，为对抗学区的转学建议，他们有权利要求学区举行更为正式的听证会，同时他们可以选择聘请法律顾问代理参加此听证会。

但是，第五巡回法院却认为，依据得克萨斯州制定法，学区因学生被激怒且从事严重攻击性行为而为其安排选择性教育项目的做法是恰当的，并不会侵害到学生受联邦法律所保护的财产权或人身权。在法院看来，学生对公立教育所享有的权利并没有受到妨碍，哪怕是临时性的妨碍都不存在。法院指出，为保证处分的公正性，州和地方学区应该为学生及其家长提供一种机会，以使他们能够表达自己的观点、解释学区转学处分不恰当的原因。不过，即使学区没有为学生及其家长提供这种机会，也不会侵犯学生受宪法所保护的权利。[76]

当学区的处分措施迫使学生不得进入学校学习或不允许其参加日常教育活动时，为保证处分的公正性，应给予学生最低限度的正当程序权利。根据美国宪法和州的制定法，正当程序的复杂程度应与处分的严厉程度相对应。针对永久性停学，应该适用最严格的正当程序原则；相反，针对轻微的停学处分，只需要保证学区管理者和违纪学生之间有简短交流即可。简而言之，只要能够为违纪学生提供表达意见的机会并认真听取他们的意见就能够保证学区管理制度的合理性。

体　罚

尽管仍有不少州允许教育者体罚违纪学生，但越来越多的州开始通过法律或制定法禁止教育者从事体罚行为。在1971年，美国仅有一个州禁止教育者实施体罚处分；到今天，已经有超过半数的州禁止教育者体罚违纪学生了。[77]一般来说，只要州法律允许教育者实施体罚处分，法院会对教育者正当行使的体罚行为予以支持，并且会将指控体罚行为不当的举证责任归于被体罚的学生。在特定的情境下，要判断教师的体罚行为是否合理，法院就必须综合考虑学生的年龄、成熟程度及以往的行为表现；违纪行为的特征；教师实施体罚所使用的工具；对被体罚学生造成持久性伤害的证据；教师对学生采取体罚处分的动机。[78]在本节中，我们将就体罚管理所引起的宪法和州法争议进行全面介绍。

由体罚引起的宪法争议

在1977年，由于教师的体罚行为导致两名被体罚学生受到严重的身体伤害，联邦最高法院就教育者的体罚行为是否符合宪法规定进行了裁断。在**英格拉哈姆诉莱特案**（Ingraham v. Wright）中，最高法院认为，在公立学校中使用体罚处分既不违背宪法第八修正案"政府机构不得施加残酷和非常惩罚"的规定，也不违背宪法第十四修正案所保护的正当程序原则。[79]尽管认识到体罚处分可能侵害被体罚学生受宪法所保护的人身权，但是法院强调，如果学区教职员任意地或过度地体罚学生，被体罚学生可以获得州的法律救济，比如可以以人身攻击和殴打为名提起诉讼。最高法院的多数意见认为，州法院可以依据州法处理有关体罚的案件。为了把体罚和停学处分区分开来，最高法院的多数意见指出，相较于体罚，不允许学生进入学校学习的停学处分是一种更为严厉的处分措施，它侵害了学生的必然权利，因而在实施过程中需要予以程序保护。同时，通过推理，最高法院的多数意见还认为，如果在体罚学生前，学区管理者不得不遵循烦琐的审批程序，则体罚的目的性将会减弱。[80]

不过，联邦最高法院针对**英格拉哈姆案**所作的判决并没有解决教育者**不合理**行使体罚行为是否符合宪法规定的问题，就此问题所形成的法律争议仍然存在。绝大多数联邦地区法院认为，基于实体性正当程序权利（substantive due process right），

学生有权利免于遭受残忍的、过分的、危及其人身安全的威胁，对学生实施残忍的、过分的体罚，会侵害学生所享有的这种宪法权利。[81]第四巡回法院总结道，**英格拉哈姆案**的判决导致联邦法院系统不得处理围绕程序性正当程序权利（procedural due process right）所形成的体罚争议，但学生依据宪法还享有实体性正当程序权利，这种实体性权利能够保护个体免于遭受任意的、不合情理的政府行为，而残忍的、过分的体罚处分则会侵害学生的实体性正当程序权利，因此法院仍然有权利就此问题对体罚处分的正当性进行裁判。联邦上诉法院认为，判断体罚处分是否正当的标准在于："实施该处分是否会对学生造成严重伤害，实施该处分是否与教育学生的需要不相适应，实施该处分是否是出于某种恶意或残忍的动机，而非仅仅是出于粗心大意或不明智的过分热心，如果回答是肯定的，那么该体罚处分就完全成为了一种残忍的、非人道的、令人良心震惊的权力滥用行为。"[82]很显然，这一标准排除了由学生提起的、围绕普通体罚处分的合理使用问题所形成的法律诉讼。总的来说，要评判实体性正当程序权利主张是否合理，就必须考量以下问题：为什么需要实施体罚？体罚的目的与体罚程度之间的关系又是怎样？实施体罚处分是否是为了维护或恢复学校纪律，抑或是基于伤害他人的故意？体罚处分后，学生人身伤害的程度如何？[83]第五巡回法院及第七巡回法院并不赞同大多数上诉法院对不当体罚所持有的这种态度，它们认为，如果州法禁止不合理的纪律处分行为，且在事后针对学区纪律处分滥用问题提供了充足的民事或刑事救济，被处分学生则不能就处分问题提起实体性正当程序诉讼。[84]

尽管另一些法院允许学生以实体性正当程序权利被侵犯为由提起法律诉讼，但它们很快就发现，法律对此类权利予以救济的门槛非常高。轻微的疼痛、困扰及被伤害的感受都不足以达到被提供法律救济的水平；只有当体罚处分彻底成为了一种"**令人良心震惊**"[85]的恶行，法律救济才会真正发挥作用。比如说，在以下一系列体罚案件中，学区管理者或教师要求一名10岁的学生用手疏通一个堵塞的马桶[86]、用板子拍打一名六年级的学生两下而导致其淤血[87]、推一名学生的肩膀以致其撞到门框上[88]、用一根尖针刺一名学生的上臂[89]等行为，都不足以达到"令人良心震惊"的程度，受害学生也不可能获得相应的法律救济。与此相对应，第十巡回法院认为，在一起案件中，一名9岁的女生先被一名教师勒令倒立，其后又被另一名教师用分叉的板子击打，导致该女生严重淤血、形成创伤口并留下永久性的疤痕。在此情况下，教师的体罚行为就侵害了该女生所享有的实体性正当程序权利。[90]与此相似，以下体罚也属于"令人良心震惊"的恶行，比如一名体育教练将一把金属重锁击向一名学生导致该生的眼球被砸出眼眶[91]，一名教师长时间监禁一名学生直到其失去知觉、摔倒在地板上而形成严重的身体伤害[92]等，都可以获得实体性的法律救济。

由体罚引起的州法争议

尽管美国联邦最高法院的判决规定，美国宪法并不禁止公立学校使用体罚处分。但如果学区真的以此为依据实施体罚处分，则有可能与州的宪法规定或地方性的行政规章产生冲突。正如前文所述，目前美国绝大多数州都禁止体罚[93]，而允许体罚的州也对体罚的适应条件及实施程序进行了详细规定。教师一旦违反州法及地方性行政规章中有关体罚处分的条款，则要承担被处分或被解聘的法律后果。法院认为,如果教师在体罚过程中不遵守合理的学区规章,其行为就构成"不顺从"的法律事实,学区可以以此为理由将其解聘。[94]在一起典型的案件中,一名密歇根州的教师不断违反学区政策使用体罚处分,经学区多次警告之后依然如故,最终被学区解聘。[95]如果教师对学生不恰当地使用身体暴力,也可能构成州法所禁止的"残忍"行为罪并因此被解聘。在伊利诺伊州,一名终身制教师就因使用牛骨棒体罚学生而被学区解聘。[96]除解聘外,教师从事非法体罚行为还可能遭受其他处分制裁。在内布拉斯加州,由于州法禁止教师采用体罚处分,一名教师就因"轻轻敲打"学生的头而被学区处以无薪停职30天的处分。[97]

除州法或学区规章的约束之外,在公立学校之中,教师从事不当体罚还可能面临其他法律风险。以人身攻击和殴打为由,教师可能会被刑事指控,并因此被处以罚金和/或监禁。即使教师仅因此伤害行为遭受民事指控,也要承担相应的经济赔偿责任。

综上所述,即使是在法律允许使用体罚的州里,教育者如果不当使用体罚处分,则可能被解聘、遭受经济损失、甚至被判入狱,因此教育者在实施体罚处分时要保持高度的谨慎,不仅不能基于恶意而实施体罚,并且应该避免采用那些过分使用暴力的体罚措施。作为一位明智的教师,就应该详细记录体罚处分的相关事件并严格遵循最低限度的正当程序原则,如告知学生何种违纪行为会导致其被体罚、要求其他同事作体罚的目击证人、应家长要求书面说明体罚学生的原因等。此外,教师试图在教室里使用体罚处分之前,应该熟悉州法及学区政策的相关规定。

学业处分

毋庸置疑,学校教育者有权利对那些学业表现不佳的学生处以学业处分。由于教育者具有教育方面的专业素养,因而长期以来法院很少替代教育者评价学生的学业表现。针对那些学业表现不佳的学生,教育者可以采用的合法学业处分形式主要有:留级、不予学分、延缓其修学某门专业课程、保留其修学某门专业课程的资格、取消其修学某门专业课程的资格等。联邦最高法院指出:

> 应原告要求,如果法官必须审查学业判断的实质性内容……他们就应该充分尊重教师的专业判断。坦白地说,除非该判断从实质上偏离了众所周知的学术理念,除非决策人或者委员会没有真正地履行其专业判断职能,否则,法官的判断就不能凌驾于教师的专业判断之上。[98]

为形成专业标准,法院通常会给予学校专业人员以极大的自由裁量权。[99]教师是否能以学生缺勤和从事违纪行为为由扣除他们的学分或施加其他学业处分?法院在这一问题上的态度并不一致。如果教师基于非学业性因素而对学生进行学业处分,则会引起更为复杂的法律争议。以下将要讨论的内容涉及两个方面,一是因缺勤所导致的学业处分,二是因违纪行为所导致的学业处分。

缺 勤

学生频繁缺勤现象越来越受人关注,为预防学生缺勤,教育委员会开始以学业处分来惩戒学生的缺勤行为。但是,这种做法却引发了大量的法律争议,因为它极可能侵害学生所享有的实体性正当程序权利。要符合正当程序原则,学业处分就必须合理——也就是说，在逻辑上，学业处分的实施必须是为了实现某种合法的教育目的。大多数法院认为，学生只有参加班级学习才能从教育项目中获益，为实现合法的教育目标，学区管理者有理由对缺勤学生处以学业处分。

在伊利诺伊州的一起案件中，学校规章规定，在一门课程之中，如果学生没有正当理由，每缺课一节，其该门课程的学习成绩就要降一个等级。而一名学生认为学区的这一规章侵害了他的合法权利，因而提起法律诉讼。[100]为了为这一规章的合法性辩护，学区管理者指出，针对严重的旷课问题，对旷课学生予以学业处分是最恰如其分的惩罚措施。学区管理者还强调，学分除了反映学生的学业水准之外，还应该反映学生在课程中的参与度。如果学生缺勤，则他们在这门课程中的学习表现就是令人不满意的。尽管学生主张，学分应该仅仅反映学生的学业成就，但伊利诺伊州上诉法院却没有采纳学生的意见，而是判决学区规章合法、学区胜诉。

在另一起案件中，康涅狄格州最高法院也对一项广泛适用于各学校的学区政策作出了支持性判决。该学区政策规定，在一门课程之中，如果学生未经批准擅自缺勤，每缺勤一次，其该门课程的学习成绩就要扣去五分；如果其累计缺勤次数超过24节课，则不能获得该门课程的学分。为了指出学业处分与纪律处分之间的区别，法院指出，不论是从实施目的还是从实施效果出发，学区的该项政策都是一项学业管理性政策，而非纪律制裁性政策。具体而言，教育委员会的该项政策表明，学分不应该只反映测验及考试成绩，只有这样，"教师才能依据学业标准对学生的学业成就作出专业判断"[101]。就学业处分与纪律处分之间的区别，密苏里州最高法院也作了相似的区分。但法院指出，依据学区政策的规定，教师扣除学生之前已获学分的行为与其说是为了降低对学生学业成就的评价，还不如说是为了惩戒学生的缺勤行为。因此，法院裁定，在对学生进行类似学业处分之前，应依照正当程序原则给予学生听证的权利。[102]

有的学区政策甚至规定，不论学生缺勤是否得到批准，只要存在缺勤事实，都要对缺勤学生处以相应的学业处分。对此做法，不少法院也持支持态度。举例来说，在阿肯色州的一起案件中，学区政策规定，在一门课程之中，如果学生在一学期内累计缺勤超过12节课，则不能获得该门课程的学分。此外，教师还可以禁止该名学生继续参加该门课程剩余内容的学习。在此案的审理过程中，阿肯色州最高法院作出了支持学区政策的判决。[103]法院指出，法院的判断并不能替代教育委员会的判断，依据州法，根据管理学校事务的需要，教育委员会完全有权利制定合理的规章及条例。同样，在另一起案件中，密歇根州上诉法院也对教育委员会的类似做法持肯定态度。该教育委员会规定，即使缺勤得到批准，但如果学生缺勤超过三天，则该生必须参加课后学习小组或者扣除该课程的部分成绩；该生只有选择参加学校组织的课后学习会进行补课，方可避免成绩被扣的命运。[104]在与此相似的一起案件中，纽约州上诉法院也认为学区的政策合理。该学区政策规定，在一门课程之中，如果学生在一学期之内缺勤超过9节课，一学年内缺勤超过18节课，就不能获得该门课程的学分；不过，在尚未超过这一标准之前，学区鼓励并允许这些缺勤学生补上所缺的课。[105]

当然，为保证程序的公正性，教师应提前告知学生缺勤会导致一定的学业处分。在密苏里州的一起案件中，一名学生因为错过学期中最后两场音乐课表演而导致其半个学期的音乐课成绩都被记为"不及格"。[106]法院认为,在上课的第一天,教师就通知所有学生,要完成该门课程必须参加所有的表演活动,无正当理由的缺勤行为将导致"不及格"。学生在知晓这一情况的前提下,仍然无故缺勤,就理应承担"不及格"的后果。法院一般认为,因为给学生扣分是学业评价的一部分,所以学区管理者或教师除承担提前告知的义务之外,不需要使用其他额外的程序保护措施。在印第安纳州的一起案件中,根据学区处理学生习惯性拖拉行为的政策,一名学生因缺勤先后被教师警告、被学区停学,教师还同其家长就其缺勤问题进行了专门讨论,但该生依旧屡教不改,并再次因缺勤而被取消了修读几何课的资格。印第安纳州上诉法院认为,学区在对该生施以学业处分之前,已经给予其充分的程序保护,因而有权利取消其修读几何课的资格。[107]

解决学生严重旷课问题是许多学区共同面对的问题,从趋势上看,教育委员会会继续对学生的违纪行为处以学业处分。至于学区的政策是否合法,则往往取决于法院在使用州法时对此所作的司法解释。

违纪行为

同缺勤导致学业处分一样,学生也可能因从事违纪行为而遭受一定的学业处分,这种情况很容易引起法律争议。如果学生被停学,他就有可能因耽误功课而被处以扣除学分的学业处分,这很容易为人们所理解。实际上,如果学生既能够补上所耽误的功课,又能够不受惩罚,那么停学就很容易被看成是休假而非惩罚。但是,法院并不认为学区这一政策合法,在学生停学期间额外对其处以学业处分的做法已经引发了大量的法律诉讼。

举例来说,在一起案件中,学区政策规定,如果学生在停学期间缺勤,教师就可以将此缺勤视为未经批准的缺勤,并可以以此为理由扣除学生所缺勤课程的成绩。但肯塔基州上诉法院裁定,学区的这一政策非法,不具有法律效力。[108]教育委员会的政策表明,未经批准的缺勤会导致学生的学业遭受不可弥补的损失,因此在判定学生一门课程的学习成绩时,只要学生每缺勤一节课,就应该在其成绩中减扣五分。而法院则认为,学区管理者对违纪学生处以停学或开除处分是合法的,但作为对学生同一违纪行为的惩罚——额外降低学生的成绩则是非法的。针对肯塔基州上诉法院的判决,宾夕法尼亚州法院持赞同态度,该法院还认为,如果学区管理者因学生停学而扣除其所缺勤课程的成绩,则超越了教育委员会的权力范畴。[109]法院的意见是,学区的这种做法不能真实地反映学生的学业成就;违纪学生仅被停学五天,但其所遭受的惩罚却大大超过停学五天的惩罚力度。因为停学所导致的缺勤,教师降低了对学生学业成就的评价,而评价学生的学业成就本应该是根据学生整个学期的学业表现来作出的。在另一起案件中,由于密西西比州法律规定,学生在停学期间必须进入替代学校继续学习、保持学习进度。因此,密西西比州最高法院指出,只要学生在停学期间进入替代学校就读,就不属于缺勤。[110]依据密西西比州的法律,除非被停学学生拒绝进入替代学校就读,否则教育委员会不能将学生停学期间所缺的课程算作未经批准的缺勤,也不能以此为理由扣除学生的成绩。

与上述判决相反,也有一些法院支持学区的做法。在一起案件中,一名高中生因被发现在个人的储物柜里藏有少量大麻而在学期末被处以停学三天的处分,并因此停学处分而未能获得所修读课程的学分。印第安纳州最高法院支持学区的这一做

法并指出,尽管州法并未规定学区可以针对此类违纪行为扣除学生的学分,但教育委员会可以实施此类学业处分。[111]得克萨斯州上诉法院也认为,针对学生的违纪行为,学区除了可以对其处以停学处分,将其停学期间的成绩判为零分之外,还有权扣除其所修读课程的总分数。[112]州检察长也对学区扣除违纪学生学分的政策持支持态度,因此,法院认为,关键的问题在于,学区是否真的正式通过了准予教师扣除学生学分的政策。在法院看来,只要学区管理者以口头方式在学区会议上解释分数惩罚的办法,就可以认为学区形成了合法的政策。此外,法院还指出,扣除学生的学分并不侵害学生受宪法保护的财产权或人身权。

同一些由体罚所引起的法律诉讼一样,有的学生主张,学业处分是由纪律问题所导致的,如果这种学业处分是非常严厉和极端的,则这种严厉的学业处分会侵害他们受宪法保护的实体性正当程序权利。[113]在一起案件中,两名学生因在学校音乐会上弹奏了两首未经批准的曲子而被学区取消了继续修读乐队演奏课程的资格。为此,这两名学生向法院提起诉讼,认为学校的做法侵害了他们受宪法保护的实体性正当程序权利。但第七巡回法院却判决,该学业处分所造成的侵害并未达到宪法所要求的严重程度,这两名学生不足以获得宪法的保护。[114]而实际上,在这两名学生之中,一名学生在学期末获得的学分仅为"F",而另一名学生则因此被取消了荣誉毕业生的资格。法院指出,相对于学生所从事的违纪行为,学区所作的学业处分确实比较重,有点反应过激。但是,学区的做法并未过分偏离既定的标准,还不足以达到违反宪法的程度。

一般来说,以往的法院判例表明,学区管理者不能仅仅因纪律原因而扣除学生的学分或扣押学生的毕业证。早在1921年,艾奥瓦州最高法院就判决,只要学生达到所有的学业要求,即使他们拒绝在毕业典礼上戴毕业帽,也有权利获得中学毕业证。[115]法院还指出,只要学生令人满意地完成了学校规定课程的学习或者以其他方式获得了从中学毕业的资格,教育委员会就有义务给他们颁发毕业证。在最近的一起案件中,宾夕法尼亚州法院还判决,只要学生完成了所有课程的学习并通过毕业考试,就可以获得毕业证,因为该州州法已经明确规定,只要所有要件齐备,学区就必须给那些达到要求的学生颁发毕业证,所以,即使该生正处于被开除的程序之中,学区也不能以此为理由拒绝给其颁发毕业证。[116]

学区是否有权利拒绝学生参加毕业典礼并将此作为一种纪律处分措施呢?在判断学区的这一做法是否合法时,法院与法院之间存在不少相互冲突的判决。纽约州上诉法院认为,除非学生的行为可能危及或破坏毕业典礼的举行,否则不应该基于纪律原因阻止学生参加毕业典礼。[117]相反,北卡罗来纳州联邦地区法院却认为,作为对学生违纪行为的惩罚,学区可以剥夺学生参加毕业典礼的权利。[118]在后一个案件中,该联邦法院还指出,即使学区不允许学生参加毕业典礼,学生也仍然可以获得高中毕业证,所以学区禁止学生参加毕业典礼的做法并没有剥夺学生的任何财产权利。在另一起案件中,一名学生因为违反学区的"禁酒"政策而被停学,并因处于停学期间而不得参加毕业典礼。宾夕法尼亚州一初审法院向学区发出了禁止令,认为学区不能禁止该学生参加毕业典礼,但是州上诉法院推翻了原审法院的这一裁定。[119]上诉法院认为,只要教育委员会所作的学业处分不是任意的、反复无常的或有偏见的,法院就不会干预学区的判断。

尽管学区经常采用学业处分以惩戒学生的违纪行为和旷课行为，但学生极有可能继续就此做法提起法律诉讼。为保证学业处分的公正性，任何一项基于非学业性因素降低学生学分的学区政策都应该具有合理性，它应该与学生的缺勤状况相关，必须服务于某种合法的教育目的。此外，学生应该可以通过学校正式的学生行为手册或类似方式了解学区的学业处分政策。

搜查与没收

近几年来，公立学校中的搜查案件和没收案件越来越多。其中，绝大多数案件是由于没收学生非法挟带的违禁药品或武器而引起的。被搜查的学生认为，学区管理者在没有获得搜查令的情况下就实施搜查，侵害了他们受宪法第四修正案所保护的权利。通过一系列的判决，联邦最高法院明确指出，宪法第四修正案的基本目的在于"保护个人的隐私及安全免于遭受政府人员的任意侵犯"[120]。该修正案要求州政府的雇员在实施搜查前必须以适当的理由提前取得搜查令，以保护公民个体免于遭受非法搜查。依据**合理根据标准**（probable cause standard），在实施搜查前，政府雇员必须基于正当理由产生某种怀疑，并有充分的证据支持这种怀疑，这种怀疑能够导致一个谨慎的人相信，被怀疑的人从事了某种被主张的罪行而搜查会发现该人从事违法行为的证据。如果政府雇员因搜查行为侵犯学生受第四修正案所保护的权利，就要承担相应的刑事或民事责任。但针对被侵害者来说，最重要的救济措施就是使用"非法证据排除"原则。[121]该原则规定，在刑事公诉中，非法搜查所取得的证据不得作为呈堂证供。[122]同时，依据"毒树之恶果"定律，搜查者因非法搜查所发现的线索而产生行动，在行动中所取得的新的证据同样不得作为呈堂证供。

尤为重要的是，针对公立学校的具体情境，学校搜查行为是否可以适用第四修正案？这类问题引发了大量的争论。由于第四修正案的保护范围仅及于州政府雇员所从事的搜查行为，围绕学校搜查案件所产生的一个主要疑问在于，在实施搜查时，学区管理者是属于私人个体还是属于州政府的雇员？大多数法院都认为，第四修正案可适用于公立学校。但直到1985年，联邦最高法院通过**新泽西州诉T. L. O. 案**（New Jersey v. T. L. O.）的判决才最终明确，第四修正案禁止非法搜查的原则适用于学区管理者。[123]法院总结指出，学区管理者也是州政府的雇员，所有的政府行为（不仅仅包括执法者的行为）都应该受宪法第四修正案的约束。[124]

通过**T. L. O. 案**的判决，法院虽然认为第四修正案可以适用于公立学校，但也明确指出：教育者在维持学校纪律方面享有实质性的权利，因此相对于适用于警察的搜查标准而言，他们应该更为"轻易"地获得搜查令，并更为"轻易"地达到"合理根据标准"的要求。法院推定认为："按照通常的标准，如果教师怀疑学生从事了某种违反学区纪律规章（或刑事法律）的行为而意图对其进行搜查，就必须提前取得搜查令。可是，在学校管理中，教师需要的是非正式的、反应灵活的纪律处理程序，要求教师提前取得搜查令的做法会严重影响学校纪律处理程序的灵活性和及时性。"[125]在实施搜查前，搜查者必须存在怀疑并达到"合理根据标准"的要求。法院认为，对学校中的搜查应该使用比刑事案件中"合理根据标准"更低的标准，这样才能更好地服务于公共利益。与此相应，法院指出："不论在何种情况下实施搜查，搜查的合法性仅仅取决于搜查是否合理。"[126]

在**T. L. O. 案**的判决中，法院提出了两条检验搜查是否合理的标准。第一，

搜查的动机是否正当。也就是说:"搜查者是否有正当的理由认为,搜查将发现学生违反或正在违反法律或学区纪律规章的证据。"[127] 第二,搜查的范围是否正当。用法院的话来说,也就是"相对于搜查的目标,搜查所采用的措施是否正当?搜查者在实施搜查时,应考虑学生的年龄、性别以及学生违纪行为的特征,不应该过分侵扰学生的隐私及安全"[128]。

依照"合理根据标准",法院在解释学生受第四修正案所保护的权利时具有相当大的自由裁量权。[129] 在评价搜查是否正当时,法院要考虑的因素主要有:学生的年龄、历史以及其在学校中的行为记录;搜查致力于发现或调查什么问题,这种问题在学校中的普遍程度及严重性如何;搜查是否具有紧迫性,以至于不能够拖延,必须进一步调查;是否有证据证明搜查的正当性;所采纳证据的证明价值和可靠性如何;学区管理者与学生以往交往的经验以及搜查致力于调查的问题类型;搜查的方式等。[130] 很显然,搜查必须是基于合理的怀疑,而不仅仅是基于某种直觉、善意或良好的信念。联邦最高法院认为,为搜查武器,警察可以在没有搜查令的情况下进行"临时搜查"。法院推导指出,为证明搜查的正当性,警察的搜查行为必须以"具体且清晰的事实"为依据。[131] 由于认识到学校搜查行为的特殊性,法院并不要求学区搜查行为达到警察搜查行为的严格程度。不过,法院指出,学区管理者在对学生进行搜查时,在最低限度上必须获得客观事实的支持。[132]

要证明搜查的正当性,就必须形成"具体且清晰的事实",在这一点上,告发者扮演着非常重要的角色。除非学区管理者有理由怀疑报告情况的学生、教师、家长、公民或打匿名电话的人存在不良动机,否则应该假定所有的告发者都是可信的。[133] 如果告发者提供的细节较多,就能够增加报告的真实性——这些细节包括:指出特定学生的姓名、指出该生当时所穿的衣服、指出该生持有的违禁品并指明该违禁品的存放地点。[134] 此外,即使告发者提供的信息有限,但这些信息中暗含的危险程度可能要求管理者及时作出反应,则由此所产生的搜查也是正当的。对此问题,加利福尼亚州上诉法院评论道:"相对于学区搜查行为中所产生的轻微侵权行为而言,学生在校园中持有枪支或其他武器的行为可能带来更大的危险"[135]。

看起来,形成特别怀疑是证明搜查正当性的另一个要求。在 **T. L. O. 案** 的判决中,联邦最高法院并没有专门讨论这一问题,但法院的确表明:"只有在搜查行为所涉及的私人利益非常轻微、并且在此领域中存在其他'保护程序'以'保证个体对私人利益的期望'不会遭受政府官员的任意侵害时,不再要求搜查者形成特别怀疑的做法才是恰当的。"[136] 如果搜查不具有紧迫性,法院一般会因为缺乏特别怀疑而不支持这类人身搜查行为。[137]

在评价公立学校中的搜查行为是否符合宪法规定时,考虑以下两个问题非常关键:什么样的行为构成搜查行为?什么类型的搜查是合理的?在讨论什么样的行为构成搜查行为时,必须将此问题纳入联邦最高法院的一段评论之中加以考虑,该评论说道:"不分地点,第四修正案的保护及于所有公民。任何一个人如果故意暴露于公众视野之下,即使他身处自己的家里或办公室,也不受第四修正案的保护;相反,任何一个人如果希望保护个人的隐私,即使是处于最靠近公众的地方,也可能获得宪法的保护。"[138] 根据法院的判决,在判断某种行为是否构成搜查行为时,必须考虑个体对个人隐私的合理期望(所谓合理期望是指,普通公众认为这构成隐私)[139] 以及政府行为对个人隐私的侵害程度[140]。

要判断特定搜查类型是否合理就必须考虑搜查产生的所有条件。[141]这些条件包括很多变量，比如说，谁发起的搜查行动，谁执行的搜查，为什么需要进行搜查，搜查的目的是什么，促使搜查者进行搜查的信息或因素是什么，搜查谁、搜查者在搜查什么东西，搜查到的证据如何使用等。在下文中，我们将具体讨论各种类型的学区搜查行为。

上锁的储物柜

联邦最高法院的一段评论说道："基于需要，学生会挟带各种各样的合法物品进入学校，不能仅仅因为他们将这些物品带入学校就无理由地推定他们必然会放弃对这些物品所拥有的隐私权。"[142]以此评论为依据，密西西比州最高法院推定，学生对他们自己的上锁储物柜具有合法的隐私期望。不过，法院也指出，特别之处在于，学生对其在学校中所拥有的上锁储物柜只能产生较低的隐私期望。学校管理者之所以可以对学生的上锁储物柜进行搜查，原因在于，该储物柜是学校的财产，学生并不能对其享有排他性的所有权。特别是在学生填写过相应的表格，明确知道该储物柜属于学校的财产并要服从学校的搜查时，学生对其储物柜就只能享有部分所有权。从共同控制该储物柜的视角出发，学校管理者就能够享有检查学生储物柜、甚至允许执法人员搜查此储物柜的权利。[143]

针对学区搜查学生储物柜的行为，绝大多数法院所持有的态度是一致的，这种态度在堪萨斯州的一起案例中可见一斑。堪萨斯州最高法院认为，学校管理者拥有管理学区的权利，而检查学生储物柜是这种管理权的一部分。[144]法院指出，学校管理者通过检查在他们控制范围之内的学生储物柜，能够很好地防止学生以非法的方式或为非法的目的使用储物柜。第十巡回法院也指出："为维护公共利益，学校管理者享有管理储物柜的权利，同时负有维护学校治安的义务，尤其是在可能存在严重违反刑事法律的行为时，情况更是如此。"[145]不过，在所有这些案例之中，最重要的一点在于，学校管理者应该持有一份与学生共同拥有储物柜的文件，并不时地检查学生的储物柜。在其他案件中，这些特征也得到了强调，因为它们可以表明学生对其在学校中所拥有的上锁储物柜不具有排他性的权利。[146]

在使用 T. L. O. 案中所确立的"合理根据标准"时，密西西比州最高法院指出，如果学生告发者提供的信息显示另一名学生在学校中持有枪支，那么学区管理者"搜查事实的真相"就是合理的。[147]与此相似，加利福尼亚州上诉法院也认为，如果一名匿名报告的家长声称看到学校的一名学生在学校的晚间活动中持有枪支，那么学校管理者就可以形成实质性的合理怀疑并在几天之后检查该名学生的储物柜。[148]法院表示，考虑到枪支对所有学生构成的威胁，搜查学生上锁储物柜的行为仅是一种轻微的侵权行为。同样，马萨诸塞州最高法院也推定，如果有学生目击另一名学生试图贩卖大麻，则学校管理者不仅可以产生合理怀疑，还拥有了搜查被怀疑学生储物柜的正当理由。[149]

大多数学生行为守则和不少州法都明确规定了搜查学生储物柜的一般准则。这些行为守则或法律可以规定，学校管理者在实施搜查前必须形成合理的怀疑。在宾夕法尼亚州的一起案件中，州最高法院根据 T. L. O. 案的判决和学生行为守则的规定，明确指出学生对其储物柜拥有合法的隐私期望。该学生守则规定："在对学生的储物柜进行搜查前，学校管理者应提前通知学生并应给予学生亲临搜查现场的机会。不过，在学校管理者**有理由怀疑**该储物柜中藏有的某种物品会对学区学生的健康、福利及安全构成威胁时，学校管理者可以在不告知被搜查学生的情况下进行搜查（黑体字为作者表示强调之意）。"[150]尽管法院认为，学生对其上锁的储物柜拥有合理的隐私期望，但这种期望的程度是很低的。法院认为，既应该保护学生的隐私权，也应该考虑学校管理者对学校安全的担忧，要平衡两者之间的关系。比如说，考虑到学校中日渐泛滥的毒品交易活动，基于学校管理者对学生毒品使用问题的高度关注，学校管理者在整个学区的范围内进行搜查的举动就是合理的。

近几年来，校园暴力事件越来越多，许多州都出台了更为宽泛的法律以削减学生对其储物柜所拥有的隐私期望。举例来说，密歇根州制定法规定："学生在学校中所使用的储物柜是学区的财产……可以推定，学生对其所使用的储物柜及储物柜中保存的物品不具有隐私期望。"[151]照此规定，学校管理者可以随时搜查学生的储物柜，也可以要求地方执法机构协助其进行搜查。根据司法部门对学生隐私权所作的解释，与密歇根州制定法相似的那些法律都可能面临司法诉讼，争议的焦点可能集中在两个问题之上：一是学生是否对其存在储物柜中的物品享有隐私期望？二是学校管理者是否可以请求政府执法者进行搜查？

对学生随身物品的搜查：钱包、书包及其他财产

相对于个人储物柜，学生对其随身物品享有更大的隐私期望。在联邦最高法院所审理的 **T. L. O. 案**中，一名教师向助理校长报告一名学生在厕所里抽烟。于是，该助理校长对该学生进行了讯问，但该学生否认她曾经抽过烟，甚至否认她会抽烟。为了寻找证据以证实该学生刚抽过烟，助理校长打开了她的手提包。除从手提包中拿出一包香烟之外，助理校长还看到一张卷着的纸，继而又在此手提包中发现了大麻以及其他证据，这表明这名女生可能在从事毒品交易。通过"合理怀疑"测试，联邦最高法院认为，**T. L. O. 案**中的搜查是正当的。学校管理者有理由怀疑该名学生藏有香烟。尽管持有香烟这一行为本身并不会违反学区的纪律规章，但它与抽烟相关，并不是不相干的事实情节；而发现香烟，就能够证明她曾经抽过烟并且说了谎。尽管并不存在直接的证据表明该生的皮包里藏有香烟，但有教师报告说曾看到该生在抽烟，因此学校管理者怀疑该生在皮包里藏有香烟的想法是符合逻辑的。这一过程可以理解为是一种"常识性"的推理，法院指出："要求搜查者在搜查前产生合理怀疑并不是一种绝对确定的要求：'足够的可能性，而非确定性，就能够构成第四修正案所要求的合理怀疑的基石。'"[152]

其他法院也指出，搜查学生的随身物品，如钱包、皮包和书包等，会侵害学生主观性的隐私期望，因此搜查者在搜查前应该产生特别怀疑，即怀疑被搜查学生违反了法律或学区的纪律规章。在一起案件中，夏威夷州最高法院认为，学校管理者为查找大麻而搜查两名学生的皮包就存在特别怀疑。[153]在此案件中，两名学生未经批准就离开了学校，学校管理者在上课时间发现他们出现在学校马路对面的"隧道"（据学校管理者所知，学生通常聚集在该地抽烟和吸食大麻）里，而"隧道"的空气里又弥漫着强烈的大麻燃烧的气味；考虑到这些情况，法院认为，学校管理者对这两名学生的皮包进行搜查是正当的。

与此相似，在一起案件中，纽约州高等法院也认为，当学生将书包丢向金属书架时，学校安全主管听到了"不同寻常的金属落地声"，由此产生怀疑而对学生的

书包进行搜查就是正当的。由于听到这种不同寻常的声音,学区安全主管用手在学生的书包外面摸了摸里面的东西,结果摸出了一把枪的轮廓。法院指出,仅是听到不同寻常的声音并不足以保证搜查的正当性,但发现书包里的东西形成了枪形轮廓就足以使学校管理者产生合理怀疑,去打开学生的书包。[154]但是,在另一起案件中,加利福尼亚州最高法院却认为,在缺乏清晰事实的支持以形成特别怀疑之前,学校管理者就搜查学生计算器盒子的做法是不正当的。[155]在此案件中,这位副校长之所以对学生进行搜查,是因为该生迟到了,且"鬼鬼祟祟"地隐藏计算器,而且声称校长必须持有搜查令才可以搜查他。单凭这些行为并不能说明该学生可能违反了特定的规章或者法律。

在马萨诸塞州的一起案件中,州高等法院还就学生是否对其笔迹享有合法的隐私期望进行了裁定。[156]学区的指控声称,在学区的财产之上多次发现了乱涂乱画的痕迹,涂鸦的内容包含猥亵及种族侮辱的成分,不少内容直接指向学区的一名教师。在此之前,一名学生曾经从事过涂鸦行为,因而受到了潜在的怀疑。学校管理者将该名学生的几份作业与其他两名学生的作业混在一起,打算通过比较分析以判断哪份作业的笔迹与涂鸦的笔迹相符。通过笔迹对照,该名学生被发现并被指控恶意破坏学区财产和侵犯那位教师的民事权利。法院指出,法律并不禁止学校管理者对学生的笔迹进行对照和抽样。同时,法院认为,学校管理者怀疑该名学生是存在合理理由的,而对该名学生的作业进行检查也只会对学生的隐私期望造成轻微的侵扰。

像学生的其他随身物品一样,如果存在合理怀疑,学校管理者也可以搜查学生的汽车。在一起案件中,学校管理者对学校的停车场进行了一次大型的拖网式搜查。不过,对学区的这种做法,得克萨斯州地区法院并不赞同。[157]可以说,学区对学生车内物品所享有的利益是微乎其微的,因为学生不会在上课期间靠近他们自己的车。而且这种搜查是一种任意的行为,学校管理者没有证据形成特别怀疑。与此相反,在另一起案件中,一名学校助理人员通过肉眼观察,发现一名学生的车里放有一节输液管,而这种输液管通常被学生用来吸食大麻,于是该助理人员搜查了这名学生的车子。对此搜查行为,佛罗里达州地区法院持支持态度。[158]该助理人员通常在学区的停车场巡查以执行学区的规章,同时也在午餐时间管理学生。法院认为,巡查停车场以维持学区秩序和纪律属于学区的责任,并不构成一般意义上的搜查行为。

对学生的人身搜查

在没有搜查令的情况下,能否对学生进行人身搜查,是一个重大的法律问题。不同于对学生储物柜的搜查,人们不能说学生对自己的人身具有比较低的隐私期望。实际上,学生不论对自己衣服口袋里的物品,还是对自己的身体都享有合法的隐私期望。[159]第五巡回法院指出:"第四修正案的全部精神就在于,其致力于对抗任何侵扰公民人身的行为。"[160]在人身搜查中,不仅需要形成合理理由,而且搜查行为本身也要合理。要评价学区的搜查行为是否合理,就必须考虑案件的具体事实和背景。

依据 **T. L. O.** 案所确立的标准,新墨西哥州上诉法院认为,搜查学生衣服口袋的行为是合理的。[161]在此案件中,助理校长和一名常驻学校的警察发现一名学生

言辞闪烁、身上还残留着大麻燃烧的气味且衣服右口袋高高凸起,于是要求该名学生清空自己的衣服口袋,但该名学生拒绝把自己的手从口袋上拿开。因此,学校管理者认为,这一事件已经演变为了一桩安全事件。随后,助理校长要求驻校的警察搜查该名学生。当驻校的警察将学生的手从其衣服右口袋中拿开后,伸手探进去摸出了一把38毫米口径的手枪。最终,法院认为,学生存在可疑的行为,因此对其进行搜查就是合法的。同时,搜查的范围也不过分,不构成对学生人身权利的侵犯。与此相似,在一起案件中,亚拉巴马州最高法院也认为,为了找到被盗窃的9美元,学校管理者搜查两名五年级学生的做法是正当的,因为在钱丢失期间只有他们两人独自留在教室中。[162]而在另一起案件中,因为一名学生违反学区的学校关闭校门的政策,上课时间出现在学校停车场,所以学校管理者以此为理由搜查了该名学生的衣服口袋。华盛顿州上诉法院对学区的这一搜查行为持否定态度,法院强调:"搜查的对象与被调查的违法行为之间必须构成因果关系。"[163]在缺乏其他怀疑因素的情况下,仅因为该名学生违反学校关闭校门的政策就对其进行搜查,尽管最终在学生身上发现了大麻,也不能说明这一搜查是正当的。

尽管法院允许学校管理者对学生的人身进行搜查,但对学生进行脱衣搜查一般需要适用比"合理根据标准"更高的标准。第二巡回法院指出:"随着搜查行为侵扰性的增强,依据第四修正案搜查的法律标准由'合法性标准'逐渐转为'合理根据标准',即使是在学校情境下,也是如此。"[164]在印第安纳州的一起案件中,第七巡回法院措辞强烈地声明:"对一名13岁的儿童进行裸体搜查是否在一定程度上侵犯了该名学生的宪法权利呢?对此问题,根本就不需要由宪法专家来予以解答。比侵犯学生宪法权利更严重:这一行为违背了为人们所公认的保护人类尊严的基本原则。"[165]

第九巡回法院认为,从上摸到下的搜身搜查及其后的脱衣搜查都是非法的。[166]比如说,如果由于汽车司机看到一名学生用一叠"看起来像钱的东西"交换一种不明物品,学校管理者就以此为理由对该名学生进行搜身,则这种搜查就是不正当的,它侵犯了学生的隐私权。与此相似,西弗吉尼亚州高等法院也认为,学校管理者因怀疑一名14岁的八年级学生盗窃100美元就对其进行脱衣搜查是一种严重的侵权行为,不属于正当搜查的范畴。[167]法院指出,除非存在某种紧迫状况必须进行紧急搜查以保护其他学生的安全,否则在没有搜查令的情况下,不得对学生进行脱衣搜查。在另一起脱衣搜查案中,为了寻找丢失的钱,学校管理者对30名学生进行了脱衣搜查。伊利诺伊州地方法院指出,该搜查行为没有形成特别怀疑,严重侵犯了这30名学生的宪法权利。[168]

在有充分证据以形成特别怀疑的情况下,有一些脱衣搜查行为可以得到法院的认可,尤其是与毒品使用相关联的情况,更容易得到法院的支持。在一起案件中,学校管理者因怀疑一名高中女生持有毒品而对其进行了脱衣搜查,第六巡回法院对学区的这一做法持支持态度。[169]因为在实施搜查前,学校管理者形成了正当的怀疑,这种怀疑是建立在以下这些重要的事实情节基础之上的:有一名学生的母亲打电话来说,曾经看到该名学生有一个玻璃瓶,里面装有某种白色粉末状的物质;还有一名学生告发者提供了相关的信息;另有一名教师则报告该名学生存在异常行为;此外,还有一封指控该名学生使用毒品的控告信。尽管法院认为,就搜查的范围而言,对学生进行脱衣搜查是一种人身侵权行为;但是,考虑到玻璃瓶的体积及瓶中装放的、令人怀疑的白色粉末物质，对该女生进行脱衣搜查的行为就是正当的。与此相似，在一起案件中，第七巡回法院认为，学校管理者因为发现一名学生的运动裤上出现了一个"不同寻常的凸起"，就可以将之作为实质性证据来对该名学生进行脱衣搜查。[170]法院认为，学校管理者在对学生进行脱衣搜查前，应该明白该搜查行为可能造成何种实质性的潜在影响。不过，法院也强调，在此案中，学校管理者怀疑，该名学生将毒品藏在"两腿之间的胯下"，因此选择对该名学生进行脱衣搜查是选择了一种对学生人身权利侵犯程度最低的搜查方式。总的来说，所有巡回法院都认为，在判断搜查的范围是否正当时，应该考虑打算搜查的违禁品的性质以及该违禁品可能被藏在学生身体的哪一个部位。

尽管法院并不禁止学校管理者对学生进行脱衣搜查，但法院总是反复告诫学校管理者这种搜查方式存在一定的风险，它可能侵害学生的人身权利。司法部门认为，对大多数脱衣搜查行为而言，仅有合理的怀疑是不够的；还必须存在与学生个体相联系的具体证据，能够表明搜查该学生的可能原因，接近或达到了"合理根据标准"。除非存在紧迫的情况，可能对学生的安全构成紧急的危险，否则可以实施脱衣搜查的情况很少。

也有学生会放弃受第四修正案所保护的权利，同意学校管理者进行搜查或自愿提供证据。但是，只有在非强制的情况下自愿提供证据才能算是"同意"。重要的问题在于，学生是否是真的自愿同意？学生是否有选择的自由？学生能够意识到其拥有第四修正案所保护的权利吗？得克萨斯州联邦地区法院推理认为，基于学校环境的特性，很少可以假定学生同意搜查。[171]学生习惯于接受和遵从学校管理者的命令；学生拒绝服从学校管理者要求的行为会被视为不顺从。在这种情况下，学校管理者威胁学生，如果他们不合作，就要打电话通知家长和警察，这就构成了实质性的强制氛围。但是，在另一起案件中，第六巡回法院却认为，可以"假定学生拒绝放弃他们受第四修正案所保护的权利"，而将证明学生知道并理智地放弃宪法权利的举证责任施加于学校管理者。[172]尽管有些法院承认，学生可以同意学校管理者对其进行搜查。[173]但是，如果在搜查前缺乏正当的怀疑，即使学生同意搜查，搜查行为本身也存在固有的法律缺陷，这一点学校管理者应慎重考虑。

金属探测仪的使用

近几年来，校园暴力事件的高发生率，引起了公众的关注。为了维护安全的教育环境，学校管理者使用金属探测仪的做法越来越普遍。而且，金属探测仪的使用范围也不再局限于中学。2000年，芝加哥教育厅长批准，在下辖学区的所有489所小学中使用金属探测仪。[174]在机场或其他许多公共场所中，金属探测仪是一种标准性的基础设备，依据第四修正案的精神，使用金属探测仪的行为（的确）构成搜查。不过，如果将暴力事件所带来的危险与使用金属探测仪所造成的轻微侵权后果相比较，人们通常认为这种公共搜查行为是正当的。尽管在学校中使用金属探测仪的做法已经引起了不少的法律诉讼，但金属探测仪适用于公共场所搜查的推论也可以应用于这一领域之中。

宾夕法尼亚州高等法院认为，当学生进入高中校园时，学校管理者可以对他们实施统一的、一致的搜查，以保证学生没有把武器带到学校；学区（学校）管理者可以先搜查每个学生的随身物品，然后再请学校安全主管用金属探测仪扫描每一个

学生。[175]考虑到校园暴力事件的高发生率,在实施这种搜查前并不需要形成特别怀疑。法院认为,相对于对学生储物柜的搜查,使用金属探测仪进行搜查涉及对学生隐私权的更大侵害,但后者并不具有侵扰的特征,所以它实际上只能对学生的隐私权造成轻微的侵害。与此相似,在一起案件中,第八巡回法院裁定,为了查找危险武器,学校管理者对六年级到十二年级的所有男生进行搜查的行为只对学生造成了轻微的伤害。原因在于,学校管理者存在合理的怀疑,因为听说那天有人将武器带进学校。[176]在所有学生脱掉他们的鞋子并且掏尽他们衣服口袋之中的东西之后,学校管理者用一个金属探测仪对他们逐一进行了扫描。如果金属探测仪发出报警声,学校管理者就会对被怀疑的学生进行搜身检查。

从学校存在"特殊需要"这一观点出发,伊利诺伊州上诉法院认为,学校管理者使用金属探测仪是正当的。[177]仅在使用金属探测仪的第一年,芝加哥的学校管理者就从高中学校中没收了 300 多件武器(包括 15 把枪)。随着金属探测仪的继续使用,有证据显示,学校管理者没收的武器减少了 85%。法院指出,使用金属探测仪并不需要形成特别怀疑,对学生进行扫描的目的在于保证所有学生都能够获得一个安全的校园环境,而不是为了寻找学生的犯罪罪证。

在每一件与此相关的诉讼案件中,法院都指出,校园暴力事件的泛滥是导致学校管理者使用金属探测仪的原因,这种装置只具有轻微的侵扰性。可以预见,随着金属探测仪的普遍使用,就学校使用金属探测仪进行搜查是否违反宪法等问题,法院还会继续予以审查。

毒品探测犬

围绕第四修正案所保护的公民权利,在搜查中使用毒品探测犬的做法引发了许多饱受争议的问题。使用狗来探嗅学生是否构成搜查?在使用狗之前,必须存在合理的怀疑吗?狗发出的吠声是否能够使搜查者形成合理的怀疑?不少法院已经对上述问题进行了裁决。

第十巡回法院认为,学校管理者可以使用受过训练的警犬来探嗅学生的储物柜,但法院并没有直接处理围绕毒品探测犬的使用所产生的宪法问题。在此案中,法院主要是在讨论学校管理者的检查职责。法院认为,即使检查行为会侵害学生受第四修正案所保护的宪法权利,学校管理者也有义务履行其检查职责。基于这种宽泛的裁量权,当毒品探测犬对着一个储物柜发出三次吠声之后,学校管理者就可以具此形成合理的怀疑并对该储物柜进行搜查。[178]

另外,第五巡回法院面临的问题是,从个人拥有正当隐私期望的角度出发,使用毒品探测犬是否构成搜查?[179]该上诉法院指出,大多数法院,包括联邦最高法院,都认为在执法过程中使用探测犬以探嗅物品的行为并不构成搜查。[180]为了具体说明这一情况,法院提供了不少参考案例,案例包括使用探测犬以检查行李、海运包裹、公共储物柜以及停在公共街道上的汽车等。在法院看来,公民个人所拥有的正当隐私期望也不能扩展到航空运输领域。法院断言,使用探测犬涉及"公共嗅觉"原则,该原则与"肉眼观察"原则(也就是说,在特定情况下以肉眼进行观察,观察者认为应该扣留某件物品)相等。这一点可以通过一个例子来加以说明,比如,警察闻到了从某件物品或财物之上散发的大麻气味。在此时,并未发生搜查行为,大麻的气味是在公共场所之中自然散发出来的,因而不受法律的保护。

根据以上的推理，第五巡回法院指出，就如同使用手电筒以改善夜视能力一样，使用探测犬只是提高了搜查者探测气味的能力。因此，法院裁定，使用探测犬以探嗅学生的储物柜及学生停在公共场所的汽车并不构成搜查，当然也不需要适用第四修正案。尽管法院允许学校管理者使用狗来探测毒品。但法院也指出，在对学生的储物柜或汽车进行搜查以前，学校管理者必须形成合理的怀疑。不过，只有在狗展示过探测真实违禁品的可靠性之后，学校管理者才能够依据狗的表现以形成这种合理的怀疑。[181]

在大多数案件中，司法部门支持学校管理者使用探测犬，但将狗的使用局限于探嗅物品。而且，第七巡回法院裁定，学校管理者将探测犬带进教室并不构成搜查。[182]在印第安纳州一起广为人知的案件中，学校管理者在警察的协助下，使用受过训练的警犬在全校范围内进行检查以搜寻毒品。学校管理者将警犬带进学校的每一间教室，在每一间教室中大约花费五分钟的时间。当警犬靠近一名学生并发出吠声之后，学校管理者要求该名学生拿出他身上、衣服口袋及皮包里的东西。但警犬仍然发出吠声，于是学校管理者对该名学生进行了脱衣搜查。考虑到学校杜绝严重毒品问题的决心及警犬所造成的轻微侵权后果，该上诉法院对此两种权益进行了权衡。法院指出，用狗来探嗅学生并不构成搜查行为，不需要适用第四修正案。搜查学生的衣服口袋及皮包确实涉及了学生的隐私，但警犬发出吠声，学校管理者由此形成了合理的理由，相信该名学生藏有毒品才对其进行搜查，因而搜查是正当的。不过，正如前面所讨论的，对学校管理者基于警犬的吠声而对学生进行搜身检查的做法，法院还是划定了最后的界限。

与第七巡回法院的推定相反，得克萨斯地区法院认为，使用探测犬对所有学生进行"探嗅"（或检查）构成搜查。法院指出，相对于电子监视装置，使用毒品探测犬会给学生造成更大的侵害，因为使用电子监视装置并不需要学校管理者形成特别怀疑。在法院看来，"使用探测犬实际等同于对学生衣服口袋及个人随身物品的物理侵入"。[183]在裁定探测犬的探嗅属于搜查时，法院进一步指出，学校管理者在搜查中可以使用探测犬，但在此之前，他们必须对特定学生形成特别怀疑，即怀疑该名学生持有违禁品，而该违禁品又会破坏学校的教育过程。[184]就本质而言，学校管理者不能因探测犬发出吠声而对特定学生形成特别怀疑。

与此相似，第五巡回法院也认为，用探测犬来探嗅学生严重侵犯了学生的隐私权，因而构成搜查。[185]尽管法院认为，使用探测犬探嗅学生构成搜查，但法院并不禁止学校管理者以这种方式来进行搜查。法院只是认为，必须权衡这种搜查方式对学生造成的侵害和学校实施这种搜查的需要。考虑到搜查对学生人身尊严和安全的侵害程度，法院认为，即使学校管理者确实需要使用探测犬来进行搜查，在此之前也必须形成特别怀疑。第九巡回法院也肯定，使用探测犬是对学生隐私期望的严重侵害，学校管理者在使用探测犬进行搜查前必须形成特别怀疑。[186]

在公立学校中，毒品问题还很严重，以此看来，学区还会考虑继续使用毒品探测犬。除非联邦最高法院对以下问题作出裁定：在学校中使用探测犬的做法是否构成搜查（要求形成特别怀疑）？探测犬的吠声能否成为实施搜查的合理理由？否则对此问题，下级法院还会作出不同的司法解释，看起来这种情况还会持续下去。

药物检测

为了控制学生滥用毒品的行为[187]，不少学区考虑在全区范围内实施药物检验项目。这种项目涉及侵害学生的隐私权，因而引发了严重的争议。1989年，联邦最高法院判定，最通常被采用的药物检验方法——尿分析法，属于第四修正案所约束的搜查行为。[188]在两个毫无关联的案件中，法院判定，可以对政府雇员的进行药物检测。不过，可以适用这一判定结论的范围很窄，只有存在压倒性的公共利益时，才可对政府雇员进行药物检测。在其中的一起案件中，一名铁路雇员因涉及特定类型的交通意外而被法院判定必须接受药物检测。法院强调，铁路工业是高度规则化的，必须保证公众的安全，因而政府对该铁路雇员享有压倒性的公共利益。[189]在第二起案件中，一名海关雇员希望获得职务晋升，而他所期望晋升的职位又要求从事该工作的雇员不得使用非法药品或者必须使用手枪。因此法院判定，基于对安全问题的关注，可以对该雇员进行药物检测。[190]在这些案件中，形成特别怀疑并不是进行尿分析检验的先决条件。但是这种检验只发生在非常有限的情形下，从而减少了管理者自由裁量和肆意独断的风险。

联邦最高法院所作的两个判决涉及学生的药物检测问题。1995年，在**弗农尼亚47J学区诉阿克顿案**（Vernonia School District 47J v. Acton）中，法院认为，学区可以颁布药物检测政策，对参加体育队的学生随机进行尿分析药物检测。[191]法院强调，学区对学区内的孩子负有"监管和保护"的职责，因此学校管理者可以在一定程度上监督和控制孩子。当然，学区并不可以以此为理由监督和控制成年人。在评判学区药物检测政策的合理性时，要考虑学区与学生之间的关系，这一点非常关键——如果政策的实施"是为了促进政府履行其职责，在公立学校系统之中，学校是作为学生所信赖的保护人和辅导教师来实践其妥善照料义务"[192]，则这种政策就是正当的。针对学生享有合法的隐私期望这一问题，法院指出，在学校环境里，学生所享有的隐私期望是比较低的；在学生选择参加体育活动时，这种隐私期望的程度还会进一步降低。法院明确指出，在衣帽间、淋浴室，学生都需要当众脱去衣服。另外，考虑到运动员在体检、训练、着装准则以及最低学习成绩要求等方面都受到更为严格的要求和管理，因此学生运动员对隐私权的期望也会降低。

在检验搜查行为的侵扰性时，联邦最高法院指出，尿样的收集方式及管理方式不能过分侵犯学生的隐私权。法院还强调，尿样分析报告会披露有关学生身体的重要信息，不仅包括学生使用药物的信息，而且包括许多医学信息。因此，尿样分析报告应该只披露给有限的几个人员，而不应该披露给政府执法者。法院还进一步强调，在学生运动员群体之中，使用药物的比率非常高，而使用药物危害他们自己及其他人的风险又非常大，因此尿样检验应仅适用于学生运动员。

2002年，在**教育委员会诉厄尔斯案**（Board of Education v. Earls）中，联邦最高法院再次对学校的药物检测政策进行了审查。不过，该判例仅适用于参加课外活动的所有学生，包括参加运动队的学生。[193]学区的政策规定，学生在参加课外活动之前，必须进行药物检测；在参加课外活动的过程中也要随机接受药物检测；在学校管理者存在合理怀疑的情况下，则要同意随时接受药物检测。在**弗农尼亚案**中，法院已经明确，学生运动员只能享有较低的隐私期望。而在**厄尔斯案**中，法院又强调指出，法院之所以支持学区的这一药物检测政策，关键就在于法院考虑到了该政策所适用的学校教育环境。在此案中，为了支持学区的药物检验政策，法院还指出,同**弗农尼亚案**判决所要求的一样,在尿样收集过程中学区并没有过分侵犯学生的隐私权,还将获得的尿样检验报告放于机密文件之中,并限制其他人员查看相关信息,也没有将检验结果提交给政府执法者。基于以上这些因素,法院裁定,学区的该项药物检验政策并不构成对学生隐私权的严重侵犯。尽管有学生声称,在学校中并不存在普遍性的药物滥用问题,因而不需要采用像药物检测这样的、侵犯学生隐私权的措施,但法院对此问题的答复是,政府部门在实施怀疑性的药物检测时,并不需要获得充分的证据以证明存在药物滥用的现象。而且,与这些学生的主张相反,在美国药物滥用问题是全国性的普遍问题,也有证据显示学区中存在药物滥用的现象,因此法院裁定,学区实施这种"特殊的药物检测政策"是"完全正当的"[194]。

依据州宪法,学区对学生进行类似的药物检测也能获得法院的支持。举例来说,类似于最高法院在**厄尔斯案**中的判决,印第安纳州最高法院也在一起案件中裁定,学区政策可以要求参加体育队、课外活动及合作课程活动的学生接受随机性的药物检测,州法允许学区采用该药物检测政策。[195]而且,法院还指出,药物检测所反映的事实并不是惩罚性的,而是预防性的和改进性的,依据印第安纳州宪法,这是判断药物检测政策是否合理的重要的因素。

很显然,法院允许学校管理者对特定学生群体进行药物检测,如学生运动员及课外活动参加者等。但是,法院并不允许对所有的学生进行一揽子的药物检验。[196]在一起案件中,得克萨斯州联邦地区法院认为,学校管理者并不能证明其之所以对六年级到十二年级的所有学生实施药物检测是因为正当合法的、存在紧急状况或压倒性的公共利益。[197]针对学区的做法,该联邦法院指出,根据第四修正案的规定,该药物检测项目是不合理的,是违反宪法的。在另一起案件中,学区政策规定,所有违反学区纪律规章而被学区停学三天及三天以上的学生,在重新回到学校时都必须接受药物及酒精检验。而第七巡回法院裁定,学区的这一政策违法。[198]在此案件中,一名学生因打架而被处以停学处分,当他停学结束回到学校时,又被要求接受药物及酒精检验。但该名学生拒绝接受相关检验,于是学校管理者再次对他处以了停学处分;学校管理者认为,学生拒绝接受相关检验就等于承认自己非法使用过违禁药品。但法院认为,在此案中,打架的行为与使用违禁药品的行为之间并无联系,因而裁定学区的这一政策违反第四修正案。而且,印第安纳州有关停学处分程序的法律规定,学校管理者在对学生进行停学处分之前,必须先与学生会面。此外,就另一点而言,按照法律的要求,学区(学校)管理者在对特定学生进行药物及酒精检验之前,必须针对该学生形成特别怀疑。

对所有学生进行统一的或随机的药物检测不可能经得起法院诉讼的考验。许多学校是基于某种特别怀疑才对个别学生进行尿样检验的,只有这样的做法才能得到法院的认可。学区在策划任何一项药物检测项目时都应该保持谨慎的态度,以避免侵犯学生受第四修正案所保护的隐私权。学区形成的药物检测政策应该清晰明了,特别应该明确学区进行药物检测的原因。同时,检验数据的收集程序也应该准确并应予以明确说明。当然,学校管理者还应该让学生及其家长知晓学区的药物检测政策。学校管理者在对学生进行药物检测前,最好征得学生的同意。如果药物检测结果显示,学生服用了某种违禁药物,学校管理者也应该给学生提供机会,让他解释产生这一结果的原因。假定颁布药物检测政策的目的是为了改善学生的行为而非惩戒学生，则这一政策的合理性就能够得到加强。

警察的介入

在评判学校搜查行为的合法性时，法院通常会采用"合理怀疑"标准或"可相信的合理根据"标准。不过，如果有警察参与学校的搜查活动，在判断搜查的合法性时，法院则可能采用更严格的标准。在判定这类搜查行为是否正当时，应该重点考虑警察参与搜查的性质及参与的程度。如果在搜查活动中，警察的角色只是发现犯罪证据，则只需要适用"合理根据标准"。[199]总的来说，早期的法院判决支持警察参与由学校管理者发起并实施的搜查活动；而近期的法院判决却倾向将学区搜查活动区分为两类，一类有警察的协助，另一类则没有警察的协助。[200]

最能够表明法院态度的司法判决当数伊利诺伊州的一起判例。[201]在此案中，学校校长接到了一个电话，这个电话促使他怀疑学校的三名女生挟带了违禁药物。在学监的建议下，校长要求警察协助进行调查。在警察到达后，学校的护士和心理咨询教师逐一搜查了这三名女生，但没有发现任何违禁药物。随后，三名女生提起了法律诉讼，声称她们的民事权利受到了侵害。法院认为，校长把警察找来并不是仅仅请其帮助维护学校纪律，而是为了搜查学生的犯罪证据。在此情况下，法院裁定，除非警察基于"合理理由"获得搜查令，否则这三名学生享有不受搜查的宪法权利。

与此相反，在另一起案例中，同样是在伊利诺伊州的这个联邦法院上，法院却认为，依据 **T. L. O. 案**所确立的标准，警察参与学校的搜查活动以说服学生交出其放于衣服口袋中的东西，这种行为并不侵犯学生受第四修正案所保护的权利。[202]在此案件中，警察的作用是受到严格限制的。警察是因另一件事情而进入校园的，他在此次搜查活动中的作用受到了严格限制，仅是要求一名学生清空衣服的口袋。警察并没有参与扣留学生的调查，也没有从搜查中提取证据以提起刑事公诉。而且，事实表明学校和警察并不想逃避搜查令的限制以及"合理根据标准"的要求。

与此相似，在一起案件中，一名警察被派驻在一所高中里担任联络员，但第八巡回法院指出，这并不会使得在学校里搜查被偷财务的行为必须适用第四修正案的"合理根据标准"。[203]根据 **T. L. O. 案**的判决，法院指出，没有任何证据表明学区的搜查活动是因警察的命令而发起的。相反，在此案中，检查活动是由学校副校长发起并执行的，警察只是对此进行有限制的协助。尽管警察参与了对学生的搜身行动，但这是在副校长已经在学生的皮包里发现了与毒品活动相关的证据之后。因此，法院裁定，在此案中，学校管理者可以联合警察一起进行搜查。其他法院也已经认识到，在学校中警察的角色具有特殊性，他们可以成为学校的联络员或成为为学校提供资源的人，因而指出，当警察和学校管理者一起工作以维护安全的校园环境时，可适用"特定条件下的合理性"标准。[204]

在一起案件中，华盛顿州最高法院裁定，警察局长打电话通知某高中学校的校长说：该校两名学生正在贩卖毒品的行为并不构成"警务行动"或"联合行动"。[205]法院强调指出，警察局长既没有发起搜查行动，也没有要求校长去搜查学生。而且法院认为，不管此电话信息来源何处，由谁打过来，学校管理者都有义务去搜查这两名学生并将搜查结果报告给警察局。但在合议过程中，一名法官提出了强烈的异议,他认为在此案中对该两名学生进行搜查是为了对他们提起刑事公诉,而非出于维护学校纪律的目的,因此应适用"合理根据"标准以判断搜查的正当性。在与此相似的一个案件中,宾夕法尼亚州高等法院裁定,当校长根据警察的报告而对校内进行检查时,该检查行为并不侵犯学生受第四修正案所保护的权利。[206]在此案中,尽管警察通知校长,根据警方所获取的匿名信息,有学生挟带枪支进入学校。但学校管理者并不是作为警察的下属或应警察的要求来进行学校检查的。相反,学校管理者只是在履行自己的职责以保护学生的人身安全和福利。

在不少适用"合理怀疑"标准的学校搜查案中,通过具体说明或暗示,法院指出,如果警察参与了学校的搜查,则学校搜查案不能适用"合理怀疑"这一较低的标准以判断搜查的正当性。佛罗里达州地区法院声明:"合理怀疑"标准不能适用于警察直接发起或参与的搜查案件。[207]与此相似,肯塔基州上诉法院也指出,"合理怀疑"这一要求较低的标准最好适用于无警察参与的学校搜查案。[208]

在第五巡回法院所审理的一起案件中,因为听到谣传说那天下课后学校会发生斗殴事件,所以警察把一些学生叫出了教室并对他们进行了讯问,这些学生声称他们的宪法权利因此受到了侵害。[209]考虑到维护学校环境安全的特殊需要,法院裁定,临时性的"抓捕"学生的做法是正当且合乎宪法的。法院认识到,在本案中,警察在打消学生斗殴念头上和学校管理者在类似情况下的所作所为没有太大的区别。

令人头疼的问题是,在没有搜查令的情况下,如果搜查行为导致学生被提起刑事公诉该怎么办?[210]即使相关搜查证据被法院判断为违法,不得作为呈堂证供,也可能被学区作为对学生进行停学、开除或其他处分的依据。要区分搜查的类型,仅仅考虑谁执行搜查和搜查的目的是什么是不够的。也不能将搜查行为谨慎地定性为既是管理性的(与学校相关)又是刑事性的。如果搜查的目的是为了发现犯罪证据,搜查显然是刑事性的,因此在搜查前搜查者必须存在进行搜查的合理理由。出于维护学校纪律或安全的目的而进行的搜查属于管理性搜查,如果学校管理者在搜查中发现学生的犯罪证据并将之报告给警察,管理性搜查行为也可以导致学生被提起刑事公诉。实际上,即使学校进行搜查是出于学校的目的,一旦发现学生的犯罪证据,学校管理者也有义务将这一结果报告给警察。

尽管围绕学区搜查及没收行为所产生的法律问题仍然存在很多争议,但总的来说,学校人员只要遵守几条基本的原则就能够获得自我保护。第一,在学期之初,学生及其家长应该知晓学校的搜查程序,包括对学生的储物柜及学生人身进行搜查的程序;第二,学校管理者必须基于"合理怀疑"才能对学生进行人身搜查,也就是,学校管理者有理由怀疑学生持有违禁品,而该违禁品又可能对学校教育过程造成破坏;第三,学校管理者在对学生进行搜查时,必须有另一名同事的陪同,该名同事能够证明搜查的程序是合理且符合规定的;第四,学校管理者应该尽可能避免对学生进行脱衣搜查或对学生进行群体大搜查。第五,如果警察要在学校里进行搜查,不论该搜查活动有无校方的参与,警方最好在搜查前取得相应的搜查令。

对非法纪律处分的救济

如果学生受到非法处分,他们可以获得多种救济。如果涉及体罚,学生可以根据所遭受的伤害提起人身攻击诉讼,以获取人身伤害赔偿。[211]如果学生被非法停学或开除,他们有权利要求恢复原状,学校教师也不能因此非法停学或开除处分而扣减学生的成绩。同时,学校管理者应该在学生的个人记录上抹去有关非法处分的证明材料。[212]如果学生的正当程序权利受到侵害,法院的救济可能会是对教育委员会的原有处分决定进行直接改判,而不是将案件发回让教育委员会重新处理。[213]如果学生遭受非法的学业处分,学生被扣减的成绩应该恢复,相关的成绩册副本也要进行相应的修改。[214]针对学区的非法搜查行为,学生可以获得如下救济:从非法搜查中所获取的证据不得作为指控学生犯罪的呈堂证供;应在学生的个人记录中抹掉有关此次搜查的记录;如果学生因此非法搜查行为遭受到实体性的人身伤害,他们还可以获得经济赔偿。[215]此外,如果学生在对非法纪律处分的诉讼中胜诉,他们还可以免于承担法院诉讼费。

联邦最高法院指出,依据《美国法典》第42节第1983条的规定,如果学校管理者在纪律处分过程中任意侵犯学生受联邦法律所保护的权利,不论是在州法院上还是在联邦法院上,他们都必须承担相应的损害赔偿责任。[216]在**伍德诉斯特里克兰案**(Wood v. Strickland)中,联邦最高法院还宣布,如果学校管理者应当知道自己的管理行为会侵犯学生依据联邦法律的规定而明确获得的权利,那么学校管理者就不能以不了解法律作为抗辩理由,以求免除相应的法律义务。[217]依据**伍德案**所确立的"恶意显示"标准,在实施纪律处分过程中,要证明学校的行为存在恶意,我们并不需要证明学校管理者存在恶意,如果学校管理者在履行义务的过程中存在轻微的错误,他们并不需要就此承担责任。通过**伍德案**,法院还指出,教育者并不需要提前预知宪法的未来发展方向。其他法院也一直在反复强调,在实施纪律处分的过程中,学校管理者对被处分学生负有潜在的法律责任。但即使到今天,如果学生的宪法权利受到侵害,在寻求相应的损害赔偿时,他们也不可能像教师在关于教师权利的诉讼中那样胜诉的几率高。法院并不愿意指出学生拥有何种"明确规定"的权利,但只要学校管理者侵害这种"明确规定"的宪法权利,就要承担相应的损害赔偿责任。

在1978年的一起案件中,联邦最高法院就受害学生可以获得多少数目的损害赔偿金作出了限制性规定,该规定只适用于学生正当程序权利受侵害的学校处分案。在**凯瑞诉皮普胡斯案**(Carey v. Piphus)中,法院宣布,尽管学生在未获听证的情况下就受到了停学处分,但学生并没有因此受到其他损害,法院只能恢复其名义上的损害赔偿(损害赔偿金额不超过一美元)。[218]这个案件的具体情况是这样,两名芝加哥的学生因违反学校规章而被处以停学处分,在受到处分之前,他们没有获得听证的机会。为此,他们以学区为被告提起了法律诉讼,声称他们的宪法权利受到了侵害。法院对此的裁定是,只有在停学处分是不正当的时候,学生的实体权利才可以得到恢复。因此,法院将该案件被发回地方法院重新审理,由地方法院来裁决,在遵循正确的纪律处分程序的情况下,这两名学生是否还会被处以停学处分。

这个判决看起来强化了教育委员会在实施纪律处分的过程中的自由裁量权。但最高法院指出,如果案件发回重审后,地方法院判定学区的停学处分没有充分的依据,就可以说学生遭受到了损害,可以要求获得损害赔偿。为了进一步说明这一点,可以参考阿肯色州的一起案件。在此案件中,一名中学教练因故意侵害学生的言论自由权而被阿肯色州地区法院判定承担惩罚性的损害赔偿责任。[219]如果学生遭受非法搜查，也可以要求获得损害赔偿。举例来说，某学区的管理者就因非法对学生进行搜身而被第七巡回法院判定承担相应的损害赔偿责任。[220]新墨西哥州最高法院还判定两名受到非法脱衣搜查的高中学生获得实体性的损害赔偿和惩罚性的损害赔偿。[221]除了获得损害赔偿之外，学生的律师费还有可能由学区承担。

教育者应该采取多种预防措施，以公平、无偏见的态度对待学生。在特定情况下，如果学校管理者不能决定是否应该适用正当程序，也至少应该为被处分的学生提供非正式的听证程序。学区管理者绝不会因为适用过多的正当程序而承担法律责任。相反，如果在作出停学、开除或其他纪律处分的过程中，学区管理者侵犯了学生的程序权利，就要为此承担相应的赔偿责任。宪法和其他制定法对正当程序的法律要求是抽象的，并没有规定在哪一种情形下应适用何种具体的程序，因此法院必须仔细地研究学区纪律处分的记录，以确保学区的纪律处分不存在程序上的缺陷，不会妨碍被处分学生提出完整的抗辩。

此外，学校管理者也应该保证对学生行为所作的限制是必需的，是在正确地发挥学校的功能。在因维护良好的教育环境而控制学生行为的情况下，学校管理者拥有相对大的自由裁量权，他们不应该觉得法院是在削减他们对学生进行纪律管理的权利。正如**戈斯案**所指出的，"除了要求遵循公平原则之外，法院不会提出其他任何要求"[222]。

结　论

在1969年的一个判决中，布莱克法官声明："在训练我们的孩子成为良好公民——或成为更好的公民——的过程中，学校纪律与家庭纪律一样，是不可或缺的且极为重要的一个部分。"[223]因此，为保护学生个体的利益及学校的利益，学校人员有权利且有义务管理学生的行为。如果学生不遵守合法的行为规章，学区管理者就可以对他们处以恰当的纪律处分。不过，如果学区的纪律处分程序存在任意性或侵害学生受法律所保护的权利，法院则会对此予以干预。尽管有关学生纪律处分的州法还未定型，尚处于变动中，但根据司法判例，学区管理者在实施纪律处分时，应遵循以下几条基本原则：

1. 学区管理者必须能够证明，制定任何一项学区纪律规章都存在正当的理由，是为了进行学校管理或为了维护学生及学校员工的福利才制定该纪律规章的。

2. 学区管理者应该以精准的言辞来表述学区的纪律规章并将学区的纪律规章分发给学生及其家长。

3. 如果学生违反学区纪律规章，对他的惩罚应该与其所从事的违纪行为及其个人特点（如年龄、精神状况以及以往的行为表现）相适应。

4. 在对学生进行纪律处分之前，应该为其提供一定类型的正当程序。针对轻微的违纪处分，提供非正式的听证程序就足够了；但针对严重的纪律处分，则需要提供更正式的程序（比如说，对家长予以告知，同意学生聘请法律顾问代理参加学校听证，给予学生进行交叉质证的机会）。

5. 如果学生的违纪行为直接与学校的福利相关，即使该行为发生在学校之外，学区管理者也可以对其进行处分。

6. 只有伴以恰当的程序保护，学区管理者才不会任意作出停学或开除处分，这两种处分形式也才能成为合法的纪律处分措施。

7. 因纪律原因将学生转学至其他班级、其他学习项目或其他学校，必须伴以正当程序的保护。

8. 如果州法或教育委员会的政策不禁止体罚，合理的体罚可以作为一种纪律处分的措施。

9. 如果学校教师在体罚中过分使用暴力、达到**令人良心震惊**的程度，则侵犯了学生所享有的实体性的正当程序权利。

10. 如果涉及学生的缺勤状况或出于其他合法的学校目的，学区管理者基于非学业性因素而对学生进行学业处分应当是合理的。

11. 基于合理的怀疑，学校人员怀疑学生持有某种违反法律或违反学校政策的违禁品时，就可以搜查学生的储物柜及身体。

12. 除非有证据表明存在进行搜查的合理理由或出现紧急事件，否则学区管理者应该尽可能避免对学生进行脱衣搜查。

13. 相对于学区管理者维护安全校园环境的利益而言，用金属探测器对所有学生进行扫描只会轻微地侵犯学生受第四修正案所保护的权利。

14. 使用探测犬以探嗅物品通常都不会被视为搜查。但是，对学生使用探测犬是否构成搜查呢？对此问题，法院目前尚未达成共识。如果构成了搜查，就必须形成特别怀疑。

15. 学生如果自愿选择参加运动队和课外活动，就必须接受随机性的药物检验；只有在形成特别怀疑的情况下，学区管理者才能要求学生进行尿样检验。

16. 如果执法者（如警察）要参与学区对学生的搜查活动，建议其提前取得相应的搜查令。

17. 如果学生受到非法的纪律处分，他们就有权利要求恢复到未受处分前的状态。学区管理者应该修改学生的个人记录，删除有关非法处分的证明材料。

18. 如果学区管理者非法实施纪律处分并对学生造成实体性损害（例如，对学生进行非法停学），就要为此承担相应的损害赔偿义务；相反，如果学区管理者只是削减学生的程序权利（比如，未给学生提供充分的听证机会），学生只能获得名义上的损害赔偿，而且赔偿金额也不会超过一美元。

注　释

[1] 该项研究报告是由疾病控制中心、美国教育部和美国司法部联合发布的，报告中表明，美国在 1994 年到 1999 年期间，有 253 起暴力致死事件发生在上学和放学路上以及校园中。在超过一半的案件中，犯罪者都曾经作出过事前警告，比如，通过写便条或邮寄杂志的方式进行警告或从事过威胁行为。Mark Anderson, Joanne Kaufman, Thomas Simon, Lisa Barrios, Len Paulozzi, George Ryan, Rodney Hammond, William Modezeleski, Tomas Feuct, and Lloyd Potter, "School-Associated Violent Deaths in the United States, 1994—1999," *Journal of the American Medical Association*, vol. 286 (2001), pp. 2695-2702。

[2] Robert C. Johnston, "Federal Data Highlight Disparities in Discipline," *Education Week* (June 21, 2000), p. 3.

[3] Pugsley v. Sellmeyer, 250 S. W. 538（Ark. 1923）。又见 Jones v. Day, 89 So. 906 (Miss. 1921)。

[4] Tanton v. McKenney, 197 N. W.

510 (Mich. 1924).

[5] 参见 Tinker v. Des Monies Indep. Sch. Dist., 393 U. S. 503 (1969); 参见第4章第57条注释所对应的正文。

[6] 参见 Hazelwood Sch. Dist. v. Kuhlmeier, 484 U. S. 260 (1988); Bethel Sch. Dist. No. 403 v. Fraser, 478 U. S. 675 1986); New Jersey v. T. L. O., 469 U. S. 325 (1985)。

[7] Boucher v. Sch. Bd., 134 F. 3d 821, 827 (7th Cir. 1998).

[8] 参见 Bd. of Educ. v. McCluskey, 458 U. S. 966 (1982); Wood v. Strickland, 420 U. S. 308 (1975)。

[9] 参见 Killion v. Franklin Reg'l Sch. Dist., 136 F. Supp. 2d 446, 459 (W. D. Pa. 2001), 在该案中, 法院认为, 针对学生侮辱教师的言行, 学区所制定的报复性政策存在模糊性、"缺乏细节性的规定", 是违法的; Wilson v. S. Cent. Local Sch. Dist., 669 N. E. 2d 277 (Ohio Ct. App. 1995), 在该案中, 州法规定, 教育委员会的政策必须明确规定何种违纪行为会招致停学处分。而被控学区的校规仅规定, 从事"严重违纪行为"的学生要接受停学处分。因此法院认为, 该名学生只是携带香烟进入学校, 其违纪行为算不上"严重违纪", 学区不能对其处以停学处分。又见 Fuller v. Decatur Pub. Sch. Bd. of Educ., 252 F. 3d 662 (7th Cir. 2001), 在该案中, 法院认为, 学生的行为清晰地违反了校规, 禁止帮派行为的校规并不存在模糊性。

[10] Caliborne v. Beebe Sch. Dist., 687 F. Supp. 1358 (E. D. Ark. 1988)。又见 Martinez v. Sch. Dist. No. 60, 852 P. 2d 1275 (Colo. Ct. App. 1992), 在该案中, 学区校规规定, 如果学生因喝酒而"受到影响"则要接受学区的处分。法院认为, 尽管学区的这一校规存在模糊性, 但是相对于禁止学生在进入校园前或学校组织活动中喝酒的校规, 其含义要更丰富; Warren County Bd. of Educ. v. Wilkinson, 500 So. 2d 455 (Miss. 1986), 该案发生在期末结束前一天, 一名学生在离家到校前喝了几口啤酒, 学校就对他做出了扣减其本学期学分的处分。法院认为, 教育委员会的政策并不禁止学生在家饮用啤酒, 因此教育委员会不能对这名学生进行处分。

[11] 参见 Bethel Sch. Dist. No. 403 v. Fraser, 478 U. S. 675 (1986); 参见第4章第15条注释所对应的正文。

[12] Woodis v. Westark Cmty. College, 160 F. 3d 435 (8th Cir. 1998)。又见 West v. Derby Unifed Sch. Dist., 206 F. 3d 1358 (10th Cir. 2000), 在该案中, 法院认为, 学校有相关内容的明文规定, 因此该名学生应该清楚地知道, 他不能绘画美国南部同盟的国旗; Hammock v. Keys, 93 F. Supp. 2d 1222 (S. D. Ala. 2000), 在该案中, 学校在一名女学生的车上发现了吸食大麻之后剩下的残余物, 因此对她处以了开除处分。法院认为, 校规仅规定不允许学生持有毒品, 本案是否适用此校规存在模糊性, 因此学校不能开除该名女生; Busch v. Omaha Pub. Sch. Dist., 623 N. W. 2d 672 (Neb. 2001), 在该案中, 学生之间发生了争斗, 一名学校职员意图分开打架的双方, 但不幸被一名学生打伤, 依据学区政策, 学区开除了这名学生。法院认为, 学校职员劝架的意图是清晰明确的, 但是无法确定他是在劝架过程中意外受伤还是被学生故意打伤, 只有对此进行判断, 才能够确定学区是否应该开除这名学生; Schmader v. Warren County Sch. Dist., 808 A. 2d 596, 600 (Pa. Commw. Ct. 2002), 在该案中, 一名三年级的学生并未向校方报告针对另一名学生所预谋的攻击行为, 但是校规中已经专门指出, 学生一旦发现"有害于他人的行为"就必须报告给学校。法院认为, 校规作出了清晰的说明, 而该名学生也清楚地知道他有义务向校方报告他的同班同学所面临的威胁,

因此学区纪律规章中有关不当行为的说明并不违反宪法，不存在模糊性。

［13］Pervis v. LaMarque Indep. Dist.，466 F. 2d 1054，1057 (5th Cir. 1972).

［14］参见 Perry A. Zirkel，"Disciplining Students for Off-Campus Misconduct," *Education Law Reporter*，vol. 163 (2002)，pp. 551-553，这篇论文综合介绍了适用于学生校外行为的判例法。

［15］O'Rourke v. Walker，102 Conn. 130 (1925).

［16］Pollnow v. Glennon，757 F. 2d 496 (2nd Cir. 1985); Nicholas v. Sch. Comm. 587 N. E. 2d 211 (Mass. 1992).

［17］Donovan v. Ritchie，68 F. 3d 14 (1st Cir. 1995).

［18］J. S. v. Bethlehem Area Sch. Dist.，807 A. 2d 847 (Pa. 2002)。又见第4章第94条注释所对应的正文。参见 Beussink v. Woodland R-IV Sch. Dist.，30 F. Supp. 2d 1175 (E. D. Mo. 1998)，在该案中，法院认为，校外网站并未实质性地和物质性地干扰学区的教育进程。

［19］Doe v. Pulaski County Special Sch. Dist.，306 F. 3d 616 (8th Cir. 2002)。这个一年级的高中生并未将这封信寄出去，但是另一个同学看到了这封信，并将信的内容告诉了该名高中生的前任女友。

［20］Felton v. Fayette Sch. Dist.，875 F. 2d 191 (8th Cir. 1989).

［21］Galveston Indep. Sch. Dist. v. Boothe，590 S. W. 2d 553 (Tex. Civ. App. 1979)。参见 Howard v. Colonial，621 A. 2d 362 (Del. Super. Ct. 1992)，在该案中，一名17岁的学生因在校外贩卖毒品而受到了处分。法院认为，尽管学区的学生纪律处分规章并不禁止学生在校外贩卖毒品，但是由于该名学生的行为对所有学生的安全和福利构成了潜在的伤害，因此教育委员会可以对该名学生进行处分。

［22］参见 Killion v. Franklin Reg'l Sch. Dist.，136 F. Supp. 2d 446 (W. D. Pa. 2001); Klein v. Smith，635 F. Supp. 1440 (D. Me. 1986); Packer v. Bd. of Educ.，717 A. 2d 117 (Conn. 1998); M. T. v. Sch. Bd.，779 So. 2d 328 (Fla. Dist. Ct. App. 1999).

［23］参见 Morgan v. Girard City Sch. Dist.，630 N. E. 2d 71 (Ohio Ct. App. 1993).

［24］在该案中，学生们诉称，他们并不知道学校的校规禁止打架行为。亚拉巴马州联邦地区法院对此表示怀疑，法院认为，在美国，任何一个学生都知道打架是违法行为，因此学生们在本案中的诉讼请求不可采信。Craig v. Selma City Sch. Bd.，801 F. Supp. 585 (S. D. Ala. 1992).

［25］参见 S. Gibson Sch. Bd. v. Sollman，768 N. E. 2d 437 (Ind. 2002).

［26］参见 Lavine v. Blaine Sch. Dist.，257 F. 3d 981 (9th Cir. 2001); 拒绝上诉请求，122 S. Ct. 2663 (2002).

［27］参见《校园禁止枪支法案》(Gun-Free Schools Act)，20 U. S. C. 8921 (2002)。该法案规定，学校管理人员可以将携带枪支的学生从替代性教育项目中开除出去。又见第6章第111条注释所对应的正文，该段正文论及开除残疾学生的问题。

［28］法院告诫道，学校在组织开除听证会时并不需要遵循法院的审判要求。参见 Linwood v. Bd. of Educ. 463 F. 2d 763 (7th Cir. 1972); Baxter v. Round Lake Area Schs.，856 F. Supp. 438 (N. D. Ill. 1994)。又见 Trujillo v. Taos Mun. Schs.，91 F. 3d 160 (10th Cir. 1997)，在该案中，法院认为，学校管理方并未为一名被永久开除的学生提供二次听证的机会。

［29］参见 Adrovet v. Brunswick City Sch. Dist.，735 N. E. 2d 995 (Ohio Com. Pl 1999)，在该案中，法院认为，法条中的"表达性语言"说明，纪律处分的告知通知

应该提供给学生本人而非学生家长。又见 Watson v. Beckel, 242 F. 3d 1237（10th Cir. 2001），在该案中，法院认为，在事实调查过程中，学生已经肯定、清楚地知道了校方的处分主张，因此校方未向该名学生提供书面告知通知的做法并不违反"正当程序"条款。

[30] 参见 Hill v. Rankin County, Miss. Sch. Dist., 843 F. Supp. 1112 (S. D. Miss. 1993)。在该案中，法院认为，学区应该尽可能举行处分听证会，因为它可以成为进一步延长学生停学处分的依据。

[31] 参见 Brian A. v. Stroudsburg Area Sch. Dist., 141 F. Supp. 2d 502 (M. D. Pa. 2001)，在该案中，法院认为，学生及其家长已经意识到学区的开除处分一直悬而未决，拖了好几个星期，因此将听证告知提前5天通知给学生及其家长是恰当的；Bivens v. Albuquerque Pub. Schs., 899 F. Supp. 556 (D. N. M. 1995)，在该案中，法院认为，尽管没有收到家长的回执，但在开除听证会举行前10天发出告知通知，在时间上是充裕的。

[32] 参见 Remer v. Burlington Area Sch. Dist., 286 F. 3d 1007（7th Cir. 2002），在该案中，法院认为，学生拒绝参加预定的开除听证会，因此他放弃了在案件中表达自身意见的权利。

[33] 参见 In re Roberts, 563 S. E. 2d 37 (N. C. Ct. App. 2002)，在该案中，一名学生要求由他的法律顾问代表他参加开除听证会，但遭到了教育委员会的拒绝。法院认为，校方的这种做法侵害了学生的正当程序权。许多法院都认识到，学生有权利向法律顾问寻求帮助，但是，学生的律师在参与纪律处分听证程序中所拥有的权利不同于其在庭审过程中所拥有的权利。参见 Osteen v. Henley, 13 F. 3d 221（7th Cir. 1993）；Newsome v. Batavia Local Sch. Dist., 842 F. 2d 920（6th Cir. 1988）；Lake Cent. Sch. Corp. v. Scartozzi, 759 N. E. 2d 1185 (Ind. Ct. App. 2001)。

[34] 参见 Ruef v. Jordan, 605 N. Y. S. 2d 530 (App. Div. 1993)。

[35] 参见 Fuller v. Decatur Pub. Sch. Bd. of Educ., 251 F. 3d 662（7th Cir. 2001）。

[36] 参见 Dillon v. Pulaski County Special Sch. Dist., 594 F. 2d 699（8th Cir. 1979）；In re E. J. W., 632 N. W. 2d 775 (Minn. Ct. App. 2001)。又见 Newsome, 842 F. 2d 920，在该案中，法院认为，为保护揭发学生吸毒行为的匿名告密者，听证会可以拒绝让该证人接受交叉质证，这样做并不违反"正当程序"条款；Brewer v. Austin Indep. Sch. Dist., 779 F. 2d 260（5th Cir. 1985），在该案中，法院认为，为防止报复行为的发生，在听证会中可以隐藏证人的姓名。

[37] 参见 Ruef, 605 N. Y. S. 2d 530。在该案中，鲁夫和另一名同学卷入了同一起事件，学区委员会的成员为此听取了两场分离的纪律处分听证会。法院认为，学区应仅以鲁夫的处分听证记录为依据对鲁夫作出最终的纪律处分决定，学区的做法侵害了鲁夫的权利。

[38] Keough v. Tate County Bd. of Educ., 748 F. 2d 1077（5th Cir. 1984）。又见 Snyder v. Farnsworth, 896 F. Supp. 96 (N. D. N. Y. 1995)，在该案中，法院认为，没有证据表明，由于听证会不对被处分学生提供证人的名单及其证言，以至于校方对该名学生产生了偏见；Covington County v. G. W., 767 So. 2d 187 (Miss. 2000)，在该案中，法院认为，学校管理方不对被处分学生提供证人名单的行为并未侵犯该名学生的正当程序权。

[39] Brewer, 779 F. 2d 260。又见 Nash v. Auburn Univ., 812 F. 2d 655（11th Cir. 1987）。在该案中，法院认为，大学提供的纪律处分听证是基本公正的，在听证中并不需要实施交叉质证和完全的

对抗程序。

[40] Newsome v. Batavia Local Sch. Dist., 842 F. 2d 920 (6th Cir. 1988)。又见 Dornes v. Lindsey, 18 F. Supp. 2d 1086 (C. D. Cal. 1998)。

[41] 学区未能依照州法的规定颁布相应的校规或未遵循州法是违反州法的行为，而非违反联邦宪法的行为。参见 White v. Salisbury Township Sch. Dist., 588 F. Supp. 608 (E. D. Pa. 1984)。又见 Rogers v. Gooding Pub. Joint Sch. Dist., 20 P. 3d 16 (Idaho 2001)，在该案中，法院认为，学生已经收到了有关实际情况的告知通知，因此学区依据错误的政策对该名学生提起诉讼并未侵犯该名学生的正当程序权。

[42] Kresser v. Sandusky Bd. of Educ., 748 N. E. 2d 620 (Ohio Ct. App. 2001)。

[43] Stone v. Prosser Consol. Sch. Dist. No. 116, 971 P. 2d 125 (Wash. Ct. App. 1999)。又见 *In re* Expulsion of E. J. W., 632 N. W. 2d 775 (Minn. Ct. App. 2001)，在该案中，学区指控一名学生参与了一起炸弹威胁案，但并未向其提供证人的名字，也未向其提供面对证人进行交叉质证的机会，因此法院认为，学区的做法违反了州法。

[44] Labrosse v. St. Bernard Parish Sch. Bd., 483 So. 2d 1253 (La. Ct. App. 1986)。

[45] Wilson v. Cmty. Comm. Unit Sch. Dist., 451 N. E. 2d 939 (Ill. App. Ct. 1983)。又见 McEntire v. Brevard County Sch. Bd., 471 So. 2d 1287 (Fla. Dist. Ct. App. 1985)，在该案中，一名学生因贩卖咖啡因胶囊而被学校开除。法院认为，除非学生以"速效"为标志来贩卖伪造胶囊，否则教育委员会的政策并不禁止学生在校内贩卖伪造胶囊；没有证据表明，学生曾经标榜该伪造的咖啡因胶囊是"速效"的，因此学校不能开除该名学生。

[46] Scoggins v. Henry County Bd. of Educ., 549 So. 2d 99 (Ala. Civ. App. 1989)。

[47] Brian A. v. Stroudsburg Area Sch. Dist., 141 F. Supp. 2d 502 (M. D. Pa. 2001)。

[48] 20 U. S. C. 8921 (2002)。绝大多数州都颁布了法律，禁止枪支或武器进入学校区域，以控制携带枪支进入校园或靠近学校的行为。

[49] 参见 Lyons v. Penn Hills Sch. Dist., 723 A. 2d 1073 (Pa. Commw. Ct. 1999)，在该案中，教育委员会将"零容忍"政策适用于学生持有枪支的行为，对持有枪支的学生处以了开除处分。依据州法，开除处分是一种法定的处分形式，学监必须逐案分析每一起开除处分案件，并以自身所具有的自由裁量权调整最终的处分结果。因此法院认为，教育委员会的做法超越了它的职责权限。又见 J. M. v. Webster County Bd. of Educ., 534 S. E. 2d 50 (W. Va. 2000)，在该案中，法院认为，在审查程序中，州法和地方学校委员会的政策给学生提供了多次免于处分的机会。

[50] Report to the ABA House of Delegates, February 19, 2001, American Bar Association, Chicago, IL.

[51] Ratner v. Loudoun County Pub. Schs., 16 Fed. Appx. 140, 143 (4th Cir. July 30, 2001)，拒绝上诉请求，534 U. S. 1114 (2002)。又见 S. Gibson Sch. Bd. v. Sollman, 768 N. E. 2d 437 (Ind. 2002)，在该案中，司法审判的目标是判断教育委员会的行为是否是任意的或反复无常的，而不是评估学校"零容忍"政策的严格程度。

[52] Seal v. Morgan, 229 F. 3d 567 (6th Cir. 2000)。又见 Colvin v. Lowndes County, Miss. Sch. Dist., 114 F. Supp. 2d 504 (N. D. Miss. 1999)，在该案中，法院认为，教育委员会未考虑案件事实和学生的违纪情节，就依照学校的"零容忍"

政策开除了该名学生，侵犯了该名学生的正当程序权。

[53] 参见 Bundick v. Bay City Indep. Sch. Dist., 140 F. Supp. 2d 735, 740 (S. D. Tex. 2001)。在该案中，法院认为，学生应该知道，自己"持有武器就会受到处罚"。

[54] 419 U. S. 565 (1975)。针对那些施加危险行为或威胁他人的学生，学区应该尽可能快地发出告知通知和举行听证会。参见 Willis v. Anderson Cmty. Sch. Corp., 158 F. 3d 415 (7th Cir. 1998); C. B. v. Driscoll, 82 F. 3d 383 (11th Cir. 1996); Craig v. Selma City Sch. Bd., 801 F. Supp. 585 (S. D. Ala. 1992)。

[55] 参见 Meyer v. Austin Indep. Sch. Dist., 167 F. 3d 887 (5th Cir. 1999)，在该案中，法院指出，尽管学校管理方与学生的家长进行了谈话，但是学生不一定有机会了解谈话的内容和目的。又见 Achman v. Chi. Lakes Indep. Sch. Dist., 45 F. Supp. 2d 664 (D. Minn. 1999)，在该案中，法院认为，学生家长不让自己的孩子参加停学听证会的行为并不会阻碍其获得听证的机会，特别是在校长目击到该名学生的违纪行为时，情况尤其如此。

[56] 参见 Kubany v. Sch. Bd. of Pinellas County, 839 F. Supp. 1544 (M. D. Fla. 1993)，在该案中，学生行为规章中规定，只要提供了充分的正当程序，教育委员会和管理人员应该支持校长作出的纪律处分决定。法院认为，该规章合法；Riggan v. Midland Indep. Sch. Dist., 86 F. Supp. 2d 647 (W. D. Tex. 2000)，在该案中，法院认为，校长也是案件的受害方，因此他不可以成为公正的处分决定制定者。

[57] Bethel Sch. Dist. No. 403 v. Fraser, 478 U. S. 675, 686 (1986)。又见 Covington County v. G. W., 767 So. 2d 187 (Miss. 2000).

[58] Boynton v. Casey, 543 F. Supp. 995 (D. Me. 1982)。在其他的一些案件中，也论及到了"沉默权"。在这些案件中，学生们诉称，学校的纪律处分程序应该按照最高法院在米兰达诉亚利桑那州案 [Miranda v. Arizona, 384 U. S. 436 (1966)] 中所确定的原则来设定。在该案中，法院认为，在交叉质证过程中，学校应该告诉学生拥有以下权利：保持沉默的权利、被告知本人在质证中所说的话都会成为控罪依据的权利、聘请法律顾问的权利。很显然，在米兰达案的判决中，最高法院认为，在个体第一次接受警察有关刑事指控的讯问时，他有权利依照第五修正案所授予的权利反对自我控罪。因为在上述案件中，法院发现，学生的监护人并没有参与学生和学校管理方的讨论，所以决定不审理这些指控。参见 Cason v. Cook, 810 F. 2d 188 (8th Cir. 1987); Pollnow v. Glennon, 757 F. 2d 496 (2nd Cir. 1985); Brian A. v. Stroudsburg Area Sch. Dist., 141 F. Supp. 2d 502 (M. D. Pa. 2001); G. J. v. State, 716 N. E. 2d 475 (Ind. Ct. App. 1999); 案由 Harold S., 731 A. 2d 265 (R. I. 1999)。又见 In re R. H., 791 A. 2d 331 (Pa. 2002)，在该案中，法院认为，因讯问所导致的刑事指控是由警方所提起的，并不是由学校管理方所作的处罚；而且，在对学生进行讯问时，学校警卫与市政警察所行使的权利是一样的，因此应该给学生一个米兰达案那样的告知警告。

[59] Edwards v. Rees, 883 F. 2d 882 (10th Cir. 1989).

[60] Goss v. Lopez, 419 U. S. 565, 583-584 (1975).

[61] Paredes v. Curtis, 864 F. 2d 426, 429 (6th Cir. 1988).

[62] Palmer v. Merluzzi, 868 F. 2d 90 (3rd Cir. 1989)。又见 Donovan v. Ritchie, 68 F. 3d 14 (1st Cir. 1995)，在该案中，

法院认为，除停学 10 天之外、学校还可以禁止该名被处分学生参加校际运动会和其他活动，也不需要为该名学生提供更正式的程序保护。

[63] Keough v. Tate County Bd. of Educ., 748 F. 2d 1077, 1081 (5th Cir. 1984).

[64] Lamb v. Panhandle Comm. Unit Sch. Dist. No. 2, 826 F. 2d 526 (7th Cir. 1987).

[65] Ohio Rev. Code§3313. 66(2002).

[66] 24 Pa. Stat. Ann. §13-1318 (2002).

[67] Mifflin County Sch. Dist. v. Steward, 503 A. 2d 1012 (Pa. Commw. Ct. 1986).

[68] Cole v. Newton Special Mun. Separate Sch. Dist., 676 F. Supp. 749 (S. D. Miss. 1987)，维持原判，853 F. 2d 924 (5th Cir. 1988).

[69] Dickens v. Johnson County Bd. of Educ., 661 F. Supp. 155 (E. D. Tenn. 1987)。又见 Rasmus v. Arizona, 939 F. Supp. 709 (D. Ariz. 1996)。在该案中，原告诉称，教师将他隔离了 10 分钟，因此他无法在这段时间里写作业。但是，法院认为，原告的诉讼理由过于轻微，教师的做法并未侵犯他的必然权利。

[70] Goss v. Lopez, 419 U. S. 565, 583 (1975)。参见 Hammock v. Keys, 93 F. Supp. 2d 1222 (S. D. Ala. 2000)。在该案中，法院认为，学校在搜查完该名学生的车后，马上对其实施停学处分是合法的，符合实施停学处分所要遵循的正当程序要求。

[71] 法院也认为，对公立教育项目的具体细节，学生并不具有任何天然的权利。举例来说，在罗得岛的一起案件中，学校在学期末的最后五个星期将一名违纪学生从科学班中转出，让他在同一个科学教师的指导下接受个别教育。联邦地区法院认为，学校的做法是合法的，并未剥夺该名学生的受教育权。Casey v. Newport Sch. Comm., 13 F. Supp. 2d 242 (D. R. I. 1998)。

[72] 参见 McCall v. Bossier Parish Sch. Bd., 785 So. 2d 57 (La. Ct. App. 2001)。又见 Martinez v. School Dist. No. 60, 852 P. 2d 1275 (Colo. Ct. App. 1992)，在该案中，被处分学生诉称，学校在对他们处以强制转学 90 天的处分时，并未举行听证。法院认为，学生的教育进程并未被打断，因此学校的做法是合法的，驳回了学生的指控。

[73] R. R. v. Bd. of Educ. 263 A. 2d 180 (N. J. Super. Ct. App. Div. 1970).

[74] Johnson, v. Bd. of Educ, 393 N. Y. S. 2d 510 (Sup. Ct. 1977).

[75] Everett v. Marcase, 426 F. Supp. 397, 400 (E. D. Pa. 1977)。又见 Riggan v. Midland Indep. Sch. Dist., 86 F. Supp. 2d 647 (W. D. Tex. 2000)，在该案中，学区对一名学生作出了严厉的纪律处分，该名学生除被停学 3 天外，还不能顺利毕业，另外在替代学校学习期间还要完成 5 天的作业及写 2 封道歉信。法院认为，学校的处分影响到了该名学生的必然权利，因此应该为其提供最低限度的正当程序保护。

[76] Nevares v. San Marcos Consol. Indep. Sch. Dist., 111 F. 3d 25 (5th Cir. 1997)。又见 Stafford Mun. Sch. Dist. v. L. P., 64 S. W. 3d 559 (Tex. App. 2001)，在该案中，法院认为，依据得克萨斯州的法律，将一名犯有重罪的学生转入替代教育项目之中学习并未侵犯该名学生依据宪法所享有的财产权和自由权。

[77] American Academy of Pediatrics, "Corporal Punishment in Schools," *Pediatrics*, vol. 106 (August 2000), p. 343。各州有关体罚的制定法请参见 http://www.aap.org/advocacy/corpchrt.htm。美国小儿科学会认为，体罚会影响学生的成绩，有

害于学生自我形象的塑造，并且易于诱发学生的破坏性行为和暴力行为，因此建议各州废除有关体罚的法律。

[78] 参见 LeBoyd v. Jenkins，381 So. 2d 1290（La. Ct. App. 1980）；Gaspershon v. Harnett County Bd. of Educ.，330 S. E. 2d 489（N. C. Ct. App. 1985）；Burton v. Kirby，775 S. W. 2d 834（Tex. Civ. App. 1989）。

[79] 430 U. S. 651（1977）。又见 Cunningham v. Beavers，858 F. 2d 269（5th Cir. 1988），在该案中，法院认为，得克萨斯州禁止体罚的法律并不违反宪法中的"平等保护"条款。

[80] 法院指出，尽管联邦地区法院早先所提出的体罚程序是令人满意的，但是依据美国宪法，学校并不需要必然采用这种程序。参见 Baker v. Owen，395 F. Supp. 294（M. D. N. C. 1975），维持原判，430 U. S. 651（1977）。

[81] Johnson v. Newburgh England Sch. Dist.，239 F. 3d 246（2nd Cir. 2001）；Neal v. Fulton County Bd. of Educ.，229 F. 3d 1069（11th Cir. 2000）；P. B. v. Koch，96 F. 3d 1298（9th Cir. 1996）；Metzger v. Osbeck，841 F. 2d 518（3rd Cir. 1988）；Wise v. Pea Ridge Sch. Dist.，855 F. 2d 560（8th Cir. 1988）；Garcia v. Miera，817 F. 2d 650（10th Cir. 1987）；Webb v. McCullough，828 F. 2d 1151（6th Cir. 1987）；Hall v. Tawney，621 F. 2d 607（4th Cir. 1980）。参见本章第 84 条注释所对应的正文。

[82] *Hall*，621 F. 2d at 613。

[83] 参见 *Neal*，229 F. 3d 1069；*Wise*，855 F. 2d 560。

[84] Moore v. Willis Indep. Sch. Dist.，233 F. 3d 871（5th Cir. 2000）；Wallace v. Batavia Sch. Dist. 101，68 F. 3d 1010（7th Cir. 1995）。

[85] *Wise*，855 F. 2d at 564。又见 *Garcia*，817 F. 2d 650；Woodard v. Los Fresnos Indep. Sch. Dist.，732 F. 2d 1243（5th Cir. 1984）。

[86] Harris v. Robinson，273 F. 3d 927（10th Cir. 2001）。

[87] *Wise*，855 F. 2d 560。又见 Bisignano v. Harrison Cent. Sch. Dist.，113 F. Supp. 2d 591（S. D. N. Y. 2000），法院认为，该案是因物理势能而导致该名八年级女生的胳膊上留下了红痕，老师的行为并未违反主要的正当程序。

[88] Gottlieb v. Laurel Highlands Sch. Dist.，272 F. 3d 168（3rd Cir. 2001）。

[89] Brooks v. Sch. Bd.，569 F. Supp. 1534（E. D. Va. 1983）。又见 Smith v. Half Hollow Hills Cent. Sch. Dist.，298 F. 3d 168（2nd Cir. 2002），在该案中，法院认为，教师只是打了学生一巴掌，并没有侵犯该名学生的主要正当程序权；但是，是否是因为一巴掌程度不重、不够残忍，才不需要正当程序保护呢？对此问题，法院未予作答；Lilliard v. Shelby County Bd. of Educ.，76 F. 3d 716（6th Cir. 1996），在该案中，法院认为，教师只是打了学生一巴掌，达不到违反宪法的程度。

[90] Garcia v. Miera，817 F. 2d 650（10th Cir. 1987）。

[91] Neal v. Fulton County Bd. of Educ.，229 F. 3d 1069（11th Cir. 2000）。

[92] Metager v. Osbeck，841 F. 2d 518（3rd Cir. 1988）。

[93] 参见本章第 77 条注释所对应的正文。

[94] 参见 Sch. Dist. v. Geller，755 N. E. 2d 1241（Mass. 2001）；Burton v. Kirby，775 S. W. 2d 834（Tex. Civ. App. 1989）；Simmons v. Vancouver Sch. Dist.，704 P. 2d 648（Wash. Ct. App. 1985）。

[95] Tomczik v. State Tenure Comm'n，438 N. W. 2d 642（Mich. Ct. App. 1989）。

[96] Rolando v. Sch. Dirs. 358 N. E. 2d 945（Ill. App. Ct. 1976）。

[97] Daily v. Bd. of Educ., 588 N. W. 2d 813 (Neb. 1999).

[98] Regents of Univ. of Mich. v. Ewing, 474 U. S. 214, 225 (1985).

[99] 在格拉特斯委员会诉霍洛维兹案[Bd. of Curators v. Horowitz, 435 U. S. 78 (1978)]中,最高法院反复强调,学校有权利制定和实施学术标准。在该案中,一名医科学校的学生诉称,她未收到校方的告知通知,也未获得正式的听证,就被学校开除了,学校的做法侵害了她的宪法权利。但是,最高法院认为,校方在实施学术性开除时,不需要向学生提供听证机会,因此学校的做法没有侵犯该名女生的自由权或财产权。

[100] Knight v. Bd. of Educ., 348 N. E. 2d 199 (Ill. App. Ct. 1976).

[101] Campbell v. Bd. of Educ., 475 A. 2d 289, 294 (Conn. 1984).

[102] State v. McHenry, 915 S. W. 2d 325 (Mo. 1995).

[103] Williams v. Bd. of Educ., 626 S. W. 2d 361 (Ark. 1982).

[104] Slocum v. Holton Bd. of Educ., 429 N. W. 2d 607 (Mich. Ct. App. 1988).

[105] Bitting v. Lee, 564 N. Y. S. 2d 791 (App. Div. 1990).

[106] R. J. J. *ex rel.* Johnson v. Shineman, 658 S. W. 2d 910 (Mo. Ct. App. 1983).

[107] M. S. v. Eagle-Unin Cmty. Sch. Corp., 717 N. E. 2d 1255 (Ind. Ct. App. 1999).

[108] Dorsey v. Bale, 521 S. W. 2d 76 (Ky. Ct. App. 1975).

[109] Katzman v. Cunberland Valley Sch. Dist., 479 A. 2d 671 (Pa. Commw. Ct. 1984). 又见 *In re* Angela, 340 S. E. 2d 544 (S. C. 1986). 在该案中,法院认为,依据州法,因停学而缺勤并不属于未经校方允许的、蓄意缺勤。

[110] Bd. of Trs. v. T. H., 681 So. 2d 110 (Miss. 1996).

[111] S. Gibson Sch. Bd. v. Sollman, 768 N. E. 2d 437 (Ind. 2002).

[112] New Braunfels Indep. Sch. Dist. v. Armke, 658 S. W. 2d 330 (Tex. Civ. App. 1983).

[113] 参见本章第81条注释所对应的正文,该段正文论及主要的正当程序权。

[114] Dunn v. Fairfield Cmty. High Sch. Dist., 158 F. 3d 962 (7th Cir. 1998), 上诉请求被驳回, 782 A. 2d 551 (Pa. 2001)。又见 Zellman v. Indep. Sch. Dist. No. 2758, 594 N. W. 2d 216 (Minn. Ct. App. 1999),在该案中,一名学生因抄袭一项历史作品而被教师判零分。法院认为,老师的做法是合法的,并未侵犯该名学生的财产权和自由权。

[115] Valentine v. Indep. Sch. Dist. 183 N. W. 434 (Iowa 1921).

[116] Ream v. Centennial Sch. Dist., 765 A. 2d 1195 (Pa. Commw. Ct. 2001); 24 P. S. § 16-1613 (2002).

[117] Ladson v. Bd. of Educ., 323 N. Y. S. 2d 545 (App. Div. 1971).

[118] Fowler v. Williamson, 448 F. Supp. 497 (W. D. N. C. 1978)。又见 Reese v. Jefferson Sch. Dist. No. 14J, 208 F. 3d 736 (9th Cir. 2000),在该案中,四名女学生因在男生休息室内向男生投掷注水气球而被校方禁止参加毕业典礼,而男生却没有受到处罚,校方的解释是,他们事先对男生的不端行为并不知情。因此这些女生诉称校方的做法违反了"平等保护"条款。而法院认为,校方的做法是合法的,并未侵犯这些女生依据"平等保护"条款所享有的权利; Bundick v. Bay City Indep. Sch. Dist., 140 F. Supp. 2d 735 (S. D. Tex. 2001),在该案中,法院认为,参加毕业典礼并不是一种自由权或财产权。

[119] Flynn-Scarcella v. Pocono Moun-

tain Sch. Dist., 745 A. 2d 117 (Pa. Commw. Ct. 2000).

[120] Camara v. Mun. Ct. of S. F., 387 U. S. 523, 528 (1967).

[121] 参见 Mapp v. Ohio, 367 U. S. 643 (1961)。

[122] 在"非法证据排除"原则诞生之前，私人收集的证据也可以被法院接纳。参见 People v. Stewart, 313 N. Y. S. 2d 253 (1970)。

[123] 469 U. S. 325 (1985)。

[124] *Id.* at, 336。尽管最高法院拒绝适用"父母所在地"原则，但是第六巡回法院认为，发生在上学途中的搜查行为可以适用这一原则。法院认识到，学校管理人员对学生的校外行为负有监管义务，因此应该赋予他们一定的、必要的权利，以帮助他们干预一定范围的学生活动，保护大多数学生免于受到伤害。Webb v. McCullough, 828 F. 2d 1151 (6th Cir. 1987)。

[125] T. L. O., 469 U. S. at 340.

[126] *Id.* at 341.

[127] *Id.* at 342.

[128] *Id.*

[129] 大法官布伦纳对 **T. L. O. 案**的判决持异议，他认为，"只要内容确定就可实施搜查的标准不同于'正当理由标准'"。他指出，创造一个"模糊"的标准而放弃"合理根据标准"是不明智的和无必要的，因为这种改变会导致相关诉讼的增加并造成学校管理人员的困惑。*Id.* at 354。

[130] 参见 Vernonia Sch. Dist. 47J v. Acton, 515 U. S. 646 (1995); T. L. O., 469 U. S. 325; Cornfield v. Consol. High Sch. Dist. No. 230, 991 F. 2d 1316 (7th Cir. 1993); *In re* Angelia D. B., 564 N. W. 2d 682 (Wis. 1997)。

[131] Terry v. Ohio, 392 U. S. 1, 21 (1968).

[132] 参见 Cornfield, 991 F. 2d 1316; People v. Taylor, 625 N. E. 2d 785 (Ill. App. Ct. 1993); State v. Finch, 925 P. 2d 913 (Or. Ct. App. 1996)。

[133] 参见 C. B. v. Driscoll, 82 F. 3d 383 (11th Cir. 1996); *In re* L. A., 21 P. 3d 952 (Kan. 2001), 在该案中，法院认为，根据学生泄露给刑事犯罪阻止者组织的信息，校方对该名学生的怀疑是正当的。最高法院在 **T. L. O. 案**的判决中指出，在学校环境中，个体对隐私权的期望应该有所降低，不需要达到证据可靠的程度，学校管理方就可以邀请警察介入调查。参见 Florida v. J. L., 529 U. S. 266 (2000), 该案例论及法律实施的更高标准。

[134] 参见 S. D. v. State, 650 So. 2d 198 (Fla. Dist. Ct. App. 1995)。

[135] *In re* Alexander B., 270 Cal. Rptr. 342, 344 (Ct. App. 1990).

[136] New Jersey v. T. L. O., 469 U. S. 325, 342 n. 8 (1985).

[137] 参见 Bell v. Marseilles Elementary Sch., 160 F. Supp. 2d 883 (N. D. Ill. 2001); Kennedy v. Dexter Consol. Schs., 10 P. 3d 115 (N. M. 2000)。

[138] Katz v. United States, 389 U. S 347, 351-352 (1967).

[139] *Id.* at 361 （大法官哈伦对此表示支持）。

[140] United States v. Chadwick, 433 U. S. 1, 7 (1977).

[141] Terry v. Ohio, 392 U. S. 1, 9 (1968)。又见 State v. Drake, 662 A. 2d 265 (N. H. 1995)。

[142] *In re* S. C., 583 So. 2d 188 (Miss. 1991), 引自 New Jersey v. T. L. O., 469 U. S. 325, 339 (1985)。

[143] 参见本章第 199 条注释所对应的正文，该段正文论及有关法律执行人员的案件。

[144] State v. Stein, 456 P. 2d 1, 2 (Kan. 1969).

[145] Zamora v. Pomeroy, 639 F. 2d

662，670 (10th Cir. 1981)。

［146］参见 *In re* Patrick Y.，746 A. 2d 405（Md. 2000）；Commonwealth v. Cass，709 A. 2d 350 (Pa. 1998)；*In re* Isiah B.，500 N. W. 2d 637 (Wis. 1993)。又见 *In re* S. C.，583 So. 2d 188，在该案中，学校政策规定，校方可以持有学生抽屉的主钥匙，并可以对学生的加锁抽屉进行常规检查。法院认为，校方的做法具有安全价值，并不会降低学生个体对隐私的期望。

［147］*In re* S. C.，583 So. 2d at 192。又见 State v. Joseph T.，336 S. E. 2d 728 (W. Va. 1985)，在该案中，法院认为，校方在学生抽屉里发现了一件装有毒品的夹克，因此校方有理由搜查该名学生饮用的酒精饮料，后一搜查行为之所以得以实施，是因为校方存在正当的怀疑。

［148］*In re* Joseph G.，38 Cal. Rptr. 2d 902 (Ct. App. 1995)。又见 Commonwealth v. Carey，554 N. E. 2d 1199 (Mass. 1990)，在该案中，法院认为，根据两名学生的告密，校方可以对一名学生的抽屉进行搜查，以防其持有枪支。

［149］Commonwealth v. Snyder，597 N. E. 2d 1363 (Mass. 1992)。又见 People v. Taylor，625 N. E. 2d 785 (Ill. App. Ct. 1993)；S. A. v. State，654 N. E. 2d 791 (Ind. Ct. App. 1995)。

［150］Commonwealth v. Cass，709 A. 2d 350，353（Pa. 1998）。又见 *Snyder*，597 N. E. 2d 1363，在该案中，法院认为，依据学生手册，学生对自己的加锁抽屉具有隐私期望；*In re* Patrick Y.，746 A. 2d 405（Md. 2000），在该案中，地方教育委员会的政策规定，只要具有正当理由，校方就可以搜查加锁的抽屉。法院认为，因为州法规定，加锁的抽屉属于学校的资产，即使没有合理的怀疑，校方也可以对抽屉进行搜查，所以地方教育委员会的政策并不意味着学生可以对自己的加锁抽屉拥有合理的隐私期望。

［151］MCLS § 380. 1306 (2001)。又见 Ohio Rev. Code § 3313. 20（该部法律明确规定，如果有证据表明，学生的行为违反了校规或法律，那么校方就可以因为存在正当理由怀疑而对该名学生的抽屉进行搜查；另外，如果教育委员会在学校每一幢建筑物的显眼位置都张贴了公告，说明学校会对学生的抽屉进行随机搜查，也可以取得同样的效果）。但是，在俄亥俄州的一起上诉案中，法院认为，该部法律有关搜查行为的规定违反了俄亥俄州宪法和联邦宪法。*In re* Adam，697 N. E. 2d 1100 (Ohio Ct. App. 1997)。

［152］New Jersey v. T. L. O.，469 U. S. 325，346 (1985)。

［153］*In re* Doe，887 P. 2d 645 (Haw. 1994)。

［154］*In re* Gregory M.，606 N. Y. S. 2d 579 (1993)。又见 DesRoches v. Caprio，156 F. 3d 571 (4th Cir. 1998)，在该案中，法院认为，学生对自己的背包具有合法的隐私期望，除非学校对学生的背包存在必要的个体化怀疑，否则不能搜查学生的背包；S. A. v. State，654 N. E. 2d 791 (Ind. Ct. App. 1995)，在该案中，法院认为，有告密者表示，该名学生偷了学校储藏室中的一本书，因此学校可以搜查该名学生的书包；*In re* Murray，525 S. E. 2d 496 (N. C. App. 2000)，在该案中，法院认为，有学生告密，因此校方存在正当怀疑，可以搜查一名学生的书包。

［155］*In re* William G.，709 P. 2d 1287 (Cal. 1985)。又见 People v. Dilworth，661 N. E. 2d 310 (Ill. 1996)，在该案中，法院认为，因为有人报告，该名学生正在贩卖毒品，所以校方可以搜查他的手电筒。

［156］Commonwealth v. Buccella，751 N. E. 2d 373 (Mass. 2001)。

［157］Jones v. Latexo Indep. Sch. Dist.，499 F. Supp. 223 (E. D. Tex. 1980)。又见

Burnham v. West, 681 F. Supp. 1160 (E. D. Va. 1987)。

[158] State v. D. T. W., 425 So. 2d 1383 (Fla. Civ. App. 1983)。又见 Covington County v. G. W., 767 So. 2d 187 (Miss. 2000), 在该案中, 法院认为, 因为有人报告, 该名学生在学校停车场喝啤酒, 所以即使没有搜查证, 校方也可以对该名学生的车厢进行搜查。

[159] 参见 Brousseau v. Town of Westerly, 11 F. Supp. 2d 177 (D. R. I. 1998)。

[160] Horton v. Goose Creek Indep. Sch. Dist., 690 F. 2d 470, 478 (5th Cir. 1982)。

[161] In re Josue T., 989 P. 2d 431 (N. M. App. 2000)。又见 Greenleaf v. Cote, 77 F. Supp. 2d 168 (D. Me. 1999), 在该案中, 法院认为, 依据学生告密者提供的信息, 校方有权利对该名学生进行人身搜查, 以查找其饮用啤酒的证据; Wilcher v. State, 876 S. W. 2d 466 (Tex. Ct. App. 1994), 在该案中, 法院认为, 有信息表明, 该名学生持有枪支, 因此校方存在正当怀疑, 可以对该名不在教室里上课的学生进行搜查。

[162] Wynn v. Bd. of Educ., 508 So. 2d 1170 (Ala. 1987)。又见 Bridgman v. New Trier High Sch. Dist. No. 203, 128 F. 3d 1146 (7th Cir. 1997), 在该案中, 法院认为, 从该名学生的违纪行为、充血的眼睛以及扩大的瞳孔来看, 校方存在正当怀疑, 可以对其进行搜查; D. B. v. State, 728 N. E. 2d 179 (Ind. Ct. App. 2000), 在该案中, 法院认为, 根据从澡堂传出的烟味以及喊话时该名学生不做应答的表现, 校方可以对该名学生进行搜查。

[163] State v. B. A. S.; 13 P. 3d 244, 246 (Wash. App. 2000)。又见 D. I. R. v. State, 683 N. E. 2d 251 (Ind. Ct. App. 1997), 在该案中, 法院认为, 因该名女生迟到而搜查她的钱包的做法是非法的; Commonwealth v. Damian D., 752 N. E. 2d 679 (Mass. 2001), 在该案中, 法院认为, 该名学生的旷课行为并不足以构成校方对他的正当怀疑, 因此学校管理人员不能据此对该名学生进行搜查。

[164] M. M. v. Anker, 607 F. 2d 588, 589 (2nd Cir. 1979)。

[165] Doe v. Renfrow, 631 F. 2d 91, 92-93 (7th Cir. 1980)。

[166] Bilbrey v. Brown, 738 F. 2d 1462 (9th Cir. 1984)。

[167] State ex rel. Galford v. Mark Anthony B., 433 S. E. 2d 41 (W. Va. 1993)。又见 Fewless v. Bd. of Educ., 208 F. Supp. 2d 806 (W. D. Mich. 2002), 在该案中, 法院认为, 依据两名抱有敌意的同班同学的报告, 就对一名14岁的学生进行脱衣搜查的行为是不合法的, 因为校方并不存在对该名学生的正当怀疑; Konop v. Northwestern Sch. Dist., 26 F. Supp. 2d 1189 (D. S. D. 1998), 在该案中, 法院认为, 对一名八年级的女生进行脱衣搜查是不合理的, 很显然, 校方的这种行为违反了"不立国教"条款; Kennedy v. Dexter Consol. Schs., 10 P. 3d 115 (N. M. 2000), 在该案中, 法院认为, 为找到丢失的戒指, 校方在不存在正当怀疑的情况下就对两名高中生进行脱衣搜查, 无疑违反了"不立国教"条款。

[168] Bell v. Marseilles Elementary Sch., 160 F. Supp. 2d 883 (N. D. Ill. 2001)。

[169] Williams v. Ellington, 936 F. 2d 881 (6th Cor. 1991)。又见 Rone v. Daviess County Bd. of Educ., 655 S. W. 2d 28 (Ky. Ct. App. 1983)。

[170] Cornfield v. Consol. High Sch. Dist. No. 230, 991 F. 2d 1316 (7th Cir. 1993)。又见 Jenkins v. Talladega City Bd. of Educ., 115 F. 3d 821 (11th Cir. 1997), 在该案中, 为了找到丢失的7美元, 一名教师及学校校长对3名二年级的学生进行

了脱衣搜查。事情发生在 1992 年，而当时有关校园搜查的法律权限尚未确定，因此法院认为，该名教师及校长可以免于控罪。

[171] Jones v. Latexo Indep. Sch. Dist., 499 F. Supp. 223 (E. D. Tex. 1980).

[172] Tarter v. Raybuck, 742 F. 2d 977, 980 (6th Cir. 1984).

[173] 参见 Rone v. Daviess County Bd. of Educ., 655 S. W. 2d 28 (Ky. Ct. App. 1983); Commonwealth v. Carey, 554 N. E. 2d 1199 (Mass. 1990).

[174] Jessica Portner, "Girl's Slaying Elicits Calls for Metal Detectors," *Education Week* (March 15, 2000), p. 3.

[175] *In re* F. B., 726 A. 2d 361 (Pa. 1999).

[176] Thompson v. Carthage Sch. Dist., 87 F. 3d 979 (8th Cir. 1996).

[177] People v. Pruitt, 662 N. E. 2d 540 (Ill. App. Ct. 1996)。又见 *In re* Latasha, 70 Cal. Rptr. 2d 886 (Cal. Ct. App. 1998)，在该案中，法院认为，在不存在特殊怀疑的情况下，校方可以进行"特殊需要"的行政搜查，比如使用金属探测器进行最低限度的搜查。

[178] Zamora v. Pomeroy, 639 F. 2d 662, 670 (10th Cir. 1981)。又见 Bundick v. Bay City Indep. Sch. Dist., 40 F. Supp. 2d 735 (S. D. Tex. 2001)，在该案中，法院认为，在没有搜查证的情况下，只要受过训练的、持有证书的警犬发出了警报，校方就可以对该名学生的行李进行搜查。

[179] Horton v. Goose Creek Indep. Sch. Dist., 690 F. 2d 470 (5th Cir. 1982)。又见 Jennings v. Joshua Indep. Sch. Dist., 877 F. 2d 313 (5th Cir. 1989); Jones v. Latexo Indep. Sch. Dist., 499 F. Supp. 223 (E. D. Tex. 1980).

[180] 最高法院认为，机场方暂时拖延旅客行李的主要目的是，让受过训练的毒品搜查犬嗅一嗅这些行李，进行"嗅觉"检查，这种行为并不构成第四修正案所指的搜查行为。使用犬科动物进行检查的特点在于，它是一种非常有限的调查，只会对被检查者的隐私造成轻微的泄露。United States v. Place, 462 U. S. 696 (1983)。又见 *Horton*, 690 F. 2d at 477，该案例论及其他一些有关法律执行的案件。

[181] 在拒绝重审该案之后，法院对狗的可靠性问题作出了说明。法院认为，学区在进行搜查时，并不需要"确信违禁品一定存在……甚至在存在正当理由时，也不需要确定搜查行为一定可以找到违禁品"。但是，必须有证据表明，狗的表现是足够可靠的，足以让校方产生正当的怀疑。*Horton*, 693 F. 2d 524, 525。又见 Commonwealth v. Cass, 709 A. 2d 350 (Pa, 1998)，在该案中，法院认为，依据第四修正案，犬科动物的嗅觉检查并不是搜查。

[182] Doe v. Renfrow, 631 F. 2d 91 (7th Cir. 1980).

[183] *Jones*, 499 F. Supp. at 233.

[184] *Id*。又见 Kuehn v. Renton Sch. Dist. No. 403, 694 P. 2d 1078, 1081 (Wash. 1985)，在该案中，州高等法院指出，"第四修正案要求搜查者针对被搜查的个体形成具体的怀疑，而不是形成综合性的可能怀疑"。

[185] *Horton*, 690 F. 2d 470.

[186] B. C. v. Plumas Unified Sch. Dist., 192 F. 3d 1260 (9th Cir. 1999).

[187] 依据 6 年来对众多 12 周岁～17 周岁青少年的研究，全国成瘾和物质滥用中心在 2001 年声明，在使用、持有或贩卖毒品的青少年中，约有 60% 的高中学生和 30% 的初中生会在 2001 年秋天重新回到学校之中。该研究报告还表明，在这些青少年中，约有 76.4% 的人（超过 150 万名学生）服食过大麻并且在就读于 12 年级时仍然在使用这种毒品。参见 *Malignant Neglect: Substance Abuse and America's Schools* National Center on Addiction and Substance A-

buse, September 2001, http: //casacolumbia. org/usr_doc/malignant. pdf.

[188] Skinner v. Ry. Labor Executives' Ass'n, 489 U. S. 602 (1989); Nat'l Treasury Employees Union v. Von Raab, 489 U. S. 656（1989）。又见 Juran v. Independence, Or. Sch. Dist., 898 F. Supp. 728 (D. Or. 1995)，在该案中，法院认为，体内酒精测试也会涉及到第四修正案所保护的权利。

[189] *Skinner*, 489 U. S. 602.

[190] *Nat'l Treasury Employees Union*, 489 U. S. 656.

[191] 515 U. S. 646 (1995).

[192] *Id* at 665.

[193] 122 S. Ct. 2559 (2002).

[194] *Id* at 2568.

[195] Linke v. Northwestern Sch. Corp., 763 N. E. 2d 972 (Ind. 2002).

[196] 因为大多数学生都参加课外活动，所以看起来学区必须对所有学生进行检测。

[197] Tannahill *ex rel*. Tannahill v. Lckney Indep. Sch. Dist., 133 F. Supp. 2d 919 (N. D. Tex. 2001).

[198] Willis v. Anderson Cmty. Sch., 158 F. 3d 415 (7th Cir. 1998)。又见 Joy v. Penn-Harris-Madison Sch. Corp., 212 F. 3d 1052 (7th Cir. 2000)，在该案中，法院认为，学校可以对参加课外活动以及开车上学的学生进行随机的毒品和酒精检测；但是，法院指出，为判断学生是否抽烟而对学生进行尼古丁检测的做法是非法的；Penn-Harris-Madison Sch. Corp. v. Joy, 768 N. E. 2d 940 (Ind. Ct. App. 2002)，在该案中，法院认为，依据州宪法，学校可以对参加课外活动以及开车上学的学生进行毒品和酒精检测，但是，对学生进行尼古丁检测的做法则侵害了学生的自由权。

[199] 参见 Picha v. Wielgos, 410 F. Supp. 1214 (N. D. Ill. 1976); *In re* A. J. M., 617 So. 2d 1137 (Fla. Dist. Ct. App. 1993).

[200] 如果搜查行为是由受过训练的警员所实施或安排的，那么学区在进行搜查前所要适用的标准就是 **T. L. O. 案**所确立的"合理怀疑"标准而非"合理根据"标准。参见 State v, Serna, 860 P. 2d 1320 (Ariz. Ct. App. 1993); S. A. v. State, 654 N. E. 2d 791 (Ind. Ct. App. 1995); *In re* Angelia D. B., 564 N. W. 2d 682 (Wis. 1997).

[201] *Picha*, 410 F. Supp. 1214.

[202] Martens v. Dist. No. 220, 620 F. Supp. 29 (N. D. Ill. 1985)。又见 Commonwealth v. Carey, 554 N. E. 2d 1199 (Mass. 1990).

[203] Cason v. Cook 810 F. 2d 188 (8th Cir. 1987)。又见 Shade v. City of Farmington, 309 F. 3d 1054 (8th Cir. 2002)，在该案中，法院认为，即使学生离开了学校，在去往售货训练班（body shop class）的途中，只要应学校管理人员的要求，警察就可以对该名学生进行搜查；*In re* P. E. A., 754 P. 2d 382 (Colo. 1988).

[204] 参见 *In re* Randy G., 110 Cal. Rptr. 2d 516 (2001); *In re* Josue T., 989 P. 2d 431 (N. M. App. 1999); *In re* Angelia, 564 N. W. 2d 682 (Wis. 1997)。又见 Commonwealth v. Williams, 749 A. 2d 957 (Pa. Super. Ct. 2000), 上诉请求被驳回, 764 A. 2d 1069 (Pa. 2001), 在该案中，法院认为，学区警卫人员无权搜查学生停在校外的车辆。

[205] State v. McKinnon, 558 P. 2d 781 (Wash. 1977).

[206] *In re* D. E. M., 727 A. 2d 570 (Pa. Super. Ct. 1999).

[207] State v. D. T. W., 425 So. 2d 1838, 1385 (Fla. Civ. App. 1983)。又见 *In re* A. J. M., 617 So. 2d 1137 (Fla. Dist. Ct. App. 1993).

[208] Rone v. Daviess County Bd. of

Educ., 655 S. W. 2d 28（Ky. Ct. App. 1983）。又见 D. R. C. v. State, 646 P. 2d 252（Alaska Ct. App. 1982），在该案中，法院认识到，存在一个暗含的条件：只要警员参与了搜查行为，学校就必须达到正当理由标准。

[209] Milligan v. City of Slidell, 226 F. 3d 652（5th Cir. 2000）。又见 *In re* Randy G., 110 Cal. Rptr. 516（2001），在该案中，法院认为，学校安全管理人员暂时留住学生并对其进行讯问的行为并不会侵害学生依据第四修正案所享有的权利。又见 *In re* R. H., 791 A. 2d 331（Pa. 2002），在该案中，法院认为，在学校内，学校警卫人员具有与市政警察一样的权力；但是，学校警卫人员应该清楚，如果被讯问学生将面临刑事指控，就必须在讯问前向该名学生发出**米兰达案**那样的告知通知。

[210] 即使在刑事诉讼中，法院宣布该项证据不可被法院接纳，但是在停学或开除听证中，学校人员仍然可以采纳该项证据。

[211] 参见 Ingraham v. Wright, 430 U. S. 651（1997）。

[212] 参见 John A. v. San Bernardino City Unified Sch. Dist., 654 P. 2d 242（Cal. 1982）；McEntire v. Brevard County Sch. Bd., 471 So. 2d 1287（Fla. Civ. App. 1985）；Ruef v. Jordan, 605 N. Y. S. 2d 530（App. Div. 1993）。

[213] 参见 *In re* Roberts, 563 S. E. 2d 37（N. C. Ct. App. 2002）。

[214] 参见 Shuman v. Cumberland Valley Sch. Dist. Bd. of Dirs., 536 A. 2d 490（Pa. Commw. Ct. 1988）；Katzman v. Cunberland Valley Sch. Dist., 479 A. 2d 671（Pa. Commw. Ct. 1984）。

[215] 参见 Anable v. Ford, 663 F. Supp. 149（W. D. Ark. 1985）；Commonwealth v. Cass, 666 A. 2d 313（Pa. Super. Ct. 1995）；Coronada v. State, 835 S. W. 2d 636（Tex. Crim. App. 1992）。

[216] Howlett v. Rose, 496 U. S. 356（1990），发回重审，571 So. 2d 29（Fla. Dist. Ct. App. 1990）；Wood v. Strickland, 420 U. S. 308（1975）。根据州有色人种法律的规定，当公民受联邦法律所保护的权利受到侵害时，可以依据《美国法典》第42节第1983条的规定获得损害赔偿。又见 Logiodice v. Trs., 296 F. 3d 22（1st Cir. 2002），在该案中，一所私立学校通过招收高中生，而从多所公立学区中获得了学费补偿。但是法院认为，该私立学校并不是州政府的代理人，在对学生进行停学处分时，不需要向学生提供正当程序保护；参见第11章第209条注释所对应的正文。

[217] 420 U. S. 308（1975）。

[218] 435 U. S. 247（1978）。

[219] Boyd v. Bd. of Dirs., 612 F. Supp. 86（E. D. Ark. 1985）。

[220] Doe v. Renfrow, 631 F. 2d 91（7th Cir. 1980）。

[221] Kennedy v. Dexter Consol. Schs., 10 P. 3d 115（N. M. 2000）。

[222] Goss v. Lopez, 419 U. S. 565, 583（1975）。

[223] Tinker v. Des Moines Indep. Sch. Dist., 393 U. S. 503, 524（1969），大法官布莱克对此案判决持有异议。

第8章

雇佣条件和相关条款

基于州议会的授权，州拥有管理教育的职责，维持统一的公立学校制度是州的一项重要职责。法院清楚地认识到，州议会在建立、执行和管理公立教育方面享有充分的权力。通过颁布制定法，州议会可以制定公立教育系统运营的基本规则；不过，真正管理学校系统的职责则委托给了州教育委员会、州教育厅和地方教育委员会。遵照州议会确立的公立学校运营政策，州教育委员会、州教育厅和地方教育委员会可以制定相应的细则和规章。

在界定学校人员的雇佣权利方面，州的制定法和规章居于重要地位，但这些制定法和规章不能独立于州和联邦宪法条款、民权法以及教育委员会和教师工会的谈判协议之外。这些法律和协议可以对州颁布的学校法规予以控制或调整。举例来说，教育委员会拥有调动教师的权力，但教育委员会不得凭借此调动权对教师合法行使宪法权利进行处分。如果教育委员会与教师工会签订的主合同要求调动教师之前必须执行某些程序，则教育委员会的自由裁量权还要受到进一步的限制。

教育工作者的雇佣期限和条件属于受各州制定法及规章影响的领域。在公众强烈要求提高学生的学业成绩的压力下，许多州都制定了旨在提高公立学校绩效的教育改革法。这种做法不仅会对学校的课程和运营产生影响，也会影响公众对教育工作者的期望。地方教育委员会必须保证公立学校能够达到这些要求，因此法院认为，为履行这些职责，地方教育委员会可以扩展自身的权力。在本章中，我们将对有关教师资格、教师雇佣、教师合同、教师任期及相关教师雇佣条件的州法予以概述。此外，还将涉及两个问题，一是如何提高教育工作者的兴趣，二是如何使用享有版权的资料和如何向上级汇报儿童受虐待现象。至于涉及宪法权利或反歧视规定的具体工作要求，我们将在随后的章节中予以论述。

许可证或资格证

要在公立学校取得教师职位，预备教师必须取得州颁布的、有效的许可证或资格证（这两个词的含义是一样的，可以相互替代）。而颁布许可证的具体办法则取决于各州的制定法。州不仅有权利还有义务确定教师的最低合格标准，同时还要确保教师达到这些标准。尽管颁发许可证的职责隶属于州议会，但实际上，州议会将管理这一过程的权利委托给了州教育委员会和州教育厅。

州主要根据申请者的职业准备情况来决定是否授予其教师许可证。在大多数州，获得教师许可证的必要教育要求是大学毕业，并且多门课程达到最低要求的学分。获得教师许可证的其他先决条件还包括达到最低年龄、取得美国公民身份、签署忠诚誓言、学术考试合格等。此外，申请者还必须具备"良好的品德"。通常，要界定"良好的品德"由什么构成是困难的，因此，州颁证机构需要考虑一系列因素。[1]一般来说，只要州颁证机构对申请者的"品德"作出了评判，法院就不会对此进行裁决；除非申请者受制定法和宪法所保护的权利受到了侵害，否则法院不会对此予以干预。

在大学里未开展教师教育项目之前，州通常要求申请者通过考试以获得教师许可证。多年以来，仅有南方的几个州要求申请者通过考试以获取许可证。但是，随着对提高教师质量的强调以及强有力的标准化许可证（standards-based licensure）运动的发展，许多州针对教师教育项目、首次获得许可证和许可证更新制定了各种标准化测试或业绩评估标准。[2]如果州政府设立了测试或评估程序，并将之作为获得教师许可证的基本合格条件，则未能通过此测试或评估程序的申请者就不能获得教师许可证。[3]州使用的标准化测试主要是"国家教师考试"（National Teachers Examination）。尽管有证据显示，该测试对于少数种族的申请者来说是不利的，但联邦最高法院仍然支持州政府采用此标准化测试。[4]（依据宪法和制定法而对雇佣测试提起的法律诉讼，我们将在第10章中予以讨论。）

签署忠诚宣誓是获得教师许可证的一项条件，但是州政府不得以此誓言来限制教师受联邦宪法保护的结社自由权。联邦最高法院认为，要求教师保证自己不是颠覆性组织的成员之类的誓言是无效的[5]；不过，州政府可以要求教师签署尽忠职守以及拥护联邦宪法和各州宪法的誓言。[6]根据联邦最高法院的判决，忠诚宣誓必须严格限定于拥护政府并不以武力手段推翻政府。[7]

获得教师许可证的一项条件是，教师必须是美国公民。在1979年的一起案件中，联邦最高法院就纽约州的类似法规是否违反了第十四修正案规定的"平等保护"条款作出了裁决。[8]根据纽约州教育法，如果个体达到申请美国公民身份的条件却拒绝加入美国国籍，则该个体不得获得教师许可证。尽管最高法院对州政府的雇佣权进行了限制，使其不得排除外国侨民接受政府的雇佣，但最高法院也认识到，"州政府的某些职能是与其作为一个政府机构的整体运作紧密联系在一起的，对那些非自治政府成员的人，法院应允许州政府享有不雇用他们的权力"[9]；应用此原则，最高法院认为，教育是"州政府职能"的一个重要组成部分，因此，州政府只需要证明，要求教师具有美国公民身份和合法的公共利益之间存在着合理的关系。在该案中，最高法院的结论是，纽约州享有推动其教育目标的利益，因此它可以颁布制定法要求教师必须具备美国公民的身份。

一些州试图通过立法施加新的或附加要求作为更新教师许可证的一个条件，这引发了不少法律诉讼。得克萨斯州最高法院认为，即使对于获得终身执教许可证的教师，如果他想继续被聘用，也必须通过一项考试。[10]因为该法院认为，教师许可证是一种"执照"、而非"合同"，所以它认为，州可以提出新的要求作为教师保留许可证的条件。康涅狄格州最高法院尽管将执教许可证视为合同，仍然认为，州有权力以每五年更新一次的教师许可证来取代终身许可证，并将教师完成继续教育作为更新的条件。[11]该法院指出，州享有改善公立教育的重要权益，因此更新执教许可证所发生的变化，只会对教师的合同权造成轻微的伤害，是能够为宪法所接受的。但是，依据州制定法，罗得岛州最高法院则认为，如果教师未达到新的执教要求，州中小学教育委员会不得撤销对其已生效的五年期合法许可证。[12]该州法律规定，在限定的生效期内，教师许可证具有合法效力，仅可因法定理由才能被撤销；除非教师的许可证到期了，州才能要求教师达到新的执教要求。

根据不同的类别，州可以颁发具有不同有效期限的教师许可证，例如紧急许可证、临时许可证、短期许可证、专业许可证和永久许可证等。如果教师想更新许可证或提升许可证的等级，则需另行参加大学课程的学习，参加其他继续教育活动，并通过考试。教师许可证还会注明教师所从事的特定专业岗位（诸如，教师、管理者或图书管理员）、学科领域（诸如，历史、英语、数学）以及所执教的年级（诸如，小学、高中）。教师许可证注明了教师所执教的学科，因此如果教师要教授特定学科的课程，就必须具有执教该学科的合法许可证。如果学区未能雇用持有合法许可证的教师，则不能通过州实施的学校认证，并失去州的财政支持。

教师资格证或教师许可证仅表明，教师达到了在该州执教的最低要求；它并不能保证教师肯定能获得相应的教师职位。因此，它既不能使个体享有在特定学区获得雇佣的权利，也不能确保个体在该州之内获得雇佣，更不能禁止地方教育委员会施加新的要求作为个体获得雇佣的附加条件。例如，在一例案件中，艾奥瓦州上诉法院认为，地方教育委员会可以要求体育教师在完成心肺复苏和水下安全训练之后方可获得雇佣。[13]不过，如果地方教育委员会施加新的附带条件，则须无差别地使用此条件，不得歧视。

为保障充分的雇佣权，教师在从事教学工作时，必须具备与之相应的、恰当等级的资格证。[14]根据大多数州的法律，教师被学区雇用之后，就必须将自己的资格证归入学区的档案。[15]在雇佣合同到期之前如果教师未能更新自己的许可证，未能达到保留许可证或获取高一级的许可证所必需的教育条件，则不能继续被雇用。缺乏恰当的许可证，教师即使签署了雇佣合同，该合同也不会具有法律效力。[16]

州不仅有权为教师颁发许可证[17]，还可以延缓或者撤销教师的许可证。尽管地方教育委员会可以针对教师提起诉讼，但只有州有权力更改教师的许可证。撤销教师的许可证是一种非常严厉的惩罚，它通常终止了教师将来执教的可能。因此，州必须依据法定的理由方能撤销教师的许可证，同时还必须为教师提供充分的程序权利。[18]撤销教师许可证的理由通常是不道德、不胜任工作、违反雇佣合同以及玩忽职守。合法地撤销教师许可证的例子包括：教师在申请工作时，呈交虚假的工作履历证明及证书，修改教师许可证（不道德）[19]；偷盗药品和钱（不符合教师身份的行为）[20]；袭击女性未成年人（缺乏良好的品德）[21]，骚扰其他教师，拿走机密档案材料，不恰当地讨论性生活（非专业行为）[22]；等等。

如果要撤销或暂停教师的许可证，就必须对教师的能力进行评估，不仅要考虑教师在课堂上的教学表现，还应该考虑教师在校外所从事的、可能影响到教学效果的行为。在一起案件中，一名教师参加了一个"新潮"俱乐部，化妆之后在电视上讨论不符合习俗的性行为。加利福尼亚州最高法院认为，该名教师的行为证明其并不适合教学，因而州撤销教师许可证是正当的。[23]俄亥俄州上诉法院判决，一名卷入福利金诈骗事件的教师不适合担任教师，州可以撤销其教师许可证。[24]在另一例案件中，堪萨斯州最高法院也认为，教师入室盗窃的行为充分说明其并不适合于教学，因而州可以撤销该教师的许可证。[25]除非有证据证明，撤销教师许可证的决定是不合理的或非法的，否则州教育委员会有权对教师是否适合教学进行判断，法院不会推翻州教育委员会所作的判断。[26]

地方教育委员会的雇佣问题

如前所述，获得教师资格证书或许可证并不能确保个体在州内获得教师职位；这些证书仅表明个体达到了担任教师职位的州最低要求。是否雇用执证教师或管理人员的决定权隶属于地方教育委员会。[27]尽管地方教育委员会所拥有的雇佣权非常宽泛，但其行为不得是任意的、反复无常的或者侵犯到个体受制定法或宪法所保护的权利。[28]而且，教育委员会必须遵守制定法所确定的雇佣程序，同时还要遵守地方政府规定的程序。[29]此外，教育委员会在制定雇佣决策时还必须保持中立的立场，不得构成种族、宗教、国籍和性别歧视。[30]除非个体受法律保护的公民权利受到了侵害，否则对地方教育委员会基于善意所作的雇佣决策，法院不会进行审查。

教育委员会负有雇用教师及管理人员的职责，这种雇佣权归属于教育委员会这个集体，而非学监或教育委员会的个别委员。[31]在大多数州，经由合法召开的教育委员会会议的批准，教育委员会与教师或管理人员所签订的雇佣合同才能具有法律约束力。许多州的法律明确规定，学监可以向学区教育委员会提出人员雇佣建议，但是，除非法律有明确的规定，否则教育委员会没有必要一定采纳学监的建议。

在为学校人员设定工作要求和雇佣条件方面，教育委员会享有宽泛的权力。[32]它可以提出具体的雇佣条件并对学校人事工作进行安排，在以下章节中，我们将对此进行讨论。

雇佣条件

通过颁发教师许可证，州为教师设定了最低的执教标准，但地方教育委员会仍然可以提出更高标准的雇佣条件，只要统一地、非歧视地使用这种雇佣条件，地方教育委员会就可以要求受雇教师具有更高的专业水平或学术水平。[33]举例来说，教育委员会通常要求教师接受继续教育。最高法院认为，如果教师未能达到此要求，教育委员会就有权解雇教师。[34]最高法院的看法是：要求教师接受继续教育与合法的州目标之间存在合理的联系，因此教育委员会管理人员可以要求教师接受继续教育，只有这样，才能为学校提供能胜任工作且受过良好训练的师资。

教育委员会还可以对学校人员设定合理的健康和身体要求。法院认识到，为保护学生及其他学校雇员的健康和福利，设定这样的要求是必需的。在一起案件中，第一巡回法院认为，教育委员会的委员们有合理理由相信，一名管理人员可能会危及学生的安全，因而教育委员会可以要求该管理者提交一份精神病检测报告，并作为继续雇用该管理者的条件。[35]与此类似，在另一起案件中，第六巡回法院也判决，一名教师的行为异常，影响了教学工作，因而教育委员会有理由要求该教师提交一份精神和身体检测报告。[36]

但是，教育委员会不得任意对学校人员提出健康和身体要求。在一例案件中，纽约市的一名女教师因背部疾病而要求延长所请的病假，市教育委员会坚持让她接受学区一名男医生而非女医生（教育委员会指定的）的身体检查。第二巡回法院认为，在该案中，教育委员会的行为是任意的、不合理的。[37]教育委员会所设定的身体合格标准应与教师履行教学职责的能力合理相关。在另一例案件中，纽约州上诉法院也认为，身体肥胖本身与教师的执教能力或维持课堂纪律的能力之间并不存在合理联系。[38]

另外，学区对教师身体健康的要求不能与各种保护残疾人权利的州或者联邦法律相冲突。例如，在宾夕法尼亚州的一起案例中，第三巡回法院判决教育管理人员不可以拒绝盲人担任视力正常学生的教师。[39]在另一起案件中，美国最高法院判决，结核病，虽然是一种传染性疾病，但是，根据联邦反歧视条款中有关"保护其他方面合格的残疾人免于承担不利雇佣后果"的规定，患有结核病的人属于残疾人。因此，如果没有证据显示患有结核病的教师在其他方面不适合于履行职责，或者没有证据证明安排患有结核病的教师从事教学工作会给学区带来过重的负担，那么学区就不可以因教师患有慢性复发性结核病而解雇教师。[40]

根据州法律，大多数学区要求教育委员会在决定雇用某雇员之前检查他的犯罪行为记录。这种审查过程需要受雇个人同意提交其指纹。一些学区出于对学生安全的考虑，也会要求教师申请者接受药物检测。第六巡回法院支持此类检查，法院指出，教师处于高度控制的环境之中，其职位对安全的要求比较高，因而对其职位只能具有较低的个人隐私期望。[41]

教育委员会也可能把学校职员居住在学区内作为一个雇佣条件。比较典型的例子是，个别的州已经在城区实施了此类居住要求的规定，影响范围涉及所有市政府雇员，也包括教育工作者。对此表示赞同的人认为，此类政策能够构建更强的社区关系，从而能够稳定城市税收的基础。不过，也有人认为，此类政策会影响州内及州际的人才流动，侵害了公民受联邦宪法所保护的"平等保护权"。在一起案件中，费城的一项市政规章规定，所有新雇员在被雇用之后，必须在特定日期之前入住该市，成为该市的公民。对此项规章，联邦最高法院予以了支持。[42]至于那些已被雇用的雇员则不需要更改他们的居住地。在另一起案件中，一名消防员搬家到新泽西州后被原单位解雇，因此他向法院提起了诉讼，主张此类规章对州际流动造成障碍，违反宪法。法院认为，在雇员被雇用之前，要求其在当地居住达到一定时限的规章侵害了公民的州际流动权，违反宪法，但在雇员被雇用之后，要求其居住在当地的规章则是合法的，两类规章之间存在区别。法院的结论是，如果政府"恰当界定并统一使用"后一类规章，则没有侵害公民受宪法保护的权利。[43]依据类似的推理，下级法院也认为，学区可以对公立学校的教师提出此类居住地要求。[44]尽管依据宪法，学区可以对受雇教师提出居住地要求，但此类做法却可能为州法律所禁止。[45]

与居住地的要求不同，如果学区政策要求雇员将自己的子女送到公立学校就读，则违反了宪法。如何抚养自己的子女属于家长的权利，该权利受宪法的保护，如果不存在压制性的公共利益，政府机构就不得对家长的这种权利进行限制。第十一巡回法院认为，相对于家长抚养其子女的权利而言，教育委员会制定的、要求雇员将子女送到公立学校就读的政策，并不能促进公立学校系统的整体发展，也不能促进教师之间的和谐关系，因此，不能得到法院的支持。[46]

人事安排与职责分配

教育委员会有权在学区范围内的学校中安置教师。[47]但一般而言，教育委员会的雇佣决定不得是任意作出的、出于恶意的，或是对那些行使法律权利的雇员进行报复的。[48]只要在教师许可证的许可范围之内，教育委员会可以将教师安排在学区之内的任一所学校，执教任一年级。[49]不过，如果雇佣合同指定了教师所从事的工作岗位，在合同期间，未经教师本人同意，学区不得更换教师的工作岗位。[50]也就是说，如果合同具体规定了教师教授五年级的课程，教育委员会就不能安排该教师去教一年级。如果合同仅规定教师在本学区之内任教，那么教育委员会为教师所安排的工作任务不得超越教师许可证允许的范围。此外，在雇佣或工作安置过程中，教育委员会还必须适用客观、非歧视性的评判标准。[51]如果学区尚未消除过去的种族歧视影响，为实现学区内的种族平衡，教育委员会可以采用种族分类雇佣标准，这一做法为法院所允许。但是，任何一种种族分类都必须是临时的，而且是消除过去遗留的歧视影响所必需的。[52]

　　教育委员会有权安置或调动教师，但如果实施降职之类的人事决策则需使用正当程序。根据州制定法，在判断一项安置决策是否属于降职时，通常要考虑这样一些因素，包括教师的薪水是否减少、工作范围是否缩减、地位是否降低等。[53]在一起案件中，宾夕法尼亚州的一名教师声称，教育委员会将其从九年级调到六年级是一种降职。但法院认为，这两个工作岗位是平等的，"在小学和中学的教学岗位之间并不存在重要性、尊严、职责、权威、声望或者工资上的差异"[54]。不过，在俄亥俄州的一起案件中，法院认为，学区将一名任课教师长期安排成代课教师或流动教师，属于降职，违反了州制定的关于终身雇佣的法律。[55]法院认识到，在安排教学工作方面，学监和教育委员会享有广泛的职权。但是，法院也指出，其他一些制定法，诸如州受雇人员任期法，会限制这种权力。比如说，如果未经告知和听证程序就对教师进行降职，则侵犯了教师的正当程序权。

　　如果学区在重新安置教师工作时，削减了教师的薪水，缩减了教师的工作责任范围和降低了教师的职位，则属于降职，通常会遭遇法律诉讼。在安置教师工作的过程中，州法律明确规定了雇员个体的权利。在一起案件中，南卡罗来纳州上诉法院认为，学区重新安置一名助理学监，安排其担任校长，既没有减少其薪水，又没有违反学区的规定，这种人事安排属于教育委员会的自由裁量权范围。[56]与之类似，第七巡回法院认为，重新安排一名校长到学区中心办公室任职，没有给他带来经济损失，不需要使用听证程序。[57]在另一起案件中，宾夕法尼亚州的一个学区提高了管理人员的工资，与此同时也增加了这些人员的工作时间，导致管理人员的日均工资降低了。但根据州法律的规定，这不属于降职，因为这些管理人员的年薪总额并没有减少。[58]此外，由于学区财政紧张或基于善意的重组，将学区职员从行政职位转换到教师职位的情况也不是降职，如果州法没有具体要求对此予以程序性保护，就不需要使用正当程序。[59]在一起案件中，威斯康星州的一名校长虽然没有被免职，但是教育委员会重新安排给她很多义务和职责。因此，她主动辞职并主张，突然给她安排这么多的义务和职责侵犯了她的财产权利。第七巡回法院判决，根据威斯康星州的法律，她作为校长，在履行具体职责过程中并不享有这种财产权。[60]

　　即使根据州法律，一项教师调动决定不属于降职，也可能侵犯教师依据联邦法律所享有的权利。第十一巡回法院指出，如果调动降低了教师的薪水、声望或者职责，那么就属于不利于教师的雇佣行为。根据佐治亚州法律，教师必须能证明上述三项在降职过程中都有所损失。根据《民权法案》第七条的规定，在一起发回重审的案件中，上诉法院指出，一名女校长已经向陪审团提交了足够的证据，表明她被调到另一行政职位上是不利于她的雇佣行为。[61]

在对雇员进行工作调动或降职时，学区必须严格遵循州法律程序和部门规章。[62]例如，根据西弗吉尼亚州教育委员会的政策，如果没有对教师进行预先评价，没有事先告知教师什么样的行为将导致调动，那么，教育委员会不得采用惩罚性调动。[63]进一步而言，一定要给教师提供机会，使其改进工作绩效。根据宾夕法尼亚州的法律，与入学率下降相关的降职涉及人员重组问题，为了保证岗位重新安排的恰当性，需要使用程序性保护。[64]

教育委员会和教师工会经过谈判而签订的教师合同或者主合同中，通常规定了教师的非教学的义务。在没有具体说明的情况下，教育管理人员通常可以对此作出正当、合理的安排。[65]法院一般会要求被安排的非教学性工作是学校整体工作的一部分，在某些情况下，还要求非教学性工作应与被雇用者的教学职责相关。[66]一名加利福尼亚州的教师认为，一学年内要求他监管六项体育赛事，属于专业和义务范畴之外的工作。[67]法院认为，这种安排属于合同规定范畴且是合理的，因为这些工作属于公正的分配，并没有给他增加繁重的时间负担。伊利诺伊州一家上诉法院认为，要求教师提交一份打印的试卷以供复制并没有降低教师的身份，也没有损害教师的专业地位；教育委员会有权安排教师的非教学职责。[68]新泽西州一家上诉法院声明，在判断工作安排是否合理的时候，应该对完成工作的时间长短、教师权益和能力、对学生的益处以及工作职责的职业特性进行评估。[69]如果教师拒绝接受学区指派的职责，可能会导致被解雇的结果。[70]

合　同

雇佣合同界定了雇佣关系中教师与教育委员会的权利与义务。合同法的一般原则可以适用于教师与教育委员会的合同关系。与其他所有的法律合同一样，教师合同必须包括以下基本要素：（1）要约与承诺，（2）有法定资格的当事方，（3）对价，（4）合法事宜，以及（5）正确的格式。[71]除了上述基本要素，合同还必须符合州法律和行政管理规章的具体要求。

与教师签订合同是教育委员会的专有权利。教育委员会向教师提供工作岗位的要约——包括（1）确定的工资，（2）具体规定的工作期限，（3）明确的义务与职责——只要教师接受，具备以上三个要约的合同即成为具有约束力的合同。在大多数州内，只有教育委员会可以发出要约，而且要约行为必须获得教育委员会全体大会中多数成员的同意。在华盛顿州的一起案例中，学年初，特殊服务协调员向一名教师发出雇佣要约，因为需要该教师提供前任雇主的推荐意见以供审查，双方未签合同。由于推荐意见全是负面的，尽管该教师已经任教了几周，最终还是没有被推荐到教育委员会。州上诉法院主张，教师和教育委员会之间并未签订合同；根据州法律，雇佣权利属于教育委员会。[72]

合同也会因为当事人不具备法定资格而无效。为了形成有效的、具有约束力的合同，当事人双方必须具备合法资格，才能达成协议。教育委员会具有签订合同的合法资格。不具有资格证或未达到法定获取资格证年龄的教师不能作为签订合同的合法当事人。因此，与无合法资格的个人所签订的合同不具有法律效力。[73]

对价是有效合同的另一个基本因素。对价是一方对另一方的行为给予的回报。

教师的薪金和福利都是教育委员会采用的、或者教育委员会和教师工会谈判商定的工资表中规定的内容。[74]合同内容还必须涉及合法事宜，且格式符合法律规定。多数州规定，只有书面形式的教师合同才具有效力[75]，但是，如果州法律对此没有提出具体的要求，双方达成的口头协议也具有合法性。

除了源于教学合同的雇佣权之外，集体谈判所达成的协议（主合同）也属于雇佣合同的一部分。[76]州法律规定和教育委员会规则和规章也被视为雇佣条件和条款的一部分。[77]即使州法律条款没有被直接包含在合同中，合同签订时已存在的州法律的相关规定也被视为合同的默示条款。而且，教育委员会不能以合同为手段，要求教师放弃其所拥有的州法律或宪法赋予的权利。[78]

任期合同与终身合同

教师雇佣合同有两种基本形式：任期合同和终身合同。**任期合同**在特定时期内有效（例如，一年或两年）。在合同期满时，教育委员会拥有续聘的自由裁量权；如果没有制定法规定，教育委员会可以不续聘教师，无须作任何解释。一般情况下，教育委员会只要在合同期满前通知教师雇佣合同不再续签就可以了。[79]**终身合同**，由州通过立法来加以设定，保证受聘教师非正当理由不被解聘的权利，而且终止教师的终身合同需要启用程序性正当程序。在授予终身制后或履行任期合同期间，教育委员会不能单方面取消教师合同。如要解聘教师，受聘教师应该至少被告知解聘，教育委员会还必须提供听证机会。[80]

由于终身合同包含州法律规定的权利，因此在各个州内，具体程序和相关保护规定有所不同。鉴于此，一个州的司法解释对理解另外一个州的法律毫无指导意义。在获得终身制雇佣以及解聘教师的理由、程序方面，大多数关于终身制的制定法都规定了具体的要求和程序。在解释关于终身制的法律的过程中，法院致力于在保护教师权利的同时，保障学校管理人员灵活地进行人事管理的权利。

根据多数州的要求，教师在获得教育委员会所授予的终身合同之前，都要经过三年左右的试用期，以评估教师的能力。在试用期阶段，教师签有任期合同，但除此之外他们不会得到任何的雇佣保障。关于终身制的制定法通常要求教师在试用期间连续在岗工作。例如，马萨诸塞州终身制法律规定，教师必须从事教学工作达到连续三个学年，才能获得终身制合同。马萨诸塞州一家上诉法院在解释这项法律时主张，教师教学满3/4学期不能按一学年算，因为那毕竟不到一年。[81]不过，根据马萨诸塞州制定法的规定，连续的兼职工作也被视为符合试用期要求，因为法律仅仅规定连续在岗教学，并未区分兼职与全职。[82]

地方教育委员会拥有签订终身合同的自由裁量权，这种权力不可以委托给他人。[83]尽管教育委员会能够授予教师终身任期，但是，它不能更改立法机关设定的终身任期条款；立法机关确定了终身任期的基本原则、胜任要求和获得终身任期的程序。[84]因此，如果制定法规定了试用期，那么相应的服务条件必须在教育委员会授予教师终身任期之前达成。如果教师满足州法令要求，教育委员会就不能拒绝履行自己的义务应该授予教师终身任期[85]，也不能要求新教师放弃终身任期权并将此作为新教师被雇用的前提。[86]进一步而言，如果一名教师达到了法令的要求，而教育委员会却不采取行动授予教师终身任期或者否决教师的终身任期，那么教育委员会就会被强制授予教师终身任期。[87]不过，如果制定法中没有具体规定，终身任期的权利不可以从一个学区转移到另一个学区。[88]这使得学校管理人员在授予教师终身任期之前可以有机会对教师进行评估。

终身合同为教师提供了一定的工作保障，但是，它既不能确保永久雇佣，也不能确保教师在特定学校、年级或学科的任教权利。教师可能被重新安排到合适的岗位，也可能因终身任期法指明的特定原因而被解聘。[89]

在确定终身制时，立法机关可能创造了一种受宪法保护的合同关系。《联邦宪法》第一章第10条规定，不得违反合同中的义务。最高法院认为，1927年颁布执行的《印第安纳州教师终身制法案》（Indiana Teacher Tenure Act）中要求的这样一种合同关系，可以防止州立法机关剥夺该法案授予教师的权利。[90]然而，不具备合同基本要素的法律关系可以被立法机关改变或者废除。[91]一些州的终身制是制定法上规定的，很显然是非合同性的，其中包含有可能被法律改变的条款，而其他一些州的法律在这个问题上却保持沉默。第七巡回法院指出，一般情况下，可以假定，制定法并没有创造合同的权利。根据这个假定，上诉法院认为，以《芝加哥学校改革法案》为依据而废除某位校长的终身合同，并不意味着州未能很好地履行其合同义务。[92]如果终身制法具有契约性质，那么在解释该法的立法意图时，研究法的文本表达就是至关重要的了。

许多州限制授予终身制的教学岗位的数量，但行政、督导和职员岗位则不受限制。如果想授予行政工作人员终身制任期，则他们必须满足相应的试用期服务条件并符合其他具体的法律规定。虽然，一个人获得了教师终身任期一般并不意味着他/她获得了行政职位的终身任期，但是，大多数法院都认为，合格的专业人员，比如，管理人员，从事连续的服务工作的经历，并不改变其作为教师而拥有的终身任期权。[93]怀俄明州最高法院指出："那些拥有丰富教学经验的教师就任行政岗位是可取的，甚至是重要的；如果教师接受行政任职就需要放弃终身任期，行政岗位就很难招聘到富有经验的教师。"[94]与现行的观点相对，新墨西哥州的最高法院认为，如果某个人为了行政提升而自愿放弃教学岗位，就等于放弃终身任期权利。[95]根据法院的判决，州终身任期权利与岗位相关，与人无关。

附加合同

除日常教学安排之外，教育委员会可以通过签订附加合同来商定教师的职责。正如教学合同一样，雇佣权力属于教育委员会。[96]一般来说，附加合同是有限合同，具体规定了教师的附加职责、相应的报酬及工作期限。附加职责通常涉及辅导学生、管理各部门、监管学生活动或俱乐部以及延长学期内的工作任务。

通常情况下，附加服务合同涉及的是教师终身制保护之外的领域。但是教练们曾经声称，附加合同是教学职位不可或缺的部分，必须得到州终身任期法的程序保护和实体保护。有几家法院曾指出：终身任期权利仅仅提供给专职领域的工作者，而教练没有职业资格证，因而此类岗位无权提出终身任期要求。[97]然而，艾奥瓦州最高法院在审理案件时判决，即使要求教练具有职业资格证书，也不表明教练享有终身任期权。[98]在这个案子中，法院认为，教练的工作明显属于附加职责，教育委员会需要与教练签订单独的合同，然后根据加班补助表来给教练发放工资。

另一些法院根据课外活动的性质和加班报酬，将教练及各种附加职责与教学工作区分开来。[99]在一起案件中，第九巡回法院判决，因为加利福尼亚州法律规定，教育委员会可以随时停止附加的工作岗位安排,虽然一位棒球教练具有10年的丰富经验,但是他在现任的教练岗位上不拥有受保护的权益,所以,这位教练的诉讼被驳回。[100]然而,如果合同同时规定了课堂教学职责和附加职责,那么,就产生了受保护的财产权。因此,在中止附加职责之前,教师有权使用正当程序。[101]

教练工作通常需要执行附加合同,因此教师便可以放弃附加的教练岗位而保留基本的教学岗位。[102]不过,教练岗位通常是人手不足的,因此教育委员会可以提出要约,除非教师愿意承担一些教练的工作职责,否则不能获得教学岗位。如果教学合同和训练合同不可分割,教师只要不放弃教学岗位,就不能单独放弃训练的职责。[103]为确定上述合同的地位,需要参考相应的州的立法。

如果教学和教练岗位结合在一起,而合格的教学岗位申请者又不能承担教练职责,则这些教学岗位申请者会被拒聘。但是,这种做法有可能受到法律指控,如果某类特定的申请者,诸如妇女,被排除在雇佣考虑范围之外。在亚利桑那州的一起案例中,原告(女性)指控学区把高中生物教师与足球教练这两个岗位合并在一起进行招聘的举动属于性别歧视。法院判决,指控成立。因为,教育委员会不能证明学区作出的、导致女性申请者被拒聘该教学岗位的行为是学校教育教学活动所必需的。[104]

缺 勤

合同可以对缺勤的各种类型作出具体规定。在州法律规定的范围内,设定请假的条件是教育委员会的自由裁量权。这些问题通常属于集体谈判的内容,谈判协议中有具体的请假制度。然而,教育委员会制定的请假政策,不能侵犯个人受美国宪法、联邦及州反歧视法保护的权利。[105]与之类似,只要州法律授予了具体权利,地方教育委员会就没有权力否决或者改变那些权利。一般而言,法令明确规定雇员的多种请假权利,诸如病假、事假、产假或育儿假、宗教休假(sabbatical leave)、伤残假、家庭休假或者兵役假。涉及请假制度的州法律通常具体规定了请假的资格、必须准予的最低请假天数、是带薪还是不带薪休假,以及教育委员会所施加的其他限制。如果一名教师满足请假的所有法律要求和程序要求,那么教育委员会就不能拒绝教师的请假要求。

人事评价

为了确保教师的素质,许多州颁布法律,规定对教师的教学绩效定期进行评价。除了提升职员素质和改善教学的目的之外,这种评价结果可以作为雇佣决策的依据,这些决策包括继续留岗、终身任期、解雇、晋升、薪水、调动以及裁员。如果依据评价作出了对个人不利的雇佣决定,那就会引发程序是否公正的法律问题:是否遵循了州和地方政府规定的程序?教育管理人员对不同教师使用的是同样的标准吗?有足够的证据支持教育委员会的人事决定吗?评价是以统一而一致的方式进行的吗?

教育系统拥有广泛的自由裁量权设定教师教学绩效评价标准,但是州法律可以确定具体的评价要求。超过半数的州颁布法律来管理教师的评价事宜。[106]各州关于教师评价的法律从内容到要求都存在实质性的区别,一些州仅仅设定评价制度,而其他州则规定了具体的程序和标准。艾奥瓦州法律仅仅要求地方教育委员会设定教师评价制度。[107]而加利福尼亚州则具体规定了评价的目的、评价的内容、评价的次数、告知雇员的缺点，并为其改进教学提供机会。[108]佛罗里达州要求各学区的学监制定评价的标准和程序，包括至少一年一次的评价、书面评估报告、预告知教师评价的标准和程序，以及召开会议以便于评委们讨论评价结果。[109]尽管州很少确立评价体系，但是州法律通常要求地方教育管理人员制定评价标准，这需要他们与教师及其他专业人员协作完成。[110]除非受到管理政策的限制，否则，教育委员会也可以与教师工会谈判确定评价标准。[111]

一旦评价程序得到制定法、教育委员会政策或者雇佣合同的认可，法院通常要求严格执行这种程序。在一起案例中，加利福尼亚州上诉法院认为，教育委员会不续签一名教师雇佣合同的行为，违反了法定的告知期限和书面评价要求。[112]在另一起案件中，华盛顿州上诉法院判决要求教育委员会恢复一名校长的职位，因为教育委员会没有根据法律规定采用恰当的评价标准和程序。[113]法院指出，在缺乏评价标准的情况下，对校长的评价将由学监随意确定，校长获得指导以提高业绩的权利也被剥夺了。根据俄亥俄州制定法规定的非终身制教师的评价要求，因为学区没有对一位非终身制教师进行评价（一年两次），所以，学区必须恢复该教师的职位。[114]西弗吉尼亚州最高法院判决，因为学区没有根据州教育委员会政策的要求，根据绩效评价的结果作出人事决定，所以，学区不得将教师调职。[115]

如果教育委员会谨慎地遵循了教师评价的要求，即使它所作的雇佣决策受到指控，也会得到法院的支持。[116]在一起案件中，加利福尼亚州上诉法院认为，学区解雇教师的决定符合州的评价要求，因为学区曾经定期对他进行评价，并且指出具体例证说明他的教学绩效不能令人满意。[117]评价报告明确告诉该教师教育部门对他的期望、他教学的不足之处，以及需要采取的改进措施。在另一起案件中，艾奥瓦州法院认为，要求每三年对非试用期教师进行一次正式评价的学区政策是根据制定法中"教育委员会应该确立评价标准，实施评价程序"的规定而制定的，因而是恰当的。[118]法院驳回了教师的申诉，拒绝在终止雇佣程序完成之后对教师进行再评价。根据南达科他州最高法院的判决，违反评价程序本身并不意味着要为教师恢复原职。[119]只有因违反评价程序而使教师改正不足的能力受到影响时，为教师复职才是正当合理的。

法院一般不愿意干扰教师的评价过程。司法审查通常会限于评价程序的公正性和合理性问题。源自判例法的几条原则可以帮助教育工作者构建平等的评价制度：必须确定正当的教学评价标准，并将此要求传达给教师；必须始终如一地适用此评价标准；必须为教师提供改进的机会和相应的指导；遵循州法律和教育委员会政策中的程序规定。

人事档案

由于每个州都制定了几项或者更多的法律及雇佣合同来管理学校的人事档案，因此在教师对自己人事档案的隐私权上很难泛泛而谈，需要分别考察相应的法律和合同。对于档案的保存和使用进行限制的州隐私法通常对人事信息予以保护。在其他条款中，这些法律通常要求教育委员会只保留必要的相关信息，保证雇员个人审阅本人档案的权利[120]，告知雇员档案的多种用途，为保证信息的准确性而设定质疑程序。集体谈判合同可以针对接近和传播人事信息问题进行另外的、更加严格的

规定。[121]

关于个人档案机密性问题的核心争议在于，这些人事信息是否属于一般公众可以合理接触的公共档案记录？公共档案法、信息自由法或知情权法律赋予公众接触学校档案的权利，但这些法律可能直接与隐私权法相冲突，因此法院必须权衡教师、教育管理人员与公众三者之间的利益。州法律中有具体条款规定个人档案的保密水平。[122]《联邦信息自由法案》（Federal Freedom of Information Act，FOIA）[123]作为各州《信息自由法案》的蓝本，通常被法院用来解释各州法律的有关条款。但是，与联邦法律的规定不同，许多州的法律都规定，人事档案不享有豁免权。

由于缺乏具体的豁免规定，许多法院判决，如果对公开个人信息是否恰当不确定的话，利益的天平应当倾向于信息公开。[124]密歇根州最高法院判决，教师的人事档案应该公之于众，因为他们并不享有法定的豁免权。[125]华盛顿州最高法院指出，信息公开法案要求公开那些公众关心的信息。[126]因此，州公立教育机构的学监必须在报纸上公布撤销教师资格证书的原因。康涅狄格州最高法院在解释州《信息自由法案》规定的豁免权时，禁止学区泄露那些"侵犯个人隐私"的信息，包括雇员评价结果[127]，但不包括病假记录。[128]一般而言，法律规定应当保存的信息都属于公共档案记录（例如，个人通讯地址、薪酬、雇佣合同、缺勤记录以及教学资格），都应当对公众公开。

虽然美国宪法或者1974年《家庭教育权与隐私权法案》都有相关的规定，但是在主张人事档案中包含着隐私权的法律诉讼中，教育工作者都没有成功。《家庭教育权与隐私权法案》仅适用于学生和他们的教育档案，不适用于雇员的人事档案。[129]与之类似，雇员也不能主张他们享有宪法授予的隐私权，而禁止雇主公开人事档案的信息。在一起案例中，根据《得克萨斯州档案公开法案》（Texas Open Records Act），一名教师的大学成绩单被第三方获取，第五巡回法院判决，即使教师对她的成绩单享有公认的隐私权，但是，这种权益"也不能和评价教师是否具有胜任能力的公共利益相比"[130]。

在调查雇佣歧视的案件中对人事档案的调取也是饱受争议的。如果法院为了调查而索取人事档案，教育委员会就一定要交出教师的人事档案。平等就业机会委员会（Equal Employment Opportunity Commission，EEOC）为了仔细调查雇员对雇佣歧视的申诉，也有权索取相关人事档案。在审理一起案件的过程中，最高法院认为，在大学作出教师晋升及终身制决定的过程中，具有机密性的同行评价材料是可以向平等就业机会委员会公开的，所以，最高法院判决，根据1964年颁布的《民权法案》第七条的规定，平等就业机会委员会在索取教师的人事档案时，应该证明正在处理的事件与人事档案之间的相关性，而不是说明特定的理由。至于索取同行评价材料一事，法院指出，"那些表明在终身制决策过程中存在着歧视的证据经常隐藏在同行评价的材料中"[131]。

显然，在保存档案的过程中，教育委员会不得因为教师行使宪法授予的权利而报复教师，不得在其档案中添加不真实的信息。如果申诉信针对的是言论自由和结社自由所保护的范畴，法院通常会命令教育委员会将这些信从教师的个人档案中抽出。尽管申诉的内容并不直接禁止教师行使自己受保护的权利，但是会对教师行使宪法权利产生潜在的负面影响，因而它是违宪的。[132]

雇佣中的其他重大问题

除了前文已经讨论过的雇佣条件和条款，教育委员会还可以对公立学校的教师雇佣提出其他合理的要求，只要遵守了相关的民权法律，而且不存在压制性的政府权益，这些要求就不侵害教师的宪法权利。为了保住工作，公立学校的教育工作者就必须遵守这些合理的要求。一些要求，诸如那些与教学项目相关的要求、禁止改变学生宗教信仰的要求等，我们会在其他章节中讨论。自从20世纪80年代以来，有两个问题特别受到重视，我们将在此予以讨论：一是有著作权的资料的使用问题；二是对虐待儿童事件的汇报问题。

使用有著作权的资料

教育工作者在课堂教学中广泛使用印刷材料和其他传媒材料，会引发涉及联邦著作权法律的纠纷。作为教师雇佣的一项条件，教育工作者应该遵守对使用著作权作品的限制。尽管法律保障著作权人享有对受保护材料的专有控制权，但是自19世纪开始，法院已经根据"合理使用"原则来确认了这种专有控制权的例外情形。法院并未明确定义"合理使用"的含义，但司法部门经常使用的"合理使用"的定义是："在著作权人对有著作权的材料享有专有权利的情况下，其他人拥有未经著作权人同意时、以合理的方式使用有著作权的材料的权利。"[133]

议会将这一被司法确认的"合理使用"的概念纳入了《著作权法案》（Copyright Act）1976年的修订版之中。[134]在确认"合理使用"例外情况之时，议会特别提到了"教学"。这种例外情况为教师提供了必要的灵活性，但它并不能被解释为教师侵犯他人的著作权时可以享有豁免权。法律规定，判断对特定资料的使用行为是"合理使用"还是侵犯著作权的标准有四项：

（1）使用的目的和性质，包括这种使用是商业性质的，还是出于非营利的教育目的；（2）有著作权作品的性质；（3）所使用的有著作权作品的数量和内容与其整体之间的关系；以及（4）使用有著作权作品后对其潜在市场的影响或对作品本身价值的影响。[135]

复印书籍和期刊的行为是否属于"合理使用"呢？为了说明这个问题，众议院和参议院在议会报告上联合发布了一套教室使用指南，该指南由一群有代表性的教育工作者、作者及出版商共同写就。[136]该指南只是《著作权法案》立法历史中的一部分成果，它并不具有法律效力，但在教育场所中判断复印已出版作品的行为是否具有合法性时，该指南被认为是一种具有说服力的标准，并得到了广泛的使用。该指南允许教育工作者因教学或研究目的复印一份有著作权的作品，但严格限制多份复印。如果要多份复印，则必须符合简短、自发和累计这三项标准的要求。**简短**，主要依据复制材料的类型来判断。举例来说，指南要求，复印一首诗不能超过250个字；复印较长的作品不能超过1 000字或不能超出整件作品的1/10（取两者中较少者）；只能从一本书和一篇期刊文章中复印一张表或一张图。**自发**，要求复印是教师个体的行为（而非受学校管理人员或学监的指令），而且是在没有足够的时间向著作权所有者请求同意的前提下才擅自复印的。**累计**，限制教师只能在一门课程中使用复制作品，禁止教师在一学期之中多次复印同一个作者的作品或同一本书和期刊上的文章，而且在一学期的一门课程中，教师复印他人拥有著作权的作品累计

不得超过九次。另外，该指南不允许使用复印资料代替课程中本要使用的文选或文集，也不能取代消费性资料，如练习册等。

出版商常常提起法律诉讼以确保读者遵守上述指导原则。在一起案件中，第六巡回法院判决，密歇根州文献服务公司是一家商业复印商店，它为密歇根大学的教师复制讲义时违反了"合理使用"原则。在该案中，三家出版商（麦克米兰出版社，普林斯顿大学出版社和圣玛丁出版社）指控一家以盈利为目的的公司为了商业销售目的而复制享有著作权的作品。复印社的老板辩解说，此类复制品是用于课堂教学，已被法院认可享有法律豁免权。上诉法院不同意这种看法，认为，出售复印材料属于商业目的，而不是教育目的，这损害了出版商可能从许可复制中获得的收入，被复印的作品包含了作者原创性的成果；而且该复印社复印的内容也太多了，其中一本书复印了30%。[137]这一判决并不限制教师在课堂上使用讲义或者文选，但是，判决的确要求教师在使用复印资料前应征得出版商的同意，而且，在复印之前向出版商支付应付的费用。

在教育领域内，人们应当严格地理解"合理使用"原则和国会制定的指导原则。虽然在教育领域内复制材料符合"合理使用"的第一个要素——为了教育的目的——但是，这一活动也必须要满足另外两个要素。在一起案件中，第九巡回法院判决，一位教师使用有著作权的小册子制作学习活动手册的做法，违反了《著作权法案》的规定。[138]法院认为，在这个案子中，教师的行为不符合"合理使用"的要求，因为教师使用活动手册的目的与受保护的小册子的使用目的是一样的，被复印作品的性质是"创造性的"而不仅仅是"传递信息"，活动手册中有一半的内容都是对有著作权的小册子的逐字拷贝。另外，法院认为，这种复制行为违反了自发性原则，因为在两个学年内这份材料被复制了好几次。值得注意的问题是，上诉法院并不认为，教师没有谋求个人利益的事实，可以减轻其违法的程度。

一名芝加哥市的教师在兼任《物质报》（Substance）编辑时，编辑发表了一份芝加哥教育委员会拥有著作权的测试试卷，用于评价芝加哥市公立高中一、二年级学生的教育水平，这位教师的行为并不是直接用于教学目的。他在报纸上刊登了该测试问卷的主要部分以及他对测试的批评意见。原始测试试题清楚地标明了著作权的记号，并提示说这份材料不可以复制使用。芝加哥教育委员会提起了诉讼，主张他们的著作权受到了侵犯。伊利诺伊州联邦地区法院驳回了这位教师的积极抗辩，同时判决，该教师不可以依据宪法第一修正案而享有出版发行有著作权的测试试题的权利，因为，《著作权法案》限制了第一修正案规定的言论自由。[139]另外，这种复制行为不符合"合理使用"的指导原则。

随着教育技术的迅猛发展，使用录像带和电脑软件也引发了一系列新的法律问题。议会在认识到制定录像带使用原则的必要性之后，于1981年制定了教学上使用录像带的指导原则。[140]这些指导原则规定只有教师才能要求进行必要的复制。这些录制材料只能在课堂教学活动中使用，且只能在录制完成后的10天内使用一次。只有出于强化练习或教育评价的目的，才可以再次在这一时限外使用录制的材料。45天后，录像带就应该被销毁。在一起案件中，纽约州联邦地区法院判决，教育系统公开转录并重放整个电视节目的行为，就违反了"合理使用"的原则。[141]教育部门的录制影响了生产商所拥有的录像带或影片的市场销售。在随后的上诉中，教育部门诉求法院许可其临时复制，但是，因为在市场上可以租到这一书目的录像带，所以法院判决，即使是临时的复制和使用也影响影片的销量，同样违反了"合理使用"原则。[142]

在家里用录像机录制电视节目以备日后课堂教学之用，如果教师没有遵循录制发行指导原则，那也是侵犯著作权的行为。联邦最高法院在审理**索尼公司诉通用电影城案**（Sony Corporation v. Universal City Studios）时，确定了一条法律原则："即使出于非商业目的的拷贝也会侵害著作权拥有者获得报酬的权益，这种权益是得到了立法机关的认可的。"[143]在该案中，最高法院认为，公民个人为了保存而录制节目是合法的，该行为只会给原产品的市场销量带来很小的危害。然而，如果是为了在教室中放映给学生观看而进行家庭录像的话，就不同于最高法院在审理**索尼案**时所考虑的"合理使用"目的了，教育工作者就有必要认真遵守前面提到的限制性应用原则。

根据1980年颁布的著作权法修正案的规定，软件也属于受到法律保护的知识产权。[144]已经存在的《著作权法案》的原则为确认哪些行为属于对软件的合理使用提供了指导。显然，根据修订后的《著作权法案》，只有合法地购买了软件的人才能够复制一份电脑程序或备份该软件。这样做的目的是为了在原版遭到破坏时可以备用。"合理使用"原则规定的豁免权利并不能改变教育工作者拷贝软件时受到的这种限制。虽然人们都知道教师多次复制录像节目是为了教育目的，但是，如果教师随意复制，就会违反"合理使用"原则规定的其他要素：软件可以买到（并非不可获得），程序一旦被复制，一般都是整个程序被复制，拷贝软件实质上缩小了潜在的市场。

尽管颁布了著作权法修正案，出版商仍然很关注学校中非法复制电脑软件的现象。有限的教育经费预算和数额巨大的教育花费导致学校对受著作权保护的软件的滥用。1999年，在洛杉矶发生了一起有可能是在公立学校中性质最恶劣的软件盗版案。[145]由一些软件公司组成的调查小组经过调查发现，学校使用了1 400多种未经许可使用的软件，如Microsoft Word和Adobe Photoshop。学区否认其侵权行为。最后，洛杉矶教育委员会和软件公司达成协议，并没有进入法院判决程序。

有一个问题，《著作权法案》并没有回答，但是却一直困扰着学校。那就是：多次使用原版程序是否合法？就是说，一项程序是否可以安装到实验室的许多电脑内，以供同时使用？或者说，是否可以修改一项程序以用于网络共享？"合理使用"原则明确规定不可以多次使用原版程序，原因是如果多次使用原版程序，教育软件市场将会因此受到极大的冲击。然而，如果若干学生相继使用某一原版程序，不会违反著作权法律。为了获得特定软件的广泛使用权，教育系统必须购买许多拷贝或者与出版商议定软件的许可使用范围。

随着学校对互联网的利用能力的加强，同样也会涉及著作权法律问题。1998年，议会再次修订著作权法律，通过了《"数字的黄金时代"著作权法案》（Digital Millennium Copyright Act）[146]。克林顿总统的"知识产权问题"工作组编制了一本"白皮书"，澄清了许多对新法律产生影响的复杂问题。[147]问题主要包括：什么是传播？（传统意义上，"传播"指的是，将硬拷贝传递给另外一个人的方法，这与通过数据线传送信息的方法有所不同。）什么是出版？（目前的定义限制在仅仅保护有形的著作。）新法律补充规定，只要作品是原创性的，"以一种有形的表达方式固定下来"，该作品的著作权都可以得到法律的保护。[148]尽管评论家们发现新法律中的许

多语言模糊,但他们一致认为,新法律明确规定扩大"合理使用"原则的适用范围,可以用其来调整教育工作者使用数字技术的行为。

技术的迅猛发展为教师和教育系统提供了收集使用教学资料和产品的手段,但是许多产品是受联邦著作权法保护的,未经许可不得复制。如果学区和教育工作者违反著作权法,就要为其违法行为承担相应的法律责任,因此教育委员会应该制定政策或行动指南,禁止侵权行为的发生,使教师知道哪些行为是违反《著作权法案》的。[149]

举报可疑的虐待儿童事件

虐待和忽视儿童是全国普遍存在的问题,与此相关的案例非常多。[150]被虐待的儿童大多数处于学龄阶段,因此教育工作者拥有的一项独特的角色任务就是发现潜在虐待的蛛丝马迹。教师每天都在与学生接触,因此州法律赋予了教师"报告可疑的虐待行为"的职责。

所有州都制定了法律,明确规定作为专业人员的教师应该举报可疑的虐待儿童事件。多数州法律规定,没有举报可疑虐待事件的教师要承担刑事责任,处罚可以是 500 美元~5 000 美元的罚款,也可以是一年以下的监禁,或者两者并罚。因过失而没有举报虐待儿童事件的教师也可能要承担民事责任。[151]另外,学校可以对没有遵守此项法律规定的教师进行纪律处分。在一起案件中,一位教师兼心理学家没有及时举报可疑的虐待儿童情况,教育委员会对其作出了停职及降级处理,第七巡回法院判决支持教育委员会的决定。[152]法院驳回了该教师提出的、享有恪守秘密的联邦权利的主张。法院指出,州保护儿童免受虐待的权益是优于保守秘密的权利的。

尽管各州法律的具体规定各不相同,虐待和默示的定义却经常是根据 1974 年联邦政府颁布的《联邦预防虐待儿童及相关对策法案》(Federal Child Abuse Prevention and Treatment Act)来制定的。该法案为确认、处理和预防虐待提供资金。该法案将虐待和忽视儿童归纳为:

> 在环境状况表明儿童的健康或其他福利受到伤害或受到威胁的情况下,对儿童的福利负有一定责任的人对不满 18 岁的儿童、或者年龄小于其所在州的儿童保护法律所规定的年龄界限的儿童实施的身体或心理的伤害、性虐待或性剥削、忽视或虐待。[153]

各州有关虐待儿童的制定法中包括一些共同的要素。法律规定,某些专业人士,诸如医生、护士、教育工作者,都应该举报可疑的虐待儿童事件。法律不要求举报人掌握充分的信息,只要他们提出"合理可信的事实"或者"可信的理由"说明儿童受到虐待或者被忽视即可。[154]一旦出现可疑的虐待儿童事件,就要立刻举报给指定的儿童保护机构、福利部门或州法律规定的执法单位。如果举报后的调查表明并不存在虐待儿童的事实,对于善意举报,各州法律规定可以豁免其承担民事和刑事责任。[155]在俄亥俄州,甚至对恶意举报者也赋予了绝对的豁免权。[156]

通常情况下,学区确定了举报的程序,要求教师向校长或学校中的社会工作者举报可疑的虐待儿童事件。然而,如果法律条款规定教师必须即时向另一机构或执法机关举报虐待儿童的情况,教师就必须向州政府举报可疑的虐待儿童事件。肯塔基州最高法院规定，教师向学监举报之后，学监便承担了进行独立举报的责任。[157]一些州法律规定，如果有人已经举报或者将要举报虐待儿童事件，那么教师便不用承担举报的责任。但是，教师应当追踪此事，以确保有关机构确实获知了虐待儿童的事件。

州法律关于举报可疑的虐待儿童事件的规定是明确的，但是很难证实教师充分知晓虐待儿童事件，并据此要求教师承担"知情不报"的法律责任。因此，教育管理人员很希望制定政策和程序，鼓励教师有效地举报。现在普遍存在的问题是教师很少举报类似案件，这已经引起了广泛的重视，同时也说明应当确立为教师提供在职培训的政策，以帮助教师识别虐待和忽视儿童行为的迹象。

虽然教育工作者很少因不举报家长虐待儿童的情况而受到惩处，但最近却发生了一些学校雇员虐待儿童的诉讼。这些案例的广泛宣传，使得公众对教师、管理人员及学区教育委员会的履责——举报可疑的虐待儿童事件、防止校园内雇员虐待儿童的事情发生——状况提出了质疑。

这些诉讼强调的是，学区未能保护学生免受学校雇员可疑虐待的行为是否侵犯了学生的宪法权利或州法律规定的权利。[158]如果某个人遵照州政府的政策或习俗的规定所采取的行动，侵犯了原告受联邦法律保护的权利，原告可以以1871年《民权法案》及《美国法典》第42节第1983条为依据，诉求损害赔偿。[159]在一起案例中，一名社会工作者在知情的情况下，没有干预一名父亲毒打孩子的行为（私人行为），尽管最高法院认为社会工作者的行为没有侵犯联邦权利，但是法院认为，如果虐待事件发生在校园里，就会涉及公共部门雇员的行为，情况便不同了。[160]第三巡回法院认为，宪法明确规定了人身安全权利——免受性虐待；如果学区的某项政策、先例或习俗构成了对人身安全权利的"故意漠视"，那么学区就侵犯了学生的人身安全权利。法院的结论是，如果学生能够出示证据证明，学校管理人员鼓励不举报教师的不当性行为或者尽量减少此类举报，而且对于已有的举报也没有采取措施解决问题，那么就表明学校中存在着违反第1983条所禁止的习俗或先例。[161]如果教育行政人员对虐待事件毫不知情，或者并没有忽视已有的举报，则无须承担法律责任。[162]

除了第1983条规定的法律责任以外，在审理**富兰克林诉格温尼特县公立学校案**时，最高法院判决，如果教育管理人员知道学校中发生的性虐待和性骚扰事件，但是未能制止那些行为，就可以根据1972年颁布的《教育修正案》第九条[163]的规定来确定损害赔偿金问题。[164]**富兰克林案**判决以后，最高法院在审理**格布瑟诉拉戈格·维斯塔独立学区案**时判决再次强调了学区的责任问题，认为可以依据《教育修正案》第九条的规定，评估学区在教师对学生施以性骚扰的事件中的责任。在该案中，原告学生认为，虽然学校管理人员对教师虐待学生的情况实际上是毫不知晓的，但是学区仍然应当为教师个体的错误行为承担法律责任。法院驳回了这一主张。最高法院判决，只有当"**有权采取矫正性措施来补救学区的不良行为**"的教育管理人员确确实实地知道虐待儿童的事件，而且故意对受害者漠不关心，没有采取任何补救措施的时候，学区才应当承担法律责任。[165]

在其后的诉讼中，法院对"谁是拥有权力的那个管理人员"、"怎样才算真正知情"、"证明故意漠不关心的证据包括哪些"等问题进行了界定。**格布瑟案**没有明确学区中对此类事件负责的人究竟是谁。是有权对虐待儿童事件进行调查的人？还是有权制止可疑的虐待行为的人？在没有明确规定校长就是拥有这种权力的人的情况下，一些法院从分析诉讼案件中原告的主张"校长有权对虐待事件进行救济"入手，进行了推理。[166]第三巡回法院指出，校长掌握了充分的知识，"如果校长不是《教育修正案》的第九条规定的、有权采取矫正性措施的人，那么最高法院在**格布瑟案**中所作的分析实际上就是毫无意义的"[167]。不过，在一起案件中，第四巡回法院判决，弗吉尼亚州的一名校长并不拥有成为学区的代理人，对教师进行雇用、解聘、调动或停职处理的必然权力。[168]

关于性骚扰或性虐待的告知问题，也总是引起纠纷。有证据表明，潜在的危险并不等于实际发生。例如，第八巡回法院指出，不能根据某位教师与某个学生待在一起的时间过长或某位教师表现出来的对某个学生的钟爱，就简单地推断可能存在性虐待的情况。[169]与之类似，在一起案件中，一位学生主张，有一次在体育课上进行足球比赛时，她打中场，而一位教师处于"四分卫"的位置，那位教师触摸了她；后来，在学校喷泉里戏水时，这位老师又企图摸她。第十一巡回法院认为这些事件不足以告知学区警惕该教师可能对其他学生进行性侵犯。[170]在另一起案件中，纽约州联邦地区法院则认为，在学生母亲举报了某位教师不恰当地议论性的问题、进行性触摸以及旁敲侧击地表达性意念的时候，校长就被告知了这位教师对学生进行性骚扰的事实。[171]

要想对原告主张的"故意忽视"进行辩护，学校管理人员必须找到证据，证明他们对原告采取了补救措施。在一起案件的审理过程中，第五巡回法院认为，虽然校长的行为不能有效地防止教师对学生进行性虐待行为的发生，但是只要校长采取了行动，就可以认为校长的反应是恰当的。[172]在类似的案子中，一位校长为了直面原告提出的申诉主张，聘请了一位法律顾问，对原告学生、被告教师以及其他可能的证人进行调查，同时采取了补救性措施，尽管这些方法没有产生实效，但是都可以证明校长并不是"故意忽视"。[173]法院认为，虽然这些措施没能够阻止被告教师对学生的性骚扰，但是相关的证据证明了校长并没有"故意漠视"。

因为存在损害赔偿、而且法律对于损害赔偿的限制是非常少的（法律没有对损害赔偿的上限进行限制，也没有要求必须先穷尽行政救济程序才可以提起法律诉讼），所以，越来越多的人依据《教育修正案》第九条的规定，针对教师对学生进行性骚扰的行为提起诉讼。[174]法院认为，学区可能因学校雇员的性骚扰行为而承担责任，因此，教育委员会正致力于制定并实施有关儿童虐待问题的政策从而避免教师及其他雇员陷入虚假的儿童虐待案件中。一般情况下，教育委员会禁止教师和学生在其他成年人缺席的状态下单独接触，同时限制师生在校外时间里进行私人会见。雇员若不能遵守上述指令将会受到纪律处分，即使他们实际上并没有做出虐待儿童的行为。

结　论

除宪法和联邦民权法案规定的限制之外，教育工作者的雇佣问题主要受到州制定法的制约。州对教师资格、合同、终身制和雇佣等问题作出了总体的要求。地方教育委员会必须遵守州法律，此外，教育委员会还可以提出其他的要求。一般而言，以下的条件和条款调整着教师的雇佣问题：

1. 州设定教师资格的最低标准，可以包括专业准备、最低年龄、美国公民身份、良好的品德、进行忠诚宣誓、通过学术考试。

2. 公立学校任教的教师必须持有有效的资格证。

3. 资格证不能确保教师一定在某个州内得到雇用。

4. 教师的资格证可能因为某些原因而被撤销,这些具体的原因通常由州法律规定。

5. 教育委员会有权聘任教师,还可以在州最低标准之上设定雇用教师的专业要求和学术要求。

6. 法院通常认为,在雇员被雇用之前,教育委员会可以对雇员提出居住地要求、合理的健康和身体要求,并可以对雇员进行背景调查。

7. 教育委员会有权将教师安排或调到学区内的任何一所学校或任何一个年级任教,只要这种安排符合教师资格证书的要求,而且不属于合同条款规定的范围。

8. 教育管理人员可以进行合理且恰当的课外工作安排。

9. 教师合同必须满足合同法的一般规定,也必须遵守州法律其他规定。

10. 终身制是制定法赋予教师的权利,可以确保教师不因非正当理由而被非法解雇,而且对教师的解雇必须遵守程序性正当程序的要求。

11. 终身制的授予必须符合州法律的规定。

12. 规定了额外工作职责的附加合同,通常不受终身制法律的约束。

13. 教育委员会有权利确定教师绩效评价标准,但此权利受州确定的评价条件的限制。

14. 保管、使用和公开人事信息,必须遵守州法律的规定和合同协议的要求。

15. 法院有权索取教师的人事档案,以调查涉及歧视的指控。

16. 教育工作者必须遵守联邦著作权法律;在遵从了合理使用的规定的情况下,为了教学,教师可以不用取得著作权许可而直接使用受著作权保护的材料。

17. 所有的州都制定了法律,要求教师汇报可疑的虐待学生事件,只要教师是基于善意的,即使事实证明虐待事件并不存在,也可以免于承担法律责任。

18. 如果有权采取补救措施的那个人确实知晓教师骚扰学生或虐待学生,但却漠不关心这些事,不采取任何补救措施,那么学区就要承担法律责任。

注 释

[1] 参见 Arrocha v. Bd. of Educ., 690 N. Y. S. 2d 503 (1999),该案的判决结果是,个体兜售可卡因的犯罪行为使其无法成为高中学生的行为模范。Bay v. State Bd. of Educ., 378 P. 2d 558, 561 (Or. 1963),该案的判决结果是,曾经因为偷窃罪而获刑 8 年,是个体申请教学资格证、对之进行性格评价时必须考虑的一个因素;法院裁示,性格包括"个性特征、行为、正直性、态度、体谅性、诚实公平的精神、利他性等方面的优点和缺陷"。

[2] 几乎占半数的州都成立了专业性标准委员会,这些委员会管理和规范教师许可证的标准和评价。委员会主要由教师构成,其主要目的是解决教师培养、许可证申请以及更新过程中产生的问题。

[3] 参见 Ass'n of Mexican-American Educators v. California, 231 F. 3d 572 (9th Cir. 2000); Jacobsen v. Tillman, 17 F. Supp. 2d 1018 (D. Minn. 1998); Feldman v. Bd. of Educ., 686 N. Y. D. 2d 842 (App. Div. 1999)。又见 Mass. Fed'n of

Teachers v. Bd. of Educ., 767 N. E. 2d 549 (Mass. 2002)，该案认为，在某些学校中，对申请资格证更新的教师进行数学测验，属于州委员会的权力范围。

[4] United States v. South Carolina, 445 F. Supp. 1094 (D. S. C. 1977)；在维持原判的名义下，Nat'l Educ. Ass'n v. South Carolina, 434 F. U. S. 1026 (1978)。又见本书第10章第33条注释所对应的正文。在主张歧视的诉讼案件中，州和原告之间的同意判决包括双方同意对测验进行改进以减少对少数种族候选人的歧视。参见 Allen v. Ala. State Bd. of Educ., 164 F. 3d 1347 (11th Cir. 1999)，发回重审，Allen v. Ala. State Bd. of Educ., 190 F. R. D. 602 (M. D. Ala, 2000)。

[5] Keyishian v. Bd. of Regents, 385 U. S. 589 (1967).

[6] Ohlson v. Phillips, 397 U. S. 317 (1970).

[7] Cole v. Richardson, 405 U. S. 676 (1972); Connell v. Higginbotham, 403 U. S. 207 (1971).

[8] Ambach v. Norwick, 441 U. S. 68 (1979).

[9] Id. at, 73—74.

[10] State v. Project Principle, 724, S. W. 2d 387 (Tex. 1987)。又见 Fields v. Hallsville Indep. Sch. Dist., 906 F. 2d 1017（5th Cir. 1990）; Mass. Fed'n of Teachers v. Bd. of Educ., 767 N. E. 2d 549 (Mass. 2002)。

[11] Conn. Educ. Ass'n v. Tirozzi, 554 A. 2d 1065 (Conn. 1989).

[12] Reback v. R. I. Bd. of Regents for Elementary and Secondary Educ., 560 A. 2d 357 (R. I. 1989).

[13] Pleasant Valley Educ. Ass'n v. Pleasant Valley Cmty. Sch. Dist., 449 N. W. 2d 894 (Iowa Ct. App. 1989).

[14] 参见 Keatley v. Mercer County Bd. of Educ., 490 S. E. 2d 306 (W. Va. 1997)。该案中，法院裁示，如果应征者仅仅因身体存有缺陷而不具备申请教师资格证的条件，但是在教师招聘的时候，他/她的身体康复了，符合申请资格证的所有要求，则他/她可以被雇用。

[15] 参见 Lucio v. Sch. Bd. of Indep. Sch. Dist. No. 625, 574 N. W. 2d 737 (Minn. Ct. App. 1998)。该案中，法院裁示，学区有权决定教师能否拥有许可证。又见 Woodrum v. Rolling Hills Bd. of Educ., 421 N. E. 2d 859 (Ohio 1981)。该案判决，当州向教育委员会通报资格证更新信息的时候，教师没有到教育委员会为资格证更新进行备案，并不意味着他/她丧失了申请终身教职的权利。

[16] 参见 Maasjo v. Mc Laughlin Sch. Dist., 489 N. W. 2d 618 (S. D. 1992)。该案中，法院裁示，教育委员会不能因某位学监缺少恰当的行政认可而终止其雇佣合同。

[17] 参见 Prof'l Standards Comm'n v. Denham, 556 S. E. 2d 920 (Ga. Ct. App. 2001)。该案中，一位教师因修改学生的标准化测验答案而被吊销资格证6个月，法院判决支持这个决定。

[18] 参见 Joyell v. Comm'r of Educ., 696 A. 2d 1039 (Conn. App. Ct. 1997); Gee v. Prof'l Practices Comm'n, 491 S. E. 2d 375（Ga. 1997）; Petron v. Dep't of Educ., 726 A. 2d 1091 (Pa. Commw. Ct. 1999)。又见第11章第61条注释所对应的正文关于程序性正当程序的详细解释。

[19] Nanko v. Dep't of Educ., 663 A. 2d 312（Pa. Commw. Ct. 1995）。又见 Patterson v. Superintendent of Pub. Instruction, 887 P. 2d 411 (Wash. Ct. App. 1995)。该案中，法院支持因伪造并隐瞒应征信息而被吊销资格证6个月。

[20] Crumpler v. State Bd. of Educ., 594 N. E. 2d 1071 (Ohio Ct. App. 1991).

[21] *In re* Morrill, 765 A. 2d 699 (N. H. 2001).

[22] Bills v. Ariz. State Bd. of Educ., 819 P. 2d 952 (Ariz. Ct. App. 1991).

[23] Pettit v. State Bd. of Educ., 513 P. 2d 889 (Cal. 1973)。然而，在早期的判例中，同一法院裁示，具有私密性的同性恋等个别事件，不能作为撤销教师许可证的依据；教师的此类行为与教学效果之间没有什么联系。Morrison v. State Bd. of Educ., 461 P. 2d 375 (Cal. 1969)。又见 Ulrich v. State, 555 N. E. 2d 172 (Ind. Ct. App. 1990)。该案中，法院裁示，强奸学生足以作为撤销教师许可证的正当理由。

[24] Stelzer v. State Bd. of Educ., 595 N. E. 2d 489 (Ohio Ct. App. 1991)。

[25] Hainline v. Bond, 824 P. 2d 959 (Kan. 1992)。

[26] 参见 Epstein v. Benson, 618 N. W. 2d 224（Wis. Ct. App. 2000）。本案中，法院的判决结果是：携带没有登记注册的枪支是犯罪行为，但是该行为并不属于作为吊销教学资格证的正当理由的"不道德行为"的范畴。

[27] 参见 Carter County Bd. of Educ. v. Carter County Educ. Ass'n, 56 S. W. 3d 1 (Tenn. Ct. App. 1996)。该案中，法院判决，甄选校长是教育委员会的裁量权，校长任命不属于集体谈判的范围。在某些情况下，地方校本理事会可以行使这种裁量权。例如，根据《芝加哥学校改革法案》(Chicago School Reform Act)，地方校本理事会有权任命校长，且无须得到教育委员会的支持与认可，105 ILCS 5/34-2. 2 (c)。《马萨诸塞州教育改革法案》(Massachusetts' Education Reform Act) 规定，雇用和解雇教师及其他学校工作人员（诸如校长）是学监的职责，Mass. Gen. Laws ch. 71 § 59B (2002)。

[28] 参见第 9 章关于教师宪法权利的讨论。

[29] 参见 Mingo County Bd. of Educ. v. Jones, 512 S. E. 2d 597 (W. Va. 1998)。

[30] 参见第 10 章关于雇佣过程中的歧视的讨论。在某些情境中，性别可以成为真正的职业标准（例如，监管女孩子更衣室的人必须是女性）。

[31] 参见 Crawford v. Bd. of Educ., 453 N. E. 2d 627 (Ohio 1983); Fortney v. Sch. Dist., 321 N. W. 2d 225 (Wis. 1982)。

[32] 参见 Butcher v. Gilmer County Bd. of Educ., 429 S. E. 2d 903 (W. Va. 1993)。又见 Eide v. Oldham-Romana Sch. Dist. No. 39-5, 516 N. W. 2d 322 (S. D. 1994)。该案中，法院认定，学区必须遵守其制定的雇佣政策。Bolyard v. Kanawha County Bd. of Educ., 459 S. E. 2d 411 (W. Va. 1995)。该案的判决是：根据制定法的规定，教育委员会合理地使用了其拥有的雇用教师的裁量权。

[33] 参见 Dennery v. Bd. of Educ., 622 A. 2d 858 (N. J. 1993)。

[34] Harrah Indep. Sch. Dist. v. Martin, 440 U. S. 194 (1979)。该案中，学区的一项政策要求教师在受雇工作的过程中，每 3 年须在大学里学习一段时间并获得 5 个附加学分，法院判决支持这项政策。

[35] Daury v. Smith, 842 F. 2d 9 (1st Cir. 1988)。

[36] Sullivan v. River Valley Sch. Dist., 197 F. 3d 804 (6th Cir. 1999)。又见 Moore v. Bd. of Educ., 134 F. 3d 781 (6th Cir. 1998)。该案中，法院调查认为，教师拒绝进行精神检查和身体检查属于不服从行为。

[37] Gargiul v. Tompkins, 704 F. 2nd 661 (2nd Cir. 1983), 推翻原判并发回重审, 465 U. S. 1016 (1984)。又见 Harris v. Bd. of Educ., 798 F. Supp. 1331 (S. D. Ohio 1992)。

[38] Parolisi v. Bd. of Exam'rs, 285 N. Y. S. 2d 936 (Sup. Ct. 1967).

[39] Gurmankin v. Costanzo, 556 F. 2d 184 (3rd Cir. 1977).

[40] Sch. Bd. of Nassau County, Fla. v. Arline, 480 U. S. 273 (1987). 又见第10章关于残疾歧视的讨论。

[41] Knox County Educ. Ass'n v. Knox County Bd. of Educ., 158 F. 3d 361 (6th Cir. 1998). 对立判决见 Chandler v. Miller, 520 U. S. 305 (1997). 该案中，法院裁示，要求所有政治性候选人进行药物检测的制定法规定是不合宪的；法条的前后文关系并不能证明固定测试的正当性。Warren v. Bd. of Educ., 200 F. Supp. 2d 1053 (E. D. Mo. 2001). 该案中，在没有证据证明教师做出了令人怀疑的错误行为的情况下，教育委员会要求该教师进行药物检测，该教师因此提出诉讼；教育委员会应诉，并提出进行简易判决，法院拒绝了教育委员会的这一动议。关于雇员的第十四修正案权利的进一步讨论，参见第9章第191条注释所对应的正文。

[42] McCarthy v. Phila. Civil Serv. Comm'n, 424 U. S. 645 (1976).

[43] Id. at, 647。在稍后的一些判例中，最高法院重申，为了某种利益或雇佣中的优先权而首先规定雇员居住地的政策违反了"平等保护"条款及宪法规定的旅行权利。参见 Attorney Gen. of N. Y. v. Soto-Lopez, 476 U. S. 898 (1986); Hooper v. Bernalillo County Assessor, 472 U. S. 612 (1985); Zobel v. Williams, 457 U. S. 55 (1982).

[44] 参见 Wardwell v. Bd. of Educ., 529 F. 2d 625 (6th Cir. 1976).

[45] 参见 Ind. Code Ann. 20 & 6. 1-6-12 (2002); Mass. Gen Laws ch. 71 § 38 (2002). 因为城市学校系统面临着教师招募的困难，费城、匹兹堡、普罗维登斯和罗得岛的一些学校取消了关于教师居住地的要求。见 Jeff Archer, "City Districts Lifting Rules on Residency," *Education Week* (January 16, 2002), pp. 1, 13.

[46] Stough v. Crenshaw County Bd. of Educ., 744 F. 2d 1479 (11th Cir. 1984). 又见 Peterson v. Minidoka County Sch. Dist. No. 331, 118 F. 3d 1351 (9th Cir. 1997); Curlee v. Fyfe, 902 F. 2d 401 (5th Cir. 1990); Brantley v. Surles, 804 F. 2d 321 (5th Cir. 1986).

[47] 参见 Thomas v. Smith, 897 F. 2d 154 (5th Cir. 1989); Sekor v. Bd. of Educ., 689 A. 2d 1112 (Conn. 1997). 又见 Lazuk v. Denver Sch. Dist. No. 1, 22 P. 3d 548 (Colo. Ct. App. 2000). 该案中，法院判决，州法允许教育委员会赋权给教师；州制定法的规定是，只能向有资格从事教学的教师赋权。

[48] 参见 Hinson v. Clinch County, Ga. Bd. of Educ., 231 F. 3d 821 (11th Cir. 2000); Harris v. Victoria Indep. Sch. Dist., 168 F. 3d 216 (5th Cir. 1999); LeVake v. Indep. Sch. Dist., 625 N. W. 2d 502 Minn. Ct. App. 2001, 拒绝重审，C8-00-1613, 2001 Minn. Lexis 434 (Minn. July 24, 2001).

[49] 参见 Gordon v. Nicoletti, 84 F. Supp. 2d 304 (D. Conn. 2000); Wells v. Del Norte Sch. Dist. C-7, 753 P. 2d 1079 (5th Cir. 1985). 该案中，法院裁示该教师没有教授特殊课程的权利。

[50] 集体谈判协议同时还对教育委员会调动教师的裁量权进行了限制。参见 Leary v. Daeschner, 228 F. 3d 729 (6th Cir. 2000).

[51] 参见 Moore v. Bd. of Educ., 448 F 2d 709 (8th Cir. 1971); Singleton v. Jackson Mun. Separate Sch. Dist., 419 F. 2d 1211 (5th Cir. 1970); Bolin v. San Bernardino City Unified Sch. Dist., 202 Cal. Rptr. 416 (Ct. App. 1984).

[52] 参见 Wygant v. Jackson Bd. of Educ., 476 U. S. 267 (1986)(裁员)。又见

第 10 章第 45 条注释所对应的正文。

[53] 参见 Manila Sch. Dist. No. 15 v. White, 992 S. W. 2d 125 (Ark. 1999)。该案中，法院判决，解除一位教师的教练职责，任命他为另一所学校的指导/教师，是不续聘教师合同，而不是重新分配工作。Hamilton v. Telfair County Sch. Dist., 455 S. E. 2d 23 (Ga. 1995)。该案中，法院裁示，个人必须出具证据证明其在薪资、职责及威信方面受到了不利影响。

[54] *In re* Santee, 156 A. 2d 830, 832 (Pa. 1959)。又见 Hood v. Ala. State Tenure Comm'n, 418 So. 2d 131 (Ala. Civ. App. 1982)。

[55] Mroczek v. Bd. of Educ., 400 N. E. 2d 1362 (Ohio C. P. 1979)。

[56] Barr v. Bd. of Trs. 462 S. E. 2d 316 (S. C. Ct. APP. 1995)。又见 Johnson v. Spartanburg County Sch. Dist. No. 7, 444 S. E. 2d 501 (S. C. 1994)。该案中，法院判决，将一位助理校长调任薪资较低的教师职位侵犯了州法规定的程序保护权。

[57] Bordelon v. Chi. Sch. Reform Bd. of Trs., 233 F. 3d 524 (7th Cir. 2000)。

[58] Ahern v. Chester-Upland Sch. Dist., 582 A. 2d 741 (Pa. Commw. Ct. 1990)。

[59] 参见 Breslin v. Sch. Comm., 478 N. E. 2d 149 (Mass. Ct. App. 1985)。又见 Phila. Ass'n of Sch. Adm'rs v. Sch. Dist., 471 A. 2d 581 (Pa. Commw. Ct. 1984)。该案中，法院判决，在教师罢工期间，临时安排管理人员从事教学工作，并不降低其级别或薪资水平，不需要引入正当程序。

[60] Ulichny v. Merton Cmty. Sch. Dist., 249 F. 3d 686 (7th Cir. 2001)。

[61] Hinson v. Clinch County, Ga. Bd. of Educ., 231 F. 3d 821 (11th Cir. 2000)。

[62] 参见 *Ex parte* Ezell, 545 So. 2d 52 (Ala. 1989); Powers v. Freetown-Lakeville Reg'l Sch. Dist. Comm., 467 N. E. 2d 203 (Mass. 1984); Perry v. Houston Indep. Sch. Dist., 902 S. W. 2d 544 (Tex. Ct. App. 1995)。

[63] Hosaflook v. Nestor, 346 S. E. 2d 798 (W. Va. 1986)。又见 Hahn v. Bd. of Educ., 252 Cal. Rptr. 471 (Ct. App. 1988)。

[64] Fry v. Commonwealth, 485 A. 2d 508 (Pa. Commw. Ct. 1984)。

[65] 参见 Lewis v. Bd. of Educ., 537 N. E. 2d 435 (Ill. App. Ct. 1989)。该案中，法院裁示，工作的分配不能是无理的、繁重的或者难以承担的。Pleasant Valley Educ. Ass'n v. Pleasant Valley Cmty. Sch. Dist., 449 N. W. 2d 894 (Iowa Ct. App. 1989)。该案中，法院认定，教育委员会拥有较大的人事分配权。Ballard v. Bd. of Educ., 469 N. E. 2d 951 (Ohio Ct. App. 1984)。该案的审判结果是，可以增加教师的工作量而不增加薪水。又见 GriffinSpalding County v. Daniel, 451 S. E. 2d 480 (Ga. Ct. App. 1994)。该案的审判结果是，教师午餐休息期间禁止分派其从事教学、管理及监管工作的州制定法，的确与校长要求教师在午餐时间留在校园里的决定权相冲突。

[66] 参见 Wolf v. Cuyahoga Falls City Sch. Dist., 556 N. E. 2d 511(Ohio 1990)。该案中，法院裁示，监管学生报纸与新闻教学有关，但是，报纸的主办者并不需要签订附加合同，因为履行类似的课堂管理职责的其他教师都是有报酬的。

[67] McGrath v. Burkhard, 280 P. 2d 864 (Cal. Ct. App. 1955)。

[68] Thomas v. Bd. of Educ., 453 N. E. 2d 150 (Ill. App. Ct. 1983)。又见 Penns Grove-Carneys Point Educ. Ass'n v. Bd. of Educ., 506 A. 2d 1289 (N. J. Super. Ct. App. Div. 1986)。该案中，法院裁示，周末的时候，可以给乐队指导安排其他工作。

[69] Bd. of Educ. v. Asbury Park Educ.

Ass'n, 368 A. 2d 396 (N. J. Super. Ct. Ch. Div. 1976).

［70］参见 Howell v. Ala. State Tenure Comm'n, 402 So. 2d 1041 (Ala. 1981)。该案中，法院裁示，教师拒绝参与"课堂管理改进项目"的行为可以作为其被解雇的理由。Jones v. Ala. State Tenure Comm'n, 408 So. 2d 145 (Ala. 1981)。该案中，法院裁示：一位顾问拒绝在学校上课之前的时间段里监管学生的行为可以导致其被解雇。

［71］关于合同要件的讨论，参见 Kern Alexander & M. David Alexander, *American Public School Law*, 5th Ed. (Belmont, CA: West/Thomson Learning, 2001), pp. 667-669。见 Drain v. Bd. of Educ., 508 N. W. 2d 255 (Neb. 1993)。

［72］McCormick v. Lake Wash. Sch. Dist., 992 P. 2d 511 (Wash. Ct. App. 2000)。又见 Branch v. Greene County Bd. of Educ., 533 So. 2d 248 (Ala. Civ. App. 1988)。该案中，法院裁示，没有得到教育委员会认可的、学监个人承诺的合同意向并不是真正地签订合同。Brown v. Caldwell Sch. Dist. No. 132, 898 P. 2d 43 (Idaho 1995)。该案中，法院裁示，对某位教师提出、雇用其担任助理学监的要约对教育委员会来说，不具有约束力。

［73］参见 Guthrie v. Indep. Sch. Dist. No. I-30, P. 2d 802 (Okla. Civ. App. 1997); Nelson v. Donald Bd. of Educ., 380 N. W. 2d 665 (S. D. 1986)。

［74］越来越多的判例是针对组建家庭的同性恋雇员的健康、退休及其他福利问题提出的。州宪法、制定法及政策都进行了相关的权利规定。一些法院裁示，拒绝提供福利待遇是基于婚姻状况的歧视。见 Univ. of Alaska v. Tumeo, 933 P. 2d 1147 (Alaska 1998); Tanner v. Oregon Health Sciences Univ., 971 P. 2d 435 (Or. Ct. App. 1998); Baker v. State, 744 A. 2d 864 (Vt. 1999)。对立判决见 Rutgers Council of AAUP Chapters v. Rutgers State Univ., 689 A. 2d 828 (N. J. Super Ct. App. Div. 1997); Funderburke v. Uniondale Union Free Sch. Dist. No. 15 660 N. Y. S. 2d 659 (Sup. Ct. 1997)。又见 Donna Euben, *Domestic Partnership Benefits on Campus: A Litigation Update* (Washington, DC: American Association of University Professors, 2002)。

［75］参见 Bradley v. W. Sioux Cmty Sch. Bd. of Educ., 510 N. W. 2d 881 (Iowa 1994); Bd. of Educ. v. Jones, 823 S. W. 2d 457 (Ky. 1992); Jones v. Houston Indep. Sch. Dist., 805 F. Supp. 476 (S. D. Tex. 1991), 维持原判, 979 F. 2d 1004 (1992)。

［76］参见 LaSorsa v. UNUM life Ins. Co., 955 F. 2d 140 (1st Cir. 1992)。

［77］参见 Mifflinburg Area Educ. Ass'n v. Mifflinburg Area Sch. Dist., 724 A. 2d 339 (Pa. 1999); Stone v. Mayflower Sch. Dist., 894 S. W. 2d 881 (Ark. 1995)。

［78］参见 Denuis v. Dunlap, 209 F. 3d 944 (7th Cir. 2000)。该案中，法院裁示，涉案教师不必放弃其根据宪法而拥有的隐私权，本案中涉及的隐私权包括为了应对雇佣背景审查而提供医疗记录或收入状况记录。Parker v. Indep. Sch. Dist. No. I-003 Okmulgee County, Okla., 82 F. 3d 952 (10th Cir. 1996)。该案中，法院裁示，在教师的辅助性教练职位终止以后，教育委员会不能通过让其签订同意夏季免职合同的方法来规避《俄克拉何马州教师程序保护法案》(Oklahoma Teacher Due Process Act) 明确规定的程序性保护权利。

［79］参见 Rhoades v. Idaho Falls Sch. Dist. No. 91, 965 P. 2d 187 (Idaho 1998)。

［80］参见 Trimble v. W. Va. Bd. of Dirs., 549 S. E. 2d 294 (W. Va. 2001)。该案的判决结果是，在继续雇佣过程中，在教师没有其他过失行为的情况下，在只

因一次不服从的事件而终止其雇佣合同时，需要对其财产权进行严格的累进估算。又见第11章第61条注释所对应的正文关于程序性正当程序规定的讨论。

［81］Brodie v. Sch. Comm. , 324 N. E. 2d 922（Mass. Ct. App. 1975）。又见 Corns v. Russell County Va. Sch. Bd. , 52 F. 3d 56（4th Cir. 1995），问题求证于 454 S. E. 2d 728（Va. 1995）。该案中，法院裁示，制定法规定的"三年实习期"要求的是连续三年的雇佣状态。Fairbanks N. Borough Sch. Dist. v. NEA-Alaska, 817 P. 2d 923, 925（Alaska 1991）。该案中，法院认定，兼职工作两年不符合州制定法规定的"连续工作两个学年"的要求。Burns v. State Bd. of Elementary and Secondary Educ. , 529 So. 2d 398（La. Ct. App. 1988）。该案中，法院裁示，在联邦资助的教师岗位上工作的时间不属于试用期。

［82］又见 State *ex rel*. Williams v. Belpre City Sch. Dist. , 534 N. E. 2d 96（Ohio Ct. App. 1987）。该案中，法院裁示，定期的及实际上的兼职工作不代表教师拥有申请终身教职的资格。

［83］参见 Bd. of Educ. v. Carroll County Educ. Ass'n, 452 A. 2d 1316（Md. Ct. App. 1982）。该案中，法院裁示，教育委员会不能作为终身教师们委托的权威代表与另一方进行谈判。

［84］参见 State *ex rel*. Cohn v. Shaker Heights City Sch. Dist. , 678 N. E. 2d 1385（Ohio 1997）；Scheer v. Indep. Sch. Dist. No. I-26, 948 P. 2d 275（Okla. 1997）。

［85］参见 Conetta v. Bd. of Educ. , 629 N. Y. S. 2d 640（Sup. Ct. 1995）。

［86］参见 Lambert v. Bd. of Educ. , 664 N. Y. S. 2d 622（Sup. Ct. 1997）。

［87］参见 Speichler v. Bd. of Coop. Educ. Servs. , 659 N. Y. S. 2d 199（N. Y. 1997）。对立判决见 Bowden v. Memphis Bd. of Educ. , 29 S. W. 3d 462（Tenn. 2000）。该案中，法院表示，如果学监没有根据制定法的规定告知教育委员会某位教师有资格申请终身教职的话，这位教师不能因试用期满后的继续雇佣而获得终身教职。

［88］参见 Washington v. Indep. Sch. Dist. , 590 N. W. 2d 655（Minn. Ct. App. 1999）。又见，Nelson v. Bd. of Educ. , 689 A. 2d 1342（N. J. 1997）。该案中，法院裁示，州法律规定了可以获得终身教职的特定岗位，个体只有在那些岗位工作，才可以获得终身教职。在学监岗位上获取的终身教职，不可以扩展到校长岗位或其他管理岗位。

［89］见第11章关于终止雇佣的进一步讨论。

［90］Indiana *ex rel*. Anderson v. Brand, 303 U. S. 95（1938）。在诸如此类的立法中，教师一旦获取终身教职，其地位就是不可改变的；但是，立法机关并不禁止对有关未来雇员的法律作出修改。

［91］参见 Krueth v. Indep. Sch. Dist. No. 38, Red Lake, Minn. , 496 N. W. 2d 829（Minn. Ct. App. 1993）。该案中，法院裁示，制定法要求在裁员过程中优先考虑没有什么资历的美籍印第安教师，这并不意味着法律允许侵犯资深教师的合同权利。State v. Project Principle, 724 S. W. 2d 387（Tex. 1987）。该案中，法院裁示，教学资格证是一种资格证书，不是合同，应当受到州未来的限制性规定的约束。

［92］Pittman v. Chi. Bd. of Educ. , 64 F. 3d 1098（7th Cir. 1995）。根据《私立学校终身教职法案》（Private Tenure Act）的规定，诺克斯县教育系统中的校长们获得了终身教职。尽管田纳西州的一个上诉法院没有审查该法案是否符合合同法的规定，但是法院裁示，《教育改进法案》（Education Improvement Act）规定了校长

的终身地位。Knox County Educ. Ass'n v. Knox County 60 S. W. 3d 65 (Tenn. Ct. App. 2001)。

[93] 参见 Downing v. City of Lowell, 741 N. E. 2d 469 (Mass. App. Ct. 2001); E. Canton Educ. Ass'n v. McIntosh, 709 N. W. 2d 468 (Ohio 1999); Burke v. Lead-Deadwood Sch. Dist. No. 40-1, 347 N. W. 2d 343 (S. D. 1984)。

[94] Spurlock v. Bd. of Trs. 699 P. 2d 270, 272 (Wyo. 1985)。

[95] Atencio v. Bd. of Educ., 655 P. 2d 1012 (N. M. 1982)。又见 Rose v. Currituck County Bd. of Educ., 350 S. E. 2d 376 (N. C. Ct. App. 1986)。该案中，法院裁示，在试用期内，校长可以保留终身教师的身份。

[96] 参见 Gilmore v. Bonner County Sch. Dist. No. 82, 971 P. 2d 323 (Idaho 1999)。又见, Hanlon v. Logan County Bd. of Educ., 496 S. E. 2d 447 (W. Va. 1997)。该案中，法院裁示，教育委员会可以与该教育系统外的个体签订有关课外活动的合同。

[97] Smith v. Bd. of Educ., 708 F. 2d 258 (7th Cir. 1983); Neal v. Sch. Dist. of York, 288 N. W. 2d 725 (Neb. 1980); Coles v. Glenburn Pub. Sch. Dist. 26, 436 N. W. 2d 262 (N. D. 1989)。

[98] Slockett v. Iowa Valley Cmty. Sch. Dist., 359 N. W. 2d 446 (Iowa 1984)。对立判决见 Reid v. Huron Bd. of Educ., 449 N. W. 2d 240 (S. D. 1989)。该案中，法院裁示，总教练的职位是根据继续合同法律的规定设置的，因为州管理规章限定了该岗位的资格条件。

[99] 参见 Lancaster v. Indep. Sch. Dist. No. 5, 149 F. 3d 1228 (10th Cir. 1998); Sch. Comm. v. Educ. Ass'n, 666 N. E. 2d 486 (Mass. 1996); Issaquah Educ. Ass'n v. Issaquah Sch. Dist. No. 411, 706 P. 2d 618 (Wash. 1985)。对立判决见 Smith v. Bd. of Educ., 341 S. E. 2d 685 (W. Va. 1985)。该案中，法院认定，教育委员会不续签一位教练的雇佣合同属于调任性质，符合州法律规定的程序性正当程序的要求。

[100] Lagos v. Modesto City Sch. Dist., 843 F. 2d 347 (9th Cir. 1988)。对立判决见 Kingsford v. Salt Lake City Sch. Dist., 247 F. 3d 1123 (10th Cir. 2001)。该案中，法院要求原审法院确定学校管理人员是否进行了"事实上生效"的承诺，承诺教练们仅仅因合理的理由而被解雇；该案促使州立法机关修订法律，明确规定额外职责的分配属于有限合同。Vail v. Bd. of Educ., 706 F. 2d 1435 (7th Cir. 1983); 同等地位的地方法院审理后维持原判，见 466 U. S. 377 (1984)。该案中，法院裁示，教育委员会承诺了一个两年期的教学与教练合同，不允许教育委员会在第一年结束时不经过程序性正当程序就终止该合同。

[101] 参见 Farner v. Idaho Falls Sch. Dist. No. 91, 17 P. 3d 281 (Idaho 2000)。

[102] 参见 Hachiya v. Bd. of Educ., 750 P. 2d 383 (Kan. 1988); Lewis v. Bd. of Educ., 537 N. E. 2d 435 (Ill. App. Ct. 1989); Babitzke v. Silverton Union High Sch., 695 P. 2d 93 (Or. Ct. App. 1985)。又见 Parker v. Indep. Sch. Dist. No. I-003, 82 F. 3d 952 (10th Cir. 1996)。该案中，教育委员会与教师签订合同，合同中具体规定，如果该教师的教练合同不能续签的话，也不再重新雇用她为教师。法院裁示，教育委员会不能通过这种方式停止其教学工作，侵犯教师拥有的程序性正当程序权利。法院强调，教育委员会不能修订或撤销制定法规定的权利。

[103] 参见 Munger v. Jesup Cmty. Sch. Dist., 325 N. W. 2d 377 (Iowa 1982)。

[104] Civil Rights Div. of the Ariz. Dep't of Law v. Amphitheater Unified Sch. Dist.

No. 10, 706 P. 2d 745 (Ariz. Ct. App. 1985).

[105] 针对与休假政策相关的歧视而提起的诉讼，涉及因怀孕而缺勤以及因参加宗教节日庆典而缺勤，相关讨论见第10章。

[106] Perry A. Zirkel, *The Law of Teacher Evaluation* (Blooming, IN: Phi Delta Kappa, 1996).

[107] Iowa Code Ann. § 279.14 (2002)。又见 Ark. Code Ann. § 6-17-1504 (2002)。

[108] Cal. Code Ann. §§ 44660-44665 (2002)。又见 Ill. School Code Ann. 105ILCS 5/24A (1994); Chi. Bd. of Educ. v. Smith, 664 N. E. 2d 113 (Ill. App. Ct. 1996)。

[109] Fla. Stat. § 231.29 (2002)。

[110] 参见 Ariz. Rev. Stat. Ann. § 15-537 (2002); Or. Rev. Stat. Ann. § 342.850 (2002); Conn. Gen. Stat. Ann. § 10-151b (2002)。

[111] 参见 *In re* Pittsfield Sch. Dist., 744 A. 2d 594 (N. H. 1999)。又见第12章第55条注释所对应的正文。

[112] Anderson v. San Mateo Cmty. Coll. Dist., 151 Cal. Rptr. 111 (Ct. App. 1978)。又见，Boss v. Fillmore County Sch. Dist. No. 19, 559 N. W. 2d 448 (Neb. 1997)。对立判决见 Retzlaff v. Grand Forks Pub. Sch. Dist. No. 1, 424 N. W. 2d 637 (N. D. 1988)。该案中，法院裁示，包含某位教师的特殊教育目标的"管理性报告"实际上反映了州规定的进行书面绩效评估的要求。

[113] Hyde v. Wellpinit Sch. Dist. 49, 611 P. 2d 1388 (Wash. Ct. App. 1980)。

[114] Snyder v. Mendon-Union Local Sch. Dist. Bd. of Educ., 661 N. E. 2d 717 (Ohio 1996)。又见，McComb v. Gahana-Jefferson City Sch. Dist. Bd. of Educ., 720 N. E. 2d 984 (Ohio Ct. App. 1998)。法院判决结果是，合同续签之前，学区根据州法律的要求向教师提供了特殊的改进措施以改善其评价结果。

[115] Holland v. Bd. of Educ., 327 S. E. 2d 155 (W. Va. 1985)。

[116] 参见 Tippecanoe Educ. Ass'n v. Tippecanoe Sch. Corp., 700 N. E. 2d 241 (Ind. Ct. App. 1998); Thomas v. Bd. of Educ., 643 N. E. 2d 132 (Ohio 1994); Kudasik v. Bd. of Dirs., 455 A. 2d 261 (Pa. 1983)。

[117] Perez v. Comm'n on Prof'l Competence, 197 Cal. Rptr. 390 (Ct. App. 1983))。又见，Hoffner v. Bismarck Pub. Sch. Dist., 589 N. W. 2d 195 (N. D. 1999)。该案的判决结论，不续签校长雇佣合同的行为符合州制定法关于只有书面评价报告中的事实才能作为解雇的依据的规定。

[118] Johnson v. Bd. of Educ., 353 N. W. 2d 883, 887 (Iowa Ct. App. 1984)。

[119] Schaub v. Chamberlain Bd. of Educ., 339 N. W. 2d 307 (S. D. 1989)。需要强调的是，在进行了最低水平的告知，详细说明了起诉情况并提供了听证机会之后，没有遵从既定的评价程序并不必然导致对宪法规定的正当程序权利的侵犯。见 Goodrich v. Newport News Sch. Bd., 743 F. 2d 225 (4th Cir. 1984); Farmer v. Kelleys Island Bd. of Educ., 638 N. E. 2d 79 (Ohio 1994); 第11章第63条注释所对应的正文。

[120] 参见 Cook v. Lisbon Sch. Comm., 682 A. 2d 672 (Me. 1996)。该案中，法院裁示，倘若雇员提出申请后的实际时间不充分的话，学校委员会必须在法定的、5个工作日的期限内为其提供文件材料。Boor v. McKenzie County Pub. Sch. Dist. No. 1, 560 N. W. 2d 213 (N. D. 1997)。该案的法院判决结果是，校长在议事日程上记录教师的申诉情况，并不违反州法律关于禁止建立秘密人事档案的规定，因为该校长很快就提请该教师注意申诉的进展情况。

［121］对立判决见 Bradley v. Bd. of Educ., 565 N. W. 2d 650 (1997)。该案中，法院裁示，教育委员会背离州制定的《信息自由法案》(Freedom of Information Act) 的规定进行谈判。

［122］参见 Bangor Area Educ. Ass'n, 720 A. 2d 198 (Pa. Commw. Ct. 1998)，维持原判，见 750 A. 2d 282 (Pa. 2000)。由法庭共同议决。教师人事档案不属于公共记录的范围。

［123］5 U. S. C. § 552 (2002)。

［124］参见 Kirwan v. The Diamondback, 721 A. 2d 196 (Md. 1998), Brouillet v. Cowles Pub. Co., 791 P. 2d 526 (Wash. 1990); Wis. Newspress v. Sch. Dist., 546 N. W. 2d 143 (Wis. 1996)。

［125］Bradley v. Bd. of Educ., 565 N. W. 2d 650 (1997)。

［126］Brouillet v. Cowles Pub. Co., 791 P. 2d 526 (Wash. 1990)。又见 S. Bend Tribune v. S. Bend Cmty. Sch. Corp., 740 N. E. 2d 937 (Ind. Ct. App. 2000)。该案中，法院裁示，公共机关必须向在职的或曾经的雇员提供特定的人事信息，但是不可以透露涉及应征者的信息。Cypress Media v. Hazleton Area Sch. Dist., 708 A 2d 866 (Pa. Commw. Ct. 1998)。该案中，法院认定，应征者信息不属于公共记录。

［127］Chairman v. Freedom of Info. Comm'n, 585 A. 2d 96 (Conn. 1991)。又见 DeMichele v. Greenburgh Cent. Sch. Dist. No. 7, 167 F. 3d 783 (2nd Cir. 1999)。该案中，以纽约法律为依据，法院提出，因为错误的工作安排而导致的诉讼不是私人信息，不可免责。Carpenter v. Freedom of Info. Comm'n, 755 A. 2d 364 (Conn. App. Ct. 2000)。该案中，法院裁示，关于个人不当行为的记录，记录的不是教学绩效或评价结果，根据州法律的规定，后两项是可以作为免责依据的。Williams v. Bd. of Educ., 747 A. 2d 809 (N. J. Super. Ct. App. Div.

2000)。该案中，法院裁示，针对终身教职提起诉讼的文件属于公共记录。Linzmeyer v. Forcey, 646 N. W. 2d 811 (Wis. 2002)。该案中，有人检举说一位高中教师与女学生之间有过不恰当的行为，警方调查了该教师。法院认定关于记录公开的法律适用于警方调查报告。对立判决见 Wakefield Teachers Ass'n v. Sch. Comm., 731 N. E. 2d 63 (Mass. 2000)。该案中，法院审判的结果是，惩戒报告属于人事信息，不受公共记录法律的约束。

［128］Perkins v. Freedom of Info. Comm'n, 635 A. 2d 783 (Conn. 1993)。又见 Scottsdale Unified Sch. Dist. No. 48 v. KPNX Broad. Co., 955 P. 2d 534 (Ariz. 1998)。该案中，法院认定，公布教师生日的做法并不是否认教师法定的隐私权。对立判决见 Brogan v. Sch. Comm., 516 N. E. 2d 159)。该案中，法院裁示，在个人缺勤记录上注明缺勤的日期和性质的做法，不是记录"个人特征"，不受公共记录法律的约束。

［129］参见 Klein Indep. Sch. Dist. v. Mattox, 830 F. 2d 576 (5th Cir. 1987); Brouillet v. Cowles Pub. Co., 791 P. 2d 526 (Wash. 1990)。对立判决见 Cypress Media v. Hazleton Area Sch. Dist., 708 A 2d 866 (Pa. Commw. Ct. 1998)。该案的判决结果是，将教学岗位应征者的所有信息公布于众的做法违反了《家庭教育权与隐私权法案》的规定。

［130］Klein, 830 F. 2d at 580; 又见 Hovet v. Hebron Pub. Sch. Dist., 419 N. W. 2d 189 (N. D. 1988)。

［131］Univ. of Pa. v. EEOC, 493 U. S. 182, 193 (1990)。又见 EEOC v. Maryland Cup Corp., 785 F. 2d 471 (4th Cir. 1986); EEOC v. Franklin & Marshall Coll., 775 F. 2d 110 (3rd Cir. 1985); James v. Ohio State Univ., 637 N. E. 2d 911 (Ohio 1994)。

[132] 参见 Aebisher v. Ryan, 622 F. 2d 651 (2nd Cir. 1980)。该案法院判决结果是，写给出版社的、告发学校中的暴力现象的申诉信，属于受保护的言论。Columbus Educ. Ass'n v. Columbus City Sch. Dist., 623 F. 2d 1155 (6th Cir. 1980)。该案中，法院裁示，反映工会代表热情吹捧同事问题的申诉信，违反了第一修正案的规定。Swilley v. Alexander, 629 F. 2d 1018 (5th Cir. 1980)。该案中，法院裁示，工会主席发表言论是受法律保护的行为，申诉信表明其具有的人身权。

[133] Marcus v. Rowley, 695 F. 2d 1171, 1174 (9th Cir. 1983).

[134] 17 U. S. C. § 101 et seq (2002).

[135] Id. at § 107.

[136] 关于指导方针的梳理参见 Mark Merickel, "The Education's Rights to Fair Use of Copyrighted Works," Education Law Reporter, vol. 51 (1989), pp. 711-724。

[137] Princeton Univ. Press v. Mich. Document Servs., 99 3d 1381 (6th Cir. 1996)。又见 Basic Books v. Kinko's Graphics Corp., 758 F. Supp. 1522 (S. D. N. Y. 1991)。该案的法院判决结果是：影印有著作权的作品作为学生的阅读材料，违反了"合理使用"的原则；法院判处8位印刷商赔偿51万美元。Sheldon E. Steinbach, "Photocopying Copyrighted Course Materials: Doesn't Anyone Remember the NYU Case?" Education Law Reporter, vol. 50 (1989) pp. 317-330。

[138] Marcus v. Rowley, 695 F. 2d 1171 (9th Cir. 1983).

[139] Chi. Sch. Reform Bd. v. Substance, Inc., 79 F. Supp. 2d 919 (N. D. Ill. 1999).

[140] Guidelines for Off-the-Air Recording of Broadcast Programming for Educational Purposes, Cong. Rec. § E4751, October 14, 1981.

[141] Encyclopedia Britannica Educ. Corp. v. Brooks, 542 F. Supp. 1156 (W. D. N. Y. 1882).

[142] Encyclopedia Britannica Educ. Corp. v. Brooks, 558 F. Supp. 1247 (W. D. N. Y. 1883).

[143] 464 U. S. 417, 450 (1984).

[144] 17 U. S. C. § 117 (2002).

[145] "L. A. School Board Settles Software Copyright Suit," School Law News, vol. 27, no. 4c March 5, (1999), p. 2。该争议的最终解决方式是教育委员会支付30万美元，外加3年150万美元用于强制监督软件的使用情况。

[146] 112 Stat. 2860 § 1 (2002).

[147] Bruce A. Lehman, Chair, Working Group on Intellectual Property Rights, "Report on Intellectual Property and the National Information Infrastructure," Washington, DC: Information Infrastructure Task Force (1995).

[148] 17 U. S. C. § 102 (2002)。最近发生的诉讼案件表明，在互联网上发表及公开的资料全部受著作权法律基本原则的保护。例如，第九巡回法院颁布禁令，禁止纳普斯特公司实施允许个体下载音乐文件的文件共享计划。A & M Records v. Napster, 239 F. 3d 1004 (9th Cir. 2001).

[149] 参见 17 U. S. C. § 511 (a) (2002)。在几起上诉案件中，法院判决结论是，根据第十一修正案的规定，任何人及法人都不能针对州及其管理机构就著作权受侵犯问题在联邦法院提起诉讼；为此，国会修订了著作权法律[《著作权救济声明》(Copyright Remedy Clarification)]，明确地取消了与免责相关的条款。又见 BV Engineering v. Univ. of Cal., L. A., 858 F. 2d 1394 (9th Cir. 1988); Richard Anderson Photography v. Brown, 852 F. 2d 114 (4th Cir. 1988).

[150] 2000 年，儿童保护机构接到了 300 万起举报；大约 90 万儿童受到虐待。Children's Bureau Administration on Children, Youth, & Families, *National Child Abuse and Neglect Data System*, Washington, DC: U. S. Dep't of Health and Human Services, April 2002。

[151] 俄亥俄州最高法院判定，如果州法律清楚地规定了学校及其雇员没有向相关部门报告有虐待嫌疑的案件时必须承担责任，教育系统及其雇员就不拥有绝对的免责权。Campbell v. Burton, 750 N. E. 2d 539 (Ohio 2001)。又见，第 13 章关于过失要件的讨论。

[152] Pesce v. J. Sterling Morton High Sch. Dist. 201, Cook County, Ill., 830 F. 2d 789 (7th Cir. 1987)。又见, State v. Grover, 437 N. W. 2d 60 (Minn. 1989)。该案中，法院认定，校长没有报告教师虐待儿童的事件，属于过失，是犯罪行为。

[153] 42 U. S. C. § 5101 (2002)。

[154] 参见 Kimberly S. M. v. Bradford Cent. Sch., 649 N. Y. S. 2d 588（App. Div. 1996）; Morris v. State, 833 S. W. 2d 624（Tex. Ct. App. 1992）。Hughes v. Stanley County Sch. Dist., 638 N. W. 2d 50 (S. D. 2001)。该案中，教育委员会提起诉讼，认为某教师没有报告有虐待嫌疑的事件，法院经过调查认为教育委员会缺乏证据。

[155] 参见 Landstrom v. Ill. Dep't of Children and Family Servs., 892 F. 2d 670 (7th Cir. 1990); Liedtke v. Carrington, 763 N. E. 2d 213 (Ohio Ct. App. 2001); Davis v. Durham City Schs., 372 S. E. 2d 318 (N. C. Ct. App. 1988)。

[156] Ohio Rev. Code § 2151. 421 (2002); Bishop v. Ezzone, No. WD-80-63, 1981 Ohio App. LEXIS 11406 (Ohio App. June 26, 1981)。虽然学校管理人员与健康及儿童保护专业人士拥有完全免责的权利，但是，向有关部门报告儿童虐待事件的其他人，只有出于良好的愿望，才可以免责。

[157] Commonwealth v. Allen, 980 S. W. 2d 278 (Ky. 1998)。又见 Barber v. State, 592 So. 2d 330 (Fla. Dist. Ct. App. 1992)。该案中，法院评注道：多次报告同一虐待事件，证明了情况的严峻性。

[158] 参见 Doe v. Gooden, 214 F. 3d 952 (8th Cir. 2000)。该案中，法院规定：没有按照州法律的要求报告有虐待嫌疑的事件，不属于违宪的不当行为。Abeyta v. Chama Valley Indep. Sch. Dist., 77 F. 3d 1253 (10th Cir. 1996)。该案中，法院裁示，一位教师口头上虐待异性学生，不足以构成违反宪法规定的罪名。把学生称作"妓女"，说明管理人员确实虐待学生，但并不侵犯其实体性正当程序权利。

[159] 见第 11 章第 210 条注释所对应的正文。

[160] DeShaney v. Winnebago County Dep't of Soc. Servs., 489 U. S. 189 (1989)。

[161] Stoneking v. Bradford Area Sch. Dist., 882 F. 2d 720 (3d. Cir. 1989)。关于"故意漠视"的标准参见 City of Canton, Ohio v. Harris, 489 U. S. 378 (1989)。

[162] 参见 P. H. v. Sch. Dist., 265 F. 3d 653 (8th Cir. 2001); Canutillo Indep. Sch. Dist. v. Leija, 101 F. 3d 393 (5th Cir. 1996); Gates v. Unified Sch. Dist. No. 449, 996 F. 2d 1035 (10th Cir. 1993)。

[163] 20 U. S. C. § 1681-1688 (2002)。见第 5 章第 148 条注释所对应的正文。

[164] 503 U. S. 60 (1992)。

[165] 524 U. S. 274, 277 (1998)。

[166] Davis v. Dekalb County Sch. Dist., 233 F. 3d 1367 (11th Cir. 2000); Doe v. Dallas Indep. Sch. Dist., 220 F. 3d 380 (5th Cir. 2000)。又见 Floyd v. Waiters, 133 F. 3d 786 (11th Cir. 1998)。在**格布瑟案**之前的判决先例中，法院规定，学监或教育委

员会必须清楚地知道哪些行为是要承担法律责任的。Flores v. Saulpaugh, 115 F. Supp. 2d 319 (N. D. N. Y. 2000)。该案中,法院裁示,校长有权力处理有虐待嫌疑的事件,并采取矫正措施。

[167] Warren v. Reading Sch. Dist., 278 F. 3d 163, 170 (3d. Cir. 2002).

[168] Baynard v. Malone, 268 F. 3d 228 (4th Cir. 2001),拒绝上诉请求,122 S. Ct. 1357 (2002)。

[169] P. H. v. Sch. Dist., 265 F. 3d 653 (8th Cir. 2001)。又见 *Davis*, 233 F. 3d 1367。

[170] *Davis*, 233 F. 3d 1367.

[171] *Flores*, 115 F. Supp. 2d 319.

[172] Doe v. Dallas Indep. Sch. Dist., 220 F. 3d 380 (5th Cir. 2000).

[173] *Davis*, 233 F. 3d 1367.

[174] 关于学生对学生的骚扰诉讼的讨论,参见第5章第146~157条注释所对应的正文。

第9章

教师的实体性宪法权利

虽然制定法在界定聘任的具体期限和条件方面占据了主导地位，但是，联邦宪法也对公共雇员的实体权利进行了规定。如果不存在压倒性的公共利益，立法机关或者教育委员会是不可以随意剥夺教师的宪法权利的，他们也不能以聘任为条件要求教师放弃这些权利。教师在行使其受保护的权利时，通常会与教育管理人员发生冲突，因此，需要引入司法程序来解决这种问题。

本章综述了宪法规定的教师宪法权利的内容，涉及教师的言论自由、学术自由、结社自由、着装自由和隐私权。教师的平等保护、正当程序、宗教保障等权利以及相应的法律救济等，将在其他章节中讨论。

言论自由

直到20世纪中期，人们还一直认为，如果教育委员会不同意公立学校教师所表达的观点，就可以对之实施解聘或者惩戒措施。这种私营部门用来解雇雇员的方法，通常也被认为同样适用于公共部门。然而，从20世纪60年代末开始，联邦最高法院已经认识到，联邦宪法第一修正案限制公共雇主根据雇员表达的某些观点——包括对政府政策的批评——进行聘任的自由裁量权。虽然现在法院已经明确教师不必因接受公立学校的聘任而放弃言论自由权利，法院同时也认识到，在聘任过程中，必须权衡教师基于第一修正案而享有的权利与学区拥有的维护学校正常有效运营的权益。下文中，我们将讨论最高法院所确定的法律原则的演进过程以及这些法律原则在具体的学校实践中的应用。

法律原则

1968年，在其标志性判决——**皮克林诉教育委员会案**（Pickering v. Board of Education）——中，最高法院认为，根据宪法第一修正案的规定，教师有权就公共议题公开表达自己的观点。[1] 在这起案件中，皮克林给当地的报纸写了一封信，批评教育委员会的财政政策，特别是关于在教育项目与体育项目之间如何分配经费的政策。教育委员会认为这封信中的部分内容并不真实，损害了教育委员会成员及学区管理人员的名声，因此解雇了皮克林。伊利诺伊州法院作出了支持学校解雇决定的判决。

最高法院推翻了州法院的判决。最高法院首次确认公民表达自己对公共议题的观点与看法的行为受宪法保护。在**皮克林案**中，教育经费及其分配问题显然属于公众感兴趣的话题，可以自由且公开地进行讨论。接着，法院使用了平衡测试，将教师发表自己对于公共议题的看法的表达自由权与教育委员会拥有的提供教育服务的权益进行对比。法院的结论是，如果皮克林行使自己受保护的言论自由权的行为危害到他与直接主管的关系、损害了他与同事的和谐相处、降低了他的工作绩效或者影响到学校的正常运转，那么，教育委员会所作的限制皮克林言论的处分决定就可以胜诉。法院认为，皮克林写的那封信并没有影响到上面所说的那些方面，所以，限制其议论公共话题的处理决定是不合法的。事实上，法院认为，教师的角色为其讨论学区资金分配问题提供了特殊的、占据优势的地位，教师对问题本身很了解，能够提出建设性意见，所以，对于教师来说，不必担心打击报复、自主地表达自己对于公共议题的观点和态度是至关重要的。[2] 法院进一步判决，对于公众关注的问题的错误陈述，如果没有证据证明是当事人"故意或者粗心大意地"（knowingly or recklessly）作出的，就不能作为解雇的理由。

自**皮克林案**以后，教师们经常针对解雇或所受到的其他惩罚措施提起诉讼，理由是他们所行使的受保护的言论自由权利导致了于己不利的聘任状况。1977年，最高法院确立了一条原则：即使教师的言论自由受到宪法的保护，但是，如果存在其他合法的解雇事由，学校管理人员仍然可以解雇该教师。在**黑尔士山城市学区诉多伊尔案**（Mt. Healthy City School District v. Doyle）中，教育委员会经过投票，决定不再续签一位非终身制教师的聘任合同。这位教师曾经打电话给当地的电台，谈论自己对一部正在讨论中的教师着装规则的看法。先前发生的几件事情也牵涉到这位教师。但是教育委员会在不续签该教师合同时引用的理由是，该教师"在处理专业事情的过程中缺乏机智"，指的就是打电话事件和向一些女生作出猥亵手势的事。[3] 地区法院和上诉法院作出了有利于教师的判决，但是联邦最高法院推翻了下级法院的判决，要求下级法院重新判断：如果该教师没有行使自己受保护的言论自由权的话，教育委员会是否依然不与该名教师续签合同？最高法院的理由是，享有言论自由的权利并不能将雇员在能否继续被聘任的问题上置于一种更好或者更糟糕的境地。在案件重审的过程中，教育委员会清楚地证明，除了打电话事件之外，还有充分的证据可以证明，不续聘该教师的决定是合法的。[4]

根据**黑尔士山案**确立的法律标准，举证责任首先由雇员承担，雇员必须找到证据，以证明他的所作所为属于宪法保护的范围，而且要证明他的这一行为是教育委员会作出不利雇员的聘任决定的主要原因。一旦雇员证明了这两点，那么，举证责任就转而由教育委员会来承担，教育委员会必须找到优势证据证明，即使雇员受法律保护的言论行为没有发生，学区依然会作出上述不利聘任决定。在法律实践中，即使雇员能够证明教育委员会不利聘任的决定是针对雇员就公共话题发表言论的行为所作出的，只要教育委员会找到证据证明雇员的言论侵扰了学校中的工作关系或扰乱了学校的正常运转，法院就会使用**皮克林案**的平衡测试标准，仍然会支持教育委员会作出的决定。

皮克林案的判决出台后的十多年里，人们一直都不是很清楚：公共雇员的**私人言论**能否受到第一修正案的保护。1979年，在审理**吉弗汉诉西线康索兰学区案**（Givhan v. Western Line Consolidated School District）时，最高法院判决，只要言论涉及公共议题（不是个人抱怨），不论该言论是在私密场所发表的，还是在大众

媒体上发表的,都应当受到宪法的保护。[5]在**吉弗汉案**中,一位教师就学校中的种族关系问题批评了校长,法院认为,单从该教师发表言论的场所来看,并不能确定言论的发表是出于公共的利益还是个人的私心。虽然法院在此案中判决该教师的言论是受宪法保护的,但是,法院依然强调,如果言论中涉及个人问题的话,平衡测试就要增加一些项目。因为法院一般是根据内容和影响来评判公共言论的,所以在评判私人言论——因为雇主和雇员关系存在着一定的特殊性——的时候,也应当以时间、地点和方式为依据。因此,如果教师是通过公共媒介发表言论的话,要确定其依第一修正案而享有的权利是否受到侵害相对来说要容易一些;但是,主要的决定因素依然是:言论是否涉及公共话题。

1983年,在审理**康尼克诉迈尔斯案**(Connick v. Myers)时,最高法院对**皮克林案**平衡测试的适用范围作出了限定。[6]法院重申,关键之处在于雇员所表达的言论是否涉及公共议题,因为第一修正案不保护公民的个人抱怨。更为重要的是,最高法院认为,在判断雇员表达的言论是否与公共问题相关时,不仅应当考虑言论的内容,还应当考虑发表言论的**形式和语境**。因此,法院认为,在使用**皮克林案**平衡测试来确定雇员的言论是否给公共利益造成不利影响的时候,可以首先考虑该言论是否会促进公共问题的有效讨论,还是该言论表达的仅仅是个人对聘任状况的不满意见。如果是后者,就不必对之进行其他的宪法审查了。

在**康尼克案**中,一位地区助理律师对自己即将被调任的安排不满意,就在同事中做了一份关于办公室运转及士气方面的调查问卷,随后,学区解雇了她,这位助理律师便提起了诉讼,诉称学区的解聘行为侵犯了她受第一修正案保护的权利。下级法院判处这位助理律师胜诉,但最高法院推翻了下级法院的判决。最高法院认为,这份调查问卷主要关注的是雇员对个人聘任状况的不满,而不是公众的利益。在这份问卷中,只有一道题(问的是参加政治运动的压力问题)是关于公共议题的。最高法院的结论是,学区在考虑了各种因素——为履行公共职责而形成亲密的工作关系的重要性,该助理律师搜集对学区律师不信任票的企图,利用办公时间分发调查问卷的行为,学区律师得出的"办公室的正常工作秩序受到了干扰"的结论,以及这份调查问卷很少涉及公共议题的事实——之后,作出的解雇这位助理律师的决定,没有违反第一修正案的规定。

在**康尼克案**中,大部分法官认为,为了证明某一项解聘决定是合法的,州政府就必须承担相应的举证责任,这种举证责任根据雇员言论的性质而发生变化:雇员发表的言论直接涉及公共议题,就会增加雇主的举证责任;反之,雇员发表的言论如果干扰了亲密的工作关系——这种亲密的工作关系对于履行公共职责来说是至关重要的——就会减轻雇主的举证责任。然而,法院中的大部分法官确实承认,"在具体案件中平衡相互对抗的利益"是一件非常困难的事情。[7]

1994年,在**沃特斯诉丘吉尔案**[8](Waters v. Churchill)中,最高法院又一次强调了公共雇员言论自由权的适用范围问题。丘吉尔是一所公立医院的护士,因在休息时对一位同事议论她对医院运营的批评性意见而被解雇。她的话被别的同事无意间听到,而且,这位护士到底说了些什么,大家的说法不一;但是,丘吉尔的上级认为丘吉尔的言论破坏了工作环境。最高法院的多数法官认为,丘吉尔发表的有关医院培训政策的言论以及这些言论给病人看护工作造成的影响,属于对雇主的批评,而不是对公共议题的评论。法院的多数法官进一步判决:只要雇主出于善意,进行了调查，就可以因他相信这是雇员发表的议论而解雇雇员，而不论雇员是否发表过这种议论。简单地说，政府雇主在得出事实性结论时，并不需要像法院那样使用非常严格的证据法准则，所以，在本案中，陪审团也没有必要解决"到底说了什么"的争论。总之，相比较于**皮克林案**判决之后的 10 年，在**沃特斯案**的判决和**康尼克案**的判决之后，公共雇员更是难以打赢"不利的聘任行为侵犯了他们受第一修正案保护的言论自由权"的官司。

法律原则的运用

教师拥有发表自己关于公共利益的观点与看法的权利，但也存在着种种限制。20 世纪 70 年代与 80 年代早期，法院以**皮克林案**判决为依据，打破了加在教师言论自由权利上的诸多限制。如果有证据证明学区的解雇或者其他惩罚行为是基于教师行使自己的言论自由权——比如，佩戴标志着反对越南战争的黑袖标，支持集体谈判合同的公开评论，以及批评教学项目和学校的其他政策[9]——而作出的，法院就会命令学区恢复教师的工作，调离命令作废，并且从其档案中删去处分惩罚材料。

然而，从 20 世纪 80 年代早期开始，法院似乎开始逐渐倾向于将教师及其他公共雇员的言论视为不受保护的言论，似乎更倾向于认为他们的言论是个人对聘任问题的争论，而不是关于公共事务的讨论。举个例子，联邦上诉法院依据**康尼克案**的判决，认为下面的各种言论都属于个人意见：写信给学校管理人员、诉说教室过于拥挤及工作环境中的其他问题[10]，因被要求与他人合作从事同一份教学工作——这意味着非全职聘任——而进行申诉[11]，向学校管理人员送交讽刺性的批评信[12]，因不支持学校的绩效评价工作而进行抗议。[13] 联邦上诉法院还认为下列言论也属于不受法律保护的言论，学区可以依此解雇教师或者作出其他惩罚处分：在同事中传发暑期工资延迟支付的信件并强迫教师们在考试期间休"病假"[14]；在教职员工《时事通讯》上批评工作环境和职工士气低下[15]；即使学监警告过不要公开议论这个话题，依然评论学生的考试分数。[16]

在**康尼克案**之后的一些案件中，当确定雇员的言论是否受保护时，法院考虑到了言论的影响问题，即使这种言论是针对公共议题而阐发的。[17] 例如，在第十巡回法院审理的一起案子中，一位学校护士对学区的学生医疗政策提出了批评，这个话题不容置疑是关于公共利益的，但是，法院判决该护士的言论不受宪法保护，因为她的言论干扰了学校的健康护理项目的进行。[18]

根据**沃特斯案**确立的原则，只要教育委员会作了合理的调查，关于"到底说了什么"的争论并不必然导致学区基于个人言论而作出的解雇行为无效。当然，如果雇员拒绝承认他们说了争论中的言论，他们也不能认为，他们是因行使了言论自由权而招致不利的聘任后果。[19]

为公共部门制定政策的个体，自动放弃了一些言论自由权，不可以随意批评自己的雇主，因为这些雇员的言论会对公共部门的功能造成冲击。在联邦第七巡回法院审理的一起案件中，一名校长因为在学校争取有关贫困学生的项目过程中表达了自己的反对意见而被降职为副校长，学区的做法并没有侵犯该校长的言论自由权利。[20] 与此相似，第六巡回法院考虑到学监和校长和睦相处的重要性，进而得出结论：校长抱怨学监撤销服饰规定的言论是不受法律保护的。[21] 同样地，纽约州联邦

法院判定，学区办公室的一位管理人员公开发表的、批评临时学监和学区雇员的言论，可以作为其被解雇的依据。法院认为，这种公开发表的言论有可能破坏纪律以及学监与其他同事的关系，同时还可能妨碍他本人履行自己的职责。[22]

虽然**康尼克案**的判决和**沃特斯案**的判决使得公共雇员更加难以确定自己的言论受宪法保护，但这种举证并非每次都无功而返。如果教师的言论明显地与学生的利益相关，那就是受第一修正案保护的。在一起案件中，一位教师批评学区削减了高中阅读课的课时，并向教师工会提起了几次申诉，学区因而解雇了这位教师。第一巡回法院判决，学区的解雇决定无效。[23]另外，三位教师写信给州教育局，诉说学区拖延执行残疾儿童教育计划，第八巡回法院也判决，三位教师关注的是公共议题，属于法律保护的言论。[24]第五巡回法院认为，教师针对教育委员会作出的取消学区中一项艺术项目的决定（该艺术项目的主要参加者是少数种族的学生）而进行的抗议[25]，以及教师关于努力提高学区教育水平的评论[26]，都属于受法律保护的言论。

联邦上诉法院也认为教师关于契约问题或税收投票问题的言论是受宪法保护的。[27]另外，联邦法院还认为，在工作场所强奸案发生以后表达出来的关于雇员安全的言语[28]，以及在以黑人历史为主题的活动月期间（Black History Month）通过媒体批评学区教学要求的言语[29]，都是与公众关心的事务相关的。

教育者对不合法或者不符合伦理要求的事件予以揭露的言论①，也被法院认为是受到保护的言论。第二巡回法院在一起案件中判决一位助理校长发表的"学校在学生成绩测验中作弊"的言论受法律的保护。[30]联邦法院同样也认为，教师对对与当权者同一政治派别的人员在聘任中得到特殊照顾的做法所提出的批评[31]，校车司机对外包校车业务中存在的安全隐患和违规行为所提出的质疑[32]，以及对学校体育部中的非法活动提出的批评[33]，都属于受法律保护的言论，如果学区因这些言论而解雇当事人的话，就损害了雇员受第一修正案保护的权利。

政治性言论和工会活动，显然受到第一修正案的保护。[34]在一起案件中，一位教师被解雇了，陪审团裁决这位教师被解雇的真正原因是受法律保护的、与工会相关的言论，而不是对学生使用了下流语言。第八巡回法院同意了陪审团的裁决。[35]第六巡回法院使用同样的逻辑，否定了学区不续聘一位试用期教师的决定。法院认为学区是因为该教师参加的受宪法保护的工会活动才不续聘他的聘任合同的，而不是像学区声称的那样是因为教师的教学评价结果一直在下滑，而且该教师与校长之间存在着个性差异。[36]然而，雇员并不能够简单地通过在工会论坛上公开讨论个人问题的方式，将对于聘任条件的个人不满转变为公众关注的话题。[37]

值得注意的是，关于什么样的言论直接关系到学生或学校的利益这个问题，法院与法院之间并没有一致的结论，而且相似的事实情境却可能导致不同的司法判决。在一起案件中，第七巡回法院认为，教师对于班容量及学生纪律问题的抱怨属于私人问题[38]；在另一起案件中，第七巡回法院又判决，教师关于学生纪律问题及班级管理问题的言论，主要关注的是这些问题给教师个人带来的影响而不是班级的利益。[39]与第七巡回法院的观点相反，第十巡回法院在审理一起案件时判决，教师对于学区惩戒学生的方法所发表的批判性言论，涉及公共话题，是受到宪法保

---

① 也就是所谓的曝光黑暗事件。——译者注

护的。[40]

第七巡回法院认为，学区里发生的性骚扰事件是公众关心的问题，但是在一起案件中却判决，一位雇员对这种骚扰发表个人言论的目的在于解决个人争论，而不是为了引起关于某个公共话题的讨论。[41]第十巡回法院的判决结果与之不同。这种对类似言论的不同处理结果也存在于涉及学校课外体育活动的案件中。在一起案件中，学校里大部分教职工联合签名写了一封信，揭发学区里发生的对学生和教师进行性骚扰的事件。第十巡回法院判决这种言论谈论的就是公众关注的问题。[42]在一起案件中，一位教师给报社写了一封信，抗议教育委员会作出的取消初中部——他在这个初中部当教练——的决定，学区因而没有续签这位教师的聘任合同，第八巡回法院判决学区的不续聘行为违反了第一修正案的规定。[43]但是，在另一起案件中，因为学区派遣一位教师去当高中篮球队教练，这位教师便在报纸上发表评论，发泄他对学区决定的不满，学区据此而解雇了他。第七巡回法院认为这位教师的评论属于个人抱怨性质，可以作为取消其教师合同的依据。[44]我们需要根据言论表达的**形式**和**语境**，在具体的案件中判断出言论发表的目的是为了进一步提高个人利益还是为了讨论公共话题。

即使发表的言论属于法律保护的范围，如果存在着其他合法的解聘理由，法院仍然会使用**黑尔士山案**的判决来支持学区作出的终止合同或调职的决定。[45]在一起案件中，在篮球比赛过程中，一位教师与助理教练发生冲突，而且不停地威胁运动队主任，学区因此解雇了这位教师。第五巡回法院使用**黑尔士山案**的判决，支持学校作出的解聘决定。在这起案件中，教师虽然对学区的运动项目提出了批评，但这个事实并不能否定解聘的合法理由。[46]相似地，第八巡回法院认为，尽管写给学监的备忘录的内容是关于高中不恰当地储藏危险化学药品的事情，这当然属于公共话题，但是学区是根据其他合法理由（如，在学生面前批评学校的管理，在学监的背后作出粗俗的手势）而作出不再续签这位教师的合同的决定的。[47]第一巡回法院在一起案件中也同样判决，即使一位教师在教育委员会会议上批评特别教育部主任和学生安置问题的言论是导致教育委员会作出不续签其聘任合同的直接原因，但是根据其他合法理由（例如，与特别教育部主任相处困难，在问题讨论会中表现出来的非专业举动），教育委员会依然可以作出同样的决定。[48]

最近，第八巡回法院支持了对一位州立大学教授的解聘决定，认为该教授所发表的言论中，大部分是不受法律保护的，而且，他发表的关于公共话题的看法（如，对管理人员的工资方案和学校中非专业教职员的不断增长现象提出批评）并不是促使学校作出终止聘任决定的实质原因。[49]在其他的一些案件中，第七巡回法院同样判决，教师被解雇的原因并不在于他们对某项学术项目提出了批评或对校长与教师之间的关系提出了批评，而是因为他们绩效不良等合法理由。[50]同样地，在第六巡回法院审理的一起案件中，被强制调离原工作岗位的教师确实发表了一些与学区的纪律处分和教学策略相关的、受第一修正案保护的言论，但是，教师并没有找到足够的证据来证明他们的调动是因这些受保护的言论而引发的。[51]在另一起案件中，纽约州联邦法院认为，该名教师之所以被学区解聘是因为她试图提高学生测验成绩而做出的不当行为，并不是因为她针对市政府其他官员提起诉讼而遭到报复。[52]

如果学校管理人员提出的、借以作出人事决定的理由，只是为了限制教师行使言论自由权利的借口的话，学校管理人员就不能以**黑尔士山案**的判决为依据，来判

断学校作出的终止聘任或其他不利聘任行为的正当性。例如,在一起案件中,怀俄明州某学区声称一位教师工作绩效不能令人满意、缺乏同情心和合作精神,并因此终止这位教师的聘任合同。第十巡回法院认为学区作出的终止聘任合同的决定事实上是法律所不允许的,因为学区作出终止合同决定的依据是该教师行使自己受法律保护的言论自由权、公开发表了自己对新学监提出来的改变教学方法建议的批评意见。[53]与此类似,在一起案件中,一位法律顾问因学区提出的14项不服从及非专业性不当行为而被解雇,第七巡回法院认为,解雇的真正理由是学区为了报复这位法律顾问,因为他曾经给地方报纸写过文章,批评教育委员会的一些不当程序和行为。法院认为,这些批评是受法律保护的,所以学区的解雇行为不合法。[54]

即使雇员能够找出证据证明,如果没有这些受保护的言论的话,学区就不会作出不利于雇员的聘任决定了,校方依然可以适用**皮克林案**平衡测试来打赢官司。如果能够确定雇员针对公共话题而发表的言论是学区作出不利于雇员的聘任决定的依据——甚至是唯一理由——的话,公共雇主仍然有机会辩解:维护学校有效运转的利益高于个体的言论自由权。第八巡回法院在审理一起案件的过程中,认为,教师们谈论有关特殊教育学生的事件的权益是低于学区有效地管理中学的利益的,因为教师的言论可能引发学校的骚乱。[55]在先前的一起案件中,一位教师因为反对在儿童计数报表中公布学龄前儿童的姓名而被学区解雇,第八巡回法院作出了支持学区解雇决定的判决。法院认为,教师未能履行其工作职责,影响了学校的有效工作。[56]

在应用最高法院制定的这些原则的过程中,关键的问题是,判断某种言论是否属于公共议题时应当考虑言论的内容、表达形式和表达时的语境。20世纪70年代,人们普遍认为,即便教育者的言论表达的是个人观点,与公共利益无关,也不能将之作为作出不利人事行为决定的理由,除非教育者的言论威胁到教育过程的正常进行。[57]但是,**康尼克案**的判决出台以后,最高法院在审理随后案件的判决中表明,学区可以对教师发表的不具有干扰效果的私人言论进行一定的限制。[58]因此,确定某种言论属于公共言论还是私人言论的关键因素就变得越来越重要了。另外,根据**沃特斯案**的判决,教育委员会拥有相当大的自由裁量权,有权确定什么样的言论是不受宪法保护的私人言论。只要教育委员会对教师言论的性质进行了合理的调查,而且人事决定不是随意作出的,法院一般都会接受教育委员会的决定。

事先限制与信息渠道规则

虽然大多数诉讼的焦点都是对言论的事后责罚,但是,法院也强调了对于公共雇员的言论进行**事先限制**的问题以及对公共雇员发表言论的传播渠道进行限制的问题。相对于雇主在言论发表以后对雇员进行惩处,法院更加不愿意谅解雇主对雇员言论进行的事先限制。在事先限制这个问题上,法院考虑的关键问题是:事先限制是以内容为基础的,还是内容中立的?如果是前者,就需要进行严格的司法审查;如果是后者,司法审查的严格程度就要弱一些。[59]

例如,第十巡回法院判决俄克拉何马州法的一部分内容无效。这部分法律规定如果教师倡导公开的或者私密的同性恋行为的言论会引起学生或学校雇员对同性恋行为的注意的话,学区就可以终止该教师的雇员合同。[60]上诉法院认为,除非有证据显示这种限制对于防止"具体地或实质性地干涉或破坏正常的学校活动"来说是非常必要的,否则学区不能对教师言论进行这样的限制。[61]在上诉案件的审理过程中,最高法院中持赞同观点的人与持反对观点的人在数量上相等,因此最高法院维持了上诉法院的判决。

同样地,在一起案件中,一个教育委员会制定了一项政策,要求事先对在学校里散发的所有政治性、宗教性或者包含有特别利益的材料进行评价,第五巡回法院判决教育委员会制定的这项政策无效。教育委员会制定这项政策的目的在于,防止那些对某个教师评价项目的提案提出批评的材料在学校中传播,而同时,学校却广为散发教育委员会制定的、支持这一提案的材料。法院认为,学校管理人员不能只允许一种声音在学校中存在。[62]然而,法院提出,这些政策是无效的,并不仅仅是因为这一政策要求对言论进行事先批准;这些政策之所以不符合宪法的规定,是因为,这些政策在禁止学校管理人员"无边界地行使自由裁量权"、限制信息在学校中的流通的问题上没有"提供充分的指导"。[63]

1983 年,最高法院审理的一个著名的案子——**佩里教育联盟诉佩里地区教育者协会案**(Perry Education Association v. Perry Local Educator's Association)。最高法院判决,宪法并没有规定学区必须允许某个教师工会使用校内邮箱——该教师工会是本学区内主要教师工会的竞争对手——尽管学区内具有排他性的集体谈判机构有权使用校内邮箱。法院认为,公立学校的内部邮件系统不是言论表达的公共论坛,因此,"州政府可以为了自己的目的——通信或者其他目的——而控制这个论坛,只要限制言论的规章是合理的,而且,制定规章的目的不是仅仅因为公共管理人员不同意说话者的观点就企图限制说话人的言谈"[64]。在这一案件中,法院注意到,对处于竞争地位的工会而言,仍然存在其他的信息交流渠道。

随后,最高法院又支持了第五巡回法院的一个判决。在这起案件中,得克萨斯州一个学区,不论是在校园里还是在学校的邮件系统上,都没有建立公共论坛,所以,学区可以拒绝教师组织的代表在教学时间进入学校,学区也可以禁止这些代表使用学校的邮件系统。[65]该案上诉以后,最高法院的判决维持原判。但是,法院同时认为,学校禁止教师行使自己的权利、在非教学时间讨论雇员组织问题或使用学校的邮件系统交流有关雇员组织的信息政策违反了第一修正案的规定。

如果学校管理人员将学校的邮件系统确认为公共论坛的话,那么在这些情况下,便可以将学校的邮件系统看作公共论坛。在第五巡回法院审理的一起案件中,法院适用了**佩里案**确立的原则,作出判决:虽然学校不必向一般公众或雇员组织开放校内邮件系统,但是,在本案中,学校建立校内邮件系统的目的就是将之作为供所有雇员组织使用的论坛,因此,就不能有选择地拒绝某些组织使用校内邮件系统。[66]同时,法院认为,学区制定的、要求对通过校内邮件系统散发的文字材料进行事先清除的指导原则,是模糊的,是不符合宪法的规定。

大多数法律争议都集中在教师组织使用学校设施及校内通信系统的问题上,但是,对案例进行其他性质的事先限制,也会引发诉讼案件。在一起案件中,一群教师请求学校同意他们利用学生早晨到校之前的时间在公立学校里召开宗教会议。教育委员会拒绝了这些教师的请求。第七巡回法院的判决支持学校的决定。[67]法院认为,雇员使用公立学校的设施发表与学校事务无关的言论,学校不同意教师的请求是符合法律规定的,雇员不能主张其言论自由权利受到了伤害,因为公立学校不是

公共论坛，不能提供给雇员召开有关个人事宜的会议的场所。依据相似的理由，第四巡回法院最近也审理了一起案件，判决支持州政府的规章、限制州政府雇员使用州政府购买或者租赁的计算机在互联网上传播有关性问题的材料。[68]

限制教师与教育委员会进行交流的政策，一般来说，也容易引发法律纠纷。一些法院在审理案件的过程中，判决学区制定的某些政策无效，因为这些政策禁止教师个体与教育委员会成员进行交流。1976 年，最高法院判决，一位非工会会员身份的教师，拥有言论自由权利，有权在公开举行的教育委员会会议上就集体谈判问题进行评论。[69] 同样地，在一起案件中，一位教师兼教练给教育委员会成员写了一封信，谈论他对某个公共议题的看法，但是在写信之前，他并没有向学监提过这件事。学区因此给予其处分，停止了他的教练职务。第九巡回法院判决这位教师兼教练获得损害赔偿。[70] 在另一起案件中，第七巡回法院判决学区的一项政策无效，这项政策要求教师必须通过学监才能给教育委员会提意见或者建议，如果教师违反了政策规定，将要受到开除的惩罚。[71] 纽约州联邦地区法院在审理案件的过程中，也拒绝了一位学监提出的进行简易审判的提议。在该案中，一位教师试图就学校资金在使用上可能出现问题一事，与教育委员会进行交流，而这位学监要求该教师的信件拿出来进行事先审查。法院认为这种行为是不恰当的。[72]

虽然对教师的言论自由权利进行事先限制这种做法很容易引发法律诉讼，但法院仍然支持对教师发表言论的时间、地点及方式进行合理的限制。但是，这种限制不能基于言论的内容，而且这种限制必须服务于重要的公共利益，必须为教师享有言论自由权提供其他交流渠道。[73]

学术自由

自德国大学诞生之日起，学术自由的概念就被应用于中学后教育中，而且体现了"大学教师在进行研究以及向学生传递知识的过程中应当不受政府的控制"的原则。这个概念在美国大学中发生了实质性的变化。在美国大学里，学术自由意味着大学教师可以基于第一修正案而主张自己在研究与教学以及教学以外的活动中享有学术自由的权利。

公立学校的教师也主张自己与大学教师一样享有学术自由的权利，但是法院并没有将高等教育所拥有的这种受法律保护的权利扩展到公立中小学校。[74] 虽然中小学教师拥有法律认可的学术权益，但是法院并不倾向于在这个领域内确立细致精确的法律原则；法院是根据具体的案情来解决相关争议的。在审理案件的过程中，法院会细致地权衡教师享有的学术自由权益与教育委员会拥有的保证恰当的教学活动、维护学校有效运转的利益之间的关系。

有关公立学校课程与教学材料的审查制度的争议，我们在第 2 章与第 3 章中讨论过了。下面我们将集中讨论公立学校教育者在课堂环境中所拥有的学术自由问题，包括：教师可以自行确定最适合在课堂上使用的教学材料吗？第一修正案保护教师所表达的个人思想和哲学观点吗？教师有权决定教学方法吗？教师在组织教学讨论时可以选用什么样的主题或话题？

课程内容

大学教师享有自行确定课程问题的自由裁量权[75]；与大学教师有所不同，公立中小学校的教师一般无权确定教学内容。在第3章中我们讨论过，在确定公立学校的课程问题上，州立法机关拥有绝对的权力，而且它们通常将一定的权力授权给地方教育委员会，让教育委员会来确定学习项目、规划课程内容，包括教学材料的范围和顺序。有一些法院宣布，在缺乏相应的教育委员会政策指导的时候，教育委员会不必接受教师提出的课程建议，而且教育委员会不接受教师建议的行为是合法的。在一起案子中，一位教师建议教育委员会选用某种教材，以便在英语课上使用，教育委员会拒绝了这个建议。第十巡回法院认为，"尽管教育委员会的决定属于政治性决定，受到教育委员会成员的个人观点的影响"，但法院仍判决支持教育委员会的行为。[76]第五巡回法院也判决，教师不能主张自己依据第一修正案而享有一定的选择教学材料的权利，在没有获得行政许可之前，教师不可以使用自己选定的辅助性阅读材料来代替官方认可的教辅材料。[77]

第四巡回法院在审理案件时判决，一位高中教师不享有完全的自由裁量权，他无权确定学生们的演出节目。在该案中，为了参加州举行的竞赛活动，这位高中教师选取了一部剧本让表演提高班的学生演出，剧本中的主角是一个患有官能障碍、生长于单亲家庭的孩子。因为家长的抱怨，校长指示该教师从剧本中删去某些内容。学年结束的时候，校长请求将这位教师调离，理由是这位教师没有服从学区制定的、有关如何使用争议性教学材料的政策，二人发生了冲突。法院认为，剧本的选择和排练属于课程问题，不是言论自由问题，而学校管理人员在规制课程方面拥有合法的教育利益。[78]

在教学过程中，教师也不能以学术自由为借口，忽视或者遗漏既定的教学内容。举个例子来说，在第七巡回法院审理的一起案件中，一名幼儿园教师因为宗教的原因，拒绝讲授有关爱国主义的教学内容。教育委员会因此解雇了她。第七巡回法院判决，支持教育委员会的解雇决定。[79]同样地，华盛顿州最高法院认为，教育委员会禁止两位教师共同教授一门历史课的决定，没有侵害这两位教师受第一修正案保护的权利。法院认为，"确定教学内容显然属于教育委员会自由裁量权的范围"，要求教师按照教学传统讲授这些内容，并不侵犯他们的学术自由权利。[80]

在审理有关教育委员会要求教师按照既定的教学内容进行授课的案件时，其他法院也作出了相同的判决。在一起案件中，一位教师无视校长的警告，拒不在她所教授的经济学课程上讲授既定的教学内容，学区为此解雇了她。第八巡回法院判决，支持学区作出的解雇教师的决定。法院强调，教师拥有学术自由权利，并不意味着教师可以漠视学监的权利、漠视学监对恰当的课程内容进行有效的教学指导的权利。[81]科罗拉多州教育委员会制定了一项政策，要求对"存有争议的学习材料"进行行政审查，科罗拉多州最高法院认为，学区拥有"确定中学课程"这一合法的教育利益，因而作出判决，支持教育委员会的这项政策。[82]在该案中，法院认为，教育委员会的这项政策内容是清楚的，范围也是适当的。因此，当一位教师因向自己教授的高中生放映一部电影的片断——包括了裸体、渎神和暴力的画面——而被解雇时，法院判决支持学区作出的终止该教师聘任合同的决定。

阿拉斯加州一个教育委员会制定了一部规章，要求教学中使用的教辅材料必须经过学监的审核，阿拉斯加州最高法院支持这部规章。[83]一位教师拒绝遵守这部规章的规定，在教授"美国少数种族"时，自行选择了一些有关同性恋权利的材料进行教学。阿拉斯加州最高法院认为，这个案子的中心问题，不是判断这位教师选择的材料是否恰当,而是回答"作出课程决定的权利属于谁"的问题。法院的结论是,教育委员会拥有课程决策权。

教师的教学活动一般是由**海兹伍德学区诉库尔迈耶案**[84]的判决来调整。**海兹伍德案**的判决允许学校管理人员出于对学生进行良好教育的考虑,而对受学校资助的言论活动(school-sponsored expression)进行审查。第九巡回法院认为,作为雇主,州政府拥有决定和监管课程的权利。所以,第九巡回法院驳回了教师提出的认为加利福尼亚州一项法律的语言模糊的诉讼。法院认为,如果教师故意不以英语为主要教学语言授课,该教师就要为此行为所造成的损失承担个人责任。[85]法院的观点是,在绝大多数案子中,分配教师从事教学工作的时候,教师就已经很清楚他/她即将受到的语言限制。

从总体趋势上看,法院一般都会依据**海兹伍德案**的判决来审理有关教师在教学过程中发表的言论的案子,在审理肯塔基州发生的涉及教师课堂教学言论的案件时,第六巡回法院没有使用**海兹伍德案**的判决,而是使用了**皮克林案/康尼克案**的分析结论。[86]在该案中,上诉法院认为,从案件的事实中可以概括出来的真正问题是,学区提出的终止教师聘任合同的理由(例如不服从、行为与教师身份不符、工作效率低、不适合教学、玩忽职守)是否是一个借口,因为自从该教师决定邀请一位演员——伍迪·哈勒尔森(Woody Harrelson)——到教室就工业纤维对环境的影响问题对同学们发表演说之后,这位教师就受到了种种非议。[87]法院认为,虽然当这位教师向学生传递有关工业纤维的信息时,是以一个雇员的身份在讲话,但是,她所表达的言论也是学校所在社区所关心的政治问题和社会问题,就不仅仅是个人兴趣的问题了。故而,法院判决,被告所应履行的有效管理学校、营造和谐的工作场所的义务,并没有凌驾于教师个人享有的讨论州内重大问题的权益之上。

在教室里发表个人观点

公立学校的教室不是公共论坛,教育委员会可以对教师在教室中表达个人观点的自由权利进行限制,只要这种限制是基于合法的教育理念。[88]正如我们在第2章中所讨论的那样,教师不可以在教室中劝说学生改变宗教信仰。教育委员会作出的禁止在教室里进行宗教宣扬活动的决定总是能够得到法院的支持。[89]同时,如果教师无视教育委员会的警告,仍然在课堂中讨论某些话题,学区由此而采取了不利于教师的聘任行动,法院总是支持学区的行为。

路易斯安那州上诉法院认为,从教育学的角度看,一位教师发表的关于非洲裔美国人的性行为的看法不具有正当性,因此是不受第一修正案保护的。[90]在一起案件中,一位教师组织学生对患有唐氏综合征的胎儿是否可以流产的问题进行讨论,学区限制教师这样做,第一巡回法院的判决也支持学区的做法。第一巡回法院认为,为了实现学校促进教育目标达成的权益,教育委员会可以对教师在教室中的言论进行限制。[91]

在一起案件中,学校中谣传两位学生午餐时间在学校网球馆发生了性关系。一位教师在课堂上就此事发表评论,学校为此处分了该教师。第十巡回法院判决支持学校实施的惩戒行为。[92]依据**海兹伍德案**的判决,法院认为,九年级教室不是公共论坛,教师必须根据适当的教育学原则来规制自己在课堂上的言论。[93]

最近,为抵制洛杉矶联合学区要求在学校中张贴宣传"同性恋知识月"海报的活动，一位高中教师自发地在校园里、教室的外面张贴宣传材料，谴责同性恋行为，宣扬传统的家庭价值观。学区为此处分了该教师。[94]第九巡回法院认为教师是代表学校说话的，教师在校外拥有表达自由权利，但这并不意味着教师可以在教室里发表与课程内容相对立的言论。[95]所以，这位教师输了官司。

在另一起案件中，一位教师在教室门外张贴美国图书馆协会编制的小册子，小册子上面列有禁书名单，该教师的目的是为了"教育"他的学生及路过的其他学生。根据相似的理由，弗吉尼亚州联邦地区法院判决，这位教师不享有第一修正案规定的权利。[96]法院认为，教师以这种形式表达的言论是对课程的扩展，出于教育学方面的考虑，这种言论应当接受审查。校长和学监都认为，这本小册子所包含的信息对学校实施的家庭生活教育项目和其他活动存在着潜在的威胁。

教学策略

州法律和教育委员会的政策规定了基本的课程，但是，教师仍然拥有一些自由裁量权，教师可以自行选择讲授既定教学内容的策略。在审查教育委员会对教师的课堂教学活动作出限制的过程中，司法部门考虑了一系列的因素，诸如，教育委员会是否明确告诉过教师使用某些教学方法或教学材料可能导致惩罚后果；教学方法与学习课程之间的关系；使用某种方法可能会对学校秩序造成的扰乱；某种策略会给社区伦理带来的冲击。

充分的告知

一般来说，法院认为，教师拥有一定的自由裁量权，可以自主地选择恰当的教学方法，为社会认可的教育目的服务。如果某一种教学方法得到了专业人员的支持，教师就不必担心使用这种教学方法是否会招致学区处分了，除非学区明确规定禁止使用这种方法。教师拥有被告知"某些教学方法是禁止使用的"的权利，这种权利通常是审理学术自由案件的关键性因素。

在得克萨斯州的一起案件中，引发诉讼的焦点问题是学区没有告知教师哪些教学材料是被禁止使用的。在该案中，一位高中公民课教师在课堂上组织学生讨论一些具有争议性的话题，如不同种族之间的通婚、反战抗议等。学区因此解雇了他。[97]法院判决支持教师主张的拥有选择有效教学方法的权利，法院认为，学区没有告知该教师禁止使用哪些教学材料，侵犯了教师的程序性正当程序权。

与上述判决结果相反，第一巡回法院在最近审理的一起案子中，一位教师在学生中散发了一份含有下流内容的文字材料，学区因此对其施以停职处分。第一巡回法院判决，学区作出的停职处分决定没有侵犯教师受第一修正案保护的权利。法院认为，马萨诸塞州法律规定，允许学区因教师"作出了与教师称号不相称的行为"而终止教师的聘任合同，这一规定构成了充分的告知；这说明，法律不允许教师对学生表达下流的言论。[98]法院强调说，程序性正当程序的问题表明，虽然教师享有一定的自由裁量权，但是，如果学区已经告知教师某些方法是禁止使用的，那么，教育委员会可以对某些教师的行为采取限制措施。

相关性

在审查课堂教学活动的合法性时，法律考虑的一个主要问题就是，教师所选择的教学策略是否与课程的设置目的相关。如果教师选择的教学策略与课程没有关系，那么，教师的行为就不受宪法的保护。相关性原则不仅要求教师选择的教学策略

与课程的设置目标相关,而且要求这种教学策略必须与学生的年龄和发育程度紧密相连。例如,一个富含争议的话题,可能适宜于高中学生,但是对于小学生和初中学生来说,不一定是适宜的。即使某种教学方法与课程目标、学生的状况相适应,但是,如果这种教学方法没有得到专业人员的认可的话,教育委员会依然可以禁止使用这种教学方法。如果因此引发诉讼案件,教育委员会也是可以胜诉的。

一位教师,在八年级学生中散发一种小册子,小册子的内容是关于吸食非法药品和进行性行为的愉悦感的,教师对此没有进行任何的解释说明。学区因而解雇了这位教师。第七巡回法院认为,小册子的内容与教学活动没有任何关系,缺乏合法的教育目的,因此判决支持学区解雇教师的行为。[99]在其他的几起案子中,教师向公立学校的学生放映 R 级电影,为此引发了诉讼争议。法院同样认为,这些电影与课程目标是毫不相干的。[100]类似地,在第八巡回法院审理的一起案件中,一位教师允许学生在写作作业中运用亵渎性语言,蓄意违反教育委员会的政策,学区因此解雇了这位教师。法院判决支持学区作出的终止该教师的聘任合同的决定。[101]在另一起案件中,一位州立大学的大学教师在教室里举行连词练习,学生们在练习中作出与性相关的亵渎性评论。学校因该事件而解雇了这名教师。第二巡回法院审理后判决,允许州立大学解雇该名教师。[102]

然而,学区不能仅仅因为家长的不满意,就强迫教师中止与教学相关的活动。第五巡回法院判决,教师通过模拟的形式向学生讲授内战之后的美国历史的教学方法,与合法的教育目的是有关联的,因此,学区因教师拒绝停止使用这种模拟教学法而解雇该教师的做法,侵犯了教师的学术自由权利。[103]与此相似,在第六巡回法院审理的一起案件中,有公民向教育委员会抱怨一位教师在生命科学课上使用的教学方法,学区因此给予这位教师停职处分,并且告诉该教师,如果他拒不接受学区的惩戒处罚的话,学区将终止他的聘任合同。这位教师随之提起了法律诉讼。第六巡回法院认为,该教师有效地履行了自己的职责,所以判决学区恢复该教师原来的工作。法院的观点是,这位教师的课堂行为是恰当的且与课程目标紧密相关的;这位教师在课堂上放映的电影、使用的课文都是教育委员会所赞同的,而且已经使用了很多年了。[104]

扰乱教学秩序的可能性

在判断对课堂教学作出的限制是否恰当的过程中,法院使用的标准包括,教师的行为是否威胁到学校的正常运转。在一起案子中,一位十一年级英语教师在教学过程中,讲了一个关于库尔特·冯内古特的故事(a Kurt Vonnegut story),据说这个故事的内容是"鼓励杀死老年人,鼓吹性自由",因此学区解雇了这位英语教师。亚拉巴马州联邦地区法院判决,使用上述标准以及教学策略应当与学生的年龄相适应的标准,可以看出,学区作出的解雇这位英语教师的决定是无效的。[105]法院认为,教师所讲的故事对于高中学生来说是合适的,并没有威胁到学校的正常运转。俄勒冈州一个教育委员会制定了一项政策,禁止所有的政治演说家到高中进行演讲,俄勒冈州联邦地区法院认为这项政策在很多方面是不合理的,因为有证据证明在学校中开展政治话题的讨论并不会扰乱学校的正常秩序,人们也无法预测这种讨论就一定会在学校里产生负面的影响。[106]在另一案件中,得克萨斯州联邦法院认为,学校所在的社区中有人对一位教师进行的关于性角色的调查存在反对意见,这并不等于该调查扰乱学校系统的正常工作秩序。[107]

然而，伊利诺伊州联邦地区法院认为，教育委员会不必出示证据证明教师选用的教学材料实际上干扰了学校正常的教学秩序，法院就可以判断学区作出的不续签教师聘任合同的做法是合法的。法院认为，教师选用的教学材料不适合在教室中使用（例如带有粗俗和性的镜头的 R 级电影），即使学生"默默地接受"了这些教学材料且没有任何异议。[108] 同样地，缅因州最高法院判决，教育委员会作出的取消"宽容日"项目的决定，没有损害教师依据第一修正案而享有的权利，因为这个决定是基于"安全、秩序以及保安"这一合法理由作出的，学校曾经在这种活动中受到过炸弹的威胁，学校不愿意再次经受这样的威胁。[109]

社区标准

教育委员会拥有设计教学课程以体现社区价值观念的权力，法院保护教育委员会的这种权力。第七巡回法院认为，教育委员会成员代表着社区，他们"'在选择使用有利于青少年公民的课程上'，拥有一个合法的——甚至是至关重要的、压倒性的——权益"[110]。其他法院也同样认为，在确定教学材料和教学方法是否恰当时，也应当考虑社区标准问题，教育委员会有权确立教学课程以便向学生灌输社区价值观念。例如，一位教师拒不理睬学区的警告，在组织学生讨论过程中使用某些禁用的教学材料，还使用了有关性的语言，学区因此处分了他。纽约州上诉法院判决，这位教师的行为违背了社区道德观念，因而无权依据第一修正案提起诉讼。[111]

司法部门同时也认识到，教育委员会不能仅仅为了安抚愤怒的公民，便抑制教师行使自己受第一修正案保护的权利，特别是只限制教师使用关于某个话题的材料。在我们先前讨论过的一个案例中，第六巡回法院判决，家长与社会对生命科学课教师的教学方式——该教师是遵照教育委员会的指示进行教学的——的抱怨和抵制，不能证明教育委员会限制该教师课堂教学活动的行为是正当合法的。[112]

在最近审理的一起案子中，一位教师放学时让她所教的二年级学生带一封信和一块"神石"回家，和"神石"一起让学生带回家的那封信上说，如果学生一边摩擦神石，一边想着自己的愿望，那么这些愿望就可以实现。学区担心她提倡"新世纪"原则①，因而作出不续签其聘任合同的决定。第八巡回法院认为，有足够的证据证明，这位教师的合同不再续签是学区出于宗教的考虑。[113] 法院判决，学区应当付给这位教师两年的工资，但不必恢复这位教师的职位，因为该教师与学校校长之间的关系已经受到了伤害。

因为教育委员会拥有促进社区道德发展的合法权益，司法部门在对各种针对教学方法提起的诉讼进行审理时，会考虑到一系列的社区标准。不过，如果某一项策略，与教学相关，同时又得到了专业人员的支持，那么，即使这项策略可能惹恼社区内的一些人，也是可以通过法院的司法审查的。

结社自由

虽然第一修正案中并没有明确规定公民享有结社自由的权利，但是，最高法院认为，结社的权利"暗含于言论自由、集会自由与请愿自由中"[114]。最高法院一直

---

① 指上帝造人的观点。——译者注

宣称，只有在一种情况下，侵害了公民享有的为了表达言论的目的而结社的权利的行为才是合法的，这种唯一的情况就是，存在着与压制思想无关的压倒性的公共利益，而且使用其他的具有较少的限制性的方法均无法实现这种公共利益。[115] 因此，公共学校的教育者不能因成立或参加政治性、劳动性、宗教性或者社会性的组织，而受到惩处。

然而，如果教师的结社活动干扰了学校的正常运转或阻挠了教师履行专业职责，学区是可以对这些结社活动进行限制的。在一起案件中，学区将一位教师从高中管理者的职位调到一所小学，第七巡回法院认为这种调任没有侵犯教师的结社权利，因为学区评析高中学校中的各派纷争的权益远远大于教师个人拥有的结社权利。[116] 同样地，得克萨斯州联邦地区法院判决，学区可以对一位学校管理人员与某些公共部门官员的社会关系进行限制，法院认为，在指定的立法机关代表没有到场的情况下，这名管理人员不应该谈论与学区有关的问题。[117]

下面我们要讨论的是教师所拥有的与政治性组织及政治活动相关的结社权利。公立学校的教育者拥有的成立秘密组织的权利将在"隐私权"部分（本章的后半部分）进行讨论，有关工会的问题在第12章中讨论。

政治性组织

许多州都做了很多努力，试图禁止或者限制教师成立颠覆政权性质的政治组织。之所以实施这些限制，是为了保护公立学校免受叛逆性的、煽动性的行动的冲击。在早期审理的一些案子中，最高法院判决，如果公共雇员非常清楚某一个组织具有颠覆政权的目的，那么政府可以对雇员的结社权利进行限制[118]；但是在20世纪60年代中期，这种看法就被推翻了。虽然学区可以要求教师坚决拥护联邦宪法及各州宪法[119]，但是，最高法院宣布要求个体拒绝参加颠覆性组织的忠诚宣誓制度无效，因为最高法院认为这种忠诚宣誓制度特别模糊、有对结社活动本身进行法律制裁的嫌疑。[120] 在**凯英夏诉雷金茨委员会案**（Keyishian v. Board of Regents）中，最高法院牢固地确立了一条原则，即，如果一个个体仅仅是某一个组织的成员，但他没有特别的意图，不想进一步促进该组织实现非法目的，所以，"该个体是某个组织的成员"这个事实并不能说明个体不适合成为公立学校的雇员。[121]

因此，州制定法禁止颠覆性组织的成员或争议性组织的成员参与公共聘任活动的规定是不符合宪法规定的。[122] 得克萨斯州最高法院认为，"某个组织追求的信仰是否与政治、经济、宗教或文化相关是不重要的"；州所采取的"限制结社自由的行为应接受严格审查"[123]。学校系统既不能直接地也不能间接地限制教师加入某个组织或限制教师参与某个组织的合法活动。同受法律保护的言论自由一样，如果学区是因教师享有自己的结社权利而解雇教师的话，这种解聘行为很少得到法院的支持。

判断某种政府行为是否违反联邦宪法对公民结社权利的保护，并不以该政府行为是否禁止结社为要件。法院将严格审查那些抑制结社权利的州法律，除非州可以证明政府的行为措施是保障压倒性公共利益所必需的，而且这些措施中包括有避免宽泛地限制公民权利的行为。阿肯色州的一部法律规定，所有的教师每年都申报登记他们所参加的组织的名称或者近五年内经常支持的组织的名称。最高法院认为，这部法律构成了"对结社自由的全面干涉"，因而判决该法律违宪。[124] 相似地，得克萨斯州一部制定法规定，如果某些组织的活动扰乱了公立学校的正常秩序，那么允许县级法官强迫这些组织公开其成员名单，第五巡回法院判决该制定法无效。[125]与阿肯色州发生的那起案子类似，这部法律的规定范围过于宽泛，使得这些组织中没有参与颠覆性活动的成员也遭到了公共指责。

然而，结社权利受第一修正案保护的这个事实，并不能阻止学校管理人员针对可能对学校教学产生不利影响的活动而询问教师。在**贝兰诉费城教育委员会案**（Beilan v. Board of Public Education of Philadelphia）中，最高法院判决，针对教师在共产党内的所作所为提出的问题是与评价其教学活动、判断其是否适合教学工作紧密相连的，因此该教师拒绝回答学监的问题这一事实足以导致他被解雇。[126]虽然从本质上说，加入组织的行为是受到法律保护的，但是，教师必须回答与其是否适合从事教学工作相关的、涉及结社活动的有关问题。

将公共部门的职位限于某一政党成员的做法也是饱受争议的。从历史上看，一般是执政党控制着公共聘任活动的进行；一旦占据统治地位的政党发生了改变，隶属于失败了的政党的非公务员性质的雇员便要失去工作。在1976年审理的一起案件中，最高法院判决，伊利诺伊州一个警察局长办公室采取的党派聘任的做法构成了对公民政治性结社和政治信仰的严重限制。[127]法院认为，政府部门里有这样的一些雇员，他们对政府的决策起不了作用，他们也无法管理政策的制定与执行，但是，重新安排他们的工作却会对政府的效力与效率产生负面影响。1980年，法院重申，为了民主的目的，应当限制执政党所拥有的解雇权力，应当规定执政党只能解雇那些处于决策地位的雇员，条件是公共雇主能够证明，组建党派性组织是提高工作绩效的合理要求。[128]

1990年，最高法院将这些雇员解雇案件中确立的原则，扩展到公共聘任的所有方面，最高法院规定，不参与决策、不具有决策权的雇员的晋升、调动、重新召回及其他聘任决定不受其政治面貌的影响。[129]第六巡回法院随后确定了四类工作岗位可以有条件地聘任政治组织的成员。这四类工作岗位是：（1）法律规定的、在执行政策的过程中享有自由裁量权的工作人员；（2）由前一类工作人员授予了相当大的自由裁量权的人员；（3）花费大量时间对第一类或第二类工作人员提供咨询的工作人员；以及（4）为了平衡政党代表的数量而招聘的工作人员。[130]

尽管州法律通常将学校排除在党派政治活动之外，但是在一些案例中，公立学校的教育者仍然主张，某些聘任决定是依据教师的政治面貌而作出的。在这些案子中，学校雇员承担着举证责任，他们应当找出证据证明他们享有的受保护的政治结社权利是教育委员会作出聘任决定的主要依据。[131]如果雇员能够实现举证责任，接下来，就轮到教育委员会寻找优势证据，以证明即便教师没有加入政治组织，学区依然会作出相同的决定。举个例子来说，在一起案件中，第一巡回法院判决学区恢复一名学监的职位，因为有证据显示该学监所具有的某个政党性组织成员的身份是学区对其作出降职处分的主要原因。[132]

虽然公立学校的教育者受法律保护，可以免于因政治原因而遭解聘，但法院支持学区制定的反对裙带关系的政策，这些政策禁止教师为其配偶工作或者与配偶同在一个单位工作。第六巡回法院认为，这种反对裙带关系的政策没有侵犯已婚教师的基本权利，因为这种政策约束的是工作环境，而不是约束婚姻本身。[133]这种政策并不适用于同居或约会的雇员，但是，这个事实并不能迫使这些反对裙带关系的规定无效。

政治活动

和其他公民一样，教师有权利参加各种政治活动。然而，教师积极地参与政治活动，经常会促使学校管理人员对教师所享有的权利采取限制性措施，继而引发难以解决的法律问题。教师能否竞选政治官员？校园里允许进行什么样的政治活动？学区能否限制发生在校园以外的某些政治性活动？

参加政治讨论、参选政治组织成员

与言论自由权利一样，第一修正案赋予公民的结社权利保护公立学校的教育者自由地表达自己的政治观点并参加政治组织的竞选活动的权利。诸如此类的政治活动是受宪法保护的，但是学区可以对教育者在校园里的活动进行限制。很显然，在教室里发表竞选演说是法律所禁止的，由于学生的思想很容易受到教师的影响，教师不能利用这种影响作用而将自己的政治观点强加给学生。然而，如果政治竞选与课堂教学内容相关的话，教师可以不带任何党派偏见地给学生介绍一些竞选议题和竞选人员供其参考。

一般情况下，学区也可以对那些容易引起分歧的政治活动进行限制。肯塔基州的一部制定法规定，禁止学校雇员参加教育委员会举办的任何竞选管理或活动。虽然肯塔基州法院认为，**活动**一词过于模糊，无法确定法律所禁止的具体内容，但是，法院仍然认为，禁止学校雇员参加教育委员会举办的竞选管理或活动是合理的，可以促进州拥有的有效地管理学区这一压倒性利益的实现。所以法院判决支持这一制定法。[134]

在一起案件中，加利福尼亚州上诉法院判决，因为有学生的存在，学区有权阻止雇员在教学环境中佩戴具有政治含义的徽章，但是学区不能对雇员在非教学环境中的表达自由进行这样的限制。[135]在另一起案例中，新泽西州法院作出了类似的判决。在该案中，新泽西州法院判决，学区对雇员在校外没有学生存在的地方参加竞选活动进行的限制过于宽泛，但是学区制定的禁止雇员在学生面前参加此类活动，甚至禁止雇员在学生面前佩戴徽章的政策却得到了法院的支持。[136]

法院判决的发展趋势是，不支持学区对教师在校外参加政治活动的行为进行限制。公共雇员受到宪法的保护，有权不因参与了地方、州以及联邦的政治活动而遭遇报复。例如，在一起案件中，第五巡回法院认为，教育委员会之所以作出解除某些教师的夏季教学职务的决定，主要的原因在于，这些教师在教育委员会竞选过程中支持的是失败了的那一方。[137]在第六巡回法院最近审理的一起案子中，一个位居无关于政策制定职位的天才教育的组织协调人，因为享有自己受宪法保护的表达政治观点的权利和结社权利，而被学区调离原岗位。第六巡回法院判决，学区不应该重新分配这位组织协调人的工作。[138]因为学区的学监并没有找到证据证明，政治忠诚对于履行该岗位的工作职责是非常重要的，所以，法院判决否定学区决定。在其他的一些案件中，由于教师们在教育委员会竞选活动中支持某一方候选人，因而各自学区相继作出解雇、调职或降职的处分决定。法院在审理中认为，雇员参加了受法律保护的政治活动，是各个学区作出不利于雇员的聘任决定的主要或实质性的缘由，所以法院全部推翻了这些解雇、调职或降职的处分决定。[139]

联邦宪法保护政党成员有权利参加政府办公机构竞选活动[140]，但是，一旦参加了政治活动，拥有决策权力的公共雇员通常容易遭受不利的聘任决定。在一起案件中，一位学监积极参与了教育委员会的竞选活动，而且在竞选过程中，他的观点是反对新当选的教育委员会成员的，随后他便被学区解雇了。第五巡回法院判决，学区的解雇决定并没有侵犯该学监的言论自由权利和政治结社权利。[141]法院认为，这位学监的政治活动，妨碍了他与教育委员会新成员形成有效的工作关系。同样地，在另一起案件中，一位承担着决策和协调公共关系责任的社区与学校联系人，因为参加了一位教育委员会候选人的竞选活动——但是这位候选人没有成功——而且公开批评教育委员会成员及教育政策，而受到学区给予的降职处分。第四巡回法院判决，学区作出的降职决定没有侵害该联系人受第一修正案保护的权利。[142]

管理行政事务

某些岗位上的公共雇员是不可以竞选具有政治性工作的职位的。[143]在1973年审理的一起案件中，最高法院支持了《哈奇法案》(Hatch Act)。《哈奇法案》是联邦议会制定颁布的一部法律，该法律禁止联邦政府雇员在政党中担任正式职位，禁止联邦政府雇员在党派竞争的竞选活动中承担实质性的任务，还禁止联邦雇员竞选具有党派政治性质的职位。[144]法院认为，限制公共雇员参加政治活动存在着合法的理由，比如，确保政府的公正性及工作效率，减轻雇员的政治压力，防止聘任活动受政治因素的影响，等等。在同时审理的一起案件中，俄克拉何马州的一部法律禁止从事机密工作的公务员竞选有偿的行政职位，最高法院判决支持这部法律。[145]

相似地，其他法院也认可某些规定，对州政府和市政府的雇员竞选某些行政职位进行限制，诸如，禁止立法人员受雇于州政府机构[146]，禁止市政府雇员在其任职的城市或城镇担任行政职位。[147]然而，有些法律或政策禁止**所有**的公共雇员竞选**所有**的行政职位，这种法律或政策常常得不到法院的支持，法院通常认为这种法律或政策的范围过于宽泛。[148]

有一些法院的判决认为，公立学校的教育者，与直接参与政府机构正常运转的公共雇员不同，公立学校的教育者有权利参与公共行政管理。例如，犹他州最高法院认为，公立学校教师和管理人员有资格服务于州立法机关。[149]新墨西哥州上诉法院也认为，教师及管理人员在立法机关里进行服务的行为，没有违背宪法规定的权力分离的原则。[150]俄亥俄州最高法院判决认为，公立学校校长有权利担任县政府专员一职。[151]

然而，学区可以对教师的行为施加一定的限制，为的是保护教育系统的整体性。法院认为，某些行政工作的性质与公立学校的聘任状况是不协调的，特别是在行政工作涉及雇主与雇员之间关系的时候。当教师企图在其供职的教育委员会中寻求一席之地的时候，普通法认为这种不相容的情况就会出现。[152]当然，学区不能阻止教师就职于其他学区的教育委员会。[153]

如果竞选活动可能影响到教师工作岗位职责的履行的话，在参加公共行政职位竞选之前，学区可以要求公立学校的教育者休假。不过，法院推翻了学区为此作出的一些休假决定，因为法院认为学区的要求缺乏充分的证据。肯塔基州一个教育委员会制定规章，要求所有参加政治竞选的候选人，在选举之前休一个月的假。肯塔基州上诉法院认为，没有证据证明政治活动会妨碍教师的工作绩效，该教育委员会的规章侵犯了结社权利和言论自由权，因此，法院判决该规章无效。[154]

佐治亚州一个教育委员会制定了一项政策，要求所有的学校雇员，只要其成为

政府行政职位的候选人,在选举期间,就必须不带薪地休假。下级法院经审理后,判决这项政策不合法。案件上诉到最高法院,最高法院维持原判。最高法院认为,这项政策违反了《联邦选举权法案》,它实际上从经济上抑制了教师谋求某些公共职位的欲望,而且具有潜在的歧视性,因为这项政策是当一位非洲裔美国人宣布他要竞选州立法机关职位之后才制定并实施的。[155] 不过,最高法院在随后的判决中,支持教育委员会对该政策的修订,拒绝教师为了政治目的而请特别假。[156] 最高法院认为,修订过的政策是对教育委员会有权力要求雇员履行合同的再次确认。

虽然教育委员会必须尊重雇员的结社权利,但是它们也必须保证公立学校工作人员的政治活动对学校不能产生负面影响。如果教育者为了参加公共话题的讨论或者参加竞选活动而忽视了自身的教学职责,如果教育者使用教室作为公共论坛发表公共演说,或者教育者参与的政治活动扰乱了学校的正常运转,学区都可以对他们进行一定的惩处。但是,教育委员会必须确定,它们并不是仅仅因为不同意雇员的政治倾向才对雇员结社权利进行限制的。人事决定必须是保护学生及学校的利益所必需的。

着装自由

从历史上看,教育委员会经常对教师的仪表着装进行严格的规定。20 世纪 70 年代,与学区限制学生仪表着装的规定一样,诸如此类的限制教师仪表的规定也引发了相当多的诉讼。[157] 近年来,相关的争论有所减少,但是,对于学校雇员的仪表进行的限制依然是诉讼的话题。教育委员会辩称,他们之所以规定教师的仪表着装问题,是为了达成一个公认的教育目的。这个目的就是,保持教室里的恰当环境,执行与此相似的学生仪表和着装规则。教师们抗议说,这些仪表要求侵犯了他们受宪法保护的隐私权、人身权以及言论自由的权利。

一些法院认为,公共雇员享有基本的宪法权利,有权支配自己的仪表着装,这种权利不应当受到限制,除非教师的着装选择扰乱了教育进程。[158] 然而,自从 20 世纪 70 年代中期以来,大部分法院都支持学校管理人员作出的合理限制教师的仪表与着装的行为。[159] 1976 年,最高法院在其审理的一起案件中,作出的判决支持对警察的发型进行规定,进而对公共雇主的权力进行了规定,认为公共雇主可以限制雇员的仪表。[160] 最高法院认为,举证责任应当由雇员个人承担,雇员应当找出证据证明这种仪表规章与合法的公共目的之间缺乏理性的联系。

最高法院确定地支持对公共管理人员的仪表进行限制的判决,成为下级法院评价教师服饰及外表规章的依据。例如,康涅狄格州教育委员会要求所有男教师上班期间必须打领带,第二巡回法院认为这是一种合理的规定,可以促进学生尊重权威、尊重传统的价值观念以及促使学生遵守课堂纪律,所以判决支持康涅狄格州教育委员会的这一要求。[161] 因为教师对学生具有独一无二的影响作用,所以,法院认为,可以对教师的专业生活进行比常人更严格的限制,除限制之外的其他方式都是不可以接受的。在一起案子中,一位教师因穿着短裙而被解雇,第一巡回法院以相似的理由判决,支持教育委员会作出的解雇决定。[162] 在最近审理的一起案子中,一位教师穿着的 T 恤衫上印有"耶稣 2000—J2K"的字样,教育委员会警告她想办法把字迹遮住,或者把 T 恤衫翻过来穿。联邦法院判决,教育委员会的做法并没有侵犯该教师的权利。[163]

然而，如果法院发现，对雇员仪表的限制与合法的公共利益之间没有关系的话，这种限制就不会得到支持。学区的章程规定校车司机不可以留小胡子，有一位校车司机违反了这项规定，学区便对他处以停职的处分。第七巡回法院推翻了这项停职处分。[164]法院认为，这项政策不具有正当的目的，所以是不合理的。这种不合理性可以通过事实来证明，即这位校车司机同时也是一位全职教师，学区停止了他的校车司机工作，但是，并没有停止其教学工作。

法院一般认为，选择服饰发型是个体享有的受法律保护的权利，但是，法院并没有宣布，这项权利是应当接受严格司法审查的基本权利。因此，学校管理人员可以对雇员的仪表进行限制，只要规章不是随意制定的，而是具有合法的依据。[165]

隐私权

公共雇员主张，宪法和法律赋予了他们免于政府非法干涉个人活动的权利。[166]虽然联邦宪法并没有对个人隐私权问题作出明确的规定，但是，最高法院依然认为，某些**暗示性**基本权利受到宪法的保护，因为这些基本权利与宪法明确规定的某些权利有着密切的关联。隐私权就属于这种暗示性的基本权利。人们一般认为，受保护的隐私权，包括个人对婚姻状况、避孕方法、生育状况、家庭关系以及孩子的养育方式等的选择。[167]如果没有特别合法的理由，学区不可以将放弃这些权利作为聘任教师的条件。下文中将要论及的诉讼，主要关注的是受宪法保护的隐私权问题，法律依据分别是：第四修正案（保护公民免受无理的搜查与没收）、第九修正案（作为保留权利而在法律法规中没有明确规定的个人隐私权利）以及第十四修正案（在缺乏法律规定的正当程序的情况下，保护公民的人身权免受政府行为的非法伤害）。

在一些案例中，公共雇员声称，政府的行为侵害了他们为了组建和维持家庭而选择伴侣的隐私权。为了判断这些主张是否正确，法院必须衡量雇员的个人权益与政府拥有的提供有效的公共服务的利益之间的轻重缓急。[168]举个例子来说，学区不可以因为其同伴或配偶参加政治活动或其他活动，而剥夺公立学校教育者的工作权利。某位雇员的丈夫不赞同学区制定的各种政策，学区因此不再续签该雇员的聘任合同。第六巡回法院认为，依据第一修正案的规定，雇员享有结婚的权利，法律并没有对公共雇员的婚姻对象作出限制，所以，学监因为雇员的婚姻关系而提出的不续聘聘任合同的建议是不合法的。[169]在另一起案子中，一位非终身制教师，工作表现一直很好，学校对她的评价很高；有一天在工作过程中，这位教师突然遭遇传唤，警方让她去证明与其同居的未婚夫与一桩虐待儿童案有关，学区因此作出了不续聘这位教师的决定。联邦法院判决，这位教师可以主张学区不续签聘任合同的行为侵犯了她选择伴侣的权利。[170]

一位女教师拒绝参加学区组织的由男医生实施的身体检查，提出可以自己出钱，到任何一位教育委员会认可的女医生那儿进行检查。教育委员会不同意这位女教师的建议。这位教师认为自己的隐私权受到了侵害，便提起诉讼。第二巡回法院的判决支持教师的主张，认为教育委员会的行为是不合理的。[171]在另一起案子中，第五巡回法院认为，教师在学校的非教学时间里对孩子进行哺乳，是与保持家庭关系及养育孩子的基本权利紧密相连的一项活动，是与宪法保护的隐私权密切相关的一项权益。然而，法院承认，初审法院需要确定，教育委员会拥有的避免扰乱教育

秩序、确保教师不受干扰地履行职责、避免因可能的伤害而承担责任的利益是否高于教师的基本隐私权,如果答案是"是"的话,对教师隐私权的限制就是合法的。[172]

在2001年审理的一起案子中,最高法院解决了传播与公共议题相关的信息的权益与保护个体私人言论之间的冲突问题。这个案子涉及一次激烈的集体谈判。在谈判过程中,工会谈判人员与工会主席电话会谈被非法窃听了,并被人有意识地通过媒体将会谈内容广为传播,且多次重复。利用媒体传播消息的人并没有参与偷听电话的行动,但是根据常理,他应当知道这种窃听是非法的。最高法院的判决是,尽管私人言论非常重要,但是通过媒体传播信息这种行为仍然受到第一修正案保护。[173]

在一些案件中,法院的结论是,政府拥有的保证学生福利的利益要重于教师的隐私权。在一起案子中,一位终身制教师因为身体原因请假休息,但是她在病假结束时没有立即回校上班,而是超期休假。所以学校要求她提供主治医生开具的医疗证明,并且接受由教育委员会的医生实施的身体检查,否则,不许她重返工作岗位。这位教师以教育委员会侵犯了她的隐私权为由提起诉讼,但是她没有赢得官司。[174] 在另一起案子中,第一巡回法院也判决,校长受宪法保护的隐私权并没有受到侵害,学区可以要求他在重新工作之前,先进行精神病学检查;因为学区有理由相信,这位校长有可能伤害到学生的利益。[175]

当教师主张学监的观察报告以及其他评价教学能力的方法侵犯了他们受法律保护的隐私权并因此提起诉讼的时候,这些教师也很少获得成功。例如,得克萨斯州上诉法院判决,支持学区为了评价的目的而将教师的授课过程进行录像,法院认为,教师享有的隐私权并不能使其免于接受合法的绩效评价。[176]

20世纪早期,一些学区禁止女教师结婚甚至禁止女教师约会。与20世纪早期的状况相比,现在的法律规定要相对宽松一些,限制性也减少了许多,但是,有一些教育委员会仍然试图对教师个人生活中那些有悖于社会价值观的选择进行限制。学校管理人员为他们制定的某些行为限制进行辩护说,教师的角色功能就是为学生提供模仿的榜样,因此教师应当遵守社区的理念、保证教育环境的和谐与恰当。法院认为,教师应当遵守比一般公民更高的行为准则,所以,支持学区因教师的行为危害了学生的福利而解雇教师,即使教师的行为发生在暑假期间。[177] 本章的后半部分,我们将集中讨论一些案件,这些案件的内容包括,在搜查雇员事件和雇员个人生活方式选择中,法院是如何对公共利益与个人权益的轻重问题作出判断的。

搜查与没收

和所有的公民一样,公立学校的教育者都受到第四修正案的保护,可以免受政府对其人身和财物的无理侵扰。第四修正案一般要求警察和其他政府官员在进行人身搜查之前必须获得搜查令(基于合理怀疑通过搜查可以获得刑事犯罪的证据)。最高法院并没有解决公立学校管理人员对教师进行搜查时的教师权利问题。但是最高法院支持学校在没有获取搜查令的情况下对学生进行人身搜查的行为,只要学校有合理理由怀疑学生藏有对教育活动有害的违禁物品。[178]

法院也作出判决,支持州医院的管理者对医生的办公室进行搜查,即使他们没有获得搜查令。[179]法院认为，搜查的理由和搜查的范围都是合理的。法律的结论意味着其他类型的公共雇员也可能遭遇雇主的搜查。虽然法院认为，公共雇员对办公桌及文件柜享有合理的隐私权期待，但是，法院依然判定，如果搜查是与工作相关的并且是完成工作所必需的，那么就不需要获得搜查令。这一案件中，从医生的办公桌和文件柜中搜查到的物品，被作为证据用于针对该医生的行政处分程序，该医生最终因对实习期医生项目管理不当而被解雇。

因为缺乏与公立学校相关的判例法，所以，司法部门认为，管理者进行的与工作相关的搜查是否合理，取决于教育利益是否高于雇员对于隐私权的期待的权益。[180]第四修正案禁止学校管理人员任意侵扰教师的个人生活，但是法院认为，在某些情况下，学校的利益优于教师的隐私权。[181]

药物检测项目引发的争论越来越多。教育委员会可以要求雇员进行身体检查，并将身体检查作为聘任的一个条件，但是，强制雇员参加药物检查，可能导致雇员以侵害了其受第四修正案保护的隐私权为由提起诉讼。经过审判，纽约学区的教师们获得了法院判决的禁止令，禁止教育委员会强迫试用期教师呈送尿样，以检验他们是否使用了违禁药品。[182]法院认为，教育委员会要求雇员进行药物检测的合理怀疑必须具体到人，只有当教育委员会合理怀疑某个雇员的行为有害于和谐的校园环境时，才可以要求该雇员进行药物检测。

佐治亚州的一部法律要求州所有新聘任的雇员以及调往另一学区或州政府机构的老雇员，在上岗之前都必须进行尿分析测试。佐治亚州联邦地区法院判决这部法律不合宪。[183]法院认为，维护工作场所远离毒品的利益并不是压倒性的公共利益，该利益不足以证明要求所有雇员进行尿检的行为是合法的。最高法院随后也判决佐治亚州的另一部法律违宪，因为这部法律要求候选州政府办公室的雇员必须通过药物检测。法院认为，本案中并不存在高于个人隐私的特殊公共安全需要。[184]

与全员性药物测试相反，对少数供职于安全系数要求较高的岗位的公共雇员进行药物测试，可以从1989年最高法院审理的两起案件的判决书中找到相关的规定。在这两起案子中，最高法院判决，支持对那些参与意外事件的铁路职工[185]、携带武器的海关人员以及那些从事非法药品搜检工作的海关人员[186]进行药物检测。法院认为这项规定所包含的安全利益与雇员的隐私权相比，要重要得多。在几项裁决中，哥伦比亚州巡回法院相继作出判决，支持对工作于安全岗位或安检岗位的联邦雇员随机进行尿样检测的做法。[187]在另一起案件中，同一法院还作出了支持华盛顿特区学区政策的判决。该学区政策要求，凡是工作在与学生安全相关的岗位的雇员，诸如校车司机等，都必须进行药物检查，而且药物检查是定期举行的身体检查的一部分。[188]第五巡回法院在审理案件中裁决，学校保管员的工作范围涉及大约900名学生，属于安全系数要求高的岗位，因此学校要求这位保管员进行药物检查的行为是合法的。[189]

然而，在校园中，到底什么样的岗位属于安全系数要求高的岗位呢？这个问题的答案仍然不是很明确。与过去相比，一些法院似乎更加倾向于宽泛地理解这个问题，将这种岗位的范围尽量确定得大一些。[190]1998年第六巡回法院审理一起饱受争议的案件。该案中，学区政策要求所有应征、调入或者晋升到安全系数要求高的岗位——包括教学岗位——的人都必须进行药物检测。[191]虽然没有证据证明教师当中存在着明显的滥用药品的问题，但法院仍然认为，教师接受家长的委托来照料孩子们，他们站在校园安全的"前沿"。法院还认为，如果合理怀疑某个人拥有或者使用非法药品，那么就可以对之进行药物检测，但是法院否决了对所有雇员进行酒精测试的提议。关于酒精测试的问题，第六巡回法院将之发回地区法院，要求地区法院确定，较低的酒精损害鉴别等级（0.02）是否与该测试项目的目的具有合理的相关性。

1997年，加利福尼亚州最高法院作出判决，支持一项市政府政策。该政策规定，该城市里所有新参加工作的工人都必须参加药物检测和酒精检测，并且规定，参加这两种检测是聘任前身体检查的一部分。然而，加利福尼亚州最高法院判决另一项政策违法，因为这项政策规定所有寻求晋升的老雇员也必须参加类似的药物检测，不论谋求晋升的工作岗位属于什么性质。[192]同样地，第五巡回法院推翻了路易斯安那州两个学区的政策，这两个学区制定政策要求在聘任期间受伤的雇员接受尿样检查，法院认为，伤害与药物损害之间没有必然的联系。[193]

与学生一样，如果存在着合理怀疑、怀疑雇员受到了酒精或药物等的影响的话，学区当然可以要求雇员进行酒精测试和药物测试。在一起案件中，当探测犬嗅出一位教师的车中藏有大麻时，该教师拒绝呈送尿样接受药物检测，学区因而解雇了她。该教师以她对自己车内散发的气味享有隐私权期望为由提起诉讼。第十一巡回法院认为学区持有合法的理由，可以终止这位教师的聘任合同。[194]法院裁决，第四修正案允许使用狗来对寄放在公共场所的个人物品进行搜查，所以，驳回了教师的诉讼请求。

在一些案件中，法院认为某些对教师个人的怀疑是没有充分理由的。在圣路易斯的一起案件中，一位教师被迫接受药物检测和酒精检测，这位教师依据第四修正案提起诉讼，他的主张没有得到法院的支持，法院也没有接受学区主张的进行简易审判的请求，因为在该案中，存在着一些真正的问题，那就是，教师的行为是否表明她使用了非法药品，这位教师是否同意接受药物测试。[195]同样地，在一起案件中，北卡罗来纳州上诉法院认为，不存在合理的理由能让公共雇主相信某些雇员正在使用非法药品，那么，因雇员拒绝进行药物检查而导致的解雇决定是不符合宪法规定的。[196]发现了什么样的证据便可以合理怀疑某人使用了非法药品？在什么情况下不用存在着合理怀疑就可以强迫某些公共雇员进行尿样检查？对于这两个问题，法律的规定也在不断发展。

生活方式的选择

最近几年，教师总是针对学校管理人员拥有的限制教师个人生活方式的权力提起诉讼。尽管这种个人自由权并不是宪法中明确规定的权利，但它暗含在人身自由（personal liberty）的概念中，这种人身自由则是第十四修正案所规定的。宪法是否保护教师的隐私权，不仅仅取决于行为发生的**地点**，而且取决于行为本身的性质。[197]司法部门尝试着平衡教师的隐私权与教育委员会拥有的保证学生和学校福利的合法权益之间的关系。不能仅仅因为学校管理人员不赞同教师个人的私人行为，就对教师进行处分，但是学区可以限制教师的不符合习俗的行为，只要这种行为有害于教师的工作绩效或者伤害了学生。某些证据可能不足以提起刑事诉讼，但是学区可以据此终止教师的聘任合同。[198]不过，学区不能依据一些无根据的谣言而解雇教师。[199]

第9章 教师的实体性宪法权利

宪法并没有清晰地规定出公立学校的教育者享有哪些隐私权，法院一般是根据具体的案情来确定这方面的宪法权利。因为我们将在第11章中讨论一些有关解雇的诉讼案件（这些案件大都是因教师做出了不道德的行为而遭到学区的解雇，教师不服学区的解雇处分而提起的诉讼案件），所以下文中我们将着重讨论教师依据宪法而享有的隐私权问题。

法院认为，学区根据教师的婚姻状况或者父母亲身份而作出的决定涉及教师受宪法保护的隐私权，所以，法院一般不愿意支持学区基于教师的未婚先孕状态而作出的解聘决定，因为并没有证据证明教师的这种未婚先孕状态不适合于教学。在一起典型的案子里，密西西比州一个学区为了培养一个"和谐的且有道德的校园环境"制定规章，禁止聘任未婚父母为教师。第五巡回法院认为，这部规章违反了平等保护原则和正当程序原则。[200] 强迫未婚先孕的雇员进行休假的行为同样侵犯了雇员受宪法保护的隐私权，它也被法院判决为无效行为。[201]

绝大多数的法院都认为，公共雇员，包括教育者，拥有一定的隐私权，他们有权决定是否在婚姻以外与他人维持性关系，而且这种关系不能成为学区解雇教师的依据，除非这种关系损害了学校的教学效果。例如，艾奥瓦州最高法院判决，一位教师与他人发生的通奸关系，不足以证明撤销其教学执照的行为是合法的，因为没有证据能够证明这种通奸对他的教学工作造成危害性后果。[202] 再比如，在一起案件中，一位教师拥有一种浪漫的私人关系，学区便认为该教师品行不良，因而终止了教师的聘任合同。佛罗里达州法院判决推翻了学区的这个决定。[203] 与此类似，第六巡回法院判决，教师离婚了，学校便不与该教师续签聘任合同的行为，侵犯了这位教师受宪法保护的隐私权。[204]

然而，有一些法院的判决是支持雇主作出的解雇决定或者其他惩罚决定的，如果公共雇员自愿选择了某种生活方式，诸如通奸或其他不符合伦理的性关系，雇主可以因此作出解雇决定或其他惩罚决定。在两个与学校无关的案件中，原告雇员与他人维持着婚外性关系，雇主声称这种婚外性关系影响了雇员的工作绩效，所以解雇了雇员，雇员不服，提起诉讼。联邦上诉法院判决支持雇主的解雇决定。[205] 同样地，得克萨斯州最高法院也判决，公共雇员个人的通奸行为是不受宪法保护的。[206] 在最近审理的一起案件中，一位教师积极参与某一个组织的活动，这个组织支持男性之间自愿发生的性活动，学区因而终止了该教师的聘任合同，纽约州联邦地区法院认为，该教师在这个组织中的活动有可能影响教学效果，干扰学校正常的教学秩序，所以判决支持学区终止教师聘任合同的决定。[207]

能否以教师的性倾向为依据作出聘任决定，引发了越来越多的争议。在判断这一问题的时候，法律考虑的因素包括性行为的特点（公开的性行为或者私密的个人行为）、性行为带来的恶劣影响的大小及其对教师的教学绩效的影响。

法律明确规定，如果教师参与了公开的性活动，无论是异性之间的还是同性之间的，学区都可以以"不道德"为由解雇该教师。[208] 1984年，在一起案子中，第十巡回法院判决支持俄克拉何马州的一部制定法。该法律规定，允许学区因教师参与了公开的同性恋活动而解雇教师。第十巡回法院认为，这部制定法的规定既不模糊，也没有侵犯教师的平等保护权利。[209] 然而，正如我们先前讨论的那样，第十巡回法院判决该制定法的一部分规定无效。那部分的内容包括，学区可以因教师赞同公开的或私密的同性恋行为而解雇或不续聘该教师。法院认为这部分规定侵犯了教

师的言论自由权利。[210]

佐治亚州的一部法律规定,双方同意的鸡奸行为,不论是公开发生的、还是私密性的,都违反了刑法的规定,属于犯罪行为,1986年,最高法院审理一起案件涉及这部法律,最高法院的判决引起了媒体的广泛关注。在这起案件中,原告因为在家里与一位男性成年人发生了鸡奸行为而被控刑事犯罪,原告便针对佐治亚州这部法律的合宪性提起诉讼。法院认为,公民们普遍认为鸡奸行为是不道德且不可接受的,该法律反映了公民们的这种思想,具有合理性。[211]法院声明,宪法并没有赋予同性恋者进行鸡奸的权利,所以,绝大多数法官关注的焦点在于原告行为中的同性恋性质,尽管这部法律也适用于异性之间发生的鸡奸行为。其他的一些州,也制定有相似的法律;但是,对私下的鸡奸行为进行的刑事制裁通常很少被执行。

在没有刑事指控的情况下,学区仅仅依据公立学校雇员的性取向就作出解聘决定,往往会引发诉讼案件。针对这种情况,法院作出了大量的司法解释。[212]一般来说,法院会要求学区举证,证明教师个人的同性恋行为与教学效果受损之间存在着联系,以证明学区解雇教师的行为的合法性。举个例子,一位教师是个同性恋,社会上反应强烈,均不赞同这位教师的同性恋行为,学区因而撤销了该教师女子排球队教练的职务,并警告她不许向学生、学生家长或其他教职工提起自己的性取向。犹他州联邦地区法院判决,社会对这位教师同性恋行为的负面反应,不足以证明学区采取的撤销及警告行动的合法性。[213]俄亥俄州联邦法院判决,学区并不是像教育委员会主张的那样,因为该教师的教学效果极差才撤销其教练职务的,而是因为教师的性取向问题不再续聘该教师,因此,这种解雇行为是法律所不允许的。所以,法院判决,学区应恢复教师原来的职位,补发工资,并给予一定的损害赔偿。[214]

与上述法院的判决结果相反,在一起案件中,在雇主,即州法律办公室主任,得知某位公共雇员维持着一种同性婚姻关系之后,便撤销了先前发给她的工作邀请书。因为不聘任的理由是该雇员的非法婚礼,而不是她的同性恋者身份,所以第十一巡回法院判决支持雇主的行为。法院认为,考虑到雇主拥有的聘任雇员以执行州法律的权益,雇主的行为没有侵害雇员的结社权利。[215]原告所享有的亲密结伴权并不足以超越雇主所拥有的保证政府办公室正常发挥功能的权益。

少数法院甚至支持学区仅仅基于"教师是同性恋"的信息而解雇教师,法院认为,这种信息足以让人确信教师的行为可能会损害到教学效果,这足以超越于任何受保护的隐私权之上。在一起案子中,一位教师向学校管理人员承认自己是同性恋者之后,学区便解雇了他。华盛顿州最高法院判决支持学区的解雇决定。[216]在另一起案子中,一位指导顾问告诉学校里的其他人,她是双性恋者,同时还与两位被指导的学生保持着同性恋关系,学区获知这件事后,便作出了不再续聘该顾问的决定。第六巡回法院同样作出了支持学区不续聘决定的判决。[217]因为最高法院认为宪法授予公民的隐私权不包括可以进行同性恋行为,所以,下级法院还可能继续针对同性恋教师的法律保护问题进行不同的解释。

结 论

虽然公立学校教育者并不因聘任而放弃自己的宪法权利,但是,在某些特殊条件下,法院会认为教育者的宪法权利低于公共利益。这一权利的边界还将继续由法院在判决中不断厘清。下面这些内容就是本章讨论过的、可以反应教师的实体性法律地位的一般规则：

1. 根据宪法第一修正案的规定，公立学校教育者有权表达他们对于公众话题的看法与观点；学区不能仅因教师行使自己受保护的言论自由权利而解聘教师或作出其他报复性人事决定，诸如调动，降职，或者书面申斥。

2. 涉及个人聘任争议的言论、对管理人员的攻击、企图扰乱学校秩序的言论，是不受宪法保护的。

3. 如果公共雇主出于良好愿望，进行了合理的调查，从事实中得出"雇员的攻击性言语是不受法律保护的"的结论，那么就可以以此为依据解聘该雇员。

4. 教师的言论是受法律保护的，但这并不必然导致解雇行为无效，只要教育委员会有充分证据证明，即使没有这些受法律保护的言论，该教师也应当被解雇。

5. 如果教育委员会所拥有的"提供高效率、有效能的教育服务"的利益超出了个人的自由表达权利的话，即使那些关于公众话题的言论是不利聘任行为的唯一证据，教育委员会仍然可以在法庭上获胜。

6. 从传统意义上来说，学校内部的邮件系统不是自由表达的论坛。除非明确规定学校内部的邮件系统是公开发表言论的场所，学校可以将邮件系统限定为与学校的教育功能相关的用途，只要不对某些观点进行歧视性对待。

7. 可以限制教育者在合理的时间、合理的地方以合理的方式发表言论，但是，事先对言论的内容和交流渠道进行随意的限制则违反了第一修正案。

8. 公立学校的教师无权决定教学内容，但是他们可以在一定的范围内选择适当的方式来讲授既定的内容。

9. 在评价教学材料和教学策略的合适性时，法院要考虑它们与课程目标、专业支持、破坏性威胁、学生的年龄及成熟程度、学区的伦理道德标准。

10. 不能因公共雇员参加了工会、政治团体、具有非法目的的组织而对其进行打击报复。

11. 学区不能因公立学校教育者在学校以外的地方参与政治活动而作出对该教育者不利的聘任决定，除非他承担着决策的责任或者这些活动可能对工作绩效产生负面影响。

12. 州法律可以对公立学校教育者担任某些通过政治选举产生的公共职位（比如，两个职位之间存在着利益冲突）进行限制。

13. 如果公共雇员竞选政治性职位的活动影响了其专业职责的履行，可以要求该公共雇员在此期间休假，暂停专业工作。

14. 学校管理人员可以合理地限制教育者的个人服装发型，只要这些限制存在着合理的原因。

15. 基于合理性的怀疑，可以搜查公立学校教育者的书桌及文件，只要搜查是为了更好地进行教育工作所必需的。

16. 如果有适当的理由怀疑公立学校教育者吸毒的话，可以要求他进行尿检；学校可以要求承担安全检查工作的雇员全部进行药物测试或者随机抽取其中几个进行药物测试。

17. 公立学校教育者有选择生活方式的隐私权；然而，如果教育者个人的选择违反了州法律或者对工作绩效或学校工作产生了有害的作用，则可能遭受不利的聘

任处理。

18. 一般来说，必须有证据证明教育者的性取向对教学效果产生了负面的影响，对其作出的解雇决定才是正当合理的。

注 释

[1] 391 U. S. 563 (1968)。又见 Bd. of County Comm'rs v. Umbehr, 518 U. S. 668 (1996)。该案中，法院裁示，在使用**皮克林案**的平衡测试（balancing test）衡量政府利益与签约人的言论自由孰轻孰重的时候，独立签约人与公务员的地位是相同的。

[2] 391 U. S. at 572.

[3] 429 U. S. 274, 282 (1977).

[4] Doyle v. Mt. Healthy City Sch. Dist., 670 F. 2d 59 (6th Cir. 1982).

[5] 439 U. S. 410 (1979).

[6] 461 U. S. 138 (1983).

[7] Id. at, 150。又见, Rankin v. McPherson, 483 U. S. 378 (1987)。该案中，在暗杀里根总统的事件发生之后，一位公务员对其同事说了一些具有轻蔑性的话语，法院考察了当时的语境、这些话语的形式及内容后认为，缺乏证据、无法证明这些话语对工作关系或工作绩效产生了影响，不能作为解雇该公务员的理由。

[8] 511 U. S. 661 (1994).

[9] 参见 Lemons v. Morgan, 629 F. 2d 1389 (8th Cir. 1980); Swilley v. Alexander, 629 F. 2d 1018 (5th Cir. 1980); McGill v. Bd. of Educ., 602 F. 2d 774 (7th Cir. 1979).

[10] Ifill v. District of Columbia, 665 A. 2d 185 (D. C. App. 1995)。又见 Ferrara v. Mills, 781 F. 2d 1508 (11th Cir. 1986)。该案中，法院裁示，针对课堂教学的安排、允许学生自主选修课程的政策及雇用教练进行社会研究的教学等所发的牢骚不属于公共议题。

[11] Renfroe v. Kirkpatrick, 722 F. 2d 714, 715 (11th Cir. 1984)。又见 Lane v. Martin, 201 F. Supp. 2d 566 (M. D. N. C. 2002)。该案中，一位助理校长不同意学监关于学校纪律及休息室的使用等的看法，法院裁示助理校长的反对意见属于私人抱怨性质的言论。

[12] Hesse v. Bd. of Educ., 848 F. 2d 748 (7th Cir. 1988)。又见 Kadetsky v. Egg Harbor Township Bd. of Educ., 164 F. Supp. 2d 425 (D. N. J. 2001)。该案中，法院认定，针对一个乐队指挥的不利行为与他提起的申诉之间没有联系；这个乐队指挥声称，他就某家长的牢骚以及随后发生的、与校长和系主任之间的矛盾而发表的言论是受保护的，法院则认为，这些言论属于对个人雇佣状况的评价，而不是公共言论。

[13] Day v. S. Park Indep. Sch. Dist., 768 F. 2d 696 (5th Cir. 1985)。又见, Roberts v. Van Buren Pub. Schs., 773 F. 2d 949 (8th Cir. 1985)。该案中，学校组织学生进行了一次野游，学生家长对此不满、有所抱怨，学校已经解决了这个问题。但是老师们对学校的解决方式感到不满意，为此提出申诉。法院裁示，这种申诉的内容，更多地属于教师与校长之间的关系问题，不是公共议题。

[14] Stroman v. Colleton County Sch. Dist., 981 F. 2d 152 (4th Cir. 1992).

[15] Sanguigni v. Pittsburgh Bd. of Educ., 968 F. 2d 393 (3rd Cir. 1992).

[16] Partee v. Metro. Sch. Dist., 954 F. 2d 454 (7th Cir. 1992).

[17] 该案中，法院认定雇员的言论不受保护，因为该言论危害了该雇员与上级的关系，且影响了工作职责的履行。参见

Marquez v. Turnock, 967 F. 2d 1175 (7th Cir. 1992); Hall v. Ford, 856 F. 2d 255 (D. C. Cir. 1988); Derrickson v. Bd. of Educ., 738 F. 2d 351 (8th Clr. 1984).

[18] Johnsen v. Indep. Sch. Dist. No. 3, 891 F. 2d 1485 (10th Cir. 1989)。又见 Jeffries v. Harleston, 21 F. 3d 1238（2nd Cir. 1994），推翻原判，发回重审，513 U. S. 996（1994）；重审，52 F. 3d 9（2nd Cir. 1995）。该案中，法院裁示，有关犹太人的问题属于公共议题；针对这个议题，大学雇员在校外发表的、带有贬损性质的言论，有可能对政府的正常工作产生干扰。

[19] 参见 Wasson v. Sonoma County Junior Coil., 203 F. 3d 659（9th Cir. 2000）；Fogarty v. Boles, 121 F. 3d 886（3rd Cir. 1997）。

[20] Vargas-Harrison v. Racine Unified Sch. Dist., 272 F. 3d 964（7th Cir. 2001），同意上诉请求，123 S. Ct. 120（2002）。

[21] Sharp v. Lindsey, 285 F. 3d 479（6th Cir. 2002）。

[22] McCullough v. Wyandanch Union Free Sch. Dist., 132 F. Supp. 2d 87（E. D. N. Y. 2001）。

[23] Fishman v. Clancy, 763 F. 2d 485（1st Cir. 1985）。见第11章第226条注释所对应的正文。

[24] Southside Pub. Schs. v. Hill, 827 F. 2d 270（8th Cir. 1987）。

[25] Tompkins v. Vickers, 26 F. 3d 603（5th Cir. 1994）。

[26] Harris v. Victoria Indep. Sch. Dist., 168 F. 3d 216（5th Cir. 1999）。

[27] Hall v. Marion Sch. Dist., 31 F. 3d 183（4th Cir. 1994）；Ware v. Unified Sch. Dist. No. 492, 902 F. 2d 815（10th Cir. 1990）；Stewart v. Baldwin County Bd. of Educ., 908 F. 2d 1499（11th Cir. 1990）。

[28] 参见 Kennedy v. Tangipahoa Parish Library Bd., 224 F. 3d 359（5th Cir. 2000）。

[29] Clark v. Bd. of Educ., 907 F. Supp. 826（D. N. J. 1995）。

[30] Canary v. Osborn, 211 F. 3d 324（6th Cir. 2000）。又见 Patton v. Sch. Dist. #53, No. 99 C 1812, 2000 U. S. Dist. LEXIS 5983（N. D. Ill. March 20, 2000）。该案中，法院认定，管理者关于教育委员会及学监的错误行为的言论受法律保护。

[31] Williams v. Kentucky, 24 F. 3d 1526（6th Cir. 1994）。该案中，法院裁示，没有证据可以证明批评意见影响了公共部门的关系、降低了其工作绩效或者干扰了其纪律。

[32] McHugh v. Bd. of Educ., 100 F. Supp. 2d 231（D. Del. 2000）。又见，DePace v. Flaherty, 183 F. Supp. 2d 633（S. D. N. Y. 2002）。该案中，一位校长批评学监在公共场合醉酒且酒后驾车，法院裁示，校长的言论受到法律保护，并且不能成为作出不利雇佣决定的理由。Koch-Weser v. Bd. of Educ., No. 98 C5157, 2001 U. S. Dist. LEXIS 14044（N. D. Ill. Sept. 6, 2001）。该案中，法院认定学监的做法是对教师享有言论自由的一种不合法的报复。教师的言论自由包括代表保管员及厨房工作人员的利益说话、表达自己对于生物课程的变化的意见。

[33] Morse v. Escobedo, No. 3：98-CV-0686-X, 1998 U. S. Dist. LEXIS 9027（N. D. Tex. June 16, 1998）。该案中，法院认定该行为侵犯了教师的言论自由权；但是，法院分析认为，重新安排工作及失去了教练一职，与丧失工作不同，并没有造成其社会地位的变化。又见 Green v. Me. Sch. Admin. Dist. #77, 52 F. Supp. 2d 98（D. Me. 1999）。该案中，法院认定，在判断教育委员会是否是基于教师所发表的、受保护的言论而作出不利雇佣决定

的时候，其中的关键信息都属于道听途说(whistleblower claim)。

[34] 参见 Morfin v. Albuquerque Pub. Schs., 906 F. 2d J434 (10th Cir. 1990); Saye v. St. Vrain Valley Sch. Dist., 785 F. 2d 862 (10th Cir. 1986), 发回重审, 650 F. Supp. 716 (D. Colo. 1986)。

[35] Hinkle v. Christensen, 733 F. 2d 74 (8th Cir. 1984)。

[36] Hickman v. Valley Local Sch. Dist. Bd. of Educ., 619 F. 2d 606 (6th Cir. 1980)。

[37] 参见 Hale v. Robersone, No. 96-1241-CV-W-6, 1998 U. S. Dist. LEXIS 13316 (W. D. Mo. June 25, 1998)。

[38] Cliff v. Bd. of Educ., 42 F. 3d 403 (7th Cir. 1994)。判决注释，评论针对的是教师绩效评价的种种缺陷。又见 Berbas v. Bd. of Educ., No. 00 C 2734, 2000 U. S. Dist. LEXIS 11097 (N. D. Ill. June 28, 2000)。该案中，法院认定，针对课堂问题的牢骚，满足"公共利益"这个主题的要求，但是，教师的申诉仅仅强调了她个人作为教师的意见，不符合"公共话题"的标准。

[39] Wales v. Bd. of Educ., 120 F. 3d 82 (7th Cir. 1997)。

[40] Rankin v. Indep. Sch. Dist., 876 F. 2d 838 (10th Cir. 1989)。

[41] Callaway v. Hafeman, 832 F. 2d 414 (7th Cir. 1987)。

[42] Wren v. Spurlock, 798 F. 2d 1313 (10th Cir. 1986)。又见 Seemuller v. Fairfax County Sch. Bd., 878 F. 2d 1578 (4th Cir. 1989)。该案中，法院认定教师在高中报纸上发表讽刺性信件涉及公共议题，该信件声称体育系发生了性骚扰事件。

[43] McGee v. S. Pemiscot Sch. Dist. R-V, 712 F. 2d 339 (8th Cir. 1983)。

[44] Vukadinovich v. Bartels, 853 F. 2d 1387 (7th Cir. 1988)。又见 Vukadinovich v. Bd. of Sch. Trs., 278 F. 3d 693 (7th Cir. 2002)。该案中，法院裁示，一位教师没有出示证据证明，其被终止另一份工作合同时对方提供的理由——不服从和玩忽职守——企图掩盖针对其享有言论自由权利的报复行为这一事实。

[45] 根据黑尔士山案记录的"四阶段分析"，参见 Johnson v. Clifton, 74 F. 3d 1087, 1092 (11th Cir. 1996)。

[46] White v. S. Park Indep. Sch. Dist., 693 F. 2d 1163 (5th Cir. 1982)。又见 Flath v. Garrison Pub. Sch. Dist., 82 F. 3d 244 (8th Cir. 1996)。该案中，法院裁示，教师没有出示证据表明，她的合同之所以没有续签，实际上是因为她批评了校长。

[47] Ingrum v. Nixa Reorganized Sch. Dist., 966 F. 2d 1232 (8th Cir. 1992)。又见 Fowler v. Smith, 68 F. 3d 124 (5th Cir. 1995)。该案中，法院裁示，维修工人的雇佣合同之所以被终止，是因为他的不专业行为，而不是因为他反对学校维修部门的私有化。

[48] Wytrwal v. Saco Sch. Bd., 70 F. 3d 165 (1st Cir. 1995)。又见, Oden v. Chi. Sch. Reform Bd. of Trs., No. 97 C 8579, 2000 U. S. Dist. LEXlS 7538 (N. D. Ill. March 31, 2000)。该案中，法院认定，被调职的教师没有出示证据表明，她的牢骚是学校作出调职决定的动机。

[49] De Llano v. Berglund, 282 F. 3d 1031 (8th Cir. 2002)。又见, Nieves v. Bd. of Educ., 297 F. 3d 690 (7th Cir. 2002)。该案中，法院裁示，雇佣合同被终止是因为符合法律规定的、财政预算上的原因，不是因为学校里传说的、歧视西班牙人的原因。Patterson v. Masem, 774 F. 2d 251 (8th Cir. 1985)。该案中，法院认定，不能晋升到学监职位并不是报复教师提建议的行为（该教师建议不要上演带有种族攻击性质的戏剧）。

[50] Love v. Chi. Bd. of Educ., 241

F. 3d 564 (7th Cir. 2001)。又见 Settlegoode v. Portland Pub. Schs., No. CV-00-313-ST, 2002 U. S. Dist. LEXIS 2238 (D. Or. Jan. 31, 2002)。该案中，法院认定，雇员合同没有续签，是因为她没有能力制订恰当的个人教育计划，而不是因为她所抱怨的、处理特殊教育学生的问题。

[51] Leary v. Daeschner, 228 F. 3d 729 (6th Cir. 2000).

[52] Rivera v. Cmty. Sch. Dist. Nine, 145 F. Supp. 2d 302 (S. D. N. Y. 2001).

[53] Simineo v. Sch. Dist. No. 16, 594 F. 2d 1353 (10th Cir. 1979).

[54] Dishnow v. Sch. Dist., 77 F. 3d 194 (7th Cir. 1996)。又见 Mosley v. Reynolds, 165 F. 3d 28 (6th Cir. 1998)。该案中，法院裁示，受保护的言论，而不是教育委员会声称的令人不满的工作绩效，是教师合同不续签的原因。

[55] Fales v. Garst, 235 F. 3d 1122 (8th Cir. 2001).

[56] Porter v. Dawson Educ. Serv. Coop., 150 F. 3d 887 (8th Cir. 1998)。又见 Brewster v. Bd. of Educ., 149 F. 3d 971 (9th Cir. 1998)。该案中，法院将试用期教师针对学生到校报告机制中的错误而发表的言论定性为"公共议题"，但是，法院裁示，应当考虑在同事中间发表言论所带来的不和谐以及该教师与校长的关系。

[57] 参见 James v. Bd. of Educ., 461 F. 2d 566 (2nd Cir. 1972)。该案中，法院裁示，因为佩戴了反对越战的黑袖标，这位教师就被随意而不合理地解雇了。

[58] 在**康尼克案**之前，法院经常依据的原则是，对于"破坏"的无差别的担心害怕，不足以剥夺言论自由权利。见 Tinker v. Des Moines Indep. Cmty. Sch. Dist., 393 U. S. 503 (1969); 第4章注释57所对应的正文。

[59] Eclipse Enter., Inc. v. Gulotta, 134 F. 3d 63, 66 (2nd Cir. 1997).

[60] Nat'l Gay Task Force v. Bd. of Educ., 729 F. 2d 1270, 1274 (10th Cir. 1984)。上诉法院维持原判（法官意见不一致，同意与反对人数各半），见 470 U. S. 903 (1985)。

[61] *Id*, 729 F. 2d at 1274。部分引自 Pickering v. Bd. of Educ., 391 U. S. 563, 568 (1968) 及 Tinker v. Des Moines Indep. Cmty. Sch. Dist., 393 U. S. 503, 513 (1969)。

[62] Hall v. Bd. of Sch. Comm'rs, 681 F. 2d 965 (5th Cir. 1982).

[63] *Id*. at, 969.

[64] Perry Educ. Ass'n v. Perry Local Educators' Ass'n, 460 U. S. 37, 46 (1983)。参见第12章第94条注释所对应的正文。

[65] Tex. State Teachers Ass'n v. Garland Indep. Sch. Dist., 777 F. 2d 1046 (5th Cir. 1985)。维持原判备忘录，479 U. S. 801 (1986)。该案中，法院裁示，根据学校制定的选择性访问政策的规定，某些教育者团体、教科书公司的代表、市民组织以及慈善机构可以在学校上课期间会见教师，这不属于举办共同论坛。又见 Tex. State Teachers Ass'n v. Garland Indep. Sch. Dist., 489 U. S. 782 (1989)。该案中，法院判决教师协会胜诉而由对方负担律师费用；第12章第96条注释所对应的正文。

[66] Ysleta Fed'n of Teachers v. Ysleta Indep. Sch. Dist., 720 F. 2d 1429 (5th Cir. 1983)。该案中，法院进一步审理后认为，教育委员会没有提供证据证明其限制雇员组织通过学校的邮件系统分送招募性文件——一年一次——的做法具有压倒一切的利益。

[67] May v. Evansville-Vanderburgh Sch. Corp., 787 F. 2d 1105 (7th Cir. 1986).

[68] Urofsky v. Gilmore, 216 F. 3d 401 (4th Cir. 2000), 拒绝上诉请求，531 U. S. 1070 (2001)。

[69] City of Madison, Joint Sch. Dist. No. 8 v. Wis. Employment Relations Comm'n, 429 U. S. 167 (1976)。参见第12章第103条注释。

[70] Anderson v. Cent. Point Sch. Dist., 746 F. 2d 505 (9th Cir. 1984)。

[71] Knapp v. Whitaker, 757 F. 2d 827 (7th Cir. 1985)。又见 Unified Sch. Dist. No. 503 v. McKinney, 689 P. 2d 860 (Kan. 1984)。该案中，法院认定，教育委员会禁止教师在教育委员会的会议上发言或在校园内组织新闻讨论会，违反了宪法有关"事先限制"的规定，因而是不合法的。

[72] Dauber v. Bd. of Educ., No. 99 Civ. 3931 (LMM), 2001 U. S. Dist. LEXIS 16768 (S. D. N. Y. Oct. 18, 2001)。然而，法院裁示，案件审理过程中提供的报复行为的例证没有什么价值，没有对教师的雇佣状况产生重大影响。

[73] 参见 Godwin v. E. Baton Rouge Parish Sch. Bd., 408 So. 2d 1214, 1216 (La. 1981)。对立判决见 Crne v. Aiken, 204 F. Supp. 2d 1130 (C. D. Ill. 2002)。一位大学校长指示，在没有得到事先允许的情况下禁止针对后备学生运动员问题发表任何言论。法院裁示，该指示限制了学校师生讨论运动项目中招募新成员的问题，属于以内容为基础的限制，违反了相关法律的规定。

[74] 参见 Bates v. Dallas Indep. Sch. Dist., 952 S. W. 2d 543 (Tex. Ct. App. 1997)。该案中，法院裁示，一位教师拒绝遵照学监的指示为一位学生评定等级，他的这一行为不能因"学术自由"原则而得到法律的保护。

[75] 法院最近的判决倾向于认为，即使是在学院（college）一级，其教师也不能依据第一修正案的规定而享有选择课程内容的权利。参见 Edwards v. Cal. Univ. of Penn., 156 F. 3d 488 (3rd Cir. 1998)。法院裁示，一位大学终身教授偏离公认的课程大纲，擅自在其教授的教育媒体课程中加入了宗教内容，学校因而作出暂停其教学工作一学期的决定。法院判决支持大学的处理决定，因为大学教授不能依据第一修正案而拥有选择教学材料的权利。

[76] Cary v. Bd. of Educ., 598 F. 2d 535, 544 (10th Cir. 1979)。又见 LeVake v. Indep. Sch. Dist. #656, 625 N. W. 2d 502 (Minn. Ct. App. 2001)。该案中，一位教师在课堂上批评进化论，拒绝讲授教育委员会规定的课程内容，学校因而重新安排了这位教师的工作。法院判决支持学校的处理决定。参见第2章第82条注释所对应的正文。

[77] Kirkland v. Northside Indep. Sch. Dist., 890 F. 2d 794 (5th Cir. 1989)。

[78] Boring v. Buncombe County Bd. of Educ., 136 F. 3d 364 (4th Cir. 1998)。

[79] Palmer v. Bd. of Educ., 603 F. 2d 1271, 1274 (7th Cir. 1979)。又见 Roberts v. Madigan, 921 F. 2d 1047 (10th Cir. 1990)。该案中，法院裁示，要求教师从班级图书馆中撤除带有宗教倾向的书籍、制止其在课堂上默读《圣经》，这些要求并没有侵犯该教师的学生自由。参见第2章第75条注释所对应的正文。

[80] Millikan v. Bd. of Dirs., 611 P. 2d 414, 418 (Wash. 1980)。

[81] Ahern v. Bd. of Educ., 456 F. 2d 399 (8th Cir. 1972)。又见 Murray v. Pittsburgh Bd. of Educ., 919 F. Supp. 838 (W. D. Pa. 1996)。维持原判备忘录，见 141 F. 3d 1154 (3rd Cir. 1998)。该案中，法院裁示，教师不能依据第一修正案而漠视教育委员会的教导，坚持使用课堂管理的"学习球"（Learnball）技术，这种技术旨在让学生负责确定班级管理规则及评价程序。

[82] Bd. of Educ. v. Wilder, 960 P. 2d 695, 702 (Colo. 1998)，同时驳回了教

师要求启动正当程序的主张。该案中，法院认定，教育委员会已经将政策充分地告知了教师们。

[83] Fisher v. Fairbanks N. Star Borough Sch. Dist., 704 P. 2d 213 (Alaska 1985)。又见 Sch. Admin. Dist. No. 58 v. Mt. Abram Teachers Ass'n, 704 A. 2d 349 (Me. 1997)。该案中，法院认定，作出选择小说作品作为十年级的课程内容的教育政策决定是教育委员会的权力，无须经过集体谈判协议规定的申诉和仲裁程序。

[84] 484 U. S. 260 (1988)。见第 4 章注释 42 所对应的正文。

[85] Cal. Teachers Ass'n v. State Bd. of Educ., 271 F. 3d 1141 (9th Cir. 2001)。

[86] 参见本章第 1~7 条注释所对应的正文。

[87] Cockel v. Shelby County Sch. Dist., 270 F. 3d 1036 (6th Cir. 2001)，拒绝上诉请求，123 S. Ct. 73 (2002)。又见 Hardy v. Jefferson Cmty. Coll, 260 F. 3d 671 (6th Cir. 2001)，拒绝上诉请求，122 S. Ct. 1436 (2002)。法院裁示，州立学院讲师在课堂讨论的时候可以使用带有种族和性别意味的称号，因为这种表达方式与讨论的题目密切相关，而且所讨论的问题属于公共议题的范围。

[88] 参见 Debro v. San Leandro Unified Sch. Dist., No. C-99-0676 VRW, 2001 U. S. Dist. LEXIS 17388 (N. D. Cal. Oct. 11, 2001)。该案中，法院裁示，教师不能依据第一修正案而享有相关权利，不能违背教学规定而讨论与同性恋有关的宽容问题，即使这个问题是公众所关注的。然而，学校顾问可以把咨询者当作知心朋友，一起讨论有争议的问题，并就诸如流产的法律地位等问题为咨询者提供事实信息，但是学校顾问不可以催促或者强迫学生流产。参见 Arnold v. Bd. of Educ., 880 F. 2d 305 (11th Cir. 1989)。发回重审，参见 754 F. Supp. 853 (S. D. Ala. 1990)。

[89] 参见 Webster v. New Lenox Sch. Dist. No. 122, 917 F. 2d 1004 (7th Cir. 1990)，第 2 章第 64 条注释所对应的正文。

[90] Simon v. Jefferson Davis Parish Sch. Bd., 289 So. 2d 511 (La. Ct. App. 1974)。又见 Dambrot v. Cent. Mich. Univ., 55 F. 3d 1177 (6th Cir. 1995)。该案中，法院认定，大学教练与队员进行讨论时使用"黑鬼"一词，不受"学术自由"的保护。见第 4 章第 82 条注释所对应的正文。Elstrom v. Indep. Sch. Dist. No. 270, 533 N. W. 2d 51 (Minn. Ct. App. 1995)。该案中，一位教师在课堂上发表了不恰当的评论、提出要永久地保持具有消极作用的关于种族的陈腔滥调，学校惩罚了该教师。该教师因此提起诉讼，主张自己受到了诽谤，法院驳回了该教师的主张。该诽谤案的焦点是校长就此事写给该班学生家长的一封信。对立判决见 Scruggs v. Keen, 900 F. Supp, 821 (W. D. Va. 1995)。该案中，法院裁示，教师在学习会堂中回答学生提问、对种族间约会发表的评论属于公共议题。法院拒绝了学区提出的进行简易审判的请求，原因是该案涉及有关该教师的合同为什么不续签的问题。

[91] Ward v. Hickey, 996 F. 2d 448 (1st Cir. 1993)。

[92] Miles v. Denver Pub. Schs., 944 F. 2d 773 (10th Cir. 1991)。又见 Abeyta v. Chama Valley Indep. Sch. Dist. No. 19, 77 F. 3d 1253 (10th Cir. 1996)。法院裁示，教师在课堂上称学生为"妓女"，是滥用州法律赋予的权力的行为。然而，这种行为不足以导致学生依据《美国法典》第 1983 条的规定提起实体性程序权利受损而要求损害赔偿的诉讼。

[93] 对立判决见 Cackrel v. Shelby County Sch. Dist., 270 F. 3d 1036 (6th Cir. 2001)。拒绝上诉请求，123 S. Ct. 73 (2002)，本章第 87 条注释所对应的正文。

[94] Downs v. L. A. Unified Sch.

Dist. ，228 F. 3d 1003（9th Cir. 2000），拒绝上诉请求，532 U. S. 994（2001）。

［95］ *Id.* at 1011。最高法院裁示，当说话者站在政府的立场上传达某个特定信息的时候，就可以对之进行内容限制。见 Rosenberger v. Rector and Visitors, 515 U. S. 828, 833（1995）；Rust v. Sullivan, 500 U. S. 173, 194-200（1991）。

［96］ Newton v. Slye, 116 F. Supp. 2d 677（W. D. Va. 2000）。然而，法院判决注释说，作为教学计划的一部分，该教师仍然可以在教室里分发小册子，学生也可以继续接受这些小册子。

［97］ Sterzing v. Fort Bend Indep. Sch. Dist. ，376 F. Supp. 657（S. D. Tex. 1972），推翻原判，发回重审，496 F. 2d 92（5th Cir. 1974）。又见，Mailloux v. Kiley, 448 F. 2d 1242（1st Cir. 1971）。法院裁示，在与高中生讨论禁忌词汇时，老师使用俚语词汇代替"性交"一词的行为缺少专业支持，可以作为开除教师的理由；但是法院判决"恢复该教师职位"，是因为法律法规没有明确规定禁止使用这种教学方法。Keefe v. Geanakos, 418 F. 2d 359（1st Cir. 1969），一位高中英语教师在教学过程中从《大西洋月刊》（*Atlantic Monthly*）上选择了一篇文章作为上课时使用的素材，学生家长认为这篇文章中包含了粗俗的语言，学校为此惩罚了该教师。法院以没有进行充分告知、该教学材料是恰当的为由否定了学校的惩戒决定。

［98］ Conward v. Cambridge Sch. Comm. ，171 F. 3d 12（1st Cir. 1999）。

［99］ Brubaker v. Bd. of Educ. ，502 F. 2d 973（7th Cir. 1974）。又见 Silano v. Sag Harbor Union Free Sch. Dist. Bd. of Educ. ，42 F. 3d 719（2nd Cir. 1994）。该案中，教育委员会一位成员在十年级课堂上放映了一段由演员裸体饰演的电影片断，受到了教育委员会的责难，法院裁示教育委员会的行为是以合法的教育学原则为基础的，没有违反第一修正案的规定。

［100］ 参见 Fowler v. Bd. of Educ. ，819 F. 2d 657（6th Cir. 1987）；Bd. of Educ. v. Wilder, 960 P. 2d 695, 712（Colo. 1998）。对立判决见 West v. Tangipahoa Parish Sch. Bd. ，615 So. 2d 979（La. Ct. App. 1993）。该案中，一位拥有良好记录的教师因为给学生放映 R 级电影而遭到解雇，法院推翻了这个解雇决定。

［101］ Lacks v. Ferguson Reorganized Sch. Dist. R-2, 147 F. 3d 718（8th Cir. 1998）。又见 Oleske v. Hilliard City Sch. Dist. ，764 N. E. 2d 1110（Ohio Ct. App. 2001）。该案中，法院裁示，一位教师给中学生讲下流笑话，而且用贬损性名字指代另一位教师，他因而遭到了解雇。法院判决支持教育委员会的解雇行为。

［102］ Vega v. Miller, 273 F. 3d 460（2nd Cir. 2001），拒绝上诉请求，122 S. Ct. 2295（2002）。

［103］ Kingsville Indep. Sch. Dist. v. Cooper, 611 F. 2d 1109（5th Cir. 1980）。

［104］ Stachura v. Memphis Cmty. Sch. Dist. ，763 F. 2d 211（6th Cir. 1985），推翻原判，发回重审，法院裁示需要赔付补偿性损害赔偿，477 U. S. 299（1986）。关于损害赔偿问题的讨论，见第 11 章第 188 条注释所对应的正文。又见 Hosford v. Sch. Comm. ，659 N. E. 2d 1178（Mass. 1996）。在对学生进行治疗的过程中，针对"粗俗语言"的问题，教师与学生进行了简短的、符合教育学规律要求的讨论。教育委员会因此暂停了教师的工作，继而没有与该教师续签雇佣合同。法院的判决推翻了教育委员会的决定。

［105］ Parducci v. Rutland, 316 F. Supp. 352, 353-354（M. D. Ala. 1970）。又见 Bauer v. Sampson, 261 F. 3d 775（9th Cir. 2001）。该案中，法院认定，针对某个公共议题，大学教授享有表达自己无礼的、不文明的观点的权利，而且该权利高于学院

所拥有的限制言论、保障安全的利益；学院所制定的禁止工作场所暴力——包括"暴力性行为暗示"——的政策，很明显超出了其权限范围。

[106] Wilson v. Chancellor, 418 F. Supp. 1358 (D. Or. 1976)。又见 Kingsville, 611 F. 2d 1109。该案中，因为教师使用模拟法进行历史教学，学生及其家长提出申诉，法院裁示申诉所提供的证据并不足以证明该教师的教学方法是不正当的。

[107] Dean v. Timpson Indep. Sch. Dist., 486 F. Supp. 302 (E. D. Tex. 1979)。

[108] Krizek v. Bd. of Educ., 713 F. Supp. 1131, 1141 (N. D. Ill. 1989)。

[109] Solmitz v. Me. Sch. Admin. Dist. No. 59, 495 A. 2d 812 (Me. 1985)。

[110] Zykan v. Warsaw Cmty. Sch. Corp., 631 F. 2d 1300, 1304 (7th Cir. 1980)。引自 Palmer v. Bd. of Educ., 603 F. 2d 1271, 1274 (7th Cir. 1979)。

[111] *In re* 伯恩斯坦（Bernstein）和诺威驰市学区（Norwich City Sch. Dist.）申请仲裁，726 N. Y. S. 2d 474 (App. Div. 2001)。又见 Ashcroft v. ACLU, 122 S. Ct. 1700 (2002)。该案中，法院认定，《儿童在线保护法案》的依据是社区制定的、判断互联网上的信息是否有害于未成年人的评价标准，并没有违反第一修正案的规定，但是，禁止法律实施悬而未决的促进程序。参见第3章第117条注释所对应的正文。

[112] Stachura v. Memphis Cmty. Sch. Dist., 763 F. 2d 211 (6th Cir. 1985)，推翻原判，发回重审，法院裁示应赔付补偿性损害赔偿，477 U. S. 299 (1986)。

[113] Cowan v. Strafford R-VI Sch. Dist., 140 F. 3d 1153 (8th Cir. 1998)。

[114] Healy v. James, 408 U. S. 169, 181 (1972)。

[115] 参见 NAACP v. Button, 371 U. S. 415 (1963); NAACP v. Alabama *ex rel*. Patterson, 357 U. S. 449, 460-461 (1958)。尽管最高法院声明支持这位校长，但是在某些判例中，在判断受到质疑的州行为对结社权利的影响大小的时候，最高法院似乎降低了严格审查的标准。参见 FEC v. Colo. Republican Fed. Campaign Comm., 533 U. S. 431 (2001); 本章第140条注释；Nixon v. Shrink Mo. Gov't PAC, 528 U. S. 377 (2000)。该案中，法院判决支持州法律限制州政治性候选人组织活动。

[116] Klug v. Chi. Sch. Reform Bd. of Trs., 197 F. 3d 853 (7th Cir. 1999)。

[117] Ibarra v. Houston Indep. Sch. Dist., 84 F. Supp. 2d 825 (S. D. Tex. 1999)。

[118] 参见 Adler v. Bd. of Educ., 342 U. S. 485 (1952); Wieman v. Updegraff, 344 U. S. 183 (1952)。

[119] 参见 Cole v. Richardson, 405 U. S. 676 (1972); Connell v. Higginbotham, 403 U. S. 207 (1971)。也可以要求雇员发誓他们将反对推翻政府的一切活动、他们会履行工作职责。参见第8章第5条注释所对应的正文。

[120] 参见 Keyishian v. Bd. of Regents, 385 U. S. 589, 606 (1967); Elfbrandt v. Russell, 384 U. S. 11, 19 (1966)。

[121] 385 U. S. 589.

[122] 参见 NAACP v. Alabama *ex rel*. Patterson, 357 U. S. 449 (1958)。

[123] *In re* Bay Area Citizens Against Lawsuit Abuse, 982 S. W. 2d 371 (Tex. 1998)。引自 *Patterson*, 357 U. S. 460-461。

[124] Shelton v. Tucker, 364 U. S. 479, 490 (1960)。

[125] Famihas Unidas v. Briscoe, 619 F. 2d 391 (5th Crr. 1980)。

[126] 357 U. S. 399 (1958)。

[127] Elrod v. Burns, 427 U. S. 347

(1976).

[128] Branti v. Finkel, 445 U. S. 507 (1980).

[129] Rutan v. Republican Party, 497 U. S. 62 (1990)。又见 Armour v. County of Beaver, 271 F. 3d 417 (3rd Cir. 2001), 拒绝上诉请求, 122 S. Ct. 1963 (2002)。该案中,法院裁示,仅仅凭着获取机密信息这一点,不足以确定拥有一定的政治关系是取得县专员秘书职位的、恰当的工作要求。

[130] McCloud v. Testa, 97 F. 3d 1536 (6th Cir. 1996)。又见 Sowards v. Loudon County, 203 F. 3d 426 (6th Cir. 2000)。

[131] 参见 Piazza v. Aponte Roque, 909 F. 2d 35 (1st Cir. 1990)。该案中,法院认定,教师助手的雇佣合同没有续签是因为他们的党派关系侵犯了结社权。Burris v. Willis Indep. Sch. Dist., 713 F. 2d 1087 (5th Cir. 1983)。该案中,法院裁示,管理人员的雇佣合同没有续签,其根本原因在于他与"保守"(old-line)党早期成员保持着联系,这种不续约行为侵犯了该管理人员拥有的结社权利。

[132] Estrada-Izquierdo v. Aponte-Roque, 850 F. 2d 10 (1st Cir. 1988).

[133] Montgomery v. Carr, 101 F. 3d 1117 (6th Cir. 1996).

[134] State Bd. for Elementary Educ. v. Howard, 834 S. W. 2d 657 (Ky. 1992).

[135] Cal. Teachers Ass'n v. San Diego Unified Sch. Dist., 53 Cal. Rptr. 2d 474 (Ct. App. 1996).

[136] Green Township Educ. Ass'n v. Rowe, 746 A. 2d 499 (N. J. Super. Ct. 2000)。又见 Castle v. Coloonial Sch. Dist., 933 F. Supp. 458 (E. D. Pa. 1996)。该案中,法院认定,禁止学校雇员参加学区所属范围内所有政治活动的行为,侵犯了雇员依据第一修正案的规定而享有的、业余时间可以在学校场地内参加官方民意测验投票的权利。

[137] Solis v. Rio Grande City Indep. Sch., 734 F. 2d 243 (5th Cir. 1984)。对立判决见 Bello v. Lyndhurst Bd. of Educ., 781 A. 2d 70 (N. J. Super. Ct. 2001)。该案中,法院认定,教育委员会并不是因为其家庭的政治活动而解雇某公立学校雇员的。

[138] Hager v. Pike County Bd. of Educ., 286 F. 3d 366 (6th Cir. 2002)。又见 Williams v. Kentucky, 24 F. 3d 1526 (6th Cir. 1994);本章第 31 条注释所对应的正文。

[139] 参见 Kercado-Melendez v. Aponte Roque, 829 F. 2d 255 (1st Cir. 1987); Banks v. Burkich, 788 F. 2d 1161 (6th Cir. 1986); Alaniz v. San Isidro Indep. Sch. Dist., 742 F. 2d 207 (5th Cir. 1984)。对立判决见 Simmons v. Chi. Bd. of Educ., 289 F. 3d 488 (7th Cir. 2002)。该案中,法院裁示,学区雇员之所以被降职,是因为他不服从学监的指令及其办公室的微观管理,而不是因为他在受雇为芝加哥教育委员会的出纳员之前参加市议员的竞选没有成功。Beattie v. Madison County Sch. Dist., 254 F. 3d 595 (5th Cir. 2001)。该案中,法院认定,雇员的雇佣合同被终止与她支持非现任学监候选人的行为之间的因果联系不充分。

[140] 参见 FEC v. Colo. Republican Fed. Campaign Comm., 533 U. S. 431 (2001)。该案中,法院裁示当事人的角色地位非常重要;但是,法院裁示,应当限制资金的捐助和调整以避免贪污或者避免对培养有责任感的官员造成不当的影响。

[141] Kinsey v. Salado Indep. Sch. Dist., 950 F. 2d 988 (5th Cir. 1992).

[142] Dabbs v. Amos and Cabarrus County Bd. of Educ., 70 F. 3d 1261 (4th Cir. 1995).

[143] 参见 Brazil-Breashears v. Bilandic, 53 F. 3d 789 (7th Cir. 1995)。该案中，法院认定，禁止某些司法部门的雇员参加公共部门的竞选或参加特定的政治活动，不违反第一或第十四修正案的规定。

[144] United States Civil Serv. Comm'n v. Nat'l Ass'n of Letter Carriers, 413 U. S. 548（1973）。参见 5 U. S. C. § 7324（2002）。

[145] Broadrick v. Oklahoma, 413 U. S. 601 (1973)。

[146] 参见 Galer v. Bd. of Regents, 236 S. E. 2d 617 (Ga. 1977)。

[147] 参见 Fletcher v. Marino, 882 F. 2d 605 (2nd Cir. 1989); Acevedo v. City of N. Pole, 672 P. 2d 130 (Alaska 1983); Cranston Teachers Alliance v. Miele, 495 A. 2d 233 (R. I. 1985)。

[148] 参见 Minielly v. State, 411 P. 2d 69（Or. 1966）; *Cranston Teachers Alliance*, 495 A. 2d 233。

[149] Jenkins v. Bishop, 589 P. 2d 770 (Utah 1978)，由法庭共同议决。

[150] Stratton v. Roswell Indep. Schs., 806 P. 2d 1085 (N. M. Ct. App. 1991)。

[151] State *ex rel*. Gretick v. Jeffrey, 465 N. E. 2d 412 (Ohio 1984)。

[152] 参见 Unified Sch. Dist. No. 501 v. Baker, 6 P. 3d 848 (Kan. 2000)。因为普通法规定一个人同时在两个单位工作会产生冲突，而州立法机构并没有取消这条规定，所以，法院判决教师当选为教育委员会委员的选举无效。West v. Jones, 323 S. E. 2d 96 (Va. 1984)。因为涉及个人的兴趣爱好，所以，法院判决取消了某位城市理事会成员投票选举教育委员会的资格，这位城市理事会成员同时也是一所公立学校的校长。Thomas v. Dremmel, 868 P. 2d 263 (Wyo. 1994)。该案中，法院裁示，学校维修工人不能同时成为学区委员会成员。

[153] 参见 La Bosco v. Dunn, 502 N. Y. S. 2d 200 (App. Div. 1986)。

[154] Allen v. Bd. of Educ., 584 S. W. 2d 408 (Ky. Ct. App. 1979)。

[155] White v. Dougherty County Bd. of Educ., 431 F. Supp. 919 (M. D. Ga. 1977)，维持原判，439 U. S. 32 (1978)。关于《联邦选举权法案》参见第 1 章第 15 条注释。

[156] White v. Dougherty County Bd. of Educ., 579 F. Supp. 1480 (M. D. Ga. 1984)，维持原判，470 U. S. 1067 (1985)。

[157] 关于学生仪表的限制参见第 4 章第 111 条注释所对应的正文。关于公立学校雇员穿着宗教服装的问题参见第 10 章第 120 条注释所对应的正文。

[158] 参见 Conard v. Goolsby, 350 F. Supp. 713 (N. D. Miss. 1972); Braxton v. Bd. of Pub. Instruction, 303 F. Supp. 958 (M. D. Fla. 1969)。

[159] 法院认定，禁止教师蓄胡子以灌输纪律观念和强制统一的行为，一定程度上剥夺了教师受法律保护的权利。参见 Domico v. Rapides Parish Sch. Bd., 675 F. 2d 100 (5th Cir. 1982); Ball v. Bd. of Trs., 584 F. 2d 684 (5th Cir. 1978); Miller v. Sch. Dist. No. 167, 495 F. 2d 658 (7th Cir. 1974)。

[160] Kelley v. Johnson, 425 U. S. 238 (1976)。又见 Weaver v. Henderson, 984 F. 2d 11 (1st Cir. 1993)。法院判决支持马萨诸塞州警察们"不留胡须"的政策。

[161] E. Hartford Educ. Ass'n v. Bd. of Educ., 562 F. 2d 838 (2nd Cir. 1977)。又见 Cade v. Dep't of Soc. Servs., 990 S. W. 2d 32 (Mo. Ct. App. 1999)。法院确认，一个管理机构有权制定雇员着装规定。

[162] Tardif v. Quinn, 545 F. 2d 761 (1st Cir. 1976)。又见 Zalewska v. County of Sullivan, 180 F. Supp. 2d 486 (S. D. N. Y. 2002)。为货车司机制定统一着装政策，目的是突出货车司机的专业仪表并使

用升降椅保证货车的安全，法院判决支持这个政策。法院裁示，伴随该政策而产生的、对言论的限制是很小的。Seabrook v. New York, No. 99 Civ. 9134 (HB), 2001 U. S. Dist. LEXIS 268 (S. D. N. Y. Jan. 16, 2001). 劳教所规定，禁止工作人员上班时间穿裙子，法院判决支持这个规定。

[163] Downing v. W. Haven Bd. of Educ., 162 F. Supp. 2d 19 (D. Conn. 2001).

[164] Pence v. Rosenquist, 573 F. 2d 395 (7th Cir. 1978).

[165] 关于工作场所的性骚扰的诉讼将人们的注意力集中到制定服饰规定以减少潜在的骚扰诉讼。参见 Sandra Snaden, "Baring It All at the Workplace: Who Bears the Responsibility?" *Connecticut Law Review*, vol. 28 (1996), 1225-1258.

[166] 关于与雇佣档案相关的隐私权参见第 8 章第 120 条注释所对应的正文。

[167] 参见 Thornburgh v. Am. Coll. of Obstetricians and Gynecologists, 476 U. S. 747 (1986); Roe v. Wade, 410 U. S. 113 (1973); Loving v. Virginia, 388 U. S. 1 (1967); Griswold v. Connecticut, 381 U. S. 479 (1965); Skinner v. Oklahoma, 316 U. S. 535 (1942); Pierce v. Soc'y of Sisters, 268 U. S. 510 (1925).

[168] 参见 Kelly v. City of Meriden, 120 F. Supp. 2d 191 (D. Conn. 2000). 该案中，学校的一位社会工作者，在为某位孩子提供社会服务的过程中，与该孩子的非监护人父亲同居，因此，教育委员会解雇了这位社会工作者，法院判决支持教育委员会的解雇决定。该市市长（the city director）认为这位社会服务者违反了伦理规则，背离了市政服务的宗旨，而且妨碍了学校中其他社会工作者履行职责。

[169] Adkins v. Bd. of Educ., 982 F. 2d 952 (6th Cir. 1993). 在其他的几起案子中，法院推翻了教育委员会作出的解雇雇员的决定，因为这些解雇决定的依据是雇员配偶依法享有言论自由的行为。见 Lewis v. Harrison Sch. Dist., 805 F. 2d 310 (8th Cir. 1986); Anderson-Free v. Steptoe, 993 F. Supp. 870 (M. D. Ala. 1997).

[170] LaSota v. Town of Topsfield, 979 F. Supp. 45 (D. Mass. 1997). 对立判决见 Finnegan v. Bd. of Educ., 30 F. 3d 273 (2nd. Cir. 1994). 该案中，学校女子排球队的一位队员在毕业后不久，与其尚处于试用期的教练结婚了。该教练因而被调离岗位并被拒签终身合同。法院裁示，教育委员会的证据不充分。

[171] Gargiul v. Tompkins, 704 F. 2d 661 (2d Cir. 1983). 推翻原判，发回重审，465 U. S. 1016 (1984). 参见第 8 章第 37 条注释所对应的正文。

[172] Dike v. Sch. Bd., 650 F. 2d 783 (5th Cir. 1981).

[173] Bartnicki v. Vopper, 532 U. S. 514 (2001).

[174] Strong v. Bd. of Educ., 902 F. 2d 208 (2nd Cir. 1990).

[175] Daury v. Smith, 842 F. 2d 9 (1st Cir. 1988).

[176] Roberts v. Houston Indep. Sch. Dist., 788 S. W. 2d 107 (Tex. Ct. App. 1990). 又见，Brannen v. Bd. of Educ., 761 N. E. 2d 84 (Ohio Ct. App. 2001). 该案中，法院裁示，在管理员休息室中安装摄像头以监视管理员是否在规定的休息时间以外休息的行为是不合理的，但是，这并不属于违反法律规定的搜查。

[177] 参见 Bd. of Educ. v. Wood, 717 S. W. 2d 837 (Ky. 1986).

[178] New Jersey v. T. L. O., 469 U. S. 325 (1985). 关于合理停学的理由参见第 7 章第 126 条注释所对应的正文。

[179] O'Connor v. Ortega, 480 U. S. 709 (1987).

[180] 参见 Gillard v. Schmidt, 579 F. 2d 825 (3rd Cir. 1978)。法院判决认为，教育委员会成员搜查学校顾问的书桌的行为是无效的，因为这种搜查是受政治因素驱动的，缺乏足够的、与工作相关的公正性。Shaul v. Cherry Valley-Springfield Cent. Sch. Dist., 218 F. Supp. 2d 266 (N. D. N. Y. 2002)。该案中，学校校长搜查了一位被停职的教师的书桌和教学素材文档，法院判决支持这种搜查行为。

[181] 参见 Alinovi v. Wor-cester Sch. Comm., 777 F. 2d 776 (1st Cir. 1985)。该案中，教师以隐私权为由，请求从学校管理部门撤回她写的一篇关于她班上一位残疾学生的论文，这篇论文也有其他人看过；法院判决驳回了该教师的诉讼请求。同时，法院裁示，这位教师并不能依据第一修正案而享有斥责学校家长晚间活动的权利。

[182] Patchogue-Medford Congress of Teachers v. Bd. of Educ., 510 N. E. 2d 325 (N. Y. 1987)。

[183] Ga. Ass'n of Educators v. Harris, 749 F. Supp. 1110 (N. D. Ga. 1990)。又见 Glover v. E. Neb. Cmty. Office of Retardation, 867 F. 2d 461 (8th Cir. 1989)。该案中，法院认定，根据第十四修正案的规定，县健康中心要求雇员进行乙肝和艾滋病强制检查的政策是不合理的。

[184] Chandler v. Miller, 520 U. S. 305 (1997)。

[185] Skinner v. Ry. Labor Executives' Ass'n, 489 U. S. 602 (1989)。法院同时支持对雇员进行酒精测试。又见 Bennett v. Mass. Bay Transp. Auth., 8 Mass. L. Rptr. 201 (Mass. Super. Ct. 1998)。

[186] Nat'l Treasury Employees Union v. Von Raab, 489 U. S. 656 (1989)。又见，Wilcher v. Wilmington, 139 F. 3d 366 (3rd Cir. 1998)。因为市府所具有的保护公共安全的利益高于救火队员的隐私权，所以，法院驳回了针对为救火队员进行毒品测试提起的违宪诉讼。

[187] 参见 Stigile v. Clinton, 110 F. 3d 801 (D. C. Cir. 1997); Am. Fed'n of Gov't Employees, AFLCIO v. Sanders, 926 F. 2d 1215 (D. C. Cir. 1991); Nat'l Treasury Employees Union v. Yeutter, 918 F. 2d 968 (D. C. Cir. 1990)。在敏感性强的工作岗位上，只有在合理怀疑工作时间吸毒或者毒品损害了工作绩效的情况下，才能要求雇员进行毒品测试。而在这些案子中，法院裁示，雇员们从事的并不是敏感的工作。国会 1988 年通过的《工作场所无毒品法案》[Drug-Free Workplace Act, 41 U. S. C. §701 (2002)] 规定，只有联邦批准及与联邦有合同关系的机构贯彻联邦政策以确保工作场所没有非法使用、持有或者分发限制性物品的现象，这些机构才能获得联邦资助。又见 15 U. S. C. §5110 (2002)。

[188] Jones v. McKenzie, 833 F. 2d 335 (D. C. Cir. 1987)，以撤销原判的名义，Jones v. Jenkins, 490 U. S. 1001 (1989)，发回重审，878 F. 2d 1476 (D. C. Cir. 1989)。

[189] Aubrey v. Sch. Bd., 148 F. 3d 559 (5th Cir. 1998)。又见 English v. Talladega County Bd. of Educ., 938 F. Supp. 775 (N. D. Ala. 1996)。该案中，法院判决支持教育委员会随机对校车技师进行药物检测的做法。

[190] 对学校雇员进行药物检测的倡议得到了最高法院判决的支持；最高法院判决认为，药物检测可以扩展到在没有可疑状况出现的情况下对参加校外活动的学生进行药物检测。见 Bd. of Educ. v. Earls, 122 S. Ct. 2559 (2002); Vernonia Sch. Dist. 47J v. Acton, 515 U. S. 646 (1995); 第 7 章第 191 条注释所对应的正文。

[191] Knox County Educ. Ass'n v.

Knox County Bd. of Educ., 158 F. 3d 361 (6th Cir. 1998).

［192］Loder v. Glendale, 927 P. 2d 1200 (Cal. 1997).

［193］United Teachers of New Orleans v. Orleans Parish Sch. Bd., 142 F. 3d 853 (5th Cir. 1998).

［194］Hearn v. Bd. of Pub. Educ., 191 F. 3d 1329 (11th Cir. 1999). 又见 Armington v. Sch. Dist., 767 F. Supp. 661 (E. D. Pa. 1991)。该案中，学生家长电话投诉校车司机的行为，教育委员会要求该司机进行药物检测，该司机拒绝了教育委员会的要求，因而，教育委员会终止了该司机的雇佣合同。法院判决支持教育委员会的决定。

［195］Warren v. Bd. of Educ., 200 F. Supp. 2d 1053 (ED. Mo. 2001)。该案中，学区政策规定，必须是在合理怀疑某位雇员受到酒精或毒品的影响的情况下，才能要求其进行药物检测。法院判决支持该项政策。法院裁示，需要进行药物检测的雇员应暂停工作并停发其薪水，如果测试结果显示雇员既没有酗酒也没有吸毒，学校则补发停职期间未发的薪水。

［196］Best v. Dep't of Health & Human Servs., 563 S. E. 2d 573 (N. C. Ct. App. 2002).

［197］参见 Lile v. Hancock Place Sch. Dist., 701 S. W. 2d 500, 508 (Mo. Ct. App. 1985).

［198］参见 Montefusco v. Nassau County, 39 F. Supp. 2d 231 (E. D. N. Y. 1999)。该案中，法院裁示，虽然刑事调查的结果没有引发刑事诉讼，但是，教育委员会可以因为某教师留存其在家里拍摄的十几岁的青少年的裸体照片（candid pictures）而停发教师的薪水，取消其负责某个课外活动的资格。

［199］参见 Peaster Indep. Sch. Dist v. Glodfelty, 63 S. W. 3d 1 (Tex. Ct App.

2001)。该案中，法院裁示，广泛传播的流言是由未经证实的、关于性行为不当的申诉引起的，这种流言不能成为不续签教师雇佣合同的理由。

［200］Andrews v. Drew Mun. Separate Sch. Dist., 507 F. 2d 611, 614 (5th Cir. 1975)。又见 Avery v. Homewood City Bd. of Educ., 674 F. 2d 337 (5th Cir. 1982); Cameron v. Bd. of Educ., 795 F. Supp. 228 (S. D. Ohio 1991).

［201］参见 Ponton v. Newport News Sch. Bd., 632 F. Supp. 1056 (E. D. Va. 1986).

［202］Erb v. Iowa State Bd. of Pub. Instruction, 216 N. W. 2d 339 (Iowa 1974). 又见 Briggs v. N. Muskegon Police Dep't, 746 F. 2d 1475 (6th Cir. 1984)。该案中，一位已婚警察因与一位已婚妇女同居而遭到解雇，法院裁示，这种解雇的做法侵犯了该警察基本的隐私权。

［203］Sherburne v. Sch. Bd., 455 So. 2d 1057 (Fla. Dist. Ct. App. 1984).

［204］Littlejohn v. Rose, 768 F. 2d 765 (6th Cir. 1985). 又见 Bertolini v. Whitehall City Sch. Dist. Bd. of Educ., 744 N. E. 2d 1245 (Ohio Ct. App. 2000); 第11章第121条注释所对应的正文。

［205］Shawgo v. Spradlin, 701 F. 2d 470 (5th Cir. 1983)。该案中，警察署两位官员因工作之余同居一处，因这种同居行为违反了警署规章而受到了惩罚，法院判决支持警署的决定。Hollenbaugh v. Carnegie Free Library, 545 F. 2d 382 (3rd Cir. 1976)，发回重审，436 F. Supp. 1328 (W. D. Pa. 1977)，维持原判备忘录，578 F. 2d 1374 (3rd Cir. 1978)。该案中，公共图书馆有两位雇员一直同居，在他们对外宣称他们想要孩子，闹得纷纷攘攘之后，图书馆解雇了他们。法院判决支持图书馆的解雇决定。

［206］City of Sherman v. Henry, 928 S. W. 2d 464 (Tex. 1996)。该案中，一位

巡警因为与下属的妻子之间的风流韵事而没有得到提升。法院认定，通奸行为中不存在基本权利，因此，这位巡警基于宪法而享有的隐私权没有受到侵犯。

[207] Melzer v. Bd. of Educ., 196 F. Supp. 2d 229 (E. D. N. Y. 2002).

[208] 参见 Morgan v. State Bd. of Educ., 2002 Ohio 2738 (Ohio Ct. App. May 30, 2002)。该案中，教师参与公开性活动的不服从行为属于犯罪行为，教育委员会据此撤销了教师的教学资格证，法院判决支持教育委员会的决定。

[209] Nat'l Gay Task Force v. Bd. of Educ., 729 F. 2d 1270 (10th Cir. 1984)，上诉法院维持原判（法官意见不一致，同意与反对人数各半），470 U. S. 903 (1985)。参见本章第 60 条注释所对应的正文。

[210] 除了主张隐私权受到保护之外，一些同性恋雇员还根据第十四修正案的规定主张其受到了歧视。参见第 10 章第 102 条注释所对应的正文。

[211] Bowers v. Hardwick, 478 U. S. 186 (1986)。又见 Lawrence v. Texas, 41 S. W. 3d 349 (Tex. App. 2001)，同意上诉请求，123 S. Ct. 661 (2002)。得克萨斯州一部法律规定，禁止不正常的性关系。该案中，法院认定，两位男人与一位男性发生性关系的行为属于犯罪行为。法院裁示，该案不存在性歧视或者侵犯隐私权的问题。

[212] 也有诉讼是关于私营机构同性恋雇员的权利的。见 Boy Scouts of Am. v. Dale, 530 U. S. 640 (2000)。该案中，男童子军管理机构禁止同性恋者成为团队的领导人，法院判决保护其中表现出来的结社权。第 4 章第 109 条注释、第 10 章第 113 条注释所对应的正文。

[213] Weaver v. Nebo Sch. Dist., 29 F. Supp. 2d 1279 (D. Utah 1998)。对立判决见 Burton v. Cascade Sch. Dist., 512 F. 2d 850 (9th Cir. 1975)。该案中，法院认定，教师是同性恋者就被解雇的做法是不合宪的，教师因而可以获得损害赔偿和律师费；但是，如果解雇的理由是受保护的言论或者种族的原因，该教师就不可以恢复原职。

[214] Glover v. Williamsburg Local Sch. Dist., 20 F. Supp. 2d 1160 (S. D. Ohio 1998)。又见 Bd. of Educ. of Long Beach Unified Sch. Dist. v. Jack M., 566 P. 2d 602 (Cal. 1977)；第 10 章第 111 条注释所对应的正文。

[215] Shahar v. Bowers, 114 F. 3d 1097 (11th Cir. 1997)。又见 Acanfora v. Bd. of Educ., 359 F. Supp. 843 (D. Md. 1973)。该案中，一位教师因同性恋行为而被调离了原来的工作岗位。法院认定，这种处置是不可辩护的，重于他所辩护的、在广播和电视上露面的需要。因此，教育委员会拒绝续签其雇佣合同就不是任意的或者反复无常的。

[216] Gaylord v. Tacoma Sch. Dist. No. 10, 559 P. 2d 1340 (Wash. 1977).

[217] Rowland v. Mad River Local Sch. Dist., 730 F. 2d 444 (6th Cir. 1984).

第10章
雇佣中的歧视问题

所有的人都可能成为雇佣歧视的受害者。在传统的工作分类中，有色人种和妇女认为自己受到歧视，而白人和男人却认为"积极行动计划"否定了他们的平等竞争权利。年轻人争辩说，岁数大的人已经占据了全部的好工作，他们几乎不可能再找到好工作了；年长的人坚决还击，并认为，一旦发生"裁员"，他们总是首当其冲，而且不可能重新找到和先前一样条件、一样待遇的工作。一般情况下，宗教信仰上占少数的人通常不能够根据自身的喜好进行穿衣打扮；同样，对宗教信仰占多数的人（特别是在私立学校中）而言，如果政府对他们的同质性工作环境进行干预，他们也会有很大的意见。尤为突出的是，残疾人经常抱怨他们没有机会展示能力，而雇主担心的则是安置残疾人的费用非常高昂且没有止境。有这些变化多样且矛盾重重的利益冲突存在，法院每年实际上要审理成百上千件有关聘用歧视的案件也就丝毫不奇怪了。

法律背景

绝大多数——虽然不是全部的——有关雇佣歧视的案件，都是既违反了联邦法律的规定，也违反了州法律的规定。在这些法律法规中，最为重要的是美国宪法的第十四修正案和1964年《民权法案》的第七条，因为这两个法规在现实中应用得非常广泛。在这里，我们将对这个条法律规定进行讨论。另外，还有不少数量巨大的、适用于特定领域的制定法，其中的部分章节也涉及基于种族和出身国、性别、性取向、宗教信仰、年龄以及残疾状况而产生的雇佣歧视问题，在此我们也将一一予以介绍。

第十四修正案

美国宪法第十四修正案规定，任何州对于其管辖下的任何人，都不得拒绝给予平等的法律保护。这一条可以适用于各州的每一个政府部门，包括公立学区。根据"平等保护"条款，如果政府制定的政策或法律明显地包含着雇佣歧视的话，就可以申请审查这些政策或法律的合宪性问题；审查包括三种类型，具体为严格审查、中间审查和合理基础审查；在实际操作过程中，针对某一项政策或法律，只需使用其中的一种审查方式即可。此外，**显见性歧视**（例如校长招聘广告上明确规定只招募女性校长）指的是政府有意识的歧视，不论是有意识地支持某一特定集团还是有意识地反对某一特定集团。

如果存在显而易见的歧视，政府作为雇主便须承担举证责任，它们必须找出证据以证明其颁布的政策、从事的实践活动或施行的行为是正当合法的。这种举证的困难程度，部分取决于法院使用哪一种类型的审查标准。我们在第 5 章中讨论过，基于种族、出身国或者外国人的身份而制定实施的政策或实践，属于**严格审查**的范围，只有当这些政策或实践是为了实现政府的压倒性利益并且其适用范围被严格限制时，这些政策或实践才是正当合法的。[1]如果原告所主张的歧视理由是性别或者是歧视的合法性问题，那么，所适用的则是**中间审查**，中间审查要求导致所谓歧视的分类方法服务于某项重要的政府目标，而且这种歧视性行为与该目标的达成之间存在着实质性联系。[2]最后一种审查类型是**合理基础审查**：如果原告认为分类是根据其他标准进行的（如根据宗教信仰、年龄、性取向、残疾程度进行分类），那么案件就适用合理审查。这种审查方式要求分类行为不是任意的、反复无常的或者毫无根据的。

在显而易见的歧视行为中，歧视的意图是明显的。相对而言，另外一些政策或实践活动，虽然表面上看似中立，但仍然会对某个受保护的社会群体造成歧视性影响。例如，在聘用过程中使用标准化测试会对不同种族的应聘者产生完全不同的作用。在这样的案例中，要判定雇主的行为是否违宪，原告就必须找到证据，证明雇主是有意识地进行歧视活动。为了证明歧视的意图，法院审核的范围包括：歧视影响的模式；行为、政策或实践活动产生的历史背景，因为是这些历史背景促进了歧视性动机的萌发；导致争议行为的一系列事件；该程序与正常程序的背离程度。[3]尽管这些案件中都涉及了不均衡歧视影响的问题，但是，不均衡影响并不是"审核宪法所禁止的、使人厌恶的歧视的唯一检验标准"[4]。如果没有证据证明这些其他的因素，仅凭不均衡影响是不能够判定被告违反了第十四修正案的。

《民权法案》第七条

《民权法案》第七条由平等就业机会委员会来执行。第七条禁止拥有 15 名及 15 名以上雇员的雇主因种族、肤色、宗教信仰、性别或者出身国等因素而歧视雇员，而且第七条的适用范围包括聘用、晋升、待遇、福利以及其他的聘用条款和条件等。[5]但是，对于雇员来说，针对歧视性聘用而实际采取的保护性措施并不是绝对的，国会和法院都认为存在一些特例。[6]自《民权法案》第七条颁布以后，屡经修订，国会已经表示，只要雇主能够证明：某一工作岗位确实需要由某一类特殊的雇员来担任，并且有证据证明这对该企业的日常运营是必不可少的，即存在着**真正的职业标准**，雇主就可以根据宗教信仰、性别和出身国（但不能根据种族或者肤色）将招聘对象限于某些特殊人群。同时，法院也认为，如果某种聘用活动对企业来说是必需的，又没有其他歧视较少的方法可以满足这种需要，雇主就可以实施那些表面上看起来是中立的、但实际上却会对受保护团体产生较大歧视影响的雇佣活动。[7]

雇主的资格

第七条适用于那些拥有 15 名或 15 名以上雇员、且每位雇员每年工作 20 周或 20 周以上的雇主。尽管这一条件看起来很简单，但在实际应用时却很复杂。最高法院在**沃尔特斯诉城市教育公司案**（Walters v. Metropolitan Educ. Enters.）[8]中，采用"薪水册方法"来评价聘用状况，解决了其中的一部分问题。按照"薪水册方法",需要了解的就是:一年中,雇员是什么时间受雇,又是什么时候离职的(如果该雇员在此期间确实离开了这个聘用单位的话)。然后计算这个雇员从受雇开始时到离职时所工作过的天数。如果当年的(或者前一年的)薪水册中有 15 名或者 15 名以上的雇员的工作时间达到 20 周或者 20 周以上,该雇主就属于第七条所管辖的范围。雇员是否是部分工作时间制、隔天工作制,或者是处于待命中、休息或休假中,都不会影响雇主受第 7 条约束。不过,如果受雇或者离职发生在某一周的中间时段,那一周则不能计算在工作时间的总计周数之内。[9]

对于那些雇员较少的雇主来说,"薪水册方法"的使用,显著增加了可适用联邦法律的经济实体的数量。**沃尔特斯案**就是一例适用《民权法案》第七条提起诉讼的案件。但是,法院也可以使用依据《民权法案》第七条所确立的规则来审理那些本可以依据《美国残疾人法案》来进行处理的案件,因为这两部制定法具有一定的相似性。[10] 而且,平等就业机会委员会也可以运用基于 1967 年《雇佣中的年龄歧视法案》[11] 所确定的方法,该条款适用于拥有 20 名及 20 名以上雇员的雇主。与此类似,劳动部要求雇主根据 1993 年颁布实施的《家庭病假法案》[12] (Family Medical Leave Act) 的规定来使用"薪水册方法",尽管这部法律规定,雇主所管辖的雇员数量必须达到 50 名。[13]

拥有 15 名及 15 名以上雇员的雇主必须遵守《民权法案》第七条的规定,也必须遵守其他法律法规的规定;一旦雇主违反了这些法律的规定,就要应付随之而起的诉讼。在审理涉及《民权法案》第七条规定的案件时,法院形成了两种法律理论:差别对待原则(disparate treatment)和不同的影响结果原则(disparate impact)。当个体主张与其他应聘者或者雇员相比,其受到的处理方式对个人非常不利时,便可以应用差别对待原则;雇主看起来中立的行动,实际上对原告的表现产生了歧视性的影响,则可以适用不同的影响结果原则。此时,如果雇主对雇员主张权利的行为予以报复,雇员也可以依据《民权法案》第七条提起诉讼。

差别对待

要证明其受到了差别对待,原告通常无法拿出直接证据(如书面政策、公共言论[14]),但他们必须依赖间接歧视性证据以证实他们确实受到了不利对待。原告需要提供表面举证证明,除非存在其他有力的解释,可以推定被告的聘用行为构成了法律所禁止的歧视。[15] 只要可以证明应聘者是受保护群体的成员、符合工作条件的要求且提出了申请,但最终却遭到了拒绝,而雇主仍然还在继续征寻其他与原告具有相同条件的应聘者,就可以确定雇佣歧视的初步事实。1973 年,最高法院在审理**麦克唐奈·道格拉斯公司诉格林案**[16] (McDonnell Douglas Corp. v. Green) 时,详细说明了这条标准,并且将其适用标准从聘用时的歧视扩展到晋升、聘用终止、不续聘和不签终身制合同等领域。

如果雇员完成了表面举证,举证的责任就转移到雇主的身上;此时,雇主必须找出证据证明自己的行为没有违反《民权法案》第七条的规定。聘用者可以阐述其选择雇员的标准是基于客观的因素(如高学历水平),或者主观的因素(如较强的人际交往能力),也可以是基于对各方面素质的综合评价。[17] 如果雇主不能为其行为提供非歧视性的解释理由,法院则会作出有利于原告的直接裁决。但是,因为找出非歧视性解释理由是相当容易的事,所以几乎在每一件案子中,雇主都可以作出回应。

雇主提出反证之后,原告就必须再次举出优势证据以证明雇主所提的理由是错误的，并且仅仅是为其实施被禁止的故意歧视提供借口。[18]在大多数雇员歧视争议中，原告都无法证明被告提供的非歧视性理由是托词、是借口；在这种情况下，通常发生的事情是，被告请求进行简易审判从而终止诉讼。只有当证据显示重要事实不存在实质性疑问，法官才会依据法律作出对提出进行简易审判请求的一方有利的判决。

不同的影响结果

与依据差别对待原则而提起的诉讼不同，要确定某一行动是否会对不同人群产生不同的影响结果，雇员不需要先证明雇主拥有歧视的动机，而是必须确定：雇主施行的、表面上看似中立的行为实际上对原告所属的受保护的人群造成了冲击。这一般是通过统计数字来证明的。一旦原告提供了表面证据，接下来雇主就必须出示证据证明：受到质疑的政策或实践（或者从总体上来考虑聘用问题）是与工作相关的，而且是企业所必需的。因此，雇主为该行为提出的非歧视性理由不足以反驳有关歧视性影响的表面证据。另外，即使雇主的行为是企业所必需的，但如果原告找到了证据证明雇主的表面中立的行为实质上带有歧视性的目的的话，依然可以胜诉。

然而，最高法院已经认识到，仅仅看到一项政策对于某些受保护的人群造成不利影响，并不构成其具有不合法动机的证据；歧视性目的"表明决策者……选择或者重申某一特定的行为，至少部分是'因为'，而不仅仅是'不考虑'，其对某一团体造成的不利影响"[19]。虽然如此，法院在衡量动机的时候，可能会考虑到其他可预见的歧视性后果，尽管要证明非法动机的存在还需要其他证据。另外，如果有证据证明，雇主拒绝采用雇员提出的替代性政策（这些政策既可以满足雇主企业经营的需要，又不会导致不同的影响结果），雇员就会胜诉。

报　复

一旦雇员向平等就业机会委员会、州法院或者联邦法院提起诉讼，雇主和雇员之间的工作关系就会变得紧张起来，有时候甚至无法恢复。在此情况下，雇主可能将雇员开除、降职或者对其进行骚扰，即使这些行为为《民权法案》第七条所禁止。如果受到了这样的对待，雇员可以依据其遭受的报复提起另外一个诉讼。为了完成表面举证责任，雇员必须出示证据证明：他/她参与了受法律保护的活动（例如提起申诉或者诉讼），雇主为此采取了不利于雇员的聘用行动，雇员的受保护行动与雇主采用的不利行动之间存在着因果联系。[20]如果雇员能够出示证据证明申诉行为是雇主作出不利聘用决定的缘由的话，即使最初提出的歧视诉讼失败了，法院也会在有关报复行为的诉讼中提供适当的救济。[21]证明报复性行为是否紧接着受保护行为而发生，对于受到报复的主张能否获得支持来说通常是至关重要的。[22]另外，证明作出不利行动的管理者是否知晓原告提起了申诉，对确定管理者是否是对诉讼进行报复也是至关重要的。[23]

救　济

一旦证实了原告遭受了法律所禁止的歧视，法院就有权判处其获得"全额救济"，数额相当于这个人在同样的工作岗位上、假定没有遭遇到歧视性行为时可以得到的收入。为了实现这个目标，法院可以判处指令性救济和宣示性救济；可以要求雇主对雇员作出一系列的补救，如恢复工作、聘用、确定为终身雇员或者晋升，指导所欠薪水的补发工作、给付所欠薪水的利息或者预付薪水[24]，补算工作经历，并且提供律师费、专家及证人费用以及法院花费等。不过,要求雇主就歧视的事件向雇员道歉,则超出了法院的职权范围。[25]

在证实了存在故意歧视之后,法院也可以判处雇主承担补救性损害赔偿和惩罚性损害赔偿。但是,如果管理人员作出的决定与雇主努力实施《民权法案》第七条规定的良好初衷不相符合,雇主不必为管理人员所作出的歧视性行为承担责任。[26] 损害赔偿诉讼可以适用陪审团审判。

在一些案件中,除了歧视性动机可以影响到雇主所作的决定之外,还存在着其他的一些合法动机(例如,将工作绩效不高和性别掺杂在一起),如果雇主所作决定的部分源于法律不允许的事项,雇主就要承担法律责任。不过,如果某一雇员在没有遭受歧视的情况下仍然会被委以同样的工作,法院会对雇员提出的法律救济进行限制,因为《民权法案》第七条并不应当使雇员因遭受歧视反而受益,这时对原告的救济仅限于宣示性救济、律师费和法院花费。

种族歧视和出身国歧视

135 年来,虽然国会一直不断出台保护性法律及宪法修正案,但在聘用过程中仍然存在着种族歧视和出身国歧视的现象。在大多数时间里,原告得到的救济大都仅限于一般性的损害赔偿,法院很少对雇主作出惩罚,这一做法并不能有效地减少歧视性行为的发生。现在,制定法和判例法规定发生了变化。对于原告来说,在法庭上维护自己的权利,并且得到高额赔偿,较之前容易了许多。主张因种族歧视和出身国歧视而提起的诉讼,其法律依据是宪法第十四修正案[27]、《民权法案》第七条以及《美国法典》第 42 节第 1981 条。

《美国法典》第 42 节第 1981 条起源于 1866 年《民权法案》的第一节。曾几何时,这部制定法仅仅禁止的是在制定和实施合同时出现种族歧视的现象,但是现在,制定、实施、修订以及终止合同的整个过程,或者合同规定的涉及聘用过程的所有的收益、特权、条款和条件,或者有人认为发生了种族歧视或民族划分歧视,这些内容和情况都可以适用该条款。法院以此条款为依据,既可以判处补偿性损害赔偿,也可以判处惩罚性损害赔偿。

聘用和晋升

除非某个学区在严格审查法律的命令下纠正过去种族歧视造成的影响,否则任何学区都不能以种族为标准对雇员或者应聘者进行差别对待。如果失败的应聘者认定种族因素在雇主的决策过程中发生了作用,他们一般会声称自己受到了歧视性对待,法院会因此要求寻找较多的证据来证明雇主拥有歧视的动机。在举证过程中,许多原告都难以反驳雇主提出的、决策时所依据的非歧视性理由[28],即使应聘者能够证明一个属于另外种族的人或者一个带有其他出身国背景的人当选或者得到了有利的对待。[29]尽管如此,有时候,原告还是能够证明,雇主的决定是没有法律依据的,而且雇主的选择是基于法律所不允许的原因。

1997 年,第二巡回法院审理了一起案件,涉及出身国歧视问题。原告是一名祖籍东欧的白种美国人,他到一所大学的西班牙语系应征系主任职位。最终是一位拥有西班牙血统的美国男性得到了这个职位,因为这位西班牙血统的美国男性符合大学里实行的"积极行动"政策的要求,该政策鼓励聘用女性和少数种族成员的行为。按照常理,如果备选人才库里的候选人是各种各样的、呈现出人才的多样化,学校应当使用同样的标准来评价所有应聘者;那位白人原告出示了证据以证明:他是进入最后一轮应聘的、唯一拥有博士学位的人,其他人既没有发表著作,也没有相当的高校教学经验;他还拥有主管这个系的实践经验(就是说,他曾经临时受命、掌管这个系,并且得到了大家热情洋溢的赞扬);该大学在此次招聘过程中背离了既定的程序;他是进入最后一轮应聘的、唯一的一个能够教授葡萄牙语的人,而这恰恰是岗位要求之一。法院最终认为,呈送的大量证据,能够使得有理性的事实认定者相信"该大学的聘用决定很有可能涉及法律所不允许的出身国歧视"[30]。

测 试

聘用和晋升过程中,雇主使用的客观评价方法(如学历水平、工作年限、资格证书的类型或者级别)经常受到争议。标准化测试就是这些客观评价方法中的一种。平等就业机会委员会要求,如果测试的结果对某一个受保护人群造成了不利的影响,雇主在进行聘用决定时,就应当对测试的有效性加以研究。当(1)某一个人群中的成员通过测试的比率低于高分组通过率的五分之四或80%(例如,如果90%的白种人通过了测试,而非洲裔美国人的通过率不到72%)时,或者(2)对于小规模的人群,两组成员各自所得的分数在统计学上存在显著性差异,便出现了**不利影响**。

如果雇主认为必须使用那些可能产生差别性不利影响的测试,就必须保证这些测试具有一定的信度和效度,而且必须符合"企业必需"的标准。[31] **高信度**要求测试的分数是可以重复验证的。例如,一个人在几年的时间内进行两次智力测试,如果两次测验所得的分数相差很大,这样的结果就毫无意义,这种测试就缺乏信度,而且对于雇主来说并没有什么实质性的帮助。

效度,即要求一项测验能够测试到希望测量到的东西。基于这种考虑,平等就业机会委员会允许雇主应用效标关联效度(预测工作绩效或者与实际工作绩效相关联的效度)、内容效度(它代表了工作绩效的某些重要方面)和结构效度(测量候选人所拥有的、对于成功地完成工作来说相当重要的某些特征)。某项测验也可以在没有进行有效性检验的情况下用于其他岗位的招聘活动中,但此岗位必须与曾经进行有效性检验的岗位之间没有显著的差异。[32] 雇主不可以差别性使用这些测试,也不可以差别性地对待测试结果(例如,因为种族的原因而采取不同的分数线或者因种族因素而对测试结果进行调整,这都是法律所不允许的现象,不论这样做的目的是针对优势群体还是针对弱势群体)。

州有权要求现在及未来的教师证明自己所掌握的一般文化水平和知识水平。举一个案件作为例证:南卡罗来纳州地区法院在审理过程中,判定州政府在教师资格认证和工资水平确定过程中使用国家教师考试的行为符合"平等保护"条款的规定,当事人不服此判决,提起上诉,最高法院维持了原判(但是,缺少超过半数的法官的书面意见)。[33] 联邦地区法院认为该测试是有效的,因为它可以测量出教师在职业预备性教育中所掌握的课程知识,而且该测试并不是因为歧视申请教师资格证书的少数种族成员才施行的。法院认为有充分的证据可以证明,使用该测验分数来决定教师可以拿到什么样的等级工资服务于合法的聘用目标,诸如,鼓励教师提

高技能。法院拒绝了原告提出的其他方案（即教师须毕业于获批准的教师培养机构），原因是：大学的入学条件、学术标准以及评价体系参差不齐，从而无法保证从其中毕业的教师具有让人放心的最低资格。

对执教的教师进行测试也会引发法律争议。有几个法院认为，学区在对教师进行资格重审和解雇的时候可以对他们进行测试。[34]1993年，第五巡回法院驳回了一起由少数种族教师提起的种族歧视案件，这些少数种族教师没有通过得克萨斯州举办的能力测试。法院判定这些教师提供的统计数据无法完成这起非同凡响的案件的表面举证（prima facie）责任。另外，这些教师没有找到确凿的证据证明该学区是出于歧视的目的而使用这种评价教师的学科知识和年级水平知识的测试。[35]

随着立法机关越来越关注于教师能力的保障，我们可以预见，各州、学区以及教师培训机构将继续使用这些测试，并会将之作为参与培训项目的要求、获得资格证书和通过资格重审的必要条件以及毕业、聘用和晋升的基础。为了避免歧视性行为的发生，雇主只能使用具有信度和效度的测试工具，测试的结果也不应当作为进行人事决定的唯一标准。而且，如果多重标准产生了不均衡影响的话（或者它是产生不恰当影响结果的综合原因的一部分），即使使用了多重标准，也必须保证其中的每一个标准都是有效的。[36]因此，学区也不应当在初次聘用时使用研究生入学考试成绩（Graduate Record Examination，GRE，其目的在于预测学生的研究生成绩），不应当在管理职位的晋升时使用国家教师考试，也不应当在确定工作绩效时使用一般智力测验。在作出初次聘用、晋升以及确定工作绩效等决定时，学区可以使用其他更为合适的测试以及其他方法。

不利决定

除非以合法的、非歧视性的理由为依据，否则雇主不能因雇员的种族或出身国而对雇员施以解雇、拒绝续聘或者降职等处罚。[37]1993年，最高法院审理了一起重要的基于种族原因而解雇的案件——**圣玛丽荣誉中心诉希克斯案**[38]（St. Mary's Honor Ctr. v. Hicks）。该案中，一位居住在荣誉中心宿舍的少数种族雇员被降职，最终遭到解雇。法院首先注意到，该雇员履行了他的表面举证的责任（就是说，他是非洲裔美国人，他符合该职位的要求，他被雇主降职，后来遭到解雇；而且该职位一直空缺，最终为一位白种人所填补）。因此，举证责任就落到了雇主的身上，雇主需要展示理由以反驳雇员提出的、雇主参与了法律所禁止的歧视活动的指控。雇主辩称，因为该雇员疏于监管其下属，对合住的两个人发生争吵的情况没有进行适当的调查，而且他对其直接上司施以威胁性言词，所以，停工、批评信和降职都是必要的处罚措施。之后，举证责任重新落到雇员身上，雇员必须找出证据证明雇主提出的各种理由都是不可信的，聘用终止的真正原因在于种族问题。

地区法院认为雇主的理由是不真实的，地区法院注意到，原告是唯一一个因其下属做出的违法行为而受到惩罚的主管，其他人员犯下的与此类似的——有时候是很严重的——违法行为要么被宽大处理了，要么被忽视了。然而，地区法院认为，而且高等法院也同意，即使该雇员能够证明雇主提出的理由是不真实的，他也无法证明种族问题是造成解雇的真正原因。因为原告不能承担全部举证责任以说服法官，他也不可能证明雇主的行为违反了《民权法案》第七条的规定。

同样，2001年第十一巡回法院审理了一起案件：一位非洲裔美国人是学区的雇员，负责电动摩托的修理工作；当学区获知这位雇员曾经因调戏儿童而犯罪，还多次对儿童进行人身攻击并殴打儿童时，学区开除了他。但是，在1977年的一起案件中，同样一位犯有调戏儿童罪的白人雇员就没有被解雇。起初，陪审团判决学区赔付原告大约14万美元，原告提起上诉，认为这个数目不包括补偿性损害赔偿。学区也提起上诉，主张学区有权解雇调戏儿童的雇员。学区的辩护词辩称，那位白人雇员之所以没有解雇，是因为那件事发生在24年之前；而且，那时候还有一份州律师办公室和地方学监都曾经讨论过的协议。上诉法院驳回了下级法院的审判，作出终审判决：原告所进行的犯罪行为的频率（四次）、紧迫性（有一起案件仍然悬而未决）和暴力性质（使用了大砍刀）是造成其被解雇的原因，他所隶属的种族并没有影响到解雇决定。[39]如果雇主所作出的不利于雇员的决定依据是合法的、非借口性的理由，诸如失职、无能力、不准时上下班、不服从、在人事档案上弄虚作假、偷盗行为、非专业性行为、裁员的需要以及其他类似的理由，法院的判决通常支持雇主的决定。[40]

积极行动

积极行动的含义是"为补救由于过去歧视行为所产生的、影响到现在的、内容迥异的雇员安置和招聘模式而采取的步骤以及为防止将来发生聘用歧视而采取的步骤"[41]。为了改变过去歧视行为造成的种种不平衡现象，要求雇主采取诸如扩充培训项目、积极组织招募活动、消除歧视性的聘用标准、修订集体谈判协议中存在的法律不允许的限制少数种族晋升及保留的条款的措施。根据《民权法案》第七条（平等就业机会委员会对其拥有修订权）及宪法第十四修正案（平等就业机会委员会没有修订权）的规定，法院一般会支持平等就业机会委员会认定为积极行动的大多数策略。然而，法院禁止使用那些提供歧视性优惠条件而不是"平等机会"的积极行动计划。

1989年，最高法院开始质疑公共部门作出的、为种族优先提供机会的一系列行为。[42]总的来说，最高法院针对这些案件采取了下述一系列的方法：对联邦、州及地方一级政府施行的、以种族为基础的积极行动项目进行严格审查；反驳"社会歧视"的理由（一些公共部门以某些种族在社会中受到歧视为由，在聘用过程中为其提供相对优惠的政策）；要求以种族为标准的补救措施必须以先前存在的歧视性聘用行为为前提；要求以种族为标准的补救措施必须被严格审查，只用于实现压倒性公共利益。以这些判决先例为判断标准，现存的公共部门如果没有以已经证实了的歧视历史作为判断依据，或者仅仅以种族比例较低为依据，便向雇员提供了种族优先的机会，该行为就很有可能被法院判定为违宪。

除了在聘用和晋升过程中采取积极行动以外，也有人通过在组织减员时提供优先机会的方法，努力保护通过法院命令以及自愿性的积极行动而实现的种族多样化。如果由于财政紧张、入学人数下降、教育政策的重心变化等原因，学校必须减少工作人员的话，裁员的依据一般是——至少部分是——工作人员的资历。此时，对于学区来说，有一件非常重要的事情要做，就是将每个雇员都安排在学校资历排行榜中的恰当位置上。乍一看，这件事情似乎非常简单易行，但是，如果一个学区曾经出现过已经证实了的歧视历史的话，这件事就会变得非常复杂。为了在资历排行榜中占据合适的位置，雇员除了根据工作年限论资排辈以外，还可能因其受歧视的历史而获得一定的资历补偿。[43]

在一些案件中，原告提出修订资历制度以便给予所有的少数种族以优先权利，使之适合晋升并获得其他的与工作相关的，利益或者保护他们免于遭受压倒性裁员。这样的积极行动计划与授予一定的资历相近，但是与为受到歧视的个别受害者调整资历年限不同，这种集团性救济使得一些非先前歧视行为的受害者从中受益，这种做法一般会被法院所禁止，即使雇主确实对过去的歧视行为或模式负有责任。[44]救济的恰当形式是对个体受害者给予竞争性资历的奖励，以便恢复其在资历排行榜中的恰当地位。法院不会对集团性救济中的资历系统视而不见。

1986年，最高法院审查了一起发生在学校里的案件——**威甘特诉杰克逊教育委员会案**[45]，该案主要涉及一项包括解雇限额在内的非官方积极行动计划。在这起案件中，法院推翻了学区制定的、保护少数种族教师免于被解雇的集体谈判协议。该项协议的目的是在学区范围内保证解雇之后少数种族工作人员在总体中所占的比例不低于解雇以前的比例。法院里的大多数法官认为，限额制度使得一些资历高于少数种族教师的白人教师被解雇，这样做违背了"平等保护"条款的规定。单单是社会歧视本身并不能充分证明集团优先权的正当性。在认识到聘用过程中的种族划分必须通过压倒性政府目的来证明其正当合法性、而且那种种族划分的方法必须针对该政府目的而严格审查之后，法院得出结论：受到质疑的失业规定不能满足上述两个条件中的任何一条。另外，法院进一步驳斥了下级法院所依赖的为人师表原则（将少数种族教师在教师总数中所占的百分比与少数种族学生在学生总数中所占的比例相联系，宣称少数种族学生需要少数种族教师作为其行为模范），并且申明，为了确定是否存在聘用歧视，可以进行适当的比较，但是被比较的双方应当是教师的种族构成与相关劳动力市场里的合格人选数目。[46]法院认为，使用为人师表原则将使得教育委员会所实行的救济举措远远地超越合法的救济目标。

与此相似，1996年，第三巡回法院判定：为少数种族教师提供优先权，使少数种族教师凌越于合格的非少数种族教师之上的积极行动计划违反了《民权法案》第七条的规定。该计划在学区中采用了促进种族多样化的行动，并不是为了补救由于先前的种族歧视行为而造成的后果。这种优先权是"没有时间限制的"，它会强迫终身制的非少数种族雇员失业，而且不必要地抑制了非少数种族雇员的利益。[47]

性别歧视

直到1963年，国家还没有制定出联邦法律、禁止基于性别而产生的歧视行为。如果有合格的男性应聘者存在，妇女一般是得不到聘用工作的；做了同样的或者类似的工作以后，与男人的薪水相比，妇女的薪水也要低得多；或者妇女要做一些连男人都不愿意去做的工作。现在，大多数形式的性别歧视都为法律所禁止，包括那些与聘用、晋升以及聘用的条件相关的歧视。美国宪法第十四修正案[48]、1964年《民权法案》第七条以及其他的联邦法律和州法律，都在允许遭受性别歧视的受害者在法庭上维护自己权利的过程中扮演了重要角色。

聘用和晋升

如果雇主公开招聘某一性别的雇员（例如，招聘广告上说招聘一名女性辅导员），就构成表面性性别歧视。如果雇员的性别与工作岗位要求无关的话（例如，仅仅聘用男性足球教练），这种招聘就成为非法的歧视。有些例子中，聘用表面上看来是中立的（例如，在体育部主任的招聘中要求应聘者具备足球主教练的经历），但是，这样的聘用要求仍然可以将一些人排除在外，这与表面歧视的结果是一样的。一旦发生了这样的事情，只有在人们发现这项行为可以定性为"工作必需"、而且其他包含较少歧视的选择均不能满足组织需要的时候，这项行动才可能获得支持。因为不可能总是找到歧视的直接证据，所以，雇员在确立初步事实的过程中，总是陷入种种质询纷至沓来的局面；随之而来的是雇主的反驳，然后是雇员出示证据证明雇主的辩护是托词与借口。为了证明雇主提出的理由仅仅是借口，原告可以列举证据以证明他们比雇主所选择的人更加符合工作岗位的要求、雇主没有遵从恰当的程序、雇主在决策时所依据的是非传统的且不具备权威性的标准来证明他们的主张。

如果应聘者或者雇员仅仅因为性别就受到了不公正的对待，原告就可以根据《民权法案》第七条的规定而提起诉讼，主张受到了不同的对待。判断这种主张的标准与判定种族歧视时所用的标准实质上是一样的：要求雇员提供证据，证明自己是某个受保护团体的成员；证明自己申请了该工作，而且符合工作岗位的条件要求[49]；还要证明雇主拒绝了自己的申请，继续在其他同样合格的候选人中进行筛选，直到聘用到与自己不同性别的人为止。如果雇主最终聘用的那个人与原告的性别相同，一般来说歧视指控是不能成立的。但是，一旦确立了初步事实，接下来，雇主就必须证明其作出选择的依据是除了性别之外的其他标准（如，证明最终被聘用的人与没有受雇的原告具有同样的、甚至更好的资格条件）。[50]

即使雇主提供了非歧视性的依据，如果应聘者能够证明雇主所说出的理由是托词、借口，原告仍然可以获得救济。如果雇主作出决定的依据是关于应聘者的性别、能力等陈旧观点（如，妇女比男人更频繁地更换工作），如果招聘广告上有**最好为男性**或者**最好为女性**的字样，如果工作说明书是为了排除某个特定性别的应聘者而特制的，那么遭到拒绝的应聘者就可能胜诉。

关于晋升中的性别歧视的最出名案例就是**得克萨斯州社区事务管理局诉伯丁案**（Texas Department of community Affairs v. Burdine），最高法院于1981年对该案作出了判决。[51]在这个案子中，一位女会计没有得到晋升的机会，后来，她与其他两位雇员一起被解雇了；而两位男性职员被雇主留了下来。为了反驳这位女会计提出的初步事实，公共部门的雇主辩称，这三位被解雇的雇员都不能很好地配合、协调相互的工作，而且雇主主观上认为，那位被提升到该岗位（即女会计可能被晋升的岗位）的男雇员，其资质条件比这位女会计要好得多，尽管他曾经是她的下属。在决策过程中，法院强调《民权法案》第七条并不要求雇主必须聘用或者提升具有同样资格的女性，第七条也不要求雇主改革聘用方式以保证性别比例较低的雇员的数目最大化。事实上，雇主拥有一定的裁量权，可以在同样合格的候选人当中进行选择，只要决策的依据不是非法的标准就行了。本案中，女会计未能证明雇主的决策依据是借口、托词。

与之相反的是，1990年第八巡回法院在审理一起案件中，一位女教师认为自己连续八次没有得到某一管理职位的晋升，成为了故意的性别歧视的牺牲品。[52]法院判决的结论是，这位女教师有权要求学校补发从第一次遭拒开始直到现在所欠的

工资，而且有权要求学校提前发放工资，直到为之提供合适的管理岗位为止。法院注意到学监对于男性校长和女性校长领导能力评价的差异，以及学监所说的、他对指派一位女性做初级中学校长的顾虑。相似地，亚拉巴马州联邦地区法院在另一起案件中判定一位应征中学校长职位的白人女性提供的表面证据有效，同时拒绝了学区提出的进行简易审判的申请，尽管学区主张先前空缺的每一个岗位都聘用到了资格条件更好的男性。[53]应聘者能够证明学区在选择白人男性或者非洲裔男性来填补空缺岗位的时候，既考虑了性别因素（需要男性的厉行纪律者），也考虑了种族因素（需要少数种族教师作为少数种族学生的行为榜样）。法院要求学区对校长岗位作出聘用决定之前，应当先取得法院的同意。

然而，并不是所有的以性别为基础的歧视都为法律所禁止，因为《民权法案》第七条明确允许"真正的职业标准"这种例外情况存在的。为了满足要求，真正的职业标准必须是特定的，而且只有在"为实现雇主的目标所必需"的情况下才能应用。因为教育领域中绝大多数工作对性别并没有特殊的要求，不论是男性还是女性都可以完成，所以，在学校中很少出现涉及真正的职业标准的案件。教育领域内唯一的、可以证明为真正的职业标准事件可能是，聘用女性职员监管女生的更衣室、聘用男性职员监管男生的更衣室。

此外，因为性别不能成为真正的职业标准，所以，如果劳动力市场上有合格的、非首选性别的人才，工作岗位便不可以保持空缺的状态。对于这样的案件，第七巡回法院于1999年作出了判决：有理性的陪审团掌握了充足的资料，可以作出判断，原告，一位男性，仅仅因为性别的原因就遭到了歧视，因为大学系主任希望选拔一位女性来从事某个岗位的工作，所以系主任拒绝接受该男性从事那个岗位工作的提名。[54]系主任决策的依据是必须完成学校规定的积极行动计划的任务。学校施行积极行动计划的目标在于组建多样化的教职员工队伍，不是消除先前歧视的消极后果，因此该大学系主任的行为构成了性别歧视。

赔偿过程

性别歧视的赔偿主张，包括相当的入职薪水、加薪、加班或者其他机会，或者企业和事业单位里常见的津贴和福利。因为对于大多数中小学教师来说，其工资的制定依据是一些客观的标准，诸如资历、学历水平和行政服务的类型等，所以涉及公立学校里工资的案件相对来说是很少的。[55]然而，有时候，一些看似中立的工资调整，诸如"学生数额"津贴或者"家庭户主"津贴，如果有证据证明其与工资无关的话，就要被审查，并禁止其施行。[56]

如果原告认为他们的工资薪水是全部或者部分地依据性别而定的，他可以使用宪法第十四修正案、《民权法案》第七条或者1963年《同酬法案》作为法律依据。当原告主张进行同样的工作却因性别而没有得到相等的工资报酬时，可以应用《同酬法案》。[57]诉讼如果涉及的是基于种族或者年龄而产生的工作差异或者工资根本就不相同的话，是不能适用这个法案的。

1994年，第九巡回法院审理了一起案子，一位女子篮球队的前主教练依据《同酬法案》提起诉讼，主张她应当得到与男子篮球队的主教练金额相等的工资。[58]大学拒绝支付二人同样的报酬，但是仍然对她的提议作出回复，答应与她签订合同，三年之内将她的薪水提高到10万美元，使之成为该学区女子篮球队教练中工资最高的人之一。她拒绝了这个合同，同时提起诉讼。作为辩护，该大学指出：与女子篮球队教练相比，男子篮球队的教练所负的责任更加重大，男子篮球队教练需要更长的资历，需要更大的名气，也需要承担更大的压力（包括取得巨大收益的压力）。因此，法院拒绝了这位女教练提出的、请求初始禁止令的建议，因为她没有证据证明她完成了与男子篮球队教练同样的工作。[59]

在确定讨论中的工作是否相同的时候，法院所考虑的因素不仅仅是岗位的名称（如，管理员与清洁工，副校长与校长助理），还要审查两项工作各自所需的具有可比性的技巧、努力、责任、工作条件以及必须完成的任务的性质。如果法院发现两项工作实质上是等同的（尽管不是完全一样的工作）、但是报酬却不相同的话，雇主就必须出示优势证据证明不同的工资是由于资历、绩效、产品的质量与数量、或者其他非性别因素的不同。[60]如果雇主提出其使用的标准是绩效的话，这一标准就必须统一应用到工作的各个方面，而且工作的各个方面都要以既定的绩效评价标准为依据。[61]与《民权法案》第七条的规定有所不同的是，原告不必出示证据证明雇主的故意歧视，只需提供报酬不相同、而且制定报酬的依据仅仅是性别的事实就足够了。如果雇主的行为的确违反了有关反性别歧视的规定，原告就可以获得法院判处的补偿性损害赔偿。[62]另外，法院禁止采取降低高工资组（一般是男性）的薪水的办法，而是要求提高低工资组（通常是女性）的收入。重要的是，宪法第十一修正案规定的免责原则并不限制《同酬法案》规定的救济的实行。[63]

因为《同酬法案》仅可以适用于解决同工同酬问题，其应用范围有着严格的限制，即只能适用于那些男性工人与女性工人的工作实质上相同、但各自所得报酬却完全不相同的情境中。因此，如果没有男性秘书可作比照的话，就不能判定雇主违反了《同酬法案》的规定，不论女性秘书的待遇是多么的糟糕。第六巡回法院在最近审理的一起一位工资很低的女教师所提出的性别歧视的起诉中，找到了可与之进行比较的男性教师。[64]该案中，这位女教授在一所大学里工作了20多年，种种迹象表明，她既不是一位好教师，也不是一位好的研究人员，聘用期间，她既没有得到多少研究资助，也几乎没有著作出版，因此，她的工资也就很低。她所得到的每一次工资提升，或者是基于生活费用的统一调整，或者是由于学校经费充足，增加了非常少的附加工资。在她提出的性别歧视诉讼中，她胜诉了；虽然她的同事、部门领导和系主任都是女性，但是她的工作可以与一位男性教授的工作进行比较，法院认为这俩人的工作都没有什么产出，但是那位男性教授的工资每年要比她的工资多6 000美元。

然而，以性别为基础的工资歧视诉讼案件，并不只是违反了《同酬法案》，雇员也可以根据《民权法案》第七条而提起诉讼。[65]与涉及种族的案件相同，原告必须出示证据证明雇主故意使用了"差别对待"，在不同酬案件中，原告如果想胜诉的话，还必须出具大量的证据证明其受到了"不同的影响"。[66]在对这些"大量的证据"进行统计分析的时候，必须考虑对工资产生影响的各种变量（如，资历、学历水平、绩效、管理上所分配的任务、附加职责）。1996年，在一起案件的审理过程中，第四巡回法院制定了一项标准，支持了一位男性职员的诉讼主张：大学里所谓的为消除工资不平等现象而主动提高女职员薪水的举动违反了《民权法案》第七条和《同酬法案》的规定。[67]大学采取这项举动时没有考虑到绩效评价标准，没有考虑到先前的管理经验对雇员工资的影响，在考查教师学术经历时也没有考虑到职

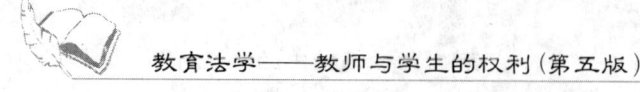

业中断的影响。

合同的终止、不续聘以及拒绝授予终身教职

《民权法案》第七条禁止以性别为依据任意地终止合同、不续签合同以及拒绝授予终身教职。[68]在"差别对待"案件中，要求雇员证明雇主终止雇员合同或者不续签雇员合同的原因在于性别，而不是由于工作绩效、不恰当的行为、人际关系、财政紧张或者其他正当的理由。[69]在大多数要求证明存在着主观故意的案子中，主张遭受到性别歧视的雇员通常难以获得支持其主张的证据，即使其主张是真实的。但是在某些偶然的情形下，负责人事工作的官员（如，教育委员会成员、学监）可能会在不经意间提供确凿的证据，书面的和口头的均可。

1994年第十巡回法院审判了一起案件，一位前校长（女性）被副学监从"职位上排挤下来"，此后，该学监兼任校长一职。学区最初提供的不再续签这位女校长的聘用合同的原因是因财政紧张而必须进行的裁员，后来又提出是因为这位女校长与职员相处困难。上诉法院发现的证据——包括学监对这位女校长所作的年度评价报告——与此正好相反，在学监对这位女校长所作的年度评价报告中，女校长在确立和维持与下属职员的合作关系方面以及创建学习型环境方面都得到了很高的分数。考虑到这些显著差异，上诉法院驳回了下级法院作出的有利于学区的简易审判结果。[70]

在另外一起案子中，一位前助理学监（女性）在中心办公室的职务被撤了之后，又被拒绝于助理校长的职位之外，纽约州联邦地区法院拒绝了学区提出的简易审判请求。[71]支持这位女性应聘者提出的遭到了种族歧视和性别歧视的主张的证据是负责面试候选人的中学委员会所做的备忘录，该备忘录记载着成功的候选人（一位非洲裔美国男性）拥有"宽广的文化背景"，而且能够胜任为学生做男性榜样的任务。

在作出教师终身制的决定时，学区必须严格遵从既定的、认可了的程序，遵守所有的时间限制，而且还要提供一切内部申诉程序。如果不存在表面的歧视问题，大多数原告都会努力寻找证据证明与和自己相对的性别相比，自己受到了不同的对待（例如，要求满足不同的标准，确定是否符合同一标准的要求时所使用的评价方式不同）。据此而产生的问题是，很难找到可供比较的对象或者很难对评价绩效或潜力的主观判断提出异议。[72]

怀孕歧视

根据《怀孕歧视法案》[73]（Pregnancy Discrimination Act，PDA）以及1978年颁布的《民权法案》第七条的修正案的规定，雇主不可以因雇员的怀孕、生育或者与之相关的医疗问题而歧视雇员。[74]同样地，怀孕不可以成为拒绝聘用一位其他方面都合格的应聘者的理由，也不可以成为拒绝提供残疾、医疗或其他福利待遇或者终止或不续聘聘用合同的理由。[75]对雇主来说，即使是询问雇员是否有意结婚、是否有意生育或一旦受雇会怎样照顾孩子之类的问题，也是不合适的。[76]虽然如此，原告负有责任举证证明雇主之所以作出不利决定的根据是是否怀孕而不是其他一些因素。[77]例如，1999年，第六巡回法院将一起案件发回重审，以确定一所私立宗教学校之所以终止一位教师的聘用合同的原因是该教师的婚前性行为（违反了宗教信条），还是她的怀孕，如果是前者，因婚前性行为而遭到解雇在私营部门中是允许的，但是如果是后者，则是不允许的。[78]

在《怀孕歧视法案》通过以前，第四巡回法院根据宪法第十四修正案的规定，判处某教育委员会不续签某类教师聘用合同的行为是违法的，这类教师在下一年度将会有一段时间不能到校任教。[79]这项政策仅对怀孕的雇员生效，由此让女教师承担了比男教师更多的压力。最高法院也认为，如果育龄妇女在其他方面都合格的话（如，要求使用高强度化学药品的警卫工作），她们不应该被拒绝从事雇主认为存在着"高度危险"的工作。[80]

如果在其他情况下，雇主要求雇员提供医生的证明，那么雇主也可以在批准产假或者支付福利待遇之前要求雇员提供医生开具的怀孕证明。[81]而且，如果雇员因怀孕而不能完成本职工作时，也要求雇主给她们与其他拥有临时性残障的人员同样的待遇。雇主可以采取的照顾措施可能是：调整工作任务、提供其他的工作安排或者提供残疾休假（可以带工资也可以不带工资）。如果怀孕的雇员进行休假，她的工作岗位必须保持空缺，保持空缺的时间长短与她生病或者残疾时工作岗位保留的时间相同。另外，如果雇员因其他残疾原因而休假仍然能够保留资历增长权利的话，雇主就不能认为产假是聘用中终身制积分累积的中断或者是雇员资历的中断。[82]

压倒性怀孕休假政策要求雇员在分娩之前必须离开工作岗位，并且规定了重返岗位的时间，这也是违反"正当程序"条款的，因为这项政策创造了一个**不容置疑的假设**：所有的怀孕教师在某一阶段内身体条件不能胜任其工作。[83]然而，教育委员会可以根据工作需要原则制定公共产假政策。例如，第九巡回法院认为，要求所有的教师在怀孕第九个月的时候便休产假是合理的政策[84]，因为教育委员会充分地证明了寻找代课教师是工作的需要。

虽然雇主不可以对怀孕的雇员采取不利的做法，但是，雇主可以为怀孕的雇员提供其他未怀孕雇员不能享用的特殊假期以及其他福利待遇。正如第九巡回法院指出的那样，《怀孕歧视法案》的立法目的是"构建一个最低标准，使得因怀孕而造成的福利不低于这个标准"，而不是"构建一个福利增加的最高界限"。[85]尽管雇员可以得到特殊福利，但是，1990年第三巡回法院却判处了一项休假政策无效，因为该政策允许女性雇员——而不包括男性雇员——可以享受长达一年的、包括病假和不带薪水的育儿休假在内的假期。[86]在发现这种假期与因怀孕或生产而造成的身体障碍之间并无联系之后，法院判定，根据《民权法案》第七条的规定，拒绝男教师享有为期一年的不带薪水的育儿假，构成了性别歧视。

1993—1994年间，第七巡回法院审理了一起案子：原告声称，学区采用的休产假的程序与其他形式的休假程序（如病假、医疗休假、一般休假以及探亲假）相比其限制条件更多，根据《怀孕歧视法案》，这是对怀孕教师的歧视。[87]上诉法院不同意这个观点，总结说：在其他形式的休假问题上，学区对怀孕的教师和未怀孕的教师是一视同仁的，另外又给了怀孕教师一种选择，她们可以在满足一些限制条件的前提下享用产假。这种福利待遇超过了提供给未怀孕的男女教师的福利待遇。

性骚扰

一般来说，**性骚扰**指的是反复发生的不受欢迎的性要求、带有性暗示性质的语言或者带有性含义的侮辱性手势或行为。[88]男性和女性都可能会成为来自异性或同性的性骚扰的牺牲品。[89]骚扰者可能是学监、雇主的代理人或另一部门的管理者、同事，甚至还可能是学校以外的其他人员。原告得以胜诉的关键是能够成功地证明骚扰确实是因性别而发生的，而不是因为性取向、异性癖、异装癖或者个人好恶等其他问题而发生的。例如，第十一巡回法院最近审理了一起案件：一位男教师和一位女教师在双方同意的前提下一直保持着一种特殊的关系，最后男教师提出要终止这种关系。女教师对这位前男友的妻子和儿子采取威胁性行为，最后，他的妻子请求法院使用限制性命令。又因为这两位教师是在同一所学校里任教，所以，只要有条件，女教师便努力在其他职员和学生面前散布这位男士的坏话。学区内部的申诉没有成功，男教师便提起诉讼，主张其所处的工作环境充满了敌意。法院不同意这个主张，继而判定：女教师之所以以男教师为攻击对象，是因为男教师要终止二人的关系，而不是因为男教师的性别。[90]

根据《民权法案》第七条的规定，骚扰有两种形式[91]：条件交换型性骚扰（quid pro quo）和敌视性环境（hostile environment）。下面将对这两种形式作简要的分析。

条件交换型性骚扰

条件交换型性骚扰，从文字上分析，意思是用一件事情换取另一件事。为了提出针对雇主的条件交换型性骚扰的初步案件，雇员必须出示证据证明他/她受到了不受欢迎的性骚扰（其方式是提出性要求、请求其表达性爱好），而且这种骚扰是基于性别而发生的，雇主向雇员明示或者暗示出服从这种不受欢迎的要求之后可能得到的好处（如晋升）或者不服从这种要求可能导致的不利后果（如终止合同）。尽管这样案件只需要提供优势证据，但是，获得法律规定所必需的51%的证据可能是很困难的，特别是当实施骚扰的人不愿意提供确凿的证词时，提供有力证据就更为困难。而且，所谓的骚扰行为经常是暗地里发生的，这也限制了其他人看见这件事的机会。然而，如果雇员成功地胜诉，法律便规定雇主承担严格责任，因为骚扰者具有修改聘用合同条款的权力。[92]

敌视性环境

根据这个理论，原告要想胜诉的话，必须找出证据证明其所处的环境事实上充满了敌意，环境中的敌意可以是严重的，也可以是弥漫的。[93]在1986年审理的**梅里特存款银行诉文森案**（Meritor Savings Bank v. Vinson）中，最高法院第一次认识到，创造了敌视性或者攻击性工作环境的骚扰和前述的条件交换型性骚扰一样，都属于违反《民权法案》第七条规定的行为。[94]此外，法院驳回了雇主的主张，而认为禁止性骚扰的目的不仅仅是减少有形的经济损失，也包括减少工作场所中因性骚扰而产生的精神损害。法院注意到，不合理地干涉了个体的工作绩效或者创造了具有威胁性的、敌视性的或者攻击性的工作环境的行为是可诉的；另外，法院提出，确定所谓的性要求是否不受欢迎，对于证明行为是否违反了法律规定来说是至关重要的。法院认为，涉及被骚扰者的行为的证据（例如，性幻想的表达、工作时穿着暴露）与对这个问题进行判断而得出的结论是紧密相连的。法院一般考虑下面几个方面的问题：是否是被骚扰者引发了性骚扰行为；被骚扰者是否认为性骚扰行为是令人不快的并具有攻击性的；被骚扰者对这种敌视性环境的产生是否也负有责任[95]；被骚扰者是否告诉骚扰者这种不受欢迎的行为具有攻击性。

尽管最高法院在**梅里特案**中制定了重要的法律标准，但是并没有回答精神损害问题的证明问题，特别是在实际工作并没有同时受到损害的时候。最高法院在1993年审理**哈里斯诉福克利夫特系统案**（Harris v. Forklift Systems）时，解决了这个问题。[96]一位男性公司经理经常对一位女主管进行具有敌视性质及辱骂性质的骚扰，比如说，要求女职员从其裤子的前口袋中掏出硬币或者将他扔到地板上的硬币找回来。在这位经理告诉原告，她必须与一位客户发生性关系以便得到一笔利润可观的合同之后，原告辞去了工作，继而提起诉讼。下级法院判定：依照人们通常的理性标准来判断，该经理的行为是具有攻击性的，除非这种行为还没有严重到干涉这位女主管的工作业绩或者对其造成伤害的地步。第六巡回法院维持了这个判决。

在一起案件的审理过程中，最高法院的九名法官破天荒地达成了一致，作出判决：在某种侵犯性行为违反《民权法案》第七条的规定与要求该行为引发出经过诊断而确诊的精神损害之间存在着一条所谓的中间道路。法院判定，如果可以合理地推断环境中充满了敌意和辱骂，便属于违反了《民权法案》第七条的行为，而且此时原告并不需要证实自己受到了心理伤害。法院建议，在判断是否构成敌意环境时可以使用下列标准：歧视性行为发生的频率和严重程度；行为是否威胁到身体、是否是辱骂性的或者仅仅是一种攻击性的语言表达；按照人们的通常标准，这种行为是否干扰了雇员的工作绩效。

与条件交换型性骚扰的主张相比，在敌视性环境的诉讼中，雇主的责任更加难以确认，但是这件事似乎越来越容易解决了。1998年，在审理**伯灵顿工厂诉埃勒斯案**[97]（Burlington Industries v. Ellerth）和**法拉格诉伯卡拉顿市案**[98]（Faragher v. City of Boca Raton）时，最高法院声明，对于管理人员对其直接下属进行性骚扰的行为，雇主承担代位责任。然而，如果雇员没有遭受到任何有形的聘用损失，雇主便可以进行积极抗辩。这样的抗辩要求雇主施予了合理注意、防止或者迅速地纠正了性骚扰行为，而且雇员没有利用雇主提供的预防措施和纠正机会。因此，为了避免承担责任，学区应当制定并宣传有关性骚扰的政策；提供恰当的在岗培训；确定合适的申诉程序，这种申诉程序至少包括两条报告途径，一旦骚扰者封锁了其中的一条，还有备用的方法途径可以使用[99]；慎重对待雇员的申诉并迅速展开调查；及时纠正性骚扰行为；保留所有的有关申诉和其他活动的完整记录。调查人员不应当与行动的结果具有利益关系，男性和女性都可以成为调查人员。而且，有关结果的报告也应当秘密地保存起来。

退休的福利待遇

在过去的20年里，尽管男性和女性之间的寿命差距明显缩小了，但是平均起来，女性的寿命还是要比男性长，这是一个不可否认的事实。在历史上，认识到男性的寿命问题以后，产生的结果却是男性和女性在退休以后的福利待遇上得到不同的待遇，表现为雇主要么聘用女性承担要求更高投入的工作，要么在女性退休后给予其较低的待遇。1978年，最高法院驳回一起案件的原审判决，不同意根据性别的不同而使用不同的保险精算表来计算雇员退休以后的福利待遇。有一个退休项目

要求女性为了保证退休以后得到与男性一样的福利待遇而必须付出更多的努力，法院判处这个退休项目无效，因为法院注意到该项目是依据性别进行预计寿命的。[100]与此相似，在1983年审理的一起案件中，最高法院禁止亚利桑那州政府使用与保险公司签订合同的方式来管理一个延期赔款项目，州政府与保险公司签订的这份合同规定确定福利待遇时应当根据不同性别而使用不同的保险精算表。[101]在后一起案件中，与做同样工作的男性相比，女性雇员得到的、按月发放的年薪要少得多。现在的法律规定，在对退休福利问题的管理上，必须对女性雇员和男性雇员一视同仁。

性取向歧视

当公共事务部门的雇员受到歧视的原因是来自聘用、晋升、合同终止或者聘用时的其他条件中有关性取向的问题时，他们可以根据宪法第十四修正案的规定来提起诉讼。[102]私营部门的雇员必须根据州制定法和地方法令——如果这方面的州制定法和地方法令存在的话——提起诉讼。[103]

福利待遇的获得

学区为其雇员提供的工资数量或福利待遇水平不应当由雇员的性取向决定，即使是受到一定的影响也是法律所不允许的。然而，除非州法律或者地方法令进行了严格的规定，否则，学区可以将享有雇员的家庭福利待遇的人员限定为法律所承认的配偶和子女。因为只有异性之间的婚姻才是所有的州都认可的婚姻[104]，一般来说，同性婚姻伴侣或者与同性婚姻伴侣共有的孩子是不能享有退休、死亡、医疗、眼睛以及牙医保险等方面的福利待遇的，只有雇员根据法定程序收养的孩子，才可以享有这些福利待遇。[105]1996年《捍卫婚姻法案》(Defense of Marriage Act) 的通过，强化了这种状况。[106]该法案给了各州一个选择的机会，各州可以拒绝将与婚姻有关的福利待遇扩展到同性婚姻伴侣身上，虽然这些同性恋者的婚姻是在其他承认同性恋的州、地区或者国家缔结的。尽管如此，一些州和地区——通过自己的宪法、制定法或者法令——仍然选择了允许同性婚姻伴侣享受因婚姻而带来的各项福利待遇；在其他领域，法院也对现存法律进行解释，允许这样的事情发生。[107]

骚 扰

如果可以证明存在着故意歧视的话，其他雇员基于某一雇员的性取向问题而对之进行的骚扰行为也违反了州和地方的法律，同时还违反了宪法第十四修正案。但是，因为学区雇员对骚扰问题往往不具有直接的责任，所以在这种情境中，证明故意骚扰的存在是很困难的。2002年，第七巡回法院受理了这样一起案件：一位前教师诉称，学区没有采取合理的措施阻止学生、学生家长和同事因为他的性取向问题而对其施以的骚扰。鉴于相关的备忘录以及对少数违反规定的学生作出的惩罚没有发生作用，原告要求学区在全学区范围内进行灵敏度训练，以谴责针对同性恋者的歧视。因为让学生停止行动是非常困难的，所以校长建议原告尝试着不要在意学生的行为。该教师根据宪法第十四修正案的规定提起诉讼，但是他却既无法证明学区存在着故意歧视的意图，也不能证明学区故意漠视他的处境。[108]法院发现，学区管理人员做了合理的努力以减少或者消除这些骚扰。

不利的雇佣决定

仅仅因为性取向问题就不续聘一位公共事务部门的雇员的决定是不大可能通过审查的，即使是最低要求的合理基础审查。[109]然而，如果一位同性恋雇员有恋童行为、与学生发生性关系或者参与了粗鄙下流的大众行动，由于其不道德的原因，学区可以合法地作出恰当的、对之不利的处分决定。[110]当然，这些原因也可以作为终止异性恋者的雇佣合同的理由。在相关的案例中，一位第一年参加工作的教师，其雇员合同没有得到续签，学区提出的理由是该教师无法有效地管理学生的行为，而且他缺乏教学技巧。法院发现这些理由都是借口，因为学校续签了他的一位同事，而这位同事获得的评价比他的还低；教育委员会成员提供了自相矛盾的证词；而且，原告得到负面评价发生在他的同性恋伙伴到教室找他之后，同伴的行为造成谣言四起的局面。法院认定学区违反了法律规定的"平等保护"条款，判处学区给予该教师补偿性损害赔偿，同时对他所承受的精神损害给予损害赔偿。[111]

正如我们前面所提及的，私营部门的原告必须从州法律或者地方法令中寻求保护，还必须证明性取向事实上是雇主之所以作出不利决定的依据。[112]然而，州和地方的这些规定不可以侵犯雇员在应聘过程中所拥有的宪法权利。在2000年**美国男童子军协会诉戴尔案**（Boy Scouts of American v. Dale）中，最高法院发现新泽西州的有关公共领域内对宗教人士提供便利的法律（public accommodation law）明确规定，要求男童子军协会承认一位同性恋助理队长的官衔，该法律侵犯了私营非营利组织表达自由的权利。[113]法院看到，原告公开宣告了自己的性取向，而且拥护与童子军协会所赞同的权利相反的那些权利，因此，要求男童子军协会承认原告的规定，明显增加了该组织的负担，因为该组织一直致力于反对同性恋行为。[114]

宗教歧视

今天的美国，与历史上任何时期相比，其文化更显多元化，宗教也更显多样化，在美国的疆域内，存在了世界上绝大部分的宗教信仰。一旦因宗教信仰而产生歧视或者雇主没有提供合理的调整，雇员便可以根据宪法第一修正案、第十四修正案[115]以及《民权法案》第七条等法律法规的规定提起诉讼。

聘用和晋升

私营性质的宗教组织不属于宪法第一修正案、第十四修正案的管辖范围，而且《民权法案》第七条规定的有关宗教的条款也有很大部分是不适用于私营性质的宗教组织的。[116]其结果就是，一般来说，法律不禁止私营性质的宗教组织将宗教信仰作为真正的职业标准（例如，卫理公会教派的神学院要求教师都是卫理公会派教徒）。与之相反的是，宗教信仰永远不能成为公共教育领域中的真正的职业标准[117]，公共事务部门的雇主不可以询问应聘者的个人宗教信仰问题，不可以在面试过程宣传自己的教义，也不可以要求未来的雇员拥有某种宗教信仰或者相信上帝。[118]

一个人的宗教归属问题或宗教信仰活动，如果有的话，不应当成为雇主进行聘

用决策时考虑的因素。然而，很难获得证据来证明雇主存在着歧视的动机，因为歧视者很少留下书面证据可以证明其做出了歧视行为，歧视者也很少告诉其他人自己的真正动机或所持的偏见。应聘者或雇员仅仅是简单地被告知，他/她没有被录取或者一位"高水平"的候选人被录取；聘用的决定通常是基于主观的标准所作出的，诸如雇员在面试中的表现。因为没有直接的、证明雇主存在着故意歧视的证据来支持这种类型的"差别对待"的案件，所以原告除了确立初步案情之外，不可能做到更多。[119]

提供便利

雇主可以使用的、对有宗教信仰的雇员提供便利的方式有很多，包括接受自愿的代课者、交换工作、使用灵活的时间表、修改工作任务等活动。有时候，如果应聘者因为宗教的原因无法参加规定的甄选活动的话，考试、面试及其他选拔性程序就可以不必严格地按照既定的时间表来进行。然而，如果所作的调整可能会损害到其他人的宪法权利、制定法权利或者合同权利（如，干扰了真正的资历制度）或者给学校带来过大困难的话，便不要求雇主服从《民权法案》第七条的规定。对单位的实际工作进行大范围的调整改变或者用于宗教调整的花费超出了最低限，便带来了过大的困难。在公共教育领域内，因宗教信仰而进行调整从而引起诉讼的大部分争论涉及的是着装限制、因私休假和工作安排与职责等方面的问题。

着装限制

作为一般规则，公立学区对宗教服饰的穿着问题有着严格的限制，即使是为了所谓的文化的目的，也应当遵守这种着装限制，这一做法是得到了法院的支持的，原因在于年轻而敏感的学生会把服装等同于宗教信仰而接受。举一个例子来说明这个问题。一位信仰伊斯兰教的代课教师企图在公立学校的教室里穿着宗教性服装，为此，学区拒绝为其安排工作。第三巡回法院判定，学区的举动没有违反《民权法案》第七条的规定。[120]学区的行为遵守了州制定法"关于穿着宗教性服装明显地对宗教中立的公立学校系统的维护造成威胁"的规定。密西西比州联邦法院在审理一位教师助手因不遵守学校制定的、有关禁止穿着宗教服装的着装规定而导致合同终止的案件[121]时，支持了学区终止合同的决定。俄勒冈州最高法院在审理将制定法中关于公立学校中禁止穿着宗教服装的规定适用于一位身穿白色衣服、头戴穆斯林头巾女性印度锡克教徒（Sikh）一案时，均作出了类似的判决。[122]

因私休假

虽然在大多数公立学校的校历上，圣诞节放假和复活节放假都与学期假及春假相吻合，但是，基督教节日以外的其他宗教圣日，大都与学校的校历是不一致的，这是客观存在的事实。因此，如果某一个学区内招收的绝大多数学生或者学区聘用的大部分教师或职员信仰的是另外一种宗教（如，大多数学生和职员都是犹太人），学校在该宗教举行祭祀拜神的几个特殊日子里放假也不能算是不正常的现象。学校采取这种行为的"世俗目的"在于保证学校的有效运转。如果在大部分教师及学生都缺席的情况下，学校仍然坚持照常上课，学校就要聘用大量的代课教师，承担相当沉重的补救性工作，还要为大批功课落后的学生进行补课。至于那些在大多数学生或教师缺勤的时候仍然坚持照常上课的学校，他们经常要求代课教师在此期间不讲新课，为的是减少课程的重复。

虽然学校可以使用前面提到的方法，尝试着调整学校的作息时间表，以适应教师或学生的不同的宗教信仰，而且这些方法在现实实践中也曾经获得了令人满意的结果，但是，期望公立学校在每一种宗教的圣日都放假的想法则是很不现实的。学区能够做到的事情，就是根据每一雇员的聘用性质，为他们提供一系列的调整方案，以避免加重雇员的宗教信仰负担（如，因私休假、使用灵活的课程表）。

雇员因宗教的事宜而提出的适度休假要求，一般来说，是可以得到满足的，但是，雇员如果再提出其他的请求，则可能会给学区和学生带来过大的困难。学校管理人员在确定恰当的请假限制和请假程序方面往往存在困难。1977年**国际航空公司诉哈迪森案**（Trans World Airlines v. Hardison）中，法院为解决这些困难提供了一些指导性规则。在这起案件中，基督教联盟（Worldwide Church of God）的一位成员以违反其宗教信仰为由拒绝在星期六上班工作，雇主为此解雇了他，该成员对解雇问题提出了质疑。[123]雇主声称无法对原告的工作进行调整，因为集体谈判协议规定应当根据雇员的资历长短来安排雇员的轮流休息。证据也表明该雇员的主管已经采用了恰当的措施来满足原告的要求，并且还尝试着寻找其他雇员与原告交换工作岗位。最高法院认为解雇行为没有违反《民权法案》第七条的规定，并据此判定：雇主没有必要因雇员的宗教信仰问题而花费高于最低限度的支出来进行工作岗位的调整；雇主也没有必要在缺乏故意歧视的证据的时候，不考虑真正的资历制度。

相似地，2002年，基督教联盟的一位成员在招聘时声明，每星期五的太阳落山到星期六的太阳落山之间的这一段时间内他无法工作，而其应征的工作偏偏要求在这段时间里必须工作，因此他被拒绝受雇。第十巡回法院审理了这个案件，认为雇主的做法没有违反《民权法案》第七条的规定[124]，从而作出了有利于雇主的判决。法院注意到，如果要求雇主在安排工作时间表时进行如此巨大的调整，或者要求雇主将应聘者调整到另外的工作岗位上，都会给雇主带来过大的困难，而且违反了集体谈判协议的规定，也违背了强制使用资历制度的规则。

一旦为雇员提供了休假政策，而且休假不会带来不良影响的话，一些雇员就会很满足；有一些雇员则会提出要求，要求休假期间雇主付给全部或者部分薪水。在**安索尼亚教育委员会诉菲尔布鲁克案**（Ansonia Board of Education v. Philbrook）中，一位教师声称，集体谈判协议违反了《民权法案》第七条的规定，因为该协议只允许雇员因为宗教的原因休三天的带薪假期，同时允许雇员休另外三天带薪事假去参加特定的世俗活动。原告提出建议，要么允许雇员使用三天的带薪事假去参加宗教仪式，要么允许雇员获得全部报酬，但是要承担该雇员因为宗教原因而缺勤时学校所聘用的代课教师的费用（三天宗教假期之外的费用）。法院在支持集体谈判协议的同时，认为雇主没有必要出示证据证明雇员的提议会为其带来过度的困难，并据此提出：雇主可以通过提供合理的照顾措施来满足《民权法案》第七条的要求，而这种调整措施可能是，也可能不是雇员所期待的。[125]

在这里，有一个非常重要的注意事项就是：雇员享受宗教假期，不必支付薪水，以非宗教原因进行的休假，都应给付相应的福利待遇。[126]第十巡回法院审理了一起案件：一位教师诉称，学区的休假政策违反了《民权法案》第七条的规定，增加了其宗教信仰自由的负担，他偶尔要去参加犹太教的宗教仪式，因而必须请假，

在这种假期里,他是拿不到工资的。法院驳回了他的诉讼请求。[127]学区的政策允许教师使用为期两天的带薪假期参加宗教仪式或者做其他的与宗教相关的事情。法院的结论是:雇员为了参加宗教仪式而休假,在这期间不拿任何薪水,这个规定是有效的,是符合《民权法案》第七条规定的合理的照顾措施,并没有对宗教信仰自由施加任何实质性负担。

工作安排与职责

如果雇员受雇于某一工作岗位,他/她就必须愿意完成、而且有能力完成该工作所要求的所有实质性任务。在一起稍微有些特殊的案例中,一位为听力受损的人提供服务的口译人员拒绝翻译或用手语说明具有渎神性质的语言或者不健康的语言,该口译人员这样做的理由是因为她的宗教信仰的缘故。[128]考虑到她是故意违反学区的政策和管理命令,学区终止了她的聘用合同。密西西比州上诉法院判定,学区终止这位口译人员的聘用合同的行为符合州法律的规定,而且得出结论:如果对她的工作进行照顾的话,就势必侵犯学生的受教育权;因此,让她逐字逐句翻译课堂上的对话并不是不合理的要求。

同样地,在2000年审理的一起案件中,第三巡回法院认为,一所大学的医院合理地重新安排了一位护士的工作。这位护士因为信奉"五旬节"(Pentecostal)而拒绝参与堕胎手术,医院便允许她与其他护士互换工作,除非出现紧急状况。当一位孕妇的生命受到威胁的时,该护士没有正确地进行医疗处理,医院因此决定将她调往其他的、与其宗教信仰没有冲突的工作岗位,但是该护士拒绝了医院的安排。法院支持医院作出的终止其合同的决定,而且指出:公众的信任要求确保公共健康的执业者在危急状态下提供正确的医疗服务。[129]

不利的雇佣决定

当雇员受到调动工作、降级、不续签合同、终止合同或者拒绝终身制的处理时,有时会提出遭到了有关宗教歧视的诉讼。[130]同其他的雇佣歧视诉讼一样,原告的责任在于找出证据以证明雇主是出于法律不允许的原因——在这里,法律不允许的原因指的是,雇员的宗教信仰、宗教活动或者宗教隶属关系——而作出的对己不利的行为。在现实生活中,原告很难打赢这种官司,因为雇主很容易找出一个或者一个以上的合法依据,为自己作出的不利于雇员的行为进行辩护(例如,缺乏责任心[131]、旷工的次数太多[132])。

年龄歧视

与其他导致歧视诉讼的原因不甚相同,年龄是独一无二的、每个人在逐渐变老的过程中都要经历的因素,而且每个人最终都会成为年龄保护法律的关注对象。近年来,美国人的平均寿命正在稳步上升,伴随着人际寿命的增长而出现的问题是,司法活动中涉及雇佣中发生的年龄歧视案件的数量也在上升。因年龄而遭到歧视的雇员,受到联邦宪法第十四修正案中"平等保护"条款[133]、1967年《雇佣中的年龄歧视法案》[134]和其他一些联邦制定法及州制定法的保护。平等就业机会委员会负责《雇佣中的年龄歧视法案》的贯彻实施工作。

《雇佣中的年龄歧视法案》的立法目的在于,促进雇主根据能力而不是年龄来雇用上了年纪的人，禁止聘用过程中任意发生因年龄而歧视的事件，寻找解决由于年龄对雇佣的影响而产生的一系列问题的办法。《雇佣中的年龄歧视法案》特别规定："由于雇员的年龄问题，雇主……没有雇用或者拒绝雇用该雇员，或者解雇该雇员，或者在有关的福利待遇、雇佣的条件、雇佣特权等方面，表现出其他形式的歧视……都将是违法的行为。"[135]

因为《雇佣中的年龄歧视法案》和《民权法案》第七条的规定在遣词造句上非常相似，所以，执行《民权法案》第七条的规定过程中可以应用的司法标准（如，不同的对待方式，不同的影响）常常也可以用来判断基于《雇佣中的年龄歧视法案》而提起的诉讼。然而，最高法院只审理关于"差别对待"的年龄歧视案件，并且强调，如果雇主是根据年龄以外的其他因素作出雇佣决定的话（如，绩效、资历、退休计划的种类），便不违反《雇佣中的年龄歧视法案》的规定。为了证明确实违反了该法案，年龄这一因素必须在雇主的决策过程中发挥着重要的作用，而且对雇佣结果的产生起到决定性的影响。[136]

《雇佣中的年龄歧视法案》适用于大部分拥有 20 名或 20 名以上的、当年或者前一年中工作了 20 周或 20 周以上的雇员的雇主。一旦发现雇主违反了《雇佣中的年龄歧视法案》，法院可以判处雇主赔付雇员指令性救济，强迫雇主雇用该职员、恢复其原职或者使其得到晋升，而且赔付所欠的薪资（包括利息）、清偿损害赔偿、给付律师费用。然而，法院不可以判处雇主以惩罚性损害赔偿。[137]《雇佣中的年龄歧视法案》在公立学校中的适用问题是否将受到限制，取决于州法律将学区看作是"州的下属部门"（subdivisions of the state）还是"州的代理机关"（arms of the state）。最高法院在审理**基梅尔诉佛罗里达董事会案**（Kimel v. Florida Bd. of Regents）时作出判决：当联邦法院判处雇主使用州国库经费来进行损害赔偿时，雇主可以将宪法第十一修正案规定的免责原则作为辩护理由。[138]这个规定把涉及学校的、基于《雇佣中的年龄歧视法案》而提起的诉讼案件限制为，只有在把学区视为"州的代理机关"这个特定环境下才可以提起诉讼。即使这样，原告依然可以简单地根据内容相似的州制定法的规定来提起诉讼以维护自己的权利。[139]

聘用和晋升

根据《雇佣中的年龄歧视法案》的规定，除了在那些年龄属于真正的职业标准的情况之外的其他情境中，雇主对应聘者作出聘用或者晋升的选择标准，可以是除年龄以外的其他任何因素。虽然在教育领域内，涉及职员、教师或者管理者时，以真正的职业标准作为辩护理由很少能够打赢官司，但是，如果案子牵扯到的是校车司机或领航员的话，则完全可以用真正的职业标准来进行辩护。[140]一旦提出了真正的职业标准，雇主就有责任寻找证据来证明：存在着合理的理由，足以说服人们相信所有的——或者实质上所有的——应聘者年龄一旦超过某一界限就不能够安全而有效地完成工作任务了。

和基于《民权法案》第七条而提起的诉讼案件一样，在根据《雇佣中的年龄歧视法案》而提起的诉讼案件中，大多数法院都允许原告提供直接的歧视证据（如，明显歧视的书面政策）或者符合**麦克唐奈·道格拉斯案**制定的标准。[141]第六巡回法院审理了一起案子：一位兼职代课教师屡次被拒于全职工作岗位之外。[142]在案件审理的过程中，原告根据要求确立了初步事实，而教育委员会也作出标准辩护（就是说，雇用了高水平的候选人)。应征的总人数超过了2 000人，在得到雇佣合同的人员中，有41%的人年龄超过了40岁。接下来，又轮到该原告举证了，原告应当找出证据证明教育委员会提出的理由不足以取信，只是年龄歧视的托词和借口。因为原告无法履行举证责任，所以法院同意了教育委员会提出的进行简易审判的动议。

在证明雇主的辩护是借口的过程中，原告不必证明雇主提出的每一条理由都不能成立，但是，原告必须证明雇主所提理由中的大部分——即使不是绝大多数——实质上令人生疑，使法庭上的事实认定者可以在合情合理的基础上不相信雇主提出的其他理由。[143]举一个例子来说明。2001年第二巡回法院审理了一起案件：原告没有得到某个岗位的工作，因为学区选择了一位没有经验的、不合格的、但是比较年轻的教师。学区解释说，最终被雇用的应聘者在面试的过程中表现较好，学校的雇佣决定是根据面试成绩作出的。在证明学校的理由是借口的过程中，法院注意到，受雇的应聘者没有规定的学位证书，只提交了一份不完整的档案；雇主发表了误导性言论，且销毁了相关的证据；同时，原告拥有高级证书，除了面试成绩不太好之外，其他方面都符合岗位要求。受雇的应聘者也超过40岁这一事实与聘用结果是不相干的，真正的原因在于她（42岁）实际上比原告（64岁）年轻得多。[144]

报酬与福利待遇

很少有公立学校的雇员主张，因年龄问题而在工资问题上受到了歧视，这主要是因为教师和职员的工资基本上是按照工资表来发放的，而工资表的制定依据是资历长短和/或学位水平的高低。大多数的学校工作人员都是岁数越来越大，资历也越来越长、在工资表上的位置也越来越高，工资便也随着年龄的增长而增长，因此，公立学校中很少有人因年龄导致的工资歧视而提起诉讼。一旦有人主张因年龄问题而受到了歧视，举证的责任仍然是由雇员承担，雇员必须出示证据证明是年龄——而不是绩效、寿命或其他因素——决定了福利待遇的水平。

根据《雇佣中的年龄歧视法案》，学区为岁数大的雇员花费的福利待遇不可以少于年轻的雇员。福利待遇的总支出必须是一样的，尽管对于老雇员来说，由平等的花费带来的实际福利待遇要低一层次（例如，有时候老工人得到的健康和生命保险金要少一些，除非缴纳更多的保险金）。[145]

不利的雇佣决定

人们经常要求法院作出判断：雇员的年龄是否被用来当作终止合同、不续签合同、裁员、临时解雇后不再重新雇佣、降职、调职的根据。[146]虽然有时候会发现雇主提出的、作出不利雇佣决定的依据是借口，一般来说，法院大都会支持雇主的理由。[147]对于原告来说，如果想胜诉的话，必须驳斥雇主提出的理由，而且证明年龄是雇主作出不利决定时所考虑的真正因素。为了以《雇佣中的年龄歧视法案》为依据而确立初步案情，原告必须出示证据证明：他或她超过了40岁，应征了该工作而且符合工作岗位的条件要求，遭受到不利的处理，被一位比自己年轻的人所顶替。[148]

合同终止、不续聘、裁员以及被迫辞职

解除临时性雇员（如小时工）的工作，相对来说，要简单些[149]；但是，如果

要解除某些获得执业许可的雇员的工作（例如，非终身制教师面临合同不续签问题，某些教师职位被取消）就必须遵从特定的程序要求了。对于终身制雇员或者签订了长期工作合同的雇员来说，必须给予"说明理由"的听证机会，为的是让学区有机会说明为什么有必要解雇该雇员。虽然在作出这类决定的时候会考虑很多因素（如道德规范、效率），但雇员的年龄决不能成为考虑的要素之一，除非可以将年龄定性为真正的职业标准。2000年最高法院审理了一起案子，**里夫斯诉桑德森铅产品生产公司案**（Reeves v. Sanderson Plumbing Prods.），一位57岁的前雇员的工作合同被终止，其工作岗位为一批30多岁的人所顶替。[150]在案件发回重审的过程中，法院认定，从法律上直接驳回原告的诉讼请求是不适当的。法院注意到：原告提供了表面证据，其提出"关于雇主作出决定的依据是虚假的谎言"的问题需要由陪审团作出最终裁判，而且原告找出了其他证据证明公司主管决策时受到"年龄"这个因素的影响。

有时候，雇员声称他们的辞职是被迫的。他们之所以辞职是因为工作中出现的骚扰问题，或者由于原告的工作岗位被任意地调整以使原告的工作绩效较低或无法创造工作绩效。[151]为了胜诉，原告必须找出证据证明：雇主提供的条件是任何一个处于相同境地中的、有理性的人都无法忍受的，而且雇主故意这样做的目的是想迫使雇员主动辞职。1992年，第八巡回法院判定一位教师是被迫辞职（在本案中，强迫其退休，然后拒绝再雇用）的，而且有权要求清偿违约赔偿。[152]有证据证明学区把该教师的工作环境搞得令人无法忍受，只要是有理性的人处在那种环境下都会主动提出辞职，例如，在长达八个月的时间内，该教师时时刻刻受到观察、批评和评价。

调　动

如果雇主在雇员不同意的状态下就调动了雇员的工作，此时，便需要该雇员证明雇主作出这种调动的依据是年龄，而且新的工作岗位实质上并不受尊重，与自己所掌握的技能及专长并不相符，或者并不利于自己的职业发展。雇员喜欢一种工作岗位而不喜欢另一种工作岗位的事实不能作为雇主违反《雇佣中的年龄歧视法案》而提起诉讼的依据。如果学区作出的调动受到了质疑，大多数法院会支持学区的决定，认为在学校之间或者年级之间的调动并不会对雇员产生实质性的不利影响，这种调动本身也不等于降职。[153]

报　复

另外，与基于《民权法案》第七条提出的诉讼案件一样，在根据《雇佣中的年龄歧视法案》而提起的诉讼中，雇主不可以因雇员提出申诉或者诉讼而对之施加报复。[154]原告没有必要先证明第一个诉讼是有效的，也可以在其主张的报复性诉讼中胜诉，但是，如果原告能够证明作出不利决定的雇主至少是知道第一件歧视诉讼案件的，那么，对原告打赢第二场报复性官司大有裨益。[155]因此，原告承担着举证的责任，他应当能够证明：不利决定是雇主实施报复的结果，而且，这种决定并不是基于无能力、不服从、不道德或者其他类似的原因而作出的。[156]

退　休

由于已经取消了学校雇员的压倒性退休政策，学区便通过诱人的退休福利待遇来尝试着促使岁数大的雇员退休。根据《雇佣中的年龄歧视法案》的规定，雇主可以遵从真正的退休计划中规定的条款,只要该计划不是为了规避某些惩罚而巧立名目就行。[157]同时,当雇员达到一定年龄后,雇主不可以通过减少雇员的年度福利待遇或者取消其福利待遇的自然增长来促使雇员退休。[158]1999年第七巡回法院审理了一起案件,学区制定了一项教师提早退休的政策,为年龄在58岁至61岁之间的教师办理退休手续。教师达到58岁以后,退休得越晚,他得到的提高退休激励金就越少。法院发现这起基于年龄的表面歧视案件违反了《雇佣中的年龄歧视法案》的有关规定。[159]

如果在雇员有资格获得全额的退休福利待遇之前,雇主终止了雇员的工作合同,则有可能会招致法律上的纠纷。1993年,最高法院在审理**黑曾纸业公司诉比金斯案**(Hazen Paper Co. v. Biggins)的判决中提出,原告在62岁时被解雇,只差几个星期他的服务期就满10年了,就可以享受养老金计划了。[160]最高法院遇到的两个问题是:雇主干涉养老金计划授予的行动是否违反了《雇佣中的年龄歧视法案》的规定?除了适用于那些根据正式的、明显歧视政策而作出的人事决定之外,违约金[161]是否适用于雇主作出的、以年龄为依据的非正式决定。

最高法院全体法官意见一致地作出判决,驳回上诉,将案件发回下级法院重审,以确定陪审团是否拥有充分的证据可以证明该案件违反了《雇佣中的年龄歧视法案》的规定。法院清晰地表述说,当促使雇主进行决策的因素是除年龄以外的其他东西时——即使这一因素与"年龄"有关系(如,雇员获得退休金的权利或者养老金状况)——便不可以应用"差别对待"原则。[162]因为年龄和服务年限是两个截然不同的概念,雇主可以考虑其中的一个,而忽略另外一个。另外,如果雇主知道其行为违反了《雇佣中的年龄歧视法案》的规定或者有证据证明雇主粗心大意地忽视了其行为是否违反了《雇佣中的年龄歧视法案》的规定,则可以判断雇主的行为是故意的。因此,最高法院对下级法院制定的关于违约赔偿的替代性标准(比如,雇主的行为必须是令人不可忍受的、证据是直接的而不是偶然的、而且年龄是占主导地位的决定要素而不是简单的限定因子)持批判态度。[163]

残疾歧视

联邦歧视法律的主要关注点是基于种族、出身国、性别、宗教信仰、年龄和残疾而发生的歧视问题。相对于其他反歧视法律,超越"平等保护"条款的、保护聘用中残疾人权利的制定法出现得最晚。[164]虽然1973年制定的《康复法案》[165]的第504条在接二连三地颁布实施其他有关民权的制定法的那段时间里被纳入了美国的法律体系中,但是,从那时开始直到现在,第504条也仅仅适用于接受联邦财政助的组织。1990年,国会通过了《美国残疾人法案》[166],目的在于保护残疾人免于歧视。

1973年的《康复法案》是美国历史上第一部保护残疾人权利的联邦民权法律。该法案的第504条的有关部分规定:"在接受联邦资助的项目或者活动中,其他方面都合格的残疾人……不应当……被拒绝参与、剥夺受益的权利、遭到歧视。"[167]如果学区中有一个项目接受了联邦的财政帮助,整个学区就可以适用《康复法案》的第504条。落实到聘用过程,就是,联邦资助的接受者不可以在聘用规定、条件或者特权等任何方面进行歧视。如果涉及教育领域内的雇主,与残疾相关的申诉问题就由教育部下属的民权办公室负责处理。

一般来说，过去雇员提起的受到残疾歧视的诉讼是在州法院进行起诉的，法院根据州法律的规定来进行处理，州法律规定了残疾雇员的权利享有问题，包括给予救济的形式和数量。现在，《美国残疾人法案》规定的损害赔偿的数额大大增加了，于是就有大量的法律诉讼在联邦法院提起。《美国残疾人法案》中的定义（如，残疾人、合理安置、过度困难）与《康复法案》中的规定实质上是相同的。该制定法对聘用以前的活动（如，有限制地使用医疗检查、测试、聘用前面试）以及聘用的条件作了具体而详细的规定，适用于拥有15名或者15名以上雇员的雇主。[168] 平等就业机会委员会、司法部以及诉讼当事人都拥有贯彻执行该法案的权利。然而，《美国残疾人法案》的第一条不可以应用到公立学校中，因为根据宪法第十一修正案的规定，公立学校可以免于承担这种责任。

由根据《美国残疾人法案》的第一条而提出的案件中可否使用宪法第十一修正案规定的免责原则而引发的争议，在2001年最高法院审理的**亚拉巴马大学董事会诉加勒特案**[169]（Board of Trustees of the University of Alabama v. Garrett）中得到了重申。在那个案子中，两位有残疾的州政府部门的雇员申请货币形式的损害赔偿，因为他们各自的雇主对他们有歧视。这两位有残疾的州政府部门雇员的情况是：一位护士，罹患乳房肿瘤，在实施乳房肿瘤切除手术、辐射治疗以及化学治疗之后，她回到了工作岗位，但是被迫离开了以前的主任岗位，然后她提出申请并且得到了一个工资较低的管理者岗位。与她的情况相反，另外一位保安患有哮喘病和睡眠时呼吸暂停的疾病，雇主拒绝了他提出的调整工作的要求（即，调到白班，减少其曝露于一氧化碳及烟雾中的时间）。

最初上诉到最高法院的问题是，根据《美国残疾人法案》第一条的规定，联邦法院是否可以判处州政府部门的雇主进行货币形式的损害赔偿，或者，换句话说，宪法第十一修正案是否禁止这样的救济形式。法院发现，判处赔偿违反了宪法的规定，各州里均不存在着针对残疾人的、已经证明的聘用歧视历史或聘用歧视模式。这种判决是否会限制针对学区违反《美国残疾人法案》第一条而提起的诉讼案件的数量不仅取决于学区的经费是否来源于州政府的财政支出，而且取决于法院是将学区视为州的下属机构、还是将学区视为州代理机关或者州的一部分。如果是前者，免责原则是不适用的；如果是后者，则可以使用免责原则。尽管看起来大多数学区都被看作是州政府的下属机关[170]，但是，该案究竟会产生什么样的影响作用，也要几年以后才能看出。

虽然在某些司法管辖范围内，法院可能会根据宪法第十一修正案的规定而禁止以货币形式进行损害赔偿，但是也不能简单地认为，在聘用过程中遭受到残疾歧视的人们没有能力维护自己的权利。《美国残疾人法案》第一条仍然确定了适用于州政府部门雇主的标准。依据这些标准，联邦法院可以判处政府以货币形式对雇员进行损害赔偿，雇员自己也可以通过向法院寻求指令性救济来获得金钱损害赔偿。另外，许多州的残疾法律也规定了与《美国残疾人法案》相同的、至少是相似的内容，允许雇员在特定的情境中可以以货币形式得到损害赔偿。因为所有的（或者，几乎所有的）公立学校都是联邦资助的接受者，所以他们必须履行一些与《康复法案》的规定实质上非常相近的义务，有时候《康复法案》是允许判处货币形式损害赔偿的。一旦提起诉讼，法院经常要解决的问题是，原告是否真的有残疾，如果真有残疾的话，原告需要什么样的特殊工作安排。

残疾鉴定

根据《康复法案》第504条及《美国残疾人法案》的规定，如果一个人符合下列条件之一，就可以断定其为残疾人：(1) 身体上或者精神上受过损伤，这种损伤限制了其一项或者多项生命活动；(2) 有受伤记录（例如，由于结核病、酗酒或者吸毒而曾经住院）；(3) 被认为受到过损伤（例如，一个人因 HIV 呈阳性而遭到歧视[171]，但是没有罹患艾滋病或者限制其主要生命活动的其他类型的身体疾病；或者因为身上留下的较大疤痕而遭到歧视，虽然这种疤痕并不影响其主要的生命活动）。然而，如果要提出"认为受过损伤"的诉讼主张的话，其要求的证据比简单地理解"受到损伤"要复杂得多。[172]另外，雇主要求雇员在重返工作岗位之前去看心理医生，该证据也不能证明雇主认为雇员是一个有残疾的人。[173]

虽然联邦法规对身体损伤和精神损伤的定义非常宽泛[174]，但是，如果一个人正在使用非法药品[175]，因喝酒而不能履行职责，患有接触性传染病，或者患有其他的、直接威胁到其他人的安全[176]或健康的疾病，那么他都不可以被看作有残疾。同样地，因为患有异装癖、异性癖、恋童癖、裸露癖、窥阴癖、不是因身体受伤而引起的性别辨识失调症、其他的性行为失调症、强迫性赌博、盗窃癖、放火狂以及由于使用非法药品而导致的心理失调症等一系列问题而提起的诉讼主张，既不能受到《美国残疾人法案》的保护，也不能受到《康复法案》第504条的保护。

鉴定"残疾"的过程包括两个步骤：首先，识别身体或者精神上遭到的损害；其次，确定这种损害是否实质性地限制了个体的主要日常活动（如工作）。[177]1999年，最高法院作出规定，要求雇主在评估一位应聘者或者雇员是否有残疾的时候，应当将一些减轻或纠正性的措施考虑进去（这些纠正性措施可以是积极的，也可以是消极的[178]）。[179]不是所有的损害都会限制个体的主要日常活动（例如，一位听力受损的雇员使用助听器后，其听力可以恢复到常人的平均水平，或者近似于平均水平）。如果一位雇员无法履行职责，或者在履行职责方面明显受到阻碍，那么他的工作绩效就受到了实质性限制。在确定一项残疾是否实质性地限制了个体的日常活动时，一般都会考虑到损伤的本质、严重性、持续时间以及长期影响等方面。[180]还有，一种损伤，可能是实质性地限制了某一个人的活动，但不一定会限制另一个人的活动。[181]此外，有些损伤的确是限制了某些活动，但是这种限制并不是实质性的限制，因为这些损伤在通常状态下只是限制了个体履行某种工作职责的能力，而没有限制其宽泛的工作能力。[182]在这样的案子中，法院会考虑其他的因素，诸如，原告可以合理进入的地理区域，不适合原告的某项工作的性质，以及其他的，需要相关的培训、知识、能力或技巧的工作。[183]

2002年，最高法院审理了**丰田汽车制造厂诉威廉姆斯案**（Toyota Motor Manufacturing v. Williams）。在该案中，原告是一位装配线上工人。这位装配工声称，她上班时要使用充气工具、重复移动物品并且要搬动非常沉重的东西，两只手的腕骨综合征似乎越来越厉害了，而她的雇主却没有给她调整工作。[184]法院分析认为，"完全地限制"意味的是，一种永久的或长期的损伤阻止了或严重限制了个体的能力，使其没有能力完成绝大多数人日常生活所必须做的重要事情。因为绝大多数的损伤症状是不相同的，所以必须针对具体案件来进行分析损伤是否完全限制了雇员的生活活动。因此，法院判定，下级法院不应当将"原告无法承担装配线上特定的体力工作"作为充足的理由来证明该装配工的残疾实质性地限制了她进行体力工作的能力。

其他的诉求保护的案例看起来似乎更加不寻常，但是也没有获得成功。这些案件涉及"左撇子"的信件投递员、患有恐高症的设备系统维修人员、身体过胖的飞机服务员、患有考试恐惧症的教师以及一位声称因难以适应新的教学方法而导致情感失调的教师。[185]缅因州最高法院在1993年审理了一起案件：一位教师声称其患有难以抑制的性幻想症，该病促使他总是骚扰学生并寻找色情服务。该教师坚决主张，他的行为表明了他患有残疾，学校解雇他就是侵犯了他基于《美国残疾人法案》和《康复法案》第504条以及其他法律而享有的权利。法院不同意他的观点，认为学区给予其的终止合同的处理是合法的。[186]

与之类似，1996年，一位教授对几个女性学生进行性骚扰，对一个同事进行性攻击，还向未成年人提供酒精类饮料，虽然该教授的行为既违反了大学里关于毒品与酒精的规定，也违反了州制定的刑事法律。该教授承认针对自己的指控中大部分是正确的，而且承认自己不适合教学，但是他仍然主张学校终止其聘用合同的做法是残疾歧视。他辩驳说，不适于教学并不是他的过错，而且，他辩称他的行为是因为一种"难以抑制性心理失调症"限制了他的控制能力并且限制了他的阻止其进行无法容忍的行为的能力。法院的结论是，他的工作调整请求（即不让他从事教学工作）是不合理的，他所谓的残疾恰恰反映了他不具有教学资格。[187]

其他资格

如果一个人被鉴定为残疾，接下来必须确定的就是，这个人是否"在其他方面是合格的"。作为一名残疾人，如果想要证明自己在其他方面都合格的话，应聘者或雇员就必须证明自己能够完成某项工作的基本功能，而不论其残疾状况如何，即使有的时候必须进行合理的调整。

在鉴定工作基本要求的过程中，法院将考虑雇主认可的基本要求。只要雇主提出的聘用要求与雇员所受的培训相关（如首次聘用）或者与待聘工作岗位相关，雇主就很容易证明其不聘用残疾人的行为满足"工作必需"的要求。例如，准时上班、通常情况下每天到岗，可以成为教育部门或其他部门绝大多数工作岗位的"工作必需标准"。雇员常常认为他们的残疾是他们上班迟到或者旷工的原因；尽管这些说法可能是真实的，但是，法院一般不会认定这样的雇员在其他方面是符合工作岗位要求的。[188]1994年，一位患有自动免疫系统失调病症的教师，因没有满足工作所需的出勤率而被解雇，她认为自己遭受了残疾歧视。第四巡回法院作出了支持雇主的判决：雇主不必为了满足该雇员的个人需要及其儿子的需要——她的儿子也是残疾人——而调整整个学校的课时表，以重新安排该雇员的工作。[189]

然而，如果雇员的出勤率一般情况下相当高，只是偶尔由于残疾问题而缺勤，那么就应当调整雇员的工作了。在**佛罗里达州拿骚县教育委员会诉阿兰案**（School Board of Nassau County, Florida v. Arline）中，一位教师，两年之内肺结核病复发了三次，每次都请假进行治疗，在她第三次休假结束即将返岗工作之前，她的聘用合同被终止了。[190]最高法院判决，根据《康复法案》第504条的规定以及她的身体受损记录和住院治疗记录，可以将这位老师定性为患有残疾。但是，最高法院将此案发回地区法院重审，以确定这位老师所患疾病的传染性是否使得她在其他方面不合格，能否在不给学区带来过度困难的情况下对这位教师给予合理的照顾。案件发回重审之后，地区法院发现该教师在其他方面均符合工作岗位的要求，她所患的疾病具有很少的传染性，因此地区法院判决其恢复原职、补发所欠工资。

合理的照顾

残疾人必须有能力完成工作所要求的基本功能，雇主有责任为残疾雇员调整工作，但是，这样的工作调整必须是合理的，而且不会给学区带来过度的困难[191]，诸如，提供易于残疾人使用的设施设备，重新安排工作时间表，购买或者改装仪器设备，以及提供讲解者或翻译，等等。如果不违反集团谈判协议或其他已经确立的权利，组织内部的工作调动也属于合理调整。[192]然而，联邦法律不要求雇主排挤现有雇员以便将残疾人员安置在此岗位上，也不要求雇主使用残疾人来补充暂时不预备填补的空缺岗位，更不要求雇主为残疾人创造出新的不必要的工作岗位。[193]另外，雇主不必将雇员调入比较好的工作岗位（就是说，因他/她患有残疾而得到晋升）或者选择不太合格或者根本就不合格的人进入工作岗位，仅仅因为他/她患有残疾。[194]虽然这些形式的调整从理论上说是可能的，但是在实际实施过程中会给雇主带来过度困难，而且对于其他雇员来说，是一种歧视性行为。法院在确定某种调整措施是否会给学校造成过大的困难时，考虑的因素包括教育事业的规模和预算、雇员的总数、设施设备的类型及其运转方式，以及工作调整的方式和花费。因为没有固定的计算公式，不同的法院在确定自己认为合理的计算方式上存在着显著的差异。

为了支持"没有进行合理的工作调整"的诉讼主张，原告必须证明他们的雇主非常清楚地知道他们的残疾状况。[195]在有些场合中，雇员往往很难证明的确存在着合理的、可以保证他们完成工作任务的工作调整措施。[196]在1998年第六巡回法院审理的一起案件中，一位HIV呈阳性的外科技师被解雇，因为人们认为如果这位受感染的技师参与外科手术，病人就会受到患上艾滋病的威胁。就这一工作岗位而言，除了准备和处理手术仪器以外，有时候也会请他帮忙进行手术，从而使主治医师腾出手来做其他的工作或者看得更清楚。在这个过程中，他经常接触到血液、手指可能会被针刺伤（甚至被手术刀割伤）。作为调整，医疗中心为他提供了一个救护车中医疗设备调配员的工作岗位。原告拒绝了这个安排，合同最终被终止。法院同意了雇主提出的进行简易审判的请求。法院判决，没有什么样的合理调整能够消除原告所带来的直接危险，因此，原告不符合第一个工作岗位的资格要求。[197]

合同终止与不续聘

与过去相比，现在工厂里的残疾人要多很多，许多人还居于领导者的岗位。然而，不是所有的残疾人都能够发展得很好，因为，有一些人还没有取得第一次聘用机会，有一些人没有转为终身制，有些人没有得到晋升，还有些人没有获得公正的报酬。有时候，这样的不利决定可能是由于自身不合格或者缺乏技巧、竞争者的素质更高、雇员的工作绩效低下、雇员可能带来危险或者雇员违反刑事法律等原因造成的。[198]有些时候，雇员的残疾是雇主作出不利决定的根据，或者因为聘用环境变得非常具有敌视性而使雇员被迫辞职。[199]

为了证明"差别对待造成的不利行动"的主张，雇员首先必须提供表面证据，证明自己是残疾人，而且与人群中的普通人相比，这种残疾实质性地限制了自己的主要日常活动。接下来，雇员必须找到证据证明自己申请了某一工作岗位，证明自己在其他方面均符合该工作岗位的要求，证明是残疾导致了聘用或保留工作遭到拒绝。雇员还必须证明雇主要么是联邦资助的接受者（适用《康复法案》第504条），要么其聘用了15名或15名以上的雇员（适用《美国残疾人法案》）。

第一巡回法院2000年审理了一起案件，法院确定，对于一位处于药物依赖康复过程中的护士来说，其聘用合同的终止是正当合法的，因为她违反了药品分发过程中应当遵守的规则。有一次，她让一位新来的护士使用其违反政策领来的药品；在事后的调查中，她支吾其词，在新护士坦然承认自己的错误之后，她才承认了自己的违法行为。[200]在1998年发生的一起案子中，一位教授被解雇了，原因是他的非专业性行为、不参加会议、骚扰同事以及不遵守工作中的道德规范等，而不是因为他的残疾。[201]

因为州和地方财政预算非常紧张，而且许多调整性工作的花费又很大，这些都将导致因残疾而调整工作的案件在接下来的几年里变得更有争议性。虽然在这样的诉讼中，相当少的原告可能胜诉，但是，一旦涉及诉讼，学区仍然需要投入大量的资源来证明它们进行了合理的工作调整，而且它们没有歧视残疾人。

结 论

联邦法律要求雇主的聘用决定必须是根据资格、绩效、能力、资历以及类似的因素而作出的，雇主不可以根据诸如种族、出身国、性别、性取向、宗教信仰、年龄以及残疾等因素来作出聘用决定。论及关于这些因素的具体要求，各州制定法的规定却是千差万别的。另外，联邦法规也是广博浩大、灵活多变的，有时候会令人产生不知所云的感觉。其结果就是，法院运用法律的过程也差别很大。即便存在着诸多的问题，下列这些概括性论述还是可以反映当前法律对于这些问题的规定的。

1. 美国宪法和各种民权法律都保护雇员免于遭受雇佣中基于种族、出身国、性别、性取向、宗教信仰、年龄以及残疾等因素而产生的歧视。

2. 在根据宪法第十四修正案产生的关于歧视的判例中，种族歧视和出身国歧视的诉求适用严格审查制度；性别歧视和非法歧视将受到中间审查；其他雇佣分类只需满足合理基础审查的条件即可。

3. 根据宪法第十四修正案产生的表面上看似中立的判例，不论涉及哪种歧视因素，都要求原告出示雇主故意歧视的证据。

4. 种族永远不能被看作是真正的职业条件，尽管性别、宗教信仰、出身国以及年龄均可以被狭义地使用。

5. 在看似中立的雇佣活动中，对于受保护群体来说，如果仅仅存在着"不同的影响"则不能证明聘用活动违宪；但是如果雇主无法证明受质疑的活动是因为"工作必需"的话，这种"不同影响"则可能违反了《民权法案》第七条的规定。

6. 只要是为了实现合法的工作目标，雇主就可以使用具有信度和效度的标准化测试来筛选某工作岗位的应聘者，即使这种测试会对某个受保护群体产生不利影响。

7. 在根据《民权法案》第七条规定的因"差别对待"而提起的诉讼案件中，原告首先必须提供有关歧视的表面证据；然后，雇主可以通过详细说明雇佣活动所依据的合法的、非歧视性的理由来反驳歧视推论；接下来，为了胜诉，原告必须出示证据证明雇主提出的理由都是不可信的，都不过是歧视的借口而已。

8. 公共管理部门的雇主不可以参与带有雇佣偏好或者晋升偏好的积极行动计划，除非法院确定在该机构先前的行为中存在着某种歧视，而且这种积极行动计划必须是严格限制的，从而使受雇者反应劳动力市场中合格劳动力的状况。

9. 在某些特定的情境中，法院可以命令学区优先雇用或者晋升某类人员，为的是弥补由于先前的故意歧视行为而造成的后果，但是不可以规定解雇的限额。

10. 涉及医疗保险、残疾保险或者休假政策时，怀孕的雇员应当与其他临时性残疾获得同等待遇。

11. 不能要求雇员在怀孕时的某一时期休产假，除非这项政策被法院判定为"企业必需"。

12. 雇主不可以在退休金以及福利待遇上对男性雇员和女性雇员加以差别对待。

13. 根据《民权法案》第七条的规定，雇员可以因受到性骚扰而产生有形的利益损失，或者由于性骚扰处于一种敌视性工作环境而获得救济。

14. 《民权法案》第七条的规定为遭受到性别歧视的人提供了救济，比《同酬法案》规定的"同工同酬"更宽泛。

15. 性取向歧视的受害人可以根据宪法第十四修正案（公共部门）或者根据可适用的州法律和地区法令（私营部门）——如果存在这样的法律和法令的话——提起诉讼。

16. 教育委员会可以建立善意的退休福利项目，但是《雇佣中的年龄歧视法案》禁止根据年龄而强制雇员退休的做法。

17. 为了证实雇主违反了《雇佣中的年龄歧视法案》，年龄必须在雇主的决策过程中起着重要的作用，而且对于决策的结果起到了决定性作用。

18. 雇主必须作出合理的工作调整以方便雇员从事宗教活动；然而，《民权法案》第七条并不要求雇主作出可能会给其带来巨大困难的调整。

19. 一个其他方面全部合格的残疾人不应该被排除在雇佣范围之外，雇主应当为残疾雇员提供合理的工作便利。

注 释

[1] 参见 Graham v. Richardson, 403 U. S. 365 (1971)（外国人身份）；Hunter v. Erickson, 393 U. S. 385 (1969)（种族）；Korematsu v. United States, 323 U. S. 214 (1944)（出身国）。又见第5章第1条注释所对应的正文。

[2] Clark v. Jeter, 486 U. S. 456 (1988)（私生子）；Miss. Univ. for Women v. Hogan, 458 U. S. 718 (1982)（性别）。

[3] 参见 Vill. of Arlington Heights v. Metro. Hous. Dev. Corp., 429 U. S. 252, 265-268 (1977)。

[4] Washington v. Davis, 426 U. S. 229, 242 (1976)。

[5] 42 U. S. C. § 2000 et seq. (2002)。另外，当根据各种因素审查歧视的时候，必须着重考虑各受保护因素之间的关系。例如，雇主歧视的是亚裔妇女而不是所有妇女或者亚裔男性。参见 Harrington v. Cleburne County Bd. of Educ., 251 F. 3d 935 (11th Cir. 2001); Lam v. Univ. of Haw., 40 F. 3d 1551 (9th Cir.

1994)。

[6] 参见 Killinger v. Samford Univ., 113 F. 3d 196 (11th Cir. 1997)。该案中，一个宗教机构因某教授的宗教信仰与神学院里老师的宗教信仰相对立而重新安排了该教授的工作，法院判决免除该宗教机构的责任。

[7] 根据 42 U. S. C. § 2000e-5 (e) 的规定，申诉人必须在 180 天的期限内提起申诉，主张自己受到了歧视。又见 Vadie v. Miss. State Univ., 218 F. 3d 365 (5th Cir. 2000)。该案中，法院认定，原告没有在 180 天的规定期限内提起诉讼。

[8] 519 U. S. 202 (1997)。

[9] 又见 Ramsey v. 801 Credit Union Corp., No. C-3-94-183, 1997 U. S. Dist. LEXIS 23750 (S. D. Ohio, Feb. 18, 1997)。

[10] Owens v. S. Devel. Council, 59 F. Supp. 2d 1210 (M. D. Ala. 1999)。该案中，法院的判决结论是，根据 1964 年《民权法案》第七条和《年龄歧视法案》（ADA）的规定，雇主和雇员所受的限定是相似的，二者都适用"薪水册方法"。

[11] 29 U. S. C. § 630 (b) (2002)。

[12] 29 U. S. C. § 2611 (4) (A) (i) (2002)。

[13] 相关讨论参见 Stephen B. Thomas, *Students, Colleges, and Disability Law* (Dayton, OH: Education Law Association, 2002), pp. 245-246。

[14] 参见 Simmons v. New Pub. Sch. Dist., 251 F. 3d 1210 (8th Cir. 2001); Gosche v. Calvert High Sch. 997 F. Supp. 867 (N. D. Ohio 1998)。

[15] Fumco Constr. Corp. v. Waters, 438 U. S. 567, 577 (1978)。

[16] 411 U. S. 792, 802 (1973)。又见 Young v. Pennsauken Township Sch. Dist., 47 Fed. Appx. 160 (3rd Cir. 2002)。

[17] 参见 Calhoun v. Riverview Gardens Sch. Dist., No. 98-3976 EM, 2000 U. S. App. LEXIS 598 (8th Cir. Jan. 18, 2000)。

[18] 参见 St. Mary's Honor Ctr. v. Hicks, 509 U. S. 502, 514-515 (1993)。

[19] Personnel Adm'r of Mass. v. Feeney, 442 U. S. 256, 279 (1979)。

[20] 参见 Greer v. Bd. of Educ., 267 F. 3d 723 (7th Cir. 2001)。该案中，法院认定，原告不被继续雇用的原因是其对法院同意判决的责难，不属于报复行为。Sharma v. Ohio State Univ., 25 Fed. Appx. 241 (6th Cir. 2001)。该案中，法院裁示，原告没有出示证据证明他之所以获取比较低的薪资是因为他提起了歧视申诉；Mohankumar v. Kan. State Univ., 60 F. Supp. 2d 1153 (D. Kan. 1999)。该案中，法院判决为，原告并没有因为提起申诉而遭到报复。

[21] 参见 Saleh v. Upadhyay, 11 Fed. Appx. 241 (4th Cir. 2001)。

[22] Ahmed v. Amer. Red Cross, 218 F. 3d 932 (8th Cir. 2000)。该案中，法院裁示，原告做出受法律保护的行为与原告主张遭到报复的申诉行为之间相隔了四年，这说明两件事之间没有任何联系。

[23] 参见 Tinsley v. First Union Nat'l Bank, 155 F. 3d 435 (4th Cir. 1998)。该案中，法院裁示，原告没有出示证据证明不利行为的基础是 14 年前根据《同酬法案》（EPA）提起的申诉也不能证明学监十分清楚那次申诉案件。

[24] 例如，如果因种族的原因而导致教师被拒绝于校长职位之外，法院就会命令学区聘用该教师就任下一个合适的职位。同时，如果校长系列的薪资水平比教师系列的薪资水平高的话，法院会要求将二者之间的工资差额付给教师，直到该教师获得晋升，法院裁示这是进行全额救济的一部分。将来可能获得的那部分工资被称为

预付工资（front pay），因为教师先前的工作而获得的那部分工资被定义为后付工资（back pay）。

［25］参见 Woodruff v. Ohman, 29 Fed. Appx. (6th Cir. 2002)。

［26］Kolstad v. Am. Dental Ass'n, 527 U. S. 526 (1999)。

［27］在种族歧视或者出身国歧视非常明显的情况下，在证据明显表明所主张的歧视从表面上看是中立的时候，第十四修正案要求使用严格审查。另外，第一修正案明确包含"正当程序"条款，同时还暗示着平等保护的意思。当有人主张哥伦比亚特区存在着违法现象时，就适用于第一修正案，因为第十四修正案仅适用于州的行为。参见 Washington v. Davis, 426 U. S. 229 (1976)。该案中，华盛顿特区进行的警察培训项目中要求受训人员进行书写技能测试，法院认定，不存在违反"平等保护"条款的情况。这种测试考察的是培训项目的绩效，是有效的。

［28］Cooper v. Murphysboro Bd. Of Educ. , 6 Fed. Appx. 438 (7th Cir. 2001)，该案中，法院判决，原告缺乏充足的实践经验，也没有取得岗位证书，所以不能支持表面举证，拒绝上诉请求，122 S. Ct. 619（2001）。Mosby v. Norwalk Bd. of Educ. , 4 Fed. Appx. 15 (2nd Cir. 2001)，该案中，法院判决，原告没有足够证据证明在管理员甄选过程中，种族因素影响了最后决策。晋升决定是根据集体谈判协议的规定、依据资历作出的：当选的候选人比原告的资历深多了。Carmen v. S. F. Sch. Dist. , 1 Fed. Appx. 730 (9th Cir. 2001)，该案中，法院的结论是，原告没有足够的证据支持其提出的、种族歧视或当选的候选人不合格的主张。

［29］获得成功的候选人与原告是同班同学的事实，对于歧视主张来说，并不总是具有决定性意义。获得成功候选人可能是在雇主得知有人主张或提起诉讼之后当选的。Lowry v. Bedford County Sch. Bd. , No. 98-1165, 1999 U. S. App. LEXIS 16770 (4th Cir. July 19, 1999)。又见 Freeman v. Madison Metro. Sch. Dist. , 231 F. 3d 374 (7th Cir. 2000)。该案中，法院的判决理由是，不必使用不同的方法区别对待同时处在相似情境中的不同种族的人。

［30］Stern v. Trs. of Columbia Univ. , 131 F. 3d 305 (2nd Cir. 1997)。对立判决见 Zainalian v. Memphis Bd. of Educ. , 3 Fed. Appx. 429 (6th Cir. 2001)。该案中，法院表示，没有雇用原告的原因是对他原先各方面学校工作的评价都很低，而不是他的种族或者出身国。

［31］参见 Griggs v. Duke Power Co. , 401 U. S. 424, 432 (1971)。该案中，法院表示，私营公司将高中学历要求和智力测试作为雇用雇员的先决条件和工作调动的条件，这种做法违反了第七条的规定；他们无法证明这两个要求与优秀的工作绩效相关，而且这两个要求使得少数种族应征者中不合格人数的比例超出了白种人。

［32］Albemarle Paper Co. v. Moody, 422 U. S. 405, 432 (1975).

［33］United States v. South Carolina, 445 F. Supp. 1094 (D. S. C. 1977)，以维持原判的名义，Nat'l Educ. Ass'n v. South Carolina, 434 U. S. 1026 (1978)。

［34］参见 Fields v. Hallsville Indep. Sch. Dist. , 906 F. 2d 1017（5th Cir. 1990）；Swanson v. Houston Indep. Sch. Dist. , 800 S. W. 2d 630 (Tex. Ct. App. 1990)。又见第8章第2条注释所对应的正文。

［35］Frazier v. Garrison Indep. Sch. Dist. , 980 F. 2d 1514 (5th Cir. 1993)。

［36］参见 Connecticut v. Teal，457 U. S. 440 (1982)。

［37］参见 Juniel v. Park Forest-Chi. Heights, Ill. , Sch. Dist. , 46 Fed. Appx.

853 (7th Cir. 2002)。该案中，法院的结论是，不续签主任的雇佣合同是因为需要削减开支；Ticali v. Roman Catholic Diocese, 41 F. Supp. 2d 249 (E. D. N. Y. 1999)。该案中，法院裁示，将教师从一年级调到幼儿园预科不属于降职，也不是因为他不是西班牙人。

[38] 509 U. S. 502 (1993).

[39] Silvera v. Orange County Sch. Bd., 244 F. 3d 1253 (11th Cir. 2001)，拒绝上诉请求，122 S. Ct. 1598 (2002)。又见 Conward v. Cambridge Sch. Comm. 171 F. 3d 12 (1st Cir. 1999)。该案中，教师交给一位女性学生一份名为"应征一头驴"的文件，教育委员会为此终止了其聘用合同，法院判决支持教育委员会的决定。原告没有证明他的待遇与种族相关或者其他种族的人们得到了与其不同的待遇。Jackson v. Bd. of Educ., No. 98-1060, 1999 U. S. App. LEXIS 4818 (4th Cir. March 22, 1999)。该案中，教师在学期中间自己调动工作，导致了她所在的商业教育项目的参与人数下降，法院法院判决支持这种说法。原告没能证明其他种族的人们得到了与其不同的待遇。

[40] 参见 Shaw v. Monroe, 20 Fed. Appx. 563 (7th Cir. 2001)(追踪妇女行凶和强奸)；Clearwater v. Indep. Sch. Dist. No. 166, 231 F. 3d 1122 (8th Cir. 2000)(迟到)；Jones v. Sch. Dist., 198 F. 3d 403 (3rd Cir. 1999)(威胁学生)；Joseph v. New York City Bd. of Educ., 171 F. 3d 87 (2nd Cir. 1999)(工作绩效低、未按时完成工作)；Carter v. St. Louis Univ., 167 F. 3d 398 (8th Cir. 1999)(训练期间工作绩效低)；Ruby v. Springfield R-12 Pub. Sch. Dist., 76 F. 3d 909 (8th Cir. 1996)(伪造报告、敌视性环境)；Jiminez v. Mary Washington Coll., 57 F. 3d 369 (4th Cir. 1995)(没有获得博士学位、教学评价得分低)；Noland v. Lorain Bd. of Educ., 869 F. Supp. 529 (N. D. Ohio 1994)，维持原判，法院没有公布法官意见，70 F. 3d 115 (6th Cir. 1995)(盗窃)；Cliff v. Bd. of Sch. Comm'rs, 42 F. 3d 403 (7th Cir. 1994)(无法控制学生)；Dugan v. Albemarle County Sch. Bd., 148 F. Supp. 2d 688 (W. D. Va. 2001)(不续聘和削减物理教师数量的需要)。

[41] United States Commission on Civil Rights, *Statement of Affirmative Action for Equal Employment Opportunities* (Washington, DC: United States Commission on Civil Rights, 1973).

[42] 参见 Adarand Constructors v. Pena, 515 U. S. 200 (1995); Northeastern Fla. Chapter of the Associated Gen. Contractors of Am. v. City of Jacksonville, 508 U. S. 656 (1993); Martin v. Wilks, 490 U. S. 755 (1989); City of Richmond v. J. A. Croson Co., 488 U. S. 469 (1989)。

[43] Franks v. Bowman Transp. Co., 424 U. S. 747 (1976).

[44] Firefighters Local Union No. 1784 v. Stott, 467 U. S. 561 (1984).

[45] 476 U. S. 267 (1986)。又见第12章第64条注释所对应的正文。

[46] *Id.* at 275-276。又见 Hazelwood Sch. Dist. v. United States, 433 U. S. 299, 308 (1977)。该案中，法院裁示，"相关劳动力人才库的合格人口数"应当在统计学意义上使用；该劳动力人才库的构成，与学生人口中或社区中各种族人口的构成几乎没有关系。

[47] Taxman v. Bd. of Educ., 91 F. 3d 1547 (3rd Cir. 1996).

[48] 在性别歧视非常明显的情况下，在证据明显表明所主张的歧视从表面上看是中立的时候，第十四修正案要求使用中间审查。参见 Hundertmark v. Florida, 205 F. 3d 1272 (11th Cir. 2000)(适用中间审查)。

[49] 参见 Marion v. Slaughter Co., No. 98-6286, 1999 U. S. App. LEXIS 34275 (10th Cir. Dec. 29, 1999)。该案中, 法院的结论是, 原告既没有申请该工作岗位, 又没有被拒绝; Peden v. Suwannee County Sch. Bd., 837 F. Supp. 1188 (M. D. Fla. 1993)。该案中, 法院认定, 原告不符合岗位条件要求, 上诉法院维持原判, 法官没有公开意见, 参见 51 F. 3d 1049 (11th Cir. 1995)。

[50] 参见 Bickerstaff v. Vassar Coil., 196 F. 3d 435 (2nd Cir. 1999)。该案中, 法院认定, 原告没有达到晋升全职教授的标准。

[51] 450 U. S. 248 (1981).

[52] Willis v. Watson Chapel Sch. Dist., 899 F. 2d 745 (8th Cir. 1990), 发回重审, 749 F. Supp. 923 (E. D. Ark. 1990)。对立判决见 Belfi v. Prendergast, 191 F. 3d 129 (2nd Cir. 1999)。该案中, 原告没有证明"故意", 法院支持以《民权法案》第七条为根据的简易审判的主张。

[53] Hicks v. Dothan City Bd. of Educ., 814 F. Supp. 1044 (M. D. Ala. 1993)。

[54] Hill v. Ross, 183 F. 3d 586 (7th Cir. 1999)。

[55] 参见 Buntin v. Breathitt County Bd. of Educ., 134 F. 3d 796 (6th Cir. 1998)。该案中, 雇员在"雇佣期限延长期间"可以获得额外的补偿, 但是不同的人待遇是不相同的。法院将案件发回原审法院, 要求判断这种区别对待是否是基于性别的原因。

[56] 参见 EEOC v. Fremont Christian Sch., 609 F. Supp. 344 (N. D. Cal. 1984), 维持原判, 781 F. 2d 1362 (9th Cir. 1986); Brock v. Ga. Southwestern Coil., 765 F. 2d 1026 (11th Cir. 1985); EEOC v. Tree of Life Christian Sch., 751 F. Supp. 700 (S. D. Ohio 1990)。

[57] 29 U. S. C. § 206 (d) (2002).

[58] Stanley v. Univ. of S. Cal., 13 F. 3d 1313 (9th Cir. 1994)。又见 Nixon v. State, 625 A. 2d 404 (Md. Ct. Spec. App. 1993)。该案中, 法院的判决结论是, 低收入的女教授没能够证明她与另一位收入较高的男教师所做的工作是一样多的。那位男教师担任了两个系的教学工作、履行着管理的职能、承担着一项研究课题, 还发表了几篇学术文章。对立判决见 Hatton v. Hunt, 780 F. Supp. 1157 (W. D. Tenn. 1991)。该案中, 一位新雇用的男性管理助手获得了高收入, 不是因为他拥有较高的学历或较为丰富的工作经验, 而是因为管理人员认为他不能比从事同样工作的女性的工资低。法院判决支持这个主张。

[59] 又见 Marion v. Slaughter Co., No. 98-6286, 1999 U. S. App. LEXIS 34275 (10th Cir. Dec. 29, 1999)。该案中, 法院的判决结果是, 原告的工资水平是适当的, 是考虑了她的工作职责和她对组织的价值后确定的, 与性别无关。

[60] 参见 Wollenburg v. Comtech Mfg. Co., 201 F. 3d 973 (7th Cir. 2000)。该案中, 法院裁示, 经验是薪资差异的合法依据。Stanziale v. Jargowsky, 200 F. 3d 101 (3rd Cir. 2000)。该案中, 法院裁示, 总的资格是薪资差异的合法依据。Hughmanick v. County of Santa Clara, No. 98-16891, 2000 U. S. App. LEXIS 417 (9th Cir. Jan. 7, 2000)。该案中, 法院裁示, 重组协议的条款可以作为一个考虑因素, 而性别不应当成为考虑因素。Hutchins v. Int'l Bhd. of Teamsters, 177 F. 3d 1076 (8th Cir. 1999)。该案中, 法院裁示, 经验和所受的教育可以作为考虑因素, 而性别不应当成为考虑因素。

[61] 参见 Port Auth. v. Ryduchowski, 530 U. S. 1276 (2000)。

[62] 参见 West v. Gibson, 527 U. S. 212 (1999)。

[63] 参见 Siler-Khodr v. Univ. of Tex.

Health Sci. Ctr. San Antonio, 261 F. 3d 542 (5th Cir. 2001).

[64] Kovacevich v. Kent State Univ., 224 F. 3d 806 (6th Cir. 2000).

[65] 20世纪70年代和80年代初期出现的一个令人争议的概念是"比较价值"（comparable worth），该概念指的是，应当在比较雇员对组织的价值大小的基础上向其支付工资，而不必考虑市场供需条件。尽管最高法院裁示，虽然根据《民权法案》第七条的规定，超越"同工同酬"之上的主张是可诉的，但是，因为在确定雇员对组织的价值大小方面缺乏司法管理标准，"比较价值"的方法仍然没有得到司法界的认可。参见 Gunther v. County of Washington, 452 U. S. 161 (1981)。

[66] 参见 Chance v. Rice Univ., 989 F. 2d 179 (5th Cir. 1993)。

[67] Smith v. Va. Commonwealth Univ., 84 F. 3d 672 (4th Cir. 1996).

[68] 参见 Weinstock v. Columbia Univ., 224 F. 3d 33 (2nd Cir. 2000)。该案中，一位女教授没有证明教育委员会拒绝与其签订终身合同是因为性别问题而不是绩效问题。法院支持简易审判的主张。

[69] 参见 Brinson v. Chi. Bd. of Educ., No. 99-1896, 2000 U. S. App. LEXIS 31948 (7th Cir. Nov. 22, 2000); Euerle-Wehle v. United Parcel Serv., 181 F. 3d 898 (8th Cir. 1999); Brinkley v. Harbour Reccreation Club, 180 F. 3d 598 (4th Cir. 1999)。

[70] Cole v. Ruidoso Mun. Sch., 43 F. 3d 1373 (10th Cir. 1994). 又见 Harker v. Utica Coll., 885 F. Supp. 378 (N. D. N. Y. 1995)。该案中，因为前教练在诉讼过程中没能够证明其性别歧视的主张，所以，法院判决进行简易审判。

[71] Fairbairn v. Bd. of Educ., 876 F. Supp. 432 (E. D. N. Y. 1995).

[72] 参见 Jacklyn v. Schering-Plough Healthcare Prods. Sales Corp., 176 F. 3d 921 (6th Cir. 1999); Krystek v. Univ. of S. Miss., 164 F. 3d 251 (5th Cir. 1999).

[73] 42 U. S. C. §2000e (k) (2002).

[74]《怀孕歧视法案》的通过是为了回应最高法院的两个判决。在这两个判决中，最高法院裁示，拒绝支付与怀孕相关的福利待遇的做法，既没有违反《民权法案》第七条的规定，又没有违反第十四修正案的规定。法院的理由是，此时涉及的雇员分类标准（例如，怀孕）不是"性别"，因为没有怀孕的雇员既有男性又有女性。参见 General Elec. Co. v. Gilbert, 429 U. S. 125 (1976); Gedulldig v. Aiello, 417 U. S. 484 (1974)。

[75] 参见 Vigars v. Valley Christian Ctr., 805 F. Supp. 802 (N. D. Cal. 1992)。

[76] 参见 Stukey v. United States Air Force, 790 F. Supp. 165 (S. D. Ohio 1992)。该案中，法院裁示，针对婚姻状况和孩子问题提问的行为就是证据，表明其从根本上违反了《民权法案》第七条的规定。

[77] Piraino v. Int'l Orientation Res., 137 F. 3d 987 (7th Cir. 1998).

[78] Cline v. Catholic Diocese, 206 F. 3d 651 (6th Cir. 1999). 又见 Parker-Bigback v. St. Labre Sch., 7 P. 3d 361 (Mont. 2000)。该案中，法院裁示，《民权法案》第七条并不禁止宗教学校因女教师与一个男人非婚同居而终止该教师的雇佣合同。但这位女教师的雇佣合同规定，她的私生活必须符合教派的教义。拒绝上诉请求, 531 U. S. 1076 (2001)。

[79] Mitchell v. Bd. of Trs., 599 F. 2d 582 (4th Cir. 1979).

[80] International Union, United Auto., Aerospace, & Agric. Implement Workers of Am. v. Johnson Controls, 499 U. S. 187 (1991).

[81] 参见 Hoeflinger v. W. Clermont

Local Bd. of Educ., 478 N. E. 2d 251 (Ohio Ct. App. 1984)。

[82] Nashville Gas Co. v. Satty, 434 U. S. 136 (1977).

[83] 参见 Cleveland Bd. of Educ. v. LaFleur, 414 U. S. 632 (1974)。

[84] 参见 deLaurier v. San Diego Unified Sch. Dist., 588 F. 2d 674 (9th Cir. 1978)。

[85] Cal. Fed. Savings & Loan Ass'n v. Guerra, 758 F. 2d 390, 396 (9th Cir. 1985), 维持原判, 479 U. S. 272 (1987)。

[86] Schafer v. Bd. of Pub. Educ., 903 F. 2d 243 (3rd Cir. 1990).

[87] United States v. Bd. of Educ., 983 F. 2d 790 (7th Cir. 1993); EEOC v. Elgin Teachers Ass'n, 27 F. 3d 292 (7th Cir. 1994).

[88] 参见 Abeita v. TransAmerica Mailings, 159 F. 3d 246 (6th Cir. 1998)。

[89] 参见 Oncale v. Sundowner Offshore Servs., 523 U. S. 75 (1998)。

[90] Succar v. Dade County Sch. Bd., 229 F. 3d 1343 (11th Cir. 2000).

[91] 除了根据《民权法案》第七条提起诉讼之外，原告还可以以州雇佣法律或者州侵权法律为依据提起诉讼。侵权主张可以包括故意施加精神压力、殴打及人身攻击、侵犯隐私权以及诽谤。参见 Helmick v. Cincinnati Word Processing, 543 N. E. 2d 1212 (Ohio 1989)。

[92] 参见 Highlander v. K. F. C. Nat'l Mgmt. Co., 805 F. 2d 644, 648 (6th Cu. 1986). 又见 Townsend v. Ind. Univ., 995 F. 2d 691 (7th Cir. 1993)。该案中，一位雇员因为受到了直接主管的性骚扰产生了心理压力，被扣发了工资。法院裁示，根据第七条的规定，该雇员可以获得工资补偿。

[93] 参见 Haugerud v. Amery Sch. Dist., 259 F. 3d 678 (7th Cir. 2001)。该案中，法院裁示，一次极端严重的骚扰事件可以上升到可诉的水平，几起不太严重的骚扰事件也是可诉的。Klemencic v. Ohio State Univ., 10 F. Supp. 2d 911 (S. D. Ohio 1998)。该案中，法院认定，原告没有提供足够的证据证明其所处的环境具有敌视性。

[94] 477 U. S. 57 (1986).

[95] 参见 Weinsheimer v. Rockwell Int'l Corp., 754 F. Supp. 1559 (M. D. Fla. 1990), 维持原判，但是法院没有公布法官意见, 949 F. 2d 1162 (11th Cir. 1991)。该案中，法院裁示，强有力的证据说明，原告是造成充满了性暗示的粗俗环境的最普通、最生动的参与者。

[96] 510 U. S. 17 (1993).

[97] 524 U. S. 742 (1998).

[98] 524 U. S. 775 (1998).

[99] 参见 Allen v. Dep't of Employment Training, 618 A. 2d 1317 (Vt. 1992)。

[100] City of L. A. Dep't of Water & Power v. Manhart, 435 U. S. 702 (1978).

[101] Ariz. Governing Comm. for Tax Deferred Annuity & Deferred Compo Plans v. Norris, 463 U. S. 1073 (1983).

[102] 根据第十四修正案的规定，理性基础的审查可以适用于主张显见性歧视的案件中，但是，在主张歧视从表面上看是中立的案件中，必须证明歧视的目的。

[103] 参见 Evans v. Romer, 517 U. S. 620 (1996)。该案中，法院禁止州实施或同意由选民制定的宪法修正案。这种宪法修正案规定：男同性恋、女同性恋或者双性恋的取向、行为、经验或关系不能作为受保护的基础。

[104] 对立判决见 Beahr v. Miike, Civil No. 91-1394 (Haw. Sup. Ct. Dec. 3, 1996)。该案中，法院裁示，州可以拒绝向同性伴侣发放结婚证。

[105] 参见 Rutgers Council of AAUP

Chapters v. Rutgers，689 A. 2d 828（N. J. Superior Ct.，App. Div. 1997）。

［106］28 V. S. C. §1738 C（2002）。

［107］参见 Tannerv. Or. Health Scis. Univ.，971 P. 2d 435（Or. Ct. App. 1998）。

［108］Schroeder v. Hamilton Sch. Dist.，282 F. 3d 946（7th Cir. 2002）。对立判决见"California Lesbian Teacher Settles Harassment Lawsuit," *School Law News*（June 7, 2002），p. 5。一位女同性恋教师收到了140美元的安置费用。她根据《公平雇佣与安置法案》（Fair Employment and Housing Act）提起诉讼，主张受到了骚扰且没有获得晋升。

［109］对立判决见 Rowland v. Mad River Local Sch. Dist.，730 F. 2d 444（6th Cir. 1984）；Gaylord v. Tacoma Sch. Dist. No. 10，559 P. 2d 1340（Wash. 1977），第9章第216条注释所对应的正文。

［110］参见第11章第122~124条注释所对应的正文。

［111］Glover v. Williamsburg Local Sch. Dist.，20 F. Supp. 2d 1160（S. D. Ohio 1998）。

［112］Das v. Ohio State Univ.，115 F. Supp. 2d 885（S. D. Ohio 2000）。该案中，法院认定，根据《哥伦布市法典》（Columbus city code）的规定，原告是她所在部门唯一的女同性恋者，一位同事注意到她办公室里有五彩旗的事实不足以确立"性倾向歧视"案件。

［113］530 U. S. 640（2000）。

［114］又见 Hall v. Baptist Mem, Health Care Corp.，215 F. 3d 618（6th Cir. 2000）。该案中，一位女同性恋学生服务专家因其言论和表达出来的性爱好而被终止了雇佣合同，法院认定教育委员会的行为没有违反《民权法案》第七条关于宗教信仰的规定。法院的理由是，虽然他所在的实体是宗教性质的，但是这个事实并不能将教师的解雇归为是因为宗教信仰。

［115］如果雇员主张政府基于宗教原因而作出的显见性歧视的决定或主张违反了"平等保护"条款的话，严格审查或合理基础审查都是适用的，具体使用哪一种，取决于歧视的表现形式。如果政府的行为侵犯了雇员依据第一修正案而享有的宗教信仰自由（基本权利），就适用严格审查；另一方面，如果雇员是宗教歧视的牺牲品，但是自由地进行宗教活动的机会并没有受到影响，此时就适用合理基础审查。另外必须证明涉及表面中立的歧视案件的意图。参见第2章关于第一修正案适用于学校中的讨论。

［116］42 U. S. C. §2000e-1（a）（2002）。

［117］参见 Beauregard v. City of St. Albans，450 A. 2d 1148（Vt. 1982）。该案中，法院裁示，不能限制教育委员会成员的宗教偏好。

［118］参见 Torcaso v. Watkins，367 U. S. 488（1961）。该案中，法院裁示，要求公证机关工作人员在得到委任之前公开宣布他信仰上帝，这种行为违反了第一修正案的规定。

［119］参见 Mounla-Sakkal v. Youngstown Hosp. Ass'n，25 Fed. Appx. 414（6th Cir. 2002）。该案中，原告没能够证明她因经常生病住院而遭到了不适当的解雇。法院判决维持即决审判中关于宗教歧视主张的结论。

［120］United States v. Bd. of Educ.，911 F. 2d 882（3rd Cir. 1990）。

［121］McGlothin v. Jackson Mun. Separate Sch. Dist.，829 F. Supp. 853（S. D. Miss. 1992）。

［122］Cooper v. Eugene Sch. Dist. No. 4J，723 P. 2d 298（Or. 1986）。

［123］432 U. S. 63（1977）。

［124］Graff v. Henderson，30 Fed. Appx. 809（10th Cir. 2002）。又见 Beadle v.

Hillsborough County Sheriffs Dep't, 29 F. 3d 589 (11th Cir. 1994)。该案中,一位基督复临派成员(Seventh Day Adventist)因拒绝在星期五的日落到星期六的日落这段时间内工作而被解雇。法院认定,解雇决定没有违反《民权法案》第七条的规定。对立判决见 Abramson v. William Paterson Coil., 260 F. 3d 265 (3rd Cir. 2001)。该案中,一位正统犹太教的教授主张因她拒绝在节假日和安息日(the Sabbath)里工作而受到了宗教歧视和报复,低级法院简易审判后向该教授所在大学下达指令,上诉法院推翻原判。

[125] 757 F. 2d 476 (2nd Cir. 1985), 维持原判, 479 U. S. 60 (1986)。

[126] 参见 Ansonia Bd. of Educ. v. Philbrook, 479 U. S. 60, 71 (1986)。

[127] Pinsker v. Joint Dist. No. 28J, 735 F. 2d 388 (10th Cir. 1984)。

[128] Sedalia # 200 Sch. Dist. v. Mo. Comm'n on Human Rights, 843 S. W. 2d 928 (Mo. Ct. App. 1992)。

[129] Shelton v. Univ. of Med. & Dentistry, 223 F. 3d 220 (3rd Cir. 2000)。

[130] 参见 Habib v. NationsBank, 279 F. 3d 563 (8th Cir. 2001)。该案中,雇员请病假却拿不出医生的诊断处方,教育委员会以不服从为由终止了其雇佣合同。法院判决支持教育委员会的决定。该雇员主张她之所以遭到解雇的真正理由是她每天必须祈祷5次,每次15分钟。Babbar v. Ebadi, 36 F. Supp. 2d 1269 (D. Kan. 1998)。该案中,法院认定大学提供了中立的、拒绝原告终身雇佣合同的理由,例如,缺少研究经验、缺乏合作精神。

[131] 参见 Lee v. Wise County Sch. Bd., No. 97-1471, 1998 U. S. App. LEXIS 367 (4th Cir. Jan. 12, 1998)。该案中,法院的判决结论是,原告不但没有得到好处,而且缺乏证据证明他被重新安排为篮球教练的正当性。经证实,卫理公会派教徒不是影响因素。

[132] 参见 Rosenbaum v. Bd. of Trs., No. 98-1773, 1999 U. S. App. LEXIS 4744 (4th Cir. March 19, 1999)。该案中,法院没有找到证据证明学院没有合理处置原告们的宗教假日问题。

[133] 如果以性别因素为依据对个体进行归类的显见性歧视程序和实践与合法的管理目标合理相连,这种程序和实践就可以满足"平等保护"条款的要求;反之,只有在能够充分证明歧视性意图的情况下,才可以成功地针对"表面中立的标准"提起诉讼。参见 Gregory v. Ashcroft, 501 U. S. 452 (1991)。

[134] 29 U. S. C. §621 et seq. (2002)。

[135] 29 U. S. C. §623 (a) (J) (2002)。

[136] 参见 Hazen Paper Co. v. Biggins, 507 U. S. 604, 617 (1993)。

[137] 29 U. S. C. §626 (b) (2002)。参见 Espinueva v. Garrett, 895 F. 2d 1164, 1165 (7th Cir. 1990)。

[138] 528 U. S. 62 (2000)。

[139] 参见第11章第214条注释所对应的正文。

[140] 参见 Childers v. Morgan County Bd. of Educ., 817 F. 2d 1556 (11th Cir. 1987)(校车司机); Iervolino v. Delta Air Lines, 796 F. 2d 1408 (11th Cir. 1986)(领航员)。

[141] 参见本章第16条注释所对应的正文。

[142] Wooden v. Bd. of Educ., 931 F. 2d 376 (6th Cir. 1991)。

[143] 参见 Narin v. Lower Merion Sch. Dist., 206 F. 3d 323 (3rd Cir. 2000)。

[144] Byrnie v. Town of Cromweli, Bd. of Educ., 243 F. 3d 93 (2nd Cir. 2001)。

[145] 29 C. F. R. §1625. 10 (a) (J) (2002)。

[146] 参见 Oubre v. Entergy Operations, 522 U. S. 422 (1998)。该案中，法院判决结论是，解雇合同没有遵守《雇佣中的年龄歧视法案》的规定。

[147] 参见 Ware v. Howard Univ., 816 F. Supp. 737 (D. D. C. 1993). 对立判决见 Rowe v. Marley Co., 233 F. 3d 825 (4th Cir. 2000)。该案中，法院判决注释，原告没有证明前雇主实施裁员的理由都是借口。

[148] 参见 Brennan v. Metro. Opera Ass'n, 192 F. 3d 310 (2rd Cir. 1999)。该案中，法院判决注释，代替者比原告年轻很多的事实与代替者是否超过40岁相比，是证明年龄歧视的一个更有价值的指标。O'Connor v. Consol. Coin Caterers Corp., 517 U. S. 308 (1996)。该案中，法院的判决结论是，与代替者是否不属于受保护的阶层——例如40多岁——相比，我们更应当考虑的问题是：雇员是否被另一个比他/她年轻很多的人代替了。

[149] 临时性雇员没有合同或工作预期，可以在任何时间离开或被终止任期。

[150] 530 U. S. 133 (2000).

[151] 参见 Schwarz v. Northwest Iowa Cmty. Coil., 881 F. Supp. 1323 (N. D. Iowa 1995).

[152] Lee v. Rapid City Area Sch. Dist. No. 51-4, 981 F. 2d 316 (8th Cir. 1992).

[153] 参见 Galabya v. New York City Bd. of Educ., 202 F. 3d 636 (2rd Cir. 2000).

[154] 参见 Passer v. Am. Chern. Soc'y, 935 F. 2d 322 (D. C. Cir. 1991).

[155] 参见 Moore v. Reese, 817 F. Supp. 1290 (D. Md. 1993).

[156] 参见 Horwitz v. Bd. of Educ., 260 F. 3d 602 (7th Cir. 2001)。该案中，法院裁示，前任教师无法证明教育委员会提出的、终止其雇佣合同的31条理由都是借口。

[157] 参见 United Air Lines v. McMann, 434 U. S. 192 (1977).

[158] 29 U. S. C. §623 (i)(1)(2002). 参见 Karlen v. City Coils. of Chi., 837 F. 2d 314 (7th Cir. 1988).

[159] Solon v. Gary Cmty. Sch. Corp., 180 F. 3d 844 (7th Cir. 1999).

[160] 507 U. S. 604 (1993).

[161] 关于违约金的讨论参见 Trans World Airlines v. Thurston, 469 U. S. 111, 126 (1985).

[162] 权威地说，法院裁示，如果雇主为了阻止雇员参加退休计划而解雇雇员的话，雇主就违反了《雇员退休收入安全法案》(Employee Retireement Income Security Act) 第510条 [29 U. S. C. §§1001 to 1461 (2002)] 的规定。

[163] Hazen Paper Co., 507 U. S. 615.

[164] 在残疾歧视非常明显的情况下，在证据明显表明所主张的歧视从表面上看是中立的时候，第十四修正案要求使用合理基础审查。

[165] 29 U. S. C. §794 (2002).

[166] 42 U. S. C. § 12101 et seq. (2002).

[167] 29 U. S. C. §794 (a) (2002).

[168] Owens v. S. Devel. Council, 59 F. Supp. 2d 1210 (M. D. Ala. 1999).

[169] 531 U. S. 356 (2001).

[170] 参见 Mt. Healthy City Sch. Dist. v. Doyle, 429 U. S. 274 (1977)。该案中，法院的判决结论是，学区无权声称它可以根据第十一修正案而申请免责，因为根据州法律的规定，教育委员会更像一个县或市，而不是"州的代理机关"。

[171] 将 Merillat v. Mich. State Univ., 523 N. W. 2d 802 (Mich. Ct. App. 1994) 与 Amadiov. Ford Motor Co., 238 F. 3d 919 (7th Cir. 2001) 相比。在前一案件中，一位大学报务员的精神和情感受到了损害，法院判决她是残疾人。在后一案件中，法

院判决注释为,一个原告仅仅出示证据证明雇主知道他/她受伤的情况是不够的;原告还必须能够证明雇主认为这种伤害从根本上限制了其主要的日常活动。

[172] 参见 Kellogg v. Union Pac. R. R. Co., 233 F. 3d 1083 (8th Cir. 2000)。

[173] 参见 Sullivan v. River Valley Sch. Dist., 197 F. 3d 804 (6th Cir. 1999)。

[174] 34 C. F. R. §104. 3 (j) (2) (i) (2002)。

[175] 参见 Shafer v. Preston Mem. Hosp. Corp., 107 F. 3d 274 (4th Cir. 1997)。该案中,一位护士因为偷窃药品而被终止了雇佣合同,法院判决支持雇主提出的简易审判的请求。虽然在终止雇佣合同的当天没有人抓住她偷拿药品,但她是一个"正在"滥用药品的人。

[176] 参见 Reed v. LePage Bakeries, 244 F. 3d 254 (1st Cir. 2001)。该案中,法院认定,一个患有精神疾病的面包店工人被解雇了,原因是其做出的不服从行为和威胁性行为,而不是残疾。Palesch v. Mo. Comm'n on Human Rights, 233 F. 3d 560 (8th Cir. 2000)。该案中,一位女职工威胁说要开枪打死同事,她因而遭到了解雇。她依据《美国残疾人法案》和其他法律提起诉讼,法院驳回了她的起诉。Palmer v. Circuit Court of Cook County, Soc. Servs. Dep't, 905 F. Supp. 499 (N. D. Ill. 1995)。该案中,法院判决的结论是,雇员表现出来的、辱骂和威胁同事的行为表明,他不适合于该职位的工作。

[177] 参见 Kelly v. Drexel Univ., 94 F. 3d 102 (3rd Cir. 1996)。该案中,法院裁示,雇员臀部受伤,不会从根本上限制其主要日常活动;依据《美国残疾人法案》的规定,不能将其判定为残疾。

[178] 例如,通过佩戴隐形眼镜来矫正视力是一种积极的缓解措施。而药物治疗带来的副作用就是消极的。参见 Ozlowski v. Henderson, 237 F. 3d 837 (7th Cir. 2001)。该案中,法院裁示,原告不时进行药物治疗,导致他在工作时间进入睡眠状态。

[179] Sutton v. United Airlines, 527 U. S. 471 (1999); Murphy v. United Parcel Serv., 527 U. S. 516 (1999)。

[180] 29 C. F. R. §1630. 2 U (1), (2) (2002)。

[181] 将 Williams v. Toyota Motor Mfg., 224 F. 3d 840 (6th Cir. 2000) 与 Chanda v. Engelhard/ICC, 234 F. 3d 1219 (11th Cir. 2000) 相比。在前一案件中,法院拒绝了简易审判的请求。因为法院裁示,一个有理性的陪审团应当判断得出原告的腱鞘炎(tendonitis)从根本上限制了他的主要工作活动。在后一案件中,法院认定,原告的腱鞘炎不是根本的限制因素。

[182] 参见 LeBron-Torres v. Whitehall Laboratories, 251 F. 3d 236 (1st Cir. 2001)。该案中,法院裁示,原告没能够证明她受到了根本的限制,不仅不能从事大多数的工作,还在最近所从事的两项工作——例如,机械操作员和发型设计师——上也受到了限制。Russell v. Clark County Sch. Dist., No. 98-17194, 2000 U. S. App. LEXIS 17460 (9th Cir. Feb. 9, 2000)。该案中,法院判定教师的哮喘病没有从根本上限制其呼吸。Pryor v. Trane Co., 138 F. 3d 1024 (5th Cir. 1998)。该案中,法院认定,与普通人一样,原告不能负重,但这并不影响她从事大多数的工作。

[183] 29 C. F. R. §1630. 2 (j) (2), (3) (2002)。又见 Mustafa v. Clark County Sch. Dist., 876 F. Supp. 1177 (D. Nev. 1995)。该案中,法院裁示,为了证实某项残疾从根本上限制了个体的活动,必须说明残疾限制了某一类雇佣而不仅仅是某个工作。

[184] 534 U. S. 184 (2002)。

[185] Pandazides v. Va. Bd. of Educ.,

946 F. 2d 345 (4th Cir. 1991), 发回重审, 804 F. Supp. 794 (B. D. Va. 1992)(考试焦虑); Beauford v. Father Flanagan's Boys' Home, 831 F. 2d 768 (8th Cir. 1987)(精细教学系统适应困难); Forrisi v. Bowen, 794 F. 2d 931 (4th Cir. 1986)(恐高症); de la Torres v. Bolger, 781 F. 2d 1134 (5th Cir. 1986)(左撇子); Tudyman v. United Airlines, 608 F. Supp. 739 (D. C. Cal. 1984)(体重过重)。

[186] Winston v. Me. Technical Coil. Sys., 631 A. 2d 70 (Me. 1993).

[187] Motzkin v. Trs. of Boston Univ., 938 F. Supp. 983 (D. Mass. 1996).

[188] 参见 Carr v. Reno, 23 F. 3d 525 (D. C. Cir. 1994); Walders v. Garrett, 765 F. Supp. 303 (E. D. Va. 1991), 维持原判, 956 F. 2d 1163 (4th Cir. 1992); Santiago v. Temple Univ., 739 F. Supp. 974 (B. D. Pa. 1990), 维持原判, 没有公布法官意见, 928 F. 2d 396 (3rd Cir. 1991); Bernard v. Avoyelles Parish Sch. Bd., 640 So. 2d 321 (La. Ct. App. 1994)。

[189] Tyndall v. Nat'l Educ. Ctrs., 31 F. 3d 209 (4th Cir. 1994).

[190] 480 U. S. 273 (1987), 发回重审, 692 F. Supp. 1286 (M. D. Fla. 1988).

[191] 参见 Vollmert v. Wis. Dep't of Trans., 197 F. 3d 293 (7th Cir. 1999)。该案中, 雇主将一位患有诵读困难和学习障碍的雇员调动到晋升机会较少的工作岗位上, 法院认定, 雇主没有合理安置这位雇员。这样的调动是不合适的, 因为, 雇主并没有合理处置先前的工作。

[192] 参见 Smith v. Midland Brake, 180 F. 3d 1154 (10th Cir. 1999)。全体出庭法官听审。该案中, 法院判决的结论是, 《美国残疾人法案》要求, 如果雇员无法履行现有工作的基本职责, 但是能够履行新的工作职责、雇主应将残疾雇员重新安置在空闲的工作岗位上。Aka v. Washington Hosp. Ctr., 156 F. 3d 1284 (D. C. Cir. 1998)。全体出庭法官听审。该案中, 法院的判决结论是, 雇员无法履行现有工作岗位职能的时候, 医院必须将其重新安排到空闲的工作岗位上。

[193] 参见 Ozlowski v. Henderson, 237 F. 3d 837 (7th Cir. 2001)。

[194] 参见 EEOC v. Humiston-Keeling, 227 F. 3d 1024 (7th Cir. 2000)。

[195] 参见 Whitney v. Bd. of Educ., 292 F. 3d 1280 (10th Cir. 2002)。

[196] 参见 Merrell v. ICEE-USA Corp., No. 99-4173, 2000 U. S. App. LEXIS 33327 (10th Cir. 2000)。该案中, 法院判决注释为, 允许一位采购生产碳酸饮料机器的男性雇员履行基本工作职能的唯一处理办法就是雇主再雇用一个人和该雇员一起工作, 承担起搬运重物的职责; 法院裁示, 这种安置方法增加了雇主的负担。Deas v. River West, 152 F. 3d 471 (5th Cir. 1998)。该案中, 原告患有一些小病或者"无法"抓握, 雇主便判断她无法适应现有的麻醉技师的岗位。法院审理认定, 这种判断是恰当的。她可能会言语迟钝, 似乎无法清醒认识周围环境。

[197] Estate of Mauro v. Borgess Med. Cir., 137 F. 3d 398 (6th Cir. 1998).

[198] 参见 Haulbrook v. Mi-chelin N. Am., 252 F. 3d 696 (4th Cir. 2001); Borgialli v. Thunder Basin Coal Co., 235 F. 3d 1284 (10th Cir. 2000); Robertson v. Neuromemcal Ctr., 161 F. 3d 292 (5th Cir. 1998); Metzenbaum v. John Carroll Univ., No. 1: 96cv1387, 1997 U. S. Dist. LEXIS 17340 (N. D. Ohio Oct. 22, 1997)。又见 Cadelli v. Fort Smith Sch. Dist., 23 F. 3d 1295 (8th Cir. 1994)。该案中, 法院裁示, 一位患有焦虑恐惧失调的教师经药物治疗之后可以进行大多数日常活动了; 但是,

车祸后遗症导致他罹患了短期记忆丧失和听力障碍，他不是被迫退休，而是自动辞职。

[199] 参见 Spells v. Cuyahoga Cmty. Coli., 889 F. Supp. 1023 (N. D. Ohio 1994); 维持原判, 没有公布法官意见, 51 F. 3d 273 (6th Cir. 1995); Schwarz v. Northwest Iowa Cmty. Coli., 881 F. Supp. 1323 (N. D. Iowa 1995)。

[200] Griel v. Franklin Med. Ctr., 234 F. 3d 731 (1st Cir. 2000).

[201] Newberry v. E. Tex. State Univ., 161 F. 3d 276 (5th Cir. 1998).

第11章
雇佣的终止

按照州法律的规定，教育委员会有权终止学校工作人员的雇佣合同。一般来说，这些法律还规定了终止教师雇佣合同的原因以及应当遵守的程序。法律还明确规定，判断教师是否适合于教学，也属于教育委员会所拥有的权利。事实上，法院已经宣布，做这样的判断既是教育委员会的权利，也是教育委员会的义务。美国最高法院认为：

> 教师的工作环境——教室——是学校里最敏感的地方。在教室里，教师按照社会的要求塑造着青年人的性情。对这一点，州政府有着深刻的认识。所以，必须保证学校的正直与诚实。毫无疑问的是，教育委员会有权利，同时也有义务，筛选管理人员、教师和其他雇员，以保证这些人能够维护学校的正直与诚实、使学校成为有序社会的一部分。[1]

本章的论述中心为，终止教师雇佣合同时必须遵从的程序问题以及解雇教师的法律依据。本章的第一部分回顾了正当程序问题，正当程序与雇佣合同的不续聘及解雇是息息相关的。只有当教师能够证明自己受宪法保护的财产权或人身权受到侵害时，才可以申请启动正当程序，因此这一部分以终止雇佣合同为背景，探讨了教师财产权和人身权的内容及范围。第二部分，作者指出了雇佣过程中存在的一些特殊程序要求并加以讨论。第三部分，作者论述的是法院对州法律中有关解雇理由所做的司法解释。在本章的第四部分，作者向教师们介绍了一旦权利受到了侵犯可以获得的救济问题。

程序性正当程序概述

宪法第十四修正案规定：所有的州"不经法律规定的正当程序"都不可以"剥夺任何人的生命、自由或者财产"[2]，这便包括了基本的正当程序权利。正当程序保护不仅适用于司法诉讼，也适用于政府机构——诸如教育委员会——的行动。正如我们在第1章中所讨论的那样，宪法规定的正当程序具体包括**实体性保护**和**程序性保护**：实体性正当程序权利保护个体免遭政府任意做出的行为的伤害；而当政府行为威胁到个体的生命、自由或者财产权利的时候，个体便可以使用程序性正当程序权利。大多数教师提起的、有关雇佣合同终止的案件都集中在程序性正当程序的启动之上。

当个体和公共利益存在冲突时，相关的州法律就会对程序性正当程序产生实质

性的影响。法院已经认定，教师在公共聘任过程中拥有的利益可以包括重要的"财产权"和"人身权"，那么，在教师的雇佣合同终止之前必须启动正当程序。**财产权**指的是根据州法律的规定而"拥有合法的权利可以主张"继续受到雇用。[3]授予终身制就是将这种权利赋予了教师。[4]同样地，雇佣合同在合同的有效期内也确立了聘任中的财产权。[5]然而，继续聘任的财产权并不意味着不能解雇个体，它仅仅意味着雇主的解雇行为必须遵守正当程序的要求，必须出于可以证实的理由而已。[6]

司法部门已经认识到，宪法第十四修正案中规定的人身权包括了宪法规定的基本权利，如言论自由。如果一项雇佣合同的终止暗含着这种基本自由的话，就可以请求程序性正当程序。如果终止雇佣合同使得个体蒙羞或者损害了个体的名誉，阻碍了个体未来的工作机会，那就涉及了人身权问题。如果终止雇佣合同涉及受保护的人身权或财产权，根据宪法第十四修正案的规定，教师享有的权利至少是被告知教育委员会采取行动的原因并给予听证的机会。

雇佣合同的终止可以分为两类：解聘和不续聘，为终身制教师和非终身制教师提供的程序保护是截然不同的，本节将具体讨论两者之间的区别。此处，必须特别注意的问题是，在什么样的情况下，非终身制教师在聘任中可以获得受保护的人身权或财产权，从而据此申请程序性正当程序。

解 聘

解聘这个词的意思是，有理由地终止终身制教师的雇佣合同或者在合同期内终止试用期教师的雇佣合同。有关终身制的制定法和雇佣合同都确定了教师享有财产权，所以一旦遭到解雇，教师可以申请完全的程序保护。[7]除了宪法规定的、恰当告知和提供听证机会这两项基本要求之外，州法律和教育委员会政策通常来说也制定有必须遵从的具体程序。不遵从这些附加的程序，至少是违反了州法律的规定，但是不算违反宪法的要求。[8]各州制定法对正当程序的具体规定差别非常大，有些州详细规定了程序的具体步骤，有些州仅仅是确定了宽泛的参考程序。教育委员会不仅要遵守这些州法律，还必须遵守委员会的政策中确定的程序，即使这些自定的程序超越了州法律。例如，如果教育委员会政策规定，对于不适于教学的人进行初步的告知并为其提供改正机会的话，在具体的操作过程中，教育委员会就必须严格按照这些步骤行事，先向教师提出警告督促其改正，然后才能进入解雇程序。

在解聘过程中，有一个至关重要的要素，就是说明终止雇佣合同的合理原因。如果州法律对解聘的理由进行了详细而具体的规定，教育委员会就必须依据这些理由进行解聘工作。如果教育委员会的解聘行为不是以制定法为依据的，那么终止雇佣合同的决定就是无效的。因为各州的制定法一般都罗列了解聘理由的大致内容，诸如，无能力、不服从、不道德、非专业性行为和玩忽职守，所以在告知教师解聘决定时，必须说明教育委员会依据哪些具体行为作出的解聘决定。程序保护不但确保教师能够了解自己被解聘的特殊原因及理由，而且保证了教育委员会基于正当的理由、确凿的证据而作出决定。本章后面的章节中将介绍有关程序性正当程序权利以及有理由解聘的具体内容。

不续聘

除非各州法律有特殊的规定，否则合同期的教师是不可以因为雇佣合同的不续聘问题而申请程序性保护的。[9]在合同期即将结束的时候，学区可以有理由或者无理由地终止教师的雇佣合同，只要学区所持的理由不是宪法所禁止的（如，受保护的言论遭到拒绝）。[10]最常见的制定法的规定是，学区必须在合同期满之前的某一个规定的日子里或者在那个日子到来之前将不续签雇佣合同的决定告知教师。法院对不续聘决定的告知时间进行了严格的解释。如果制定法规定了雇佣合同不续签的最后期限，教育委员会就必须在确定的日期或在那个日期之前将不续聘的决定告知教师。教育委员会已经开始进行告知的事实（如，通过邮局递送不续签雇佣合同的决定）并不符合制定法的规定；教师实际接收到告知通知的时间是至关重要的。[11]教师不可以回避或者故意阻碍该通知书的送达，然后声称告知程序无效。[12]如果学校管理人员没有注意到告知的最后期限而延误了通知，那么该教师在接下来的一年里将继续保持工作[13]，甚至按照一些司法管辖区域的规定，该教师还可以获得终身聘任。

在教师雇佣合同不续聘这个问题上，一些州要求学校出具书面的理由，甚至可以应教师的请求为其提供听证的机会。[14]与为解聘教师举行的证据性听证不同，为雇佣合同不续签的教师举行的听证不要求学校出示不续聘的理由[15]；教育委员会只需向教师展现一些不续聘的潜在原因，教师也只不过是得到了一次在教育委员会面前进行辩白的机会。如果教育委员会有义务说明不续签雇佣合同的原因，那么，内容宽泛的一般性阐述——诸如，"为了更好地保护学区的权利"、"学区可以找到更好的教师"或者"定期合同到期"——是不充分的。阿肯色州高等法院提出，州法律要求教育委员会给出"简单但完整的理由"。[16]密西西比州最高法院强调，虽然教育委员会必须提出"可论证的理由"供其作出不续签雇佣合同的决定，但是举证责任仍然由教师承担，教师必须找出证据来证明教育委员会没有任何依据便作出了不续签雇佣合同的决定。[17]如果州法律具体规定了不续签雇佣合同的理由和程序，而教育委员会没有遵守这些规定，那么，教育委员会的决策无效。例如，在亚利桑那州，如果教育委员会作出不续签雇佣合同的决定的主要依据是教师的工作绩效不高，教育委员会就必须将自己不打算继续聘用教师的意向提前告知教师，并给出90天的时间以便该教师改进工作绩效。[18]在俄亥俄州，如果教育委员会评价教师时，没有遵从法定的程序，可能导致其作出的不续签教师雇佣合同的决定将遭到否决，教师在接下来的一年里依然可以从事原来的工作。[19]另外，教育委员会不仅必须遵守州法律，还必须充分地遵从自己制定的不续签雇佣合同的程序。[20]

虽然州法律没有为试用期教师提供具体的程序保护，但是，如果宪法第十四修正案赋予教师的人身权或财产权受到了侵害，该教师连续受雇于公关部门的权益可以获得宪法的保护。一旦这些权利受到侵害，试用期教师便有权享有类似于终身制教师所享有的正当程序权利。我们将在下文中讨论这些权利。

财产权和人身权的内容

在1972年作出的两个著名判决——**雷金茨委员会诉罗思案**[21]（Board of Regents v. Roth）和**佩里诉辛德曼案**[22]（Perry v. Sindermann）——中，美国最高法院强调了宪法第十四修正案中所涵盖的公民权利的范围。这两个判决解决了"人身权或财产权受到侵犯是否促使试用期教师享有类似于终身制教师所拥有的正当程序权利"的问题。虽然这两个判例涉及的是高等教育机构中的雇员，但是所制定的原

则可以平等地适用于公立中小学教师。

在**罗思案**中，法院需要解决的问题是，非终身制教师是否拥有"知道不续签雇佣合同的原因"及在雇佣合同不续签行为发生之前要求举行听证的宪法权利。罗思与学校签订的合同是一种一年期的合同，其所在的大学决定第二年不再继续聘用他。因为罗思不是终身制教师，所以，根据威斯康星州的法律，大学不必向他解释什么或者举行听证，大学只是简单地处理了一下、不再签订雇佣合同而已。罗思对不续签雇佣合同的决定提出质疑，声称学校没有告知自己不续签雇佣合同的理由，没有为自己提供听证机会，因此损害了自己的正当程序权利。

最高法院判定，除非原告能够证明自身受保护的人身权或财产权受到了损害，否则，学校便不需要为原告的雇佣合同不再被续签提供程序保护。为了确定人身权是否受到伤害，法院认为，教师必须出示证据证明雇主的行为：（1）损害了他/她的名誉或其在社区中的地位；或者（2）给其带来耻辱，阻碍了他/她其他的就业机会。罗思提供的证据显示，雇主作出的不续签雇佣合同的决定对他的名誉或未来的工作并没有产生什么损害。因此，法院判决："一个人仅仅不受雇于一项工作，在寻找另外的工作之时仍然和以前一样自由，这种情况下说他的'人身权'遭到剥夺，那就是不当地扩展了人身权这个概念。"[23]

法院同时也驳回了罗思的另一个诉求，即他拥有受保护的财产权，使得他可以继续受到聘用。法院认为，为了确立有效的财产权，个体提供的理由不能仅仅是"从理论上说需要或者渴求"该工作岗位，个体必须有一个"权利的合理主张"。[24] 财产权不是由联邦宪法规定的，而是由州法律或者雇佣合同确定的，州法律或雇佣合同确立财产权的目的是保证个体可以得到特定的权益。仅仅是对于继续聘任的理论上的渴求或者单方面的期待，并不能构成财产权。罗思与学校签订的一年期聘用合同以及其所在州的法律规定，并不能支持罗思提出的财产权主张。

在**罗思案**判决的同一天，针对**辛德曼**一案，最高法院对可能导致非终身制教师对重新雇用产生合理期待的条件作出了解释。[25] 辛德曼是一个非终身制教师，从教已经四年了，教育委员会通知他不再与他续签雇佣合同，但是，既没有说明理由，也没有为他提供听证的机会。辛德曼对程序性正当程序的缺失提出了质疑，声称雇佣合同的不续签决定剥夺了他受宪法第十四修正案保护的财产权，侵犯了他基于宪法第一修正案而享有的言论自由。

在提出受到保护的财产权的时候，辛德曼辩称，因为大学没有建立正式的终身制体系，所以，通过各种管理活动和政策的贯彻实施，在实践中确立了一种非正式的、或者说事实上的终身制系统。辛德曼明确引用了大学编订的《员工指导手册》里的一条规定："大学希望得到教职员工们的认同：只要某位教职员工的教学服务令人满意，他就可以获得永久性的终身聘任。"[26] 最高法院发现，辛德曼的主张与罗思的主张明显不同，辛德曼可以根据大学里传播的信息而合理地期待终身聘任，辛德曼的主张是以此为依据而提出的。根据法院的判决，缺少正式的终身制体系，并不妨碍一个组织机构通过其制定的各项人事管理政策而赋予位居某一职位的人享有某些权利。

在考虑辛德曼的言论自由的主张时，最高法院同意这样的说法："一位教师没有获得终身制，并不意味着他不能主张不续签雇佣合同必须以受宪法保护的行为为基础。"一旦教师的实体性宪法权利遭到侵犯，就必须应用程序性正当程序。然而，在后一起案件中，最高法院认为，如果一个不续签雇员合同的决定涉及了教师的宪法权利，教师就负有举证责任，教师必须找出证据以证明教育委员会作出决定的实际原因或诱导原因。[27]一旦法官由教师提供的证据中可以推断出教育委员会存在违宪行为，举证责任就转移到教育委员会的身上，教育委员会必须出示优势证据，证明即使没有发生这些受保护的行为，它们也会作出同样的决定。

罗思案和**辛德曼案**都是审理非终身制教师程序权问题时可供参照的法律先例。概括地说，最高法院判定，非终身制教师不享有受宪法保护的财产权，当再次聘任遭到拒绝时，不可以要求程序性正当程序。然而，教育委员会的某些行为，可能为非终身制教师提供条件，使之可以享有与终身制教师类似的告知和听证权利。这些行为包括：

- 损害个人名誉和正直、诚实的雇佣合同不续签决定；
- 妨碍其他聘任机会的雇佣合同不续签决定；
- 导致有效的、再次聘任诉求的政策和管理实践；
- 违反宪法基本规定的雇佣合同不续签决定。

因为最高法院已经认定，损害教师的财产权或人身权可能引发程序性保护，问题便随之而来：怎样做就是侵犯这些权益？法院有意识地回避对人身权和财产权的概念作出精确的定义，而宁愿让经验和时间来限定这两个概念的含义。[28]1972年以来，最高法院和联邦上诉法院作出了一系列的裁决，为我们理解这两个概念提供了一些指导。

财产权

总的来说，除非州或者地方政府的法令确立了财产权，否则，非终身制的雇员不能以财产权受到侵害为由而诉求再次获得聘任。[29]在一起案件中，特拉华州联邦地区法院发现，特拉华州的一个教育委员会告诉一名校长，如果他的工作绩效能够令人满意，他的合同将会被续签。教育委员会的这个行为使得雇员对再次被聘任产生了合理的预期。[30]法院得出的结论说，校长相信只要自己能够得到令人满意的评价等级，他就会得到再次聘任，这是合理的。相似地，在审理案件时，第七巡回法院发现，向一位教练兼运动员部主任提供两年期的聘任允诺，促使他形成了对连续聘任的合理期待。[31]为了劝说这位运动员部主任接受某一岗位的工作，教育委员会向他保证，他的一年期合同将延长到下一年。根据这个隐性合同，法院判定一年以后教育委员会单方面终止合同侵犯了该运动员部主任的正当程序权利。

受保护的财产权，不是仅仅因为受聘任的时间长就会自然生成。第四巡回法院和第十巡回法院都发现，在州法律、地方政策或者雇佣合同没有相应规定的时候，即使存在一系列一年期合同，也不能有效地支持雇员提出的连续聘任的主张。[32]相似地，虽然制定法或者集体谈判协议可以规定，如果合同不续签的教师提出请求，就应当为其提供听证，并解释合同不续签的原因，但是，这些法律及协议的规定并没有赋予雇员继续聘任的财产权利，因此，雇主拒绝续签合同并不以具备解聘的法定事由为前提。[33]这些规定，只是给予了教师一个可以陈述为什么应当续签合同的机会。[34]

虽然定期合同确立了雇员的财产权，但是，如果学区只是把一位教师或管理人员调离原来的工作岗位或者给他们重新安排工作，一般来说，并不需要启动正当程序，除非有证据可以证明雇员在经济上受到了损失。例如，芝加哥的一位校长被调离原岗位,安排到学区中心办公室工作,该校长便无权要求举行听证,因为他的工资和福利待遇并没有发生变化,专业满足感及专业声誉的丧失不能构成可诉的伤害事由。[35]相反地,第六巡回法院却认为,如果集体谈判协议规定了学区只能根据"出于良好愿望"以及"减轻经济压力"这两种原因而调动教师的工作,那么这种集体谈判协议就确定了雇员对特定学校特定工作岗位的财产权。[36]

如上所述,虽然财产权由州法律或谈判合同确定,但是也可以发源于政策、规章或者法令,这些政策、规章或者法令是政府部门的雇主使用其拥有的法定决策权所制定的。这些政策或规章必须使雇员对聘任产生合理的预期,并赋予雇主相应的义务;只有在这种情况下,雇员才对连续聘任具备财产权利。然而,财产权主张的充分性问题,必须根据州法律来解释,而不论这种主张的起源是什么。在一些情况下,州法律可以限制所主张的财产权。例如,美国最高法院在解释北卡罗来纳州一位雇员的财产权时,依据的是北卡罗来纳州最高法院的判决,"只有当雇主通过**制定法或合同**的规定实际上给予了雇员某种形式的保证的时候,雇员才可以享有可被执行的、继续受雇于州公共部门的期望"[37]。在这个案子中,虽然市政府的法令引发了某教师对于重新聘任的期盼,法院经过审理认为,由于制定法或合同中没有规定义务,市政府有权决定是否继续聘任该雇员。那么,为了确立财产权,就有必要证明:不但雇主的行为促使雇员产生了继续聘任的期望,而且州法律也没有对此类主张作出限制。

人身权

正如前面所论述的,人身权包括基本的宪法权利,诸如,言论自由和隐私权。如果政府在处理雇佣合同不续签的问题时,所采取的行动威胁到这些基本权利的行使,就必须实施程序性正当程序。然而,绝大多数的雇佣合同不续签问题,并不明显地涉及基本权利问题,因此,举证责任就应当由提出申诉的雇员来承担,雇员必须证明雇主提供的理由是借口与托词,为的是掩盖法律所不允许的理由。教师的实体性宪法权利已经在第9章被详细讨论过了。

如果雇佣合同的不续签行为损害了个体名誉的话,就可能会涉及个体的人身权问题。最高法院在**罗思案**中的判决为,损害教师的名誉及将来的聘任,可能会侵犯教师依据宪法第十四修正案而享有的人身权。在随后的一系列判决中,法院具体讨论了在什么条件下不续签的行为会给雇员带来"宪法所不允许的污点"。按照法院的规定,只有当污点或者损害性声明与聘任关系的解除紧密相连、公开宣扬该污点或损害性声明、这些污点或损害性声明被认为是错误的、而且这些污点或者损害性声明真正妨碍了未来的就业机会时,才可以提供程序性保护。[38]

根据这一法律标准,如果政府的行为仅仅是损害了教师的名誉,那么,就不足以请求宪法第十四修正案规定的程序保护。[39]因此,一位教师,如果因重新安排工作、调动工作、暂停工作或者失去晋升机会而影响名誉的话,不能主张人身权受到了侵害。[40]第五巡回法院注意到,雇员的内部工作调动——除非这种工作调动被认为实际上失去了聘任机会——并没有造成实质性利益损失,而这种实质性利益损失是构成人身权所必需的。[41]与此相似,如果个体仍然留在教学工作岗位上,那么他的教练合同没有得到续签同样也不涉及人身权问题。[42]虽然许多这样的聘任行为可能对教师的声誉产生负面影响,但是只要这些教师没有失去聘任工作,它们就没有侵犯教师的人身权。另外,为了证实"个人名誉因不续签而带有污点",个体必须出示证据证明,虽然他曾经请求举行听证以求恢复名誉,但是这个请求遭到了拒绝。[43]

在雇佣合同终止过程中出现的、值得注意的问题是:什么样的指控才会给个人名誉带来污点。单纯的不续签雇佣合同这一个理由是不充分的。正如第九巡回法院注意到的,虽然"几乎每一条解雇理由都可能在某种程度上对个体的能力、气质或性格造成一定的负面影响",但是可以导致人身权受到伤害的条件范围却是很窄的。[44]并不是学校管理人员作出的、对一个人的声誉产生了影响的每一条评论或谴责,都可以依据宪法第十四修正案的规定而提起诉讼。[45]可提起诉讼的控告必须涉及一个人的个性特征,诸如不道德和不诚实,让一个人蒙羞且程度达到了宪法规定的要求,以至于事实上阻碍了个体的其他工作机会。按照第五巡回法院的规定,一项可提起诉讼案件的指控必须是给某一个体打上了"声名狼藉、公众斥责或类似的烙印"[46]。例如,一位生命科学教师在给学生上了一堂关于人类生育的课后,遭到了公众的攻击,学区为此终止了该教师的雇佣合同,法院认为该教师的人身权受到侵害。[47]在这个案子中,上诉法院发现,当地、本国、甚至国际媒体上大肆刊登的、使该教师陷入尴尬境地的文章(如,指称该教师是性躁狂症患者),给该教师带来了大量的骚扰,对他的专业工作造成了永久性的伤害。在另一起案件中,纽约州一位试用期教师的雇佣合同被终止的案件也涉及人身权问题。有人指控这位试用期教师帮助学生在标准化测验中作弊、怂恿其他教师作弊、对另外一个拒绝参与作弊计划的教师进行人身攻击,因此,她的专业诚实与正直以及名誉都受到了严重的伤害。[48]诸如此类的、损害教育者的地位和身份的严重罪名,明显地对教育者未来的聘任能力造成了威胁。[49]

还有其他一些指控,法院也认为需要举行听证:严重的酗酒问题、情绪不稳定、精神疾病、不道德行为、骚扰儿童以及大量的专业违规行为。[50]对人身权不会造成威胁的解雇理由包括:与工作相关的评论,诸如,个性差异及不能与同事合作工作、仇视权威人物、无能力、攻击性行为、无效率的领导行为以及工作绩效不高。[51]与工作绩效有关的指控,可能会对将来的聘任工作产生影响,但是不会造成符合宪法规定的污点。

除非在拒绝聘任的过程中,学区公开宣扬了一些损害性理由,否则便不涉及教师的人身权问题。[52]举行听证的主要目的就是为个体洗清污点、恢复名誉。如果学区没有公开张扬不继续聘任的理由,就不需要为教师举行这种听证。另外,只有在教育委员会,而不是个人、媒体或者其他渠道,大肆宣传这些诬蔑性原因的时候,一般才会影响到教师所拥有的受法律保护的人身权。因此,对于那些应教师的要求而在公共会议上发表的言论或者教师自己向媒体或其他人公开的言论,是不需要提供澄清名誉的听证会的。[53]同样地,不续签雇佣合同所带来的一些谣言或道听途说的传闻,也不会伤害到教师的人身权。在审理一起案件的过程中,第一巡回法院注意到:"就可能会产生的名誉污点而言,公开提起的官方诉讼(诸如过量饮酒)与基于道听途说的传闻而产生的校园谣言之间存在着非常大的差别。"[54]即使是在教育委员会公开宣布委员会之所以作出可能给雇员名誉带来污点的决策的原因之后,是否需要给雇员提供听证机会还取决于双方对这一原因的真实性是否存在争议。如果教师没有对教育委员会提出的理由声明的真实性提出质疑,为恢复名誉而举行的听证就是没有必要的。[55]然而,教师拥有提请听证的权利,该权利的享有并不要求

教师证明教育委员会的理由声明是错误的,这才是听证的真正目的所在。[56]

解聘过程中的程序要求

因为终止终身制教师的雇佣合同或者终止合同期内非终身制教师的雇佣合同均要求启动程序性正当程序,所以,我们的中心议题就变成:什么样的程序是正当的? 法院已经注意到,不存在所有的情境中都可以应用固定程式的正当程序。更确切地说,正当程序承担着在具体的情境中平衡个体利益和公共利益的作用。按照最高法院的规定,在决定正当程序的具体措施时,应当考虑如下问题:

> 首先必须考虑的问题是,将要受到官方行为影响的个人利益;接下来必须考虑的问题是,通过使用的程序而错误剥夺了这些利益之后可能产生的危害,以及使用附加性或代替性的程序保护可能带来的益处,如果会带来益处的话;最后一个应当考虑的问题是公共利益,包括涉及的职能和遵从附加性或代替性程序的要求而必须承担的财政负担及管理负担。[57]

这些标准的应用,要求学区在处理学生停学问题时只使用最小限度的程序,而在处理教师解聘问题时,应当使用范围更广的正式程序。

在最低限度上,宪法第十四修正案要求,解聘程序必须以既定的规则或标准为基础。实际的程序将依赖于州法律、教育委员会规章以及集体谈判协议的规定[58],然而这些法律法规的规定不能低于宪法的最低限度要求。例如,宪法规定听证的费用一律由教育委员会给付,如果制定法要求终身制教师付一半的听证费用,制定法的这项规定就侵害了教师的宪法权利。[59]在评价程序保护的充分性问题时,司法部门要审查其中的某些基本要素是否满足宪法的要求。[60]法院一般认为,如果一个教师面临诸如终止雇佣合同这样严重的损失,就应当启动包括下列基本步骤的程序,以保护教师的合法权益[61]:

- 告知教师控告的存在;
- 给予教师一个听证机会;
- 给予教师充分的、为驳斥控告而做准备的时间;
- 确保教师能够获知证据和证人的姓名;
- 在公正的裁决人面前举行听证;
- 律师进行辩护;
- 出示证据、提供证人;
- 交叉质证;
- 裁决人根据听证时获得的证据和辨明的事实进行裁决;
- 教师可以获得听证的副本或者记录;
- 教师可以对不利决定提出上诉。

除了考虑这些宪法规定的因素之外,法院也严格地执行由州法律及地方政策授予的附加性程序保护。[62]这一类要求,可以是聘任终止之前进行详细的绩效评价、告诉教师其弱点所在以及解聘之前给予教师改进的机会。尽管教育委员会不遵守这些规定可以导致其解聘决定因违反州法律而无效,但是,如果其提供了最低限度的宪法程序,就没有侵害联邦法律授予教师的正当程序权利。[63]

除非是在某些特定的环境中,否则,一般来说,雇员应当在请求司法审查之前，必须穷尽行政复议程序或者集体谈判协议中规定的申诉程序。[64]行政复议可以促进争议在政府机构这一层面上得到解决。此外，如果问题最终交付与司法审查，法院可以参考行政机构发现的事实及其做出的结论。然而，如果行政复议没有带来任何作用的可能或者本身是不恰当的，穷尽内部救济的原则就不必适用。例如，康涅狄格州最高法院经过审理认为，一位受学监胁迫而被迫辞职的校长去寻求行政救济就是无益的，因为该校长被解雇的根据不是制定法规定的各种理由，所以学区内部举行的听证不可能给予该校长期望得到的救济。[65]

正当程序过程的许多方面，都可能会引起人们对其是否恰当进行争论，诸如，告知的充分性、教育委员会成员的公正性以及举证责任的承担主体是谁等。我们在接下来的章节中将详细介绍程序性正当程序的各个方面，而这些方面正是法院在评价教育委员会是否公正时经常要仔细审查的问题。

告　知

总的说来，宪法要求告知必须是及时的，既要把特定的指控通知给教师，又要给教师留出充裕的时间准备辩护。[66]除了宪法中有如此的规定以外，各州制定的法律法规以及教育委员会的政策一般也会就告知的形式、期限及内容作出非常具体的规定。[67]在法律实践中，法院根据告知是否符合宪法及其他规章的要求来判断告知的适当性。如果教育委员会在某些重要的方面不遵守法律的规定，那它的行为就无效。

告知的形式或内容通常是由制定法来进行规定的。在确定告知的恰当性问题的时候，法院一般认定，实质性地遵从告知的形式要求就足够了（相对而言，对告知期限的规定，则必须严格遵守）。根据这个标准，重要的是使雇员充分地知晓将要终止合同的决定，而不是告知的实际形式。例如，如果制定法要求使用带有回执的信件形式进行告知，而实际上学区是将告知用挂号信寄出去的或者是委派专人投递的，都属于实质性地遵从了州法律的要求。然而，如果法律要求的是书面形式的告知，那么，口头告知就不能符合这个规定。如果制定法没有具体规定告知的形式，学区便可以使用任何一种告知形式，只要及时即可。

虽然在讨论告知时应当关注告知的形式和及时性这些重要问题，但是应当考虑的最主要的问题还是对作出某种聘任决定的原因进行陈述。在终止某位教师的雇佣合同的过程中，教育委员会必须针对该教师提起明确的诉讼，诉讼不仅要包括事实基础，还应包括起诉者的姓名。[68]州法律可以对此作出进一步的规定，如，北达科他州要求，告知中出示的聘任终止的原因，必须是先前进行的书面评价所涉及的问题。[69]如果州法律规定了解聘的法定理由，指控就必须以这些制定法规定的理由为根据。但是，如果告知的理由仅仅是简单地、泛泛地重复制定法中列举的法定事由，诸如无能力和玩忽职守，这种指控具有模糊性和不确定性。告知必须说明特定的指控理由，以便于教师准备适当的辩护。举些例子来说明这个问题：内布拉斯加州最高法院认为，仅仅罗列出制定法规定的解聘理由和证人的名单，并不算是告诉教师真正的控诉原因。[70]密苏里州上诉法院认为，诸如"没有很好地组织教学"以及"没有寻求补救措施"均不能提供教师进行辩护所必需的细节。[71]相似地，一个联邦地区法院发现，说明教师应当提高自身水平及提高方式的结论性陈述也不能算是充分的告知。[72]在一些案例中，州法律可以进一步提出要求，要求告知必须说明教师的行为与教师的义务、职责之间的关系。最后,只有告知中提到的指控才能构成解聘教师的基础。[73]

听 证

除了告知以外,有些形式的听证,必须在雇主作出最初的终止雇佣合同决定之前举行,如果在雇佣合同终止后举行这些听证仪式,则不符合联邦宪法中关于正当程序的规定。1985年,美国最高法院审理**克利夫兰教育委员会诉劳德米尔案**(Cleveland Bd. of Education v. Loudermill)时,作出了一个令人瞩目的判决,美国最高法院认识到了在雇佣合同终止前进行某种形式的听证的必要性问题。法院强调,为了解决解雇是否适当这一问题,虽然不要求学区举行全面的、以事实为根据的听证,但是学区也必须为雇员举行一次预先听证,目的在于防止作出错误的决定。[74]这种预先听证有一个任务,就是判断学区是否具有合理的理由证明指控是真实的且这些理由都能支持学区作出的解聘决定。从本质上说,在这种预先听证的过程中,雇员有权利被告知,有权利知道学区获取的证据,同时有权利获得为辩护做准备的时间;雇员在这种预先听证的过程中,可以进行口头辩护,也可以进行书面辩护,以说明解雇是不恰当的。如果事前听证只使用最高法院规定的最低限度的程序,事后听证则必须使用全面的、以事实为根据的听证程序。[75]即使存在严重干扰教育过程的情形,也不能将最低限度的程序省略掉。然而,在紧急状况中,学区可以在为雇员提供雇佣合同终止听证的程序前,暂时停止教师的工作但薪水照发。[76]

法院没有对行政机关内部听证必须遵守的程序作出具体的规定。从本质上来说,宪法的基本要求是公正行事——就是说,在合理的时间里以合理的方式举行听证。除了这项总的要求之外,案子发生时的环境因素也会影响到听证的具体事项,在雇员可能遭受严重损失的情况下则必须给予更加严格的程序保护。按照密苏里州最高法院的规定,听证的程序,一般应该包括:并非走过场的、有实质意义的辩护机会,表明个人立场,提供证人以及交叉质证证人,雇员同样有权利聘任律师、在听证举行之前咨询法律顾问、查阅校方出具的书面报告书。[77]这些基本要求里暗含的假设是,听证将由公正的裁决者来主持,而且决策者会根据发现的证据来作出判断和决定。接下来,我们将阐释在教育委员会举行的听证过程中可能出现的各种问题。

听证的充分告知

正如我们注意到的那样,正当程序权利赋予了个体在适当的时间里进行辩护的机会。这意味着,在听证的告知和预定的举行听证仪式之间必须有一段充足的时间。除非州法律规定了具体的时间间隔,否则,教育委员会可以根据特定的事实和所处的环境确定合理的听证日期。在一起雇佣合同终止的案件中,法院认为,教育委员会应该为教师提供充足的时间让其为辩护做准备,如果听证告知以后的时间不足以让其充分准备辩护的话,教师可以提出请求,再要求额外的时间。在一起案件中,教育委员会仅提前两天告知该教师,但是该教师参与了听证而且没有对听证的时间问题提出异议,也没有请求延期听证,法院认为两天的告知时间是可以满足正当程序的要求的。[78]与此相似,如果教师没有参加会议,没有提出异议,一天的告知时间在另一起案件中也被法院认为是合宪的。[79]一位教师,如果参与了听证的全部过程或者因没有参加听证仪式而放弃了这项权利的话,事情过去之后,他不可以以"缺少足够的时间"为由,要求法院判处学区的正当程序行使过程无效。

放弃听证

虽然听证是正当程序的一个基本要素,但是教师依然可以通过不向学区提出听证的请求、不去参加听证或者退出听证而放弃自己的听证权利。[80]自动辞职也属于放弃个人的听证权利。[81]在一些州里,雇员可以通过选择其他听证程序,诸如选择申诉机制或公正的仲裁人等,放弃其在教育委员会面前举行听证的机会。例如,在一起案例中,第三巡回法院判定,一位雇员可以选择要么在教育委员会面前举行听证,要么根据集体谈判协议进行仲裁,这都是符合宪法规定的正当程序的要求的;教育委员会没有必要在进行仲裁程序的同时再为雇员举行听证。[82]类似地,俄亥俄州联邦地区法院在审理另一起案件时裁决,如果一位教师选择了在公正的调解人面前进行听证,那么,他就没有权利要求教育委员会在其根据调解人的报告作出最终决定之前,再次为他举行听证会。[83]

不偏不倚的听证

听证过程中存在的一个主要问题就是,作为听证的主体,教育委员会是否不偏不倚?之所以会产生这个问题,是因为在听证的过程中,教育委员会经常履行着多种职能:他们要调查那些针对教师提起的诉讼,要启动听证程序,还要得出最后的听证结论。一些教师便会提出异议,认为教育委员会同时要做这么多的事情,很难成为无偏见的裁决者,从而侵犯了教师的权利。对于"裁决职能和调查职能一起行使就是侵害了正当程序权利"这种观点,法院是持反对意见的,法院一般认为,先前掌握的有关事实证据,并不会使教育委员会成员丧失其裁决者的资格。[84]另外,教育委员会最初作出终止雇佣合同的决定这个事实,也不会导致随后进行的审查产生法律所不允许的偏见。通过有限的、初步的询问来判定终止教师的雇佣合同是否是有理由的,也不会给听证过程带来偏见。与此相反,因为这种听证过程要花费大量的金钱和时间,所以这样的初步调查可以节省时间,并且能避免可能出现的尴尬局面。

在**豪顿威尔第一联合学区诉豪顿威尔教育协会案**(Hortonville Joint School District No. 1 v. Hortonville Education Association)中,美国最高法院坚决主张,教育委员会是合适的审查主体,它可以组织有关教师解聘的听证活动。[85]法院判定,教育委员会是参与集体谈判活动的一方,但这并不意味着它必须丧失一定的资格,在为遭到解雇的罢工教师举行的听证活动中,教育委员会依然可以成为无偏无倚的听证裁判者。法院认为:"考虑到州立法机关赋予教育委员会管理权力的重要意义,教育委员会不会仅仅因为在举行听证会前涉及了相关活动而不再被认为是具有裁决权的诚实、正直的裁决者。"[86]

虽然教育委员会是合适的听证主体,但是教育委员会或者其成员持有偏见是宪法所不允许的。对教育委员会的公正性提出质疑的教师,负有举证责任,他/她要找出证据证明教育委员会成员真正存在着偏见(而不是仅仅有可能存在偏见)。因此,教师所提供的证据就不能仅仅限于教育委员会成员参与了先前的决定或者事先知晓这一争议。[87]然而,如果听证的结果涉及教育委员会中某一位成员的个人利益或者听证涉及的教师曾经辱骂或批评过教育委员会中某位成员的话,存在偏见的可能性就很大。

举一些案例来说明什么样的事情构成了法律所不允许的偏见。在一起案件中,

亚拉巴马州最高法院判定：学区为雇佣合同终止的教师举行的听证因存在着"令人无法容忍的偏见"而无效。作证的证人包括一位教育委员会成员的儿子，这个成员的儿子声称曾经受到该教师的"虐待"。[88]在另一起案件中，第十巡回法院也认为，在终止一位学监的雇佣合同过程中存在着偏见，有一位教育委员会成员曾经呼吁将该学监调离原工作岗位，而另外两个委员会成员发表了一些不利于该学监的言论，使得该学监难以继续在其岗位上履行职责。[89]对于类似的案件，艾奥瓦州最高法院的裁决是，教育委员会所承担的"调查、鼓动、检举并判断"等各项任务使得教师难以获得公正的听证，因为教育委员会不听取任何证人的证词，只以其成员所掌握的、有关正在审理的案件的信息作为裁决的依据。[90]缺乏公正性的听证可以表现为：教育委员会成员作为证人出庭作证，教育委员会成员先前的言论表现出其狭隘的想法，以及委员会成员承担着与教师对抗的角色或者检举人的角色。[91]

教育委员会也会因某些相关人员充当检举人和教育委员会法律顾问的双重身份而侵害教师享有的正当程序权利。科罗拉多州最高法院告诫说："不仅事实上的公正要求，而且行政申诉程序的完整性也要求，必须保持形式性公正"[92]。在该法院审理的一个案件中，法院发现，学监和校长（是他们提起的诉讼，而且他们也是证人）出席教育委员会的内部会议，损害了正当程序的形式性公正。另外，教育委员会的法律顾问既是检举人又是顾问的身份，会导致听证过程中极可能存在着法律不允许的偏见或者使听证在常人看来是不公正的。[93]同样地，如果参与听证的某个管理人员和教育委员会的法律顾问来自同一家法律公司的话，也会出现这种情形。[94]

证　据

根据有关教师终身制的法律，应该由教育委员会承担举证责任，提供证据以证明解聘的理由是合法的。一般来说，行政机关提出的证据必须满足"优势证据"或"实质性证据"的标准。[95]行政机关内部的听证不必使用像刑事程序那样严格的标准（刑事程序需要清晰而有说服力的、超越合理怀疑的证据）。"优势证据"仅仅要求绝大多数证据都支持教育委员会的决定，或者，像纽约州最高法院声明的那样："根据一个常人的理性标准，存在足够的相关证据支持所得结论。"[96]如果教育委员会没有完成举证责任，司法部门将不会支持其作出的雇佣合同终止决定。例如，内布拉斯加州最高法院推翻了教育委员会作出的解聘决定，作出判决：家长和教育委员会成员对教师的不满意，不足以证实教师的无能力，这位教师在整个聘任期间的工作绩效超出了所有教师的平均水平。[97]

教育委员会举行听证会是为了确定当时情境中的相关事实，教育委员会从教师和提出终止雇佣合同建议的学区管理人员两个方面获取证据。[98]即使终止合同所依据的指控包括刑事责任，教育委员会所举行的听证程序也不必达到司法机关所使用的高度技术化的证据标准。雇佣合同终止程序和刑事程序是两个截然不同的程序，因此，即使解聘听证中使用的证据不符合证实刑事犯罪的条件所必需的严格标准，解聘的决定仍然可以得到支持。例如，教育委员会可以因掌握了教师使用毒品的证据而解聘该教师，即使刑事指控因搜查令上的瑕疵而未能成立。

只有那些在听证过程中获得的、相关的、经过证实的证据，才可以作为教育委员会进行裁决的依据。[99]与正式的司法程序不同，在行政听证过程中，一些传闻性证据有时也会得到承认。[100]法院判定：这样的证据为理解当时的情境提供了必要的背景知识；家长的评论和怨言可以被认为是与事件相关的，一般来说很少考虑学生们道听途说的言论。[101]

事实认定

在听证的总结阶段，教育委员会必须认定具体的事实。关于事实的书面报告是至关重要的，这是教育委员会得出结论的根据所在。如果没有事实认定报告，将会妨碍恰当的行政审查或司法审查的进行。明尼苏达州最高法院认为："如果教育委员会没有对某个案件的事实进行认定，那么，初审法院在审理该案件时，司法机关将可能干涉教育委员会的职责和权限，因为初审法院可能会支持教育委员会所反对的指控。"[102]类似地，俄克拉何马州最高法院判定，根据制定法的规定，试用期教师的听证权利包括获知教育委员会作出决定的依据。法院告诫说："事实认定对于行政决定的有效性来说是至关重要的，即使记录下的证据足以支持适当的事实。"[103]经过认定的事实不必用技术性语言来表达，只要能够解释清楚行政决定的原因即可。

如果是由独立的听证人员或者听证官员来组织听证，教育委员会就要受到听证人员进行事实认定的约束，但是教育委员会可以接受或者拒绝接受听证人员得出的结论以及陪审团提出的建议。[104]因此，只要教育委员会是根据听证人员认定的事实来作出的决定，教育委员会依然可以终止教师的雇佣合同，虽然该教师得到了听证人员的支持。

依据法定理由实施解聘

有关终身制的法律，其立法目的在于保证胜任工作的教师可以连续受雇，只要他们的工作绩效令人满意。有了终身制的保护，学区解聘教师不但必须以法定理由为依据，而且必须符合法律规定的程序。州法律肯定了教师的终身聘任权利，各州根据各自的规定对"终身聘任"一词进行解释。

如果制定法中规定了学区解聘终身制教师的各种理由，教育委员会就不可以不考虑这些理由而根据其他的原因来解聘教师。为了能够涵盖所有的不可预料的因素，制定法一般包括一个笼统的条款，诸如"其他充分且正当的理由"。各州法律在对解聘理由的规定上存在着很大的差异，有的州详细地罗列出了具体的解聘理由清单，有的州则是简单地规定解聘必须依据一定的理由。最常用的解聘教师的理由是无能力、不道德、不服从和玩忽职守。

因为解聘的理由均由州法律来进行制定，所以，提供一个对所有教师都适用的概括性指导原则是很难的。各州法律规定的解聘理由，包括的范围很宽、应用的范围也很广。事实上，有些理由也经常受到教师的挑战，因为这些理由模糊不清、难以操作，这是法律所不允许的；有时可以看到相似的事实情形在不同的案件中，却依据不同的法定事由，或者一起解雇案件涉及若干法定事由。在这里，我们将列举出一些与学区经常使用的解聘理由相关的案例，并给予解释。关于伤害了教师的宪法权利的解聘而引发的诉讼，我们已经在第9章中讨论过。

无能力

法院对"无能力"（incompetency）一词的定义是很宽泛的。虽然无能力通常指的是教师在教室里的工作绩效，但是在一些案例中，它的含义已经扩展到教师的私人生活中了。这个词的法律含义是"没有能力、没有法律资格或者不适合承担所要求的职责"[105]。尽管有人质疑"无能力"的含义模糊,认为这种概念的模糊性违反了宪法的有关规定,但是法院却认为这个词非常简洁,足以对法律禁止的行为提出公正的警告。无能力的案件经常涉及的是与教学方法、评价程序、班级管理以及师生关系等相关的问题。

总的来说,教师因无能力而被解聘,学区的根据应当是一系列的因素或者一种行为模式,而不能是个别的、孤立的事件。在明尼苏达州的一起案子中,"无能力"包括:与学生关系恶劣、教学时间的分配使用不恰当、对学生的评价不合理以及学生的学业成绩没有进步。[106]宾夕法尼亚州一家法院将"无能力"解释为,教师的个性特征、判断能力以及态度等存在缺陷,从而对教师的工作绩效造成了有害的影响。[107]这个案子中,支持"无能力"的证据是:教师的行为给学校的工作带来了破坏性的影响;教师不能维持对学生的控制管理,以及教师与学生、其他专业人员及家长相处时情绪失控。

教师因"无能力"而被解聘,总是会涉及大量的指控,有时候可能仅仅因为某个单一事件使教师被认定为无能力。举例来说:一位教师为了控制、管理一群学生而挥舞发令枪[108];一位助理校长允许教师违反教育委员会的政策,将一群正在上体育课的五、六年级学生的衣服脱掉进行检查[109],这两个人都被认定为"无能力"而遭到解聘。但是,在一起案件中,路易斯安那州上诉法院判定,一位文科教师不应当因为放映了两部 R 级影片就被解聘。法院认为这样的惩罚对一位有 14 年教学经验、从未犯过一点错误的教师来说,太严厉了些。[110]与此类似,南达科他州最高法院认为,一位教师在结束一堂性教育录像课后,对一位四年级学生提出的关于同性恋活动的问题的回答虽然不够慎重,但是并不构成"无能力"指控所要求的"习惯性的且正在进行的活动",因此不应被解聘。[111]

教育委员会针对教师提出的"无能力"的指控,其依据通常是教师无法适当地管理和控制课堂教学。根据这样的理由作出的解聘决定曾经遭到教师的挑战,争论的焦点是:对于无法控制和管理教室这样的错误来说,解聘的惩罚是否过于严重。法院一般认为,教育委员会拥有决定对教师进行什么样处罚的自由权,只有当处罚与错误不相适应时,那么,他们的决定才会被推翻。只要有证据能够证实教育委员会的指控,糟糕的教室管理方式就可能导致教师的雇佣合同被终止。[112]

不道德

不道德(immorality)是学区作出解聘教师雇员决定的时候常常使用的法定理由之一。一般来说,州法律并不给出"不道德"的定义。司法部门倾向于将**"不道德"**宽泛地解释为不能为人们所接受的、影响到教师是否适合于教学的行为。传统的观点认为,教师是学生的榜样,教师的行为对青年学生行为习惯的养成起着非常重要的影响作用。

教师与学生之间发生的性行为,一直被认为是不道德的行为,是学区终止教师的雇佣合同的合理原因。科罗拉多州最高法院声明,如果教师与学生发生了具有争议的挑逗性或剥削性的性行为,"人们就会有理由假定该教师不适合教学工作"[113]。相似地,华盛顿州上诉法院发现,一位男教师因为与一位未成年学生发生性关系而被学区合法地解聘了。[114]法院认定,学区在作出如此的决定时,不必出示教师的行为已经对教学产生了不利影响的证据。相反,法院总结说,当涉及教师与未成年学生发生性关系时,学区可以合理地对"诸如此类的行为是否有害于学区"作出判断。然而,伊利诺伊州上诉法院则要求学区必须证明学生、职员或者学校所受到的伤害。在审理一起一位男教师对一位三年级女学生进行爱抚的案件时,法院认为这位三年级女学生受到了伤害。[115]

一些教师因某些性行为而被学区以"不道德"或有"不道德的行为"为由而解聘,这些教师认为这两个词的含义过于模糊,违反了法律规定。亚拉巴马州的一位教师因向女学生提出性要求而被解聘,他声称,"**不道德**"这个词不够明确,不足以向教师提出警告,不足以让教师明白什么样的行为就构成了犯罪。法院承认这个词的确不够清晰明确,但是否定了该教师的辩护,认为该教师的行为包括在"制定法所明确禁止的行动范围之内"[116]。法院解释说,该教师应当知道他的行为是不恰当的,他提出的"不道德"这个概念太模糊或者定义过于宽泛的主张,不能说明学区的解聘决定是无效的。密苏里州一个联邦地区法院承认,"**不道德的行为**"这个概念的确很抽象,但是,如果在全部制定法体系中进行解释的话,这个词可以定义为"导致一位教师不适于教学的一切行为"[117]。

性骚扰,包括不恰当的评论、抚摸或不当的玩笑,可能导致雇佣合同的终止。[118]在一起案件中,西弗吉尼亚州最高法院支持了学区对教师作出的终止雇佣合同的决定,因为该教师不断地对学生进行带有性内容的不当评论。尽管学区提出了警告,要求其停止这样的行为,但是该教师依然我行我素。[119]与此类似,密苏里州最高法院也支持了教育委员会作出的解聘决定:一位教师对他所教的班级里的唯一的女生进行性骚扰,而且还允许班里的男同学骚扰她,教育委员会因而解聘了这位教师。[120]

除了与学生发生不恰当的性关系——那明显是解聘教师的依据——以外,根据"为人师表"的原则,教师做出的其他行为,如果对学生产生了负面的榜样作用,也可以看作是"不道德"的。在这种情况下,法院一般要求学区出示证据、证明这种不良行为或者特殊的生活方式对教师的教学产生了不利的影响。法院已经认识到,仅仅依据所谓的"不道德"就解聘教师,而不考虑这种行为与教学行为之间的关系,可能是对教师隐私权的一种非法干涉。例如,在审理一起案件时,俄亥俄州上诉法院经审理发现,学校管理人员没有找到证据,无法证明该校某位教师与另一位学校雇员之间的通奸行为构成了"不道德",因为该行为并没有给学区带来负面影响。[121]

教师的同性恋行为已经成为好几个有争议的解聘案件中的焦点问题。虽然这些案件通常涉及的是公民基于宪法的规定而拥有的言论自由及隐私权问题,但是,法院依然面临着一个问题,即从本质上说,同性恋行为是否足以证明教师不适合从事教学工作,学区是否必须出具证据证明这种生活方式影响了教师教学的有效性。[122]与其他公民一样,教师也可以因为违反有关的反鸡奸法律而被起诉[123],然而,在不涉及刑事指控时,法院关于同性恋教师的法律地位这个问题的意见不一。加利福尼亚州最高法院的判决规定,不道德、非专业性行为或道德堕落,必须与不适合教学紧密相连,才能据此对教师进行解聘处理。[124]因此,如果仅仅因为不喜欢雇员个体的某种特殊生活方式就解聘该雇员,教育委员会必须十分小心谨慎。

一旦因"不道德"而解聘的事件牵扯到性的问题,"不道德"的含义及其包含的内容就非常宽泛了。正如一个法院注意到的,"不道德"包含了"对学区的利益造成重大不利影响的"行为[125],它包括:不诚实的行为、犯罪行为、与毒品有关的行为等。从下列案例中可以看出足以导致解聘的"不道德"行为的种种表现。

参与了犯罪行为,就可能因不道德而受到解聘的处罚。例如,阿拉斯加州制定法将"不道德"限定为"一种根据州法律的规定、涉及道德堕落的犯罪行为"[126]。州最高法院判定,非法偷电就属于这样的犯罪行为。根据佐治亚州法律,提交错误的税收单据就足以证明一位校长的道德堕落,学区便可以解聘该校长。[127]其他可以证明为"不道德"的不诚实行为包括装病不上班[128]、参与倒卖非法药品[129]、拥有可卡因[130]、教唆学生在摔跤竞赛中说谎和骗人[131]。在州法律没有对这个问题作出具体规定的情况下,西弗吉尼亚州最高法院认为,教育委员会不能得出"轻微违法行为就一定构成不道德行为"的结论。[132]宾夕法尼亚州法院判定,轻微的攻击行为,比如威胁,并不一定就是不道德行为;法院注意到,也不是所有的非专业行为都可以认定为不道德行为。[133]

不服从

另外一个经常被用作解聘理由的词语是**不服从**(insubordination)。"不服从",一般理解为,有意忽视或者拒绝遵守学校的规章和管理人员的命令。即使教师的工作绩效令人满意,学区也可以因其违反了管理规章和政策而解聘该教师,此时,并不要求学校管理人员确立该行为与教学适合性之间的关系。

因为学区颁布实施了大量的规章制度,所以,在断定某种行为是否属于"不服从"行为时,标准也就很多。依据判例法,导致解聘的"不服从"情形可以包括拒绝遵守特定的学校指令、不愿意与上司合作、未经许可的缺勤以及其他许多情形。因为此类案件一般比照现有的规则或政策判断雇员的行为是否合适,所以与解聘的其他法定理由相比,教育委员会更容易提供文件证据来证明雇员的不服从行为。

许多州法律和法院判决规定,一种行为必须是"故意的、持久的",才能被判定为"不服从"。明尼苏达州一位教师接二连三地拒绝填写项目评价表格,学区以"不服从"为由起诉该教师。明尼苏达州最高法院判决支持该学区作出的解聘行为,法院将"不服从"定义为"不断地或连续地、有意识地拒绝遵从一项直接的或暗示性的命令,而该命令从本质上说是合理的,且是由有权发布命令的机构或人员作出的"。[134]对于因"不服从"而解聘教师的决定来说,学区只需提供一件严重的事件便可证明该决定的正当性。[135]在审理一起案件时,怀俄明州最高法院认为,不需要学区提供教师重复拒绝服从命令的行为作为解聘证据。[136]在此案中,学区让一位教师在一所学校从事某种工作,同时在另一所学校里从事另外的工作。教师拒绝了这种工作任务的分配,学区因此终止了他的合同。法院认为学区的决定是正当的。如果"不服从"的其他要素——诸如,命令的合理性、直接拒绝遵守命令——都已存在,便没有必要提供连续拒绝的证据,一次这样的拒绝就可以作为终止雇佣合同的理由。其他一些州的法院也作出了类似的判决。比如,纽约州的一位教师在受到多次警告之后,仍然对女学生进行性骚扰,因而被免职[137];密苏里州一位教师因拒绝教授学校分配的课程而被终止雇佣合同[138];科罗拉多州一位教师因没有依照学区处理具有争议性的教学材料的政策的规定,未经批准擅自放映一部R级影片而被解聘。[139]

"不服从"的指控经常是由于管理人员与教师之间的关系不好而产生的。例如，北卡罗来纳州的一位教师拒绝停止被校长和课程专家认为是缺乏教育价值的课堂教学活动，继而，她又拒绝制订、实施专业发展计划，因而被解聘，这种解聘行为得到了法院的支持。[140]阿肯色州一位教师经常与校长吵架，因而遭到解聘，这个解聘也得到了法院判决的支持。[141]可是，田纳西州一位教师，因校园事故而产生的压力、恐惧感和胁迫感而无法工作，当她没有服从学监的指令而返校工作的时候，以不服从为由终止她的雇佣合同是不恰当的。[142]

教师不能忽视管理人员或教育委员会下达的合理命令。如果教育委员会规定"禁止体罚"或者规定了体罚的具体的程序，教师就必须严格地遵守委员会的规定。在一起案件中，科罗拉多州最高法院支持了学区对一位教师作出的雇佣合同终止的处罚决定。该教师曾经因违反学区政策、使用暴力管理学生而受到过警告，且受到过惩罚，但她仍然用三英尺长的教鞭敲击学生的头部，这些足以构成终止其雇佣合同的有力证据。[143]在另一起案件中，得克萨斯州一位教师总是不遵守管理人员作出的关于禁止体罚的决定，导致其雇佣合同被终止。[144]还有一起案件，人们在一位教师的汽车车厢内（停在学校停车场中）发现了大麻，然而该教师却拒绝按照教育委员会的要求在两个小时之内进行尿检以检测其是否吸毒，第十一巡回法院认定该教师的行为构成了"不服从"。[145]还有一位教师没有遵守教育委员会制定的、禁止学生在教室里使用亵渎性言语的政策，以致学生们在各种作文（诸如戏剧和诗歌）中使用了淫秽性的语言，学区因而终止了其雇佣合同，第八巡回法院作出判决支持学区的解聘决定。[146]

因为没有执行管理命令而导致"不服从"解聘的其他例子包括：没有遵从旨在提高教师教学水平的指令，不断地强调文学作品中涉及的性问题，使用的辅助性教学材料没有经过教育委员会规定的审批程序。[147]判断是否为"不服从"的关键性决定因素一般是，教师是否坚持拒绝服从合理的学校政策或命令。[148]

玩忽职守

如果教师没有履行既定的职责，就是"**玩忽职守**"（neglect of duty），玩忽职守既可以是故意的疏忽，也可以是由无效绩效造成的。在科罗拉多州的一起案子里，一位教师没有依照学校规定惩罚学生，被认为是玩忽职守。[149]在路易斯安那州，一位教师将三名有残疾的学前儿童锁在房间里，自己离开教室去做一些教学无关的杂事，学区以"故意玩忽职守"为名而解雇了她，路易斯安那州上诉法院作出判决，支持学区的解雇决定。[150]南卡罗来纳州最高法院认为，教师上班期间的习惯性饮酒行为也可以是学区作出解聘决定的有力证据。[151]

俄克拉何马州一位教师因为没有遵守教育委员会制定的有关继续教育的规定，被认定为故意"玩忽职守"，而遭到解雇，美国最高法院支持了学区作出的这个解聘决定。[152]曾经有一段时间，学区对教师不遵守规定而作出的处理决定是拒绝给其增薪。在州法律要求提高全体教师工资待遇之后，教育委员会明确告诉教师，不遵守规定会导致雇佣合同的终止。最高法院支持教育委员会的做法。通过继续教育提高教师的教学能力是教育委员会的目标，只要教育委员会的惩罚措施与其目标具有合理的相关性，最高法院就会支持教育委员会的解聘决定。

内布拉斯加州最高法院关注的是，如果一位教师有几次没有履行他的部分职

责,或者在其他时候没有履行他的全部的职责,那么他是否构成"玩忽职守"?[153]证据显示,这位教师从来没有做出任何违反管理命令或学校规章的行为,学校里的教职员工给予其很好的评价,管理人员还建议保留其雇佣合同。另外,法院警告说,在评价一位教师的工作绩效时,"玩忽职守"的标准"不是完美的,而是,对其他完成同样的或类似的工作的人提出的要求"[154]。学区没有找到证据可以证明该教师所取得的工作绩效比人们对其他的、在类似岗位上工作的教师的期望值要低。

在稍后审理的案件中,内布拉斯加州最高法院判定,一位学监没有将学区的资金来源整理归档,并不属于"玩忽职守",不能作为终止雇佣合同的理由。[155]类似地,路易斯安那州上诉法院判定,教师放映 R 级影片的行为也不能作为因"玩忽职守"和"无能力"而解聘的证据。[156]在另一案件中,路易斯安那州最高法院得出结论,一位教师在其汽车中藏着一把带有子弹的手枪去上班,并不证明他故意玩忽职守,也不能证明学区作出的解聘决定的正当性。[157]法院发表评论说,该教师的行为当然是错误的,而且可能伤害到学生,但是这并不是不遵守命令或学校政策的行为,并不能满足州法律规定的解聘的法定条件。

非专业性行为

一部分州将"**非专业性行为**"(unprofessional conduct)和"**与教师身份不相符合的行为**"都作为解聘教师的合理理由。学校内外发生的教师言行,都可以用来作为证据以证实这种指控,只要这些言行干扰了学校教学的效力。教师因非专业性行为、玩忽职守以及不适合教学工作而被解聘,学区提供的证据常常是相似的。在一个州里,可以判断为"非专业性行为"的事实,到了另一个州,则有可能被认为是"玩忽职守"。虽然各州的制定法都规定了解聘的理由,但是对这些理由进行限定的工作则是通过各州的判例法和行政规章来完成的。因此,每个人必须查阅他/她所在的州的法律渊源,以便全面了解各种解聘理由的具体含义。

绝大多数法院都将"非专业性行为"定义为直接与教育者是否适合于履行专业职责相关的行为。内布拉斯加州最高法院采用的定义是:非专业性行为是违反专业规定和伦理规则的行为,或者是使人"无法成为某一专业合格人员的行为"。根据这个定义,法院推论,当一位教师用力"拍打"学生头部,学生感到疼痛而哭泣时,该教师的行为就违反了州法律关于"禁止体罚"的规定,就属于非专业性行为。[158]

法院认可的、"可以作为解聘依据的非专业性行为"的表现有很多种,比如,因为学生违反课堂纪律就让学生互相踢蹬或互相殴打[159],对女学生进行性骚扰[160],当着其他同学的面用电线捆绑某一学生并对该学生进行羞辱谩骂[161],完全不能控制教室的纪律[162],事先没有预览就在班级里(都是青少年学生)放映直接涉及性问题的电影[163],从学校办公室里偷窃标有"盐酸哌醋甲酯"(methylphenidate)标签的药片[一般称为利他林(Ritalin)][164]。与"无能力"解聘一样,法院经常要求学区对教师先提出警告,告诉教师其行为将导致解聘,以促进其改正错误行为。

不适合教学

"**不适合教学**"(unfitness of teach)包含了教师的很多行为。蒙大拿州最高法院发现，与性或性别有关的9次不恰当的评论和行为，构成了一位教师因"不适合教学"而遭到解聘的理由，即使他曾经拥有显赫的名声。[165]伊利诺伊州上诉法院将"不适合"定义为"有害于学校正常运转的行为"，该法院认定，对学生实施的不合适的性行为就属于"不适合教学"。[166]加利福尼亚州的法律里规定的"明显不适合服务活动"，被州上诉法院解释为，"不适合"应当是由个性特征所含的缺陷造成的。同样地，与其他教师及管理人员相对抗、蔑视学生违反纪律的现象、对学生进行讽刺挖苦，这些足以证明教师不适合从事服务活动，足以证明其雇佣合同被终止的正当合法性。[167]司法部门也认识到，对教师是否适合于教学或其能力大小进行判断，并不局限于教师课堂教学的绩效。[168]

在缅因州最高法院作出的两个判决中，教师都是仅因一次事故的发生而被定为不适合教学工作，最终被解聘的。在第一个案子中，一位教师，同时也是一位持有资格证书的手枪制造工人，不经意间将一把手枪和一些弹药装在上衣口袋里带进了学校。教育委员会启动解聘程序，理由是该教师"严重缺乏判断力"。法院推翻了教育委员会的决定，判定一个孤立的事件并不能代表教师的"道德欠妥、专业性无能力或者不适合"，不足以作为其"不适合教学"的依据。[169]在第二个案子中，一位教师在篮球比赛的过程中打了一位学生的耳光。[170]教师抽打学生时所使的力气很大，打掉了学生的一颗牙，另一颗牙也有些晃动，学生的脸部产生大片淤青。法院的判决结论是，这个孤立的事件足以证明学区作出的解聘决定的正当性，因为它直接影响到了该教师作为教练的能力问题。不论解聘的具体原因是什么，只因为教师一时的行为就解聘他，这种解聘决定通常要受到法院的严格而仔细的审查。

精神失调、情绪失控或身体失调，均可以构成"不适合教学"或者"无能力"。为了证明教师的"无能力"，教师的健康条件必须非常差，差到损害了教师履行教学职责的能力。[171]然而，应当注意的是，基于身体残疾而作出的解聘决定，可能会侵害残疾雇员受联邦法律保护的权利。正如我们在第10章中讨论过的，美国最高法院判定，根据联邦反歧视法律的规定，一位患有肺结核的教师是"有残疾的"，因此，学区不可以因为该教师的疾病，对之简单地进行解聘处理。[172]

其他充分且正当的理由

毫无疑问，将"其他充分且正当的理由"作为解聘的缘由，经常会因为它的模糊性和范围过于宽泛而受到质疑。法院的任务在于，确定某一情形是已经包括在制定法里所列举的各种具体理由中了，还是作为一个独立的、被扩展的解雇情形。印第安纳州上诉法院将这个词解释为，如果有证据可以显示教育委员会的决定是以"充分的理由"为根据的，就允许因制定法具体规定的法定理由之外的其他缘由而终止雇员的雇佣合同。[173]因此，如果学区因一位教师犯了轻罪而解聘他，这个决定是可以得到法院支持的，即使该教师事先没有得到警告，不知道这样的行为也可以作为解聘的理由。康涅狄格州一个法院认为，任何一种理由都可以成为"充分的理由"，只要这种理由的提出是出于良好的初衷，而且不是"任意的、非理性的、不合理的或者与教育委员会的任务——建设并维护一个有效的学校系统——没有关系的理由"。[174]因此，在一起案件中，一位教师因为修改学生在州统一考试中回答的内容而遭到解聘，法院判决支持学区作出的这个解聘决定，认为这种行为与教育委员会的任务紧密相连。

第二巡回法院认为:"因为在惩戒教师的过程中,会出现许多意想不到的事情,而且也不可能要求立法机关提前对每一项需要法令规范的行为都作出相应的规定。"[175] 在这种情况下,"其他正当且充分的理由"可以作为解聘的一种事由。法院拒绝就该词语的模糊性问题作出任何裁决,但是法院指出:法院一般会把教师的行为和制定法规定的解聘理由联系起来考虑。就是说,如果特定的行为与州法律规定的解聘理由充分相关的话,就可以假定,教师应当知道这种行为是不恰当的。在此案中,一位教师不停地羞辱学生、骚扰学生(而且学校管理人员已经与他讨论过这个问题了),法院因此认为,教师清楚地了解自己行为的不恰当性。艾奥瓦州一位教师到商店里去偷窃商品,而制定法规定可以在合同期内因"公正的理由"解聘教师,因此学区终止了这位教师的雇佣合同,州最高法院作出判决支持学区的决定。[176] 虽然该教师主张,她患的强迫性"入店行窃症"是一种精神疾病,但是法院考虑到教师为人师表的作用、疾病的特点以及教育委员会的需要,认为存在充分证据支持对该教师的解雇决定。

裁 员

除了上述涉及教师工作绩效与是否适合教学工作的解聘理由之外,立法机关一般还允许学区以入学人口减少、财政紧张以及学区合并等为由而削减教师的数量。大部分州都在法典中包含有相关的终止聘任的规定,一部分州还制定了特别的法律,具体规定了如何选择被裁减的教师、裁员过程必须遵守的程序以及重新安置的要求等问题。这种形式的聘任终止,一般称为裁员(reductions-in-force, RIF)。裁员也可以由教育委员会政策及集体谈判协议来约束。

与其他聘任终止的案件有所不同,质疑学区裁员决定的雇员承担着举证的责任。这里有一个假定:教育委员会是出于善意的、受法律允许的动机支配,才做出如此行为的。这个领域内的法律争议一般涉及裁员的必要性、教育委员会是否遵守了法定程序以及裁员可能成为法律所不允许的雇佣合同终止的托词(诸如,侵犯了宪法权利、侵犯了终身制权利、歧视)等问题。[177]

如果制定法或者合同对教师裁员有所限制的话,学区就必须严格地遵守这些规定。人们最经常碰见的一条规定是关于如何选择被裁减教师的方法。一般来说,学区裁员时的依据是教师的资历长短,如果学校里只有有限的工作岗位,留下来的当然是终身制教师,而不是非终身制的教师,即使他们都能胜任这些工作岗位。有一些州的制定法要求学区在实施裁员时必须同时考虑教师的资格证书和资历两个因素。如果一位教师没有获取当地的教师资格证书,那是不可以从事教学工作的;一位教师即使拥有恰当的资格证书,但是工作资历较短,他也是可以被解聘的。[178] 与资历一样,绩效评价制度也可以成为学区进行裁员时所要考虑的因素。宾夕法尼亚州的各个学区考虑评价等级和资历长短两个因素,评价等级是主要的决定因素,如果两位教师所获得的评价等级之间没有实质性的区别,那么这两位教师的资历就是裁员的依据。[179] 内布拉斯加州最高法院的结论是,教育委员会拥有宽泛的裁量权,他们有权确定未来的裁员政策中应当考虑使用什么样的要素,以及怎样衡量这些要素的权重问题。[180] 然而,即使是由州或者地方教育机构来确定指导性原则或者标准,州或者地方教育机构也必须以一种统一的、非歧视性的方式来应用这些原则或标准。

宪法第十四修正案要求在依据法定理由实施解聘的过程中必须施用最低限度的程序保护，但是法院并没有对裁员时必须使用的正当程序作出明确清楚明晰的规定。第八巡回法院认为，终身制教师因受到连续的聘任而拥有财产权利，因此，一旦终身制教师遭到解聘，学区便必须为之提供告知和听证的机会。[181]哥伦比亚地区巡回法院则认为，如果可以适用雇佣合同终止之后的程序，正当程序便不要求在雇佣合同终止之前举行听证。[182]雇员依法享有的特定的程序保护，依照各州对法律、集体谈判协议及教育委员会政策的解释不同而差异很大。密歇根州法院认为对于职员的裁员问题没有必要举行听证，因为被裁减的雇员不存在对某一指控进行申辩反驳的问题。[183]法院强调，一旦有了空缺的工作岗位，法律保护被裁员的教师优先得到聘任，只要他们满足相应的资格要求。与此相反，宾夕法尼亚州联邦法院判定学区必须为裁员教师举行听证，以便让教师相信：（1）雇佣合同终止的决定是根据法律规定的理由而作出的；而且（2）教育委员会在选择被解雇的教师时，遵循了正确的法定程序。[184]

州法律或其他政策都认为因裁员而遭解聘的教师拥有重新聘任的优先权。根据这些规定，在优先聘任名单上的每一个合格教师都再次走上工作岗位之前，教育委员会不可以招聘新的雇员。[185]虽然制定法要求教师应当首先被分配到他们的专业资格证许可的岗位上，但是，法院判定，重新聘任教师的工作岗位分配问题仍然属于教育委员会的裁量权范围之内。密歇根州上诉法庭认为，一位教师可以得到某领域的资格证书，但是对教育委员会而言，他/她并不必然就是合格的教师了。[186]另外，一般来说，教育委员会不必为了给被裁员的教师创造工作岗位，而重新安排或者重新调整学校的教学岗位。[187]

权利受到侵犯之后的救济

一旦证明学区或者学校管理人员侵犯了雇员的权利——这些权利受到联邦法律或州法律的保护——法院就必须对权利受损的个体进行救济。在某些情况下，雇员可以提请法院下达禁令，命令学区或管理人员立即停止违法行为。教育委员会违反宪法的规定、对教师的言论加以限制的行为，就可以适用这种"禁令式"的救济。如果教育委员会违反宪法终止了教师的雇佣合同，将教师调离工作岗位，或者做出了其他不利于雇员的行为，法院将命令学区恢复受罚雇员原来的职位并补发所欠的工资。

除了上述各种救济形式以外，教育者逐渐倾向于就其联邦法律权利受到侵犯而提起损害赔偿诉讼。一般来说，教育者大都是以《美国法典》第42节第1983条为依据而提起诉讼案件的。《美国法典》第42节第1983条规定：任何一个人在执行州法律的过程中，剥夺了另外一个人的受联邦宪法或法律保护的权利，其本人就有可能要承担法律责任。该法律，最早制定颁布于1871年，当时的立法目的是防止针对非洲裔美国人而发生的歧视问题。经过数百年的发展，时至今日，对于该法律的解释已经是非常宽泛的了，人们认为它规定了学校管理人员和学区应当承担的法律责任，其立法目的也不仅仅是限制种族歧视，还扩展为限制那些可能损害到联邦法律赋予其他人的权利的行为。[188]

如果学区违反了《美国法典》第42节第1983条的规定，教师就可以在联邦法院或者州法院提起诉讼[189]，而且不需要穷尽州内部的行政救济，教师就可以在联邦法院提起诉讼。[190]然而，如果联邦法律排除了损害赔偿的救济形式的话，就不可以依据《美国法典》第42节第1983条提出诉讼了。[191]本节集中讨论了学校管理人员和学区侵犯他人权利之后应当承担的法律责任问题以及应当向权利受损的雇员进行损害赔偿的问题。

学校管理人员的责任

根据第1983条的规定，公立学校雇员遵照州法律的要求而做出的行为，如果损害了学生或教师的联邦法律权利，可以判处其个人承担相应的法律责任。最高法院认为，根据第1983条的规定，不应当判处政府管理人员为其下属的行为承担法律责任，因此，最高法院反对**长官负责制**（respondeat superior）的原则，即便是学校管理人员肩负着监督错误行为者的行为的一般职责。管理人员只有亲自参与了这些违法行为，或者清楚了解这些违法行为，或者直接制定了造成非法行为的政策，才应当承担法律责任。[192]另外，最高法院在1998年审理的一起案件中判决道：公共部门的管理人员在如下立法性行为中免于承担因其行为而引发的、以第1983条为依据而提起的诉讼的法律责任[193]，即运用其合法的自由裁量权制定政策、规章，尤其是那些与预算有关的政策与规章。随后，法院阐释说，与雇员个体相关联的聘任决定（诸如，聘任、解聘或者晋升），从本质上说，都是管理性行为，而不是立法行为。[194]

最高法院认为，在某些情况下，如果学校管理人员是出于良好的愿望与动机的话，就可以申请限制性免责，免于承担个人责任。当然，在案件审理过程中，如果学校管理人员申请因良好动机而免责，那么，举证责任就应当由提出申请的管理人员来承担。以第1983条为依据提出损害赔偿的案件中的原告不必证明免责在其案件中的不适用性。[195]在1975年审理的一起有关学生惩戒（**伍德诉斯特里克兰案**）的案件中，最高法院宣布：

> 根据第1983条的规定，如果教育委员会成员知道或者应当知道他履行规定职责时所采取的行为可能会侵犯学生的宪法权利，或者他做出某些行为的目的就是为了恶意地剥夺学生的宪法权利或恶意地伤害学生的话，那么他就不可以免于承担法律责任。[196]

随后，在**哈洛诉菲茨杰拉德案**（Harlow v. Fitzgerald）中，法院取消了"限制性豁免"标准中的主观测试（就是测量被告的行为中是否存在着恶意的企图）。根据**哈洛案**的判决，"履行裁量职能的政府工作人员一般可以免于承担民事损害赔偿责任，因为他们的行为没有侵犯制定法或者宪法明确规定的、任何一个有理性的人都应当知道的权利"。[197]第二巡回法院认为，行动的"非法性"应当是明显可见的，同时声明：

> 如果一种权利的外延十分清晰、足以保证有理性的管理人员能够理解他/她正在做的事情就是对这种权利进行侵害的话，这种权利就是法律明确规定的权利。此时，判断的标准不是一个律师在研究判例法之后所得出的或者凭直觉感觉到的法律结论，而是一个（位居学校管理人员的）职位的、有理性的人对于行为的合宪性问题应当知道些什么。[198]

法院在审理**皮克林诉教育委员会案**[199]以及**马修斯诉埃尔德里奇案**[200]（Mathews v. Eldridge）——前者是关于受保护的言论的，后者涉及的是程序性正当程序——时确定了一种"平衡测试"的方法，第九巡回法院在审理一位教师的雇佣合同终止的案件时，也运用了这种平衡测试，同时注意到了判断怎样才算是侵犯了"清楚而明确的"公民权利时所面临的困难。法院的审理结论是，这件教师雇佣合同终止案中的具体事实不能证明学区违反了已经明确确立的法律，因此学校管理人员有权获得免责。[201]在审理案件中，第七巡回法院强调，主张其所享有的明确界定了的权利受到侵害的个体对该权利的存在承担着举证责任。[202]在考察是否存在一种清晰明确的权利的时候，法院首先要审查最高法院审判先例及其所在的巡回法院作出的、与该案件有关联的判决，然后审查所有相关的判例法。第七巡回法院认为，法院在判断相似行为时存在着严重的意见分歧，推定与这一行为相关的法律并不明确。在最近审理的案件中法院认定如下行为的法律性质并不清晰：对五年级学生进行脱衣搜查[203]，所谓的因教师提起了法律诉讼而施以报复[204]，不经过正当程序就调换一位学监的工作岗位，但是调换期间该学监仍能获取工资和其他福利待遇[205]。

如果漠视已经确立的法律原则，学校管理人员就不能享有"限制性豁免"的权利。例如，如果按照常理推断，学校管理人员应当知道对一位使用了工会申诉程序的教师施以报复是侵犯了其宪法权利的话，这位管理人员就无权申请有限免责。[206]相似地，一位学监也没有得到有限免责的保护，因为该学监拒绝推荐一位教师重新工作，该学监所持的理由是这位教师被牵扯到一起离婚案中，而学监的这条理由是宪法所不允许的。[207]在将一起程序出差错的案件发回重审时，第三巡回法院认为，一位学监有为了报复一位教师基于宪法第一修正案而做出的行为而明显恶意地告发这位教师有盗窃行为之嫌的行为，如果这一事实成立的话，这位学监则无权申请限制性免责。[208]人们并不期望公共部门的管理人员能够预知宪法的未来发展动向，但是人们希望这些管理人员能够遵守在其做出违法行为时已经明确界定了的法律原则。

学区的责任

1978年，最高法院不再坚持先前判决的先例，而宣布，根据第1983条的规定，地方政府可以被看作"人"。[209]从根本上说，如果依照官方政策做出的行为侵犯了雇员受到联邦法律保护的权利，学区就可能被判赔偿损失。

同管理人员个体一样，政府机构并不因长官负责制而可能为其雇员的错误行为承担法律责任，只有当最高决策者执行官方政策时的所作所为伤害了受联邦法律保护的权利的时候，才可以依据《美国法典》第42节第1983条的规定，由政府机构承担相应的法律责任。[210]最高法院判定，从低级雇员做出的单个的、异乎寻常的事情中，并不能推断出官方政策没有得到充分的贯彻和监督[211]，但是如果能够证明政府机构"故意漠视"、没有向雇员进行充分的宣传，政府机构就应当承担法律责任。[212]

虽然学校管理人员可以以"出自良好的愿望"为由申请免责，这种辩护方法却不适用于学区。最高法院规定，学区及政府的其他下属部门，不能以它所属的管理人员是出自良好的愿望为由而主张有限免责，尽管法院认识到，在某种情境中，主权豁免原则可以保护市政机关免于被提起侵权诉讼，但是法院同时得出结论，《美国法典》第 42 节第 1983 条废除了某些情境中政府可以免责的规定，这些情境包括了受联邦法律保护的权利遭到侵害这种情况。[213]

为了避免承担违宪责任，学区曾经援引宪法第十一修正案规定的免责原则。[214] 宪法第十一修正案明确地禁止一个州的公民在没有得到州政府同意的情况下针对另一个州提起诉讼；同时，第十一修正案也被解释为，禁止公民针对本人所在的州提起联邦法律诉讼。[215] 州可以明确地表示自己愿意成为被告，而放弃免责权利；国会也可以通过颁布法律执行宪法第十四修正案，来取消州的免责权利。然而，国会的这种意图，必须通过联邦立法明确地表达出来。[216]

学区声称，因为他们是在执行州的功能，所以应该受到宪法第十一修正案的保护。众所周知，教育是州的一种功能，但这并不必然说明学区获得了第十一修正案规定的免责权利，可以不用承担违宪侵权的法律责任。如果想在针对学区提起的诉讼案件中利用宪法第十一修正案的话，州必须成为"真正的利益主体"。在确定一个政府机构，例如学区，是否能够获得第十一修正案保护的时候，第三巡回法院认为应当考虑下列因素：(1) 判决的赔付是否出自州的财政？(2) 是执行政府的职能，还是进行经营性活动？[217] (3) 该政府机构是否对其运转拥有自治权力？(4) 它是否拥有提起诉讼或者被提起诉讼的权力？(5) 它可否成为合同的缔约方？以及 (6) 该政府机构的财产是否免于缴纳州的税收？[218] 在决定学区是否可以得到第十一修正案免责原则的保护的这些因素中，最突出的因素是，判决赔付是否由州的财政来承担。如果是由州财政进行赔偿的话，法院就会宣布州是真正的利益主体。[219]

对于大多数州来说，有关学区享有宪法第十一修正案免责权利的问题，都在**黑尔士山案**中得到了解决。[220] 最高法院的判决结果是，根据俄亥俄州法律的规定，这个案子中的问题随着学区的性质而定，就是说，学区是被看作是州政府的一部分，还是被看作市政机构，或者被看作其他政治性的下属机构。考虑到学区运转过程中所拥有的税收权力和自治权力，最高法院认为学区更像是一个独立的县或市，而不是州的延伸。

救 济

根据聘任的不同性质，雇员受保护的权利遭到侵犯之后可以得到的司法救济，包括补偿性损害赔偿和惩罚性损害赔偿，恢复原职，补发工资，以及支付律师费。法院判决的具体内容取决于联邦和州制定法的规定以及法院的自由裁量权。联邦法律和州法律通常会规定可以获得救济的损害类型，或者对赔偿的类型进行限制。除非这些制定法严格规定了救济的形式，否则，法院在提出公正的解决办法上拥有宽泛的裁量权力。

损害赔偿

当法院发现学校管理人员或者学区侵犯了个体受法律保护的权利时，损害赔偿就是法院判决对原告所受伤害进行补偿的一种方式。[221] 为了弥补损失，权利受侵害的一方必须证明自己的确受到了伤害。如果找不出能够证明财物损失或者精神损伤的证据，即使"权利受到侵害"已经得到确认，原告也只能获得"名义上"的损害赔偿（不超过一美元）。[222] 如果教师可以证明，非法地终止雇佣合同对其造成巨大的损失，教师可以获得相应的巨额损害赔偿。当然，教师也有义务寻找新的聘任机会以减少该损失。[223]

最高法院 1986 年作出的一项判决认为，补偿性损害赔偿的数额不可以依据陪审团对宪法权利的价值或重要性的判断来确定。[224] 在这个案子，涉及的是一位教师遭到不合宪的解聘、法院判予补偿性损害赔偿的问题，最高法院宣布，尽管教师有权利因其所受伤害而获得全额赔偿，但是他们没有权利因陪审团认为受损的宪法权利非常重要而获得额外的损害赔偿。法院将这个案子发回下级法院重审，以确定教师的实际损失是多少，并依此确定他可以得到的损害赔偿的数目。

在一些例子中，权利受侵害的个体在提请补偿性损害赔偿的同时，也提出了惩罚性损害赔偿。司法部门认为，如果陪审团认为学校管理人员有意地、或者非常轻率地忽视了原告受联邦法律保护的权利，那么，他/她就应当承担惩罚性损害赔偿的责任（为的是惩罚做错事的人）。[225] 有一位校长兼学监，为了报复一位教师受保护的言论自由，在未得到教育委员会许可的情况下，解雇了这位教师，这位校长兼学监因而受到了惩罚，既要赔付补偿性损害赔偿，又要赔付惩罚性损害赔偿。[226]

1981 年，最高法院规定，第 1983 条不允许针对市政当局判处惩罚性损害赔偿。[227] 虽然法院承认对损害进行赔偿是市政当局的一项义务，但是，法院判决，惩罚性损害赔偿只适用于有过错的**个人**，而不适用于市政当局本身。法院解释道，惩罚性赔偿是对个人进行惩罚，防止其将来再犯类似的错误，但由于市政当局的赔偿金最终来自于纳税人，则其判处惩罚性损害赔偿实际上是惩罚无辜的纳税人，并不能够达到防止再次犯错的目的。这个规定并不禁止在学校案件中因联邦权利受到侵害而主张惩罚性损害赔偿，但是这样的主张必须针对个人提出，而不能针对学区提出。

以下几起案例可以说明促使法院判决损害赔偿的条件所具有的多样性。伊利诺伊州的一个教育委员会被判处给付一位教师 75 万美元的补偿性损害赔偿，理由是学区因她的非婚怀孕而错误地终止了她的雇佣合同。[228] 有一位学生向校长申诉受到了某教师的性虐待，校长没有作出及时而充分的应对，法院判决该校长赔付 35 万美元。[229] 在纽约州，没有启动正当程序，一位终身制教师的雇佣合同就被终止了，该教师只得到欠发的工资及其他因聘任而可以应得的福利待遇，却没有得到因情感压力和精神苦恼而提请索赔的损害赔偿，这是因为原告只提供了情感和精神受到伤害的主观证据。[230] 然而，南卡罗来纳州一位教师得到了 7.8 万美元的精神损害赔偿，因为他提供证据证明由于其雇佣合同终止中出现的程序问题而导致的精神紧张和失眠。[231]

因为教师在侵犯其宪法权利的案件中经常可以成功地获得损害赔偿，所以，学校管理人员应当确保解聘和其他惩戒行为是根据合法的理由做出的，并且遵循了恰当的程序要求。但是，除非有证据显示教师受到了真正的伤害，否则，法院是不会判处损害赔偿的。正如最高法院提出的，补偿性损害赔偿的目的在于为原告受到的损失或者伤害提供全部赔偿，但是关于补偿性损害赔偿的判决不可以以陪审团对受损的宪法权利作出的主观价值判断为依据。[232]

恢复原职

法院是否将恢复原职判决为对教育委员会行为的救济，根据的是案件涉及的受保护的权益及法院的自由裁量权，除非在州法律中具体规定了"恢复原职"这一条。如果一位终身制教师被无理解聘，基于其财产权而对重新聘任产生合理预期，那么在这样的例子中，恢复原职通常是最恰当的救济方式。然而，对于一位非终身制教师来说，虽然也是在合同期间被不合法地解聘了，但是通常法院只判决赔付损害赔偿，而不是恢复原职。

有效的财产权或人身权主张，赋予了教师程序性正当程序权利，但是，教师仍然可以因法律允许的事由而被解聘，只要学区在解聘过程中沿用了适当的程序。然而，如果没有经过适当的程序，学区就终止了教师的雇佣合同，而且有证据可以证明这种终止雇佣合同的行为是不公正的，法院可以判定学区为该教师恢复原职。[233]如果能够证明不续签教师合同的真正原因是对教师行使宪法权利（如，受保护的言论）的报复，法院也会判决学区恢复教师的原职，尽管要证实这样的主张实际上是很困难的。

在不续签雇佣合同和解聘教师的过程中，如果学区没有遵守制定法的规定，就可能导致对教师恢复原职的处理。如果制定法明确规定了不续聘的告知期限，而学区没有严格遵守这个最后期限，便是给教师提供了要求恢复原职的理由。如果不续聘发生在试用期将要结束的时候，法院可以将之解释为在下一年里继续受到聘任[234]或者恢复终身制。与缺乏适当告知程序所获得的救济不同，没有提供恰当的听证机会所获得的救济，一般是发回重审，重新举行听证，而不是恢复原职。

律师费

并不因为教师打赢了官司，律师费就自动地由另一方来出，律师费的处理问题一般根据制定法的要求而定。在联邦层面上，《民事诉讼中律师费用支付法案》(Civil Rights Attorneys' Fees Award Act) 规定联邦法院在处理民事案件中出现的费用问题上拥有裁量权。[235]国会议员在对关于律师费用的立法问题进行讨论的时候，"不仅要给予公民到法院打官司的权利，还要给予其一定的法律资源。如果公民没有这些资源，他们事实上也就难以寻求司法救济"[236]。

得到律师费的前提是，教师必须胜诉，就是说，法院必须判决教师获得损害赔偿或者其他形式的救济。最高法院认定，胜诉的一方就是在案件中一些突出问题——不必是基本问题——上成功地获得某些利益的人。最低限度上，法院判定："原告必须能够指出解决争议的方法，这种争议改变了他与被告的法律关系。"[237]如果原告只取得了部分的胜利，法院判决原告所能获得的律师费就会减少。[238]

因为第1983条并不要求在提起诉讼之前，必须竭尽州内的行政复议程序，所以，对于先于联邦诉讼进行的、教育委员会行政程序中的律师费用，最高法院是不予判决的。与《民权法案》第七条明确规定的雇员必须请求行政救济所不同的是，原告可以依据第1983条的规定，直接向联邦法院提起诉讼。在一起不合法终止雇佣合同的案件中，田纳西州一位教师打赢了官司、为在司法程序中花费时间获得了律师费，但是他没有说服最高法院，最高法院仍然不认为地方当局的行政程序是法院诉讼的预备部分。[239]

虽然人们已经非常明确地知道，在民事诉讼中胜诉的原告，依据法院的自由裁量权，有权获取律师费，但是同样的标准却不适用于被告。[240]原告教师得到的律师费，是由违反了联邦法律的另一方所给付的。一旦被告胜诉而请求原告支付律师费的话，就必须适用不同的评价标准。最高法院认为，这种费用不应当由原告来出，除非原告的主张是"琐碎的、无理的或者没有根据的"。[241]虽然向胜诉的被告赔付损害赔偿的事情还不普遍，但是，在某些情境中，法院还是会作出这样的处理，以阻止毫无根据的诉讼案件的发生。

结　论

州法律和联邦宪法为教育领域内的聘任安全提供了大量的保护措施。大多数州都制定了有关教师终身制的法律，明确规定了教师在雇佣合同终止过程中及惩戒过程中应当享有的聘任权利。另外，在州法律没有进行具体规定的情况下，一旦教师的财产权或者人身权受到损害的话，教师可以依据宪法第十四修正案的规定提请启动程序性正当程序。法院判决对州法律和联邦法律的解释确立了：什么时候可以申请正当程序、必须遵守什么样的程序以及可以证明解聘行为正当性的合法理由。下面是一些适用于教师雇佣合同终止过程的一般性原则。

　　1. 如果解聘损害了教师的财产权和人身权，该教师享有程序性正当程序权利。
　　2. 由州法律规定的终身制，规定了教师在连续的雇佣过程中享有财产权；只有符合州法律规定的有理由解聘的合法条件时，学区才可以解聘终身制教师。
　　3. 法院一般认为，试用期雇佣并不涉及财产权，除非是在合同期内。
　　4. 如果合同的不续签问题涉及试用期教师的宪法权利、给他/她带来污点或者严重妨碍了他/她将来受雇于其他工作岗位的话，就可能涉及试用期教师的人身权问题。如果该行为确实侵犯教师人身权，试用期教师有权要求举行听证。
　　5. 一旦牵涉到教师的人身权和财产权，根据宪法第十四修正案的规定，学区必须将指控告知教师，并为教师提供听证的机会，包括允许辩护律师的参与、质证和交叉质证，提供一份会议记录。但是并不需要使用正式的审判程序。
　　6. 关于解聘的恰当告知，必须遵守制定法规定的最后期限，符合规定的格式，给教师留出充分的时间为听证过程做准备；告知通知书上要详细说明指控的内容。
　　7. 除非能够证明教育委员会成员存在着偏见，否则其成员就被认为是听证中的公正的裁决者。
　　8. 对于教师的解聘问题，教育委员会承担举证责任，他们必须列举充分的证据证明解聘处理是正确的。
　　9. 有理由解聘的法定原因，随着各州情况的不同而变化很大，但是一般都包括一些基本的情形：无能力、玩忽职守、不道德、不服从、非专业性行为以及其他充分且恰当的理由。
　　10. "无能力"一般与教师在教室里的工作绩效有关——教室管理、教学方法、评价学生、师生关系以及一般态度。
　　11. 可以作为解聘原因的"不道德"行为包括：不诚实行为、不合适的性行为、犯罪行为、与毒品有关的行为以及其他不恰当的对教师的工作效能产生负面影响的行为。
　　12. 因"不服从"而解聘教师的根据是教师拒绝遵守学校的规章和政策。
　　13. 入学率下降和财政紧张可以构成学校解聘终身制教师的充分理由。
　　14. 在学区非法解聘雇员的情况下，雇员有权要求恢复原职、补发工资、获得补偿性损害赔偿和惩罚性损害赔偿；此外，学区还须偿付该雇员所支付的律师费。
　　15. 除非能够证明经济上、情感上或精神上蒙受了损失，否则雇员个体只能因宪法权利受损而获得名义上的损害赔偿。
　　16. 如果学校管理人员的行为是出于良好的动机的话，他们可以申请免责以保

护自己免于承担法律责任；但是如果他们违反了明确清晰的法律原则，其行为则会被认定具有恶意，他们就不能申请免责。

17. 学区如果损害了教师享有的受联邦法律保护的公民权利的话，在教师依据第 1983 条提出损害赔偿的诉讼中，是不可能以"良好动机"作为辩护理由的。

18. 用来惩罚错误行为者的惩罚性损害赔偿，只针对学校管理人员个人，不针对学区。

19. 大多数法院并不认为学区是州政府的一部分，因此，学区可以根据宪法第十一修正案的规定，不必在州内公民提起的联邦诉讼案中承担法律责任。

注　释

[1] Adler v. Bd. of Educ., 342 U. S. 485, 493 (1952).

[2] 正如我们在第 1 章中提及的，第十四修正案限制的是州行为，而不是私人行为。最高法院裁示，仅仅是州制定的规章不足以启动宪法来保护私营学校中的人事问题。法院驳回了一所私营学校主张的所谓违宪解雇的案件，理由是私营学校和州之间没有"共生关系"。Rendell Baker v. Kohn, 457 U. S. 830 (982)。又见 Logiodice v. Trs., 296 F. 3d 22 (1st Cir. 2002)。该案中，法院裁示，为公立学校学生到私营学校上学支付学费，不涉及州制定的、学校作出停学决定之前应当为学生提供程序性正当程序的规定。

[3] 参见 Bd. of Regents v. Roth, 408 U. S. 564 (972)。

[4] 参见 DeMichele v. Greenburgh Cent. Sch. Dist. No. 7, 167 F. 3d 784 (2nd Cir. 1999)。

[5] 参见 Coggin v. Longview Indep. Sch. Dist., 289 F. 3d 326 (5th Cir. 2002); Rogan v. Lewis, 975 F. Supp. 956 (S. D. Tex. 1997)。

[6] 参见 Wuest v. Winner Sch. Dist. 59-2, 607 N. W. 2d 912 (S. D. 2000)。又见 Carrington v. Mahan, 51 F. 3d 106 (8th Cir. 1995)。该案中，法院裁示，一位终身教师获得新的工作岗位后没有向原来的学校报告，意味着她放弃了继续被雇用的财产权，因此她没有权利在被解雇时享有正当程序。

[7] 如果规定了具体财产权（例如，终身制）的制定法被废除或者被修订以消除这些权利的话，个体就无权因这种权利的被剥夺而要求程序性正当程序；制定法规定的利益可以不经正当程序即宣告无效，除非这种变化侵犯了个体依据合同而享有的权利。参见 Indiana *ex rel*. Anderson v. Brand, 303 U. S. 95 (1938); Pittman v. Chi. Bd. of Educ., 64 F. 3d 1098 (7th Cir. 1995)。然而，教育委员会一般不会通过雇佣合同的方式修订、撤销或者规避制定法权利（例如，程序性正当程序权利）。参见 Parker v. Indep. Sch. Dist. No. 1-003 Okmulgee County, Okla, 82 F. 3d 952 (10th Cir. 1996)。

[8] 参见 Goodrich v. Newport News Sch. Bd., 743 F. 2d 225 (4th Cir. 1984); Atencio v. Bd. of Educ., 658 F. 2d 774 (10th Cir. 1981)。

[9] 参见 Lighton v. Univ. of Utah, 209 F. 3d 1213 (10th Cir. 2000); Provoda v. Maxwell, 808 P. 2d 28 (N. M. 1991); Tucker v. Bd. of Educ., 604 N. Y. S. 2d 506 (1993)。

[10] 参见 Smith v. King City Sch. Dist., 990 S. W. 2d 643 (Mo. Ct. App. 1998)，见第 9 章关于教师宪法权利的讨论。

[11] 当然，如果制定法规定表明还存在其他的符合最后期限要求的方式，诸如要求在某个日期前通过邮局告知当事人，这个关于实际接受告知的总规定并不适用。参见 Andrews v. Howard, 291 S. E. 2d 541 (Ga. 1982)。

[12] 参见 Stollenwerck v. Talladega County Bd. of Educ., 420 So. 2d 21 (Ala. 1982)。

[13] 参见 Kiel v. Green Local Sch. Dist. Bd. of Educ., 630 N. E. 2d 716 (Ohio 1994)。

[14] 参见 Kidd v. Bd. of Educ., 29 S. W. 3d 374 (Ky. Ct. App. 2000)。上诉法院将该案发回重审，要求确定案件中提供的、不续聘的理由是真实的；如果理由是假的，那么解雇决定将被判无效。Naylor v. Cardinal Local Sch. Dist. Bd. of Educ., 630 N. E. 2d 725 (Ohio 1994)。该案中，法院裁示，根据俄亥俄州法律的规定，"听证"不仅仅是教育委员会的一次非正式会议；"听证"包括了提供证据的权利、面对（confront）和审查证人以及对双方当事人的争议进行评判。

[15] 参见 Flath v. Garrison Pub. Sch. Dist. No. 51, 82 F. 3d 244 (8th Cir. 1996); Stratton v. Austin Indep. Sch. Dist., 8 S. W. 3d 26 (Tex. Ct. App. 1999)。

[16] Hamilton v. Pulaski County Special Sch. Dist., 900 S. W. 2d 205 (Ark. 1995)。

[17] Buck v. Lowndes County Sch. Dist., 761 So. 2d 144 (Miss. 2000)。

[18] Wheeler v. Yuma Sch. Dist. No. One, 750 P. 2d 860 (Ariz. 1988)。又见 Wren v. McDowell County Bd. of Educ., 327 S. E. 2d 464 (W. Va. 1985)。该案中，法院裁示，州教育委员会程序要求为试用期教师提供机会以改正教学不充分行为。

[19] Snyder v. Mendon-Union Dist. Bd. of Educ., 661 N. E. 2d 717 (Ohio 1996)。又见 Bowden v. Memmphis Bd. of Educ., 29 S. W. 3d 462 (Tenn. 2000)。

[20] 参见 Struthers City Schs. Bd. of Educ. v. Struthers Educ. Ass'n, 453 N. E. 2d 613 (Ohio 1983)。对立判决见 Stratton v. Austin Indep. Sch. Dist., 8 S. W. 2d 26 (Tex. Ct. App. 1999)。该案中，法院裁示，教育委员会没有遵守自己的规定不会产生与正当程序权利相关的财产权益。

[21] 408 U. S. 564 (1972).

[22] 408 U. S. 593 (1972).

[23] Roth, 408 U. S. 575.

[24] *Id*. at 577.

[25] 408 U. S. 593 (1972).

[26] *Id*. at 600.

[27] Mt. Healthy City Sch. Dist. Bd. of Educ. v. Doyle, 429 U. S. 274 (1977)。参见第 9 章第 3 条注释关于本案中涉及的第一修正案议题的讨论。

[28] 参见 Roth, 408 U. S. at 572。

[29] 参见 Kyle v. Morton High Sch., 144 F. 3d 448 (7th Cir. 1998); Goudeau v. Indep. Sch. Dist. No. 37, 823 F. 2d 1429 (10th Cir. 1987)。又见 Remus v. Bd. of Educ., 727 N. Y. S. 2d 43 (2001)。该案中，法院裁示，同意在未来的某一天签订终身合同，在合同签订之前不产生程序性正当程序权利。教师在终身合同发生效力之前解除试用期聘任合同是无权要求正常程序的。

[30] Schreffler v. Bd. of Educ., 506 F. Supp. 1300 (D. Del. 1981).

[31] Vail v. Bd. of Educ., 706 F. 2d 1435 (7th Cir. 1983)，上诉法院维持原判（法官意见不一致，同意与反对人数各半），466 U. S. 377 (1984)。对立判决见 Thomas v. Bd. of Exam'rs, Chi. Pub. Schs., 866 F. 2d 225 (7th Cir. 1988)。该案中，法院认定，晋升可能获得报酬的权利不构成财产权。

[32] Martin v. Unified Sch. Dist. No. 434, 728 F. 2d 453 (10th Cir. 1984); Robertson v. Rogers, 679 P. 2d 1090 (4th Cir. 1982)。

[33] 参见 Perkins v. Bd. of Dirs., 686 F. 2d 49 (1st Cir. 1982); Schaub v. Chamberlain Bd. of Educ., 339 N. W. 2d 307 (S. D. 1983)。又见 Wells v. Hico lndep. Sch. Dist., 736 F. 2d 243 (5th Cir. 1984)。该案中，法院裁示申诉政策和程序并不带来继续雇佣的财产权益。

[34] 参见 Schaub, 339 N. W. 2d 307。该案中，法院裁示，听证对没有获得继续聘用的教师是恰当的，但是不要求教育委员会发表意见、出示证据，或者甚至在听证会上回答问题。

[35] Bordelon v. Chi. Sch. Refoffil Bd. of Trs., 233 F. 3d 524 (7th Cir. 2000)。又见 Ulichny v. Merton Cmty. Sch. Dist., 249 F. 3d 686 (7th Cir. 2001)。该案中，法院认定，减少校长的职责和义务没有损害其财产权。

[36] Leary v. Daeschner, 228 F. 3d 729 (6th Cir. 2000)。

[37] Bishop v. Wood, 426 U. S. 341, 345 (1976)。

[38] 参见 Codd v. Velger, 429 U. S. 624 (1977); Bishop v. Wood, 426 U. S. 341 (1976); Paul v. Davis, 424 U. S. 693 (1976); Bordelon v. Chi. Sch. Reform Bd. of Trs., 233 F. 3d 524 (7th Cir. 2000); Lighten v. Univ. of Utah, 209 F. 3d 1213 (10th Cir. 2000)。

[39] 然而，州宪法可以提供更多的保护、保护正当程序权利可以将单纯的名誉损害包括在内。参见 Kadetsky v. Egg Harbor Township Bd. of Educ., 82 F. Supp. 2d 327 (D. N. J. 2000)。

[40] 参见 Ulichny v. Merton Cmty. Sch. Dist., 249 F. 3d 686 (7th Cir. 2001); Thomas v. Smith, 897 F. 2d 154 (5th Cir. 1989)。对立判决见 Winegar v. Des Moines Indep. Cmty. Sch. Dist., 20 F. 3d 895 (8th Cir. 1994)。该案中，法院裁示，因虐待学生而受到惩罚、被调往另一所学校的处理决定中包含了明显的财产权益，教育委员会有必要为其提供听证的机会。

[41] Moore v. Otero, 557 F. 2d 435, 438 (5th Cir. 1977)。

[42] 参见 Lancaster v. Indep. Sch. Dist. No. 5, 149 F. 3d 1228 (10th Cir. 1998); Lagos v. Modesto City Schs. Dist., 843 F. 2d 347 (9th Cir. 1988)。

[43] 参见 Puchalski v. Sch. Dist. of Springfield, 161 F. Supp. 2d 395 (E. D. Pa. 2001)。

[44] Gray v. Union County Intermediate Educ. Dist., 520 F. 2d 803, 806 (9th Cir. 1975)。又见 Hedrich v. Bd. of Regents, 274 F. 3d 1174 (7th Cir. 2001); Brammer-Hoelter v. Twin Peaks Charter Acad., 81 F. Supp. 2d 1090 (D. Colo. 2000); Gordon v. Nicoletti, 84 F. Supp. 2d 304 (D. Conn. 2000)。

[45] 参见 Ulichny v. Merton Cmty. Sch. Dist., 249 F. 3d 686 (7th Cir. 2001); Merkle v. Upper Dublin Sch. Dist., 211 F. 3d 782 (3rd Cir. 2000)。又见，Santiago v. Fajardo, 70 F. Supp. 2d 72 (D. P. R. 1999)。该案中，法院裁示，单纯的诽谤没有侵犯个体的财产权益。

[46] Ball v. Bd. of Trs., 584 F. 2d 684, 685 (5th Cir. 1978)。又见 Burke v. Chi. Sch. Reform Bd. of Trusttees, 169 F. Supp. 2d 843 (N. D. Ill. 2001)。

[47] Stachura v. Memphis Cmty. Sch. Dist., 763 F. 2d 211 (6th Cir. 1985)，推翻原判中关于损害赔偿的部分，477 U. S. 299 (1986)。

[48] Rivera v. Cmty. Sch. Dist. Nine, 145 F. Supp. 2d 302 (S. D. N. Y. 2001)。

[49] 参见 Townsend v. Vallas, 256 F. 3d 661 (7th Cir. 2001)。该案中,当教师无法证明其不能受雇时,法院反对该教师的主张。该教师继续从事原先的兼职工作,没有应征其他学区的工作职位。

[50] 参见 Donato v. Plainview Old Bethpage Cent. Sch. Dist., 96 F. 3nd 623 (2nd Cir. 1996); Vanelli v. Reynolds Sch. Dist. No. 7, 667 F. 2d 773 (9th Cir. 1982); Carroll v. Robinson, 874 P. 2d 1010 (Ariz. Ct. App. 1994)。

[51] 参见 Lybrook v. Members of Farmington Mun. Schs. Bd., 232 F. 3d 1334 (10th Cir. 2000); Hayes v. Phoenix-Talent Sch. Dist. No. 4, 893 F. 2d 235 (9th Cir. 1990); Robertson v. Rogers, 679 F. 2d 1090 (4th Cir. 1982); Johnson v. Indep. Sch. Dist. No. 281, 494 N. W. 2d 270 (Minn. 1992)。

[52] 参见 Vega v. Miller, 273 F. 3d 460 (2nd Cir. 2001); McCullough v. Wyandanch Union Free Sch. Dist., 187 F. 3d 272 (2nd Cir. 1999); Lancaster v. Indep. Sch. Dist. No. 5, 149 F. 3d 1228 (10th Cir. 1998); Strasburger v. Bd. of Educ., 143 F. 3d 351 (7th Cir. 1998)。

[53] 参见 Schul v. Sherard, 102 F. Supp. 2d 877 (S. D. Ohio 2000)。

[54] Beitzell v. Jeffrey, 643 F. 2d 870, 879 (1st Cir. 1981)。

[55] 参见 Codd v. Velger, 429 U. S. 624 (1977); Coleman v. Reed, 147 F. 3d 751 (8th Cir. 1998); Strassburger, 143 F. 3d 351。又见 Donato v. Plainview Old Bethpage Cent. Sch. Dist., 985 F. Supp. 316 (E. D. N. Y. 1997)。发回重审。法院裁示,雇员负有举证责任、应当提供证据证明一次姓名空缺的(name-clearing)听证会议上提出的起诉是错误的。

[56] 参见 O'Neill v. City of Auburn, 23 F. 3d 685 (2nd Cir. 1994)。

[57] Mathews v. Eldridge, 424 U. S. 319, 335 (1976)。

[58] 参见 Bd. of Educ. v. Ward, 974 P. 2d 824 (Utah 1999); Rich v. Montpelier Supervisory Dist., 709 A. 2d 501 (Vt. 1998)。

[59] Rankin v. Indep. Sch. Dist. No. 1–3, Noble County, Okla., 876 F. 2d 838 (10th Cir. 1989)。又见 Cal. Teachers Ass'n v. State, 975 P. 2d 622, 643 (Cal. 1999)。该案中,法院的判决结论是,将一半费用强加在行政法法官身上,"会打击法官们尊重教师的听证权利及为了教师的利益而强力辩护的积极性"。

[60] 参见 Clark County Sch. Dist. v. Riley, 14 P. 3d 22 (Nev. 2000)。

[61] 本章着重讨论了教师合同终止过程中的程序保护问题。然而,值得注意的是,教育委员会的决定(例如,调职、降职或者强制性休假)都可能对决策过程施加类似的压力。

[62] 参见 Spainhour v. Dover Pub. Sch. Dist., 958 S. W. 2d 528 (Ark. 1998)。

[63] 参见 Osteen v. Henley, 13 F. 3d 221 (7th Cir. 1993); Ray v. Birmingham City Bd. of Educ., 845 F. 2d 281 (11th Cir. 1988); Goodrich v. Newport News Sch. Bd., 743 F. 2d 225 (4th Cir. 1984)。对立判决见 Levitt v. Univ. of Tex. at El Paso, 759 F. 2d 1224 (5th Cir. 1985)。该案中,法院裁示,在某些情况下,如果省略州或者地方程序性规定导致对最低宪法程序规定的否认,就会发生剥夺宪法权利的现象。

[64] 参见 Schuck v. Montegiore Pub. Sch. Dist. No. 1, 626 N. W. 2d 698 (N. D. 2001)。

[65] Mendillov. Bd. of Educ., 717 A. 2d 1177 (Conn. 1998)。

[66] 参见,例如,Farley v. Bd. of

Educ., 365 S. E. 2d 816 (W. Va. 1988)。该案中，法院认定，教师在教育委员会规定的听证日期前一天或者前两天接到终止合同的告知，不属于"意味深长的告知"，教师无法准备听证。

[67] 参见 Stills v. Ala. State Tenure Comm'n, 718 So. 2d 1145 (Ala. Civ. App. 1998)。该案中，法院裁示，如果制定法规定告知必须在学期末的最后一天送达，在学期结束三天后才接到告知就是不适当的。Clark County Sch. Dist. v. Riley, 14 P. 3d 22 (Nev. 2000)。该案中，法院认定，提前四天送达的、未提及听证权利的告知违反了制定法规定的15天告知的期限、侵犯了相关人的听证权利。Morrison v. Bd. of Educ., 47 P. 3d 888 (Okla. Civ. App. 2002)。该案中，法院裁示，告知过程不符合制定法的要求，告知是学监而不是教育委员会送出的，告知收到的时间是4月10日，而不是4月10日之前。

[68] 参见 Casada v. Booneville Sch. Dist. No. 65, 686 F. Supp. 730 (W. D. Ark. 1988); Simmons v. New Pub. Sch. Dist. No. Eight, 574 N. W. 2d 561 (N. D. 1998)。对立判决见 Johanson v. Bd. of Educ., 589 N. W. 2d 815 (Neb. 1999)。该案中，法院裁示，正当程序并没有要求学区提供每一位证人所提供证词的概要。

[69] Hoffner v. Bismarck Pub. Sch. Dist., 589 N. W. 2d 195 (N. D. 1999)。又见 Boss v. Fillmore Sch. Dist. No. 19, 559 N. W. 2d 448 (Neb. 1997)。该案中，法院裁示，在学监的雇佣合同终止之前，根据法律规定，应当对之进行评价，并为其提供改正主要不足之处的机会。

[70] Benton v. Bd. of Educ., 361 N. W. 2d 515 (Neb. 1985)。

[71] Jefferson Consol. Sch. Dist. C-123 v. Carden, 772 S. W. 2d 753 (Mo. Ct. App. 1989)。

[72] Wagner v. Little Rock Sch. Dist., 373 F. Supp. 876 (E. D. Ark. 1973)。又见 Stein v. Bd. of Educ., 792 F. 2d 13 (2nd Cir. 1986)。该案中，法院认定，仅仅标明日期和时间的告知是不适当的。

[73] 参见 McDaniel v. Princeton City Sch. Dist. Bd. of Educ., 72 F. Supp. 2d 874 (S. D. Ohio 1999); Simmons v. New Pub. Sch. Dist. No. Eight, 574 N. W. 2d 561 (N. D. 1998); Allen v. Texarkana Pub. Schs., 794 S. W. 2d 138 (Ark. 1990); Farris v. Burke County Bd. of Educ., 544 S. E. 2d 578 (N. C. Ct. App. 2001)。

[74] 470 U. S. 532 (1985)。又见 Coleman v. Reed, 147 F. 3d 751 (8th Cir. 1998); Flath v. Garrison Pub. Sch. Dist. No. 51, 82 F. 3d 244 (8th Cir. 1996); Fields v. Durham, 909 F. 2d 94 (4th Cir. 1990)。

[75] 参见 Vukadinovich v. Bd. of Sch. Trs., 978 F. 2d 403 (7th Cir. 1992)。该案中，法院裁示，被解雇的教师除了要求完整的解雇前听证外，无权要求解雇后听证。

[76] 对立判决见 Gilbert v. Homar, 520 U. S. 924 (1997)。该案中，法院裁示，如果犯有重罪的雇员所在的工作岗位寄托了公众的万分信赖，那么对其实施临时性不带薪停职的处分就不必进行终止合同前听证。Mustafa v. Clark County Sch. Dist., 157 F. 3d 1169 (9th Cir. 1998)。该案中，法院认定，因所谓的性行为不当而被施以不带薪停职处分的教师，如果停职后的五天内即迅速为其提供了听证机会，那么他无权要求举行停职前听证。

[77] Valter v. Orchard Fann Sch. Dist., 541 S. W. 2d 550 (Mo. 1976)。又见 McClure v. Indep. Sch. Dist. No. 16, 228 F. 3d 1205 (10th Cir. 2000)。该案中，法院裁示，在雇佣合同终止的听证会上，不允许教师对宣誓后才提供证词的证人进行交叉质证，属于剥夺了该教师的正当程序权利的行为。

Elmore v. Plainview-Old Bethpage Cent., 708 N. Y. S. 2d 713 (App. Div. 2000). 该案中,法院的判决结论是听证官禁止教师在交叉质证休息期间与律师进行协商的做法侵犯了该教师的正当程序权利。

[78] Ahern v. Bd. of Educ., 456 F. 2d 399 (8th Gir. 1972).

[79] Birdwell v. Hazelwood Sch. Dist., 491 F. 2d 490 (8th Cir. 1974).

[80] 参见 Conward v. Cambridge Sch. Comm., 171 F. 3d 12 (1st Cir. 1999); Boner v. Eminence R-I Sch. Dist., 55 F. 3d 1339 (8th Cir. 1995); Cliff v. Bd. of Sch. Comrn'rs, 42 F. 3d 403 (7th Cir. 1994); Schuck v. Montefiore Pub. Sch. Dist. No. 1, 626 N. W. 2d 698 (N. D. 2001); Rich v. Montpelier Supervisory Dist., 709 A. 2d 501 (Vt. 1998). 又见 McKnight v. Sch. Dist. of Phila., 171 F. Supp. 2d 446 (E. D. Pa. 2001). 该案中,法院裁示,教师出席但拒绝参与听证会。只要教育委员会提供听证的机会,就没有侵犯教师的听证权利。

[81] 参见 Lighton v. Univ. of Utah, 209 F. 3d 1213 (10th Cir. 2000); Upshaw v. Alvin Indep. Sch. Dist., 31 F. Supp. 2d 553 (S. D. Tex. 1999).

[82] Pederson v. S. Williamsport Area Sch. Dist., 677 F. 2d 312 (3rd Cir. 1982).

[83] Jones v. Morris, 541 F. Supp. 11 (S. D. Ohio 1981), 维持原判, 455 U. S. 1009 (1982).

[84] 参见 Withrow v. Larkin, 421 U. S. 35 (1975). 又见 Yukadinovich v. Bd. of Sch. Trs., 278 F. 3d 693 (7th Cir. 2002). 该案中,法院的判决结论是,当教育委员会因教师受到公开批评而举行听证时,该教师没有确立合同终止过程中存在着偏见的事实。Moore v. Bd. of Educ., 134 F. 3d 781 (6th Cir. 1998). 该案中,法院认定,学监承担双重角色职责——听证的主持人和调查员——的行为没有剥夺教师的正当程序权利。

[85] 426 U. S. 482 (1976).

[86] *Id* at 496-497.

[87] 参见 Sekor v. Bd. of Educ., 689 A. 2d 1112 (Conn. 1997); Felder v. Charleston County Sch. Dist., 489 S. E. 2d 191 (S. C. 1997). 对立判决见 Crump v. Bd. of Educ., 378 S. E. 2d 32 (N. C. Ct. App. 1989), 维持原判, 392 S. E. 2d 579 (N. C. 1990). 该案中,法院裁示委员会成员具有的事先听证知识与听证过程中拒绝这些知识的行为证明存在着法律所不允许的偏见。

[88] *Exparte* Greenberg v. Ala. State Tenure Comm'n, 395 So. 2d 1000 (Ala. 1981). 又见 Katruska v. Dep't of Educ., 727 A. 2d 612 (Pa. Commw. Ct. 1999). 该案中,法院的判决结论是,关于某位委员会成员的妻子反对其校长的证词表明听证过程中存在着偏见。对立判决见 Danroth v. Mandaree Pub. Sch. Dist. No. 36, 320 N. W. 2d 780 (N. D. 1982). 该案中,法院裁示,即使某位教育委员会成员的妻子是听证会的主要评论员,某教师并没有因此而被拒于公正而恰当的听证之外。

[89] Staton v. Mayes, 552 F. 2d 908 (10th Cir. 1977). 对立判决见 Welch v. Barham, 635 F. 2d 1322 (8th Cir. 1980). 该案中,法院认定,两位教育委员会成员在审判中的声明——他们找不到任何理由来改变他们终止个体的雇佣合同的想法——不足以证明偏见达到了可以据之来判断决策者不合格的程度。

[90] Keith v. Cmty. Sch. Dist., 262 N. W. 2d 249, 260 (Iowa 1978).

[91] 参见 McClure v. Indep. Sch. Dist. No. 16, 228 F. 3d 1205 (10th Cir. 2000); Cook v. Bd. of Educ., 671 F. Supp. 1110 (S. D. W. Va. 1987); Buck-

ner v. Sch. Bd., 718 So. 2d 862 (Fla. Dist. Ct. App. 1998); Johnson v. Pulaski County Bd. of Educ., 499 S. E. 2d 345 (Ga. Ct. App. 1998); Riter v. Woonsocket Sch. Dist. #55-4, 504 N. W. 2d 572 (S. D. 1993)。

[92] deKoevend v. Bd. of Educ., 688 P. 2d 219, 228 (Colo. 1984)。

[93] 参见 *Buckner*, 718 So. 2d 882。对立判决见 Vukadinovich v. Bd. of Sch. Trs., 978 F. 2d 403 (7th Cir. 1992). 该案中，法院认定，教育委员会的律师主持听证不带来不可接受的偏见；律师不参加委员会的讨论。Holley v. Seminole County Sch. Dist., 755 F. 2d 1492 (11th Cir. 1985). 该案中，法院判决结论是，允许教育委员会的律师作为听证主考官（hearing examiner）参与听证过程。

[94] 参见 Hagerty v. State Tenure Comm'n, 445 N. W. 2d 178 (Mich. Ct. App. 1989). 该案中法院裁示，不存在偏见，因为听证官和教育委员会律师同为一家法律公司工作；然而，法院提醒大家，州禁止结社，如果未来发生了类似结社的事情，州会采用实质性撤销规则以消除潜在的偏见。

[95] 参见 Lacks v. Ferguson Reorganized Sch. Dist. R-2, 147 F. 3d 718 (8th Cir. 1998); Harris v. Cannton Separate Pub. Sch. Bd. of Educ., 655 So. 2d 898 (Miss. 1995); *In re* Termination of Kibbe, 996 P. 2d 419 (N. M. 1999); Felder v. Charleston County Sch. Dist., 489 S. E. 2d 191 (S. C. 1997)。

[96] Altsheler v. Bd. of Educ., 476 N. Y. S. 2d 281, 281 (1984). 又见 Johanson v. Bd. of Educ., 589 N. W. 2d 815 (Neb. 1999)。

[97] Schulz v. Bd. of Educ., 315 N. W. 2d 633 (Neb. 1982)。

[98] 参见 Wuest v. Winner Sch. Dist. 59-2, 607 N. W. 2d 912 (S. D. 2000)。

[99] 参见 Goldberg v. Kelly, 397 U. S. 254, 271 (1970). 又见 Arriola v. Orleans Parish Sch. Bd., 809 So. 2d 932 (La. 2002). 该案中，法院认定，即使因吸毒而终止雇佣合同的教师不能对提供化学分析的实验室技师进行交叉质证，该教师也享用了充分的正当程序。

[100] 参见 Rogers v. Bd. of Educ., 749 A. 2d 1173 (Conn. 2000); Hierllmeier v. N. Judson-San Pierre Bd., 730 N. E. 2d 821 (Ind. Ct. App. 2000); Doty v. Tupelo Pub. Sch. Dist., 751 So. 2d 1212 (Miss. Ct. App. 1999)。

[101] 参见 Daily v. Bd. of Educ., 588 N. W. 2d 813 (Neb. 1999)。

[102] Morey v. Sch. Bd., 128 N. W. 2d 302, 307 (Minn. 1964). 又见 Barnett v. Bd. of Educ., 654 A. 2d 720 (Conn. 1995)。

[103] Jackson v. Indep. Sch. Dist. No. 16, 648 P. 2d 26, 31 (Okla. 1982).

[104] 参见 Rogers v. Bd. of Educ., 749 A. 2d 1173 (Conn. 2000); Farris v. Burke County Bd. of Educ., 544 S. E. 2d 578 (N. C. Ct. App. 2001); Oleske v. Hilliard City Sch. Dist., 764 N. E. 2d 1110 (Ohio Ct. App. 2001); Montgomery Indep. Sch. Dist. v. Davis, 34 S. W. 3d 559 (Tex. 2000)。

[105] Henry Black, *Black's Law Dictionary*, 7th ed. (St. Paul, MN: West Publishmg, 1999).

[106] Whaley v. Anoka-Hennepin Indep. Sch. Dist. No. 11, 25 N. W. 2d 128 (Minn. 1982). 又见 Saunnders v. Anderson, 746 S. W. 2d 185 (Tenn. 1987)。

[107] Hamburg v. N. Penn Sch. Dist., 484 A. 2d 867 (Pa. Commw. Ct. 1984).

[108] Myres v. Orleans Parish Sch. Ed., 423 So. 2d 1303 (La. Ct. App. 1983).

[109] Rogers v. Ed. of Educ., 749 A. 2d 1173 (Conn. 2000).

[110] West v. Tangipahoa Parish Sch. Ed., 615 So. 2d 979 (La. Ct. App. 1993).

[111] Collins v. Faith Sch. Dist. No. 46-2, 574 N. W. 2d 889, 893 (S. D. 1998). 又见 In re Termination of Kibbe, 996 P. 2d 419 (N. M. 1999). 该案中, 教育委员会没有提供实质性证据证明教师因酒后驾车而被拘的事实与其教学能力之间存在着合理的联系。

[112] 参见 Jones v. Jefferson Parish Sch. Ed., 688 F. 2d 837 (5th Cir. 1982); Linstad v. Sitka Sch. Dist., 963 P. 2d 246 (Alaska 1998); Bd. of Educ. v. Kushner, 530 A. 2d 541 (Pa. Commw. Ct. 1987).

[113] Weissman v. Bd. of Educ., 547 P. 2d 1267, 1273 (Colo. 1976). 又见 Hamm v. Poplar Bluff R-I Sch. Dist., 955 S. W. 2d 27 (Mo. Ct. App. 1997); In re Morrill, 765 A. 2d 699 (N. H. 2001); Andrews v. Indep. Sch. Dist. No. 57, 12 P. 3d 491 (Okla. Civ. App. 2000); Strain v. Rapid City Sch. Bd., 447 N. W. 2d 332 (S. D. 1989).

[114] Denton v. S. Kitsap Sch. Dist. No. 402, 516 P. 2d 1080 (Wash. Ct. App. 1973). 又见 DeMichele v. Greenburgh Cent. Sch. Dist. No. 7, 167 F. 3d 784 (2nd Cir. 1999). 该案中, 法院裁示, 一位教师因为24年前与学生发生不当性行为而被终止雇佣合同, 教育委员会的这个决定没有侵犯他的正当程序权利。

[115] Fadler v. Ill. State Bd. of Educ., 506 N. E. 2d 640 (Ill. App. Ct. 1987). 对立判决见 Youngman v. Doerhoff, 890 S. W. 2d 330 (Mo. Ct. App. 1994). 该案中, 法院判决结论是, 女教师拥抱一位14岁男学生是由于喜爱与关心, 不是出于性欲望, 因此该行为不构成不道德行为。

[116] Kilpatrick v. Wright, 437 F. Supp. 397, 399 (M. D. Ala. 1977).

[117] Thompson v. Southwest Sch. Dist., 483 F. Supp. 1170 (W. D. Mo. 1980).

[118] 关于性骚扰的进一步讨论参见第8章第158条注释所对应的正文; 第10章第88~99条注释。

[119] Harry v. Marion County Bd. of Educ., 506 S. E. 2d 319 (W. Va. 1998). 又见 Forte v. Mills, 672 N. Y. S. 2d 497 (App. Div. 1998). 该案中, 法院裁示, 教师不恰当地抚摸四、五年级女生的行为属于性骚扰, 可以据此终止其雇佣合同, 理由是存在不服从及不适宜从事教师职业的行为; 该教师曾经多次受到警告, 警告其停止抚摸行为。

[120] Ross v. Robb, 662 S. W. 2d 257 (Mo. 1983).

[121] Bertolini v. Whitehall City Sch. Dist. Bd. of Educ., 744 N. E. 2d 1245 (Ohio Ct. App. 2000). 对立判决见 Parker-Bigback v. St. Labre Sch., 7 P. 3d 361 (Mont. 2000) 该案中, 一位顾问与一位男士未婚同居, 学区因而终止了她的雇佣合同, 法院判决支持学区的决定。法院强调, 终止雇佣合同没有违反州宪法规定的、禁止基于各种人格特征的歧视行为, 诸如婚姻状况, 因为学区之所以作出这种决定, 该因为行为违反了罗马天主教会的教义。

[122] 关于性取向歧视的诉讼主张的讨论参见第10章第109条注释所对应的正文。

[123] 参见 Bowers v. Hardwick, 478 U. S. 186 (1986).

[124] Morrison v. State Bd. of Educ., 461 P. 2d 375 (Cal. 1969). 又见 Sch. Comm. v. Civil Servo Comm'n, 684 N. E. 2d 620 (Mass. App. Ct. 1997). 对立判决见 Rowland v. Mad River Local Sch. Dist., 730 F. 2d 444 (6th Cir. 1984). 该案中,

一位指导顾问因为公开了其同性恋取向而没有续签雇佣合同,法院判决支持教育委员会作出的不续聘决定。第9章第217条注释。

[125] Jarvella v. Willoughby-Eastlake City Sch. Dist., 233 N. E. 2d 143, 145 (Ohio 1967).

[126] 参见 Kenai Peninsula Borough Bd. of Educ. v. Brown, 691 P. 2d 1034, 1036 (Alaska 1984)。又见 Toney v. Fairbanks N. Star Borough Sch. Dist., Bd. of Educ., 881 P. 2d 1112 (Alaska 1994)。该案中,法院认定,教师在受雇于学区之前与一位15岁学生之间发生的性关系,是一种道德败坏的犯罪行为,足以支持其雇佣合同的终止;法院评论说,令人怀疑的是,这种犯罪行为是否因时间久远而在确定该教师是否适合教学时就可以不加考虑了。

[127] Logan v. Warren County Bd. of Educ., 549 F. Supp. 145 (S. D. Ga. 1982).

[128] Riverview Sch. Dist. v. Riverview Educ. Ass'n, 639 A. 2d 974 (Pa. Commw. Ct. 1994)。又见 Dohanic v. Commonwealth Dep't of Educ., 533 A. 2d 812 (Pa. Commw. Ct. 1987)。该案中,法院裁示,对学校管理人员说谎属于不道德行为。

[129] Woo v. Putnam County Bd. of Educ., 504 S. E. 2d 644 (W. Va. 1998).

[130] Gedney v. Bd. of Educ., 703 A. 2d 804 (Conn. App. Ct. 1997).

[131] Florian v. Highland Local Sch. Dist. Bd. of Educ., 493 N. E. 2d 249 (Ohio Ct. App. 1983).

[132] Golden v. Bd. of Educ., 285 S. E. 2d 665 (W. Va. 1981)。对立判决见 Zelno v. Lincoln Intermediate Unit No. 12 Bd. of Dirs, 786 A. 2d 1022 (Pa. Commw. 2001)。该案中,法院裁示,学校教师有过3次醉酒驾车、2次无证假设的犯罪纪律,因此,可以基于不道德行为而终止该教师的雇佣合同。

[133] Horton v. Jefferson County-Dubois Area Vocational Technical Sch., 630 A. 2d 481 (Pa. Commw. Ct. 1993).

[134] Ray v. Minneapolis Bd. of Educ., 202 N. W. 2d 375, 378 (Minn. 1972)。又见,Trimble v. W. Va. Bd. of Dirs., 549 S. E. 2d 294 (W. Va. 2001)。该案中,法院的判决结论是,因教师不服从行为而造成的未成年人伤害事件导致了该教师的雇佣合同被终止,这个处理决定否定了个体依据宪法而享有的正当程序;学校可以对该教师进一步实施惩罚性制裁以帮助其在终止程序启动之前矫正不服从行为。

[135] 参见 Ware v. Morgan County Sch. Dist., 748 P. 2d 1295 (Colo. 1988)。该案中,法院认定,被责令不许亵渎学生之后,教师仍然亵渎学生,虽然只有一次,但是该事实足以支持终止其雇佣合同的决定。Gaylord v. Bd. of Educ., 794 P. 2d 307 (Kan. Cl. App. 1990)。该案中,一位教师请假一天的申请被拒绝后,他便休了病假,教育委员会为此终止了他的雇佣合同。法院判决支持教育委员会的决定。

[136] Bd. of Trs. of Sch. Dist. No. 4 v. Colwell, 611 P. 2d 427 (Wyo. 1980)。又见 Gaylord v. Bd. of Educ., Unified Sch. Dist. No. 218, 794 P. 2d 307 (Kan. Ct. App. 1990)。

[137] Forte v. Mills, 672 N. Y. S. 2d 497 (App. Div. 1998).

[138] McLaughlin v. Bd. of Educ., 659 S. W. 2d 249 (Mo. Ct. App. 1983).

[139] Bd. of Educ. v. Wilder, 960 P. 2d 695 (Colo. 1998)。对立判决参见本章第156条注释所对应的正文。

[140] Hope v. Charlotte-Mecklenburg Bd. of Educ., 430 S. E. 2d 472 (N. C. Ct. App. 1993).

[141] Caldwell v. Blytheville, Ark. Sch.

Dist. No. 5，746 S. W. 2d 381（Ark. Cl. App. 1988）。又见 Yukaadinovich v. Bd. of Sch. Trs.，278 F. 3d 693（7th Cir. 2002）。

[142] McGhee v. Miller，753 S. W. 2d 354（Tenn. 1988）。

[143] Bd. of Educ. v. Flaming，938 P. 2d 151（Colo. 1997）。又见 Daily v. Bd. of Educ.，588 N. W. 2d 813（Neb. 1999）。该案中，法院裁示，一位教师用手掌"击打"学生头部违反了州法律关于禁止体罚的规定，教育委员会因此给予其30天的停职处理，法院判决支持教育委员会的这个决定。

[144] Burton v. Kirby，775 S. W. 2d 834（Tex. Ct. App. 1989）。又见 Clark v. Bd. of Dirs.，915 S. W. 2d 766（Mo. Ct. App. 1996）。

[145] Hearn v. Bd. of Pub. Educ.，191 F. 3d 1329（11th Cir. 1999）。

[146] Lacks v. Ferguson Reorganized Sch. Dist. R-2，147 F. 3d 718（8th Cir. 1998）。

[147] 参见 Fisher v. Fairbanks N. Star Borough Sch.，704 P. 2d 213（Alaska 1985）（辅助性材料）；*In re* Proposed Termination Johnson，451 N. W. 2d 343（Minn. Ct. App. 1990）（教学不足）；*In re* Bernstein and Norwich City Sch. Dist.，726 N. Y. S. 2d 474（App. Div. 2001）（文献中的性描写）；Meckley v. Kanawha County Bd. of Educ.，383 S. E. 2d 839（W. Va. 1989）（参加会议）。

[148] 田纳西州上诉法院裁示，如果没有漠视规则的行为就不能认定该行为为不服从。一位校长曾阻止教师在家里款待学生并且命令他停止活动。Morris v. Clarksville-Montgomery County Consol. Bd. of Educ.，867 S. W. 2d 324（Tenn. Ct. App. 1993）。

[149] Bd of Educ. v. Flaming，938 P. 2d 151（Colo. 1997）。又见 Knowles v. Bd. of Educ.，857 P. 2d 553（Colo. Ct. App. 1993），该案中，法院裁示，多次对中学生做出冲击性行为、进行与性相关的评论可以被确定为玩忽职守；Childs v. Roane County Bd. of Educ.，929 S. W. 2d 364（Tenn. Ct. App. 1996）。该案中，法院认定，如果教师有不能控制课堂、实施的评价令人怀疑以及需要学校管理者的特殊帮助的情况，那么可以说该教师玩忽职守也可以说该教师无效率和无能力。

[150] Cunningham v. Franklin Parish Sch. Bd.，457 So. 2d 184（La. Ct. App. 1984）。又见 Thomas v. Cascade Union High Sch. Dist. No. 5，780 P. 2d 780（Or. Ct. App. 1989）。该案中，法院认定，即使教师只有一次用脚踢学生造成伤害事故，也可以认定该教师玩忽职守。

[151] Faulkner v. New Bern-Craven County Bd. of Educ.，316 S. E. 2d 281（N. C. 1984）。

[152] Harrah Indep. Sch. Dist. v. Martin，440 U. S. 194（1979）。

[153] Sanders v. Bd. of Educ.，263 N. W. 2d 461（Neb. 1978）。又见 Baker v. Bd. of Educ.，534 S. E. 2d 378（W. Va. 2000）。

[154] *Id.* at 465。又见 Eshom v. Bd. of Educ.，364 N. W. 2d 7（Neb. 1985）。法院裁示，将被终止雇佣合同的教师与其他教师的评价结果相比较，就可以看出评价结果支持教育委员会的解雇决定。

[155] Boss v. Fillmore Sch. Dist. No. 19，59 N. W. 2d 448（Neb. 1997）。

[156] Jones v. Rapides Parish Sch. Bd.，634 So. 2d 1197（La. Ct. App. 1993）。又见 Kari v. Jefferson County Sch. Dist. No. 509-J，852 P. 2d 235（Or. Ct. App. 1993）。该案中，公正解雇诉讼委员会（Fair Dismissal Appeals Board）作出决定：教师默许丈夫在家中出售大麻的行为不构成玩忽职守，该教师不应当受到解雇处理。

法院判决支持这个决定。

[157] Howard v. W. Baton Rouge Parish Sch. Bd., 793 So. 2d 153 (La. 2001)。又见 Bd. of Educ. v. Chaddock, 398 S. E. 2d 120 (W. Va. 1990)。该案中，一位教师没有将携带了装满子弹的手枪的学生从教室中驱赶出去，并不证明该教师有玩忽职守的想法。

[158] Daily v. Bd. of Educ., 588 N. W. 2d 813, 824 (Neb. 1999)。在针对终止雇佣举行的听证会结束之后，教育委员会取消了终止雇佣的决定，代之以停职30天的处理。

[159] Roberts v. Santa Cruz Valley Unified Sch. Dist. No. 35, 778 P. 2d 1294 (Ariz. Ct. App. 1989).

[160] Conward v. Cambridge Sch. Comm., 171 F. 3d 12 (1st Cir. 1999)。又见 Baltrip v. Norris, 23 S. W. 3d 336 (Tenn. Ct. App. 2000)。

[161] Johanson v. Bd. of Educ., 589 N. W. 2d 815 (Neb. 1999).

[162] Walker v. Highlands County Sch. Bd., 752 So. 2d 127 (Fla. Dist. Ct. App. 2000)。

[163] Fowler v. Bd. of Educ., 819 F. 2d 657 (6th Cir. 1987).

[164] Lannom v. Bd. of Educ., No. M 1999–00137–COA-R3-CV, 2000 Tenn. Ct. App. LEXIS 133 (Tenn. Ct. App. Mar. 6, 2000).

[165] Baldridge v. Bd. of Trs., 951 P. 2d 1343 (Mont. 1997).

[166] Lombardo v. Bd. of Educ., 241 N. E. 2d 495, 498 (Ill. App. Ct. 1968)。又见 Elvin v. City of Waterrville, 573 A. 2d 381 (Me. 1990)。该案中，法院的判决结论是，女教师与15岁男学生之间的性关系使得她不适合教学工作。Johnson v. Bd. of Trs., 771 P. 2d 137 (Mont. 1989)。该案中，法院裁示，教师与两位学生之间的性合同支持教育委员会作出的、因其不适合教学和不道德而被解雇的决定。

[167] Woodland Joint Unified Sch. Dist. v. Comm'n on Prof. Competence, 4 Cal. Rptr. 2d 227 (App. Ct. 1992)。又见 Palmer v. Portland Sch. Comm., 652 A. 2d 86 (Me. 1995)。该案中，法院认定，虐待并羞辱学生以及违反惩戒政策的行为支持教育委员会作出的、因为教师不适合教学的行为而解雇教师的决定。

[168] 参见 In re Morrill, 765 A. 2d 699 (N. H. 2001)。

[169] Wright v. Superintending Comm., Portland, 331 A. 2d 640, 647 (Me. 1975)。又见 Hall v. Bd. of Trs., 499 S. E. 2d 216 (S. C. Ct. App. 1998)。该案中，法院的判决结论是，班级野游过程中没有进行足够的监管、在学监指令不许讨论时却与其他雇员探讨事故的发生，这些行为不构成不适合教学或不服从；雇佣合同被终止的教师和野游的主要监督者在野游之前向该教师布置了有限的监管责任。

[170] McLaughlin v. Machias Sch. Comm., 385 A. 2d 53 (Me. 1978).

[171] 参见 Smith v. Bd. of Educ., 293 N. W. 2d 221 (Iowa 1980)。该案中，法院认定，暂时性精神疾病不足以作为解雇的理由。对立判决见 Clarke v. Shoreline Sch. Dist. No. 412, 720 P. 2d 793 (Wash. 1986)。该案中，一位教师的视力和听力都受损了，因为他无法履行教学岗位的基本职责，所以教育委员会解雇了他。法院判决支持教育委员会的解雇决定。

[172] School Bd. v. Arline, 480 U. S. 273 (1987).

[173] Gary Teachers Union, Local No. 4, AFT v. Sch. City of Gary, 332 N. E. 2d 256, 263 (Ind. Ct. App. 1975)。又见 Hierlmeier v. N. Judson-San Pierre Bd., 730 N. E. 2d 821 (Ind. Ct. App. 2000)。法院裁示，对女学生进行性骚扰的行为及其他对

学生实施的不恰当行为是终止雇佣合同的适当而公正的理由。Sheldon Cmty. Sch. Dist. Bd. of Dirs., 528 N. W. 2d 593 (Iowa 1995)。该案中，法院认定，根据艾奥瓦州法律规定，经常对青少年进行讽刺性评论的行为是解雇的"公正理由"。对立判决见 Trs. Lincoln County Sch. Dist. No. 13 v. Holden, 754 P. 2d 506 (Mont. 1988)。该案中，法院判决结论是，两次使用粗鲁的姓名呼唤学生的行为，不是解雇的适当理由。

[174] Hanes v. Bd. of Educ., 783 A. 2d 1 (Conn. App. Ct. 2001)。又见 Oleske v. Hilliard City Sch. Dist., 764 N. E. 2d 1110, 1116 (Ohio Ct. App. 2001)。该案中，法院的判决结论是，教师给学生讲下流笑话，当着学生的面用无礼的语言称呼另一位教师，这两种情况都属于"十分严重的事件"，可以作为适当而公正的解雇理由。

[175] diLeo v. Greenfield, 541 F. 2d 949, 954 (2nd Cir. 1976)。

[176] Bd. of Dirs. v. Davies, 489 N. W. 2d 19 (Iowa 1992)。又见 Snyder v. Jefferson County Sch. Dist. R-l, 842 P. 2d 624 (Colo. 1992)。该案中，法院裁示，教师资格证过期的事实构成了解雇的其他"恰当而公正的理由"。

[177] 参见 Impey v. Bd. of Educ., 662 A. 2d 960 (N. J. 1995)。该案中，法院裁示，教育委员会不必减少项目或服务以削减教职；通过与外部机构签订合同的方式可以使得教育委员会提供的所有服务降低费用。

[178] 参见 DeGeorgeo v. Indep. Sch. Dist. No. 833, 563 N. W. 2d 755 (Minn. Ct. App. 1997); Summers County Bd. of Educ. v. Allen, 450 S. E. 2d 658 (W. Va. 1994)。

[179] Pa. Stat. Ann. tit. 24 §11-1124 (Purdon, West Supp. 2002)。

[180] Nickel v. Saline County Sch. Dist. No. 163, 559 N. W. 2d 480 (Neb. 1997)。又见 Borr v. McKenzie County Pub. Sch. Dist., 560 N. W. 2d 213 (N. D. 1997)。

[181] Boner v. Eminence R-1 Sch. Dist., 55 F. 3d 1339 (8th Cir. 1995)。又见 Chandler v. Bd. of Educ., 92 F. Supp. 2d 760 (N. D. Ill. 2000)。该案中，法院表示，必须将雇佣合同终止的原因通过告知的方式通知教师。Westport Sch. Comm. v. Coelho, 692 N. E. 2d 540 (Mass. App. Ct. 1998)。该案中，法院解释说，州的仲裁行为适用于以绩效为基础的解雇，而不适用于降低预算的裁员。

[182] Washington Teachers' Union v. Bd. of Educ., 109 F. 3d 774 (D. C. Cir. 1997).

[183] Steeby v. Sch. Dist. of Highland Park, 224 N. W. 2d 97 (Mich. Ct. App. 1974)。又见 Martin v. Sch. Comm. of Natick, 480 N. E. 2d 625 (Mass. 1985)。

[184] Fatscher v. Bd. of Sch. Dirs., 367 A. 2d 1130 (Pa. Commw. Ct. 1977)。又见 Harris v. Trs. of Casscades County Sch. Dist., 786 P. 2d 1164 (Mont. 1990)。

[185] 参见 Harhay v. Blanchette, 160 F. Supp. 2d 306 (D. Conn. 2001); Bd. of Educ. v. Owensby, 526 S. E. 2d 831 (W. Va. 1999)。又见 Davis v. Chesler Upland Sch. Dist., 786 A. 2d 186 (Pa. 2001)。该案中，法院裁示，因学区没有召回他们而提起诉讼的教师必须穷尽行政谈判申诉程序以后才可以提起诉讼、请求司法重审。

[186] Chester v. Harper Woods Sch. Dist., 273 N. W. 2d 916 (Mich. Ct. App. 1978)。又见 Dinan v. Bd. of Educ., 426 N. Y. S. 2d 86 (App. Div. 1980)。

[187] 参见 Moe v. Indep. Sch. Dist. No. 696, 623 N. W. 2d 899 (Minn. Ct. App. 2001); Palmer v. Bd. of Trs., 785

P. 2d 1160 (Wyo. 1990). 对立判决见 Pennell v. Bd. of Educ., 484N. E. 2d 445 (Ill. App. Ct. 1985). 该案中, 法院裁示, 不必重新设置工作岗位, 但是恶意地重新安排工作岗位以削减某位终身教师的工作岗位的行为就属于法律禁止的行为。

[188] Maine v. Thiboutot, 448 U. S. 1 (1980).

[189] 最高法院反对关于学校管理人员免于承担根据《美国法典》第 1983 条向州法院提起的诉讼责任的说法。Howlett v. Rose, 496 U. S. 356 (1990)。

[190] Patsy v. Board of Regents, 457 U. S. 496 (1982).

[191] 参见 Gonzaga Univ. v. Doe, 536 U. S. 273 (2002); Blessing v. Freestone, 520 U. S. 329 (1997).

[192] 参见 Am. Mfrs. Mut. Ins. Co. v. Sullivan, 526 U. S. 40 (1999); Rizzo v. Goode, 423 U. S. 362 (1976).

[193] Bogan v. Scott-Harris, 523 U. S. 44 (1998).

[194] 参见 Canary v. Osborn, 211 F. 3d 324 (6th Cir. 2000); Harhay v. Blanchette, 160 F. Supp. 306 (D. Conn. 2001).

[195] Gomez v. Toledo, 446 U. S. 635 (1980).

[196] 420 U. S. 308, 322 (1975).

[197] 457 U. S. 800, 818 (1982).

[198] McCullough v. Wyandanch Union Free Sch. Dist., 187 F. 3d 272, 278 (2nd Cir. 1999).

[199] 391 U. S. 563 (1968).

[200] 424 U. S. 319 (1976).

[201] Brewster v. Bd. of Educ., 149 F. 3d 971 (9th Cir. 1998). 又见 Townsend v. Vallas, 256 F. 3d 661 (7th Cir. 2001); Ulichny v. Merton Cmty. Sch. Dist., 249 F. 3d 686 (7th Cir. 2001).

[202] Denius v. Dunlap, 209 F. 3d 944 (7th Cir. 2000). 又见 Kingsford v. Salt Lake City Sch. Dist., 247 F. 3d 1123 (10th Cir. 2001); Thomas v. Roberts, 261 F. 3d 1160 (11th Cir. 2001).

[203] Thomas, 262 F. 3d 1160.

[204] Lytle v. Wondrash, 182 F. 3d 1083 (9th Cir. 1999).

[205] Harris v. Bd. of Educ., 105 F. 3d 591 (11th Cir. 1997).

[206] Gavrilles v. O'Connor, 611 F. Supp. 210 (D. Mass. 1985).

[207] Littlejohn v. Rose, 768 F. 2d 765 (6th Cir. 1985).

[208] Merkle v. Upper Dublin Sch. Dist., 211 F. 3d 782 (3rd Cir. 2000). 法院也在判决注释中说明: 仅仅损害名誉的行为没有违反第十四修正案的规定; 然而, 如果教师能够出示证据证明在宪法权利被剥夺期间她的名誉受到了侵害, 她就可以根据《美国法典》第 1983 条的规定来维护自己受第十四修正案所保护的权利。

[209] Monell v. Dep't of Soc. Servs., 436 U. S. 658 (1978).

[210] 参见 Collins v. City of Harker Heights, 503 U. S. 115 (1992); St. Louis v. Praprotnik, 485 U. S. 112 (1988); Pembaur v. City of Cincinnati, 475 U. S. 469 (1986); Langford v. City of Atlantic City, 235 F. 3d 845 (3rd Cir. 2000); Seamons v. Snow, 206 F. 3d 1021 (10th Cir. 2000); Hall v. Marion Sch. Dist. No. 2, 31 F. 3d 183 (4th Cir. 1994).

[211] Oklahoma City v. Tuttle, 471 U. S. 808 (1985).

[212] City of Canton, Ohio v. Harris, 489 U. S. 378 (1989). 关于学区在学校雇员对学生进行性虐待的事件中所应承担的责任的讨论参见第 8 章第 158 条注释所对应的正文。

[213] Owen v. City of Independence, Mo., 445 U. S. 622 (1980). 参见 13 章中关于侵权法律中行政免责的讨论。

[214] 在某些情境中，学区可以使用其他辩护方法以免除自己在以《美国法典》第1983条为依据提起的诉讼中的责任。州审理的案件（既判案件）中已经确定的主张，或者州早先做出的行政行为（间接的禁止翻供的事实）涉及的双方提起诉讼时可能提出的主张，都可以根据《美国法典》第1983条的规定而在联邦诉讼中被禁止。见 Migra v. Warren City Sch. Dist., 65 U. S. 75 (1984); Allen v. McCurry, 449 U. S. 90 (1980)。

[215] 参见 Hans v. Louisiana, 134 U. S. 1 (1890)。又见 Will v. Mich. Dep't of State Police, 491 U. S. 58 (1989)。该案中，法院裁示，《美国法典》第1983条不允许针对州提起诉讼；国会不打算将州纳入"个人"一词的范围。

[216] 最近，最高法院裁示，1974年制定的《家庭教育权与隐私权法案》没有明确地授予个人可实施的权利。Gonzaga v. Univ. Doe, 536 U. S. 273 (2002)。同样地，在确定个体是否能够因为经济损失而根据1990年制定的《美国残疾人法案》在联邦法院起诉州的问题上，最高法院裁示，国会废除第十一修正案免责权利的行为超出了宪法规定的权限范围。Bd. of Trs. v. Garrett, 531 U. S. 356 (2000)。又见第10章注释138。

[217] 政府职能是在履行机构管理职责过程中表现出来的；所有者的责任经常是为了盈利的目的，它可以在私营公司运行过程中表现出来的。

[218] Urbano v. Bd. of Managers, 415 F. 2d 247, 250–251 (3rd Cir. 1969)。

[219] 第十一修正案免责权利只能覆盖联邦诉讼案件；在州的行政行为中不适用免责权利。

[220] Mt. Healthy City Sch. Dist. v. Doyle, 429 U. S. 274 (1977)。又见 Missouri v. Jenkins, 495 U. S. 33, 56 (1990); Stewart v. Baldwin County Bd. of Educ., 908 F. 2d 1499 (11th Cir. 1990); Green v. Clarrendon County Sch. Dist. Three, 923 F. Supp. 829 (D. S. C. 1996); Daddow v. Carlsbad Mun. Sch. Dist., 898 P. 2d 1235 (N. M. 1995)。对立判决见 Belanger v. Madera Unified Sch. Dist., 963 F. 2d 248 (9th Cir. 1992)。该案中，法院裁示，加利福尼亚教育委员会属于州的分支机构，因此拥有第十一修正案免责权利。

[221] 参见 McGee v. S. Perniscot Sch. Dist. R-Y, 712 F. 2d 339 (8th Cir. 1983)。该案中，法院的判决结论是，即使教师兼教练在因享有受法律保护的言论自由权利而遭到了解雇之后找到了一份薪水更高的工作，他也有权要求10 000美元的损害赔偿，以弥补他所遭受的精神苦恼、丧失的专业名誉以及获取新工作的花费。

[222] 参见 Farrar v. Hobby, 506 U. S. 103 (1992)。该案中，法院的判决结果是，如果法院认定被告的确侵害了原告程序性正当程序权利，但是并没有实质性损害发生，那么，法院就会强制执行名义上的损害赔偿。Carey v. Piphus, 435 U. S. 247 (1978)。该案中，法院裁示，惩戒过程中被拒绝施以程序性正当程序的学生们只有要求名义上损害赔偿的权利，除非能够证明适当程序的缺失导致了学生们的实质性伤害。

[223] 参见 McClure v. Indep. Sch. Dist. No. 16, 28 F. 3d 1205 (10th Cir. 2000); McDaniel v. Princeton City Sch. Dist., 114 F. Supp. 2d 658 (S. D. Ohio 2000)。

[224] Memphis Cmty. Sch. Dist. v. Stachura, 477 U. S. 299 (1986)。

[225] 参见 Smith v. Wade, 461 U. S. 30 (1983)。1991年，最高法院拒绝在普通法案件中限制完全指导性陪审团可以判处的惩罚性损害赔偿的数量；但是，最高法院确实认为，根据第十四修正案"正当程

序"条款的规定,特别高的赔偿可以被视为是不可接受的。Pac. Mut. Life Ins. Co. v. Haslip, 499 U. S. 1 (1991)。又见 Standley v. Chilhowee R-N Sch. Dist., 5 F. 3d 319 (8th Cir. 1993)。该案中,法院裁示,证据不支持恶意、不计后果或者无情的冷漠。

[226] Fishman v. Clancy, 763 F. 2d 485 (1st Cir. 1985)。

[227] City of Newport v. Fact Concerts, 453 U. S. 247 (1981)。

[228] Eckmann v. Bd. of Educ., 636 F. Supp. 1214 (N. D. Ill. 1986)。又见 Peterson v. Minidoka County Sch. Dist., 118 F. 3d 1351 (9th Cir. 1997)。该案中,因校长提议在家庭中为其子女进行教育而被教育委员会重新安排工作,校长因而提起诉讼。法院判决教育委员会赔偿该校长30万美元、外加律师费。Welton v. Osborn, 124 F. Supp. 2d 1114 (S. D. Ohio 2000)。该案中,一位校长因享有自己受宪法保护的言论自由权利而遭到学监的报复,这位校长因而提起诉讼。法院的判决是:177 000美元的补偿性损害赔偿、65 625美元的惩罚性损害赔偿、77 747美元的律师费以及其他花费。

[229] Baynard v. Malone, 268 F. 3d 228 (4th Cir. 2001),拒绝上诉请求,122 S. Ct. 1357 (2002)。

[230] Cohen v. Bd. of Educ., 728 F. 2d 160 (2nd Cir. 1984)。对立判决见 Alaniz v. San Isidro Indep. Sch. Dist., 742 F. 2d 207 (5th Cir. 1984)。该案中,因为有证据证明存在着实质性伤害,所以,法院判决支持评判委员会赔偿5万美元作为精神苦恼和情感压力的补偿。

[231] Crump v. Bd. of Educ., 392 S. E. 2d 579 (N. C. 1990)。该案中,虽然法院支持诉讼,但是仍然因违反了程序要求而被判决赔付损害赔偿。又见 Dishnow v. Sch. Dist. of Rib Lake, 77 F. 3d 194 (7th Cir. 1996)。该案中,一位教师因享有自己的言论自由权利而遭到解雇,他蒙受了耻辱且名誉受损,因此该教师提起诉讼。法院判决他可以获得损害赔偿。

[232] Memphis Cmty. Sch. Dist. v. Stachura, 477 U. S. 299 (1986)。

[233] 参见 Brewer v. Chauvin, 938 F. 2d 860 (8th Cir. 1991); McGhee v. Draper, 639 F. 2d 639 (10th Cir. 1981); McDaniel v. Princeton City Sch. Dist., 114 F. Supp. 2d 658 (S. D. Ohio 2000)。

[234] 参见 Kiel v. Green Local Sch. Dist. Bd. of Educ., 630 N. E. 2d 716 (Ohio 1994)。

[235] 42 U. S. C. § 1988 (2002)。

[236] 122 Congo Rec. 33, 313 (1976)。

[237] Tex. State Teachers Ass'n v. Garland Indep. Sch. Dist., 489 U. S. 782, 792 (1989)。又见 Sutton v. Cleveland Bd. of Educ., 958 F. 2d 1339 (6th Cir. 1992); Farner v. Idaho Falls Schs. Dist., 17 P. 3d 281 (Idaho 2000)。

[238] 参见 Standley v. Chilho-wee R-IV Sch. Dist., 5 F. 3d 319 (8th Cir. 1993)。

[239] Webb v. Bd. of Educ., 471 U. S. 234 (1985)。又见 N. C. Dep't of Transp. v. Crest St. Comm., 479 U. S. 6 (1986)。该案中,法院裁示律师费不能在管理过程中得到补偿,这种管理过程不受1964年《民权法案》第六条规定的约束。

[240] 对立判决见 Daddow v. Carlsbad Mun. Sch. Dist., 898 P. 2d 1235 (N. M. 1995)。该案中,法院适用的州法律是,授权胜诉的当事人获得所有费用的补偿,除非法院另有规定。

[241] Christiansburg Garment Co. v. EEOC, 434 U. S. 412, 422 (1978)。又见 Bisciglia v. Kenosha Unified Sch. Dist. No. 1, 45 F. 3d 223 (7th Cir. 1995)。

第12章

劳资关系

从历史上看，一直是教育部门在单方面地控制着公立学校的管理和运营。教师，作为教育委员会的雇员，只能最低限度地参与决策过程。为了取得权利的平衡以及在学校事务管理中获得发言权，从20世纪60年代开始，教师开始采取集体行动，寻求重要的劳动权利。对权利的这种转变进行规制的劳动法律及司法规定，是模仿私营部门的谈判规则而制定出来的。这些劳动法律及司法规定的颁布实施导致了学校中的劳资关系呈现出一种对抗性的特点。[1]

从本质上说，集体谈判把教师提出的增加工资、减少工时及改善雇佣条件的要求与教育委员会为保留自己在教育政策的制定和学校的运营管理上的权威而作出的努力并列起来。然而，完整成形的集体谈判是在20世纪60年代早期才出现的，谈判之后双方签订的合同也从最初的仅仅强调工资问题的几页纸，变为充满了复杂而费解的语言的冗长的协定。劳资关系同时还要受到无数其他的、对合同进行解释说明或者补充性文件的制约，诸如，州劳资关系委员会的决定、仲裁规则、以及涉及合同实施的、经常会给教师和管理人员带来一定机动性的理解备忘录，等等。[2]

在劳资关系和谈判实践的管理与法律制定上，州与州之间存在着明显的不同，这种多样性使得人们难以归纳出集体谈判的一般规律及教师的劳动权利。因为不存在普遍适用于公立学校雇员的联邦劳动法律，所以在确定教师的具体权利的时候，必须参考各州制定的劳动法律、州劳动关系委员会决定以及法院判决。[3] 超过2/3的州颁布了谈判法律，这些谈判法律形式不一，有的州制定了对谈判的大部分内容进行规范的综合性法律，也有的仅仅是对谈判应当满足的最低权利条件进行规定。还有一些州，由于缺乏立法的规定，便依靠司法判决来规定公共事务部门的雇员在劳资关系中应享有的基本权利。本章的写作目的在于阐释有关集体谈判的法律渊源以及公立学校教师基于州劳动法律而享有的雇佣权利。[4]

公共部门、私营部门中雇员的谈判权利

虽然公共部门的雇佣和私营部门的雇佣之间存在着本质的区别，但是有关私营部门集体谈判的立法明显地影响了公共部门集体谈判的制定法和司法规定的形成。公共部门与私营部门在很多方面（诸如，不公正的劳资活动、由工会做代表以及僵局解决程序等）存在着相似之处。也正因为私营部门的立法影响到了公共部门，所以有必要简要地回顾一下私营部门主要立法的发展状况。

20世纪30年代以前，私营部门的劳资关系由法院判决进行调整。那时，法院

倾向于雇用者一方。法院针对雇员的罢工和联合抵制行为广泛地使用司法禁令，雇员希望通过谈判得到承认的努力是徒劳的。[5]因此，法院强化了雇主管理的权力，实质上是削弱了工会组织的发展及其影响。为了保证工人们的法律地位，1932年，国会颁布了《诺里斯－拉瓜迪亚法案》（Norris-LaGuardia Act）。[6]这部联邦法律的立法目的在于，通过限制禁令的使用，规范法院在处理劳资纠纷中所扮演的角色，除非工会的活动是非法的或者危害到了公众的安全和健康。从本质上说，这部法律并没有给雇员和工会组织授予什么新的权利，只是简单地对司法部门的权力作出了一定的限制，因为司法部门的这种权力已经妨碍了工会的发展。

紧随着《诺里斯－拉瓜迪亚法案》之后，国会在1935年又通过了《国家劳资关系法案》（National Labor Relations Act，NLRA），人们通常把这部法案叫做《瓦格纳法案》（Wagner Act）。[7]《瓦格纳法案》规定了私营部门的雇员可以享有的实体性权利，但这部法案的最突出的成果是，它规定了集体谈判过程的合法性问题。《国家劳资关系法案》规定雇员享有组织和进行集体谈判的权利，还确立了保护这些权利的机构——国家劳资关系委员会（National Labor Relations Board，NLRB）。国家劳资关系委员会的成立，是为了专门处理有关不公正劳资活动的指控的，如，干涉雇员的结社权利，因雇员是工会会员便在雇用和解雇的过程中歧视该雇员，以及谈判中的不当行为。[8]

1947年，国会对《国家劳资关系法案》进行了修订，取而代之的是《劳资管理关系法案》（Labor Management Relations Act），通常叫做《塔夫特－哈特利法案》（Taft-Hartley Act）。[9]与《瓦格纳法案》对雇主的行为进行规制有所不同的是，《塔夫特－哈特利法案》试图通过限制工会的一些滥用权利的行为来平衡集体谈判，包括干涉雇员的结社权利、在谈判时没有公正地代表所有成员的利益以及拒绝参加出于良好愿望的谈判活动。1947年以后，针对《塔夫特－哈特利法案》而制定的其他修正案进一步限制了工会的不良行为。联邦立法限制了来自雇主和工会两个方面的干扰活动，保证了雇员个体拥有更大自由，他们可以自主选择是否参加集体谈判。

虽然《国家劳资关系法案》并不涉及政府雇员的谈判问题，但是，以此法律为依照，不但各州颁布了一系列关于公共事务部门的雇员的制定法，而且，州法律中的某些条款也吸收使用了《国家劳资关系法案》司法解释决定。公共劳动法律明确认可公共事务部门雇主权利的优先性。例如，许多公共法律要求雇主就工资、工时及其他雇佣条件进行谈判，这和《国家劳资关系法案》中的规定没有什么区别，但是《国家劳资关系法案》中的管理权条款限制了谈判的范围。

公共部门的谈判和私营部门的谈判之间存在着一些基本的不同点。首先，通过谈判减少公共管理人员的决策权力，被视为对政府优先权的侵犯，也正是这种状况导致了非常有利于公共事务部门雇主的劳动法律的颁布实施。因为禁止罢工，所以公共事务部门雇员的权利进一步受到削弱。虽然雇员的罢工能力对于私营部门有效地作出集体决定来说是至关重要的，但是罢工在公共部门一直遭到反对，因为政府部门服务的本质和结构与私营部门是不同的。

从历史上看，公共事务部门的雇员不具有组织和实施集体谈判的权利，其谈判权利的发展也是非常缓慢的。肯尼迪总统1962年签署的《第10988号总统令》（Executive Order 10988），给予了联邦雇员组织、加入雇员组织或者为雇员组织提供帮助的权利,这对于所有的公共事务部门雇员来说,具有里程碑式的重大意义。赋予联邦雇员参加雇员组织的权利,推动了州和地方层级上的雇员获得相似权利的进程。

然而,直到20世纪60年代后期,宪法依然没有完全承认公共事务部门的雇员拥有参加工会的权利。虽然大批的公共事务部门雇员积极地参与集体谈判,但是某些州的制定法和规章依然禁止他们参加工会。这种限制公共事务部门雇员参加工会的规则受到了质疑,人们认为这些规则侵害了雇员受宪法第一修正案保护的结社自由权利。虽然宪法不承认雇员拥有参与工会的权利,但是最高法院1967年在审理一起案件时作出判决,认为公共雇佣关系不应该以要求雇员放弃结社自由的权利为前提。[10]在后来的判决中,第七巡回法院明确宣布,"个体组成并参加工会组织的权利受到宪法第一修正案的保护"[11]。其他法院遵循这个先例,分别宣布州制定法规定的阻止公共事务部门雇员参加工会的条款无效。[12]

司法部门继续强化教师的宪法权利,认为教师可以参与工会组织的全部活动。学校管理人员也受到限制,禁止他们向教师施加压力,禁止他们拒绝教师享有这种受法律保护的结社权利。例如,在一起案件中,由于教师参加工会活动,教育委员会便解聘了该教师,第六巡回法院推翻了教育委员会的解聘决定。[13]在另一起案件中,一位教师提出,为了惩罚她参加了工会的活动,学监便把她降为试用期教师,第八巡回法院判定,该教师有充分的理由提起针对学监的诉讼。[14]类似地,康涅狄格州联邦地区法院认为,为了报复教师使用了经协商同意的申诉程序,该教师被调到另外一个学校,这种调动行为是宪法所禁止的。[15]

虽然美国宪法保护公共事务部门雇员的结社权利,但是组织和参加工会的权利并不保证雇员拥有与公共事务部门雇主进行集体谈判的权利。集体谈判的权利由各个州的制定法和宪法来规定。不论是否被认定为专业性协商,集体协商或称为集体谈判,指的是教师代表和教育委员会努力就影响教师雇佣的事务达成二者均认可的双边协议的过程。在全美34个州里,这个过程由立法机关进行管理,立法机关授予教师和教师专业协会特定的谈判权利。法院将集体谈判视为立法权力管理的分内之事,同时把自己的角色任务限定为主要是对制定法和宪法的相关规定进行解释。这种立法权力规定了公共事务部门的雇主和雇员之间的集体谈判关系,除非雇员受法律保护的权利遭到了损害,否则司法部门不愿意对立法权力作出干涉。

由于已有的劳动法律存在着多样性,同时,在某些州又没有制定这样的法律,谈判权利和谈判实践之间便有了很大的区别。极少数的州,如纽约州,颁布实施了详细的综合性集体谈判法,规定了各种谈判权利。与纽约州的做法相反,在北卡罗来纳州,教师组织与教育委员会之间的谈判合同是法律所禁止的。根据北卡罗来纳州法律的规定,公共事务部门的雇主和雇员协会之间签订的所有合同都是无效的。[16]相似地,弗吉尼亚州最高法院宣布,如果没有明确的法律授权,教师组织和教育委员会之间签订的协商合同就是无效的。[17]教育委员会辩解说,教育委员会拥有签订合同的权利,该权利允许其可以与雇员组织进行集体谈判,但是法院的最终结论是,这种暗含的权利与立法目的相抵触。

与北卡罗来纳州及弗吉尼亚州的规定都有所不同,其他一些没有专门立法的州均允许谈判协议的存在。肯塔基州最高法院规定,公共事务部门的雇主可以因集体谈判的目的而认可雇员组织,即使州法律没有对公共事务部门雇员的谈判权利作出

规定。[18]这项判决并没有规定地方教育委员会承担着谈判的职责,仅仅是同意教育委员会可以自由裁量是否进行谈判。这个规定与一系列的其他判决是一致的,在没有特定立法的规定时,这些判决是允许协议合同存在的。教育委员会有为管理和维持学校系统而缔结合同的权力,这种权力被解释为包括了与雇员组织签订谈判协议的能力。

除非制定法有规定,否则,法院不可以强迫教育委员会进行谈判。因此,是否进行谈判属于教育委员会自由裁量的内容。然而,一旦教育委员会认可了一个谈判代理机构,并且开始进行谈判,该委员会在谈判过程中的所作所为,便受到已经确立的司法原则的约束。虽然雇主依然拥有某些特权,诸如承认谈判小组及确定谈判主题,但是雇员组织同时也基于法律的规定而拥有了特定的、经过司法认可了的权利。例如,教育委员会承担着出于"良好愿望而进行谈判"的法律责任。另外,如果谈判陷入僵局,教育委员会是不可以单方面终止谈判的。同样,合同签订之后,教育委员会就必须遵守协议的规定,不能以没有参加谈判的法定义务为由而废除协议。因此,一旦启动了谈判程序,教育委员会便受到了一系列的法律限制。

各州对公共事务部门雇员的谈判权利进行保护的方式是各种各样的,许多个人和团体呼吁制定一部适用于所有州及地方政府雇员的集体谈判法律。支持这个提议的全国性组织,包括国家教育协会(National Education Association)、全美教师联合会(American Federation of Teachers)和州、县及市级雇员泛美联合会(American Federation of State, County, and Municipal Employees)。20世纪70年代中期,曾经有望出台一部这样的联邦法律,但由于**国家城市组织诉尤塞里**(National League of Cities v. Usery)一案而最终被国会放弃。在这一案件中,联邦最高法院将联邦宪法解释为,国会依据商业贸易条款(Commerce Clause)而得到的权力受宪法第十修正案的限制[19];法院认为,国会针对《公平劳动标准法案》(Fair Labor Standards Act, FLSA)所制定的修正案,将联邦最低工资标准和最长工作时间的规定扩展到州及地方政府的雇员身上,违反了宪法的规定,干涉了州对公共事务部门的雇主—雇员关系进行规制、管理的权力。

然而,最高法院1985年审理**加西亚诉圣安东尼奥城市运输管理局案**时,推翻了**尤塞里**一案的判决,同时得出结论:州及市政府必须遵守《公平劳动标准法案》中关于最低工资和加班的规定。[20]法院提请人们注意,这些规定并没有对州的主权造成任何危害,各州仍然存在着对联邦立法权的种种制约。对宪法权力的确认使得国会又可以考虑进行统一的集体谈判立法问题了。但是,在未来的一段时间里,谈判权利似乎还是由州立法所控制,而在没有立法的州里,主要依赖法院的解释。

制定法规定的教师谈判权利

在那些制定了关于教师谈判权利的法律的州里,教育委员会必须按照制定法规定的程序与教师进行谈判。一般来说,公共事务部门雇员的谈判法律规定了雇主和雇员的权利、谈判小组的构成、谈判的内容范围、谈判僵局的解决方式、申诉程序、不公正的劳资关系的表现以及法律责任。许多州都成立了劳资关系委员会,以制定法为依据来监督谈判的进行。虽然各州的劳资关系委员会的具体功能各异,但他们的基本目标都是解决在贯彻实施州法律过程中出现的问题。法律规定的这些劳资关系委员会的功能为:确定谈判小组的成员资格、确认工会在谈判中的合法地位、调查不公正的劳资行为以及解释法律所规定的谈判条款的立法目的。[21]一般地，只有在劳资关系委员会组织的行政审查程序全部穷尽以后，才可以提请司法审查。[22]因此，劳动委员会的决定是劳动法的一个重要的法律渊源，因为决定所解决的很多问题是从来不会上诉到法院的。如果有人在法庭上对劳动委员会的决定提出质疑，法院也会在很大程度上尊重委员会经调查而得的事实认定以及委员会所作出的决定。[23]

绝大多数的州法律在确定谈判中对雇员分类的适当性时，都规定有宽泛的标准。在衡量合适的谈判小组成员时，应当考虑的因素是雇员在技能、工资、工时以及其他工作条件方面的相似性、分类过细的后果、雇主工作的有效性以及雇主的管理结构。在这些因素中，雇员在技能和工作条件方面的相似性是最重要的标准。通常州劳动委员会要解决的争议，一般是由谈判小组成员的构成是否恰当引起的。[24]

州法律一般规定，教育委员会只能与教师选举出来的独家代理进行谈判，州法律也规定了有关谈判代表的资格确定、雇员选举谈判代表以及雇主认可这些代表的程序问题。一旦州劳资关系委员会承认了独家代理的地位，雇主就必须与那个代理进行谈判。除了资格问题，州法律还规定了独家代理失去谈判资格的条件及程序问题。

与《国家劳资关系法案》一样，州制定法要求谈判必须"出于良好的愿望"。**善意谈判**被解释为要求谈判各方在合理的时间会面，努力达成双方均同意的协议，谁也不去强迫另一方勉强同意该协议。[25]一些州遵照联邦法律的要求，规定善意谈判"不得强迫任何一方同意某项提议或者不得要求任何一方作出让步"[26]。关于善意谈判的司法解释非常多，关于善意谈判对于公共部门的意义问题，法院作出的司法决定主要是以该名词在私营部门中的法律规定为依据的。如果教育委员会或者教师组织出席谈判时采取不正当的手段，那么它们将受到刑罚。

制定法对教育委员会和雇员组织两个方面都规定了限制或义务。任何一方违反法律规定，都将可能招致"不公正的劳资关系行为"的指控。有关"不公正的劳资关系行为"的指控一般向州公共事务部门雇员关系委员会提起，由该委员会组织听证、进行判断。特别不公正的劳资关系的具体问题，通常是模仿《国家劳资关系法案》中的相关规定，由州制定法来进行调整。公共雇佣和私人雇佣中最常见的、为法律所禁止的劳资做法就是，雇主或工会干涉、限制或强迫公共事务部门雇员行使他们基于劳动法律而享有的权利。[27]法律禁止**雇主**干扰工会的日常活动、因雇员是工会会员而歧视该雇员、拒绝与专门代表进行集体谈判以及在谈判中做出其他不当行为。法律同样也对工会的活动进行了限制，如，**工会**不可以促使雇主对非工会会员的雇员产生歧视，工会不可以拒绝谈判或者谈判时动机不良，工会应当考虑到谈判小组所代表的所有雇员的利益，工会不可以参与非法的活动（诸如谈判法律禁止的罢工或联合抵制等活动）。

谈判过程结束的时候，谈判小组成员和教育委员会必须达成一项书面协议（一般称之为**主合同**）。这些协议的开头通常是对专门的谈判代表及工会安全保障问题（即，费用的公平分担）的认可，协议中的语言风格及条款通常类似于标准合同；协议也会对管理权利和结社权利作出具体的规定。其中，管理性条款强调的是教育委员会对制定教育政策的控制权，有关工会的条款则可以包括工会拥有使用学校设备设施或者通信系统的权利。这项书面协议还要包括州劳动法律或者普通法所规定的谈判的内容范围。这些条款不仅包括了工资和福利，还强调了申诉程序、雇员评价、备课时间、工作日的长短、班级规模、雇员惩戒的程序、调动、裁员和召回程序、职责的分配以及招募新人填补空缺工作岗位的程序等问题。接下来，我们将重点讨论双方在这些具体问题上的谈判余地。

集体谈判的范围

教师工会组织能否对班级规模问题拥有发言权？应该由谁来决定工作日的长短？额外的工作分配是怎样确定的？因入学人口的下降而导致的裁员，必须以资历或工作绩效为依据吗？在确定谈判的内容范围时，这些问题以及其他一些问题便应运而生。谈判内容范围指的是可以进行谈判的议题或主题所涉及的范围；确定谈判的内容范围是公共部门进行谈判中的最大难题之一。公共事务部门的雇主认为，必须将可谈判的议题限制在较小的范围内，以保护政府的决策权，而雇员工会反对这种说法，它们认为必须宽泛地限定谈判主题，否则谈判就没有意义了。

对谈判的内容范围的规定，各个州差别非常大。因此，为了确定某一个州规定的可谈判条款，必须全面地参考州集体谈判法律、其他制定法以及对这些法律作出的解释。对于可谈判事项进行的规定，各州的劳动法律可以提供宽泛的指导原则，也可以具体而详细地列举出可谈判的议题。正像我们已经注意到的那样，许多州是模仿《国家劳资关系法案》来制定自己的谈判法的，这些谈判法规定，雇主代表和雇员代表必须针对、也有权针对"工资、工时以及其他雇佣的条款和条件"进行谈判。[28] 还有少数的几个州，对必须通过谈判以达成协议的每一个项目都作了具体规定。[29] 一些州则对谈判中严禁涉及的主题进行了规定。例如，密歇根州规定谈判中禁止涉及的主题包括与确定学年开学日期有关的决定、校本决策主体的确定、学生在学区内外择校的政策、公立学校的学术管理权以及实验项目的确立和职员分配。[30] 一般来说，集体谈判协议不可以超越制定法的规定[31]，然而，在少数州里，除非对州法律的地位问题另有规定，否则，谈判协议优于与之冲突的法律。[32]

谈判中的所有议题可以分为强制性议题、授权性议题或禁止性议题。强制性议题必须通过谈判来达成协议。就参与谈判来说，教育委员会没有遵从规定、不想在这些项目上与对方进行协商就是明显的动机不良。授权性议题指的是，如果谈判双方都同意的话，就可以对之进行谈判，然而，双方都没有法律义务，必须就这些项目进行谈判。另外，在大多数州里，一旦双方在授权性议题上产生分歧使谈判陷入僵局，授权性议题就必须放弃，而且如果谈判双方无法达成协议的话，雇主可以单方面修改这些项目。禁止性议题超出了教育委员会的谈判权限范围，如果教育委员会同意针对这些项目进行谈判的话，就属于权力的僭越。因为，绝大多数制定法对谈判内容的规定都是概括性的，谈判双方经常需要请求法院或劳资关系委员会来判断什么样的议题是可以谈判的，什么样的议题是不可以谈判的。[33] 下面，我们将重点叙述与政府政策相关的议题以及一些特定的谈判项目。

政府的政策

对于确立可以在谈判桌上进行谈判的主题来说，管理权利是一个很关键的要素。州法律规定，不可以要求公共事务部门的雇主就有关政府政策的事宜进行谈判，法院也判定，对于教育委员会来说，针对公共政策领域的某些权利和责任展开谈判是法律所不允许的。[34]关于什么样的议题可以构成教育政策，一般需要参考集体谈判法中的相关条款，诸如"管理权利"和"谈判范围"等。政策问题，如班级规模以及涉及终身制的授予等决定，在一些州里是被排斥在谈判的范围之外的；大多数州**不要求**雇主就这些政策权利问题进行谈判。

适用于公共事务部门雇员的劳动法律要求针对"雇佣的条件"进行谈判，这可能涉及广泛的政策事宜，因为教育委员会所作出的大多数决定都直接或间接地影响到了在教室里工作的教师。马里兰州最高法院针对区分教育政策与教师雇佣事宜的困难性谈道："事实上，每一个管理决定都在一定程度上关系到'薪水、工资、工时及其他福利条件'，因此，对于这些管理决定的可谈判性，是可以提出证据加以证明的。同时，事实上，每一个这样的决定也涉及了教育政策的考量，因此，针对这些决定的不可争议性，也是可以提出证据加以证明的。"[35]在许多州里，对于可谈判的议题进行解释的权力属于劳资关系委员会。因此，经常发生的事情是，劳资关系委员会和法院都使用一种平衡性测试来进行判断。这种平衡性测试，一开始就询问：某一件特定的事情是否涉及工资、工时以及雇佣的条款和条件问题？如果某件事情涉及雇佣的条件，那么劳资关系委员会或者法院就必须作出判断：从本质上看，这件事情是否也是一个从属于管理政策的问题？如果这件事情没有涉及雇佣的条件问题，该事件就属于强制性谈判的主题。然而，如果答案是肯定的，那么，就必须比较对政策问题进行谈判的利益以及该谈判对雇主造成的负担[36]；劳资关系委员会或者法院针对个案权衡轻重，作出某一议题是否具有可谈判性的决定。

相关的司法解释，可以表明可谈判性议题的范围。新泽西州最高法院将**雇佣的条件**狭义地解释为工资、福利以及工作时间安排，因此将政府的政策议题，如教师的调动、课程安排和评价等排除在可谈判的内容范围之外。[37]然而，一些法院则对"雇佣的条件"这一词条进行了宽泛的解释。内华达州最高法院规定，与工资、工时及工资条件明显相关的议题都属于谈判的范围。[38]相似地，宾夕法尼亚州最高法院的结论是，对于每一个可能对雇佣的条件产生影响的议题，都必须经过深入的思考，以确定这个话题是否应当排除在教育政策的范围之外。[39]

虽然大多数法院都认为，不可以**要求**教育委员会对一些涉及政策事宜的、根本就属于管理权利的问题进行谈判，一些州仍然将这些权利视作授权性谈判的主题。就是说，在制定法或者司法决定没有明令禁止的情况下，教育委员会可以同意对"某种"权利进行谈判。[40]如果教育委员会就某一个政策问题与对方进行了谈判并达成协议，该政策性问题就要受到谈判协议的约束，与强制性谈判的主题效力相同。[41]

谈判的议题

除了工资、工时和福利以外，在什么议题是可谈判的这个问题上，各州的意见不一，各州对相似的授权性法律所进行的解释也是截然不同的。我们接下来就讨论这个问题。

班级规模

班级规模是最有争论性的政策性问题之一，而且法院和州立法机关也不愿意将之确定为可谈判的内容。只有少数的几个州明确地规定了班级规模属于强制性谈判的内容[42],但是,大多数法院在审理相关案件时,均认定班级规模为非强制性谈判议题[43]。内华达州最高法院在解释州集体谈判制定法时说,该制定法将班级规模暗示为强制性谈判主题[44],立法机关随后作出反应,对州法律进行了修改,将班级规模这一项从谈判内容的具体名单中排除出去了[45]。伊利诺伊州一个上诉法院认定班级规模为强制性谈判项目[46],但是在其他一些州,法院则认为班级规模是一个授权性谈判项目[47]。虽然威斯康星州最高法院认为班级规模是一个授权性谈判主题,但是该法院判定,班级规模给教师工作条件带来的影响(如,需要监管更多的学生、可能带来更多的纪律问题等)属于强制性谈判内容[48]。与此相似,佛罗里达州上诉法院的结论是,班级规模以及职员的水平都不是强制性谈判的内容,但是必须注意到贯彻实施这些决定而带来的影响或结果属于强制性谈判的范围[49]。

校 历

订定校历一般被认为是管理的特权[50]。缅因州最高法院的声明——"学年的开始与结束、学年中的假期安排和假期的时间长短,既关系到教师,又关系到学生,肯定是'教育政策'应当考虑的问题,它承担了太多的而且太重要的非教师①的利益,以致不能通过集体谈判来解决了"[51]——反映了"校历是不可谈判的管理决定"的司法趋势。印第安纳州上诉法院在注意到"校历对学生以及其他公共事务部门雇员的利益的影响超过了对教师利益的影响"之后,同意缅因州最高法院的这种观点[52]。虽然已经明确认定校历属于管理特权的范围,新泽西州最高法院还是规定,影响到工作日以及相应报酬的决定暗示着雇佣的条件[53]。与盛行的观点相违背的是,威斯康星州最高法院支持了威斯康星劳资关系委员会的规定,该委员会宣布校历是强制性谈判项目,他们认为较之校历与政策事宜的相关程度,校历与雇佣条件的关系更加紧密[54]。

教师评价

雇员工会在保护教师绩效评价的谈判权利方面取得了巨大的成功。绝大多数州都不认为评价是强制性谈判项目,但是一些法院认定,评价与雇佣的条件明显相关,因此是可以谈判的。虽然法院接受了工会提出的、就评价的技术及程序问题进行谈判的提议,但是法院还是不愿意将教师评价标准确定为强制性谈判项目。在教师评价不属于禁止性谈判项目的同时,新罕布什尔州最高法院也同时指出,该案中的评价计划仅仅提供了评价的程序,而并没有提出评价教师所用的标准[55]。与此类似,堪萨斯州最高法院对管理性政策和这些政策所包含的机制作了区别:他们认为形成评价程序的机制是强制性谈判项目,而评价标准不是,因为评价标准可以限定为管理特权的范围[56]。然而,艾奥瓦州最高法院认为,制定法中要求对**评价程序**进行谈判的规定,实际上包括了评价的标准,因为,先前的司法规定对程序一词作出了意义宽泛的解释[57]。

裁 员

许多学区都面临着注册入学的学生人数减少以及财政紧张的问题,学校裁员威胁到了终身制教师和非终身制教师,导致雇员工会要求参与到作出裁员决策、制定裁员标准以及确定裁员程序的过程中。一般来说,法院认为,作出裁员决策及制定裁员标准属于教育政策范围的事宜,因此是不可谈判的[58]。州法律也规定,禁止针

---

① 非教师:除教师之外的人。——译者注

对裁员决定进行集体谈判。[59]然而，裁员对雇员权利所产生的影响使得就裁员程序进行谈判变得十分必要了。南达科他州最高法院判定，减少教学工作岗位的决定属于不可谈判的管理性决定，但是，该法院又总结说，裁员的机制，诸如怎样选择被裁减的职员以及重新雇用这些职员的程序，都是强制性谈判的议题。[60]威斯康星州最高法院认为，关于裁员的告知及时间选择等问题，是必须进行谈判的，因为它们与雇员的利益相联，而且会对雇员的"工资和工作安全产生直接的影响"[61]。

学区在实施裁员措施过程中，必须遵守集体谈判合同中规定的、谈判双方都表示同意的程序。爱达荷州一个学区争辩说，合同协议中规定的"在5月15日之前进行告知"，与制定法要求"学区在6月15日之间提供告知"的规定是矛盾的。该州最高法院判定，《爱达荷州法典》（Idaho Code）授予教育委员会宽泛的权力，使其可以针对"所有的谈判协议中规定的事宜"进行谈判，这表明学区必须接受第一个日期①的约束。[62]然而，教师可以拥有一种州法律所赋予的独立的权利，使其可以不受集体谈判协议对该权利的限制。马萨诸塞州上诉法院判定，根据制定法的要求，教师拥有在学校系统中"取代他人工作的"权利，而不是像集体谈判协议中规定的那样，只能在谈判小组中取代他人。[63]学区辩护说，一名教师不可以取代与他同属一个谈判小组的、另一所高中的教师，虽然那名教师的资历低于这名教师。上诉法院认定州法律在判决上占据优势，同时注解说，立法机关并没有规定受制定法保护的资历权利必须从属于谈判协议。

然而，雇主和教师工会为了裁员而协商的程序，不能侵害雇员的宪法权利。最高法院推翻了一项旨在保护某些少数种族群体在裁员过程中不被解雇的集体谈判协议。[64]该协议保证，任何一次裁员过后，少数种族教师所占的百分比都不得低于裁员之前的少数种族教师所占的百分比。因为没有证据证明先前的雇佣过程中存在着歧视，所以法院判定该协议侵犯了非少数种族教师的平等保护权利。

不续聘及终身制问题

保留教师的雇佣合同、让其继续工作或者授予教师终身制的决定，很明显是属于管理性权利的范围，而不是强制性谈判的话题。[65]然而，如果教育委员会针对作出这些决定的程序问题进行谈判的话，所得到的规定一般来说是具有约束力的。例如，集体谈判协议可以规定，非终身制教师享有一定的程序性权利，而州法律或者宪法第十四修正案在通常情况下没有赋予教师这样的权利。[66]在一起案件中，新罕布什尔州最高法院判定，虽然州法律并不阻止学区同意向试用期教师说明不续聘的理由，但是，学区仍然保有自己的管理特权，可以不续签该教师的雇佣合同。[67]

教育委员会如果不遵从谈判的程序，裁决者将命令学区重新安置被解雇的教师。然而，这些裁决是否可以生效，取决于州法律是如何对学区的权力作出解释的。阿拉斯加州最高法院否定了一位裁决者提出的学区重新安置教师的裁决，理由是教育委员会"拥有专门的权力，可以决定是否'不续聘'临时教师的问题；一旦教育委员会作出了决定，任何人都不可以提起上诉"[68]。法院在判决书的注意事项中写道，如果教育委员会违反了谈判作出的、有关不续聘的程序要求时，可以判处其他的救济。与之相反的是，蒙大拿州最高法院总结认为，裁决者作出的重新安置教师的裁决并没有侵犯教育委员会的权力，只是为教育委员会做出的未遵守经过协

---

① 即5月15日。——译者注

商方同意程序的行为提供了一种恰当的救济而已。[69]

根据缅因州的法律规定，教育委员会签订的集团谈判协议可以包括有关解聘雇员时具有约束力的裁决条款。州最高法院规定，教育委员会是自愿就这样的裁决程序进行谈判的，因而，教育委员会不能以"裁决者的重新安置决定使得教育委员会无法履行自身已经拥有的提供安全的学习型环境的职责"为理由，拒绝裁决者的决定。教育委员会同意将解聘的问题交由裁决者处理，就是同意遵守裁决者对法律的解释。[70]

工会的保障问题

为了保证其特权及其存续性，工会经常努力在集体谈判合同上制定一些涉及其保障问题的规定。这些保障条款的性质和内容，受到州法律及宪法规定的限制。在本节中，我们将论述工会的收益问题以及工会拥有的专门特权。

会费及服务费

与雇员进行谈判的时候，工会希望制定规则，要求所有的雇员要么参加工会，要么支付服务费用。因为工会必须代表谈判小组中的所有个体，所以，有人认为，这样的规定是有必要的，它可以减少"搭便车的人"（指的是那些不承担会员费用而享用工会工作的好处的人）。工会的保障措施可以有好几种形式。**封闭型组织**（close shop）要求雇主只能雇用工会会员，这样的组织在公共部门并不存在，根据《国家劳资关系法案》和《塔夫特－哈特利法案》的规定，在私营部门，这种组织也是违法的。**联合型组织**（union shop）的协议要求雇员在获得工作后的一段规定的时间内加入工会组织。尽管联合型组织协议在私营部门很盛行，但是法律并没有授权同意这种组织在大多数公共部门存在，甚至有一些州，根据"工作权"法律的规定，还要限制或者禁止这种组织的存在。[71]公共部门里常常见到的条约是**代理型组织**（agency shop）和**公平分担**（fair share）协议——这两个名词通常可以相互替代。代理型组织协议要求，不必强制雇员加入工会，但是雇员应当缴纳工会会费，公平分担协议则要求非工会会员只需分担谈判活动所需要的服务费用。

作为非工会会员的教师对缴纳强制性会费的问题提出了质疑，认为这样做侵犯了他们基于宪法第一修正案而享有的言论自由权和结社自由权。然而，最高法院支持公共部门的雇员支付公平分担协议中规定的费用。在**阿布德诉底特律教育委员会案**（Abood v. Detroit Board of Education）的审理过程中，最高法院反对非工会会员提出的有关宪法第一修正案的主张，提请人们注意保障稳定和平的劳资关系及消除"搭便车"现象的重要性。[72]但是，最高法院的最终结论是，工会不可以将"保留其公立学校教师的工作岗位"作为条件，来强迫雇员缴纳费用，支持工会所从事的一些属于意识形态范畴的、与教师本身所持观点正好相反的事业。因此，非工会会员身份的教师——这些教师反对为工会的政治活动而进行强制性捐款——所缴纳的费用，必须而且只能是谈判及合同管理过程中的花费。[73]

虽然最高法院的判决允许工会向那些根据宪法第一修正案而提出反对意见的、非工会会员的教师收取服务费，但是，这个判决仍不能解决一些重要问题，诸如：（1）哪些费用是工会可以合法索取的、与集体谈判活动相关的费用？（2）什么样的程序是充分的、或者是必需的,可以保护那些对工会的费用分担原则提出质疑的个体的利益?以及(3)为了执行公平分担协议,是否可以解雇雇员?

根据**阿布德案**的规定,作为非工会会员的雇员,一旦提出反对工会的代理费使用方案,便承担了相应的举证责任[74],接下来,工会就必须确定恰当的、与雇员代理相关的服务费用分担原则。最高法院注意到,对集体谈判活动和与集体谈判无关的意识形态活动这两种活动作出明确的界定是非常困难的。[75]在随后的一些判例中,最高法院以及其他一些法院尝试着划清这条区分界线,并规定了程序,对工会会员提出反对意见后的保护问题,作出了非常必要的回应。

在审理**埃利斯诉铁路、航空及轮船雇员兄弟会案**(Ellis v. Brotherhood of Railway, Airline, and Steamship Clerks)——一个私营部门的案件——时,最高法院提出了一个标准,可以用来确定,当雇员提出反对意见时,应当考虑工会的哪些花费。

> 应当考虑的问题是:受到质疑的费用,是否是雇员代表与雇主进行谈判、协商处理劳资关系时必需的花费或合理的花费。根据这个标准,可以强迫持反对意见的雇员缴纳公平分担的费用,这些雇员不仅要缴纳进行谈判和管理集体谈判合同以及处理申诉和争议问题的直接花费,还要缴纳为了完成或履行工会作为谈判小组中雇员的专门代表的职责而正常地或合理地进行的活动所需的费用。[76]

根据这个标准,法院判决,支持对与工会集会、社会活动以及出版发行物相关的花费进行估价,但是不允许分摊那些与谈判、合同管理以及公正代理无关的组织活动及诉讼的费用。

很多法院都使用**埃利斯案**标准,将一系列活动——诸如,集会、游说活动、出版物、为公共教育募捐的运动——的花费计算在公共部门中非工会成员所需支付的使用费中。[77]然而,1991年,最高法院在审理发生于密歇根州公共部门的案件——**莱纳特诉费里斯大学教师协会案**(Lehnert v. Ferris Faculty Association)——时,对这些标准进行了一定的限制。[78]法院支持将消耗在集会、部分工会出版物、筹备罢工[79]、州或国家分支机构举行的付费活动等方面的费用进行合理分摊;但是,法院规定,至于与合同签订和实施无关的游说及其他政治活动的费用、与地方谈判小组无关的诉讼费用、为了提高教师的专业形象而花费的公关费用等,工会不可以向非会员征收费用以分摊这些花销。然而,对于工会来说,最重要的是该判决确认了,向州和国家分支机构缴纳的费用是可以计算在非工会成员的使用费之中的,即使它们对地方谈判小组不具有"直接而切实的作用"。

工会为非工会会员提出反对公平分担费用的主张而采用的程序是否符合宪法的规定,也引发了很大的争议。一般来说,非工会会员提出异议后,工会要退还一部分与谈判活动无关的费用给这个非工会会员。然而,在**埃利斯案**的判决中,最高法院认定仅有**退款**程序是不够的。最高法院将这种方法定义为"非自愿的贷款",同时声明:"先是强迫性征集并使用全部费用,数月以后又将先前不该征收的那部分费用退还回去,工会向雇员征收了法律所不允许的活动费用。"[80]因为还有其他的一些选择,诸如事先减免一部分费用、使用契约账户,所以,法院判定,即使是暂时性地使用反对者的资金也是法律所不允许的。

454

在芝加哥教师联盟第一小组诉赫德森案（Chicago Teachers' Union, Local No. 1 v. Hudson）中，最高法院确定了有关工会程序保障充分性的法律标准，以保护非工会会员身份的雇员在分配和评估代理费时的宪法权利。按照最高法院的规定，宪法要求收取代理费时要"对代理费的产生基础作出充分说明，当非工会会员身份的雇员就所缴纳的费用的数量问题提出质疑时，迅速为其提供一个合理的、有公正的裁决者参与的申诉机会。在所提出的质疑悬而未决时，将通过合理标准确认的双方存在争议的使用费存到一个契约账户中"。[81]在本案中，芝加哥这个工会的计划包括了提前作出费用减免的内容，但是该计划在以下方面具有瑕疵：非工会会员只有在提出异议后才能够获取关于所承担费用的比例计算的信息，而且他们也没有得到足够的信息来判断应缴纳的费用是否合适。法院判定，充分地提供信息，不仅仅要求雇主说明那些不能给持异议的雇员带来益处的花费；还要求雇主必须提供证据，以便雇员对公平分担的费用进行评价。另外，本案中雇主提供的程序也不能保障雇员所有的、由公正的裁决者快捷地作出决定的权利。在埃利斯案中，法院禁止雇主事先征收全额会费、事后退还多征部分的做法。本案中，法院的立场更进一步。法院判决，即使使用了事先减免一部分费用的方法，受到争议的费用还应该存到契约账户中。法院认为，这对于降低反对者的资金用于其反对的意识形态活动的可能性是很有必要的。因此，大部分联邦上诉法院都认为，由第三方保存附带条件委付盖印的契约充分地保护了个体的宪法权利。[82]

赫德森案的判决要求工会财政报告具有合理性，一些非工会会员的雇员据此提起诉讼。虽然根据最高法院的判决，财务公开必须是适当的或者是充分的，但是工会依然不必列出所有花费的详细而具体的清单。法院在审理赫德森案时特别强调，工会必须提供足够具体的财务信息，以便非工会会员能够对"工会会费的适当性"作出有理有据的判断。[83]第六巡回法院认为，这并不是要求工会提供的财务信息达到提供给审计部门进行最严格财务审计那样的标准。[84]在第六巡回法院审理的那个案件中，法院认为工会的财务公开是恰当的——包括了预算、经过审计的财务报告、经过审计的州和国家协会的补充性财务报表。针对赫德森案的判决，芝加哥教师工会对原先的公平分担告知程序进行了修订；1991年，第七巡回法院认为这个经过了修订的公平分担告知程序是符合宪法要求的。[85]这份长达32页、经过审计的信息公报，将费用分为可以向非工会会员的雇员征收的费用和不可以征收的费用两大类，每一项的分类之下还有具体的分类支出。第七巡回法院认为，这份报告足够具体，足以帮助非工会会员作出是否质疑既定的公平分担费用的决定。

虽然最高法院支持公平分担条例的规定，一些州的法律规定仍然不允许收取公平分担费用。缅因州最高法院认为，强迫性收费"与逼迫人们加入工会性质是同样的"[86]。缅因州制定法保护雇员自愿加入工会的权利，法院将这条法规解释为，制定法同时还保护了雇员不加入工会的权利。与此相似，佛蒙特州最高法院判定，《佛蒙特州教师劳资关系法案》（Vermont Labor Relations for Teachers Act）规定教师享有加入或不加入劳工组织、帮助或者参与某个劳动组织活动的权利，因此，收费行为是禁止的。[87]一些州制定的劳动法律也规定严禁收费。例如，印第安纳州对其劳动法律作出修订，规定自1995年7月以后，禁止缴纳公平分担费用及其他所有的、与谈判合同相关的代理费用。[88]

虽然收取代理费并不违反联邦宪法和大多数州的法律规定，但是，围绕着这些规定的贯彻执行依然引发了一些法律争议。有一些集体谈判协议要求雇主解雇那些拒绝缴纳任何费用的教师。在宾夕法尼亚州,一家上诉法院推翻了对两位教师的解聘决定,同时声明:拒绝缴费并不属于"持续而有意地违反学校规章",不可以施以解聘的处罚。[89]一些法院试图协调劳动法中关于公平分担费用的规定和终身雇佣法中关于教师只因法定事由而被解聘的规定之间的矛盾。有的法院试图将授权就公平分担费用进行谈判的劳动法律解释为根据有关教师终身制的法律而进行雇佣的一个条件。密歇根州最高法院规定,如果州劳动法律与其他制定法发生冲突的话,那么,州劳动法律的法律效力较高。[90]因此,学区可以不采用教师终身制法律所要求的程序保护、解聘一位没有缴纳代理服务费的终身制教师。类似地,加利福尼亚州公共雇佣关系委员会(California Public Employment Relations Board)认为,同意征收服务费的州法律规定允许学区因教师不缴纳费用而终止教师的雇佣合同。[91]

专有特权

为了保障其地位,指定的雇员谈判代表通过协商取得排他性的权利或者特权,诸如代扣工会会费、使用学校的通信系统以及使用学校的设施设备。虽然排他性安排使得人数众多的大工会更加强大,而人数较少的小工会难以生存,但是法院通常是支持工会拥有这些特权的,并将它们作为促进劳资关系和睦、确保学校体系有效运转的一种方法。

集体谈判合同中最经常涉及的排他性特权是代扣工会会费,这一规定使得雇主有权扣除工会费用以及其他的、得到雇员委托的费用。超过半数以上的、制定了公共事务部门雇员谈判法律的州,都将代扣工会会费具体规定为强制性谈判的主题。然而,最高法院判定,根据宪法的规定,雇员工会没有从工资中直接扣除工会费用的权利。[92]第四巡回法院规定,州立法机关确立的、允许慈善组织扣除雇员的部分工资、却不允许劳动工会扣除雇员的部分工资的原则,没有违反宪法第一修正案的规定;法律并没有否定工会会员集会、言论、出版、招募会员以及表达观点的权利。[93]除非州法律明令禁止,大多数法院都支持"否认与之竞争的其他工会拥有代扣工会会费的权利"的做法。

1983年,最高法院对最有争议的保障权利中的一种——使用学校通信设施的权利——作出了阐释。[94]问题的焦点是专门的谈判代表和印第安纳州的一个教育委员会签署的一份协议。该协议拒绝向所有的、与之竞争的工会组织提供使用校内邮件系统和教师信箱的机会。有一个工会提出了质疑,认为这份协议违反了宪法第一修正案和第十四修正案的规定。最高法院作出了支持这份协议的判决,理由是,宪法第一修正案并不要求"给予所有的人平等地使用一幢校舍——人们可以在其中进行某种形式的通信联络活动——的所有权利"。[95]法院判决:学校的通信设施不是供人交流信息的公共论坛,因此,可以限制其仅用于学校事务。虽然有一些社团组织(如男童子军、公民组织)曾经使用过学校的通信系统,但是这个事实并不能说明学校的通信系统是公共论坛。即使社团组织使用学校的通信系统,使之成为有限的公共论坛,也仅仅限于类似的社团组织可以使用,通信设施并不向劳工组织开放。然而,法院对存在其他替代性通信渠道(例如公告栏和会议设备)的强调,暗示着完全将竞争性工会排除在外的方法是行不通的。

紧接着，第五巡回法院作出规定，如果有其他通信联络渠道可用的话，拒绝所有的教师组织使用学校邮箱的做法，没有违反宪法第一修正案的规定。在上诉过程中，最高法院维持了这一判决。[96]但同时，法院认为，禁止雇员个体在不上课的时间里讨论雇员组织的问题或者禁止雇员个体在使用内部通信系统或布告栏过程中提及雇员组织的政策的做法都是不符合宪法规定的。只有当有证据证明雇员的言论造成了严重的威胁或者对秩序造成了实质性的破坏，诸如此类的限制才可能是法律所允许的。

看起来，将使用通信设施设备的排他性权利赋予谈判代表，或者拒绝所有的雇员组织使用这些设施设备，并不违反宪法的规定。如果将与之竞争的工会全部排除在特殊通信渠道之外的话，为了避免违反宪法第一修正案的规定，学区就必须保证他们有其他的通信手段可以使用。然而，根据州法律的规定，仅仅一些工会拥有使用邮箱和学校设施设备的排他性权利，均属于不公正的劳资行为。[97]

虽然教育委员会可以向工会提供使用邮箱和学校设施设备的机会，但是教育委员会不可以使用校内邮件传送系统来投递工会的信件。根据《联邦私人信件邮递条例》[98]（Federal Private Express Statutes）的规定，雇主如果要使用联邦法律所豁免的内部信件投递体系的话，就只能投递与其组织的管理、运营有关的信件。在1988年审理的一起案件中，最高法院判定，这个特例并不允许工会在大学里将大学教师组织起来使用大学的内部通信系统，因为这种组织活动与大学的课程教学无关。[99]根据这个判决，第七巡回法院规定，排他性的谈判代表所投递的信件与学校的课程教学无关，只属于工会的管理范围。[100]

在绝大多数州里，教育委员会只与指定的谈判代表进行谈判。根据这个排他性的认可，可以否认其他工会及教师组织拥有与雇主进行正式交流的权利。最高法院判定，谈判小组的非正式成员或者与代表的观点不一致的谈判小组的成员，不享有"强迫政府听取他们意见"的宪法权利。[101]法院总结道，明尼苏达州的制定法要求雇主只能与指定的谈判代表"会面并进行谈判"的规定，没有侵犯其他雇员作为公共事务部门雇员或者作为公民而享有的言论自由或结社自由，因为这些谈判会议不是公共论坛。根据法院的规定："宪法并没有授予公共事务部门的雇员要求公共事务部门决策者听取其意见的一般权利。"[102]

然而，根据宪法的规定，在公共论坛上，诸如教育委员会会议，作为非工会会员的教师有权向公共事务部门的雇主发表意见，即使所谈论的话题涉及谈判的问题。最高法院在审理一起案件时认为，威斯康星州的一位非工会会员身份的教师有权利向教育委员会表达自己的观点。[103]在这起案件中，在讨论有关代理型组织的规定这个议题时，教育委员会和工会的谈判陷入了僵局。一位非工会会员身份的教师，代表了少数教师，在公开的例会上向教育委员会提出建议，请求延期作出决定以等待进一步的调查研究。法院分析认为，该教师并不想参与谈判，只是在教育委员会面前谈论某一个重要的问题而已——这是每一个公民都拥有的权利。法院进一步解释道，从来没有任何法律强迫教师"放弃他们基于宪法第一修正案而享有的权利，这项权利是他们作为公民便可以拥有的、对与他们工作在其中的公立学校的运营有关的公共利益问题进行评论的权利"[104]。

工会的自我保障措施，诸如公平分担安排和使用学校特殊的设施设备的专门权利，虽然是可以进行谈判的，但是也不可以侵犯作为非工会会员的教师的宪法权利。学区必须为教师提供一个有效的机制，使他们有机会对所缴纳的使用费提出异议，因为工会有可能将从教师那里征收来的经费用在支持教师所反对的意识形态问题或者政治活动中。如果在谈判过程中，限制了非工会会员使用特殊通信联络渠道的话，学校必须存在着其他的通信方式。

申 诉

雇员基于集体谈判协议的条款规定而享有的权利引发了不少的争议，这些争议可以通过经过协商、大家同意的申诉程序来解决，而这种申诉程序一般也是提请州劳资关系委员会或法院对争议进行重新审理之前所必经的程序。[105]"穷尽申诉程序"的规定保证了集体谈判过程的完整性，鼓励在地方一级有序而有效地解决争议。申诉程序通常是由没有利益关系的第三方——一般是一位裁决者——组织听证、作出结论的。与在谈判过程中启动以解决谈判僵局的**利益仲裁**不同，**申诉**仲裁强调的是合同权利的实施。[106]

以州法律和谈判合同为依据，申诉仲裁决定可以是参考性的、也可以具有约束力。公共事务部门的雇主，秉持政府主权权力原则，一般不愿同意导致公共权力减损的程序。同意使用申诉程序——该程序允许由第三方作出最终决定——严重地损害了教育委员会的权力，有效地促进了教师组织与教育委员会的地位平等。然而，随着谈判内容的扩张，立法主体倾向于使用约束性仲裁来解决劳资纠纷。大约有一半的州颁布了法律，授权教育委员会就约束性仲裁申诉程序问题进行协商，有几个州竟然要求把约束性仲裁当作是申诉程序的最后一个步骤。[107]随着人们对于申诉仲裁的普遍接受，申诉仲裁已成为集体谈判中最有争论性的领域之一。对裁决者所拥有的、针对特定争议作出决定并且提供救济的权力提出质疑的案件也时有发生。

确立申诉程序时的一个基本问题是，如何对"申诉"进行限定，就是说，什么样的事情可以提起申诉。在私营部门中，**申诉的内容**一般指的是，雇主和雇员之间发生的所有争论。另外，教师申诉一般仅仅指由于对谈判合同的解释不同或应用不同而发生的争执。争议的可仲裁性取决于教育委员会和工会达成的协议是否显示了可以通过仲裁来解决问题的意图。[108]一般来说，由裁决者来决定某一议题是否可以通过仲裁来解决，而且，如果仲裁决定是根据谈判协议作出的，一般就会被认为是有效的。艾奥瓦州最高法院注意到，法律赞同使用仲裁，"除非可以非常肯定地说仲裁条款对受争议的问题并不适用，否则，在其适用性并不明确的情况下，应当推定仲裁条款可以适用"[109]。

法院根据具体的谈判合同而判定的、可以对之进行仲裁的争论包括，不能令人满意的教师绩效、实施评价的程序方面的问题、合同续签的条件、后备教师的恢复原职问题、缴纳健康保险金以及因学费问题而将学生调往其他学区。[110]虽然法院认为很多问题都是可以通过仲裁得到解决的，但是法院依然规定，根据州法律的规定，不可以进行委托处理的政策性问题不属于仲裁的内容范围。例如，不允许进行仲裁的议题包括：终身制的确定、雇员的解聘、非终身制教师的重新雇用、教师资格的评价、教师的调动、课程内容的安排、教案的提交、教师惩戒、向接受特殊教育的学生提供健康服务以及课外活动的安排等。[111]另外，合同中特别规定的不能仲裁的事项，也是不可以进行仲裁的。

仲裁的结果——裁定或救济——也受到了人们的质疑。法院对仲裁裁定只做低限度的审查，在大多数情况下，法院都承认仲裁裁定是有效的。对仲裁裁定的尊重可以从最高法院的判决中体现出来，"除非仲裁的决定没有'在实质上依据集体谈判协议'，否则法院应当强制人们遵守该裁定，而且法院没有权利对该合同争议的价值进行审查"[112]。如果裁决者根据谈判协议的语言文字及上下文关系合理地作出裁决，那么法院就认为该裁决"在实质上依据了谈判协议"[113]，法院就不会干涉裁定的执行，即使由法院来审理的话，它们也可能只提供一种不同的救济。[114]

谈判僵局

谈判过程中，如果不能达成协议、而且双方都不愿意妥协让步的话，就形成了僵局。一旦谈判过程形成这样的僵局，可供解决的方案有：协商、事实发现以及仲裁。正如本章的最后一部分所讨论的，解决谈判僵局的最有效的方法——罢工——对于绝大多数公共事务部门的雇员来说，都是法律所不允许使用的。大多数综合性的州制定法都规定有僵局解决程序，但具体规定并不统一，有的制定法允许就僵局解决程序问题进行协商，有的制定法则规定了必须遵从的具体步骤。在这里，我们将讨论最常使用的解决僵局的几种方法。

通常来说，协商是为了促使谈判双方重新回到谈判桌上而采取的第一个步骤，可以是非强制性的，也可以是为法律所要求的。一个中立的第三方进入谈判僵局，帮助谈判双方寻找达成协议的基础。这个调停者由谈判双方进行选择，或者根据请求，由公共雇员关系委员会来任命；调停者是一个推动者，而不是决策者，他们的任务是帮助教育委员会的代表和教师协会达成共同的协议。

经过协商仍然没有达成协议，就需要启动"事实发现"程序了，该程序通常被称为**参考性仲裁**。事实发现的过程可以由法律来限制，也可以由谈判双方达成的共同协议来规定。事实发现的程序包括：第三方参与进来，调查争论发起的缘由，收集事实和证据以澄清争论，最后形成判断。因为事实发现的程序是参考性质的，所以，事实发现之后提出的解决方案对谈判双方都不具有约束力。因为事实发现的结论报告可以为公众所利用，所以事实发现的程序可以促进合同的签订，这些正是协商想要达成而没有达成的目的。

在一些州里，"事实发现"是僵局程序的最后一个步骤，在事实发现的程序实施之后，也可能得不到令谈判双方都满意的解决方案。在一些州里，还存在着第三个选择——有约束力的利益仲裁。这种利益仲裁的过程与事实发现的程序大致相似，不同之处在于，裁决者针对谈判协议的内容而作出的决定，对谈判双方都具有约束力。允许进行约束性利益仲裁的州，通常会限制这种约束性仲裁方法的使用。[115]例如，俄亥俄州、俄勒冈州以及罗得岛州仅允许针对谈判双方同意的事项进行约束性仲裁。[116]缅因州同意就除工资、养老金和保险之外的其他所有事项进行约束性仲裁。[117]

一般来说，因为协商和"事实发现"都具有参考性的本质，所以，人们一般认为它们并不是最有效的解决谈判争论的方法。又因为绝大多数的州都禁止公共事务部门雇员举行罢工，所以，在这些州里，附有条件的约束性仲裁，被认为是解决僵局的一个可行的办法。虽然通过约束性仲裁，可以使得教育委员会与教师协会之间达成最大限度的权力平衡，但这并不能调动公共部门雇主的积极性，因为他们常常将这种权力平衡看作权力的非法分配。结果就是，利益仲裁一般发生在教育领域内，而且只能是自愿的或者是附有条件的。

如果在雇主和工会努力签订合同的过程中，集体谈判的协议到期了，那么必须维持现状。对于这条原则的遵守，就意味着，必须保证所有的雇佣条件在谈判过程中持续生效。[118]除非法律另有规定，绝大多数法院都认定，这意味着继续执行教师的年度工资增长计划。[119]如果所有的僵局解决程序都使用过了，雇主一般可以单方面执行其作出的最后的、也是最好的要约，或者州法律允许雇员举行罢工。[120]

罢　工

虽然人们一直在争论说，如果没有停止提供服务——私营部门进行的集体谈判的特征之一——的权利，那么就不存在真正的集体谈判，但州制定法或者普通法还是规定，禁止绝大多数教师举行罢工。有些州，虽然授予了教师有限的罢工权利[121]，但是州制定法依然制定了一些发起罢工之前必须满足的条件。各州明确规定的罢工条件虽然有所不同，但是，基本上都包括了下列几条：（1）穷尽了制定法规定的调解和事实发现程序；（2）合同到期了；（3）施行罢工之前必须有一段时间间隔；（4）以书面形式通知雇主，工会将要举行罢工的意图；以及（5）提供可以证明罢工不会对公众的健康和安全造成伤害的证明。与这少数几个允许教师罢工的州相反，绝大多数颁布实施了有关公共事务部门的雇员参与集体谈判的法律的州，都特别制定了"严禁罢工"的条款。[122]

法院一般会支持"严禁罢工"的法律，拒绝承认公共事务部门雇员拥有罢工的权利，除非州十分肯定地授予了公共事务部门的雇员这项权利。[123]早期的几个判例仍然可以表明司法机关对教师罢工的基本态度。康涅狄格州最高法院声明，同意教师罢工就是允许他们"否认政府的权威"。[124]在其审理的案子中，法院否认了教师的罢工权利，强调说，教师是政府的代表，拥有州的部分特权。印第安纳州最高法院发布了一条针对教师参与罢工行动的限制性命令，强调了同样的公共福利问题。[125]在谈论到罢工的合法性问题时，新泽西州上诉法院宣布，拥有进行谈判的合法权利，并不表明就可以违反普通法关于禁止公共事务部门雇员进行罢工的条款。[126]与盛行的普通法规定相反的是，路易斯安那州最高法院宣称，对于某些公共事务部门的雇员——包括教师——来说，罢工是允许的。该法院发现，州法律"有意为公共事务部门的雇员提供一个组织性权利体系，它与提供给私营部门雇员的权利体系并列存在"[127]。

罢工并不是简单的停止工作。许多州将"罢工"这个词进行了宽泛的定义，认为它包括了雇员采取的一系列协调一致的行为，诸如怠工、集体休"病假"以及拒绝履行某些职责。例如，马萨诸塞州最高法院认为，拒绝从事日常性工作，如拒绝放学以后批改试卷和备课的行动就构成了罢工。[128]密苏里州上诉法院的判决维护了圣路易斯学校学监的权利，该学监要求1 190名教师提供文件以证明他们所休息的一天"病假"与围绕着新合同而进行的谈判中所引发的劳资争议无关。[129]这些教师不能提供相关的文件证明，学区可以不给付各位教师那一天的工资。

州制定的法律，除了"严禁罢工"以外，通常还规定了教师因参加罢工而应当受到的惩罚。这些惩罚包括拒绝发放罢工时段里的各项工资待遇，在规定的时间（如一年）里禁止增加其工资，甚至解聘参与罢工的教师。针对非法罢工的问题，也可以对工会组织施加惩罚，这种制裁可以包括罚款、取消工会的资格、剥夺某些特权（如代扣工会会费的权利）。[130]

尽管各种法律均规定禁止罢工，但是每年仍然有许多教师，以及其他公共事务部门的雇员，参加罢工行动。公共事务部门的雇主可以请求法院发出禁令，强制那些威胁要罢工或组织罢工的教师不得罢工。绝大多数法院都会发布这样的禁令，就像阿拉斯加州最高法院总结的那样，这些法院认为，"罢工这种非法行为，造成的损害很大，这种巨大的损害足以证明指令性救济的正当合法性"[131]。教师和工会组织不遵守这样的禁止性命令的话，可能招致"藐视法庭"的指控以及罚款和/或监禁。例如，马里兰（Maryland）学区的教师因拒绝遵守法院的一项禁令而被判有罪，罪名是"藐视法庭"。[132]在印第安纳州的南本德（South Bend）地区，两个工会组织拒绝遵守法院禁令，它们的行为招致"藐视法庭"的指控和一共20万美元的罚款。[133]确立罚款的数量时，应当考虑诸如潜在威胁的大小和社团的财政状况这两个因素。马萨诸塞州上诉法院将一起工会组织拒绝停止罢工、重新工作的案子发回原审法院重审，因为法官们在判处每天两万美元的罚款时没有考虑到所有的相关因素。[134]

即使法院禁令是应对罢工的最有效方法，法院还是不愿意主动地作出这种制裁；法院还会考虑到其他的一些因素，包括教育委员会的谈判是否出自"良好的愿望"、罢工是否给公众的安全带来明显且即刻的危险、罢工是否会导致无法挽救的损害。[135]阿肯色州最高法院规定，请求禁令的一方必须"证明无法挽回的损害"的存在[136]，而不考虑罢工本身是否在事实上不合法。教育委员会需要提供的用以证明其拥有足够的理由申请禁令的证据，因法院管辖权以及对适用的州制定法的解释的不同而有所不同。

解聘罢工教师的必需程序问题，引起了司法部门的注意。法院判定，必须提供程序性正当程序，但问题也就随之产生，这些问题大多是关于应当提供的听证所具有的性质和类型。威斯康星州最高法院规定，必须为罢工教师提供公正的听证，教育委员会不够公正，不能作为听证的陪审员。美国联邦最高法院推翻了威斯康星州最高法院的判决结果，同时认为，教育委员会的参与并不违背"掌握着决策权力的决策者是诚实而正直的这一条假设"[137]。美国最高法院进一步判定："允许教育委员会对当前讨论的问题作出决定，保证了其对学区事务的控制能力，保持了州立法机关十分关注的劳资关系中的权力平衡，确保了是否解聘教师的决定是由因州法律的规定而对该决定负责的主体作出的。"[138]注意到宪法第十四修正案赋予了每一位教师程序性正当程序权利之后，最高法律得出的结论为，教育委员会举行听证符合这条规定。

一般情况下，州立法机关和法院拒绝授予公立学校教师罢工的权利；极少数的州允许教师拥有参与罢工的有限权利；即使是在这些州里，也对这些有限罢工权利的使用问题进行了严格的限制。[139]教师非法参与罢工，要受到法院给予的惩罚，而且，在绝大多数州里，参与罢工的教师还要承担法律规定的刑事责任。教师因参加了罢工而拒绝回到教室重新工作，可能会导致其雇佣合同的终止。[140]

结　论

因为各州关于集体谈判的法律是各种各样的，所以可以普遍适用的法律原则也必须是宽泛的。这里，我们列举了可以适用于绝大多数教师的一般性的集体谈判权利。

1. 受宪法保护，教师拥有成立社团及参加社团的权利。
2. 具体的谈判权利是由州制定法或者关于州宪法的司法解释进行规定的，因此，在不同的州里，教师所拥有的谈判权利也是非常不同的。
3. 除非州法律有明确的规定，否则，教育委员会不必与雇员组织进行谈判。
4. 集体谈判的进行必须是出于"良好愿望"，意思就是，教育委员会和教师组织双方是自愿达成一致的，而不是强迫对方同意己方的观点。
5. 谈判的范围一般限定为：工资、工时以及其他的雇佣条件（诸如教学负担、备课时间和午餐时间的长短）。
6. 政府的政策问题不是法律规定的、必须谈判的内容，但却是允许进行谈判的问题，除非法律明令禁止就此类问题进行谈判。
7. 州立法机构制定的、允许就非工会会员缴纳服务费（公平分担）之类的问题进行谈判的法律是符合宪法规定。然而，如果某些公共事务部门的雇员反对缴纳费用支持某些意识形态观点或政治事件，这项费用就只能包括谈判的花费和合同管理的费用。
8. 如果一个非工会会员的教师提出，向他收取的公平分担的费用违反了宪法第一修正案规定的，工会必须提供充足的证据以证明其收费的根据、保证工会迅速地对提出反对意见的教师作出相应回答的程序性保护措施以及会将受争议的费用临时存到一个契约账户中。
9. 工会可以就某些特权——诸如使用学校的邮件系统及代扣工会会费等——问题进行谈判，这种谈判是符合宪法规定的；学区必须提供其他的信息传播渠道，方便与其有竞争关系的工会使用。
10. 非工会会员的教师有权利针对教育委员会与工会正在进行谈判的某个议题向教育委员会表达自己关于某一问题的观点。
11. 谈判协议一般包括根据合同条款而提起的、解决冲突的申诉程序；根据州法律的规定，该程序既可以提供参考性仲裁，又可以提供具有约束力的仲裁。
12. 一般来说，公共部门谈判中的僵局解决程序限制为协商和事实发现，公共事务部门的雇主对之保留有最终决策的权力。
13. 除了个别的州制定有限制性规定以外，在绝大多数州里，教师罢工都是非法的，教师因参加罢工而受到的惩罚可以是解聘、罚款，甚至监禁。

注 释

[1] 在过去的十年里，学校改革的压力主要在于力争在集体谈判过程中降低传统谈判的不利影响而产生的压力。虽然谈判过程已经进行了一些革新，但是，本章所讨论的基本法律结构仍然没有变化，它促成了学区劳资关系的结果。

[2] 关于理解备忘录这种"合同背后的合同"的分析，参见 Howard Fuller, George Mitchell, and Michael Hartmann, *The Milwaukee Public Schools' Teacher Union Contract: Its History, Content, and Impact on Education* (Milwaukee, WI: Institute for Transformation of Learning, Marquette University, 1997).

[3] 参见本章第19条注释所对应的正文。

[4] 随着公立机构中的集体谈判的日益成熟，州劳资关系委员会的决议逐渐成为每个州法律先例的实质缘起，同时，法院很少在劳动关系领域发表意见。事实上，法院会听从劳资委员会的规定，除非这些规定从一开始就与法律相背。尽管本章没有阐释劳资委员会的具体规定，但是，如果教育者所在的州由劳资委员会管理集体谈判的话，我们鼓励教育者审查法律体系中这个范围很广的部分。

[5] 关于历史上对劳动禁令的使用和控制的讨论，参见 Benjamin Taylor and Fred Witney, *Labor Relations Law*, 4th ed. (Englewood Cliffs, NJ: Prentice-Hall, 1983).

[6] 29 U. S. C. §101 (2002)。这个法案也使得法院无法执行"黄狗"合同(yellow dog contracts)，"黄狗"合同要求雇员发誓不参加工会。

[7]《瓦格纳法案》声明："为了集体谈判的目的或者其他相互帮助或保护的目的，雇员应当有权进行自我管理，有权组建、参加或协助劳动组织，有权通过他们自己选择的代表进行集体谈判，并且有权参加有意义的活动。"29 U. S. C. §157 (2002)。

[8] 将私营机构劳动法律应用于私营学校——这些私营学校中的大多数都与宗教相关——引发了很多争议。只有那些年收入总额达100万美元以上的私营学校才能纳入国家劳资关系委员会（NLRB）的管理权限范围内；然而，大多数私营学校的收入都达不到这个水平。另外，最高法院裁示，在国会没有明确表明将教会学校中的所有教师都纳入国家劳资关系委员会的管理范围的前提下，国家劳资关系委员会无权管理教会学校中的世俗职员。Nat'l Labor Relations Bd. v. Catholic Bishop of Chi., 440 U. S. 490 (1979)。然而，第二巡回法院判决，纽约的天主教学校属于州劳资关系委员会的管理权限范围。因为这种看法涉及世俗教师的、仅仅关于长期雇佣实践的集体谈判活动，没有违反"不立国教"条款或第一修正案的"信仰自由"条款的规定。Catholic High Sch. Ass'n v. Culvert, 753 F. 2d 1161 (2nd Cir. 1985)。又见 Hill-Murray Fed'n of Teachers v. Hill-Murray High Sch., 487 N. W. 2d 857 (Minn. 1992)。该案中，法院裁示，教会附属学校也必须接受州劳动法律的制约，州劳动法律是一种在长期活动中发挥指导作用的、中立的调整性法律。S. Jersey Catholic Sch. Teachers Org. v. St. Teresa of the Infant Jesus Church Elementary Sch., 696 A. 2d 709 (N. J. 1997)。该案中，法院认定，州劳动法律是普适性法律，在应用过程中是中立的，其目的不是为了限制宗教行为或信仰。N. Y. State Employment Relations Bd. v. Christ the King Reg'l High Sch., 660 N. Y. S. 2d 359 (1997)。该案中，法院裁示，州劳资关系法律在适用于世俗教师的过程中，没有违反"信仰自由"条款或"不立国教"条款。

[9] 29 U. S. C. §§141 *et seq.* (2002).

[10] Keyishian v. Bd. of Regents, 385 U. S. 589 (1967).

[11] McLaughlin v. Tilendis, 398 F. 2d 287, 289 (7th Cir. 1968)。又见 St. Clair County Intermediate Sch. Dist. v. St. Clair County Educ. Ass'n, 630 N. W. 2d 909 (Mich. Ct. App. 2001)。

[12] 参见 Atkins v. City of Charlotte, 296 F. Supp. 1068 (W. D. N. C. 1969); Dade County Classroom Teachers' Ass'n v. Ryan, 225 So. 2d 903 (Fla. 1969)。

[13] Hickman v. Valley Local Sch. Dist. Bd. of Educ., 619 F. 2d 606 (6th Cir. 1980)。又见 Cent. Sch. Dist. 13J v. Cent. Educ. Ass'n, 962 P. 2d 763 (Or. Ct. App. 1998)。该案中，法院裁示，教师不能因行使自己受州法律保护的结社权而被解雇。

[14] Springdale Educ. Ass'n v. Springdale Sch. Dist., 133 F. 3d 649 (8th Cir. 1998)。又见 Ga. Ass'n of Educators v. Gwinnett County Sch. Dist., 856 F. 2d 142 (11th Cir. 1988); Saye v. St. Vrain Valley Sch. Dist. RE-1J, 785 F. 2d 862 (10th Cir. 1986)。

[15] Stellmaker v. DePetrillo, 710 F. Supp. 891 (D. Conn. 1989)。又见，Morfin v. Albuquerque Pub. Sch., 906 F. 2d 1434 (10th Cir. 1990)。该案中，法院认可了教师拥有与工会联合提起申诉的权利。Rockville Centre Teachers Ass'n v. N. Y. State Pub. Employment Relations Bd., 721 N. Y. S. 2d 112 (App. Div. 2001)。该案中，法院裁示，雇员必须确立不利雇佣决定与工会活动之间存在联系。State Employment Relations Bd. v. Adena Local Sch. Dist. Bd. of Educ., 613 N. E. 2d 605 (Ohio 1993)。该案中，法院认定，公共谈判法律禁止报复行为。

[16] N. C. Gen Stat. §95-98 (2002)。

[17] Commonwealth v. County Bd., 232 S. E. 2d 30 (Va. 1977)。

[18] Bd. of Trs. v. Pub. Employees Council No. 51, 571 S. W. 2d 616 (Ky. 1978)。又见 Littleton Educ. Ass'n v. Arapahoe County Sch. Dist., 553 P. 2d 793 (Colo. 1976)。

[19] 426 U. S. 833 (1976)。

[20] 469 U. S. 528 (1985)。虽然近年来，最高法院日益受到州和地方政府的保护免受各种联邦训令的干扰，它一直承认议会根据商业贸易条款的规定而拥有的规范这些实体的权力。参见 Richard H. Fallon, "The 'Conservative' Paths of the Rehnquist Court's Federalism Decisions," *University of Chicago Law Review*, vol. 69 (Spring 2002): 429-494; 第1章第60条注释所对应的正文。

[21] 参见 Cent. City Educ. Ass'n v. Ill. Educ. Labor Relations Bd., 599 N. E. 2d 892 (Ill. 1992); Tualatin Valley Bargaining Council v. Tigard Sch. Dist., 840 P. 2d 657 (Or. 1992)。

[22] 参见 Fratus v. Marion Cmty. Schs. Bd. of Trs., 749 N. E. 2d 40 (Ind. 2001)。

[23] 参见 Bd. of Educ. v. State Bd. of Labor Relations, 584 A. 2d 1172 (Conn. 1991); *In re* Verderber, 795 A. 2d 1157 (Vt. 2002); Dodgeland Educ. Ass'n v. Wis. Employment Relations Comm'n, 639 N. W. 2d 733 (Wis. 2002)。

[24] 参见 Ohio Rev. Code §4117. 06 (A) (2002)。州法律不仅规定了由俄亥俄州雇佣关系委员会 (the Ohio State Employment Relations Board) 来确定集体谈判团队的恰当性，还规定该委员会的决定是"最终的、决定性的且不可向法院提起上诉的"。

[25] 参见 Belfield Educ. Ass'n v. Belfield Pub. Sch. Dist. No. 13, 496 N. W. 2d 12 (N. D. 1993)。

[26] 29 V. S. C. §158 (d) (2002)。

[27] 参见 Uniontown Area Sch. Dist. v. Pa. Labor Relations Bd., 747 A. 2d 1271 (Pa. Commw. Ct. 2000)。该案中，法院判决结论为，学区因考虑到教师在工会中的活动而没有将其晋升为校长，学区的这次涉及劳动关系的行为是不公正的，违反了相关法律的规定。

[28] 29 U. S. C. §158 (d) (2002).

[29] 参见 Iowa Code §20. 9 (2002); Nev. Rev. Stat. §288. 150 (2002)。又见，Blount County Educ. Ass'n v. Blount County Bd. of Educ., 78 S. W. 3d 307 (Tenn. Ct. App. 2002)。该案中，州立法机关具体罗列了八个强制性谈判议题，法院裁示，州立法机关并不是故意对"工作条件"进行宽泛的解释。

[30] M. C. L. A. §423. 215 (3)

(4)(2002)。又见 Mich. State AFL-CIO v. Mich. Employment Relations Comm'n, 538 N. W. 2d 433 (Mich. Ct. App. 1995)。

[31] 参见 Bd. of Educ. v. Ill. Educ. Labor Relations Bd., 649 N. E. 2d 369 (Ill. 1995); Lucio v. Sch. Bd., 574 N. W. 2d 737 (Minn. Ct. App. 1998); Mifflinburg Area Educ. Ass'n v. Mifflinburg Area Sch. Dist., 724 A. 2d 339 (Pa. 1999); Trombley v. Bellows Falls Union High Sch. Dist. No. 27, 624 A. 2d 867 (Vt. 1993)。

[32] 参见 Streetsboro Educ. Ass'n v. Streetsboro City Sch. Dist., 626 N. E. 2d 110 (Ohio 1994)。又见 State Dep't of Admin. v. Pub. Employees Relations Bd., 894 P. 2d 777 (Kan. 1995)。该案中，法院裁示，一旦发生冲突，集体谈判协议比民事服务规章优先。

[33] 参见 Junction City Educ. Ass'n v. Bd. of Educ., 955 P. 2d 1266 (Kan. 1998)。该案中，法院裁示，协商议题应当主要由州行政机关来确定，而不是由地区法院通过公开的司法行动来确定。

[34] 参见 Montgomery County Educ. Ass'n v. Bd. of Educ., 534 A. 2d 980 (Md. 1987); Bd. of Educ. v. N. Y. State Pub. Employment Relations Bd., 555 N. Y. S. 2d 659, 663 (1990); Raines v. Indep. Sch. Dist. No. 6, 796 P. 2d 303 (Okla. 1990)。又见 Mich. State AFL-CIO v. Employment Relations Ass'n, 551 N. W. 2d 165 (Mich. 1996)。该案中，法院裁示，州法律禁止针对某些主题进行谈判，与公务员依据第一修正案而享有的言论自由权利没有关联。

[35] *Montgomery County Educ. Ass'n*, 534 A. 2d at 986.

[36] 参见 Cent. City Educ. Ass'n v. Ill. Educ. Labor Relations Bd., 599 N. E. 2d 892 (Ill. 1992); Bay City Educ. Ass'n v. Bay City Pub. Schs., 422N. W. 2d 504 (Mich. 1988); City of Beloit v. Wis. Employment Relations Bd., 242 N. W. 2d 231 (Wis. 1976)。又见 Sherrard Cmty. Unit Sch. v. Ill. Educ. Labor Relations Bd., 696 N. E. 2d 833 (Ill. App. Ct. 1998)。该案中，法院认定，重新安置教师涉及管理裁量权的行使问题，而管理裁量权一般来说不是强制性谈判主题。教育委员会在与教师直接谈判过程中做出的行为，使得管理裁量权成为强制性主题。

[37] Ridgefield Park Educ. Ass'n v. Ridgefield Park Bd. of Educ., 393 A. 2d 278 (N. J. 1978)。又见 Carter County Bd. of Educ. v. Carter County Educ. Ass'n, 56 S. W. 3d 1 (Tenn. Ct. App. 1996)。该案中，法院裁示，任命校长的权力不属于集体谈判的范畴。

[38] Clark County Sch. Dist. v. Local Gov't Employee-Management Relations Bd., 530 P. 2d 114 (Nev. 1974).

[39] Pa. Labor Relations Bd. v. State Coll. Area Sch. Dist., 337 A. 2d 262 (Pa. 1975)。又见 Local 1186 v. State Bd. of Labor Relations, 620 A. 2d 766 (Conn. 1993); Tualatin Valley Bargaining Council v. Tigard Sch. Dist., 840 P. 2d 657 (Or. 1992)。

[40] 参见 Bd. of Educ. v. Greenburgh Teachers Fed'n, 603 N. Y. S. 2d 823 (1993)。对立判决见 Colonial Sch. Bd. v. Colonial Affiliate, 449 A. 2d 243 (Del. 1982)。该案中，法院裁示，州法律并不认可围绕着授权性主题进行的谈判。Montgomery County Educ. Ass'n v. Bd. of Educ., 534 A. 2d 980 (Md. 1987)。该案中，法院认定，不允许围绕着授权性主题进行谈判。

[41] 参见 DiPiazza v. Bd. of Educ., 625 N. Y. S. 2d 298 (App. Div. 1995)。又见 Univ. of Haw. Prof'l Assembly v.

Cayetano, 183 F. 3d 1096 (9th Cir. 1999)。该案中，法院判决的注释说，在解释谈判协议的要求时，过去的实践是可以检验的；法院裁示，因雇主改变薪资册中的时间确定方式而提出了上述议题。Bd. of Educ. v. Ward, 974 P. 2d 824（Utah 1999）。该案中，法院裁示，虽然教育委员会拥有实质性裁量权，可以对自己制定的政策进行解释，如果某项政策属于集体谈判合同的范畴的话，教育委员会就无权对之进行解释了。

［42］参见 Mass. Gen. Laws ch. 150E § 6（2002）。

［43］参见 Cent. State Univ. v. Am. Ass'n of Univ. Professors, 526 U. S. 124 (1999)，发回重审，717 N. E. 2d 286 (Ohio 1999)。俄亥俄州制定法不包括集体谈判确立的公立大学教师的工作量，法院判决支持制定法的规定。

［44］Clark County Sch. Dist. v. Local Gov't Employee Mgmt. Relations Bd., 530 P. 2d 114 (Nev. 1974)。

［45］Nev. Rev. Stat. 288 § 150. 3 (c) (3) (2002)。

［46］Decatur Bd. of Educ., Dist. No. 61 v. Ill. Educ. Labor Relations Bd., 536 N. E. 2d 743 (Ill. App. Ct. 1989)。对立判决见 115 ILCS 5/4. 5 (a) (4) (2002)。该案中，法院具体规定了禁止学区针对班容量问题进行谈判，因为该学区的边界与一个人口超过50万的城市相连。

［47］参见 Nat'l Educ. Ass'n-Kan. City v. Unified Sch. Dist., Wyandotte County, 608 P. 2d 415 (Kan. 1980); Fargo Educ. Ass'n v. Fargo Pub. Sch. Dist., 291 N. W. 2d 267 (N. D. 1980); City of Beloit v. Wis. Employment Relations Comm'n, 242 N. W. 2d 231 (Wis. 1976)。

［48］*City of Beloit*, 242 N. W. 2d 231。又见 Tualatin Valley Bargaining Council v. Tigard Sch. Dist., 840 P. 2d 657 (Or. 1992)。该案中，法院表示，根据"雇佣的其他条件"，班容量问题不能自动成为强制性主题，因为班容量与教师的工作量相关；必须针对班容量对工作条件的影响大小进行评判。

［49］Hillsborough Classroom Teachers Ass'n v. Sch. Bd., 423 So. 2d 969 (Fla. Dist. Ct. App. 1982)。

［50］参见 Pub. Employee Relations Bd. v. Wash. Teachers' Union Local 6, 556 A. 2d 206 (D. C. App. 1989); Montgomery County Educ. Ass'n v. Bd. of Educ., 534 A. 2d 980 (Md. 1987); Bd. of Educ. v. Woodstown-Pilesgrove Reg'l Educ. Ass'n, 410 A. 2d 1131 (N. J. 1980)。

［51］City of Biddeford v. Biddeford Teachers Ass'n, 304 A. 2d 387, 421 (Me. 1973)。

［52］Eastbrook Cmty. Sch. Corp. v. Ind. Educ. Employment Relations Bd., 446 N. E. 2d 1007 (Ind. Ct. App. 1983)。又见 Ind. Educ. Employment Relations Bd. v. Highland Classroom Teachers Ass'n, 546 N. E. 2d 101 (Ind. Ct. App. 1989)。该案中，法院裁示，不侵犯专门的管理权力的校历问题，根据集体谈判法律中的"祖父"条款（a grandfather clause）的规定是可以进行协商的。Union County Sch. Corp. v. Ind. Educ. Employment Relations Bd., 471 N. E. 2d 1191 (Ind. Ct. App. 1984)。该案中，法院裁示，不必针对校历问题进行强制性谈判，但是根据州法律的规定，校历问题属于"工作条件"问题，应当进行讨论。

［53］Troy v. Rutgers, 774 A. 2d 476 (N. J. 2001)。

［54］City of Beloit v. Employment Relations Comm'n, 242 N. W. 2d 231 (Wis. 1976)。对立判决见 Racine Educ. Ass'n v. Wis. Employment Relations Comm'n, 571 N. W. 2d 887 (Wis. Ct. App. 1997)。该

案中，威斯康星州劳资关系委员会确定，贯彻执行年度校历不属于强制性谈判的范围。法院判决支持这个决定。在特殊情境中权衡雇主与雇员利益的时候，威斯康星州劳资关系委员会认为年度项目主要与教育政策相关。

[55] *In re* Pittsfield Sch. Dist., 744 A. 2d 594（N. H. 1999）。又见 Sch. Comm. v. Boston Teachers Union, 664 N. E. 2d 478（Mass. App. Ct. 1996）。该案中，法院裁示，在重新雇用教师的过程中，仲裁人的权力仅限于对评价程序表示同意。

[56] Bd. of Educ. v. NEA-Goodland, 785 P. 2d 993（Kan. 1990）。又见 Wethersfield Bd. of Educ. v. Conn. State Bd. of Labor Relations, 519 A. 2d 41（Conn. 1986）。

[57] Aplington Cmty. Sch. Dist. v. Iowa Pub. Employment Relations Bd., 392 N. W. 2d 495（Iowa 1986）。又见 Atlantic Educ. Ass'n v. Atlantic Cmty. Sch. Dist., 469 N. W. 2d 689（Iowa 1991）。该案中，法院判决结论是，在缺乏一致同意的绩效标准的情况下，集体谈判合同不对绩效评价结果进行仲裁。谈判协议只强调程序，而程序却不属于教师所论争的范围。Snyder v. Mendon-Union Local Sch. Dist. Bd. of Educ., 661 N. E. 2d 717（Ohio 1996）。该案中，法院裁示，在集体谈判协议没有其他的具体规定的情况下，非终身教师的评价问题由州法律来制约。

[58] 参见 Thompson v. Unified Sch. Dist. No. 259, 819 P. 2d 1236（Kan. Ct. App. 1991）；Township of Old Bridge Bd. of Educ. v. Old Bridge Educ. Ass'n, 489 A. 2d 159（N. J. 1985）；N. Star Sch. Dist. v. N. Star Educ. Ass'n, 625 A. 2d 159（Pa. Commw. Ct. 1993）。对立判决见 *In re* Hillsboro-Deering Sch. Dist., 737 A. 2d 1098（N. H. 1999）。该案中，法院裁示，在集体谈判小组与私营公司签订合同的过程中，将所有雇员遣散的决定不属于真正的、涉及管理权利的解雇问题，而且这属于集体谈判的主题。

[59] 参见 Ill. Comp. Stat. 115 ILCS 5/4. 5（a）（3）（2002）。又见 Chi. Sch. Reform Bd. of Trs. v. Educ. Labor Relations Bd., 741 N. E. 2d 989（Ill. App. Ct. 2000）。该案中，教育委员会支持仲裁者作出的、重新雇用曾经有过承诺的教师（reserve teacher）的命令，法院判决支持教育委员会的决定。法院裁示，这个决定不涉及禁止性主题，因为有过承诺的教师的雇佣合同的终止不属于涉及基金或工作的"解雇"问题。

[60] Webster Educ. Ass'n v. Webster Sch. Dist., 631 N. W. 2d 202（S. D. 2001）。又见 Davis v. Chester Upland Sch. Dist., 786 A. 2d 186（Pa. 2001）。该案中，临时解雇的雇员针对学区有了新的工作岗位却没有召回他们的行为提出了异议，法院认定，在寻求法院救济之前，这些雇员必须寻求仲裁，将这个问题提交给仲裁者以根据谈判合同来决定这种争议是否意味着申诉。

[61] 法院创建了一种平衡测试，以比较雇员在工资、工时以及雇佣条件等方面的权益与雇主进行管理决策的权力孰轻孰重。如果某个条款"从根本上说关系到"工资、工时及雇佣条件，它就是强制性谈判主题；如果不是这样，就不必进行谈判。W. Bend Educ. Ass'n v. Wis. Employment Relations Comm'n, 357 N. W. 2d 534, 543（Wis. 1984）。又见 Cent. City Educ. Ass'n v. Ill. Educ. Labor Relations Bd., 599 N. E. 2d 892（Ill. 1992）。

[62] Hunting v. Clark County Sch. Dist. No. 161, 931 P. 2d 628, 633（Idaho 1997）。

[63] Ballotte v. City of Worcester, 748 N. E. 2d 987（Mass. App. Ct. 2001）。又见 Marino v. Bd. of Educ, 691 N. Y. S.

2d 537（App. Div. 1999）。

[64] Wygant v. Jackson Bd. of Educ., 476 U. S. 267（1986）。又见 Milwaukee Bd. v. Wis. Employment Relations Comm'n, 472 N. W. 2d 553（Wis. Ct. App. 1991）；第10章第45条注释。

[65] 根据大多数州法律的规定，重新雇用临时教师及作出终身决定，都属于禁止性谈判主题。参见 Chi. Sch. Reform Bd. v. Ill. Educ. Labor Relations Bd., 721 N. E. 2d 676（Ill. App. Ct. 1999）；Honeoye Falls-Lima Cent. Sch. Dist. v. Honeoye Falls-Lima Educ. Ass'n, 402 N. E. 2d 1165（N. Y. 1980）；Mindemann v. Indep. Sch. Dist. No. 6, 771 P. 2d 996（Okla. 1989）。对立判决见 State ex rel. Rollins v. Bd. of Educ., 532 N. E. 2d 1289（Ohio 1988）。该案中，法院裁示，根据集体谈判法律的规定，谈判协议的效力超过与之相冲突的法律。

[66] 参见 Kentwood Pub. Sch. v. Kent County Educ. Ass'n, 520 N. W. 2d 682（Mich. Ct. App. 1994）。对立判决见 Bd. of Educ. v. Round Valley Teachers' Ass'n, 914 P. 2d 193（Cal. 1996）。该案中，法院裁示，根据《教育法典》（the Education Code）的规定，与不再重新雇用试用期雇员的法定最小权力相比，谈判程序占据优先地位。当教育委员会拥有专门的裁量权、可以确定程序的范围时，主题问题就可能不是关于强制性或授权性谈判了。

[67] In re Watson, 448 A. 2d 417（N. H. 1982）。

[68] Jones v. Wrangell Sch. Dist., 696 P. 2d 677, 680（Alaska 1985）。又见 Sch. Comm. v. Johnston Fed'n of Teachers, 652 A. 2d 976（R. I. 1995）。

[69] Savage Educ. Ass'n v. Trs., 692 P. 2d 1237（Mont. 1984）。又见 N. Miami Educ. Ass'n v. N. Miami Cmty. Schs., 746 N. E. 2d 380（Ind. Ct. App. 2001）。该案中，法院裁示，《印第安纳州法典》（the Indiana Code）允许学区和协会针对教师的不续聘问题进行捆绑式仲裁，但是，只有谈判协议中有相关具体规定，仲裁者才能享有这种权力。

[70] Union River Valley Teachers Ass'n v. Lamoine Sch. Comm., 748 A. 2d 990（Me. 2000）。又见 Clark County Sch. Dist. v. Riley, 14 P. 3d 22（Nev. 2000）。该案中，法院认定，教师雇佣合同的终止问题属于制定法调整的范围，因此应当接受司法审查。这种情况下，不适用集体谈判协议。Juniata-Mifflin Counties Area Vocational-Technical Sch. v. Corbin, 691 A. 2d 924（Pa. 1997）。该案中，仲裁者的意见是，集体谈判协议的遣词造句表明了其与制定法法典相互包容的意图，因此，教师解雇问题属于申诉仲裁的范围。法院判决支持仲裁者的决定。Montpelier Bd. of Sch. Comm'rs v. Montpelier Educ. Ass'n, 702 A. 2d 390（Vt. 1997）。该案中，法院裁示，在对教育委员会作出的不续聘教师的决定进行审查的过程中，仲裁者的权力不仅在于审查该教师的真正绩效，还在于可以审查谈判合同中关于复职的规定是否违反了评价程序。

[71] 22个州的制定法具体规定了个人的雇佣问题不能以是否参加工会或是否给工会缴纳费用为条件。见 http：//nrtw.org/rtws. htm。

[72] 431 U. S. 209（1977）。

[73] 根据1964年《民权法案》第七条的规定，雇员因宗教信仰而拒绝支付服务费的，必须用其他方法弥补，比如到慈善组织进行服务。见 McDaniel v. Essex Int'l, 696 F. 2d 34（6th Cir. 1982）；Tooley v. Martin-Marietta Corp., 648 F. 2d 1239（9th Cir. 1981）。又见 Wolfe v. Mont. Dep't of Labor and Indus., 843 P. 2d 338（Mont. 1992）。发回重审，以确定工会是否对教师的宗教信仰进行了合理的

处置。

[74] *Abood*, 431 U. S. 209。又见 Chi. Teachers' Union Local No. 1 v. Hudson, 475 U. S. 292（1986）；Mitchell v. L. A. Unified Sch. Dist., 963 F. 2d 258（9th Cir. 1992）。该案中，法院裁示，只要求提供一次"选择"的机会，并不是赞同这种扣除。

[75] *Abood*, 431 U. S. at 236.

[76] 466 U. S. 435, 448（1984）。

[77] 参见 Champion v. California, 738 F. 2d 1082（9th Cir. 1984）；Robinson v. New Jersey, 741 F. 2d 598（3rd Cir. 1984）。对立判决见 Cumero v. Pub. Employment Relations Bd., 262 Cal. Rptr. 46（1989）。该案中，法院认定，根据州法律的规定，游说的结果比工会的主要职责更重要。

[78] 500 U. S. 507（1991）。又见 Bromley v. Mich. Educ. Ass'n-NEA, 82 F. 3d 686（6th Cir. 1996）。该案中，法院指令，为保护和强化工会地位的自卫性组织活动应当被视为是非诉讼性的。

[79] 虽然在密歇根州罢工是违法的，但是，在谈判期间，筹备罢工却被视为是一种有效的谈判工具。*Lehnert*, 500 U. S. 507。对立判决见 Belhumeur v. Labor Relations Comm'n, 735 N. E. 2d 860（Mass. 2000）。该案中，法院认定，与实施州内罢工相关的费用以及收集缺乏谈判资金的证据资料的花费，都不可以向非工会会员的人们收取。

[80] *Ellis*, 466 U. S. at 444。又见 Anderson v. E. Allen Educ. Ass'n, 683 N. E. 2d 1355（Ind. Ct. App. 1997）。该案中，法院裁示，谈判协议将公平分担费用设定为全额的工会会费，这种做法侵犯了教师依据第一修正案而享有的权利。因为印第安纳州法律的变化，工会不再针对公平分担协议进行协商。

[81] 475 U. S. 292, 310（1986）。又见 Jibson v. Mich. Educ. Ass'n-NEA, 30 F. 3d 723（6th Cir. 1994）。该案中，法院裁示，如果某些费用是不可诉讼的，那么，将起诉告知非工会会员的行为不应当被认为是不完全遵守宪法的规定。

[82] 参见 Grunwald v. San Bernardino City Unified Sch. Dist., 994 F. 2d 1370（9th Cir. 1993）；Gibson v. Fla. Bar, 906 F. 2d 624（11th Cir. 1990）；Crawford v. Air Line Pilots Ass'n Int'l, 870 F. 2d 155（4th Cir. 1989）；Hohe v. Casey, 868 F. 2d 69（3rd Cir. 1989）。对立判决见 Tavernor v. Ill. Fed'n of Teachers, 226 F. 3d 842（7th Cir. 2000）。该案中，法院裁示，当协会的计算方式表明公平分担费用一般来说只占到总会费的大约85%时，从非工会会员那儿收取100%的会费、将这些经费存在由第三方保存附带条件委付盖印的契约账户上的情况是不被允许的。

[83] *Hudson*, 475 U. S. 306。对立判决见 Foster v. Mahdesian, 268 F. 3d 689, 694（9th Cir. 2001）。该案中，法院认定，雇主"对雇员没有特殊职责"，但应保证在费用被扣除之前每名雇员都能收到适当的赫德森告知（Hudson notice）。

[84] Gwirtz v. Ohio Educ. Ass'n, 887 F. 2d 678（6th Cir. 1989）。又见 Harik v. Cal. Teachers Union, 298 F. 3d 863（9th Cir. 2002）。该案中，法院的判决结论是，小的工会不必提供具体的审计声明，但是仍然必须提供一些经独立会计师审核的费用证明。Prescott v. County of El Dorado, 204 F. 3d 984, 1108（9th Cir. 2000）。该案中，法院裁示，财政声明必须使用审计员能够说明的方法。Wareham Educ. Ass'n v. Labor Relations Comm'n, 713 N. E. 2d 363（Mass. 1999）。该案中，法院裁示，在**赫德森案**要求的独立审计中，不存在"小型工会"例外的情况。

[85] Hudson v. Chi. Teachers Union, Local No. 1, 922 F. 2d 1306（7th Cir.

1991).

[86] Churchill v. Sch. Adm'r Dist. No. 49 Teachers Ass'n, 380 A. 2d 186, 192 (Me. 1977).

[87] Weissenstein v. Burlington Bd. of Sch. Comm'rs, 543 A. 2d 691 (Vt. 1988). 对立判决见 Nashua Teachers Union v. Nashua Sch. Dist., 707 A. 2d 448 (N. H. 1998)。该案中，法院将州法律解释为，允许将关于"雇佣的其他条款和条件"的谈判作为促进劳资双方和平相处的有效方式。法院反对那种认为会费是"鼓励"工会会员的、不公正的劳资关系行为的说法。

[88] Ind. Code § 20-7.5-1 (2002).

[89] Langley v. Uniontown Area Sch. Dist., 367 A. 2d 736 (Pa. Commw. Ct. 1977). 对立判决见 Belhumeur v. Labor Relations Comm'n, 589 N. E. 2d 352 (Mass. App. Ct. 1992)。该案中，三位教师拒绝支付机构服务费用，教育委员会对他们实施了为期五天的停职处分，法院判决维持这个处理决定。教师没有遵从对费用表示不满的程序。

[90] Bd. of Educ. v. Parks, 335 N. W. 2d 641 (Mich. 1983). 又见 Whittier Reg'l Sch. Comm. v. Labor Relations Comm'n, 517 N. E. 2d 840 (Mass. 1988).

[91] King City Joint Union High Sch. Dist., Cal. Pub. Relations Bd., Order No. 197 (March 1982). 在民事诉讼过程中，工会也可以针对非会员的教师请求强制执行公平分担协议。参见 Jefferson Area Teachers Ass'n v. Lockwood, 433 N. E. 2d 604 (Ohio 1982); San Lorenz Educ. Ass'n v. Wilson, 654 P. 2d 202 (Cal. 1982).

[92] City of Charlotte v. Local 660, Int'l Ass'n of Firefighters, 426 U. S. 283 (1976).

[93] S. C. Educ. Ass'n v. Campbell, 883 F. 2d 1251 (4th Cir. 1989).

[94] Perry Educ. Ass'n v. Perry Local Educators' Ass'n, 460 U. S. 37 (1983). 参见第9章第64条注释所对应的正文。

[95] *Id.* at 44.

[96] Tex. State Teachers Ass'n v. Garland Indep. Sch. Dist, 777 F. 2d 1046 (5th Cir. 1985)，维持原判，470 U. S. 801 (1986).

[97] 参见 Am. Fed'n of Teachers-Hillsborough v. Sch. Bd., 584 So. 2d 62 (Fla. Dist. Ct. App. 1991).

[98] 18 U. S. C. §§1693 *et seq.* (2002); 39 U. S. C. §§601 *et seq.* (2002)。这些法律确立了邮政垄断，而且，一般来说，私人机构只有向美国邮政服务机构 (the United States Postal Service) 交付了相关费用之后才能开展信件投递业务。

[99] Univ. of Cal. v. Pub. Employment Relations Bd., 485 U. S. 589 (1988).

[100] Fort Wayne Cmty. Schs. v. Fort Wayne Educ. Ass'n, 977 F. 2d 358 (7th Cir. 1992)。该案件发回重审，以进一步确定要求加入教育/工会委员会的信件能否被定性为学校事务。

[101] Minn. State Bd. for Cmty. Colls. v. Knight, 465 U. S. 271, 283 (1984). 又见, Sherrard Cmty. Unit Sch. Dist. v. Ill. Educ. Labor Relations Bd., 696 N. E. 2d 833 (Ill. App. Ct. 1998)。该案中，法院裁示，一位非工会会员的教师提出给她重新安排工作是很随意的决定，针对这个问题，教育委员会与她进行了协商。法院裁示，教育委员会的直接协商属于不公正的劳资关系行为。

[102] *Knight*, 465 U. S. at 283.

[103] City of Madison v. Wis. Employment Relations Comm'n, 429 U. S. 167 (1976). 又见 Ohio Ass'n of Pub. Sch. Employees v. State Employment Relations Bd., 742 N. E. 2 696 (Ohio Ct. App. 2000)。该案中，法院裁示，协会代表在教育委员会会议上发言，不属于州法律意义上的谈

判。教育委员会争辩说,绕过教育委员会谈判代表而与教育委员会直接谈判是不公正的劳资关系行为。

[104] *Id.* at 175. 引自 Pickering v. Bd. of Educ., 391 U. S. 563, 568 (1968)。

[105] 参见 Reynolds v. Sch. Dist. No. 1, 69 F. 3d 1523 (10th Cir. 1995); Hokama v. Univ. of Haw., 990 P. 2d 1150 (Haw. 1999); Milton Educ. Ass'n v. Milton Bd. of Sch. Trs., 759 A. 2d 479 (Vt. 2000)。

[106] 正如下文注释所表明的,作为解决谈判僵局的解决办法,捆绑式利益仲裁遭到公共部门的抵制。如果允许将捆绑式利益仲裁的方法适用于涉及金钱的问题的话,教育委员会将放弃决定预算的控制权。

[107] 要求进行捆绑式申诉仲裁的州有:阿拉斯加州、佛罗里达州、伊利诺伊州、明尼苏达州及宾夕法尼亚州。又见 Palmer v. Portland Sch. Comm., 652 A. 2d 86 (Me. 1995)。该案中,法院裁示,根据集体谈判协议的要求,在被起诉的教师没有穷尽程序救济的情况下,他不能就争论的问题强迫进行仲裁。仲裁是该程序的最后一个步骤。

[108] 参见 Jefferson County Sch. Dist., No. R-I v. Shorey, 826 P. 2d 830 (Colo. 1992); *In re* Westmoreland Sch. Bd., 564 A. 2d 419 (N. H. 1989); *In re* Bd. of Educ., 688 N. Y. S. 2d 463 (1999); Davis v. Chester Upland Sch. Dist., 786 A. 2d 186 (Pa. 2001)。

[109] Postville Cmty. Sch. Dist. v. Billmyer, 548 N. W. 2d 558, 560 (Iowa 1996)。引用 Sergeant Bluff-Luton Educ. Ass'n v. Sergeant Bluff-Luton Cmty. Sch. Dist., 282 N. W. 2d 144, 147-148 (Iowa 1979)。又见 E. Assoc. Coal Corp. v. United Mine Workers, 531 U. S. 57 (2000)。联邦政策规定,在劳资关系纠纷中司法机构应当尊重仲裁结果。该案中,法院再次肯定了这项联邦政策的重要性。

[110] 参见 Chi. Sch. Reform Bd. of Trs. v. Ill. Educ. Labor Relations Bd., 741 N. E. 2d 989 (Ill. App. Ct. 2000)(有过承诺的教师的复职); Sch. Comm. v. Boston Teachers Union, 664 N. E. 2d 478 (Mass. App. Ct. 1996)(评价程序); *In re* Bd. of Educ., 688 N. Y. S. 2d 463 (1999)(健康保险); State *ex rel*. Williams v. Belpre City Sch. Dist. Bd. of Educ., 534 N. E. 2d 96 (Ohio Ct. App. 1987)(续签合同); Midland Borough Sch. Dist. v. Midland Educ. Ass'n, 616 A. 2d 633 (Pa. 1992)(学生转学)。

[111] 参见 Chi. Sch. Reform Bd. of Trs. v. Ill. Educ. Labor Relations Bd., 721 N. E. 2d 676 (Ill. App. Ct. 1999)(教师的解雇); Sch. Admin. Dist. No. 58 v. Mount Abram Teachers Ass'n, 704 A. 2d 349 (Me. 1997)(课程内容); Sch. Comm. v. Peabody Fed'n of Teachers, 748 N. E. 2d 992 (Mass. App. Ct. 2001)(教师调动); Harbor Creek Sch. Dist. v. Harbor Creek Educ. Ass'n, 640 A. 2d 899 (Pa. 1994)(课外活动安排); Raines v. Indep. Sch. Dist. No. 6, 796 P. 2d 303 (Okla. 1990)(教师纪律); Mindemann v. Indep. Sch. Dist. No. 6, 771 P. 2d 996 (Okla. 1989)(教师合同不续签); Woonsocket Teachers' Guild v. Woonsocket Sch. Comm., 770 A. 2d 834 (R. I. 2001)(特殊教育学生的健康服务); Pawtucket Sch. Comm. v. Pawtucket Teachers' Alliance, 652 A. 2d 970 (R. I. 1995)(课程计划)。

[112] W. R. Grace and Co. v. Local 759, United Rubber Workers of Am., 461 U. S. 757, 764 (1983)。

[113] 参见 Scotch Plains-Fanwood Bd. of Educ. v. Scotch Plains-Fanwood Educ. Ass'n, 651 A. 2d 1018 (N. J. 1995);

Danville Area Sch. Dist. v. Danville Area Educ. Ass'n, 754 A. 2d 1255 (Pa. 2000)。又见 Sch. Comrn. v. Hanover Teachers Ass'n, 761 N. E. 2d 918（Mass. 2002）。该案中,法院认定,因为仲裁者没有使用协议规定明语（plain language）,所以他超越了权限范围。Rochester Sch. Dist. v. Rochester Educ. Ass'n, 747 A. 2d 971（Pa. Commw. 2000）。仲裁者的仲裁结果是,教育委员会必须和协会一起制定所有的政策,诸如学生荣誉评选标准。该案中,法院裁示,这个结果没有抓住谈判协议的本质。签订集体谈判协议的同时,教育委员会仍保留制定基本管理政策的权利。

[114] 参见 Union River Valley Teacher Ass'n v. Lamoine Sch. Comm., 748 A. 2d 990（Me. 2000）。

[115] 为了避免公务员中的某些群体罢工,利益仲裁可以是强制性的。参见 Ohio Rev. Code §4117. 14 (D)(I)（2002）。

[116] Ohio Rev. Code §4117 (C)（2002）; Or. Rev. Stat. 243 §712 (2)(e)（2002）; R. I. Gen. Laws 28 §9.3-9（2002）。

[117] Me. Rev. Stat. 26 §979. D (4)（2002）。对立判决见 Conn. Gen. Stat. §10-153f（2002）。法院建议将没有解决的议题转为"最后且最佳的提议"仲裁。

[118] 参见 NLRB v. Katz, 369 U. S. 736 (1962)。该案中,法院确立,私营部门中,单方面改变雇佣条款和条件是违法的;这个原则宽泛地适用于公共部门。Denver Classroom Teachers Ass'n v. Sch. Dist. No. 1, Denver, 921 P. 2d 70 (Colo. Ct. App. 1996)。该案中,法院裁示,学区没有从非会员的工资里扣除他们应当缴纳的协会费用,这种行为改变了雇佣条件。St. Croix Falls Sch. Dist. v. Wis. Employment Relations Comm'n, 522 N. W. 2d 507 (Wis. Ct. App. 1994)。该案中,法院裁示,学区必须维持病假规定的现状。又见 Providence Teachers Union v. Providence Sch. Bd., 689 A. 2d 388 (R. I. 1997)。该案中,法院判决,已经终止的合同中关于申诉仲裁规定不适用于合同终止以后产生的争论,而且与终止的合同中所授予的权利无关。

[119] 参见 Jackson County Coll. Classified and Technical Ass'n v. Jackson County Coll., 468 N. W. 2d 61 (Mich. Ct. App. 1991); *In re* Cobleskill Cent. Sch. Dist., 481 N. Y. S. 2d 795 (1984)。对立判决见 Bd. of Trs. v. Assoc. COLT Staff, 659 A. 2d 842 (Me. 1995)。该案中,法院认定,应当维持的现状是,已经终止的合同中规定的"超低的薪资"水平。*In re* Alton Sch. Dist., 666 A. 2d 937 (N. H. 1995)。该案中,法院裁示,根据州法律的规定,只有在合同规定有自动续聘的条款的情况下,教师在谈判合同终止以后,才可以因实践经验的增长而增加工资。然而,必须承认雇员参加了额外的培训就应当增加他们的工资,而且健康方面的福利待遇也必须继续维持现状。

[120] 参见 Mountain Valley Educ. Ass'n v. Me. Sch. Admin. Dist. No. 43, 655 A. 2d 348 (Me. 1995)。该案中,法院裁示,在穷尽了僵局解决程序以后,教育委员会可以单方面实施最后且最佳的提议,可以认为谈判进入了僵局。Sisseton Educ. Ass'n v. Sisseton Sch. Dist., 516 N. W. 2d 301 (S. D. 1994)。该案中,法院将州法律解释为,要求人们在谈判进入僵局时执行教育委员会的最后且最佳的提议。关于罢工的权利,参见本章第121条注释所对应的正文。

[121] 规定公务员享有法定的、有条件罢工权利的州是：阿拉斯加州、科罗拉多州、夏威夷州、伊利诺伊州、明尼苏达州、蒙大拿州、俄亥俄州、俄勒冈州、宾夕法尼亚州、佛蒙特州和威斯康星州。阿拉斯加州的法律被解释为,虽然大多数其他公务员拥有罢工的权利,但是禁止教师

罢工。Anchorage Educ. Ass'n v. Anchorage Sch. Dist.，648 P. 2d 993（Alaska 1982）。又见 Martin v. Montezuma-Cortez Sch. Dist.，841 P. 2d 237（Colo. 1992）。该案中，法院将科罗拉多州《企业劳资关系法案》（Industrial Relations Act）解释为，雇员拥有有条件罢工的权利。Reichley v. N. Penn Sch. Dist.，626 A. 2d 123（Pa. 1993）。该案中，制定法允许公共教育者进行罢工，法院承认该制定法是合宪的。法院裁示，这是一项从立法机构的立场出发而制定的政策，而不是司法系统进行审查的议题。

［122］参见 Mich. State AFL-CIO v. Employment Relations Comm'n，551 N. W. 2d 165（Mich. 1996）。该案中，制定法禁止针对不公正的劳动关系行为举行抗议性罢工，法院支持制定法的规定。法院裁示，规定虽然没有考虑到雇员罢工的动机问题，但是该规定并没有侵犯雇员依据第一修正案而享有的言论自由权利。

［123］参见 Passaic Township Bd. of Educ. v. Passaic Township Educ. Ass'n，536 A. 2d 1276（N. J. Super. Ct. App. Div. 1987）；Jefferson County Bd. of Educ. v. Jefferson County Educ. Ass'n，393 S. E. 2d 653（W. Va. 1990）。

［124］Norwalk Teachers Ass'n v. Bd. of Educ.，83 A. 2d 482，485（Conn. 1951）。

［125］Anderson Fed'n of Teachers v. Sch. City of Anderson，251 N. E. 2d 15（Ind. 1969）。

［126］Passaic Township Bd. of Educ. v. Passaic Township Educ. Ass'n，536 A. 2d 1276（N. J. Super Ct. App. Div. 1987）。

［127］Davis v. Henry，555 So. 2d 457，464-465（La. 1990）。

［128］Lenox Educ. Ass'n v. Labor Relations Comm'n，471 N. E. 2d 81（Mass. 1984）。"协商行为"（concerted activity）的范围可以扩展，超出与合同商议相关的活动范围。参见 Cent. Sch. Dist. 13J v. Cent. Educ. Ass'n，962 P. 2d 763（Or. Ct. App. 1998）。该案中，法院裁示，工会合同中为行使权利而议定的"协商行为"是受州法律保护的。一位教师将他挑选的代表带来开会的行为可能导致相应的处分，但这属于受保护的行为。

［129］Franklin v. St. Louis Bd. of Educ.，904 S. W. 2d 433（Mo. Ct. App. 1995）。

［130］参见 Buffalo Teachers Fed'n v. Helsby，676 F. 2d 28（2nd Cir. 1982）；Nat'l Educ. Ass'n-S. Bend v. S. Bend Cmty. Sch. Corp.，655 N. E. 2d 516（Ind. Ct. App. 1995）；E. Brunswick Bd. of Educ. v. E. Brunswick Educ. Ass'n，563 A. 2d 55（N. J. Super. Ct. App. Div. 1989）。

［131］Anchorage Educ. Ass'n v. Anchorage Sch. Dist.，648 P. 2d 993，998（Alaska 1982）。又见 Carroll v. Ringgold Educ. Ass'n，680 A. 2d 1137（Pa. 1996）。该案中，法院裁示，禁令可以包括法院监督当事双方进行谈判的规定。对立判决见 Wilson v. Pulaski Ass'n of Classsroom Teachers，954 S. W. 2d 221（Ark. 1997）。法院要求，发布初步禁令时必须提供产生了不可挽回的伤害的证据。在这起发生在阿拉斯加州的案件中，教育委员会为实施同意废止种族歧视的判决而申请法院禁令，但是遭到了第十一巡回法院的拒绝。法院裁示，它虽然有权力执行判决，但是这并不意味着它有权力解决该学区产生的其他争论。Knight v. Pulaski County Special Sch. Dist.，112 F. 3d 953（8th Cir. 1997）。

［132］Harford County Educ. Ass'n v. Bd. of Educ.，380 A. 2d 1041（Md. 1977）。

［133］Nat'l Educ. Ass'n-S. Bend v. S. Bend Cmty. Sch. Corp.，655 N. E. 2d 516

(Ind. Ct. App. 1995)。又见 Franklin Township Bd. of Educ. v. Quakertown Educ. Ass'n, 643 A. 2d 34 (N. J. Super. Ct. App. Div. 1994)。该案中，法院裁示，教育委员会可以获得律师费和与罢工相关的损害补偿，审判法院可以判处其他金钱性制裁，迫使雇员遵从法院判决并恢复工作。

[134] Labor Relations Comm'n v. Salem Teachers Union, 706 N. E. 2d 1146 (Mass. App. Ct. 1999).

[135] 参见 Jersey Shore Area Sch. Dist. v. Jersey Shore Educ. Ass'n, 548 A. 2d 1202 (Pa. 1988); Jeffferson County Bd. of Educ. v. Jefferson County Educ. Ass'n, 393 S. E. 2d 653 (W. Va. 1990); Joint Sch. Dist. No. 1 v. Wis. Rapids Educ. Ass'n, 234 N. W. 2d 289 (Wis. 1975)。

[136] Wilson v. Pulaski Ass'n of Classroom Teachers, 954 S. W. 2d 221, 224 (Ark. 1997)。又见 Niles Township High Sch. Dist. v. Niles Township Fed'n of Teachers, 692 N. E. 2d 700 (Ill. App. Ct. 1997)。

[137] Hortonville Educ. Ass'n v. Hortonville Joint Sch. Dist., 225 N. W. 2d 658 (Wis. 1975)，推翻原判，426 U. S. 482, 497 (1976)。又见第11章注释85所对应的正文。

[138] *Id.*, 426 U. S. at 496.

[139] 参见本章第121条注释所对应的正文。

[140] 在私营部门，《国家劳资关系法案》规定雇主拥有可以永久地开除因经济原因而罢工的雇员的权利；这种权利抵消了雇员的罢工权利。29 U. S. C. E 151 *et seq.* (2002)。又见 Van-Go Transp. Co. v. New York City Bd. of Educ., 53 F. Supp. 2d 278 (E. D. N. Y. 1999)。

第13章
侵权行为

侵权法律规定，由于他人实施了不合理的行为而导致个体受到伤害，受到伤害的个体应当得到民事赔偿。民事上的侵权责任既与刑事责任不同，又与违约责任不同。一般来说，侵权指的就是民事性的过错行为，法院一般是以损害赔偿金的方式为受到侵权的个体提供救济。有关侵权的案件一般由州法律来调节[1]，承担侵权责任的基本前提是，每个个体都应当为自己做出的伤害别人的行为承担后果。发生在学校里的侵权行为，基本上可以归纳为三类：过失侵权、故意侵权和诽谤。[2]

过失侵权

过失侵权指的是，一个人没有履行其保护他人免受不合理伤害的法律责任。行为人的不作为或者不正确的作为，导致他人身体受伤或财产损失，都可以被认定为过失侵权。要判断某种行为是否属于过失侵权，首先必须明确的是：是否当时如果进行了合理的保护便可以避免伤害。另外，过失侵权的主张还必须符合下列四个要素：(1) 被告负有保护原告的**义务**；(2) 被告由于没有进行恰当的保护而**没有履行该义务**；(3) 被告的过失行为是造成原告受伤害的**直接原因或法律原因**；以及 (4) 原告确实受到了**伤害**。

义 务

按照普通法的规定，学校管理人员承担着预见可以预知的危险并采取必要的防护措施以保护学生安全的义务。学校教职员对学生的具体义务包括：提供足够的监管，进行恰当的指导，维护教学仪器、设施和学校场地的安全，以及向学生提出危险警告。

监 管

虽然州制定法明确规定教育者应当为学生提供恰当的监管，但是，在学生上学期间，学校职员没有必要时时刻刻将每一个儿童置于自己的监视之下，也没有必要对每一件可能发生的事故进行预测。此外，普通法并没有规定学校在每一次活动中或者对每一组学生应当实施的监管程度（也就是说，法院并没有预先规定生师比率的值）。在任何一种既定情境下，学校实施监管的程度或者学校所监管的学生数量，都是由各种具体环境因素相互作用、综合起来决定的，这些决定因素包括学生的年龄、学生的发育成熟程度和学生先前的经验，学校活动的性质，以及外部危险存在的可能性等。因此，在某些情况下，教师可以在短时间内不提供直接监管（例如，如果学校大楼里不存在明显的危险，便可以允许一个安静听话的学生离开教室，到隔壁的休息室去稍作歇息）；而在另外一些情况下，教师最好施加监管（例如，把好几个曾经行为不当的学生安排在同一间活动教室里）；还有一些情况下教师则必须进行一对一的监管（例如，组织身体具有明显残疾的学生上水边活动课）。

在判断教师是否承担了足够的监管职责时，法院的依据是：教师能否预见这一事件（即最终导致学生受到伤害的事件），以及恰当的监管能否阻止伤害的发生。两起学生玩跷跷板时受到伤害的判例可以说明这一点。其中的一个判例是，伤害事故发生时，学生们已经玩耍了将近10分钟，法院认定担负监管职责的教师属于玩忽职守。[3]但是在另一起案例中，教师助理刚刚从一组学生身边走开，这时候，一个儿童玩的跷跷板跷起时偏了，打中另一个儿童，对此，教师不用承担任何责任。[4]法院认为，教师助理已经尽到了监管的职责，而且她不可能预见到伤害事故的发生。

某些场所——诸如职业训练基地、体育馆、科学实验室以及存在着明显危险的学校操场——可能会对学生造成伤害，对在这些场所举行的活动进行恰当的监管是至关重要的。在这些地方，法律严格要求学校管理人员提供适当的指导和足够的监管以减少场地可能对儿童和教职员工造成的伤害。在纽约州的一起判例中，投掷过来的球擦过棒球手套，击中了学生接球手的面部，该学生没有佩戴接球手面罩，因而受到伤害，上诉法院判定学校承担60%的责任，该学生承担40%的责任。[5]事故发生时，学校没有提供任何安全防范器材，也没有告诉该学生接球手要戴面罩，同时，一位安全专家认为在室内（如该案例中）尤其应当使用安全装置，因为室内的光线昏暗。

学区的监管职责还包括保护学生和教职员工免受其他学生、学校其他人员或与学区无关的人造成的可以预见的伤害。如果人身攻击、殴打或者其他暴力行为是学校可以预知的，根据不同案例的特殊情况，学区履行职责的方式就可以是向受害人提出预警、增加监管人员的数量、提供安全保护等。法院要求学校百分之百地确保学生的安全，但是，一旦出现危险情况，学校管理者必须迅速而专业性地应对危机。[6]明尼苏达州一所学校的教师因没有提供足够的监管，而导致一名学生游泳选手在更衣室里被强奸了。[7]在长达45分钟到1个小时的时间里，有几名学校工作人员在校园里看见了强奸者，两位学校雇员甚至看到那位入侵者进入女学生更衣室，但是没有一个人去质问那个强奸者，更没有人将他撵出校园。

如果这个涉嫌实施侵权或者犯罪行为的人是某学校的雇员，大多数法院都认为学区不用承担责任；法院认为，诸如殴打和性袭击之类的行为是个体行为，聘任过程中不一定能够发现这些个人特质。[8]造成学生受到伤害的直接原因是违法者个体的行为，而不是学区工作人员的玩忽职守。尽管如此，如果学校管理人员明明知道这些雇员先前犯有错误或继续实施不良行为，而学区仍然聘任或保留了他们的工作，那么学区工作人员仍然可能存在失职现象。[9]伊利诺伊州的一起判例，显示了学区事先并不知道雇员的犯罪历史：有人控告一位校车司机对一位幼儿园男童施加"严重触犯了刑律的性攻击"，虽然该校车司机辩称自己"有罪、但是精神上有问题"，但他依然被解雇了。[10]学生家长对学区提起诉讼，其中有一条是，学区在聘任教职员工和维护学校人员配备方面存在失职。法院到学区进行调查后作出有利于学区的判决，法院发现在该校车司机先前的雇佣记录上并没有显示出他曾经给孩子们造成伤害；记录上只记录有他经常上班迟到（依照该司机的申述，迟到是他所从事的全职工作的性质所允许的）、有时候不能够在规定时间内完成出车任务。而且该校车司机的一位上司针对上班迟到的问题找他谈过话，一位管理人员还在校车上盯班以确保他按照既定的校车路线行驶，同时，学校还使用"监视器"跟踪该校车司机。法院没有发现学校管理人员失职的证据。

值得注意的是，很多时候，学生们都处在"学校的势力范围"之外，即使他们的确身处校园内，特别是现在，这种侵权案件经常发生，因为学校建筑物可以用于多种用途（例如，非学校成员——诸如童子军和"小精灵"协会——借用学校的建筑物开会）。在一个涉及学校建筑物的判例中，印第安纳州上诉法院发现，一群男学生偷偷地用录像机录下了女救生员在自己的更衣室里脱衣服的全过程，录像带后来在学校里流传开了，受害人声称由于学区的失职给她们造成了精神压力。法院判决学区对此不承担责任。救生员课程，虽然也是利用学校的设施开设的，但是不属于公立学校的课程（就是说，这种课程属于校外活动的一种，是由红十字会组织的），而且学校的教职员工既不是该课程的教师，也不负责监管该课程。学校管理人员得知这件事后，立即组织人员开展了调查和确认工作，对实施侵权行为的男学生予以停学处分，没收了录像带。该事件是不可预知的，而且对于学区来说，不论是在提供安全措施的问题上，还是在监管该救生员课程的问题上，都不用承担任何特殊的责任。[11]

上学和放学的途中，教师是否应当监管学生？这一问题也引发了相当数量的诉讼。多年来，学生家长们一直存在着这样的观点，就是，从孩子离开家上学到孩子放学走出学校回到家这一段时间里，学校管理人员都应当负有监管责任。[12]也许采用某种清楚区分测试可以使法院的判决整齐划一，但是如果这样做的话，很显然就会对学校的资源提出不现实的要求、给学校人员增加不公正的负担。除非州制定法有特殊要求，否则，法院将考虑下列问题：造成伤害的事件是否是可以预知的？在上学期间还是放学以后，在学校校园以内还是在校园以外，学区是否存在明确的或暗示性的监管学生的职责？孩子受到的伤害是否可以归咎于学校没有履行上述职责？

在校车接送孩子的过程中，学校不用承担责任，但是应当在孩子上车和下车的地方提供适当的监管。另外，应当在学生上下车地方附近的十字路口设置标志，以保护"行人"的安全；学校还应该帮助学生家长和孩子们确定安全的上学放学行走路线。如果明显存在危险，而且没有办法排除（如邻近街区的犯罪因素，繁华路段、建筑工地里对孩子具有诱惑力的设施），学校应当通知家长，还应当对学生进行安全教育。此外，学校应当告诉家长每天学生上学时可以得到老师监管的最早时间（如比学校的上课时间早20分钟），这样学生就不会比教师早到学校。因此，当堪萨斯州一位12岁的男孩提前到校，继而跑出校园，被车撞了时，学校不用承担监管不利的责任。法院的理由是，在早于学校上课前20分钟的这段时间里，学校不负有监管学生的责任。[13]

在某些情况下，学区有责任提供运输工具接送学生上学放学（如校车、供残疾人乘坐的面包车），管理人员应当保证所有相关教职员工都必须经历过适当的培训，学区的各项要求都应当公布，并且应当得到有效的贯彻执行。这些要求包括雇员资格条件、背景审查、车辆设备的定期保养、驾驶经验（如在经过火车路口时要停车）、上车下车的程序、校车接送学生途中维持车上秩序，如果需要配备助手的话，还应当包括助手的资格条件。在华盛顿的一起判例中，一位13岁的女学生下了校车之后被另一辆汽车撞死了，由于校车司机没有遵守既定的规则，而被认定犯有玩忽职守的错误。[14]该司机既没有使用停车标志，也没有打开校车的后闪灯，就让学生下了车，而且允许其从校车的后面横过马路，而不是遵照州法律的规定、从校车的前面穿过。

另外，在学生野游或参加学校组织的校外活动的过程中，学校管理人员也承担着监管的职责。和其他监管人员一样，跟随着学生活动的学校管理人员必须预测与每一项活动（有组织的或自发的）相关的可预知的危险，他们还应当清楚地了解学生们的能力。当学校组织学生在海滩上玩时，大海的潮汐卷来一根圆木，使得一名学生受伤，俄勒冈州最高法院的判决认为学校管理人员未履行义务。[15]法院认为，俄勒冈海岸的海浪运动是没有规律的，这是众所周知的危险，当事教师没有对学生采取合理的安全预防措施。

然而，如果活动既不属于课程范围，也不是由学校发起组织的，学校就很可能不用承担责任，因为此时很难判断学校管理人员是否持续有义务保证学生的安全。在华盛顿州的一起判例中，学生在"毕业生假的那一天"[16]参加聚会，学校管理人员没有到场监管，法院认为学校不用承担连续监管的职责。一名女学生喝醉后离开了聚会会场，回家的途中死于一场交通事故。在整个聚会的策划过程中，学校管理人员都没有参与其中，学校管理人员也没有提供资金，他们更没有参加这个聚会。因此，教师并不因知晓聚会而一定要承担监管责任。

作为一般规则，人们并不认为学校应当保护逃学的学生和未到学校上学的学生。对于那些没有到学校上学的学生以及那些上课时间未经允许便离开校园的学生来说，这条规则都是适用的，虽然有时还要同时考虑学校建筑物和操场的适当监管程度问题，这种监督程度主要取决于学生的年龄和能力。在纽约州的一起判例中，法院宣称，"在没有像监狱那样、每一个出口都安装了监视器的环境里，人们是无法防止（学生）离开校园的"[17]。法院拒绝要求学校安装这种安全仪器的申诉，并进一步判定，一旦逃学的学生超越了学区在法律上的控制范围，学区就不应再承担监督职责。事实上，学校如果采取极端的管理方法，本身便会引来法律责任问题。在肯塔基州，一位教师用链条捆住了学生的脚踝，当学生"逃脱"后，教师又拴住学生的脖子，将学生绑在一棵树上，以防止该学生走出校园。该学生曾经迟到、旷课无数次。上诉法院判定，下级法院的错误在于作出了对教师有利的指示裁决，并要求在案件的重审中有关精神赔偿的证据应当提交给陪审团。[18]

指 导

在组织一场蕴藏着伤害危险的活动之前，教师有义务对学生进行充分而恰当的指导——活动的危险性越大，指导的必要性也越强。[19]教师在对学生进行指导之后，还应当努力确认学生是否听明白并且理解了，根据活动的性质，这可以通过书面测试、口头测试和观察来完成。内布拉斯加州最高法院的评论认为，一位新生上焊接课时，因身上的法兰绒衬衣被火点燃而导致严重烧伤，在这个事件中，学校没有进行适当的指导。因为，学校没有为学生缝制保护性的皮革围裙，而皮革围裙是此类课程推荐使用的防护用品；学校的指导者只是简单地告诉学生要穿旧衣服。也许在这起针对学区的案例中,对学区最不利的证据来自于那位指导者的证词:在四种不同的场合下,他一直强调"保证学生都穿上保护性衣服"不是他的责任。学校曾经给学生分发过许多手册,只有一本简单提到了"安全服"的问题,但是没有一个教职员工去了解学生是否阅读或理解了这段材料,而且教育者也从没有因学生的着装问题而阻止学生参加该活动。[20]

维修校舍、操场和仪器设备

一些州颁布实施了种种法律,以保护公共建筑物的访客在生命、健康、安全或福利等方面免受伤害。这些**场所安全条例**(safe place statutes)已经成功地为受害个体所使用,他们因学校建筑物及操场的安全保护问题而受到伤害,又依据场所安全条例从学区那儿获得了损害赔偿金。[21]此外,按照普通法的规定,学校管理人员有责任维修设施设备,保证这些设施设备的合理安全。如果学区知道、或者应该知道学校设备设施所存在的危险,但是没有采取必要的措施进行修复,学区就要承担相应的责任。例如,学区有责任将校园内的石棉物质移走或者覆盖保护层[22],如果不这样做,可能会导致伤害事故并引发侵权诉讼。因为州和联邦提供的移走石棉的费用是有限的,所以不少学区便诉求法院,要求石棉生产商和供应商赔付损失费。[23]这些供应商或者没有检测这些材料是否具有危害性,或者没有向消费者提出存在潜在危险的警告。

维修设施设备的责任,并不意味着学校教职员工承担预测每一个可能发生的危害,或者承担清楚了解问题所在并在危害刚刚发生时便纠正每一处细小毛病的义务。例如,路易斯安那州的一名学生因门插销有问题而受伤,他提出的"学校教师违反职责"的诉求就没有得到法院的支持。[24]州上诉法院得出的结论是,没有证据证明学校雇员已经知道或者应当知道这个门插销是坏的,因为危险是不可预知的,所以,不能将保护学生的责任强加在教师身上。类似地,一名学生在体育课上因滑入水坑而受伤,亚拉巴马州最高法院也不认为两位上课教师玩忽职守,因为,这两位教师并不知道这个水坑的存在,他们也并不知道造成水坑的屋顶渗漏现象。[25]

然而,如果危险是已知的,那么学区就可能对于由不安全的建筑物或操场导致的伤害承担赔偿责任。密歇根州一个学生放学以后,因在操场上的一堆砂土上玩耍而受了伤,一只眼的视力丧失,他成功地获得了损害赔偿。[26]学校没有对该区域进行隔离,而且事故发生之前,已经有学生家长向学校管理者提过孩子们"用泥土打仗"的问题。密歇根州上诉法院认为,学区没有履行应当保证学校操场安全的义务。

虽然有上述这些例子,但是,如果发现受害人(而不是操场上的不安全问题)是伤害发生的主要原因的话,学区便不用承担过失责任。举例来说,加利福尼亚州上诉法院认为,在学校正常的放学时间以后,一名学生死在学校的操场上,学区不用为此承担责任。[27]虽然学校操场是向公众开放的、学校也没有提供监管措施,操场年久失修,但是法院依然认为,该学生的死亡源自他自己企图完成的、危险的滑板动作,而不是由操场条件的欠缺造成的。另一起案例是,学校放假期间,一个小孩在学校操场上玩耍,另一个小孩发现一把螺丝起子,便将螺丝起子掷向原告,原告的眼睛因此受伤,纽约州上诉法院认定学校不用承担责任。法院注解道,螺丝起子不是学区的财产,学校的教职员工根本不知道学校操场上有这把螺丝起子。[28]

除了维护学校建筑物和操场以外,学校管理人员也必须维护学校的仪器设备以保证这些仪器设备的使用安全,不论这些仪器设备是安装在木工房、科学实验室里,还是安装在体育馆里。[29]在肯塔基州的一起案例中,一位学生使用涡流仪器做实验,这台涡流仪器漏电,导致学生受电击而死,教师应当承担责任。因为这位教师"修改"了该仪器,但是没有安装接地故障断路器,尽管这是国家电力规章的规定。教师的疏忽是导致学生死亡的实质性因素。[30]与之类似,亚利桑那州上诉法院将一个案件发回下级法院重审,为的是确定:学校没有在新建成的秋千架下安装垫子,是否属于事先可预知的且不合理地将小学儿童置于危险境地的行为。[31]

警告的责任

现在几乎所有州的法院都认识到,或者根据制定法的规定,或者根据普通法的规定,学校都承担着警告学生和/或学生家长可能遇到的危险的责任。这个职责在某些领域尤为突出,这些领域包括体育课、校际体育竞赛、职业教育、实验室科学课以及学生使用具有潜在危险的机器或仪器设备的其他场合。[32]告知或警告学生和学生家长危险的存在,是学校提出学生"甘冒风险"抗辩的前提条件(参见本章后文即将讨论的"甘冒风险"部分)。

除了传统意义上的、与体育运动或使用仪器设备相关的警告以外,学校的心理学家和心理咨询人员为学生做咨询或者治疗时,如果得知案主有伤害自己或伤害他人的倾向,这些心理学家和心理咨询人员还负有警告的责任。接到报告的人必须通知可能的受害人或者通知企图伤害自己的学生的家长。这个义务优于相关职业要求,比如职业道德规范或者裁量权、临床医学人员与患者进行交流的特权、或者保密权等。在加利福尼亚州,一位大学精神治疗医师没有通知一位病人的前女朋友这个病人要杀她的事。校园警察得知这个消息之后,会见了这个病人,对之进行了简短的审讯之后便放了他。但警察和精神治疗医师都没有采取进一步的行动,以致该病人的杀人计划得逞了。法院认为,这位精神治疗医师没有履行合理的注意义务,尤其是他既知道该病人所做出的威胁的严重性,又认识那位可能的受害人。[33]

在马里兰州,一位父亲在女儿自杀后起诉学校的两位心理咨询人员。法院判定,这两位心理咨询人员没有将女学生向其他同学诉说的自杀企图告诉其家长,属于没有履行职责。尽管这两位心理咨询人员辩称,当他们决定不与学生家长讨论这件事的时候,他们是在行使自己的专业自主权,但法院仍然认为他们的裁量权不是无边际的,而且认为,当学生扬言要自杀时,学区警察就明确地表示这件事已经不是秘密了。[34]法院认为,只要打一个简单的电话,便算是履行了警告的职责。

然而,如果学生的自杀行为是不可预见的,学校便不用承担责任(就是说,学生既没有明确说出要自杀,也没有明显的迹象表明学生要自杀),即使学校知道某个学生感到压力很大、或者似乎很沮丧、或者有心事。在威斯康星州发生的一起判例中,一个学生点燃了自己、自焚而亡。学校管理人员没有告诉家长:他们的儿子在学校哭过、因他成绩很差而被篮球队开除、而且他死的那天没有上学。所谓的学校教职员工玩忽职守与学校承担责任之间的距离非常遥远,学校的行为不是学生死亡的直接原因。[35]

不履行职责及注意的水平

一旦确定了义务,受害人就必须列举出事实证据以证明另一方没有履行义务、没有尽到相当注意的义务。[36]对教师应当注意学生的程度进行限制的因素包括学生的年龄、学生过去的经验和发育成熟水平，事故发生的环境，以及教学活动或娱乐活动的类型等。例如，小学生与高中学生相比，一般要求教师进行近距离的监管，教师的指导也应当更加具体，而且要不断重复地进行；与英国文学课相比，学生上木工课时，需要教师更多的监管。注意水平在什么样的范围内变化是合理的，这个问题可以通过路易斯安那州的一个判例来说明。这个判例的内容是，一名智力迟钝的学生在九名同学的陪同下，一起去距离学校三个街区的公园玩耍，这位智力有障碍的学生突然冲向车水马龙的大街，因而受到了致命的伤害。该州上诉法院认为，一旦有残疾儿童在的时候，教师的注意水平就应当高于一般注意水平，特别是在带领学生走出校园时。法院认为在该案中，学校实施的监管是不充足的，与其他备选路线相比，所选线路也是相对不安全的。[37]在本案及其他案例中，对于确定学校是否要承担责任来说，特定行为的合理性问题是至关重要的。

有理性的人

法院在判断学校是否实施了适当注意的时候，首先要判断被告是否可以在特定环境条件下像"有理性的人"那样行为处事。"有理性的人"是假设中的人，其基本特点是：（1）具有被告应当拥有的身体特征；（2）具有普通人的智力、问题解决能力和气质特征；（3）具有正常人的感知能力，对社区基本信息和事件有记忆；以及（4）拥有被告具有的或者应当具有的一些高级技能和知识。

虽然法院不会根据一个人先天拥有的身体特征（如身高体重、体力、敏捷性）来判断他是否是被告，但是法院在确定被告是否应当为原告的受伤承担全部或部分责任的时候，会考虑每一位被告身体的实际状况。因此，当一个孩子需要身体上的救助以避免受伤害的时候（例如，当另一位孩子攻击他时），教师的身体情况不同，结局是不一样的，比如，一位个高且体壮的身体健康的教师与一位个矮且体弱的瘦弱教师相比，前者应尽到更多的保护义务。

虽然在判断被告的行为是否符合常理的时候，被告的实际身体特征和能力总是应当考虑的因素，但是，一旦涉及被告的精神能力时，身体因素就是第二位的了。法院假定所有的成年人都拥有普通的智力、解决问题的能力以及性格特征，即使证据表明他们并不拥有这些特点。[38]也许这个假定乍一看是不公平的，但是，其他任何一种方法或许都会导致司法机关无法处理的辩护。例如，假如考虑被告的智力水平的话，被告就会争辩说，应当考虑诸如他们无法作出完美而迅速的决定、理解力或注意力差、无法关注细节问题、对抗性个性或者无法应对压力等因素。在这种情况下，确定每一个人的精神能力和实际能力，即使不是不可能的，也是不现实的；这一方面是因为缺乏有效而可信的评价工具或技术，另一方面是因为被告可以很轻易地故意让他人误解他们的能力。现有的方法（即正常人智力的假设），为我们提供了一种更加客观的程序，要求被告（或对他们的行为负责的人）为他们做出的、伤害他人的行为负责任。

此外，法院也努力确定，在被告回忆当时所处环境（如明确知道学校操场的后面接着一条小河）、并确切地回忆那个环境中曾经发生过的事情（如记着一场大雨过后操场上曾经洪水泛滥的事情）时，被告是否"发现显而易见的事实"。[39]这个要求并不是说，被告就必须知道所有的事实、预测所有的危险或者了解所有的情况，而是说，一个具有普通智力的有理性的成年人，应当知道该环境的某些状况。

在努力判明被告是否是有理性的人的时候，法院也会考虑被告是否具有或者应该具有高级知识或技能这个问题。教师一般都拥有大学毕业证书和州颁发的资格证书，他们可以向受过同样程度教育的人那样进行合理的行为。另外，个体受过的每一种特殊训练，也会影响到一项行为的合理性。因此，当一位学生被淹死或者学校实验室的化学物质不适当地混合并点燃的时候，如果体育教师获得过救生员的资格证书或者教师拥有化学学科的高级学位，那么，与其他拥有较少技能和知识的教师相比，这些教师应当投入的注意水平就要高一些。

受邀请者、经同意而进入的人及不请自来者

在确定是否实施了适当注意水平的时候，法院也会考虑，被害人是受邀请者（invitee）、经同意进入的人（licensee），还是一位不请自来的人（trespasser），其中，对于受邀请者来说，所需的注意水平最高，而不请自来的人受到的注意水平最低。在校园里，**受邀请者**，指的是学区及其代理机构明确地或者暗示性地邀请进入学校校舍的人。这样的话，学区承担着积极的责任，应当对受邀请者的安全尽到合理的、与可能受到的伤害及环境相当的注意义务。而且，受邀请者必须受到保护，以免于受到已知的危险，还需要预防那些只需适当注意就可发现的危险的伤害。在大多数情况下，学生、教师和管理者都是应学区邀请而来的。然而，放学以后进入校园的学生，超出了"受邀请的时间段"，就算是不请自来的人了。[40]

如果有人提出进入校园的申请并且得到了批准，那个人就是"经同意而进入的人"（如未经邀请的参观者、商贩、学生家长、记者等）。在某些情况下，即便是学校的学生也可以被认定为经同意而进入的人（例如，学生参加不是由学校组织的、地方性活动——这些活动被允许晚上或者周末使用学校教室；学生去参观地方面包店）。这些人进入学校建筑物或者学校操场时所面临的状况和威胁与学校的占有者是一样的。然而，学区仍然需要就已知的危险之事警告那些经同意而进入的人，警告他们免受故意伤害，免受任性而恶意的行为或者粗心大意的行为所造成的伤害。

如果个体既不是受到邀请者，又不是经同意而进入的人，对于学校来说，这个人就属于不请自来的人。尽管州法律没有明确区分"经同意而进入的人"和"不请自来的人"，但是仍然规定对于"不请自来的人"的安全，学校所需要注意的水平是很低的。特别是成年人，如果属于"不请自来"的性质，那么，他们对环境的安全问题没有要求的权利，他们必须对他们可能面临的一切问题"甘冒风险"。一般来说，除了制止蓄意的或者任性的伤害（如设置陷阱）之外，不动产所有者不需要对不请自来的人承担任何责任。然而，在某些情况下，如果不动产所有者知道其房屋里存在有不请自来的人（例如，住在废弃校舍里的流浪者），不动产所有者必须进行合理注意，不要将不请自来的人曝露于明显的危险环境之中。如果不请自来的人是个孩子——这种情况在校园里经常发生——学校更应当慎重地对待这个问题，采取其他步骤，限制学生接触危险或者排除已知的危险。在相关的、数量有限的案件中，法院在考虑学校提供的注意的程度时，在"不请自来的人"和"经同意而进入的人"之间是没有法律界限的。

直接原因

判断学区承担责任的时候，学校职员的过失行为必须是引发伤害的直接原因。**直接原因**的意思是："按照该原因的自然而连续的顺序发展，发展期间不受到任何有效干扰的影响，便会产生伤害；而且，如果没有这个原因，就不会产生这种结

果。"[41] 在判断直接原因的时候，法院除了考虑被告做出的导致伤害的行为之外，还要确定被起诉的行为从该行为发生到伤害发生时为止是否一直都在起着作用，而且还要判断该行为的做出和伤害的发生之间持续时间的长短。因而，并不是每一个表面上看上去是过失的行为，都会导致责任的承担，即使是发生了伤害事故，如果该过失行为的确不是引发事故的直接原因，那么过失行为的主人也不用承担责任。在纽约，上诉法院维持了地区法院的简易审判判决：上诉人受伤的唯一的直接原因是，当老师转身时，他企图进行后空翻而从操场上的体育设施上掉下来了，他的这个动作是突然发生的，而且是不可预知的。[42] 与之相类似，蒙大拿州最高法院在一起案件的审理过程中，维持了陪审团的裁决：在操场的设备上，一位特殊教育的助教放开了一名儿童的手，让其独立玩耍，导致该儿童从离地两三英尺的设备上摔下来，摔断了胫骨，这名助教不必承担玩忽职守的职责。在该案件中，一共有两名成年人，要照顾 11 位有特殊需求的学生，监管人员看见这名学生摔倒时，已经来不及制止了。法院不认为所谓的疏于监管是该孩子受伤的直接原因。[43]

伤 害

除非真的有伤害发生，要么直接是个人的伤害（如断胳膊），要么是个人财产的损失（如打碎了的窗玻璃），否则过失诉讼就不成立。大多数情况是，伤害一旦发生，个体立即知道；然而，在某些情况下，在事故发生的数月、甚至数年以后，个体才得以知晓（例如，因为 20 年前曾经接触过石棉而导致的石棉沉滞症）。绝大多数州都制定法律规定了侵权诉讼的时限（例如，在一定的时限范围内必须提起诉讼，否则视为放弃）为一年至三年，尽管实际操作过程中，诉讼的提起可能会超出法律规定的诉讼时限，因为法律规定的诉讼时限的起始时间指的是原告成年或者是知道伤害的那一刻。有关诉讼时限的这种情况以及其他的一些例外情况，在一些州里是允许的。然而，这些例外，将被告（如学区）置于了永远都可能受到起诉，或者让被告难以辩护的境地中。因为存在着这种例外，所以一些允许超越诉讼时限的州还制定实施了**消灭时效的法规**（statutes of repose）。这些政策允许在遵守诉讼时限规定的前提下可以有特例出现，但是对那些可能会导致永久诉讼权的案件进行了限制，至少是限制了某些诉讼请求。

当学生在校园里受伤时，学校教职员工的职责就是为学生提供与自身所受的培训及经验相当的合理的帮助。如果提供了合理的救治，一般来说，学校教职员工就不必承担责任了，即使后来证明这种救治并不恰当。当个体在紧急状态下对受害人进行救助时，**善意者法则**（Good Samaritan laws）常常为这些个体提供免责保护。然而，但凡是有理性的人都不会做的行为是不受法律保护的。在宾夕法尼亚州的一起判例中，两位教师抓住一位学生感染了的手指放到开水里，这两位教师对学生实施了不恰当的药物治疗，因此要承担相应的个人责任。最高法院判定，这种行为是不合理的，而且法院申明在这种情况下，没有必要进行紧急救护。[44]

侵权案件中的辩护

当雇员因侵权而被起诉的时候，学区可以援引一些辩护理由。有时候，在努力为自己作无过错辩护时，学区指出原告使用的程序存在着一定问题（例如，没有坚持遵守诉讼告知上的法律规定），或者提出原告的伤害是由一些不可控制的自然事件（如不可抗力）所导致的。然而，更为普遍的情况是，学区可以通过主张豁免、共同过失、相对过失以及甘冒风险等来为自己的行为辩护。

行政豁免

在可以综合性地使用国家豁免的为数不多的几个案例中，政府实体（包括学区）是不可以被起诉的，不论理由是什么。只有在该行为属于州法律特别规定的、聘任范围内的免责行为时，或者在法院对法律作出免责解释时，雇员才可以使用这种方式进行辩护。然而在今天，人们很少综合性地应用免责辩护了，因为几乎所有的州都采取了行动，要么限制这种免责辩护的使用[45]，要么规定要考虑下列条件：（1）申诉是否与学校建筑物或学校设备的安全维护有关联？（2）是否是政府行为或者财产所有人的经营性行为？（3）所作的决定属于自由裁量性质的还是属于具体执行性质的？（4）学校财产是否用于娱乐目的？或者（5）根据州工人赔偿法（仅对雇员而言）的规定，伤害是否是可赔偿的？

在大多数法院的管辖范围内，如果房地产管理者知道房地产中存在着危险，但是没有采取矫正措施（参见"维修校舍、操场和仪器设备"的讨论），或者任由一种吸引人的危险（attractive nuisance）持续存在，并因而引发伤害事故的话，学区便可能要承担责任。"吸引人的危险"指的是设备、建筑物或者仪器，引诱着公众参与到具有潜在危险性的活动中去。学校范围内的游泳池和池塘经常被认为有"吸引人的危险"。鉴于其潜在的危险，学区只有事先采取了恰当的防范性措施阻止公众进入上述地区，这样才可以申请免责。

在某些法院管辖的范围内，在确定是否可以免去学区责任的时候，政府的职能和财产所有人的职能之间是存在区别的。**政府职能**，指的是在履行政府工作人员的职责过程中完成的那些任务（例如聘任职员、维修建筑物），一般来说是不必承担责任的。**财产所有人的职能**指的则是那些仅仅与课程稍有关联、即便是私营机构也可以完成的任务，这些任务常常是需要付费的（例如，社区使用学校的游泳池，提供饮食服务，销售植物）；对这些活动可能提起侵权诉讼。然而，除了一些非常极端的例子，一般情况下，要证明这些活动属于财产所有人的经营性活动是很困难的，因为大多数学校所做的工作在某些方面都与学区的使命紧密相连。

在其他一些州里，在确定是否存在着义务的时候，人们对"自由裁量功能"与"执行性功能"进行了区分。如同涉及政府职能与财产所有人经营性职能的划分一样，自由裁量功能和执行性功能之间的区别只有在极端的例子中才很明显。从定义上看，**自由裁量功能**指的是那些以既定的方式来完成的、服从法律权威、而且不带有裁量性的任务（例如，校车经过铁路路口时需要停一下）。[46]法院判定的规则是，学区应当为实现执行性功能过程中的过失承担责任，但是不必为实现自由裁量功能过程中的疏忽大意而承担责任。[47]一些州还区分了政策层面的裁量性行为（对于这些行为来说，免责是理所当然的——例如，政策允许使用合理的体罚）和操作层面的、实施政策过程中裁量性行为（这些行为是不可以免责的——例如，确定对被管理者鞭打了几次以及是否使用了恰当的力度）。[48]

自由裁量功能免责的原则，在亚拉巴马州的一起案子中被否决了。在那起判例中，一位教师恶意地使用了体罚这种管理手段：一位八年级的学生说了一句"蠢驴"，他便狠狠地抽了该学生三鞭子。学生先前没有做出过任何难以纠正的行为，而且这次鞭打导致其身体严重青肿。这位教师并没有努力纠正学生的语言，而且在实施惩罚之前也没有将这件事上报校长。法院得出结论：惩罚是不合理的、是恶意进行的、可以定性为"殴打"；学区无权要求免责。[49]

最近增添的一项免责辩护是"娱乐用途免责"。这些制定法之所以颁发并实施的目的在于鼓励财产所有者和土地所有者（包括公共部门的实体）开放他们的土地和水域以供公众娱乐所用。尽管各州法律的规定差异很大，但是，学校体育馆、操场和运动场地，有时候仍然被归为娱乐设施或娱乐场所。[50]除非进入者付费才能进入这些场地或者进入者所受的伤害是由于场地所有者的故意或过于疏忽大意的过失造成的，否则针对进入者在这些场地上所受到的伤害，所有者一般可以申请免责。在堪萨斯州，一位足球运动员第一次参加强制性训练，训练结束时倒在地上，第二天就死了；原告声称他的死亡是由于缺乏适当的监管而造成的。法院在考虑过失申诉的过程中使用了"娱乐用途免责"的原则，将此案发回重审，要求原审法院核实被告的行为是否可以累计起来算作过失，或者是否属于恶意疏忽。[51]如果被告的行为构成巨大的、或者过于疏忽大意的过失，那么，不论是娱乐性用途免责、还是裁量性功能免责，都无法帮助学区免于承担责任。

如果根据州制定的工人赔偿条例（workers'compensation statute）的规定，一种伤害是可赔偿的话，人们依然可以使用豁免原则作为辩护的理由。工人赔偿条例的立法目的是减少或者消除过失诉讼案件（就是说，他们不保护牵涉到故意侵权中的雇主或者雇员）、保护雇主的安全和康复利益、促进人们研究事故的缘由（而不是隐藏过错），并因此降低可预防事件的发生率。[52]假如伤害事故是偶然发生的，而且是在聘任过程中发生、发展的（例如，一位厨房工作人员在准备手指三明治的过程中，切伤了自己），那么，根据工人赔偿条例，不论过失方或过错方是雇主还是雇员，雇主都需承担责任。然而，应当注意的是，并不是所有的发生在工作过程中的伤害事故都必然地"与工作相关"。在新墨西哥州的一起案例中，一位男教师因与一位女教师通奸而被女教师那妒火中烧的丈夫开枪打死了，虽然事故发生地点是学校，但是，这位男教师的遗孀并没有得到赔偿。法院判定：这种行为的发生纯粹是由于个人原因，而且该教师的死亡并不是由雇佣造成的，不仅与雇佣毫无关联，而且也不是发生在雇佣过程中的。[53]

一些州由此做出推论：购买责任保险是否就意味着放弃了免责，尽管州制定法明确承认免责。但法院在这个问题上有不同的看法，有些人认为应当保留免责（全部或者部分免责）原则，其他人则认为应当废除免责原则。[54]除了购买保险以保护学区教育经费以外，许多州还颁布了法律要求学校系统赔偿或者保护教育者免受潜在的、由履行职责过程中的疏忽而导致的经济损失。尽管用于该用途的经费有多种来源（例如，赔偿基金、流动资金、社会捐赠），学区购买保险以助于渡过由于雇员的过失责任而引起的财政危机，是一种普遍的现象。一般来说，这些法律要求学区承担法律代理的费用，如果过失被证实的话，还要承担赔偿责任。

共同过失

在承认共同过失可以作为辩护理由的州里，如果被告有证据证明原告的行为至少要为伤害结果承担一部分责任的话，原告的主张便会被拒绝，而不论被告有无过失。数年来，由于存在着各种因素，包括对受伤的原告要求苛刻、有过失的被告可以轻易地摆脱责任以及社会看法的转变（就是说，从20世纪早期的、保护新产业的需要转变为向受害人进行赔偿），共同过失辩护已经发生了很大的变化，其功能也被法院逐渐弱化。[55]这样做的结果就是,时至今日,在大多数司法管辖范围内,原告所犯下的轻微程度的过错不会妨碍原告的胜诉;其特点在于,共同过失必须是重要的,尽管不必是主导的。

在确定是否存在共同过失的时候,孩子们是不必保持与成年人同样的注意水平的。然而,他们也必须实施与其年龄、成熟程度、智力水平和经历相一致的合理行为。许多法院在针对个案进行判断时,考虑的也是未成年原告能否辨别所涉及的危险以及他们能否像具有相似性格和能力的人那样合理行事。在判断孩子们是否有能力承担共同过失或者使自己受到伤害时,其他一些法院也确立了一定的年龄范围,以便进行更为客观而统一的判断。尽管各个法院之间的情况大不相同,而且指定的年龄界限看起来也具有很大的任意性(常常依据《圣经》手稿上的描写或者刑法的规定,很少或者根本不考虑儿童自身的发展),大多数法院使用的年龄规定是:(1)从出生到7岁这一阶段,儿童没有能力承担过失责任(有时候,这个年龄界限也可以降低到4岁);(2)7岁至14岁之间的少年,通常被认定为没有能力承担过失责任,但是这个假定可以被反驳;(3)14岁及14岁以上的学生,一般认为有能力承担过失责任,虽然这个假定也可以成为抗辩的理由。在学校环境中,教育工作者如果希望成功地主张被害人也存在过失的话,他们必须能够出示证据证明:受伤害的学生足够成熟,而且拥有足够的经验来理解特定行为可能带来的后果,但是即便如此,受伤害的学生仍然采取了危险的行为方式。[56]

相对过失

在共同过失的模式下,如果最终发现是因受害人自身的行为而导致了伤害的话,那么就只能由受害人单方面承担损害后果了。然而,在相对过失模式中,原告和/或一个或一个以上的被告共同地、按比例地承担经济赔偿责任。例如,在路易斯安那州,一位校车司机让两个女孩儿下了校车,尽管该司机知道其中的一个女孩儿曾经威胁要打另一个女孩儿。起初该司机还和两个女孩儿一起下车,将她们隔开,同时还让一位教师通知校长。但是,由于他的停车导致了交通阻塞,他便没有等校长或其他教师来到现场,就上了校车并将校车开走。他一离开,一位学生便开始猛踢另一位学生的脚踝骨,使得被打的那位学生受到了严重的伤害,需要三颗螺丝钉才能固定住折断的骨头。法院认为,在这种情况下,该司机不应该留下这两位学生单独相处,使之处于无人监管的状况,因此法院判处该司机承担15%的责任。[57]与此类似,在审理一位学生追逐另一位学生,后者企图逃避追逐跑上了大街因而被一辆小汽车撞伤的案件时,亚利桑那州上诉法院同意了陪审团的裁决。该案件的赔偿金一共是600万美金,由受伤的男孩及其父母和学区共同承担,具体责任分配如下:受伤男孩承担45%,他的父母承担40%,学区承担15%。学区之所以要承担责任,是因为学区明确知道学生们在汽车站的行为,明确知晓大街上车来车往、交通繁忙,还知道学生们可以使用另外一个相对安全些的公共汽车站。[58]

甘冒风险

这种抗辩的理由可以是明示性的、也可以是暗示性的。如果原告事先知道危险的存在、而且同意冒险,那就是**明示性甘冒风险**。例如,学生在参加高中足球队之前先签订一份甘冒风险的协议,当然,此时的前提条件是:这种活动存在着危险,危险是众所周知的或者是明显的,而且所存在的危险能够被理解。另外一种情况

是，虽然没有签订书面的或者口头的协议，但是可以从逻辑上推论原告的行为属于甘冒风险，此即**暗示性甘冒风险**。例如，观众在观看棒球比赛时，选择没有安装防护网的座位，即存在着暗示性甘冒风险；即使这些人没有签订协议，那么他们也应当知道可能受到的伤害威胁。

体育运动或者娱乐活动本身就存在着危险，但是不能据此认为所有的参与者——不考虑他们的年龄、成熟程度和实践经验——都能够理解这些危险。因此，学校工作人员必须对学生实施合理的注意水平以保护学生免于受到不可预见、隐蔽的、或者相当严重的危险伤害。如果学生是自愿地参与活动（就是说，没有一丝一毫的强迫参与的迹象），而且了解活动的危险性，学校就算是履行了这个义务[59]。在宾夕法尼亚州，州最高法院将一起学生伤害案件发回下级法院重审，要求陪审团判定该学生是否了解足球赛季来临之前的训练中存在的危险及其参与的自愿性[60]。一位学生在进行"丛林足球"（jungle football）比赛——这种游戏没有保护性措施，需要用身体进行阻挡、抱住并摔倒对方球员——时受了伤，一只眼睛永久性失明。其他的一些案子与此相似，但是结果却有所不同。法院认为：一位身体条件极好、装备优良、训练有素的19岁男选手的行为是"甘冒风险"，因为他身体感到疲劳却没有通知教练、继续参与比赛而受了伤[61]；县高中足球队的首位女队员的行为是"甘冒风险"，她第一次参加实际足球比赛而在混战中受了伤[62]；一位富有经验的14岁骑手的行为是"甘冒风险"，因为她所骑的马滑倒了导致她从马背上跌落在地而摔伤，马的滑倒与赛道的条件没有关系[63]。

然而，需要注意的是，学生运动员只需要承担正常条件下参与体育运动的风险责任，对于因教练的疏忽而导致的不可知的危险，他们是不用承担责任的。另外，他们也不能预知，他们可能会受到故意侵权（如殴打）、或者可能会因其他人的粗心大意行为或疏忽行为而受到伤害。但是，其他参与者的犯规行为及不良判断一般来说不会被认为是故意侵权，通常被视为体育运动中正常发生的（如在足球比赛中被对方运动员铲倒）。举个例子，在一起关于一个橄榄球运动员与另外一位运动员相撞而引发伤害事故的案件中，俄亥俄州上诉法院维持了原审法院的简易审判判决。在伤害事件发生后，应当承担责任的学生退出比赛，她所在的队受到了惩罚。但是，法院经过审理分析，认为，在橄榄球比赛中，即便是比赛规则规定禁止采用不合理的阻挡方法，但是，对于每一位队员来说，受到不合理冲撞均是意料之中的事[64]。同时，在该案件中，法院也承认，如果碰撞行为不是极其特殊以致可以认为是"过于轻率"的话（就是说，超出了过失引发身体伤害的不合理危险的程度），受到惩罚的运动员就应当承担责任。

一些教育者心存错误的想法，他们认为，如果让家长签署同意其孩子参加特定活动的协议，家长可能就会放弃使用孩子们拥有的过失诉讼的权利。这些同意协议表明，孩子们可以承担活动中存在的、正常的风险责任，但是，家长不能放弃孩子们需要恰当监管及指导的权利。相应地，在参加诸如曲棍球之类危险性体育运动项目或者参加野游时，学生们可以承担一定的风险责任，但是学校工作人员仍然有责任保护他们免于受到可预见的伤害。

故意侵权

最为常见的几种故意侵权是人身攻击、殴打、错误拘禁和故意施加精神压力。

下面我们简要地讨论这些故意侵权形式。

人身攻击和殴打

人身攻击（assault）指的是公开要挟伤害对方的身体、使对方感到害怕的行为，在人身攻击中并不需要发生真正的身体接触。人身攻击的例子包括语言威胁、用枪指点、挥舞刀具、或者晃动拳头。为了主张"人身攻击"，原告必须明确知道威胁的存在，而且做出人身攻击威胁的人也必须有能力实施该种威胁。殴打（battery）的意思则与人身攻击大不相同了，如果人身攻击真正实施并完成了，便是殴打。殴打的例子包括射击、刺杀、打击、抓咬等。然而，实际发生了殴打行为不一定就说明原告提出的"殴打"主张能够取得成功（例如，由于对手力气比较弱小，挨打的人虽然受到了拳击，但是并没有受伤）。原告要想在"人身攻击"或"殴打"的案子中胜诉的话，就必须提供证据证明"人身攻击"或"殴打"的行为是故意实施的。法律实践中，因过失而进行"人身攻击"、或者因过失而"殴打"的现象是不存在的。

发生在学校里的一些关于"人身攻击"和"殴打"的案子，涉及的问题大都是体罚这种管理手段和其他一些需要进行身体接触的惩戒形式。一般来说，法院不愿意干涉教师对学生的惩戒权，而且同意学校使用**适当的**力量来控制学生的行为。俄勒冈州上诉法院规定，在一起案子中，由于学生挑衅性地拒绝离开教室，教师便抓住学生的胳膊朝向门口方向走；学生挣脱了教师，围着教师转圈圈，打坏了玻璃，划伤了胳膊。在整个过程中，教师用力将学生拽出教室，既不属于"人身攻击"，也不算"殴打"。法院的结论是，教师施用在学生身上的力气的大小是合理的，可以免于"人身攻击"和"殴打"起诉。[65]与此结论相反，路易斯安那州的一名学生成功地获得了损害赔偿。[66]教师摇晃他，将他从体育馆露天看台的座位上举起来，然后将他扔到地板上，他的胳膊因此骨折。法院分析认为，教师的行为是不必要的，既做不到惩戒学生，又不算保护自己。

虽然不是很普遍存在的现象，但是学校管理人员也可以针对学生伤害自己的行为而提起"殴打"诉讼。[67]法院不会因侵权人的年纪幼小而轻易地拒绝该类诉讼，赔偿的数量问题由州制定法进行规定。威斯康星州上诉法院判定一位教师获得损害赔偿，因为他护送一位违反吸烟禁令的学生去政府办公室的时候，在校园外面受到袭击而致身体受伤。法院判定，这位学生曾经有五次打架的不良记录，数次恶意殴打该教师，恶意地将教师的脸部撞向建筑物的边角处。虽然殴打发生时这位学生是未成年人，而且该学生的精神病医师声称即便是惩罚性赔偿也不能有效地阻止被告的冲动行为，法院依然判定该学生承担补偿性赔偿和惩罚性赔偿。[68]法院也没有为"被告的暴力和愤怒源于他缺乏自制力，考虑到被告智力上有缺陷，对之施予惩罚性赔偿是不合适的"等理由所说服。最后，法院强调，如果被告希望继续自由地生活在这个社会中的话，他就必须学会控制自己的好斗行为，否则的话，就必须"品尝"这些行为所带来的后果。

个体也经常使用"正当防卫"的辩护理由来保护自己免于承担所谓的人身攻击责任。尽管必须提供合理的理由证明危险的急迫性，个体也不必等到自己被殴打之后才采取防御性行为。在这些案例中采取的法律标准是：在那种环境条件下，被告能否像"有理性的人"那样行为处事。应当考虑的问题包括，现存威胁的大小、可

能的身体接触方式以及思考决策的时间长短等（就是说，被告是瞬间作出的决定还是有充足的时间进行思考并精心策划）。[69]即使身体接触被证明是合法的，被告也只能使用合理而必要的力量进行自我保护。此外，如果所谓的侵害者缴械了、无助地放弃了、或者再没有能力实施攻击性行为了，被告就不能利用这些机会进行报复或者实施惩罚。

除了正当防卫这一抗辩理由以外，因殴打他人而受指控的人，也可以主张他们这样做的目的是为了保护他人。这种形式的侵权辩护对于学校来说特别重要，因为教育者经常要将打架的学生分开、或者帮助被打的那个人。大多数司法机关不仅认为教育者为了他人的利益可以采取这样的行为，还认为这是教育者的义务或职责所在，前提当然是出于良好愿望而且力气的大小是合理且必要的。

错误拘禁

很明显，对于自由走动或者进出房间所作出的各种各样的限制，并不一定都属于**错误拘禁**（false imprisonment）（例如，作为一种惩戒方式，放学以后让学生暂时留下不许回家；由于上学迟到而要求学生上星期六学校）。[70]有趣的是，错误拘禁，并不是说一个人真的被监禁，也不需要出现高墙、锁和铁链。把一个人约束在储藏室、房间、墙角、汽车甚至足球场中部的一个圆圈内，都可以构成错误拘禁；将一个人的活动范围限制在一座建筑物里，或者强迫一个人陪着另一个人散步或者旅游，也可以算是错误拘禁。拿走他的钱包、汽车钥匙或者其他财物，以强迫一个人留在原地也可以归入错误拘禁的范围。违反一个人的意愿，使用身体行为、口头要求或者胁迫限制以阻止其行为，都可以导致错误拘禁。判断过程中，一般要考虑被告的语音语调、身体语言以及从被告的行为中合理推理的意图或者被告的行为中暗含的意图。

在有关"错误拘禁"的案子中，考虑到人们对"武力"的理解各不相同，因此原告不必出示证据证明被告动用了武力，只要原告证明其基于被告的威胁而顺从了被告的要求。为了在诉讼中打赢官司，原告必须知道被拘禁了，但是不必出示除了拘禁以外的证据来证明伤害的发生。因此，在任何情况下不尊重孩子们的意愿、非法地限制孩子们的行为，如将他们绑到椅子上、或者捆住他们在他们的嘴里塞上东西（还可以有其他的侵权方式），都可以提起"错误拘禁"的诉讼。[71]尽管有的时候，有必要对学生的身体行为进行限制，教育者也必须记录下当时发生的一切事情，为说明该行为的恰当性和合理性提供书面的解释。

故意施加精神压力

这个领域在侵权法律中相对较新，因为从历史上看，法院拒绝为与身体伤害同时发生的精神伤害判付损害赔偿（例如，伴随着大腿骨折而来的疼痛及精神付出）。法院之所以不判决赔付精神损害赔偿，原因在于难以举证证明受到了两种伤害、难以举证确定直接原因、而且难以进一步确定损害赔偿的数量。现在，故意施加精神压力的侵权主张，对于那些承受了**非常严重**的精神痛苦的个体来说是可行的。然而，这种主张并不为每一个细小的侮辱性言行、凌辱、不好的品德、恼怒、具有性别歧视者或种族歧视性质的言论提供救济。

某些语言可能引发关于人身攻击的诉讼（如威胁着要打人）或诽谤诉讼（如没

有根据地散布教师与学生发生性关系的言论);根据联邦法律的规定,还有一些语言可能成为歧视诉讼的理由(如性骚扰或者种族骚扰)。然而,根据侵权法律的规定,可能导致故意施加精神压力诉讼的行为必须是嚣张的、极端恶劣的、无耻的;同时,必须是超出了伦理道德的界限,被公民社会视为残暴且无法容忍的。[72]任何一个有理性的人都不能够容忍这种行为(例如严重而偏激的围攻、骚扰和人身攻击行为)的发生。另外,在大多数情况下,还需要这种行为持续一段时间而且重复发生,因为一般情况下,单一性的行动无法满足必需的条件要求。

因为难以满足这个严格的标准,所以发生在学校里的这种诉讼不能胜诉也毫不令人奇怪。许多诉讼都涉及了受伤的情感或名誉问题,但是,这些看起来都很微不足道。有一起案例,俄勒冈州一位六年级学生声称她的两位教师拒绝称呼她的昵称"布"(Boo)而使她感觉到了精神压力。"Boo"还是大麻的俗称,同时其他同学也是这样认为的。两位教师从来都没有说过原告吸食毒品,也从不原谅吸食毒品的行为。法院作出了对教师有利的简易审判,认为,没有陪审员会理性地认定教师的行为"严重超出社会可以容忍的行为范围"[73]。其他原告败诉的案例包括:一位学校校长冷漠而令人讨厌地嘲笑其下属的言语障碍[74];因为一名实习教师极差的工作绩效、非专业性行为和乖僻而令人厌烦的举止,掌管教学项目的教师便将该实习教师调离原岗位[75];一位学校管理人员给学生家长和学生写信说,曾经因发表攻击性种族评论而加深种族偏见的教师,在接受了为期10天的停止工作的惩罚以后,即将返回工作岗位。[76]这些案例都不符合"令人不可容忍"或"极端"的要求。

相反的案例是,在佛罗里达州,法院支持一位教师提出的、两名学生对之故意施加精神压力的起诉。这两位学生策划、编辑、写作、印刷、复制并散发了一份《时事通讯》,使用种族歧视和淫秽语言描述这位教师,威胁要强奸这位教师、这位教师的孩子们和子侄们,并威胁要杀了这位教师。法院认为这起案件与以往发生的骂人、拍摄令人尴尬的照片或者骚扰的案例不同,判定本案中两位学生的行为极端地缺乏最基本的文明素养。[77]

诽　谤

大多数侵权诉讼都主张针对身体的或精神的伤害进行损害赔偿,但是原告也会使用"诽谤"(defamation)这种方式对名誉受到的伤害提出诉讼。**诋毁**(slander)一词,一般与口头诽谤相关(但也包括手势),而**侮辱**(libel)常常指的是书面的诽谤(但也包括图片、塑像、动画和毁坏当事人形象的行为——例如,对某人实施绞刑的模拟像)。[78]在确定是否发生了诽谤的时候,法院考虑的因素包括:(1)目标指向的对象是普通民众还是公众人物;(2)是否是错误信息;(3)是将表达判定为个人观点,还是将之判定为事实;以及(4)是否是特许言论。

个人及公民

为了能打赢主张"诽谤"的官司,作为公民个人,只需证明:被告的错误言论被第三方接收并阅读、理解,由此产生了伤害性的结果。仅仅接收了无法理解的诽谤性信息(如,计算机收到难以理解的加密信息、通过收音机接收到用摩尔斯密码发送的信息、或者接听了用自己不懂的语言所讲的电话)并没有对原告产生不利影

响、不会影响原告的名誉、尊严或社会地位，也就不能定性为诽谤。公众人物或者政府工作人员还必须显示证据以证明，被告所发表的言论带有恶意中伤的性质，还轻率而不顾基本事实。尽管各州对诽谤的定义差异很大，但是公众人物一般指的是那些能被大众认识或者辨认出来的人（如专业运动员、演员），政府工作人员中那些真正控制着政府事务的人（如政治家、教育委员会成员）。

尽管近些年来政府工作人员和公众人物的范围扩大了许多，但是，绝大多数法院仍然不认为教师属于"公众人物"，主要原因在于教师的权威作用只限于儿童身上，而这一点对于教师来说则是非常幸运的。[79]相对而言，有一些法院认为教育委员会成员、学校管理者及教练或者算作政府工作人员、或者算作公众人物。[80]这并不意味着所有的教育委员会成员、学校管理者或者教练，即便是处于同一个司法管辖区域内，都应当被界定为公众人物，而要根据每个人的情况得出结论，要考虑每个人的角色、责任、闻名程度及权威性而定。

陈述的真实性

在确定一个案件是否属于诽谤的时候，法院也要考虑案件发生过程中所表达出的陈述是真实的还是虚假的。如果发现陈述是真实的，或者至少实质性部分是真实的，法院一般会作出对被告有利的判决，假使该言论没有省略重要事实，没有扭曲事件发生的环境，或者其表达方式不会令人误解。讨论学生问题时，教育者必须特别注意，不要作出不诚实的评论以免承担法律责任。例如，如果一位教师在教室里评论说某位女学生是"荡妇"，这种评论本身就可以定性为"诽谤"。[81]在类似的案件中，不要求该学生出示证据证明其名誉受到了真正的损害。

除了要证明"陈述是错误的"之外，个体必须证明自己就是错误陈述攻击的对象。有趣的是，个体的身份不必为所有的第三方（如诽谤的读者、观众或者听众）所了解，只要"有一些"第三方能够辨识出该个体，即使被告没有明确地说出个体的真名实姓，该个体也可以提起诉讼。[82]另外，诽谤的内容也不必清晰无误地展现出来，这些内容可以是暗示性的，或者只要第三方在其他信息的帮助下能够理解就行了。

事实与观点

公民的大部分观点都受到宪法的保护，特别是涉及公众人物、政府工作人员或者论及某一个公共话题的时候。个体所表达出来的、构成观点的言语是无须核实真伪的，表达方式也不必明显是针对某个问题发表的个人观点和看法。[83]家长可以发表批评教师的观点（口头上或者以书面的形式），可以将这些观点向学校校长或者教育委员会反映。[84]家长们甚至拥有向教师直接提出批评意见的宪法权利，只要这些言论算不上攻击性言论[85]，也不构成人身攻击。

虽然一些指控，如"那位教师向一位学生出售毒品"或"学监偷窃学校资金"，都是事实陈述，都是可以获取证据来证明或证实的，但是这些言论也可以定性为诽谤，除非可以寻得的证据证明这些话是真实的。俄勒冈州发生了一起案子，一位学生家长状告校车司机对学生进行性虐待，下级法院判处学生家长赔偿校车司机的损失，家长不服，提出上诉，上诉法院维持了原判。即使没有事实和迹象来支持家长的主张，这位学生家长仍然在相当长的一段时间里用书信等方式不断控告该校车司机,并联合其他学生家长进行抗议,参加教育委员会会议。这位学生家长提出的、无法证实的主张损害了该校车司机的名誉,对其聘任产生负面影响,使其精神上感觉痛苦。[86]

特 权

信息是否能够定性为"有特权的",也可能影响到诽谤主张能否得到支持。被人们认为是具有**绝对特权**的信息,在任何情况下都不能作为诽谤的根据,即使这些信息是错误的而且伤害了当事人。[87]虽然在教育领域,可以定性为特权的现象并不多见,但是,如果涉及学监或者教育委员会成员时,还是可以提出"绝对特权"的辩护的。例如,北达科他州的一个法院判定:教育委员会一位成员在委员会会议上发表的关于学监的言论就属于绝对特权的范围。[88]与此类似,纽约州的一个法院认定:因为某位教练在校际体育运动会上没有遵守既定规则,所以学监对之进行了书面的惩戒,这份惩戒书就受绝对特权的保护。[89]

交谈各方发表的、可以定性为"特权"或者"有条件的特权"的信息,可以免于承担法律责任,前提是该言论是出于良好的初衷,"在恰当的场合、出于正确的动机、以合适的方式、依据合理或适当的原因"[90]。如果存在着事实上的恶意(就是说,一个人散布明知虚假的、诽谤性言词;虽然明确知道其是不真实的,或者对其真实性心存重大疑惑,依然我行我素),"有条件的特权"就会丧失。[91]某位教育委员会成员在委员会会议上就一位学生因占有大麻而受到停学处分一事发表评论[92],管理者对学校工作人员进行评价[93],一位教师将另一位教师在欧洲之旅过程中的行为告知学校管理人员[94],这些判例都支持了特权免责的主张。然而,艾奥瓦州一位学监在公开召开的委员会会议上说,某位前雇员——他俩曾经意见不合——导致了不安全乃至危险的工作环境,这件事就不属于特权免责的范围。学监所说的话中,只有一件事被证实了:当一位职员与原告一起冲进保存原告"机密"档案材料的文件室时,发生了身体碰撞,该职员受到轻微擦伤。陪审团认为,这个偶然的伤害不能证明该学监的主张,因此判定,原告的名誉受到了损害。上诉法院支持这个判决并判处学区 25 万美元的赔偿。

损害赔偿

侵权诉讼中的损害赔偿既可以是补偿性的,也可以是惩罚性的,大部分损害赔偿都包括律师费,律师费一般是按照总赔偿金额的一定比例来计算(这个比值常常为 33.3%至 40%)。补偿性损害赔偿包括过去和将来的经济损失、医疗费用以及遭受到的痛苦的补偿。这一部分赔偿的目的在于弥补原告的全部损失,至少是用金钱可以弥补的那部分损失。如果被告的行为加重了原告原先所受的伤害,一般来说,被告只需赔偿增加了的那部分损失。

虽然各州对损害赔偿的规定各不相同,但基本上都对无形的损害(如疼痛、苦楚、丧失配偶的痛苦、精神痛苦)规定了赔偿的上限,而对真正的损失不作限制。即使原告胜诉,有权获得损害赔偿,也不能用学校的固定资产来执行这一判决。判决的赔付使用的是专项资金或者由发行财政券来筹募。如果没有足够资金的话,对于各州来说,常见的现象是要求财政部门的工作人员将未曾偿付的赔偿金数额汇报给税收机关、将之纳入下一年度的财政预算中。如果数额巨大,许多州就允许学区分期(最长年限可达10年)赔付无形伤害的损害赔偿金。[95]

此外,在大多数州里,还可以针对教育者个人提起诉讼。如果学区对这些教育者没有实施"无害解救",而且他们又没有缴纳个人责任保险时,教育者的个人财产(如汽车、船、银行存款)就可能用来进行赔付,他们的工资可能被扣除,他们的财产也可能被扣押。如果法院签署了财产扣押令,这些财产就不能出售,直到债务还清为止。还有,不允许债务人为躲避赔付而转移财产的所有权(就是说,这样做就意味着**欺诈性转让**)。通常的情况是,法院判决的执行人(如警察局长)有权没收债务人的财产、将财产送到公共拍卖会上进行出售。因为计算实际损害赔偿时不考虑债务人的经济状况这一因素,所以损害赔偿的总额可能会超出债务人的实际偿付能力。如果债务人的破产申请最终获得了成功,那么,原告/债权人获得赔偿的方式就与其他债权人的一样了。

实施惩罚性损害赔偿的目的是惩罚特别恶意的行为或者非常轻率的行为,这部分赔偿常常高于实际损失。陪审团对于确定惩罚性损害赔偿的数量大小拥有自由裁量权,他们根据环境、行为习惯及当时的行动三个因素来确定。与实际损害的计算方式不同,在确定惩罚性损害赔偿时,陪审团也会考虑债务人的经济状况。如果陪审团裁决因为激情或者偏见的原因而明显不公的话,法院也会减少或者增加惩罚性损害赔偿的数额。

结 论

所有的人,包括教育者,都应当为自己的行为负责;如果他们故意或者过失地造成他人的伤害,他们就应当承担赔偿责任。教育者的义务是合理的行为,过失行为也不会经常发生。因此,教育者应当知晓他们依据州法律可能承担的损害赔偿责任。他们需要清楚学区是否会对其过失行为承担责任,或者是否购买了足额的个人责任保险。为了防止侵权事件的发生,教师及管理者应当牢记下列侵权法律的一般原则。

1. 人们对教育者在特定环境中的行为是否恰当进行判断的标准是:一个有理性的、慎重的教育者(掌握了特殊技能、受过与工作任务相关的培训)在同样的环境中是否会以相同的行为方式处事。

2. 教育者承担着适当指导和充分监管学生,维修教学仪器设备、校舍和操场,对任何已知的危险都要提出预警的职责。

3. 人们期望教育者尽到与其职责相当的、符合一定水平标准的"注意"义务;如果活动具有较高的危险性,那么就要求教师提高注意的水平。

4. 危险的可预见性是确定教育者的行为是否存在疏忽时应当考虑的重要因素。

5. 如果教师知道一位学生有对自身或者其他学生造成威胁的倾向,就必须通知学生家长及可能的受害人。

6. 如果伤害是由某种突发性原因造成的,并且教师不可能预见到该行为的发生,则可以减轻教师的过失责任。

7. 大多数州都废除或者限定了普通法中关于政府免责的规定(如场所安全条例)。

8. 在承认共同过失的州里,学校工作人员可以使用"共同过失"来减轻自己的法律责任,只要有证据证明受害人自己的行为是导致其自身所受伤害的重要原因。

9. 根据相对过失的法律规定,可以由存在过失的被告、原告和其他人员按比例共同承担损害赔偿责任。

10. 如果个体明知危险而自愿地甘冒风险的话,其所受伤害则可能不能获得损害赔偿。

11. 如果有证据证明学校管理人员使用较强的武力对付学生的话,就可以将该行为判定为殴打。

12. 对学生采取的不必要限制及不恰当扣留,都可能导致错误拘禁诉讼。

13. 在一些情节严重的案子中,被告的行为可以定性为"极端的"或者"令人不可容忍的",此时,教育者或者学生要承担故意施加精神压力的法律责任。

14. 只有在媒体讨论公共话题时出于恶意的目的或者故意忽视事实真相的时候,政府工作人员才可以提出损害赔偿,要求媒体承担诽谤责任。

15. 如果教育者是出于合理的意图而向恰当的人谈论他们对学生的看法,他们一般可以因享有有条件的"特权"而受到法律保护,可以免受诽谤诉讼。

注 释

[1] 唯一的例外涉及在哥伦比亚特区提起的诉讼案件以及根据42 U. S. C. §1983(2002)的规定而实施的行为,这些法规赋予个体一定权利,个体可以依据州法律的规定对他人的行为提起诉讼,主张自己受联邦法律保护的权利受到损害进而要求损害赔偿。参见第11章第188条注释所对应的正文。

[2] 第四类侵权案件被定义为**严格赔偿责任**(strict liability)。当不寻常的或者极端危险的事情导致损害发生时,就属于这种侵权。因为这种侵权案件在教育环境中不常见,所以本章没有对此进行讨论。

[3] Sheehan v. Saint Peter's Catholic Sch., 188 N. W. 2d 868 (Minn. 1971).

[4] Fagan v. Summers, 498 P. 2d 1227 (Wyo. 1972)。又见 Janukajtis v. Fallon, 726 N. Y. S. 2d 451 (App. Div. 2001)。该案中,一个孩子将棍子扔到另一个孩子的眼睛上了。法院认定,即使承担着严格的监管责任,管理人员也不可能预防孩子受伤。Dadich v. Syosset, 717 N. Y. S. 2d 634 (App. Div. 2000)。该案中,法院认定,两个学生是因为自己的原因打架的,而且打架的时间很短,学校没有过失。

[5] Zmitrowitz v. Roman Catholic Diocese, 710 N. Y. S. 2d 453 (App. Div. 2000).

[6] 参见 David XX v. Saint Catherine's Ctr. for Children, 699 N. Y. S. 2d 827 (App. Div. 1999)。该案中,一位6岁孩子在乘坐校车上学过程中遭到了一位13岁的学生的性虐待,法院判决拒绝了学校提出的简易审判的请求。家长曾经数次告知管理人员校车上只有司机、没有助手,不符合相关规定;年龄大的那个孩子曾有罹患攻击性性功能障碍的历史。对立判决见 Johnson v. Carmel Cent. Sch. Dist., 716 N. Y. S. 2d 403 (App. Div. 2000)。该案中,法院认定,学校确实没有告知一位学生他将被另一位学生攻击;但法院同时认为,不能期望学校管理人员对学生们所有自发性行为都有所警戒。

[7] S. W. v. Spring Lake Park Sch. Dist. No. 16, 592 N. W. 2d 870 (Minn. Ct. App. 1999).

[8] 参见 Bratton v. Calkins, 870 P. 2d 981 (Wash. Ct. App. 1994)。

[9] 但是，只有在有证据证明聘用职员之前没有对其背景进行审查是导致伤害的直接原因的情况下，这样的疏忽才要承担法律责任。参见 Kendrick v. E. Delavan Baptist Church, 886 F. Supp. 1465 (E. D. Wis. 1995)。

[10] Giraldi v. Cmty. Consol. Sch. Dist. #62, 665 N. E. 2d 332 (Ill. App. Ct. 1996).

[11] Roe v. N. Adams Cmty. Sch. Corp., 647 N. E. 2d 655 (Ind. Ct. App. 1995).

[12] 一些家长曾经主张学区应当为其孩子乘坐私家车参加学校活动的过程，甚至回家途中提供监管，但是这些主张都遭到了法院的拒绝。参见 Gylten v. Swalboski, 246 F. 3d 1139 (8th Cir. 2001)。该案中，一位学生与另一个不是学生的人去踢足球，在去的路上发生了交通事故，在这起校外交通事故中，该学生是有责任的。法院裁示，学校对这位学生不具有特殊的监管职责。Tarnaras v. Farmingdale Sch. Dist., 694 N. Y. S. 2d 413 (App. Div. 1999)。该案中，法院裁示，当学生超出了"学校管理的势力范围"时，学校就没有管理职责了；放学以后，一名女学生在家中被已经疏远了的男友粗鲁地殴打，法院判决学区没有过失。

[13] Glaser v. Emporia Unified Sch. Dist. No. 253, 21 P. 3d 573 (Kan. 2001).

[14] Yurkovich v. Rose, 847 P. 2d 925 (Wash. Ct. App. 1993).

[15] Morris v. Douglas County Sch. Dist. No. 9, 403 P. 2d 775 (Or. 1965).

[16] Rhea v. Grandview Sch. Dist., 694 P. 2d 666 (Wash. Ct. App. 1985).

[17] Palella v. Ulmer., 518 N. Y. S. 2d 91, 93 (Sup. Ct. 1987).

[18] Banks v. Fritsch, 39 S. W. 3d 474 (Ky. Ct. App. 2001).

[19] 参见 Scott v. Rapides Parish Sch. Bd., 732 So. 2d 749 (La. Ct. App. 1999)。该案中，一位18岁学生进行跳远时使尽了全力也没有落在正确的地方，结果受了伤，法院认定教师没有对其进行适当的指导。Traficenti v. Moore Catholic High Sch., 724 N. Y. S. 2d 24 (App. Div. 2001)。该案中，拉拉队队长受伤了，私人教练并没有保护她。法院判决拒绝简易判决请求；是否提供了充分的监管、是否给予了充分的指导等问题仍然是需要判定的内容。

[20] Norman v. Ogallala Pub. Sch. Dist., 609 N. W. 2d 338 (Neb. 2000).

[21] 参见 Monfils v. City of Sterling Heights, 269 N. W. 2d 588 (Mich. Ct. App. 1978)。

[22]《校园石棉监测及控制法案》，20 U. S. C. §3601 et seq. (2002)；1986年的《石棉伤害应急法案》(Asbestos Hazard Emergency Response Act, AHERA), 15 U. S. C. §2641 et seq. (2002)。

[23] 参见 In re Asbestos Sch. Litigation, Pfizer, 46 F. 3d 1284 (3rd Cir. 1994); Adam Pub. Sch. Dist. v. Asbestos Corp., 7 F. 3d 717 (8th Cir. 1993); Tioga Pub. Sch. Dist. #15 v. United States Gypsum Co., 984 F. 2d 915 (8th Cir. 1993)。

[24] Lewis v. Saint Bernard Parish Sch. Bd., 350 So. 2d 1256 (La. Ct. App. 1977).

[25] Best v. Houtz, 541 So. 2d 8 (Ala. 1989)。对立判决见 Hertz v. Sch. City of E. Chi., 744 N. E. 2d 484 (Ind. Ct. App. 2001)。法院判决结论为，在清扫学区所属大道和通路上的积雪及积冰的过程中，学区有责任对学生进行合理的保护，而且，学区无权要求免责。

[26] Monfils v. City of Sterling Heights,

[27] Bartell v. Palos Verdes Peninsula Sch. Dist., 147 Cal. Rptr. 898 (Ct. App. 1978). 又见 Oravek v. Cmty. Sch. Dist. 146, 637 N. E. 2d 554 (Ill. App. Ct. 1994). 该案中,一位12岁的孩子放学以后在学校场地上骑自行车的过程中受伤了,法院认定,没有证据证明学区存在故意,也没有证据证明学区做出了荒唐的错误行为。

[28] Mix v. S. Seneca Cent. Sch. Dist., 602 N. Y. S. 2d 467 (App. Div. 1993).

[29] 参见 Arteman v. Clinton Cmty. Unit Sch. Dist. No. 15, 740 N. E. 2d 47 (Ill. App. Ct. 2000). 该案中,学区指派受伤的学生"试验"一种用脚趾刹车的溜冰鞋(roller blades),法院认定学区有责任为学生提供足够安全的仪器设备。

[30] Massie v. Persson, 729 S. W. 2d 448 (Ky. Ct. App. 1987).

[31] Schabel v. Deer Valley Unified Sch., 920 P. 2d 41 (Ariz. Ct. App. 1996). 又见 Catberr'o v. Naperville Sch. Dist. No. 203, 739 N. E. 2d 115 (Ill. App. Ct. 2000). 一名学生在跳绳的过程中,被掉下来的杆子击中面部并留下了永久性伤痕;这根杆子是购买的旧货,而且失修。法院判决重审该案。

[32] Mangold v. Ind. Dep't of Natural Res., 720 N. E. 2d 424 (Ind. Ct. App. 1999). 该案中,一位学生使用锤子敲开猎枪的外壳时受到了伤害,法院认定学校不存在过失;他的射击课教练已经告诉他,在没有家长或者教练监管的情况下,不要操作枪支或拆卸枪支。

[33] Tarasoff v. Regents of the Univ. of Cal., 551 P. 2d 334 (Cal. 1976).

[34] Eisel v. Bd. of Educ., 597 A. 2d 447 (Md. Ct. App. 1991).

[35] McMahon v. St. Croix Falls Sch., 596 N. W. 2d 875 (Wis. Ct. App. 1999).

[36] 参见 Weber v. William Floyd Sch. Dist., 707 N. Y. S. 2d 231 (App. Div. 2000). 该案中,一位拉拉队队长在尝试跨骑跳的动作时受了伤。法院判决维持有利于被告的决定,因为她没有出示证据证明被告没有实施常规的合理照顾。

[37] Foster v. Houston Gen. Ins. Co., 407 So. 2d 759, 763 (La. Ct. App. 1981).

[38] W. Page Keeton, Dan B. Dobbs, Robert E. Keeton, and David G. Owen, *Prosser and Keeton on Torts*, 5th ed. (St. Paul, MN: West Publishing, 1988), p. 177.

[39] *Id.* at 182.

[40] 参见 Howard County Bd. of Educ. v. Cheyne, 636 A. 2d 22 (Md. Ct. App. 1994). 该案中,法院裁示,4岁的孩子第一次进入体育馆进行体育活动时,是一个受邀请的人,但是陪审团仍然需要确定受伤的时候这个孩子是否超出了邀请的范围。又见 Tincani v. Inland Empire Zoological Soc'y, 875 P. 2d 621 (Wash. 1994). 野游时,学生从悬崖上跌落,该学生因此起诉动物园。法院将该案发回重审。法院的疑问是:当该学生迷路走出既定范围时,他是否算是一个经同意而进入的人。

[41] Anselmo v. Tuck, 924 S. W. 2d 798, 802 (Ark. 1996).

[42] Ascher v. Scarsdale Sch. Dist., 700 N. Y. S. 2d 210 (App. Div. 1999). 又见 Lopez v. Freeport Union Free Sch. Dist., 734 N. Y. S. 2d 97 (App. Div. 2001). 该案中,一位学生因没有抓住丛林体操杆(a jungle gym bar)而摔在地上受伤,法院的判决结论是,监管的缺失不是造成学生受伤的直接原因。另外,操场被合理维护、安全条件较好、没有安全隐患。

[43] Morgan v. Great Falls Sch. Dist., 995 P. 2d 422 (Mont. 2000). 又见 Williamson v. Liptzin, 539 S. E. 2d 313 (N. C. Ct.

App. 2000)。该案中，法院表示，精神病学家所说的过失不是诱发原告行为——例如在最近一次庭审之后的8个月内杀死两个人——的直接原因。

[44] Guerrieri v. Tyson, 24 A. 2d 468 (Pa. Super. Ct. 1942).

[45] 例如，在阿肯色州，学区及其雇员可以在过失诉讼案件中免责；在爱达荷州，如果学区工作人员监管的某个人被他人所伤，学区可以免于承担一般过失责任。参见 Brown v. Fountain Hill Sch. Dist., 1 S. W. 3d 27 (Ark. Ct. App. 1999)。该案中，一位高中生在操作一台安全防护装置被教师撤除了的台锯时，右手手指被切。法院支持学区提出的简易判决请求。学区免于承担这起过失诉讼的责任，法院驳回了故意侵权的主张。Coonse v. Boise Sch. Dist., 979 P. 2d 1161 (Idaho 1999)。该案中，学区监管的一位三年级女生在休息时被一群大男生殴打，法院的判决结论是，适用政府免责。与本案不相关的是，这群男孩也是学区的监管对象。

[46] Harrison v. Hardin County Cmty. Unit Sch. Dist. No. 1, 730 N. E. 2d 61 (Ill. App. Ct. 2000).

[47] 参见 Pauley v. Anchorage Sch. Dist., 31 P. 3d 1284 (Alaska 2001)。该案中，一位校长将一个学生交给了他非监护人身份的母亲，法院裁示校长有权申请免责。良好的动机、自主的决定既不具有恶意、又不具有破坏性。Trotter v. Sch. Dist. 218, 733 N. E. 2d 363 (Ill. App. Ct. 2000)。该案中，法院判决结论是，在学生淹死的事件中，对新生游泳班负有监管责任的人们有权申请自主功能免责。Deaver v. Bridges, 47 S. W. 3d 549 (Tex. App. 2000)。该案中，一位教师因使用种族歧视的词语而遭到解雇，一位得克萨斯州学监就这个问题对报纸发表了自己的意见。法院认定，该学监可以免于承担责任。

[48] Norman v. Ogallala Pub. Sch. Dist., 609 N. W. 2d 338 (Neb. 2000).

[49] Hinson v. Holt, 776 So. 2d 804 (Ala. Civ. App. 1998).

[50] 参见 Fear v. Indep. Sch. Dist. 911, 634 N. W. 2d 204 (Minn. Ct. App. 2001)。该案中，一位小学生从堆积的雪堆上摔倒而受了伤，法院裁示，学区的免责权不是必然的。"娱乐用途免责"是否适用是审判过程中、适用儿童不请自来者标准时应当回答的一个问题。Auman v. Sch. Dist., 635 N. W. 2d 762 (Wis. 2001)。该案中，一位学生在强制性休假期间受伤，法院的判决结论是，关于"娱乐用途免责"的制定法不保护学区免于承担责任。

[51] Barrett v. Unified Sch. Dist. No. 259, 32 P. 3d 1156 (Kan. 2001).

[52] 相关讨论参见 Stephen B. Thomas, *Students, Colleges, and Disability Law* (Dayton, OH: Education Law Association, 2002), pp. 270-272。

[53] Gutierrez v. Artesia Pub. Sch., 583 P. 2d 476 (N. M. Ct. App. 1978).

[54] 将 Brock v. Sumter County Sch. Bd., 542 S. E. 2d 547 (Ga. Ct. App. 2000) 案与 Crowell v. Sch. Dist. No. 7, Gallatin County, 805 P. 2d 522 (Mont. 1991) 案进行比较。前一案件中，法院裁示，学区虽然购买了机动车责任险，但是并没有放弃完全免责权。后一案件中，法院裁示，购买保险意味着自动放弃免责权。

[55] W. Page Keeton, Dan B. Dobbs, Robert E. Keeton, and David G. Owen, *Prosser and Keeton on Torts*, 5th ed. (St. Paul, MN: West Publishing, 1988), pp. 452-453。

[56] 参见 Aronson v. Horace Mann-Barnard Sch., 637 N. Y. S. 2d 410 (App. Div. 1996)。该案中，法院裁示，如果一位成年人是熟练的潜水员和游泳者，那么，在使用入水浅的跳水法进行潜水的时候受伤了，她是有过失的、应当独自承担责任。

[57] Bell v. Ayio, 731 So. 2d 893 (La. Ct. App. 1999)。该案中，法院认定，在此次袭击事件中，学生应当承担85%的责任。又见 Harvey v. Ouachita Parish Sch. Bd., 674 So. 2d 372 (La. Ct. App. 1996)。该案中，运动员没有佩戴脖颈套（neck roll）以保护他曾经受伤的脖颈。法院认定，教练承担80%的责任，足球运动员承担20%的责任。教练知道该运动员曾经受过伤，而且与其家长约好该运动员上场时必须采取预防措施、佩戴脖颈套，但是，该案中，教练仍然允许该运动员不戴脖颈套就上场了。

[58] Warrington v. Tempe Elementary Sch. Dist. No. 3, 3P. 3d 988 (Ariz. Ct. App. 1999)。

[59] Milea v. Our Lady of Miracles Roman Catholic Church, 736 N. Y. S. 2d 84 (App. Div. 2002)。该案中，法院表示，当学生掉到与便携式篮球架相连的一根金属横杆上时，属于甘冒风险。这种危险没有超出篮球运动本身通常具有的危险的范围。

[60] Rutter v. Northeastern Beaver County Sch. Dist., 437 A. 2d 1198 (Pa. 1981)。

[61] Benitez v. New York City Bd. of Educ., 543 N. Y. S. 3d 29 (1989)。

[62] Hammond v. Bd. of Educ., 639 A. 2d 223 (Md. Ct. Spec. App. 1994)。

[63] Papa v. Russo, 719 N. Y. S. 2d 723 (App. Div. 2001)。

[64] Bentley v. Cuyahoga Falls Bd. of Educ., 709 N. E. 2d 1241 (Ohio Ct. App. 1998)。

[65] Simms v. Sch. Dist. No. 1, Multnomah County, 508 P. 2d 236 (Or. Ct. App. 1973)。又见 Frame v. Comeaux, 735 So. 2d 753 (La. Ct. App. 1999)。该案中，一位八年级学生在考试期间讲话，代课教师要求他离开教室，他没有听从，教师就抓住他的胳膊和他一起离开教室。法院裁示，在整个过程中，不存在殴打的问题。

[66] Frank v. Orleans Parish Sch. Bd., 195 So. 2d 451 (La. Ct. App. 1967)。

[67] 有一些过失诉讼是学校管理人员提出的。这些管理人员在工作过程中遭到了袭击，他们认为学区存在过失。然而，在大多数案件中，法院裁示，事故是不可预见的，学区没有特殊职责阻止袭击的发生。参见 Genao v. Bd. of Educ., 888 F. Supp. 501 (S. D. N. Y. 1995)。

[68] Anello v. Savignac, 342 N. W. 2d 440 (Wis. Ct. App. 1983)。

[69] 美国法律学会（The American Law Institute），*A Concise Restatement of Torts* (St. Paul, MN: West Publishing, 2000), p. 19。

[70] 参见 Harris *ex rel*. Tucker v. County of Forsyth, 921 F. Supp. 325 (M. D. N. C. 1996)。该案中，在孩子们参观一个县拘留所的过程中，一位学生不断地捣乱，管理人员便将其关到拘留所的一个单人房间里，持续时间为几分钟。法院认定，这不属于错误拘禁。该学生的行为危害到孩子们的安全，扰乱了一个其他方面都井然有序的环境。

[71] 参见 Gerks v. Deathe, 832 F. Supp. 1450 (W. D. Okla. 1993)。该案中，一位教师因一个残疾儿童在地板上制造了一堆"垃圾"而将该儿童关在浴室里3个小时。法院拒绝了学区提出的简易审判的提议。

[72] W. Page Keeton, Dan B. Dobbs, Robert E. Keeton, and David G. Owen, *Prosser and Keeton on Torts*, 5th ed. (St. Paul, MN: West Publishing, 1988), pp. 54–66.

[73] Phillips v. Lincoln County Sch. Dist., 984 P. 2d 947, 951 (Or. Ct. App. 1999)。

[74] Shipman v. Glenn, 443 S. E. 2d 921 (S. C. Ct. App. 1994)。

[75] Banks v. Dominican Coll. 42 Cal. Rptr. 2d 110 (Ct. App. 1995)。

[76] Elstrom v. Indep. Sch. Dist. No. 270, 533 N. W. 2d 51 (Minn. Ct. App. 1995).

[77] Nims v. Harrison, 768 So. 2d 1198 (Fla. Dist. Ct. App. 2000).

[78] W. Page Keeton, Dan B. Dobbs, Robert E. Keeton, and David G. Owen, *Prosser and Keeton on Torts*, 5th ed. (St. Paul, MN: West Publishing, 1988), p. 786.

[79] McCutcheon v. Moran, 425 N. E. 2d 1130 (Ill. App. Ct. 1981)。对立判决见 Elstrom v. Indep. Sch. Dist. No. 270, 533 N. W. 2d 51 (Minn. Ct. App. 1995)。法院的判决结论是，教师属于公务员。

[80] 参见 Garcia v. Bd. of Educ., 777 F. 2d 1403 (10th Cir. 1985)（教育委员会成员）；Jordan v. World Publ'g Co., 872 P. 2d 946 (Okla. Ct. App. 1994)（校长）；Johnson v. Southwestern Newspapers Corp., 855 S. W. 2d 182 (Tex. Ct. App. 1993)（足球教练）。

[81] 参见 Smith v. Atkins, 622 So. 2d 795 (La. Ct. App. 1993)。

[82] 参见 McCormack v. Port Washington Union Free Sch. Dist., 638 N. Y. S. 2d 488 (App. Div. 1996)。

[83] 将 Milkovich v. Lorain Journal Co., 497 U. S. 1 (1990) 案与 Maynard v. Daily Gazette Co., 447 S. E. 2d 293 (W. Va. 1994) 案相比较。在前一案件中，当地一份报纸中关于高中摔跤教练的一篇报道暗示，该教练在司法审理的过程中做了伪证。因为无法证明这种说法的正误，所以不能称之为言论。在后一案件中，一篇社论认为一位前运动指导员是应当为运动员的低毕业率负责的几个当事人之一，法院裁示，该运动指导员没有受到诽谤；报纸上相关陈述是涉及公共利益的、受宪法保护的言论。

[84] 参见 Nodar v. Galbreath, 462 So. 2d 803 (Fla. 1984)。该案中，法院裁示，学生家长有条件地享有向教育委员会反映教师情况的特权。Ansorian v. Zimmerman, 627 N. Y. S. 2d 706 (App. Div. 1995)。该案中，法院裁示，家长认为教师无能力的主张是受法律保护的言论，家长的言论运用了修辞学中夸张的手法，而不是描述客观事实，因此受到法律的包涵。

[85] 从本质上来说，"攻击性言论"的直接结果是打破了和平的气氛，不属于受第一修正案保护的言论。参见第4章第20条注释所对应的正文。

[86] Kraemer v. Harding, 976 P. 2d 1160 (Or. Ct. App. 1999)。

[87] Gallegos v. Escalon, 993 S. W. 2d 422 (Tex. App. 1999)。该案中，其他学区的两个雇员使用了该学区的信用卡 (credit card)，教育委员会因此向学监问询有关问题。法院认定，该学监可以绝对免责，不用承担任何责任。

[88] Rykowsky v. Dickinson Pub. Sch. Dist. #1, 508 N. W. 2d 348 (N. D. 1993)。又见 Matthews v. Holland, 912 S. W. 2d 459 (Ky. Ct. App. 1995)。该案中，学监向州专业标准委员会报告了某校长聘任合同没有续签的原因。法院认定学监绝对免责。

[89] Santavicca v. City of Yonkers, 518 N. Y. S. 2d 29 (App. Div. 1987)。

[90] Baskett v. Crossfield, 228 S. W. 673, 675 (Ky. 1920)。又见 Phillips v. Winston-Salem/ Forsyth County Bd. of Educ., 450 S. E. 2d 753 (N. C. Ct. App. 1994)。该案中，法院裁示，教育委员会没有诽谤被起诉的助理学监，因为教育委员会与学监的接触受到限制性特权的保护。

[91] Gallegos v. Escalon, 993 S. W. 2d 422 (Tex. App. 1999)。

[92] Morrison v. Mobile County Bd. of Educ., 495 So. 2d 1086 (Ala. 1986)。

[93] 参见 Malia v. Monchak, 543 A.

2d 184 (Pa. Commw. Ct. 1988).

[94] Rocci v. Ecole Secondaire Mac-Donald-Cartier, 755 A. 2d 583 (N. J. 2000)。该案中，一位教师给校长写信，反映了原告在一次欧洲之旅中的非常不专业行为——她在飞机上饮用了过量的酒，学生值早班时让学生在外面等待时间过久导致他们迟到。法院认定，这封信不存在恶意、诽谤或者情感压力。

[95] Jonathan E. Buchter, Susan C. Hastings, Timothy J. Sheeran, and Gregory W. Stype, *Ohio School Law* (Cleveland, OH: West Publishing, 2001), p. 862.

第14章

一般法律问题概述

在前面的各章中，我们充分地论述了与教师、学生的权利和义务相关的各种法律问题。我们分析了宪法和制定法中的规定以及司法判例等，分析目的在于描述出美国目前的教育法律现状。我们也探讨了一些存在着争议的问题，其中有一些问题可以依据法律上的先例而得到解决，而另外一些问题至今没有很好的解决办法。

学校工作人员面临的最棘手的状况是，如何处理那些没有法律条文或司法实践指导的问题。这种情况下，教育者必须依据他们经历过的专业训练以及他们掌握的、可以应用于教育领域的一般性法律知识来解决这些问题。我们从前面各章的论述中归纳出五条一般原理，供教育者在决策时参考。

一般原理

依据其主权，州政府有权对公立教育进行控制

为了更好地遵守法律，学校工作人员必须牢牢记住州政府对教育活动进行约束和规范的范围。法院坚持认为，在设置和运营公立学校的问题上，州立法机关拥有绝对的权力，这种权力仅仅受到联邦宪法、州宪法及有关民权的法律的限制。当然，当联邦司法部门将美国宪法解释为"禁止公立教育中的某些行为，如种族歧视"时，州政府或者其下属行政部门就不能颁布与宪法规定的内容相冲突的法律法规，除非其中蕴涵着压倒性的公共利益。相反，如果联邦宪法及民权法律被解释为"允许某一项活动"，那么，各州便保留有一定自由裁量权，要么限制这项活动，要么促进这项活动的展开。因此，各州所制定的标准不一，要确定受法律保护的权利的具体范围，需要查阅所在州的制定法。

例如，最高法院反对这样的主张：试用期教师面临不续签合同问题时，当然地享有联邦法律所规定的正当程序权利，但是州立法机关有权根据州法律赋予试用期教师该种权利。相似地，最高法院并不认为，学校让参加课外活动的公立学校学生全部进行药物测试、或者学校随机抽取学生进行药品测试的行为违反了宪法第四修正案的规定，然而，州法律却可以对学校管理者的类似行为进行严格的约束。还有，最高法院也不认为，宗教学校加入州财政支持的教育券项目的行为违反了宪法规定的"不立国教"条款，但是，这些项目却可能与州宪法的某些规定发生冲突，州的这些规定禁止公共资金用于宗教的目的。

除非公民宪法权利岌岌可危，否则，法院便不会去干预立法机关对教育事务所作出的决定。各州立法机关有权设置并调整学区、筹集并分配教育经费、规定教师

的资格要求、设置课程以及确立学生成绩的最低标准等。因为各州对于公立学校拥有着如此广泛深入的控制权,所以,如果想完全深入地理解某一特定的教育系统的运转状况,可以阅读其所在州的制定法、管理规章以及相关的司法判决。

受雇于公立学校的一些前提条件,是在各州制定法及州教育委员会的规章中严格规定的。例如,所有的州都规定,作为教师,必须满足特定的资格条件,拥有有效的教学资格证。州法律还规定了雇佣劳动关系的终身性、终身制教师及非终身制教师的解聘程序、教师可以参与集体谈判的内容范围等。

类似地,对学校的入学条件,州法律也予以了规范。每一个州都颁布实施了义务教育入学条例,以确保公民普遍受到教育。这些法律适用于所有儿童,除了那些法律明文规定可以例外的情况。除了规定入学以外,各州还有权规定教学科目和教学材料。除非侵犯了有关当事人的宪法权利,一般情况下,法院不会认为各州的这些规定是无效的。同时,法院使用相似的理由来支持各州拥有规定学生毕业条件——包括将考试作为拿到毕业文凭的一个前提条件——的权力。法院认为,确立学术标准属于州的职权范围。

人们普遍认为,是地方教育委员会控制了这个国家中的公立教育;事实却是,地方教育委员会只拥有州法律授予的那些裁量权。地方教育委员会所拥有的裁量权,其范围可能是很宽泛的,也可能由于法律规定的限制而范围狭窄,或者居于二者之间,具体是什么情况,依各州的实际情况而定。教育委员会依照法律规定而颁布的规章,可以合法地约束雇员及学生的行为。例如,教育委员会可以在州最低规定的基础上,对聘任的条件作出进一步的规定(例如继续教育的要求、居住地要求),只要不与法律规定相矛盾。

在一些州里,州政府已经将某些领域内的决策权力(如课程问题、人员问题)委托给校本管理委员会了,地方教育委员会和校本管理委员会之间的关系仍然有待确定。法院一般不会推翻教育委员会或者校本管理委员会作出的决定,除非这些决定带有明显的任意性、歧视性,或者这些决定超出了教育委员会或校本管理委员会的权限范围。

然而,教育委员会和校本管理委员会的职权,受到其与教师联盟所签订的谈判合同的限制。谈判协议在诸如教师评价、工作日、教学负担、额外工作以及申诉程序等方面可以影响到聘任的条件。对于教育者来说,熟悉法定权利和义务的所有来源,是非常必要的。

所有限制个人自由的政策和措施必须是实现和促进教育目标所必需的

州及州政府在规制公立学校方面拥有宽泛的权力,但是任何可能侵犯公民的联邦宪法权利的政策都必须经过合法的判断,判断的标准是这些政府是否代表了高于一切的公共利益。尽管法院并不像立法实体那样可以制定并颁布法律法规,但是,通过阐释宪法及法律的规定,法院很明显地影响了教育政策的制定与实践过程。从传统上看,人们一般认为,学校按照州的意愿及其授予的特权而对学生的入学和公共聘任进行管理,但是,最高法院却认定,教师和学生并不因为他们身处校园便不能享有其宪法权利。州的确在控制着教育,但是,州行使这种控制权力的时候必须遵守联邦宪法的规定。

必须谨记在心的是,《权利法案》限制的是政府妨碍个人自由的行为,而不是个人的行为。为了说明这一点,"不立国教"条款禁止公立学校雇员在进行公共教

育的过程中指导宗教祈祷活动。然而,在中学里,由学生发起成立的宗教组织,只要它不代表学校,在非教学时间内使用学校场地设施的问题上,就应当得到和其他学生组织一样的待遇。进一步说,社区的宗教组织,即使是那些针对小学儿童的宗教信仰的组织,在学校未运营期间使用学校场地设施的问题上,也应当得到和其他社区组织一样的待遇。

为了平衡公共利益和私人利益,法院针对个人的受保护权利和政府限制个人权利的行使的需要两个方面进行利益权衡。例如,法院推论,要求学生向国旗敬礼如果与学生的宗教或哲学信仰发生冲突,并且不存在着高于一切的公共利益,那么,强迫学生向国旗敬礼的做法是违反宪法的。相反,法院认定,强制性接种抵抗传染病的疫苗是儿童入学的先决条件,即使有人因为宗教信仰而抵制接种疫苗。要求儿童接种疫苗符合高于一切的公共利益的要求,因为它的目的是保护所有学生的身体健康。

如果限制学生的行为是促进学校合法目标所必需的,当然也可以对学生的行为进行限制。例如,司法部门已经认识到,必须根据学校的特殊环境来考虑学生的宪法权利。因此,学校管理者可以限制学生穿戴与学校教育目标不一致的服饰,可以制定学生着装规范,甚至要求学生穿统一的校服,如果这样做的目的是为了促进学校目标的实现,而不是为了抑制学生的表达自由。学校管理者,虽然被尊为政府官员,但是也可以基于合理怀疑——学生藏有威胁到校园安全的违禁物品——而在没有搜查令的情况下对学生进行搜身。类似地,某些粗俗的表达方式,如果是成年人说出的,是可以受到宪法第一修正案的保护的,但是在校园里,对于学生来说,则可以被禁止,目的是保障学校的合法权益、维护校园的庄重环境。如果学生的表达方式代表了学校,也可以被学校审查,以确保其符合学校的教育目标。即使一些学生发表的言论只代表学生个体意识形态观点,如果该言论有可能对学校教学秩序造成实质性损害,该言论仍然可以被限制。

相似地,为了促进学校目标的实现,当然也可以对学校雇员的行为进行一定的限制。如果对于保障政府的合法利益来说是必须的,那么,可以将诸如参加测试和提出居住地要求等作为学校雇员的资格条件。此外,还可以限制教师自由选择服饰及其在学校之外的生活方式等,如果这些行为危害到其课堂教学的有效性的话。虽然根据宪法第一修正案的规定,针对公共话题,教师享有言论自由的权利,但是,一旦涉及个人聘任申诉的问题,教师此时的表达则可以作为惩戒的依据。如果教师的言论自由阻碍了学校的管理、妨碍了与同事及上下级之间的关系或者影响了教学的有效性,就应当限制教师关于公共话题的言论自由权。

每一项削弱个体权利的规则的制定,都必须有合理的教育学上的理由,而且必须是促进教育目标所必需的。这样的规则,还必须是清晰明确的,并且公布出来,从而使所有的利益关系人都能够了解这些规则制定的理由以及违反这些规则而应当承担的法律后果。

学校的政策和教育实践不能损害某些个人和集体的利益

本书自始至终都在强调个体所固有的、免于政府歧视的权利。如果州的某项作为构成令人怀疑的分类,比如说,根据种族的标准来对教师或者学生进行分类,则可以提请严格的司法审查。在废止学校种族歧视的判例中,法院判定学校管理人员负有积极责任,认为学校管理人员应当采取必要行动以消除历史残留下来的歧视遗迹。与此类似，涉及学生分组、测验方法、停学程序，以及与雇员的雇佣或晋升相关的故意的种族歧视，都是法律所不允许的。

然而，统一实施的中立性政策，并不一定就是不合宪的，即使这些政策可能会不同程度地影响到少数种族工作人员。例如，有关聘任的先决条件（诸如在应征者考试中，少数种族应征者的通过率显著低于非少数种族）可以得到法院的支持，只要学校使用这些先决条件的目的是正当的、是为了实现学校的教育目标，而且不带有歧视的意图。同时，班中的少数种族学生的数量不成比例的情况也是允许的，如果这种安排的根据是合法的、符合学生的最大利益的教育标准。同样地，由于自然原因、而不是因州故意实施的行为而导致的学校种族隔离状况并不涉及宪法权利问题。

除了根据种族标准进行分类以外，如果其他的区分教师和学生的依据歧视了某一类人，该依据也会被认定无效。联邦民权法律和州制定法强化了宪法对社会各阶层的保护，这些阶层在历史上都遭受到了不同程度的歧视。事实上，司法部门已经认识到，在保护公民免受歧视的实践中，立法主体有权超越宪法的最低界限。相应地，各种法律的颁布、实施，对雇员的职责进行了特殊规定，以确保雇员不因其性别、年龄、宗教信仰、出身国或者残疾问题而处于不利的位置。一旦涉及歧视问题，雇主必须列举出合法的、不带有歧视的证据来证明他们行为的合法性。如果有证据证实由于某些个体固有的特征（如种族、性别、年龄等）而导致这些个体的利益受损的话，学校管理人员就有责任进行损害赔偿。

联邦和州的各项命令也规定，学校不能拒绝学生入学，学校也不能因学生的性别、残疾、出身国、婚姻状况或者怀孕等因素而使学生处于不利的境地。学校不能拒绝某一类学生参加学校活动，诸如加入校际体育运动队。另外，不恰当地使用纪律处分程序而使一部分学生群体处于不利地位，也容易引发法律诉讼。教育者应当确保学校无偏无倚地实施所有的政策。

法院会认真仔细地核查学校对学生所做的各项分类，为的是确保这些分类没有损害到学生平等的受教育机会权。然而，对歧视的禁止并不等于所有的学生都得到完全相同的对待。学校可以按照学生们的特殊需求来分组，但是任何一种具体处理方式都必须是合法的，都应当能够为学生提供更多更好的服务。事实上，司法裁决以及联邦法律、州法律早已明确规定，学区的义务是提供适当的课程和服务、满足残疾儿童的需要、消除非英语母语儿童的语言障碍。

正当程序是美国司法系统的一项基本原则——公平的基础

宪法第五修正案及第十四修正案体现出来的正当程序的理念，是贯穿于教师与学生权利讨论始终的一个根本性主题。司法部门认识到，正当程序可以保护个体免于政府任意地侵犯其生命、自由或财产权，而且确保个体在政府侵犯这些利益时具有一系列的程序性权利。

由于缺乏更加具体而细微的法律规定，法院认定，如果学校的人事处理决定损害了教育公务员的财产权利或人身权利，根据美国宪法的要求，在最低限度上，学校应当告知该教育公务员，同时该教育公务员还享有在公正的决策者面前进行听证申诉的权利。当政府行为侵犯公民的财产权或者自由权时，就必须为其提供正当程序保护。财产权可以源于终身制地位、合同协议或者教育委员会作出的使雇员对继续聘任产生合理预期的行为。自由权受到损害可以体现在雇主的行为侵害了教师受宪法保护的权利（例如，言论自由）、损害了教师的名誉或者严重妨碍了教师受雇于其他地方。许多州的立法机关还超出宪法最低限度的要求，规定学校解雇终身制教师时必须严格遵守的具体程序。正当程序的规定，并不意味着教师不可以被解雇或者学校不可以制裁教师。但是，正当程序要求学校必须给予教师进行辩护的机会，而且学校的处理决定必须是公正的、是有确凿证据的。

同教师一样，学生也享有正当程序权利。学生入学是受到州法律保护的财产权，没有经过正当程序，这种权利是不可以被剥夺的。如果由于惩戒的原因使得学生的入学权利受到损害的话，就必须启动正当程序。该过程的复杂程度视权利被剥夺的程度而定，权利受损越严重，正当程序的实施就越正式。如果学校的惩罚是任意作出的或者惩罚过重的话，就侵犯了学生的实体性正当程序权利。残疾儿童在安置和受到惩戒时都享有正当程序权利。学校管理者从来不会因提供了太多的正当程序而犯错误，所以，一旦学生的状况发生了非常规性变化时，学校最好为其提供最低限度的程序保护。

正当程序理念中所包含的假设是，如果州的行为侵犯了个人自由的话，每个人都享有听证的权利。这种听证程序，不必在任何情况下都是面面俱到的，怎样实施视具体情况而定，有时候只要举行一个非正式的会谈就可以了，比如学校作出决定让学生短时间停学的情况。听证中最为至关重要的问题是，所有受到影响的各方都应当有机会表述自己的观点、提供可能改变既定决定的证据。通常出现的情况是，举行一场非正式的听证就可以澄清问题、达成协议，这样，就没有必要举行更为正式的听证了。

人们期望教育者能够遵守法律、合理行为，并能够预知行为的潜在后果

人们一般认为公立学校职员知晓联邦宪法、州宪法及各种制定法的规定，也能够理解与其相关的教育委员会的政策。最高法院强调，对法律的无知不可以作为违法行为的辩护。例如，学校管理者没有对学生提出的性骚扰申诉作出答复，学区并不能以其不知道最高法院关于1972年《教育修正案》的第九条规定的解释为由而免于承担责任。

由于经受过特殊的训练、符合严格的资格标准，教育者掌握了某些知识和技能。相应地，人们也期望他们在履行职责的过程中使用合理的专业判断。一种情形下看似合理的行为，换了一个情境，便成为不合理的了。我们可以举例说明这个问题。在处理学生违纪惩罚问题时，教师应当考虑到学生的年龄大小、精神状况、过去的行为习惯以及违纪时的特殊环境等因素。如果没有综合考虑这些因素而匆忙作出决定，则可能导致教师被解雇，或者因侵犯了学生的权利而承担赔偿损失的责任。

在教学科目的确立是否适合学生发展的问题上，人们也期望教师能够作出合理的判断。教学材料和教学方法应当适应学生的年龄、有利于教育目标的实现。如果是为了教学而将学生进行分组的话，教师应当根据合法的教育标准来作出分组决定。

另外，教育者承担着监管学生、提供恰当的教学、维护教学仪器、向学生发出危险警告的责任。教师应当保持相当的注意力，保护学生免受不合理危险的伤害。如果学校雇员能够预见某件事可能对学生造成伤害却由于疏忽而没有预见的话，该雇员就必须承担个人责任。

人们期望教师在处理影响工作的个人行为时，也能够进行合理的判断。教师受雇于公共部门并不要求他们放弃隐私权，但是个人的选择一旦损害了教学效果或者扰乱了学校的正常教学秩序，这种选择就可能使雇员丢掉工作或者遭受其他不利的人事决定。作为学生的行为模范，在选择个人生活方式问题上，教师及学校其他人员应当比一般大众具有更高水平的判断力。

结 论

本书的一个写作目的，就是减轻广大教育者的恐惧感：他们一直认为司法的天平总是向着不利于他们的一边倾斜。我们希望这本书已经帮助广大教育工作者纠正了这一认识。在大多数情况下，法院和立法机关并不向学校职员提出超出正直的教育者对自己的要求的要求。法院一直不断地支持着依据合法的教育目标而制定合理的政策和教育实践。事实上，立法机关及司法机关认为并支持学校人员具有制定和实施维持教育环境的效率和效能所必需的规章制度的职权，并认定这同时也是学校人员的职责。20世纪60年代晚期至70年代早期，针对政府的干预，联邦司法部门扩充了个人受到宪法保护的权利的范围。然而，从20世纪80年代开始，联邦法院在解释公民宪法权利时，转而采取非常谨慎的态度，强化了州和地方教育机构为达成教育目标而必需的决策权，即使这些决策可能会损害个体受宪法保护的权利。但是，如果学校的教育实践和政策是任意制定的、与教育目标毫无关联、或者没有什么更重要的理由就伤害了个体的权利，法院也确实会宣布学校教育实践和政策是无效的。

因为内部引发的改革通常要比外部强加的改革容易进行得多，所以教育者应当主动地辨别出那些潜在的、可能会导致司法干预的教育实践活动，并对之加以变革。目前状况下，互联网审查制度、学生间的骚扰、一些学生作出的恃强凌弱以及其他胁迫性行为，都是值得教育者注意的问题。进一步说，学校职员应当关注教育法律的最新发展，因为每年都会有新的法律颁布实施，法院也会不停地重新解释宪法和制定法的规定。

除了自己理解基本的权利和义务之外，教育者还应当将关于权利和义务的知识传授给学生。学生们也需要了解他们的法律权利，了解立法者和法官所进行的权利平衡，了解法律和学校规章背后的理由。只有不断深入地认识基本的法律原则，广大教育管理者、教师和学生才有可能更加尊重法律、更加有效地履行伴随着法律权利而产生的义务。

术语表

absolute privilege
绝对特权：因公共服务行为或者司法行为而免于承担与信息交流有关的责任的一种保护。

appeal
上诉：向上级法院提出对案件进行重新审理的请求，以期改变下级法院作出的裁决。

appellate court
上诉法院：基于原告或者被告的上诉请求、对下级法院作出的裁决进行重新审理的法院。

arbitration (binding)
（约束性）仲裁：针对争议问题，由争议当事人选择公正的第三方作出最终决定的过程。

assault
人身攻击：造成他人身体伤害的行为。

battery
殴打：故意非法伤害他人的行为。

certiorari
调卷令：将诉讼由低级法院调到上诉法院进行重新审理的书面命令。

civil action
民事诉讼：对受到侵害的个体权利进行救济的司法过程；与之相对应的是对受到侵害的公共利益进行救济的刑事诉讼。

civil right
民事权利：与公民身份相伴的、受到宪法保护的个体的权利，比如，言论自由、不受歧视的权利。

class action suit
集团诉讼：处于同样境遇中的人们共同提起诉讼的司法行为。

common law
普通法：由来源于现实生活或者从司法决定的实际运用过程中分化出来的规章及原则构成的系统。

compensatory damages
补偿性损害赔偿：为补救个体所受损害（如经济损失、精神伤害、生活不便）而支付的金钱赔偿，并将受害人的地位恢复如前。

concurring opinion
并存意见：一个法官或数个法官发表的、相对独立于法院大多数法官意见的言论，这些言论支持法院大多数人的决议，但是也提出了自己作出结论的理由。

consent decree
（衡平法诉讼中）两造同意的判决：法院作出的、缔结合约的双方必须遵守的协议。

consideration
约因、对价：为缔结合同而付出的或者承诺付出的、有价值的东西。

contract
合同、契约：表明竞争中的两个或多个主体之间法律关系的产生、变更或者消灭的协议。

criminal action
刑事诉讼：针对侵害公共利益的人发起的司法行为。

damages
损害赔偿：因违法行为而对个体作出的赔偿。

declaratory relief
宣告性法律救济方法：法院对原告权利进行的一种宣告，在这种宣告中并不评判被告行为造成的损失大小。

de facto segregation
事实上的种族隔离：现实中确实存在的、并非由州或州所属部门的行为造成的种族隔离。

defamation
诽谤、破坏名誉：故意传播错误信息，中伤他人的人身或者名誉。诽谤是指口头传播错误信息，侮蔑是指书面传播错误信息。

defendant
被告：法院诉讼所针对的一方。

de jure segregation
法律上的种族隔离、合法的种族隔离：法律规定的、或者由州或州所属部门的行为引起的种族隔离。

de minimis
法律上不计较的小事：不值得司法审查的小事情。

de novo
重审：重新审理。

dictum
法官判决的附带意见：某个法官的言论，仅仅表达了该法官个人的、与决策问题没有直接联系的意见，不代表法院的观点。

directed verdict
直接裁决：原告无法为陪审团审理案件提供表面证据时，或者被告无法作出必要辩护时而作出的陪审团裁决。

discretionary power
裁量权：作出判决的权力。

dissenting opinion
反对意见、异议：一个法官或者数个法官发表的、不同意大多数法官作出的案件裁决的意见申明。

en banc
全体法官出庭听审、满席听审：全体法官出庭听审指的是法院全体成员参与审判而不是通常情况下发生的、选出一定数量的法官进行的审判。

fact finding
事实发现：谈判过程陷入僵局以后，第三方介入谈判、进行调查以寻找证据、确定问题，并提出参考性解决办法的过程。

friend-of-the-court briefs
法庭之友的意见：非参与方提出的、告知法院或者可能对法院产生劝说作用的见解。

governmental function
行政职能：为实现联邦、州或者市政机关的行政职责而做出的行为。

governmental immunity
行政豁免：普通法规定的一条准则，该准则规定行政机关不必因其内部工作人员、下属部门或者雇员的错误行为而承担责任。

impasse
僵局：谈判过程中出现的死局，如果没有第三方的帮助，谈判双方是无法达成协议、解决问题的。

injunction
禁令：法院发出的、禁止被告做出被限制的行为的令状。

in loco parentis
替代父母的地位：代替父母；行使父母的权利、履行父母的义务。

liquidated damages
违约赔偿：合同明确规定的、缔结合同的一方因违反合同而应当付给对方的、基于合理的损失评估的损害赔偿。

mediation
仲裁、调解：中立的第三方作为仲裁者、劝说对立的双方解决争议的过程。

ministerial duty
政府成员的职责：不涉及自由裁量权

的问题、但是必须以合法权力作为依据而做出的行为。

negligence
过失、疏忽：没有尽到一个有理性的正常人在相似的情境中可以尽到的、应当注意的职责；低于法律规定的、保护他人免于不合理伤害的行为标准的行为。

per curiam
引用法官判词：法院审理案件时作出的简短裁决，并不发表书面意见。

plaintiff
原告：提起司法诉讼的一方。

plenary power
全权：完整的、完全的、绝对的权力。

precedent
先例：一种司法裁决，可以作为法院审理后继发生的类似案件的权威性依据。

preponderance of evidence
优势证据：一种要求有更多的证据支持起诉而不是反驳起诉的标准，也称为"51％规则"。

prima facie
初步的、表面的：从表面上看是真实的，除非有相反的证据证明其不是真实的。

probable cause
可能的原因、（相信被告有罪的）合理根据：有充分证据支持的合理根据，目的在于向持有疑虑的人证明嫌疑人确实是有罪的。

procedural due process
程序性正当程序：一种基本权利，基于这种权利，一个人如果被起诉，法院应当告知其被起诉的事由；如果被起诉人的生命权、人身权或财产权受到了侵害，其有机会在公正的法官面前为自己辩护。

proprietary function
专有职能：州或市政机关做出的一种行为（通常是为了追求利益），这种行为私营企业也能够轻松做出。

punitive damages
惩罚性损害赔偿：被告因故意或过失侵犯他人的权益而受到的货币惩罚。

qualified immunity
特有豁免权：一种积极的辩护，可以保护公务员行使自由裁量权而免于民事损害赔偿，只要他们的行为并不侵犯他人拥有的、法律明确规定的权利或者宪法权利。

qualified privilege
限制性特权：法律规定的一种权利，可以保护人们免于承担因出于良好的动机、基于恰当的理由、向合适的人或集团传递信息的责任。

reasonable suspicion
合理怀疑：明确且可以清晰描述出来的事实，人们可以基于这些事实来判断某些未经批准的搜查是否合理。

remand
案件发回：将一起案件发回原审法院重新审理。

respondeat superior
长官负责制：一项法律原则，规定主人应当为仆人的行为负责，政府部门应当为其雇员的行为负责。

save harmless clause
无害解救条款：一方同意赔偿并提起无害诉讼的协议。

stare decisis
遵循先例：遵循先决的判决；坚持先前案例审理中确定的原则。

statute
制定法、成文法：一种由政府的立法部门按照自己的意志颁布实施的法律；制定法是法律体系的重要组成部分。

substantive due process
实体性正当程序：美国宪法第五修正案和第十四修正案中体现出来的法律要求；指的是，法律的适用必须公正合理，保护公民免受任意的、反复无常的或者不合理的行政行为的干扰。

summary judgment
即决判决：不经审理即可解决纠纷，因为没有出现针对事实问题的实质性争论。

tenure

终身制：一种制定法规定的权利，表明个体取得了永久性的教师职位，这种权利可以保护教师免于不正当的解聘。

tort

侵权行为：一种违反合同规定的、必须进行损害赔偿的、错误的民事行为。

ultra vires

越权行为：超越了职权的范围。

vacate

撤销、使无效：放到一边；致使一个判断无效。

verdict

陪审团裁决：陪审团作出的案件审理裁决。

最高法院判例选

Abood v. Detroit Bd. of Educ.，阿布德诉底特律教育委员会，452—453

Adarand Constructors v. Pena，阿达雷德建筑商诉佩纳，357

Adler v. Bd. of Educ.，阿德勒诉教育委员会，327，392

Agostini v. Felton，安格斯提尼诉费尔顿，59—60

Aguilar v. Felton，埃格拉诉费尔顿，59

Albemarle Paper Co. v. Moody，阿尔比马尔纸业公司诉穆迪，354

Allen v. McCurry，艾伦诉麦克卡瑞，397

Ambach v. Norwick，安巴切诉诺韦克，273

American Mfrs. Mut. Ins. Co. v. Sullivan，美国保险公司诉沙利文特，426

Ansonia Bd. of Educ. v. Philbrook，安索尼亚教育委员会诉菲尔布鲁克，375

Arizona Governing Comm. for Tax Deferred Annuity & Deferred Comp. Plans v. Norris，亚利桑那州养老保险管理委员会诉诺里斯，370

Ashcroft v. ACLU，埃斯科福特诉美国公民自由协会，88

Ashcroft v. Free Speech Coalition，埃斯科福特诉言论自由联盟，88

Attorney Gen. of N. Y. v. Soto-Lopez，纽约首席检察官诉索图—洛佩茨，279

Baker v. Owen，贝克诉欧文，241

Bartnicki v. Vopper，巴特尼克伊诉沃普尔，336

Baynard v. Alexandria City Sch. Bd.，贝纳德诉亚历山德拉市学校委员会，181

Beilan v. Board of Pub. Educ.，贝兰诉费城教育委员会，328

Bethel Sch. Dist. No. 403 v. Fraser，贝瑟尔第403学区诉弗雷泽，108—110，130

Bishop v. Wood，毕晓普诉伍德，399—400

Board of Curators v. Horowitz，格拉特斯委员会诉霍洛维兹，89，244

Board of Educ. v. Allen，教育委员会诉艾伦，58

Board of Educ. v. Dowell，教育委员会诉杜维尔，159—160

Board of Educ. v. Earls，教育委员会诉厄尔斯，136，262

Board of Educ. v. Grumet，教育委员会诉格鲁米特，61

Board of Educ. v. Mergens，教育委员会诉莫根斯，43，126

Board of Educ. v. Pico，教育委员会诉匹克，85—86

Board of Educ. v. Rowley，教育委员会诉萝莉，194

Board of Regents v. Roth，雷金茨委员会诉罗思，396—397，398

Board of Regents v. Southworth，里根茨教育委员会诉绍斯沃兹，117

Board of Trs. v. Fox，交通委员会诉福格斯，113

Board of Trs. v. Garrett，交通委员会诉加勒特，23，429

Bob Jones Univ. v. United States，鲍伯金斯大学诉美国，58

Bogan v. Scott-Harris，博根诉斯科特—哈里斯，426

Bolger v. Youngs Drug Prods. Corp.，博尔格诉儿童药品公司，113

Bowen v. Massachusetts，鲍文诉马萨诸塞州，208

Bowers v. Hardwick，鲍尔诉哈德威克，342，415

Boy Scouts of Am. v. Dale，美国男童子军协会诉戴尔，128，372

Branti v. Finkel，布兰提诉芬克尔，328

Brentwood Acad. v. Tennessee Secondary Sch. Athletic Ass'n，布伦特伍德学会诉田纳西中学运动员协会，14，134

Broadrick v. Oklahoma，布罗德里克诉俄克拉何马州，331

Brown v. Board of Educ.（Ⅰ），布朗诉教育委员会（一），22，147，149，187

Brown v. Board of Educ.（Ⅱ），布朗诉教育委员会（二），149

Burlington Industries v. Ellerth，伯灵顿工厂诉埃勒斯，369

Burlington Sch. Comm. V. Massachusetts Dep't of Educ.，伯灵顿学校委员会诉马萨诸塞州教育部，202

California Fed. Savings & Loan Ass'n v. Guerra，加利福尼亚储蓄及贷款联合协会诉格拉，366

Camara v. Municipal Court of City and County of S. F.，凯莫拉诉S. F. 市县法庭，12，248

Cantwell v. Connecticut，凯特维尔诉康涅狄格州，13，25

Capitol Square Review & Advisory Bd. v. Pinette，资金用途审查及建议委员会诉盘特，39，108

Carey v. Piphus，凯瑞诉皮普胡斯，267—268

Cedar Rapids Cmty. Sch. Dist. v. Garret F.，锡达·拉佩兹联合学区诉F. 加勒特，207

Chandler v. Miller，钱德勒诉米勒，278，338

Chicago Teachers' Union, Local No. 1 v. Hudson，芝加哥教师联盟第一小组诉赫德森，454—455

Christiansburg Garment Co. v. EEOC，克里斯汀斯伯格服装公司诉均等就业机会委员会，434

City of Boerne v. Flores，布尔尼市诉佛罗里斯岛，28

City of Canton, Ohio v. Harris，俄亥俄州坎顿市诉哈里斯，429

City of Charlotte v. Local 660, Int'l Ass'n of Firefighters，夏洛特市诉国际消防员协会第660小组，457

City of L. A. Dep't of Water & Power v. Manhart，洛杉矶城市水电管理局诉曼哈特，369

City of Madison, Joint Sch. Dist. No. 8 v. Wisconsin Employment Relations Comm'n，麦迪逊市第八联合学区诉威斯康星雇佣关系集团，317，459

City of Newport v. Fact Concerts，纽庖特市诉真相调停协会，431

City of Richmond v. J. A. Croson Co.，瑞切蒙德市诉J·A·克罗森公司，357

Clark v. Jeter，克拉克诉杰特，145，347

Cleveland Bd. of Educ. v. LaFleur，克利夫兰教育委员会诉拉弗勒，366

Cleveland Bd. of Educ. v. Loudermill，克利夫兰教育委员会诉劳德米尔，406

Cole v. Richardson，科尔诉理查森，273，327

Collins v. City of Harker Heights，科林斯诉哈克黑茨市，428

Committee for Pub. Educ. & Religious Liberty v. Nyquist，公立教育委员会和信仰自由委员会诉尼奎斯特，61，63

Committee for Pub. Educ. & Religious Liberty v. Regan，公立教育委员会和信仰自由委员会诉瑞格，58—59

Connick v. Myers，康尼克诉迈尔斯，307—310，320

Cooper v. Aaron，库佩诉亚伦，10，149

Cornelius v. NAACP Legal Def. & Educ. Fund，柯尔利尔斯诉全美大学法律保护及教育基金联盟，114

County of Allegheny v. ACLU，阿利根尼县诉美国公民自由协会，27，39

Crawford v. Board of Educ.，克劳佛诉教育委员会，154

Crowell v. Benson，克劳维尔诉彭生，18

Cumming v. Richmond County Bd. of Educ.，卡明诉里士满县教育委员会，147

Davis v. Monroe County Bd. of Educ.，戴维斯诉门罗县教育委员会，182

DeShaney v. Winnebago County Dep't of Soc. Servs.，德尚尼诉温尼贝戈县社会服务部，301

Edwards v. Aguillard，爱德华兹诉安哥拉德，55—56，81

Ellis v. Brotherhood of Ry., Airline, and S. S. Clerks，埃利斯诉铁路、航空及轮船雇员兄弟会，453—454

Elrod v. Burns，埃尔罗德诉伯恩斯，328

Employment Div. v. Smith，雇佣多元化组织诉史密斯，28

Engel v. Vitale，恩格尔诉外特，29

Epperson v. Arkansas，艾普逊诉阿肯色州，55，81

Evans v. Romer，埃文斯诉罗默，370

Everson v. Board of Educ.，埃弗森诉教育委员会，26，58

Faragher v. City of Boca Raton，法拉格诉伯卡拉顿市，369

Farrar v. Hobby，法拉诉霍比，431

Firefighters Local Union No. 1784 v. Stotts，第1784地方消防员联盟诉斯托特斯，358

Florence County Sch. Dist. Four v. Carter，弗罗伦斯县第四学区诉卡特，203

Franklin v. Gwinnett County Pub. Schs.，富兰克林诉格温尼特县公立学校，180，301

Franks v. Bowman Transp. Co.，弗兰克斯诉鲍曼，358

Freeman v. Pitts，弗里曼诉匹茨，160

Furnco Constr. Corp. v. Waters，佛恩叩建筑公司诉沃特斯，349

Garcia v. San Antonio Metro. Transit Auth.，加西亚诉圣安东尼奥城市运输管理局，11，441

Gebser v. Lago Vista Indep. Sch. Dist.，格布瑟诉拉戈·维斯塔独立学区，181，301—302

Geduldig v. Aiello，吉达底格诉艾洛，365

General Elec. Co. v. Gilbert，电力总公司诉吉尔伯特，365

Gilbert v. Homar，吉尔伯特诉霍玛，406

Ginsberg v. New York，金斯博格诉纽约，110

Gitlow v. New York，基特罗诉纽约，13，25

Givhan v. Western Line Consol. Sch. Dist.，吉弗汉诉西线康索兰学区，307

Gomez v. Toledo，戈梅斯诉托勒多，427

Gong Lum v. Rice，古拉姆诉瑞斯，148

Goss v. Board. of Educ.，高斯诉教育

委员会，149

Goss v. Lopez，戈斯诉洛佩兹，235—237，268

Gonzaga Univ. v. Doe，贡扎加大学诉多伊，16，98，426，429

Good News Club v. Milford Cent. Sch.，好消息俱乐部诉米尔福特中心学校，45—46

Graham v. Richardson，格雷厄姆诉理查森，144，347

Green v. County Sch. Bd.，格林诉县教育委员会，150，160

Gregory v. Ashcroft，格雷戈里诉阿斯克罗夫特，377

Griffin v. County Sch. Bd.，格瑞芬诉县教育委员会，149

Griggs v. Duke Power Co.，格里斯特诉杜克能源公司，354

Griswold v. Connecticut，格瑞斯伍德诉康涅狄格州，97，126

Grove City Coll. V. Bell，格诺伍市大学诉贝尔，16

Harlow v. Fitzgerald，哈洛诉菲茨杰拉德，427

Harrah Indep. Sch. Dist. v. Martin，哈拉独立学区诉马丁，277，419

Harris v. Forklift Sys.，哈里斯诉福克利夫特系统，368

Hazelwood Sch. Dist. v. Kuhlmeier，海兹伍德学区诉库尔迈耶，87，115—116，118，320

Hazelwood Sch. Dist. v. United States，海兹伍德学区诉美国，358

Hazen Paper Co. v. Biggins，黑曾纸业公司诉比金斯，377，381，382

Healy v. James，希利诉詹姆士，125，326

Helvering v. Davis，黑尔英诉戴维斯，10

Honig v. Doe，霍尼格诉多伊，212

Hooper v. Bernalillo County Assessor，胡珀诉伯纳里罗县审核员，246，279

Hortonville Joint Sch. Dist. No. 1 v. Hortonville Educ. Ass'n，豪顿威尔第一联合学区诉豪顿威尔教育协会，408，466

Howlett v. Rose，豪里特诉罗思，267，426

Hunt v. McNair，汉特诉麦克奈尔，59

Hunter v. Erickson，亨特诉埃里克森，144，347

Indiana *ex rel.* Anderson v. Brand，印第安纳州安迪生诉布兰德，286，394

Ingraham v. Wright，英格拉哈姆诉莱特，240—241，266

International Union, United Auto., Aerospace, & Agric. Implement Workers of Am. v. Johnson Controls，国际组织、美国汽车、航空及农业联合组织实业工人诉约翰逊控股集团，365

Irving Indep. Sch. Dist. v. Tatro，欧文独立学区诉塔特罗，207

Johnson v. New York State Educ. Dep't，约翰逊诉纽约州教育部，78—79

Kadrmas v. Dickinson Pub. Schs.，康德若玛斯诉迪克逊公立学校，78

Katz v. United States，卡特兹诉美国，250

Kelly v. Johnson，凯利诉约翰逊，333—334

Keyes v. School Dist. No. 1, Denver，凯斯诉丹佛市第一学区，151

Keyishian v. Board of Regents，凯英夏诉雷金茨委员会，108，273，327，439

Korematsu v. United States，克雷玛索诉美国，144，347

Kimel v. Florida Bd. of Regents，基梅尔诉佛罗里达董事会，23，377

Lamb's Chapel v. Center Moriches

Union Free Sch. Dist.，小羊唱诗班诉莫瑞科斯自由联合中心学区，27，44

Lau v. Nichols，劳诉尼科尔斯，164

Lee v. Weisman 李诉魏斯曼，27，31—32

Lehnert v. Ferris Faculty Ass'n，莱纳特诉费里斯大学教师协会，453—454

Lemon v. Kurtzman，莱蒙诉库兹曼，26—27，61

Levitt v. Committee for Pub. Educ. & Religious Liberty，莱维特诉公立教育委员会和信仰自由委员会，59

Lynch v. Donnelly，林茨诉多莉，38

Maine v. Thiboutot，梅因诉垂布图特，426

Mapp v. Ohio，迈普诉俄亥俄州，248

Marbury v. Madison，马布里诉麦迪逊，21

Marsh v. Chambers，马萨诉钱伯斯，30

Martin v. Wilks，马丁诉威尔克斯，357

Mathews v. Eldridge，马修斯诉埃尔德里奇，403，427

McCarthy v. Philadelphia Civil Serv. Comm'n，麦卡锡诉费城市民服务委员会，278

McCollum v. Board of Educ.，麦克哥伦布诉教育委员会，48

McDonnell Douglas Corp. v. Green，麦克唐奈·道格拉斯公司诉格林，349，378

McLaurin v. Oklahoma State Regents for Higher Educ.，麦克劳瑞诉俄克拉何马州高等教育董事会，148

Memphis Cmty Sch. Dist. v. Stachura，孟斐斯学区诉施塔彻尔，324—325，401，431—432

Meritor Savings Bank v. Vinson，梅里特存款银行诉文森，368

Meyer v. Nebraska，梅耶诉内布拉斯加州，81

Migra v. Warren City Sch. Dist.，米格拉诉沃伦城市学区，429

Miller v. California，米勒诉加利福尼亚州，110

Milliken v. Bradley（Ⅰ），米利肯诉布拉德利（一），154—155

Milliken v. Bradley（Ⅱ），米利肯诉布拉德利（二），155，158

Minnesota State Bd. for Cmty. Colls. v. Knight，明尼苏达州社区合作委员会诉奈特，458

Miranda v. Arizona，米兰达诉亚利桑那州，236，265

Mississippi Univ. for Women v. Hogan，密西西比女子大学诉霍根，145，178，347

Missouri v. Jenkins，密苏里州诉杰金斯，155，158

Missouri ex rel. Gaines v. Canada，密苏里州刚尼斯诉加拿大，148

Mitchell v. Helms，米切尔诉黑蒙斯，60—61

Monell v. Department of Soc. Servs.，莫内尔诉社会服务部门，428

Mt. Healthy City Sch. Dist. v. Doyle，黑尔士山城市学区诉多伊尔，306—307，313—314，383，397，430

Mueller v. Allen，穆勒诉阿兰，58，62—63

Murphy v. United Parcel Serv.，墨菲诉帕斯尔联合服务中心，189，385

Nashville Gas Co. v. Satty，纳什威尔天然气公司诉萨提，366

National Educ. Ass'n v. South Carolina，国家教育联盟诉南卡罗尼纳州，273，354

National Gay Task Force v. Board of Educ.，国家盖伊特遣部队诉教育委员会，315—316，342

National League of Cities v. Usery，国

家城市组织诉尤塞里，11，441

National Treasury Employees Union v. Von Raab，国家财政部雇员工会诉冯·拉布，261，338

NCAA v. Smith，全美大学运动员联合会诉斯密斯，173

New Jersey v. T. L. O.，新泽西州诉 T. L. O.，248—250，253，264，337

Nixon v. Shrink Mo. Gov't PAC，尼克松诉密苏里州政府政治行动委员会，326

NLRB v. Catholic Bishop of Chi.，（美国）国家劳资关系委员会诉芝加哥天主教会主教，438

NLRB v. Katz，（美国）国家劳资关系委员会诉卡茨，463

North Carolina Dep't of Transp. v. Crest St. Comm.，北卡罗来纳州交通部诉克雷斯特街道委员会，434

North Carolina State Bd. of Educ. v. Swann，北卡罗来纳州教育部诉斯万，153

Northeastern Fla. Chapter of the Associated Gen. Contractors of Am. v. City of Jacksonville，美国建筑商会佛罗里达州东南部分会诉杰克逊维尔市，357

Norwood v. Harrison，诺伍德诉哈里斯，58

O'Connor v. Ortega，奥康纳诉奥尔特加，337

Ohlson v. Phillips，奥尔森诉菲利普斯，273

Oklahoma City v. Tuttle，俄克拉荷马市诉塔特尔，428—429

Oncale v. Sundowner Offshore Servs.，奥凯尔诉境外流浪汉服务中心，180，367

Oubre v. Entergy operations，欧布瑞诉恩特吉行动，379

Owasso Indep. Sch. Dist. v. Falvo，欧瓦索独立学区诉法尔沃，98—99

Owen v. City of Independence, Mo.，欧文诉密苏里州独立城市，429

Pacific Mut. Life Ins. Co. v. Haslip，太平洋人寿保险公司诉哈斯里普，431

Pasadena City Bd. of Educ. v. Spangler，帕沙迪纳市教育委员会诉斯潘格勒，152

Patsy v. Board of Regents，帕齐诉董事会，426

Perry v. Sindermann，佩里诉辛德曼，397—398

Perry Educ. Ass'n v. Perry Local Educators' Ass'n，佩里教育联盟诉佩里地区教育者协会，114，316，457

Personnel Adm'r of Mass. v. Feeney，马萨诸塞州人事管理中心诉菲尼，350

PGA Tour v. Martin，职业高尔夫协会巡回赛事组委会诉马丁，211

Pickering v. Board of Educ.，皮克林诉教育委员会，306，309，314，427

Pierce v. Society of Sisters，皮尔斯诉姐妹会，57，68

Plessy v. Ferguson，普莱西诉弗格森，147

Plyler v. Doe，普利勒诉多伊，74—75，145

R. A. V. v. St. Paul，R. A. T. 诉圣保罗，122

Rankin v. McPherson，兰金诉麦克弗森，308

Reeves v. Sanderson Plumbing Prods.，里夫斯诉桑德森铅产品生产公司，380

Regents of Univ. of Mich. v. Ewing，密西根大学董事会诉艾维，243

Rendell—Baker v. Kohn，伦德尔—贝克诉克恩，14，393

Reno v. ACLU，利诺诉美国公民自由协会，88

Roemer v. Board of Pub. Works，瑞默诉公共事务委员会，59

Rogers v. Paul，罗杰斯诉保罗，149

Rosenberger v. Rector & Visitors，罗

森博格诉校长及旅游者，47—48

Rutan v. Republican Party of Ⅲ.，茹坦诉伊里诺伊州共和党，328

San Antonio Indep. Sch. Dist. v. Rodriguez，圣安东尼奥独立学区诉罗德瑞格兹，9，19，145

Santa Fe Indep. Sch. Dist. v. Doe，圣非独立学区诉多伊，34—36

Schenck v. United States，艾克肯可诉美国，108

School Bd. v. Arline，教育委员会诉阿兰，189，278，387，422

School Dist. v. Ball，学区诉波尔，59

School Dist v. Schempp，学区诉斯坎普，29，53

Shapiro v. Thompson，夏皮罗诉汤姆逊，144

Shelton v. Tucker，谢尔顿诉塔克，328

Sipuel v. Board of Regents，西皮尔诉瑞格斯委员会，148

Skinner v. Oklahoma，斯堪纳诉俄克拉何马州，144

Skinner v. Railway Labor Executives' Ass'n，斯金纳诉铁路劳资关系执行委员会，261，338

Sloan v. Lemon，斯隆诉莱蒙，61

Sony Corp. v. Universal City Studios，索尼公司诉通用电影城，297

St. Mary's Honor Ctr. v. Hicks，圣玛丽荣誉中心诉希克斯，350，355

Stone v. Graham，斯通诉格拉汉姆，37

Sutton v. United Airlines，萨顿诉联合航空公司，189，385

Swann v. Charlotte-Mecklenburg Bd. of Educ.，斯万诉查洛特—麦肯堡县教育委员会，150，156

Sweatt v. Painter，斯威特诉盘特，148

Terry v. Ohio,特里诉俄亥俄州，249—251

Texas v. Johnson，得克萨斯州诉约翰逊，108

Texas Dep't of Cmty. Affairs v. Burdine，得克萨斯州社区事务管理局诉伯丁，360

Texas State Teachers Ass'n v. Garland Indep. Sch. Dist，得克萨斯州教师联盟诉加兰独立学区，316，433，457

Tilton v. Richardson，提尔顿诉理查德森，59

Tinker v. Des Moines Indep. Sch. Dist.，廷克诉德斯莫伊内斯独立学区，2，117—119，125，268

Torcaso v. Watkins，陶卡索诉沃特金斯，373

Toyota Motor Mfg. v. Williams，丰田汽车制造厂诉威廉姆斯，385

Trans World Airlines v. Hardison，国际航空公司诉哈迪森，374

Trans World Airlines v. Thurston，国际航空公司诉瑟斯顿，381

Troxel v. Granville，特罗塞尔诉格兰维尔，68

United Air Lines v. McMann，美国航空公司诉麦克曼，381

United States v. Chadwick，美国诉查德维克，251

United States v. Darby，美国诉戴比，2

United States v. Montgomery County Bd. of Educ.，美国诉蒙哥马利县教育委员会，156—157

United States v. Place，美国诉普莱斯，259

United States v. Virginia，美国诉弗吉尼亚州，178

United States Civil Serv. Comm'n v. National Ass'n of Letter Carriers，美国市民服务委员会诉国家邮递员协会，331

University of Cal. v. Public Employment Relations Bd.，加利福尼亚大学诉公

共雇佣关系委员会，458

University of Penn. v. EEOC，宾夕法尼亚大学诉平等就业机会委员会，294

Vail v. Board of Educ. of Paris Union Sch. Dist. No.，韦尔诉巴黎联合学区第95教育委员会，95，398

Vernonia Sch. Dist. 47J v. Acton，弗农尼亚47J学区诉阿克顿，136，261—262

Village of Arlington Heights v. Metropolitan Hous. Dev. Corp.，阿灵顿高地山村诉城市房屋开发公司，151，347

Wallace v. Jaffree，华理士诉杰弗瑞，30

Walters v. Metropolitan Educ. Enters.，沃尔特斯诉城市教育公司，348

Walz v. Tax Comm'n，沃尔兹诉税收协会，26

Washington v. Davis，华盛顿诉戴维斯，347，352

Waters v. Churchill，沃特斯诉邱吉尔，308，310

Webb v. Board of Educ.，韦布诉教育委员会，434

West Virginia State Bd. of Educ. v. Barnette，西弗吉尼亚州教育委员会诉巴尼特，50，107—108

White v. Dougherty County Bd. of Educ.，怀特诉都菲特县教育委员会，333

Widmar v. Vincent，威德马诉文森特，43

Wieman v. Updegraff，威曼诉厄普德格拉夫，327

Will v. Michigan Dep't of State Police，威尔诉密歇根州立警察局，429

Wisconsin v. Yoder，威斯康星州诉约德，28，50，71

Withrow v. Larkin，威思罗诉拉金，408

Witters v. Washington Dep't of Servs. for the Blind，维特斯诉华盛顿盲人服务部，58

Wolman v. Walter，沃尔曼诉沃尔特，61

Wood v. Strickland，伍德诉斯特里克兰，24，226，267，427

W. R. Grace & Co. v. Local 759, United Rubber Workers of Am.，W·R·格雷思及其公司诉美国橡胶工人联盟759小组，461

Wygant v. Jackson Bd. of Educ.，威甘特诉杰克逊教育委员会，157，280，358，450

Zelman v. Simmons-Harris，泽尔曼诉西蒙斯-哈里斯，63—64

Zobel v. Williams，佐贝尔诉威廉斯，279

Zobrest v. Catalina Foothills Sch. Dist.，佐布里斯特诉卡特利纳山丘学区，59—60

Zorach v. Clauson，左拉奇诉克罗逊，48

Zucht v. King，特苏切特诉金，72

后 记

严谨之美——《教育法学》

作为一本经典著作,《教育法学》的魅力显而易见。与某些组织松散的著作相比,本书应属另类,大量的判例和法庭阐释通过恰如其分的章节分割,有组织地散布在全书的各个位置,以最具说服力的方式一一呈现,令人在惊讶于它的专业严肃性的同时,为它的逻辑之美而感叹。

必须承认,阅读这样的书,无异于迈上了一条看似笔直却暗藏玄机的林荫道,穿行于忽明忽暗的历史片段,遭遇或隐晦或尖锐的法律冲突,法庭经典评议的反复洗礼使人常常感觉置身其中,恍然间犹如穿梭于时空之中。

比如,在说明学校言论保护的原则时,最高法院评论道:就学校的功能而言,学校相当于"一个思想的自由市场";"如果我们不想将自由思想扼杀在摇篮里,不想大打折扣地将一些重要原则教授给年轻人,不想使他们误解我们政府的重要原则不过是老生常谈的话",我们在学校里就必须"小心谨慎地保护"第一修正案,促进"思想的健康交流"。

此类的评论看似平实,但在言间字外,意蕴深远,对理想和信念的坚持溢于言表,时至今日,对学校管理者而言,它仍不失为一条基本的学生管理原则。

坦白地说,在选择翻译本书时,我们是抱有一种天真的热情和对理想的冲动,单纯地想把这本经典著作介绍给众多的专业研究者和学校管理者。但是,翻译的过程却极为痛苦,大大超乎原来的预计。作为法学专业书籍,在本书中,大量从句套从句的长句子贯穿全文,原本深富逻辑之美的行文在翻译时,对于我们而言却无异于遭受一场灾难。如何纯熟地运用汉语来再现这一经典著作,将行文中与众不同的观点、发人深思的见解以及富有技巧的评述一一再现,着实让我们这些译者伤透了脑筋。为准确体现作者的语气和行文风格,在不影响理解的情况下,我们灵活使用了不少插入语,以使全文更符合汉语读者的阅读习惯。在三年多的时间里,我们为翻译本书竭尽心力,尽管仍然存在各种瑕疵和不足,但我们坚信,本书的专业严肃性和行文风格得到了保证。

本书的翻译是众人合作的结果:第1章至第7章的正文及注释由茅锐翻译;第8章的正文由王晓玲、茅锐翻译;第9章至第14章的正文、第8章至第13章的注释、前言、术语表、最高法院判例选及索引由江雪梅翻译;褚宏启、张冉审校全书。

感谢众多为本书的翻译及出版付出艰辛努力的人们,感谢每一位阅读本书的读者……

译者
2009年12月18日

PEARSON

北京培生信息中心
中国北京海淀区中关村大街甲 59 号
人大文化大厦 1006 室
邮政编码：100872
电话：(8610) 82504008/9596/9586
传真：(8610) 82509915

Beijing Pearson Education
Information Centre
Room1006, Culture Square No. 59 Jia, Zhongguancun Street
Haidian District, Beijing, China100872
TEL：(8610) 82504008/9596/9586
FAX：(8610) 82509915

尊敬的老师：
您好！
　　为了确保您及时有效地申请教辅资源，请您务必完整填写如下教辅申请表，加盖学院的公章后传真给我们，我们将会在 2—3 个工作日内为您开通属于您个人的唯一账号以供您下载与教材配套的教师资源。

请填写所需教辅的开课信息：

采用教材				□中文版　□英文版　□双语版
作　者			出版社	
版　次			ISBN	
课程时间	始于　年　月　日		学生人数	
	止于　年　月　日		学生年级	□专科　　　□本科 1/2 年级 □研究生　　□本科 3/4 年级

请填写您的个人信息：

学　校			
院系/专业			
姓　名		职　称	□助教　□讲师　□副教授　□教授
通信地址/邮编			
手　机		电　话	
传　真			
official email（必填） (eg：×××@crup.edu.cn)		email (eg：×××@163.com)	

是否愿意接受我们定期的新书讯息通知：　□是　　□否

系/院主任_____（签字）
（系/院办公室章）
___年___月___日

Please send this form to：Service.CN@pearson.com
Website：www.pearsonhighered.com/educator

Authorized translation from the English language edition, entitled Public School Law: Teachers' and Students' Rights, 5th Edition, 0205352162 by Nelda H. Cambron-McCabe, Martha M. McCarthy, Stephen B. Thomas, published by Pearson Education, Inc., publishing as Allyn & Bacon, Copyright © 2004, 1998, 1992, 1987, 1981 by Pearson Education Inc..

All rights reserved. No part of this book may be reproduced or transmitted in any form or by any means, electronic or mechanical, including photocopying, recording or by any information storage retrieval system, without permission from Pearson Education, Inc..

CHINESE SIMPLIFIED language edition published by PEARSON EDUCATION ASIA LTD., and CHINA RENMIN UNIVERSITY PRESS Copyright © 2010.

本书中文简体字版由培生教育出版公司授权中国人民大学出版社合作出版，未经出版者书面许可，不得以任何形式复制或抄袭本书的任何部分。

本书封面贴有 Pearson Education（培生教育出版集团）激光防伪标签。无标签者不得销售。

图书在版编目（CIP）数据

教育法学——教师与学生的权利（第五版）/［美］坎布朗-麦凯布等著；
江雪梅等译.
北京：中国人民大学出版社，2010
（教育学经典译丛）
ISBN 978-7-300-08784-9

Ⅰ. ①教⋯
Ⅱ. ①坎⋯②江⋯
Ⅲ. ①教育法－研究
Ⅳ. ①D912.104

中国版本图书馆 CIP 数据核字（2009）第 240625 号

教育学经典译丛
教育法学——教师与学生的权利（第五版）
［美］内尔达·H·坎布朗-麦凯布
　　马莎·M·麦卡锡　　　　　　著
　　斯蒂芬·B·托马斯
江雪梅　茅　锐　王晓玲　译
褚宏启　张　冉　审校
Jiaoyufaxue

出版发行	中国人民大学出版社		
社　　址	北京中关村大街 31 号	邮政编码	100080
电　　话	010 - 62511242（总编室）	010 - 62511398（质管部）	
	010 - 82501766（邮购部）	010 - 62514148（门市部）	
	010 - 62515195（发行公司）	010 - 62515275（盗版举报）	
网　　址	http://www.crup.com.cn		
	http://www.ttrnet.com（人大教研网）		
经　　销	新华书店		
印　　刷	涿州星河印刷有限公司		
规　　格	185 mm×260 mm　16 开本	版　次	2010 年 3 月第 1 版
印　　张	32　插页 2	印　次	2010 年 3 月第 1 次印刷
字　　数	748 000	定　价	52.00 元

版权所有　侵权必究　　印装差错　负责调换